KB203998

한글 아함경

고익진 엮음

담마아카데미

한 길을 걸어가는 보살이여
항상 고요한 마음에 머물러
검소한 생활과 봉사에 힘쓰라
그 마음이 미묘하게 움직여 주리라

- 병고 고익진 -

차 례

Ⅰ. 수행본기경(修行本起經)

Ⅱ. 불설중본기경(佛說中本起經)

4.3 육수(六受) · 육상(六想) · 육사(六思)

4.4 육촉(六觸) · 육수(六受)

범 례

1. 불교의 체계적 연구는 아함·반야·법화의 3부경에 의지해야 한다는 견지에서 편자는 '한역 불교근본경전'이라는 자료집을 발간하였는데, 이 책은 그중의 아함부 경전에 대한 한글판이다.

2. 이 경전의 출처는 다음과 같다.

① 수행본기경 2권 …… 한글대장경 제18책
② 중본기경 2권 …… 한글대장경 제11책
③ 반니원경 2권 …… 한글대장경 제10책
④ 아함경정선 …… 한글대장경 제1책(장아함), 제3·4책(중아함), 제6·7책(잡아함), 제8책(증일아함).

3. 이 책에 수록된 네 가지 경전 중에서 처음의 셋은 부처님의 전기를 설해 주기 위한 것인데, 그중의 수행본기경과 중본기경은 본연부(本緣部)에 속해 있다. 그러나 교설의 수준이 아함경과 동일한 것을 택한 것이므로 아함부에 배속시켜도 좋은 것이다. 팔리어 삼장(三藏)에서도 불전(佛傳)은 소부(小部) 경전에 실려 있다.

4. 아함경정선은 편자가 장(長) · 중(中) · 잡(雜) · 증일(增壹) 4아함에서 중요한 경전을 정선하여 정연한 교리적 체계로 새로 엮은 것이다. 아함경은 장아함 22권, 중아함 60권, 잡아함 50권, 증일아함 51권, 총 183권에 이르는 방대한 양일뿐만 아니라, 교리를 체계적으로 제시하고 있는 잡아함은 현재 권수가 흐트러진 착간(錯簡)의 상태로 전해지고 있어, 초학자를 위해서는 아함경을 그렇게 새로 엮을 필요가 있는 것이다.

5. 아함경정선의 맨 처음에 외도를 비판하는 경전들을 모았는데, 이것은 불교가 당시 인도의 여러 가지 잘못된 종교사상을 비판하는 데에서부터 시작한 것이므로, 불교를 바로 이해하는 것도 거기에서부터 시작해야 한다고 생각하였기 때문이다. 4아함에서도 장아함이 맨 앞에 위치해 있는데, 그 내용은 외도비판을 통한 바른 법의 제시가 주제로 되어 있는 것이다.

6. 외도비판 다음에 부처님의 독특한 교설방법에 관한 경전들을 집록하였다. 난립된 종교의 엇갈리는 진리성 주장 속에서 사람들은 방황하였는데, 부처님은 이들에게 무엇보다도 먼저 자기 자신과 정당한 도리[法]에 의지해야 할 것을 가르쳤다. 그리하여 인간 현실의 정확한 관찰로부터 시작하여 궁극적인 진리는 스스로 깨닫게끔, 오직 길을 가르치실 뿐이셨다. 이러한 교설방법은 궁극적인 진리로부터 설해 주는 권위주의적인 종교와는 크게 다른 점으로서, 불교교리 조직을 이해하는 데에 중요한 관건이 되는 것이다.

7. 인간 현실의 고찰로부터 궁극적 진리의 깨달음에 이르는 부처님의 교설에는 복잡하고 미묘한 중층적 교리조직이 시설되지 않을 수가 없었다. 이러한 교리조직 중에서 제일 처음에 위치하고 있는 것은 십이처설로 생각되며 불교의 업설은 이러한 불교의 기초적인 세계관에 입각한 인간

활동의 방향을 제시한 것으로 볼 수가 있다. 따라서 이 두 법문을 한데 모은 것이다.

8. 육육법설은 십이처를 기점으로 하는 복잡한 형태의 연기설을 한데 모은 것이다. 아함경과 팔리어본에서는 육처부(六處部)에 포섭시키고 있지만, 십이처설에서 오온 · 십이연기설에 이르는 교량적 역할을 하는 매우 중요한 위치를 차지하고 있으므로 그 독자성을 살려 따로 항목을 설정한 것이다. 특히 이것을 육육법이라고 이름 붙인 것은 그중의 한 형태를 그렇게 부르는 예가 아함경에 보여, 이것으로써 그 전체를 대표하는 이름으로 삼은 것이다.

9. 아함경에서 수행의 원리를 설하는 대표적인 법문은 오온 · 사제설이다. 유부(有部) 교학에서 사제(四諦)로써 성문도(聲聞道)를 조직하고 있음은 이 때문이다. 그러나 아함경을 객관적인 입장에서 관찰할 때 오온은 육육법에 의해 설명되고, 다시 십이연기설은 육육법과 오온 · 사제설에 의해 설명되고 있음을 보면, 교리적 위치는 십이연기설 앞에 있어야 할 것으로 생각된다. 점진적으로 깊어지는 교리조직에서, 설명하는 법은 설명되는 법의 이전에 이미 익혀져 있을 것으로 보아야 하기 때문이다.

10. 아함경에는 사제설(四諦說) 이외에도 여러 가지 수행법이 설해지고 있는데, 이것을 조직한 것이 삼십칠조도품이며, 그것을 다시 선정의 측면에서 조직한 것이 구차례정(九次第定)이다. 그런데 이러한 조도품 · 선정은 육육법과 오온 · 사제를 원리로 삼은 수행법으로 생각되므로, 이에 관련된 법문을 이 자리에 수록하였다.

11. 아함경에서 최상의 법으로 등장하는 것은 십이연기설이다. 십이지분(十二支分)은 오온과 육육법이 결합한 것이고, 연기라는 개념은 인연

과 집(集)이라는 것이 결합한 것으로 볼 수가 있다. 그뿐만 아니라, 아함경 스스로도 과거 일곱 부처님 모두 십이연기를 순역(順逆)으로 관찰해서 깨달음을 이루셨다고 설하고 있는 것이다.

Ⅰ. 수행본기경

수행본기경 상권

1. 변화를 나타내는 품 ①(現變品第一)

이와 같이 나는 들었다.

어느 때 부처님께서 카필라국 사캬정사에 있는 니그로다 나무 아래에 천이백오십 명의 비구 대중과 함께 계셨다. 이들은 모두 아라한으로서 이미 과거세의 부처님으로부터 청정한 행[梵行]을 닦았다. 그리하여 모든 번뇌는 이미 다하였고 마음으로 이해하여 의심이 없었다. 온갖 지혜로써 자재하고 모든 법을 환히 깨달았다. 무거운 짐을 버리고 원하던 것을 얻었으며, 세 가지가 다하였다. 바른 이해로 해탈하였고 삼명[三神]을 갖추었으며 여섯 가지 신통을 이미 통달하였다.

이때 마하파자파티를 비롯한 오백 명의 비구니와 헤아릴 수 없이 많은 우바새와 우바이 등 사부대중이 두루 모였다. 바라문들과 외도 니간타 등 무수히 많은 이들도 모두 와서 모였다. 사천왕과 도리천왕·야마천왕·도솔천왕·화락천왕·타화자재천왕 그리고 범천왕에서부터 색구경천왕에 이르기까지 일체의 천신들도 저마다 헤아릴 수 없이 많은 대중과 함께 모두 와서 모였다. 용왕·아수라·가루라·긴나라·마후라가 등 낱낱 존귀한 신들도 저마다 권속들과 함께 모두 와서 모였다. 백정왕·무노왕·무원왕·감로정왕 등과 카필라국에 사는 구억의 장자들도 저마다 관속들을 데리고 와서 모였다. 그들은 모두 부처님께 예배하고 물러나 한쪽에 앉았다.

그때 부처님께서 '삼십이상(三十二相) 팔십종호(八十種好)'에서 광명을 내어 삼천대천세계를 두루 비추시니, 보름달이 별들 사이에서 가장 밝듯이 위신이 당당하셨다.

그러나 현성(賢聖)들 가운데 있던 왕과 대중들은 의심하며 저마다, '태자는 카필라국에서 태어나 숫도다나[白淨] 왕 에게서 자라났으며, 집을 떠나 여러 나라를 다니며 도를 닦아 부처가 되셨다. 그런데 나무 아래서 육 년 만에 도를 얻으신 것일까, 아니면 십이 년 만에 얻으신 것일까?' 또는, '도대체 무슨 도를 행하셨기에 이렇듯 높고 뛰어나게 되셨을까? 어떤 스승을 섬기셨기에 가장 존귀한 분이 되셨으며, 어떤 법을 닦으셨기에 부처가 되신 것일까?'라고 생각하였다.

부처님께서는 모두가 의심을 품고 있음을 아시고 마하목갈라나[牧揵蓮]에게 말씀하셨다.

"그대는 여래를 위하여 본기(本起)를 말할 수 있겠소?"

이에 목갈라나는 자리에서 일어나 앞으로 나아가 의복을 정돈한 후 장궤합장하고 부처님께 말씀드렸다.

"그렇게 하겠습니다, 세존이시여. 이제 부처님의 위신력으로 모두를 위하여 자세히 설명하겠습니다."

이어서, "부처님께서는 다음과 같이 말씀하셨다."라며 말하였다.

전생의 헤아릴 수 없는 겁 동안 범부로서 처음 불도를 구한 이래로 정신은 형상을 받으면서 다섯 갈래의 길[五道]을 두루 돌아다녔다. 한 몸이 죽어 무너지면 다시 한 몸을 받는 등, 나고 죽음이 한량없었다. 천하의 풀과 나무를 모두 베어 산가지를 만들어 나의 옛 몸을 헤아린다 하여도 셀 수가 없었다. 무릇 하늘과 땅이 시작하여 끝나는 동안을 일 겁(一劫)이라 하는데, 나에게는 하늘과 땅이 바뀌면서 이루어지고 무너진 것이 헤아릴 수조차 없었다.

나는 세간의 탐욕으로 애욕의 바다에 오랜 세월 동안 빠져 있었음을 마음 아파했기에, 혼자 그 근원을 돌이키기 위하여 스스로 힘쓰며 벗어나려고 하였다. 그 때문에 세상에서 마다 부지런히 수행하면서도 힘들다 여기지 않았으며, 마음을 비워 고요함을 즐겼다. 무위(無爲)와 무욕(無欲)으로 자신의 것을 덜어서 보시하고, 지성으로 계율을 지켰다. 겸손하고 인욕 하였으며 용맹정진하였다. 한마음으로 선정을 닦았으며, 거룩한 지혜를 배웠다. 천하를 사랑하여 가난하고 불쌍한 이를 가엾이 여기고, 근심하고 슬퍼하는 이를 위로하여 중생을 보살폈으며, 괴로워하는 이를 구제하였다. 모든 부처와 벽지불[別覺]과 아라한을 받들어 섬겼으므로, 그 쌓인 공훈은 이루 헤아릴 수조차 없었다.

그때 디팜카라[錠光] 부처님이 세상에 나오시게 되었다. 데바소파나국에는 등성치라는 어진 왕이 있었는데, 그 나라의 백성들은 장수하고 인자하며 효도하고 어질며 의로웠다. 땅은 비옥하여 풍성하고 그 세상은 태평하였다.

태자가 탄생하자 이름을 디팜카라라 지었는데, 총명하고 지혜가 뛰어나 세상에서 견줄 만한 이가 없었다. 성왕은 그를 지극히 사랑하여 목숨을 마칠 때에 나라를 태자에게 맡겼다. 그러나 디팜카라 태자는 덧없음을 생각하여 나라를 아우에게 물려주고 즉시 출가하여 사문(沙門)이 되었다. 도를 이루어서 부처님 · 위없는 이 · 지극히 높은 이라 불리었으며, 신묘한 덕의 광명이 밤낮없이 비추었다.

디팜카라 부처님께서는 육십이만 명의 비구 대중과 함께 세상을 유행하시면서 중생들을 교화하셨다. 그러다 데바소파나국으로 돌아가 여러 종성(種姓)과 신하와 백성을 제도하여 해탈시키고자 대중과 함께 본국으로 오셨다.

이때 나라 안의 모든 백관과 신하는, '부처님과 대중들이 오는 것은 나라를 빼앗기 위함이다'라고 생각하여 모두 함께 의논하여 말하였다.

"이제 군사를 일으켜 미리 가서 그들과 맞서 싸워야 할 것입니다. 나라를 주어서는 안 됩니다."

그들은 즉시 서로 앞장서서 부처님에게 가려 하였다. 그러나 부처님께서는 여섯 가지 신통으로 그들의 마음을 미리 아시고, 그들의 성과 마주 보이는 곳에 높고 큰 으리으리한 성을 만드셨다. 부처님께서는 나라 사람들을 가엾이 여기시어 그들을 해탈시키고자 곧 두 개의 성을 유리로 변화시켜 안팎이 환히 드러나 성들이 서로 비치게 하셨다. 그리고 신통으로 육십이만 명의 비구들을 부처님과 똑같은 모습으로 변화시키셨다. 그것을 본 왕은 두려워하면서도 의심이 풀리고 마음이 조복되었다.

왕은 즉시 부처님께 가서 예배하고 스스로 뉘우치며 말씀드렸다.

"타고난 성품이 모자라고 둔하여 부처님께 악한 뜻을 품었습니다. 어리석은 자의 잘못이라 용서하시고, 부처님께서는 정사로 돌아가 계십시오. 칠 일 동안 공양을 마련하여 지극히 높으신 분을 받들어 맞이하겠습니다."

부처님께서는 그의 뜻을 아시고 묵연히 허락하시고 돌아가셨다.

왕은 신하들에게 물었다.

"전륜성왕을 받들어 맞이할 때, 그 법도는 어떻게 해야 하는가?"

신하들이 대답하였다.

"전륜성왕을 맞이하는 법은 국토를 장엄하되 두루 사십 리 길을 고르게 다지고 향즙을 땅에 뿌립니다. 금은이나 값진 옥으로 된 칠보 난간을 만들고 갖가지 당기와 번기를 세웁니다. 성문과 거리는 비단과 꽃과 일산으로 장엄하게 꾸밉니다. 또한, 거문고를 타고 악기를 울려 도리천과 같게 하고, 꽃을 뿌리고 등을 켜고 좋은 향을 사르면서 공경히 길옆에서 모셔야 합니다."

칠 일 만에 모든 준비를 마치고 나서, 왕은 신하와 백관들에게 인도하고 뒤따르게 하여 몸소 부처님을 마중하였다.

부처님께서는 백성들을 가엾이 여겨 비구들에게 말씀하셨다.

"공양 받으러 나갈 준비를 하여라."

비구들은 분부를 받들었다.

부처님께서는 본국으로 가시면서 비구들에게 말씀하셨다.

"그대들은 공양으로 꾸며진 이 장엄한 광경을 보고 있느냐? 과거세에 내가 여러 부처님을 받들어 섬기면서 공양하고 장엄한 것도 지금과 같았다."

이때 비말라프라바[無垢光]라는 나이 어린 보살이 있었다. 어리지만 총명하고 슬기로우며 뜻이 크고 포부가 넓었다. 산림에 은거하면서 고요함을 지키고 선정을 닦으며 비밀스런 가르침에 대해 모르는 것이 없었다.

그는 공양을 올려 스승의 은혜를 갚고자 하는 생각으로 인사를 드린 후 교화하며 다니는 도중에 언덕 위의 한 마을을 지나게 되었다. 그 마을에는 불루타라는 범지(梵志, 바라문)가 있었다. 그는 열두 달이나 하늘에 성대한 제사를 지내며 팔만 사천 명의 범지에게 음식을 공양하였다. 그 해의 마지막 보시는 그들 중 가장 총명하고 지혜로운 이에게 금은의 값진 보배와 수레 · 말 · 소 · 양 · 옷 · 비단 · 신발 · 칠보의 일산 · 석장(錫杖)과 물그릇 등을 올리기로 되어 있었다.

아직 칠 일이 남아 있었으므로, 나이 어린 보살은 그 대중 가운데 들어가 칠 일 동안 밤낮으로 도를 논하고 이치를 설명하니, 대중은 기쁘기 한량없었다. 주인 장자도 매우 기뻐하여 딸 현의를 보살에게 주려 하였지만, 보살은 받아들이지 않았다. 그는 다만 일산과 석장 · 물그릇 · 신발 그리고 금전과 은전 각각 일천씩만 가지고 돌아가 옛 스승에게 올리니, 스승은 기뻐하며 똑같이 나누어 주었다.

나이 어린 보살이 다시 작별인사를 하며 떠나려 하자, 같이 배우던 이들은 각자 은전 하나씩을 주어 전송하였다.

그가 유행을 마치고 다시 나라에 들어와 보니, 사람들이 기뻐하며 부지런히 길을 고르게 다지고 물을 뿌리고 쓸며 향을 사르고 있었다.

그는 즉시 지나던 행인에게 물었다.

"무슨 일 때문입니까?"

"디팜카라 부처님께서 오늘 오시므로 공양을 마련하고 있습니다."

나이 어린 보살은 '부처님'이란 말을 듣고 뛸 듯이 기뻐하며 옷매무시를 단정히 하고 다시 물었다.

"부처님께서는 어디서 오시며, 어떻게 공양을 올려야 합니까?"

"오직 꽃과 향과 비단 당기와 번기만으로 공양을 올립니다."

보살은 성으로 들어가 공양할 물건들을 찾아 두루 돌아다녀 보았으나 끝내 구할 수가 없었다. 그때 나라 사람이 말하였다.

"왕께서 꽃과 향을 금지시키고 있습니다. 칠 일째가 되면 홀로 공양을 올리신다고 합니다."

보살은 이 말을 듣고 마음이 매우 언짢았다.

그때 디팜카라 부처님께서 도착하셨다. 동자의 마음을 알고 계신 부처님께서는 때마침 한 여인이 들고 있는 꽃이 든 병에 광명을 내어 환히 비추시니 유리로 변하여 안이 환히 들여다보였다.

이에 보살은 여인에게 가서 게송으로 말하였다.

무릇 오백의 은전이 있어
다섯 송이 꽃을 사기를 청합니다.

디팜카라 부처님께 올려
나의 본래 소원을 구하고자 합니다.

여인은 게송으로 보살에게 대답하였다.

이 꽃의 값어치는 몇 전에 불과한데
어찌 오백 전으로 사려 하십니까.
지금 어떠한 소원을 구하기에
은전의 보배를 아끼지 않습니까?

보살이 대답하였다.

제석천왕 · 범천왕 · 마왕을 구하는 것도 아니고
사천왕과 전륜성왕을 구하는 것도 아니며
바라건대 내가 부처를 이루어
시방[十方]의 모든 중생을 제도하고자 합니다.

여인이 말하였다.

참으로 훌륭하십니다.
그 소원 어서 이루시기 바랍니다.
저는 다음 생에 태어나서
언제나 당신의 아내가 되고자 합니다.

보살이 대답하였다.

여인이란 정과 교태가 많아서
바른 도의 뜻을 무너뜨리고
구하는 바 서원을 어지럽히며
보시하는 마음을 끊게 합니다.

여인이 보살에게 대답하였다.

저는 맹세코 다음 생에 태어나서
아이들과 저의 몸까지
보시하여 당신을 따르겠으니
이제 부처님께서는 저의 뜻을 아실 것입니다.

당신께서 저를 가엾이 여겨
원하는 바를 들어 주신다면
이 꽃을 곧 얻으실 수 있지만
그렇지 않다면 돈을 돌려 드리리다.

바로 그때 전생을 생각하면서 그녀의 본래 행을 자세히 살펴보니, 그녀는 바로 오백 생을 지나오면서 보살의 아내였다.

이에 보살이 곧 그것을 허락하고는 기쁜 마음으로 꽃을 받아 떠나가려 하자, 여인은 매우 기뻐하며 말하였다.

"지금 저는 연약한 여인이기에 앞으로 나아가 뵈올 수 없습니다. 두 송이 꽃을 맡기오니 부처님께 올려 주십시오."

그때 디팜카라 부처님께서 오셨다. 보살이 앞으로 나아가 꽃을 뿌리려 하였지만, 국왕과 신하와 백성 그리고 장자와 거사와 권속들에게 수천 수

백 겹 에워싸여 계셔서 앞으로 나아갈 수가 없었다.

이에 부처님께서는 보살의 지극한 뜻을 아시고는 신통으로 땅을 진흙으로 만들어 사람들을 양쪽으로 갈라서게 하셨다.

비로소 보살이 앞으로 나아가 다섯 송이 꽃을 뿌리니, 그 꽃들은 공중에 머물러 꽃일산으로 변하여 칠십 리를 덮었다. 두 송이 꽃은 부처님의 양어깨 위에 머물렀는데, 그것은 마치 뿌리에서 피어난 것 같았다.

보살은 기뻐하며 머리를 풀어 땅에 깔고 말하였다.

"부처님이시여, 여기를 밟으시옵소서."

"내가 어찌 밟을 수 있겠느냐."

부처님께서 이렇게 말씀하시자, 보살은 다시 말씀드렸다.

"오직 부처님만이 밟으실 수 있습니다."

부처님께서 비로소 그것을 밟으시고 웃으시니, 입안에서 오색의 광명이 나왔다. 그 빛은 입으로부터 일곱 자를 뻗어나가더니 두 줄기로 나누어졌다. 한 줄기의 광명은 부처님을 세 번 돌고 삼천대천세계를 모두 비추고 도로 정수리로 들어갔다. 또 한 줄기의 광명은 아래로 십팔 지옥까지 들어가 고통을 일시에 가라앉게 하였다.

여러 제자가 부처님께 말씀드렸다.

"부처님께서는 헛되이 웃으시는 일은 없으십니다. 그 뜻을 말씀해 주십시오."

부처님께서 말씀하셨다.

"그대들은 이 동자를 보고 있는가?"

"네, 보고 있습니다."

"이 동자는 수없는 겁 동안 계율이 청정하고 마음을 잘 다스려 목숨에 대한 집착을 버리고 욕심을 떠났다. 불생불멸의 '공(空)'을 지켜 치우침 없는 자비심으로 덕을 쌓고 서원을 행하여 이제야 그것을 얻게 된 것이다."

다시 부처님께서 동자에게 말씀하셨다.

"너는 지금으로부터 백 겁 후에 부처가 될 것이다. 이름은 사캬무니(한나라 말로는 능인)로, 여래(如來)·동등한 이[無所着]·지극히 참된 이[至眞]·바르고 평등하게 깨달은 이[等正覺]라고 할 것이다. 겁의 이름은 파타(波陀·賢劫)이고, 세계의 이름은 사바(한나라 말로는 두려움의 땅)일 것이다. 아버지 이름은 숫도다나이고, 어머니 이름은 마야이며, 아내의 이름은 야소다라이고, 아들의 이름은 라훌라일 것이다. 시자의 이름은 아난이고, 오른편의 제자는 사리풋타이며, 왼편의 제자는 마하목갈라나일 것이다. 오탁악세(五濁惡世)의 사람들을 교화하고 시방[十方]을 제도하여 해탈케 함이 나와 같을 것이다."

능인 보살은 수기하시는 말씀을 듣고 뛸 듯이 기뻐하였으며, 의심이 풀리고 모든 갈망이 그쳤다. 그러자 마음은 밝아지고 상념이 없어져 고요히 선정에 들어 청정함을 얻고 생멸 없는 법의 지혜를 체득하였다. 그는 즉시 몸을 솟구쳐 공중으로 올라가 땅에서 일곱 길 높이에 머물러 있다가, 다시 내려와 부처님 발에 예배하고 사문이 되었다.

이에 디팜카라 부처님께서 게송으로 말씀하셨다.

너는 장차 이 세상에서
나무 아래에 풀을 깔고 앉아
계율과 선정과 지혜의 힘으로
마라의 권속들을 항복시키리라.

너는 성인의 도량에 가서
감로의 북을 울리며
중생들을 가엾이 여겨

위없는 법륜을 굴리리라.

너는 장차 이 세상에서
좋은 방편과 위없는 지혜로
아흔여섯 종류의 외도들이
법의 눈을 모두 얻게 하리라.

너는 장차 이 세상에서
자비로써 네 가지 은혜를 행하고
감로법을 베풀면서
삼독(三毒)의 병을 없애 주리라.

능인 보살은 디팜카라 부처님을 섬기었고, 열반할 때까지 청정한 계율을 받들고 바른 법을 수호하였다. 자비희사[慈悲喜護, 慈悲喜捨]의 마음으로 어진 은혜를 베풀었으며, 사람을 이롭게 하되 평등하게 하였다. 구제하는데 게으르지 않았으며, 목숨을 마치고는 도솔천에 태어났다. 일체를 구제하고 눈 어두운 이들을 두루 제도하고자 다시 내려와 전륜성왕이 되니, 일곱 가지 보배가 그를 인도하며 따랐다.

무엇이 일곱 가지 보배인가. 첫째 금륜보(金輪寶), 둘째 신주보(神株寶), 셋째 옥녀보(玉女寶), 넷째 전보장신(典寶藏臣), 다섯째 전병신(典兵臣), 여섯째 감마보(紺馬寶), 일곱째 백상보(白象寶)이다.

금륜보는 황금 바퀴로, 수레바퀴에 천 개의 바퀴살이 있고 문양이 새겨 있으며, 온갖 보배들의 광명이 환히 빛나서 해와 달의 광명보다 뛰어났다. 그 수레바퀴는 왕의 위에 머물러 있다가 왕이 마음속으로 생각만 하면 굴러서 천하를 안내하며 다니는데, 잠깐 동안에 두루 돈다. 이 때문에 금륜보라 한다.

신주보는 신령스런 구슬로, 이십구 일이 되어 해와 달이 없어진 밤에 구슬을 공중에 달아두면, 그 나라 위에 있으면서 나라의 크고 작음에 따라 안팎을 밝게 비추어 낮과 다름없게 한다. 이 때문에 신주보라 한다.

옥녀보는 귀한 여인으로, 그녀의 몸은 겨울이면 따뜻해지고, 여름이면 시원해졌다. 입안에서는 푸른 연꽃 냄새가 나고, 몸에서는 전단향 냄새가 났다. 음식은 저절로 소화되어 대소변의 근심이 없었고, 여인으로서의 생리 현상이나 부정(不淨)한 것이 없었다. 머리칼은 몸 길이와 똑같고, 키가 크거나 작지도 않으며, 희거나 검지도 않고, 살이 찌거나 마르지도 않았다. 이 때문에 옥녀보라 한다.

전보장신은 마음대로 온갖 보물이 생겨나게 하는 전륜성왕의 힘으로, 왕이 금·은·유리·수정·마니·진주·산호 등 값진 보배를 얻으려 할 때, 손을 들어 땅을 가리키면 땅에서 칠보가 나오고, 물을 가리키면 물에서 칠보가 나오고, 산을 가리키면 산에서 칠보가 나오고, 돌을 가리키면 돌에서 칠보가 나온다. 이 때문에 전보장신이라 한다.

전병신은 최고의 정예 군대를 만들어 내는 신하로, 왕이 마음속으로 네 종류의 병사인 마병(馬兵)·상병(象兵)·거병(車兵)·보병(步兵)을 얻으려 하면, 그 신하가 왕에게, '얼마의 병사를 얻고자 하십니까?' 하고 여쭈어 왕이, '천이거나 만이거나 수도 없다' 하여도 돌아보는 순간에 병사들이 벌써 마련되어 진을 치고 엄숙하게 정렬되어 있다. 이 때문에 전병신이라 한다.

감마보는 검푸른 말로, 빛깔은 검푸르고 갈기에 꿰어진 구슬을 문지르면 구슬이 곧 떨어지지만, 잠깐만에 다시 떨어진 구슬보다 훨씬 좋은 구슬이 본래대로 생겨난다. 말 울음 소리는 멀리 일 유순(由旬)까지 들린다. 왕이 올라타면 천하를 안내하며 다니는데, 아침에 갔다가 해 질 무렵에 돌아오는 데도 지치지 않는다. 말의 다리에 먼지가 닿으면 모두 금모래로 된다. 이 때문에 감마보라 한다.

백상보는 신령스런 흰 코끼리로, 빛깔은 희고 눈은 검푸르고 일곱 군데는 평평하다. 힘은 백 마리의 코끼리보다 뛰어나며, 갈기 끝에 꿰어진 구슬은 산뜻하고 깨끗하며, 입안에 있는 여섯 개의 어금니는 칠보의 빛깔이다. 왕이 타기만 하면 하루 동안에 천하를 두루 돌아다니되, 아침에 갔다가 해 질 무렵에 돌아오는 데도 힘들어하거나 지치지 않는다. 물을 건너도 물이 출렁이지 않고, 발 또한 젖지 않는다. 이 때문에 백상보라 한다.

그때의 백성은 수명이 팔만 사천 살이고, 후궁과 궁녀는 각각 팔만 사천 명이었다. 왕에게는 천 명의 아들이 있었는데, 그들은 어질고 씩씩하여 한 사람이 천 명을 당해냈다. 어진 왕은 바르게 다스리고 계율의 덕과 열 가지 선행으로 백성을 가르치니 천하가 태평하였다. 비와 바람은 때에 알맞으니 오곡이 잘 익어 그것을 먹으면 병이 적었으며, 그 맛은 마치 감로(甘露)와 같았고 기력을 왕성하게 하였다. 다만 일곱 가지 병이 있었는데, 첫째는 추위고, 둘째는 더위이며, 셋째는 배고픔이고, 넷째는 목마름이며, 다섯째는 대변이고, 여섯째는 소변이며, 일곱째는 바라는 마음이었다.

성왕(聖王)은 목숨을 마치면 다시 범천에 올라가 범천왕이 되는 등, 올라가서는 하늘의 임금이 되고 내려와서는 전륜성왕이 되기를 각각 서른여섯 번 되풀이하였다. 목숨을 마치기도 하고 다시 태어나기도 하면서 때에 따라 나온 것은 사람들을 제도하기 위함이었다. 보살은 부지런히 고행하며 삼 아승기겁을 겪어오다가 겁이 다하려 할 때에 일체를 가엾이 여겨 끝없이 거듭나며 중생을 위하여 굶주린 범에게 몸을 던지면서 용맹정진하였기에 아홉 겁을 뛰어넘었다.

능인 보살은 구십일 겁 동안, 도와 덕을 닦고 부처님의 뜻을 배우며 보시(布施) · 지계(持戒) · 인욕(忍辱) · 정진(精進) · 선정[一心] · 지혜(智

慧)의 육바라밀을 행하였다. 좋은 방편과 자비희사[慈悲喜護, 慈悲喜捨]의 마음으로 중생을 기르되, 마치 갓난아이 보살피듯 하였다. 모든 부처님을 섬겨서 쌓은 덕은 한량없었으며, 여러 겁 동안 부지런히 고행하여 십지행(十地行)을 통달하였다. 바로 다음 생에서는 부처가 되는 자리[一生補處]에 있으면서 공덕과 서원이 성취되어 거룩한 지혜가 한량없었다.

그는 때가 되어 내려가 부처가 되어야 했으므로 도솔천 위에서 네 가지를 자세히 살폈다. 먼저 토지를 자세히 살피고, 부모를 자세히 살폈으며, 어느 나라에 태어나 교화해야 하고, 먼저 누구를 제도해야 할지를 살폈다. 그러고는 '슌도다나 왕이야말로 바로 여러 세상 동안 나를 낳아 주신 아버지로구나' 하였다.

그때 구리찰제에게는 두 딸이 있었는데, 마침 후원에 있는 연못에서 목욕을 하고 있었다.

능인 보살은 손을 들어 그녀들을 가리키며 말하였다.

"바로 여러 세상 동안 나를 낳아 주신 어머니로다. 가서 태어나야겠구나."

그때 오백 명의 범지는 모두 다섯 가지 신통을 지니고 있었는데, 날아서 궁성을 지나갈 수 없게 되자 놀라며 서로에게 말하였다.

"우리들의 신통은 석벽조차도 통과하는데 무엇 때문에 지금은 지나갈 수 없는 것일까?"

이에 범지들의 스승이 말하였다.

"그대들은 이 두 여인이 보이느냐? 한 여인은 장차 서른두 가지 독특한 용모를 지닌 거룩한 분을 낳을 것이고, 한 여인은 장차 서른 가지 독특한 용모를 지닌 분을 낳을 것이니, 바로 그 위신력이 우리의 신통을 잃게 한 것이다."

이때 그 음성이 천하에 널리 들렸다. 슌도다나 왕은 뛸 듯이 기뻐하며 전륜성왕이 자신의 집에 와서 태어나기를 원하여 즉시 그녀에게 청혼하여 아내로 맞이하였다.

카필라국은 삼천의 해와 달과 만 이천의 하늘과 땅의 중심이 되는 곳으로, 과거·미래·현재의 모든 부처님이 이 땅에서 탄생하셨다.

2. 보살이 세상으로 내려오시는 품(菩薩降身品第二)

이에 능인 보살은 신통으로 흰 코끼리를 타고 와서 어머니의 태 안으로 들어갔다. 사월 팔일에 부인은 목욕하고 향을 바르고 새 옷을 입은 뒤에 잠시 몸을 편안히 기대었다. 꿈에 흰 코끼리를 탄 사람이 공중에서 광명을 천하에 두루 비추었다. 악기를 연주하고 노래하며 꽃을 뿌리고 향을 사르면서 자신에게로 오더니 갑자기 사라지는 것이었다.

이에 부인이 놀라 깨어나자 왕이 물었다.

"무엇 때문에 놀란 것이오?"

"방금 꿈속에서 흰 코끼리를 탄 사람이 공중으로부터 날아오면서 악기를 연주하고 꽃을 흩뿌리고 향을 사르며 저에게로 오더니 갑자기 사라지는 것을 보았습니다. 그 때문에 놀라 깨어난 것입니다."

부인의 말에 왕은 두렵고 언짢은 마음에 즉시 관상가 수약야를 불러 그 꿈을 점치게 하였다.

"이 꿈이야말로 왕에게는 복이며 경사입니다. 거룩한 천신이 태 안으로 내려오셨기 때문에 이런 꿈이 있었습니다. 아들이 태어나 집에 있으면 전륜성왕이 될 것이고, 집을 떠나 도를 배우면 부처가 되어 천하를 제도할 것입니다."

왕은 기뻐하였으며, 부인은 몸과 마음이 온화하고 맑아져 게송으로 말하였다.

이제 나는 아이를 가졌으니
이는 반드시 위대한 사람이어서
탐욕 · 삿됨 · 성냄이 그치고
몸과 마음이 깨끗하고 편안해지리라.

마음으론 언제나 보시를 즐기고
계율을 지니며 인욕하고 정진하며
고요한 마음으로 선정에 들고
지혜로써 널리 사람들을 제도하리라.

대왕의 몸을 자세히 살펴
마치 아버지나 형처럼 공경하고
백성을 가엾이 여김은
마치 자신의 갓난아이 돌보듯 하리라.

병든 이는 의약으로 치료해 주고
춥고 배고픈 이에겐 옷과 밥을 주며
가난한 이 가엾이 여기고, 나이 든 이 공경하며
태어나서 늙고 죽는 일 두려워하지 않으리라.

감옥에 갇혀 있는 이
모진 고통 근심에 두려워 시달리니
원컨대 왕이시여, 큰 자비 베푸시어
한꺼번에 죄와 허물을 용서하소서.

세속의 음악 소리
이제는 듣고 싶지 않으니
산과 숲의 안온함으로 나아가
맑고도 고요히 선정에 들리라.

대왕의 부인이 임신하였음을 듣고 여러 작은 나라의 왕들이 모두 와서 왕을 알현하고 축하드렸다. 저마다 공경하는 마음으로 금은의 값진 보배와 옷과 꽃과 향을 바치면서 한없는 축복을 보냈다.

그러나 부인은 그들을 물리치며 번거로움을 피하고자 하였다. 부인은 임신한 이후로는 하늘에서 바치는 갖가지 맛있는 것으로 기력을 돋우니 저절로 배가 불러 왕궁의 요리는 먹지 않았다.

달이 다 차서 태자의 몸이 이루어지고 사월 칠일이 되었다. 부인은 나가서 유람하다가 아소카 나무 아래를 지나는데 온갖 꽃이 피어나고 샛별이 돋아났다. 이때 부인이 나뭇가지를 잡으니, 문뜩 오른쪽 옆구리로부터 태자가 탄생하였다. 태자는 땅에 내려서며 일곱 걸음을 걸어가 손을 들고 말하였다.

"하늘 위와 하늘 아래 오직 나 홀로 존귀하다. 삼계가 모두 괴로움이니, 내가 마땅히 편안하게 하리라."

바로 그때 하늘과 땅이 크게 진동하고 삼천대천세계는 밝지 않은 곳이 없었다. 제석천왕과 범천왕과 사천왕은 그의 관속인 여러 용·귀신·야차·건달바·아수라 등과 함께 와서 호위하였다. 용왕의 형제인 가라와 울가라는 왼편에서 따스한 물을 내리고 오른편에서 찬물을 내렸다. 제석천왕과 범천왕은 하늘 옷을 가져와 태자를 감쌌다. 하늘은 꽃과 향을 비 오듯 뿌리고 기악을 울리며 쬐이는 향·사르는 향·가루 향·물 향 등을 허공에 가득 채웠다.

부인은 태자를 안고서 교룡거(交龍車)를 타고 당기와 번기와 풍악이 인도하고 뒤따르는 가운데 궁으로 돌아왔다.

왕은 태자가 탄생하였음을 듣고 뛸 듯이 기뻐하며 대중과 백관과 여러 신하와 범지 · 거사 · 장자 및 관상가와 함께 나가서 마중하였다. 왕이 탄 말의 발이 땅에 닿자 흙 속에 묻혀 있던 오백 가지 보배들이 한꺼번에 튀어나와 함께 가던 이들이 크게 이익을 얻었다.

모여 있던 관상을 보는 범지들은 '만세'를 널리 외치며 태자의 이름을 '싯다르타'라고 지었다. 왕은 제석천왕 · 범천왕 · 사천왕 등 여러 천신과 용 · 신 등이 공중에 가득 찼음을 보고 공경하는 마음으로 숙연해져 자기도 모르게 말에서 내려와 태자에게 예배하였다.

성문에 이르기 전에 관상을 보는 범지들은, "길옆의 신을 모시는 사당은 나라에서 받드는 곳이니, 태자를 데리고 가서 신상에 예배드려야 할 것입니다."라고 하였다. 곧 태자를 안고 사당으로 들어가니, 신의 형상이 모두 거꾸로 넘어졌다.

이에 관상가들과 모든 대중은 놀라 말하였다.

"태자야말로 참으로 신령하고, 진실로 미묘한 분이시다. 거룩한 덕에 감화되어 천신들이 귀의하는구나."

그들은 모두 태자를 가리켜 '가장 높은 천신'이라고 하였다.

그가 궁으로 돌아오자 하늘에서 서른두 가지의 상서로운 감응을 내렸다. 첫째, 땅이 크게 움직이고 언덕이 모두 평평해졌다. 둘째, 길과 거리가 저절로 깨끗해지고 더러운 냄새가 나던 것이 향기로운 냄새로 바뀌었다. 셋째, 나라 안의 마른 나무에서 모두 꽃과 잎이 피어났다. 넷째, 동산에서 저절로 기이하고 단 과일이 열렸다. 다섯째, 육지에서 연꽃이 나와 크기가 마치 수레바퀴 같았다. 여섯째, 땅속에 묻혀 있던 보배들이 모두 저절로 튀어나왔다. 일곱째, 창고 안에 있는 보물들이 밝은 광명을 드러냈다. 여덟째, 상자에 준비해둔 옷들이 저절로 옷걸이에 걸렸다. 아홉째, 모든 강물이 흐름을 멈추고 맑고 깨끗해졌다. 열째, 바람이 그치고 구름이 걷히면서 하늘이 깨끗하고 맑아졌다.

열한째, 사방의 하늘에서 가는 줄기의 향수가 비 오듯 내렸다. 열두째, 밝은 달과도 같은 신령스런 구슬이 전당(殿堂)에 걸렸다. 열셋째, 하늘이 밝아져 촛불이 필요 없어졌다. 열넷째, 해와 달과 별이 모두 멈춰 서서 가지 않았다. 열다섯째, 유성이 나타나서 태자의 탄생을 모셨다. 열여섯째, 하늘의 맑은 보배 일산이 궁전 위를 완전히 덮었다. 열일곱째, 팔방의 신들이 보배를 받들고 와서 바쳤다. 열여덟째, 하늘의 온갖 맛있는 음식이 저절로 앞에 나타났다. 열아홉째, 보배 항아리마다 감로(甘露)가 넘쳐흘렀다. 스무째, 천신이 칠보로 장식한 수레를 끌고 왔다.

스물한째, 오백 마리의 흰 아기 코끼리가 저절로 전각 앞에 늘어서 있었다. 스물둘째, 오백 마리의 흰 아기 사자가 설산에서 나와 성문에 늘어서 있었다. 스물셋째, 아름다운 천상의 여인들이 궁녀들의 어깨 위에 모습을 드러냈다. 스물넷째, 용왕의 딸들이 궁성을 빙 둘러 서 있었다. 스물다섯째, 천상의 일만 옥녀가 공작털로 만든 불자(拂子)를 들고 궁성의 담 위에 나타났다. 스물여섯째, 천상의 여인들이 황금 병에 향 즙을 담아 들고 줄을 서서 공중에서 모셨다. 스물일곱째, 음악의 신들이 모두 내려와 동시에 연주하였다. 스물여덟째, 지옥의 모든 고통이 멈추었다. 스물아홉째, 독벌레가 숨어 버리고 상서로운 새들이 지저귀며 날아다녔다. 서른째, 고기잡이나 사냥으로 인한 원한과 증오가 일시에 자애로운 마음으로 되었다.

서른한째, 나라 안에서 부인들이 아이를 낳으면 모두가 사내아이였고, 귀머거리 · 맹인 · 벙어리 · 곱사등이 · 그 밖의 온갖 질병이 모두 나았다. 서른둘째, 나무의 신[樹神]이 사람으로 나타나 예배하고 시중들었다. 이에 열여섯의 큰 나라에서는 사람들이 일찍이 없던 매우 기이한 일이라고 찬탄하였다.

이때 향산(香山)에 있던 아시타 선인은 한밤중에 깨어나 보니, 하늘과 땅이 크게 진동하고 예사롭지 않은 광명이 밝게 비추고 있었다. 산중에 있는 우담바라꽃에서 사자왕이 태어나 땅으로 내려와 일곱 걸음을 걸어가 머리를 들고 포효하니, 사방으로 소리가 십 리까지 울려 퍼졌다. 그러자 날짐승 · 길짐승과 날거나 기거나 꿈틀거리는 동물들이 두려워하며 엎드리지 않는 것이 없었다.

이에 아시타는 생각하였다. '세간에 부처님이 계셔야 이런 상서로움이 나타나는 것이다. 지금 세상은 다섯 가지로 혼탁하여 악이 왕성한데, 어째서 이런 상서로운 징조가 있는 것일까?'

그는 날이 밝자 카필라국으로 날아갔다. 성에 도착하기도 전에 사십 리 밖에서 갑자기 땅으로 떨어지고 말았다. 그는 매우 놀라면서도, '이것은 의심할 여지없이 부처님이 계신다는 징조이다' 하고 기뻐하며 궁전의 문으로 걸어갔다.

이에 문지기가 왕에게 말씀드렸다.

"아시타께서 문에 와 계십니다."

왕은, '아시타께서는 항상 날아다니시는데, 지금은 어찌하여 문에 계시면서 들겠다고 알리시는 것일까' 하고 놀라며 즉시 나가서 예배하고 영접하였다.

그가 목욕을 마치자 왕은 새 의복을 드리며 문안하였다.

"오늘은 어인 일로 몸소 왕림하신 것인지요?"

"대왕의 부인께서 태자를 출산하셨다 하여 살펴보러 왔습니다."

그러자 왕은 시녀에게 명하여 태자를 안고 나오게 하였다.

"태자는 지금 곤히 잠이 드셨습니다."

시녀의 말에 아시타는 기뻐하면서 게송으로 말하였다.

대웅(大雄)께서는 늘 스스로 깨달았고
깨치지 못한 이들을 깨우치게 하였으며
겁을 지나면서도 잠들어 눕지 않았거늘
어찌 잠을 잔다 하겠습니까.

이에 시녀가 태자를 안고 나와 아시타에게 절을 시키려 하였으나, 아시타는 깜짝 놀라 일어나더니 태자의 발에 예배하는 것이었다. 국왕과 신하들은 국사(國師)인 아시타가 태자에게 공경히 예배함을 보고 당황하면서도 지극히 높으신 분임을 알아차리고서 태자의 발에 이마를 대어 예배하였다.

아시타는 백 명의 장사를 돌려 엎는 것과 같은 날쌘 힘으로 태자를 받아 안으니, 태자의 근육과 뼈가 따라 움직였다. 이에 삼십이상 팔십종호의 상서로운 모습이며 몸은 금강과도 같고 아주 미묘하여 헤아리기 어려움을 보고, "모두가 비기 참서에서와 같구나. 의심할 것도 없이 반드시 부처님이 되실 것이다."라고 말하며 눈물을 흘렸다.

그가 목이 메어 슬퍼하며 말을 못하자 왕은 당황해하며 물었다.

"태자에게 상서롭지 못한 일이라도 있습니까? 어려워 마시고 길하거나 흉하거나 말씀해 주십시오."

아시타는 슬픔을 억누르며 게송으로 말하였다.

이제 큰 성인이 태어나셨으니
세상의 모든 재난 없어질 텐데
나 자신은 복이 없어서

칠 일 후면 죽게 됨을 슬퍼합니다.

신통 변화로 법을 설하여
세간에 법비 내림도 보지 못한 채
이제 태자와 이별하게 되었으니
그 때문에 스스로 슬퍼서 웁니다.

이에 태자는 손을 들며 말하였다.

다섯 갈래[五道]와 시방의 사람들을
나는 남김없이 교화하여
모두가 그 자리를 얻게 하리라.

본래 나의 서원은
일체 유정을 제도하는 것이니
한 사람이라도 도를 얻지 못하면
나는 열반에 들지 않으리라.

이에 아시타가 기뻐하며 거듭 태자의 발에 예배하니, 숫도다나 왕은 두려움이 사라졌다.

왕은 기뻐하며 게송으로 말하였다.

태자에게 어떠한 상서로운 모습이 있으며
그 모습에는 어떠한 복이 있고
세상을 어떻게 다스릴 것인지

저에게 낱낱이 말씀해 주십시오.

아시타 선인은 게송으로 왕에게 대답하였다.

지금 태자의 몸을 살펴보니
황금 빛깔에 뜻이 견고하여
위없는 금강저(金剛杵)로
탐욕의 산을 찧어 부수리다.

거룩한 분의 몸매 원만히 갖추시어
발바닥은 바르고 평평하시니
나라에 계시면 늘 태평하게 다스리고
출가하면 등정각을 얻으리다.

손발에 수레바퀴 형상 나타나고
그 형상에는 천 개의 바퀴살이 있으니
법의 바퀴 굴리실 부처님으로서
삼계의 높으신 이 되리다.

사슴의 장딴지에 용의 넓적다리며
남근은 말처럼 감추어져 있어
보기에 싫어함이 없으니
가르침도 청정하리다.

가늘고 긴 팔과 손가락이며

부드러운 손에는 물갈퀴가 있어
법은 오래 가리니
천 년 동안 세상에서 가르치리다.

살갗과 털은 부드럽고 가늘며
오른 편으로 말리고 먼지 묻지 않으며
쇄골은 황금 빛깔이니
외도를 항복시키리다.

반듯한 몸에 사자의 가슴이며
전신을 둘러보아도 굽은 데가 없고
똑바로 서면 손이 무릎을 지나니
일체가 예배하리다.

몸의 일곱 군데는 원만하고
천 명의 힘으로 적을 당해내리니
보살이 전생부터 지어 온 행으로
원한과 미워함이 없으리다.

입안에 난 마흔 개의 치아는
바르고 희며 가지런하여
감로법으로 중생을 이끄시니
일곱 가지 보배가 있으리다.

뺨은 마치 사자의 뺨과 같으며

네 어금니엔 만(萬)자가 드러나
부처님의 덕은 천하에 나타나리니
삼세가 넉넉하리다.

여러 가지 맛을 차례로 맛볼 때
먹는 것마다 그 맛을 아니
법의 맛을 갖추어서
모든 중생에게 베풀어 주시리다.

넓은 혀는 마치 연꽃과 같아서
입에서 내밀면 얼굴을 덮고
갖가지 음성을 듣는 이는
감로와 같이 여기리다.

말씀하시는 음성은 난새의 소리와 같고
경전을 외우시면 범천을 지나리니
법을 말씀하실 때에는
몸이 편안해지고 마음은 고요해지리다.

눈동자는 감청색으로
세상을 자애로운 마음으로 살피시니
천신과 사람들이
부처님을 뵈올 적에 싫어함이 없으리다.

정수리에는 살상투가 솟아 있고

머리칼은 검푸른 유리 빛이니
일체 중생을 제도하고자 하시므로
법이 융성하리다.

얼굴빛은 마치 보름달과 같고
그 모습 막 피어난 꽃과 같으며
눈썹 사이에 난 털은
희고 깨끗하여 밝은 구슬 같습니다.

왕은 그가 관상에 능한 줄을 잘 알고 있었으므로, 태자를 위하여 사계절의 궁전을 지어 봄 · 여름 · 가을 · 겨울 동안에 각각 처소를 달리하게 하였다. 그 궁전 앞에는 단 과일나무가 줄지어 심어 있고, 나무들 사이에는 칠보로 된 목욕하는 연못이 있었으며, 연못 안의 기이한 꽃들은 색색으로 저마다 달라서 마치 천상의 꽃과 같았고, 물에서 사는 새들은 수천 가지였다.

궁성은 단단하고, 칠보의 누각에는 방울과 당기 · 번기를 달았으며, 그 문을 여닫는 소리는 사십 리까지 들렸다. 또한, 온화하고 예의를 갖춘 오백 명의 기녀를 가려 뽑아, 태자를 공양하고 즐겁게 하면서 기르도록 하였다.

태자가 탄생하던 날, 나라 안의 팔만 사천 장자들이 아이를 낳았는데, 모두가 사내아이였다. 팔만 사천의 마구에서 말이 망아지를 낳았는데, 그 중 한 마리는 특이하여 털 빛깔이 매우 희고 갈기에는 구슬이 달려 있었기에, 이름을 칸타카라 하였다. 코끼리를 기르는 곳에서도 팔만 사천의 흰 코끼리가 태어났는데, 그중 한 마리는 일곱 군데가 평평하고 갈기 끝에는 구슬이 달려 있으며 여섯 개의 어금니가 있었기에, 이름을 백상보

(白象寶)라 하였다. 그리고 흰 말에 딸린 마부의 이름은 찬다카였다.

태자가 탄생한 지 칠 일 만에 그의 어머니는 목숨을 마쳤는데, 천신과 인간의 스승을 잉태한 위대한 공덕으로 도리천에 다시 태어났다.

한편, 태자는 궁중에 있으면서 시끄러움을 좋아하지 않아 한가하고 고요한 것만을 생각하였다.

왕이 시녀에게 물었다.

"태자는 즐거워하느냐?"

"때에 맞추어 공양을 올리고 풍악을 울리는데도, 태자를 자세히 살펴보면 기뻐하거나 즐거워하지 않습니다."

왕은 근심하고 걱정하여 곧 신하들을 불러 말하였다.

"아시타 선인께서 관상을 보며 말씀하기를, 반드시 부처님의 도를 이룰 것이라고 하셨는데, 어떤 방편을 써야 태자를 머무르게 하고 도에 뜻을 두지 않게 하겠는가?"

"글을 가르쳐 오직 글에만 뜻을 매어 두도록 해야 할 것입니다."

한 신하의 제안에 왕은 곧 오백 명의 시종과 함께 스승을 찾아가게 하였다.

스승은 태자가 왔다는 말을 듣고 즉시 나가 예배하고 영접하니, 태자가 신하에게 물었다.

"무엇 하는 분이십니까?"

"국왕에게 글을 가르치는 스승입니다."

"잠부디파의 글에는 무릇 예순네 가지가 있습니다. 지금 어느 글로써 저를 가르치시겠습니까?"

범지는 당황하며 태자에게 대답하였다.

"예순네 가지라 하는데, 나는 아직 들어 본 일이 없습니다. 다만 두 가지의 글만을 가지고 백성들을 가르쳤습니다."

그리고 그는, "그에 미치지 못했음을 용서하소서."라고 하며 즉시 귀의하였다.

3. 재주를 시험하는 품(試藝品)

이에 태자는 관속들과 함께 즉시 궁전으로 돌아왔다. 그의 나이 열일곱이 되자 더욱더 기묘한 재주가 나타났지만, 기뻐하거나 즐거워하는 일 없이 밤낮으로 근심하며 언제나 출가만 생각하였다.

그때 왕은 그의 시종에게 물었다.

"태자는 어떻게 지내느냐?"

"태자는 날마다 근심하며 야위어만 가고, 기뻐하거나 즐거워하는 일이 없습니다."

왕은 근심하며 다시 여러 신하를 불러 물었다.

"태자가 근심만 하고 있다 하니, 이제 어떻게 해야 하겠소?"

신하들은 저마다 말하였다.

"병법과 기마술을 익히게 하십시오."

"격투기와 활쏘기와 말타기를 익히게 하십시오."

"나라를 순행하면서 유람하게 하여 그 뜻이 흩어지게 하십시오."

그때 어느 한 대신이 말하였다.

"태자께서는 이미 장성하였으니 아내를 맞이하게 하여 그 뜻을 돌리게 하십시오."

이에 왕은 태자를 위하여 이름 있는 여인을 고르려 하였으나 마음에 맞는 이가 없었다. 그런데 작은 나라의 왕 선각(善覺)에게 야소다라라는 딸이 있었다. 그녀는 단정하고 맑고 깨끗하여 천하에서 짝할 이가 없었다. 여덟 나라의 왕이 모두 아들을 위하여 구혼하였지만 모두 허락을 얻지 못하였다.

숫도다나 왕은 이 말을 듣고 선각 왕을 불러 말하였다.

"나는 태자를 위하여 그대의 따님에게 장가를 들이고자 하오."

"지금 딸에게는 어머니가 있고 신하들과 국사(國師) 범지도 있으므로 그 일이 마땅한지 알아보고 따로 말씀드리겠습니다."

선각 왕은 돌아가서 근심하고 불안해하면서 음식조차 먹지 못하자, 딸이 부왕에게 여쭈었다.

"몸이 불편하시거나 무슨 언짢은 일이라도 계신지요?"

"너 때문에 내가 근심하고 있다."

"어찌하여 저 때문이라 하십니까?"

"여러 국왕이 와서 너에게 청혼하였지만 나는 모두 허락하지 않았다. 그런데 이제 숫도다나 왕이 태자를 위하여 너에게 청혼하였다. 만약 허락하지 않으면 아마도 벌을 내릴 것이고, 마음에 든다 하여 허락하면 다른 나라들에게 원한을 살 것이다. 그 때문에 근심하는 것이다."

이에 딸이 말하였다.

"아버님께서는 마음을 편히 하십시오. 이 일은 간단합니다. 제가 칠 일 후에 성문에 나아가 스스로 결정하겠습니다."

선각 왕은 그렇게 하도록 허락하고서 숫도다나 왕에게 알렸다.

"딸이 칠 일 후에 직접 나가 나라 안에서 무예와 기예가 가장 뛰어난 용감한 이로 정하겠다고 하니, 그렇게 해야겠습니다."

숫도다나 왕은 생각하였다. '태자는 궁에 있으면서 일찍이 그것들을 익혀 본 일이 없는데, 이제 재주를 시험한다 하니 어떻게 하면 좋을까?'

그날이 되자 야소다라는 오백 명의 시녀를 데리고 성문 위로 나아갔다. 여러 나라의 재주 있는 이들이 각지에서 구름처럼 모여들자 야소다라가 말하였다.

"가장 미묘한 재주와 예법과 음악을 갖춘 이를 보고 나서야 응하겠습니다."

그러자 왕은 신하들에게 명하였다.

"경기장에 나가서 여러 재주를 관전하겠다."

그리고 슛도다나 왕은 우다이에게 말하였다.

"태자에게, '너의 아내를 맞이하려 함이니, 뛰어난 재주를 드러내야 할 것이다'라고 전하라."

우다이는 분부를 받고 태자에게 가서 말하였다.

"왕께서 태자비를 맞이하고자 예법과 음악을 겨루도록 한 것이니, 경기장으로 나가셔야합니다."

태자가 곧 우다이와 난다 · 데바닷타 · 아난 등 오백 명과 함께 예법 · 음악 · 활쏘기 등의 재주 겨루는 도구를 가지고 성문을 나가려는데 코끼리 한 마리가 있었다. 힘이 세다고 뽐내는 데바닷타가 먼저 성문을 나가 문을 막고 있는 코끼리를 보자 한 주먹에 쳐서 즉사시켰다. 잠시 후 난다가 와서 길옆으로 끌어다 놓았다.

뒤에 태자가 와서 그의 시종에게 물었다.

"누가 코끼리를 죽였느냐?"

"데바닷타가 죽였습니다."

"누가 다시 옮겼느냐?"

"난다입니다."

이에 태자가 인자하게 천천히 코끼리를 어루만지다가 들어서 성 밖으로 던지자, 코끼리는 곧바로 다시 소생하여 본래와 같아졌다.

경기장에 도착한 데바닷타는 여러 장사와 씨름을 하였다. 이름 있고 힘이 센 이들이 모두 참패를 당하여 그를 당해낼 자가 없었다.

왕이 그의 시종에게 물었다.

"누가 이겼느냐?"

"데바닷타가 이겼습니다."

왕이 난다에게 말하였다.

"너와 데바닷타 두 사람이 씨름을 해보아라."

난다는 분부를 받고 즉시 씨름을 하였는데, 데바닷타는 단번에 넘어지면서 기절하여 물세례를 받고 나서야 겨우 깨어났다.

왕이 다시 누가 이겼는지 물으니, 시종은 난다가 이겼다고 대답하였다. 이에 왕은 난다에게 말하였다.

"태자와 결판을 지어보아라."

"형님이야말로 마치 수미산과 같고, 저 난다는 겨자씨와 같아서, 참으로 그와 겨룰 상대가 못 됩니다."

난다는 왕에게 사양하면서 물러갔다.

다시 활쏘기로 결정하고서 먼저 일곱 개의 쇠북을 십 리마다 하나씩 놓았다. 유명한 사수들이 쏜 화살의 힘은 대단하였지만, 첫 번째 북에도 미치지 못하였다. 데바닷타가 쏘자 첫 번째 북을 뚫고 나가 두 번째 북을 맞추었다. 난다가 쏜 화살은 두 개의 쇠북을 뚫고 나가 세 번째 북을 맞추었다. 나머지 사수들은 미칠 수 있는 이조차 없었다.

태자가 앞으로 나아가 쏘려 하였지만, 활을 당기면 모두 꺾어지고 손에 맞는 것이 없으므로 그의 시종에게 말하였다.

"나의 선조께서 쓰시던 활이 있는데, 지금 천신을 모시는 사당에 있으니 가서 가지고 오너라."

곧 가서 활을 가져오려는데 두 사람이 있어야 감당할 수 있을 정도였기에 여러 사람에게 주어 보았지만 들 수 있는 이가 없었다.

태자가 활에 시위를 매자 활 소리가 마치 천둥소리 같았다. 대중들에게 그것을 주었지만 활줄을 당길 수 있는 이가 없었는데, 태자가 활줄을 잡아당겼다가 튕기자 소리가 사십 리까지 들렸다. 활에 화살을 먹여 쏘았더니 일곱 개의 북을 꿰뚫고 지나갔다. 다시 쏘자 북을 뚫고 땅속으로 들어가니, 샘물이 솟아 나왔다. 세 번째 쏘자 북을 꿰뚫고 철위산에 닿았다. 이에 모든 대중은 전에 없던 일이라고 찬탄하였으며, 재주를 겨루러 왔던 이들은 모두 참패를 당하여 부끄러워하면서 떠나갔다.

맨 나중에 어떤 힘 센 사람이 왔는데, 씩씩하고 건장하여 예사롭지 않았다. 그 용맹함은 세상에서 뛰어나 데바닷타나 난다는 겨룰 상대도 못 되었고 오직 태자만이 함께 재주를 겨룰 만하였다.

굴욕을 당하고 떠나가던 이들이 자세히 보더니, '보복할 수 있겠다' 하고 뛸 듯이 기뻐하며 그 힘센 사람에게 말하였다.

"그대의 뛰어난 용맹은 세상에서 당해낼 자가 없겠소. 힘대로 한다면 이길 것이니, 반드시 뜻대로 될 것이오."

모두 그를 따라 다시 돌아와서 태자와의 승부를 지켜보았다.

데바닷타와 난다가 자신의 위엄과 용맹을 떨치며 곧 앞으로 나아가 겨루려 하자 태자가 만류하며 말하였다.

"이자는 사람이 아니라 괴력을 지닌 마왕이다. 그대들로서는 제압할 수 없고 반드시 굴욕을 당하리니, 내가 상대하겠다."

부왕은 이 말을 듣고, '태자가 어려서 몹시 걱정되고 두렵구나' 하였고, 와서 구경하던 이들도 마왕이 태자를 이길 것이라고 생각하였다.

그때 그 힘센 사람이 땅을 차며 날쌔게 일어나서 팔을 뻗어 손을 올리더니 앞으로 나아가 태자를 거머잡으려 하였다. 바로 그때 태자가 그를 붙잡아 냅다 쳐서 땅에 거꾸러뜨리니, 땅이 크게 진동하였다. 이에 모여 있던 이들은 거듭 굴욕을 당하자 뿔뿔이 흩어져 사라졌다.

태자가 뛰어난 승리를 거두었기에, 종을 치고 북을 두드리며 거문고를 타고 노래 부르며 궁으로 돌아갔다.

우다이가 선각 왕에게 말하였다.

"태자의 재주야말로 모든 분야에서 특출한데, 따님 야소다라는 지금 어디에 있습니까?"

"오백 명의 시녀를 데리고 성문 위에 있습니다."

우다이가 태자에게 말하였다.

"기이하고 특이한 일을 내보여야 하실 것입니다."

이에 태자는 구슬 목걸이[瓔珞]를 벗어 멀리 던지려 하자, 우다이가 태자에게 말하였다.

"여인들이 매우 많은데, 지금 누구에게 던져 주시렵니까?"

"구슬 목걸이가 목에 걸리는 바로 그 사람이다."

그가 곧 목걸이를 던지자 바로 야소다라의 목에 걸리니, 여인들이 모두 찬탄하였다.

"미묘하구나! 매우 기이하고도 특이하여 세상에서 있기 드문 일이다."

이에 선각 왕은 엄숙하게 갖추어서 딸을 전송하여 태자의 궁전으로 보냈다.

기녀와 시중드는 여인들이 무릇 이만이나 되었고 밤낮으로 즐길 만한 세상에서 가장 뛰어난 음악이 있었지만 태자는 기쁘게 여기지 않았고, 언제나 그것들을 버리고 고요히 도업을 닦으며 중생을 제도하고자 하였다.

왕이 그의 시종에게 물었다.

"태자가 비(妃)를 맞이한 이래 생각이 어떻더냐?"

"근심하고 언짢아하며 몸은 점점 야위어 전보다 못합니다."

왕은 근심하며 즉시 신하들을 불러 말하였다.

"태자가 기뻐하지 않는데 어떻게 해야 하겠소?"

신하들은 의논하여 말하였다.

"다시 아내를 맞아들이게 하고 기악을 한층 더 울린다면, 뜻을 돌려 세간의 일을 즐기게 될 것입니다."

이에 즉시 또 아름다운 여인들을 아내로 맞이하게 하였는데, 첫째가 중칭미(衆稱味)이고, 둘째가 상락의(常樂意)였다.

한 부인마다 이만의 시중드는 궁녀가 있었으니, 세 부인에게 모두 육만의 궁녀들이 있었다. 그들은 단정하고 아름다워 천녀(天女)들과 다름이 없었다.

왕은 야소다라에게 물었다.

"지금 육만의 궁녀들이 태자를 위하여 풍악을 울리고 공양을 올리는데 태자는 즐거워하느냐?"

"태자는 이른 아침부터 늦은 밤까지 오로지 도에 뜻을 두기 때문에 욕락(欲樂)을 생각조차 하지 않습니다."

왕은 이 말을 듣고는 근심하면서 신하들을 다시 불러 함께 의논하였다.

"지금 태자에게 베풀고 있는 것은 세상에서 더할 나위 없이 진귀하고도 기이한 것들이오. 그런데도 뜻을 한 곳에 두고 기뻐하거나 즐거워하지 않는다니, 아시타 선인의 말씀대로 되는 것은 아니오?"

신하들이 대답하였다.

"육만의 궁녀면 세상에서는 최상의 즐거움인데, 그것이 태자를 기쁘게 하지 못한다면 밖으로 나가 유람하며 나라를 다스리는 일을 살피게 하여 도의 뜻을 흩어지게 해야 할 것입니다."

수행본기경 하권

4. 유람하는 품(遊觀品)

왕은 태자에게 말하였다.

"다니면서 유람이나 하여라."

이에 태자는 생각하였다. '오랫동안 깊은 궁전에 있으니 나가서 유람하고 싶었는데, 참으로 그 소원을 이루게 되었구나.'

왕은 온 나라에 칙명을 내려 태자가 나가 노닐게 될 거리마다 빈틈없이 정돈하고, 물을 뿌려 쓸며, 향을 사르고, 비단 번기와 일산을 달아 매우 산뜻하고 깨끗하게 하도록 하였다. 또한, 천 대의 수레와 일만 명의 기병이 태자를 인도하고 따르도록 하였다.

동쪽 성문을 막 벗어나기 시작하였을 때, 수타회천의 난디팔라는 태자를 빨리 출가시켜 온 세계를 구제하게 하고, 타오르는 세 가지 번뇌[三毒]의 불에 법비를 내려 번뇌의 불을 끄게 하려 하였다.

이에 난디팔라는 노인으로 화현(化現)하여 길옆에 쭈그리고 앉아 있었다. 머리는 희고, 이는 빠지고, 살갗은 늘어지고, 얼굴은 주름지고, 몸은 야위고, 등은 굽고, 뼈마디는 휘어져 있었다. 눈물과 콧물과 침이 뒤섞여 흐르고, 숨은 차서 헐떡거리며, 몸의 빛깔은 검고, 머리와 손은 흔들리고, 몸은 벌벌 떨리며, 대소변은 저절로 흘러나오는 채로 길 위에서 앉았다

누웠다 하므로 태자가 물었다.

"이는 어떤 사람인가?"

이에 천신은 태자의 시종을 깨우쳐 주어 말하게 하였다.

"늙은 사람입니다."

"무엇을 늙음이라 하느냐?"

"늙음이란, 나이가 들어서 감관이 무르게 되고, 모습이 변하고, 혈색은 없어지며, 기운은 약해지고, 힘이 없는 것입니다. 음식은 소화가 안 되고, 뼈마디는 떨어져 나가려 하고, 앉고 일어나려면 남의 도움이 필요하고, 눈과 귀는 멀고, 문득 돌아서면 곧 잊어버리며, 말을 하면 갑자기 슬퍼지고, 목숨이 얼마 남지 않았기 때문에 늙음이라 합니다."

태자는 탄식하며 말하였다.

"사람으로 세상에 사는 데에 이런 늙음이라는 근심이 있었구나. 어리석은 사람이야 탐내고 애착하겠지만 어찌 좋아할 수 있겠는가. 만물은 봄에 나서, 가을과 겨울이 되면 시들고 마른다. 늙음에 다다름도 마치 번개와 같으니 어찌 몸이 편안하리라 믿겠는가."

태자는 탄식하며 게송으로 말하였다.

늙으면 빛깔이 쇠하고
병이 들면 윤기가 없어지고
피부는 늘어지고 쭈그러들어
죽음이 가까이 다가오누나.

늙으면 모습이 변하여
마치 낡은 수레와 같을 것이니
법은 능히 괴로움 없앨 수 있으므로

마땅히 힘써 배워야 하리.

목숨은 밤낮으로 다하려 하므로
언제나 부지런히 힘써야 하리.
세간의 진리는 덧없는 것이므로
미혹하여 어둠 속에 떨어지지 말아야 하리.

배우고자 하는 마음의 등불을 켜고
스스로 익히면서 지혜를 구하여
번뇌를 떠나 더러움에 물들지 말며
촛불을 밝혀 도의 경지를 살피리라.

이에 태자는 즉시 수레를 돌려 궁으로 돌아왔다. 그는 모든 것에는 이러한 큰 근심이 있음을 가엾이 여겨 근심하며 즐거워하지 않았다.

왕이 시종에게 물었다.

"태자가 나가 노닐다가 무엇 때문에 빨리 돌아왔느냐?"

"길에서 노인을 보고는 마음이 아프고 편하지 않아 궁으로 돌아왔는데 아직도 근심하고 계십니다."

해가 바뀌어 다시 유람하고 싶어 하자, 왕은 온 나라에 칙명을 내려 태자가 나가 노닐게 될 곳마다 냄새나고 더러운 것들을 금하여 길옆에 두지 못하게 하였다.

태자가 수레를 타고 남쪽 성문 밖으로 나가자, 천신(天神)이 병든 사람으로 화현하여 길옆에 있었다. 그의 몸은 파리하고 배는 불룩하고 몸은 누렇게 뜬 채 기침을 하고 구역질을 하였다. 온갖 마디는 몹시 쑤시고, 아홉 구멍은 문드러져 부정(不淨)한 것이 저절로 흘러나와 몸을 적시고 있었다. 눈으로는 빛깔을 보지 못하고, 귀로는 소리를 듣지 못한 채 신음하면서 숨 쉬고 있었다. 손발로는 허공을 더듬으며 '아버지, 어머니'를 부르짖고 처자식을 그리워하며 슬퍼하고 있었다.

태자는 시종에게 물었다.

"이는 어떤 사람인가?"

"병든 사람입니다."

"무엇을 병이라 하느냐?"

"사람의 몸은 땅·물·불·바람의 네 가지 요소로 이루어져 있습니다. 그 각각의 요소에는 백한 가지 병이 있어서 모두 합하면 사백네 가지가 되는데, 이러한 병들이 모여 한꺼번에 일어날 수도 있습니다. 이 사람은 틀림없이 극도로 춥거나 더웠고, 극도로 굶주리거나 배불리 먹었으며, 극도로 마시거나 목마르는 등 때와 자리를 잃어버렸으며, 눕고 일어나는 것이 불규칙하여 이러한 병에 걸린 것입니다."

태자는 탄식하며 말하였다.

"나는 부귀하게 살면서 세상에서 지극히 값진 음식으로 입을 상쾌하게 하고 마음을 제멋대로 하면서 오욕락(五欲樂)에 빠져 있어 스스로 깨닫지 못하였구나. 내게도 역시 이러한 병이 있을 텐데 그와 무엇이 다르겠는가."

이에 태자는 게송으로 말하였다.

이 몸이야말로 단단하지 않구나.
언제나 네 가지 요소와 함께하고
아홉 구멍에서는 부정한 것이 흐르며
늙음이 있고 병이 있도다.

천상에 태어남도 모두 덧없고
인간은 늙음과 병듦의 근심거리이며
몸을 살펴보니 마치 물거품 같으니
세간에서 무엇을 즐길 수 있으리.

이에 태자는 수레를 돌려 궁으로 돌아와서도 일체에게 이러한 큰 근심거리가 있음을 생각하고 있었다.

왕이 시종에게 물었다.

"태자가 나가서 노닐었는데, 이번에는 어떻더냐?"

"병든 사람을 만나고서는 이를 안타까워했습니다."

해가 바뀌어 다시 유람하고 싶어 하자, 왕은 온 나라에 칙명을 내려 태자가 나가 노닐게 될 곳은 평평하게 다지고 냄새나는 것은 길 가까이에 두지 못하게 하였다.

태자가 서쪽 성문 밖으로 나가자, 천신이 화현하여 죽은 사람으로 나타났다. 상여를 메고 성을 나가는데 집안사람들이 따르면서 천신을 부르며, "어째서 우리를 버리고 영원히 이별한단 말이오!" 하고 통곡하니, 이에 태자가 시종에게 물었다.

"이는 어떤 사람인가?"

"죽은 사람입니다."

"무엇을 죽음이라 하는가?"

"죽음이란, 수명이 다하여 정신이 떠나가는 것입니다. 네 가지 요소가 흩어지려 하면 혼신(魂神)이 편안하지 못합니다. 바람의 요소가 떠나가서 숨이 끊어지고, 불의 요소가 소멸하여 몸이 차가워집니다. 바람이 먼저 떠나고 불이 그 다음이며, 다시 혼령이 떠나 신체는 뻣뻣해지고 더 이상 아는 것이 없게 됩니다.

열흘이면 살은 무너지고, 피가 흐르며, 살갗은 곪고 부풀어 오르고 문드러져 냄새가 나서 취할 만한 것은 하나도 없게 됩니다. 몸속에는 벌레가 있는데, 그 벌레가 도리어 그 몸을 뜯어 먹습니다. 힘줄이나 핏줄은 문드러져 다하게 되고, 뼈마디는 흩어져서 해골은 저마다 있는 곳이 다르며, 척추·옆구리·어깨·팔·넓적다리·종아리와 발가락도 저마다 제 자리에서 떨어져 나가 날짐승·길짐승이 와서 다투어 뜯어 먹습니다. 천신이나 용·귀신·제왕·백성 그리고 가난하거나 부자거나, 귀하거나 천하거나, 이 환난만은 면할 자가 없습니다."

이에 태자는 길게 탄식하며 게송으로 말하였다.

늙음·병듦·죽음을 자세히 살피면서
나는 마음으로 길게 탄식하노라.
인생에는 영원한 것이 없으니
나의 몸도 당연히 그러하리라.

이 몸이 죽게 되면
정신도 그 형상이 없을 것이나
가령 죽었다 다시 태어난다 하더라도
죄와 복은 없어지지 아니하리라.

한 세상으로 끝날 것이 아니건만
어리석어서 오래 살기를 애착하니
이로 인해 괴로움과 즐거움을 받으며
몸은 죽어도 정신만은 없어지지 않으리라.

허공도 아니요 바닷속도 아니며
산이나 돌 틈에 들어가도 안 되리니
죽음을 벗어나서 더 이상 받지 않을 곳
그 어디에도 없어라.

이에 태자는 즉시 수레를 돌려 궁으로 돌아왔다. 그는 중생들에게 늙고 병들고 죽는 괴로움의 큰 근심거리가 있음을 가엾이 여겨 근심하며 먹지도 못하였다.

왕이 시종에게 물었다.

"태자가 나가 노닐면서 과연 즐거운 일이 있었더냐?"

"죽은 사람을 만나고서 번민하고 계십니다."

해가 바뀌어 다시 유람하고 싶어 하자, 수레를 준비시켜 북쪽 성문 밖으로 나갔다. 그때 천신이 다시 사문(沙門)으로 화현하여 나타났다. 그는 법복을 입고 발우를 지니고 차분히 걸으며 눈을 앞에서 떼지 않았다.

이에 태자가 시종에게 물었다.

"이는 무엇을 하는 사람인가?"

"사문입니다."

"어떤 이를 사문이라 하느냐?"

"사문은 도를 닦는 이라 들었습니다. 집과 처자를 떠나 애욕을 버리고 육정(六情)을 끊었으며, 계율을 지켜 번뇌를 일으키는 일을 하지 않습니다. 일심(一心)을 얻으면 만 가지 삿됨이 멸하게 됩니다. 일심의 도를 아라한이라 하는데, 아라한이란, '진리를 통달한 사람[眞人]'이어서 소리와 색에 물들지 않고 영화스런 지위에도 굽히지 않으니, 동요시키기 어려움이 마치 땅과 같습니다. 그는 이미 근심과 괴로움을 벗어났으며, 나고 죽음으로부터 자유롭습니다."

"훌륭하구나. 오직 이것만이 즐길 만한 일이로구나!"
태자는 이어서 게송으로 말하였다.

애달프도다.
나고 늙고 병들고 죽는 고통 있다니.
정신은 지은 죄에 다시 들어가
여러 고통 겪으며 지나는구나.

이제는 모든 고통 없애고
태어남과 늙음 · 병듦 · 죽음 없애며
다시는 갈애와 만나지 않고
영원히 열반을 얻게 하리라.

이에 태자는 즉시 수레를 돌려 궁으로 돌아왔다. 태자가 근심하며 먹지도 못하니 왕이 시종에게 물었다.
"태자는 다시 나가더니 즐거워하더냐?"
"길을 가다가 사문을 보고는 더욱더 근심하며 음식조차 드시려 하지 않습니다."
이 말을 들은 왕은 크게 성을 내며 손을 들어 내리치며 말하였다.
"앞서 길을 정비하라 하였거늘 또 태자에게 상서롭지 못한 것을 보게 하였으니 그 죄는 죽어 마땅하도다."
왕은 곧 신하들을 불러 각자 의견을 내도록 하였다.
"어떠한 방책을 써야 장차 태자가 나가서 도를 배우지 않게 되겠는가?"
한 신하가 말하였다.
"태자에게 농사짓는 일을 살펴보게 하면서 그 뜻을 골똘히 하여 도를 생각하지 못하게 하십시오."

이에 왕은 곧 농사짓는 기구인 쟁기와 소와 크고 작은 관리들을 딸려서 밭에 올라가게 하여 농사일을 살펴보게 하였다.

태자는 잠부나무 아래에 앉아서 밭갈이하는 것을 보고 있었는데, 흙덩이가 부서지면서 벌레가 나왔다. 그런데 천신이 다시 변화를 부려 소에게 목으로 흙덩이를 휘저어서 벌레들이 우르르 아래로 떨어지게 하여 까마귀가 그것들을 따라가며 쪼아 먹게 하였다. 다시 두꺼비를 만들어 꿈틀대는 지렁이를 좇아가 잡아먹게 하고, 구멍에서 나온 뱀이 그 두꺼비를 잡아먹고, 공작이 날아 내려와서 그 뱀을 쪼아 먹고, 매가 날아 내려와 그 공작을 채어가고, 다시 수리가 와서 그 매를 낚아채 잡아먹게 하였다.

태자는 이 중생들이 차례로 서로 잡아먹는 것을 보고는 자애로운 마음으로 가엾이 여기며 곧 나무 아래서 초선[第一禪]에 들었다. 햇볕이 내리쬐니 나무가 그를 위하여 가지를 굽혀서 그의 몸을 따라가며 그늘을 만들어 주었다.

왕은 항상 궁중에 있으면서 일찍이 고생한 일이 없었던 태자를 생각하며 그의 시종에게 물었다.

"태자는 어떻더냐?"

"지금 잠부나무 아래서 일심으로 선정에 드셨습니다."

"나는 감독을 하게 하여 그의 뜻을 어지럽히려 한 것인데, 그렇게 그대로 선정에 든다면 집에 있는 것과 무엇이 다르겠느냐?"

왕은 즉시 수레를 준비시켜 태자를 마중하러 갔다. 그런데 멀리서 태자를 보니, 나뭇가지가 굽어서 그늘을 만들고 신령스럽게 빛남이 예사로운 일이 아니었기에, 자신도 모르게 말에서 내려 태자에게 예배하였다.

태자와 함께 돌아오는데, 아직 성문에 다다르기도 전에 수많은 사람이 꽃과 향을 받들고 마중을 나와 있었으며, 관상가들은 모두, "수명이 한량없으소서!" 하며 찬탄하고 있었다.

이에 왕이 범지에게 물었다.

"무슨 일이오?"

"내일 아침에 해가 돋으면 칠보[七寶]가 나타날 것입니다."

이 말에 왕은, "태자는 반드시 전륜성왕이 되겠구나!" 하며 크게 기뻐하였다.

5. 출가하는 품(出家品)

그때 태자는 궁으로 돌아와 생각하였다. '도를 생각하며 청정해지려면 집에 있어서는 안 되겠다. 산이나 숲에 머물면서 힘써 연구하며 선정을 닦아야겠다.'

태자는 열아홉 살이 되는 해 사월 칠일이 되면 맹세코 출가하기로 결심하였다.

이윽고 그날이 되자, 한밤중이 지나고 샛별이 돋을 때 여러 천신이 허공을 가득 메우고서 태자에게 떠날 것을 권하였다.

그때 야소다라가 다섯 가지의 꿈을 꾸고서 갑자기 놀라 깨어나니, 태자가 물었다.

"무엇 때문에 놀라 깨어난 것이오?"

"방금 꿈속에서 수미산이 무너지고, 달의 광명이 땅에 떨어지고, 구슬의 빛이 갑자기 사라졌습니다. 머리의 상투는 땅에 떨어지고, 사람들은 나의 일산을 빼앗아 갔습니다. 그 때문에 놀라 깨어났습니다."

태자는 생각하였다. '다섯 가지 꿈이야말로 나의 몸에 해당되는 것이로다.'

그는 출가할 것을 생각하면서 야소다라에게 말하였다.

"수미산은 무너지지 않았고, 달의 광명도 계속 비치고 있으며, 구슬의 빛도 없어지지 않았고, 머리의 상투도 떨어지지 않았으며, 일산도 지금 있소. 일산 잃을 것을 근심하지 말고 편히 잠드시오."

이에 천신들은, "태자여, 떠나셔야 합니다."라고 하면서, 그가 머물러 있을까 두려워하여 졸음 신인 오소만을 궁으로 불러들여 온 나라 안을 잠들게 하였다.

그때 난디팔라는 모든 궁전을 변화시켜 무덤으로 만들었다. 야소다라와 기녀들은 모두 죽은 사람이 되게 하여, 뼈마디는 흩어지고 해골은 제자리에 있지 못하고 퉁퉁 붓고 문드러져 냄새가 나며 퍼렇게 피가 맺혀 있고 피고름은 줄줄 뒤섞여 흐르게 하였다.

태자가 궁전을 살펴보니 온통 무덤뿐이고, 올빼미 · 수리부엉이 · 여우 · 너구리 · 승냥이와 이리 등의 날짐승 · 길짐승 들이 그 사이를 누비며 날아다니고 있었다. 이에 태자는 존재하는 모든 것은 마치 허깨비 같고 꿈과 같고 메아리와 같음을 알았다.

"모든 것은 공(空)으로 돌아가거늘, 어리석은 이들은 지키려 하는구나!"

그는 즉시 찬다카를 불러 급히 말을 준비하게 하였다.

"아직 날이 밝지도 않았는데, 말을 차려서 어디로 나가시려 하십니까?"

찬다카의 물음에 태자는 게송으로 말하였다.

나는 이제 세상이 즐겁지 않으니
찬다카여, 머뭇거리지 마라.
나의 본래 서원 이루게 되면
너의 삼세의 고통 없애 주리라.

찬다카가 곧 말 채비를 하러 갔는데, 갑자기 말이 날뛰어 가까이 다가갈 수가 없었다.

그는 되돌아와 태자에게 말하였다.

"지금 말을 준비시킬 수가 없습니다."

이에 태자가 몸소 가서 말의 등을 어루만지고 두드리면서 게송으로 말하였다.

> 나고 죽음에 오랫동안 있다가
> 수레 타는 것을 이제 끊으련다.
> 칸타카야, 나를 내어보내다오.
> 도를 얻으면 너를 잊지 않으리라.

마침내 말 채비를 마치고 나자 칸타카는 생각하였다. '이제 발로 땅을 밟는다면 안팎의 사람들이 모두 알아챌 것이다.'

그러자 사천왕이 말의 발을 들어서 다리가 땅에 닿지 않게 하였다. 그때 말이 울어서 그 소리가 멀리까지 퍼지려 하자, 천신들이 말의 울음소리를 흩어 버려 모두 허공으로 들어가게 하였다.

태자가 곧 말에 올라 성문을 나가려는데, 여러 천신 · 용 · 신 · 제석천왕 · 범천왕 · 사천왕 들이 모두 즐거워하며 인도하고 따르면서 허공을 덮었다.

그때 성문의 신이 사람으로 나타나서 예배하며 말하였다.

"카필라국은 천하의 가장 중심이어서 풍요롭고 즐거우며 백성은 편안합니다. 그런데 무엇 때문에 버리고 떠나려 하십니까?"

태자가 게송으로 대답하였다.

> 오랫동안 나고 죽으면서

정신은 오도(五道)를 윤회하였으니
나의 본래 서원을 이루어서
장차 열반의 문을 열고자 하오.

그러자 성문이 저절로 열렸다. 태자는 성문을 나가 날이 새기까지 사백 팔십 리를 달려 아노마국에 이르렀다.

태자는 말에서 내려 보배 옷과 영락이 달린 보배 관을 벗어서 모두 찬다카에게 주며 말하였다.

"너는 말을 끌고 돌아가서 대왕을 비롯하여 나라의 신하들에게 용서를 빌어다오."

찬다카가 말하였다.

"이제부터 따라다니며 필요하신 것들을 공양하겠습니다. 혼자서는 돌아가지 않겠으니 말이나 놓아서 떠나보내십시오. 산중에는 독충이나 호랑이나 사자 같은 것들이 많은데, 누가 음식과 물이며 침구 등을 공양할 것이며, 누구에게서 얻으실 것입니까? 반드시 따르면서 몸과 목숨을 같이 하겠습니다."

칸타카도 무릎을 꿇고 눈물을 흘리면서 발을 핥았다. 물을 보아도 마시지 않고, 풀이 있어도 먹지 않았다. 눈물을 흘리며 울고 이리저리 돌아다니면서 떠나가지 않으므로, 태자는 다시 게송으로 말하였다.

몸이 강하여도 병이 들면 꺾이고
기운이 왕성해도 늙음이 오면 쇠하며
죽으면 삶과 이별하거늘
어찌하여 세간을 즐기겠느냐.

이에 찬다카는 슬피 울며 태자의 발에 이마를 대어 예배하며 작별인사를 올린 후 말을 이끌고 돌아갔다.

성에 닿기 전 사십 리 밖에서 백마가 슬피 울자, 그 소리가 나라 안에까지 울려 퍼졌다. 나라 안의 사람들이 모두, "태자께서 돌아오시는구나." 하며 줄지어 마중을 나갔으나, 보이는 것은 다만 빈 말만을 끌고 돌아오는 찬다카뿐이었다. 야소다라는 이를 보고서 몸소 궁전 아래로 급히 내려와 말에게로 가서 목을 끌어안고 끊임없이 눈물을 흘렸다.

왕은 야소다라가 흐느끼며 슬피 우는 것을 보고 오장이 모두 끊어지는 듯 괴로웠지만 자신을 억누르며 말하였다.

"나의 아들은 도를 공부하기 위하여 숲 속으로 간 것이다."

나라 안의 신하와 백성들은 왕과 야소다라가 흐느끼며 슬피 우는 것을 보고서 마음 아파하지 않는 이가 없었다.

야소다라가 밤낮으로 그리워하므로 왕은 즉시 신하들을 불러 말하였다.

"내 하나뿐인 태자가 나를 버리고 산으로 들어갔으니, 그대들은 이제 다섯 사람을 뽑아서 함께 따라다니며 태자를 시중들게 하라. 그리고 부디 중도에 돌아오지 않도록 하라."

태자는 속세를 떠나게 되어 뛸 듯이 기뻤다. 편한 걸음으로 천천히 걸어서 성으로 들어가자, 나라 사람들은 태자를 보고서 싫어함이 없었다. 태자는 은혜와 사랑을 떠나 모든 괴로움의 근본을 멀리하였으므로 머리를 깎으려고 생각하였지만, 갑자기 도구를 마련할 수 없었다. 그때 제석천왕이 칼을 가지고 왔으며, 천신은 그 머리칼을 받았다.

태자가 다시 길을 떠나자 나라의 백성들이 따르면서 바라보았다.

국경을 벗어나 조금 더 가니 마가다국에 이르렀다. 오른쪽 문으로 들어가서 왼쪽 문으로 나오는데, 나라 안의 남녀노소 백성들 모두가 태자를 보고서, 어떤 이는, "하늘 사람이다." 하고, 어떤 이는, "제석천왕 · 범천왕 · 천신 · 용왕이시다." 하며 뛸 듯이 기뻐하면서, "도대체 어떤 신인지 알 수가 없구나."라고 하였다.

태자는 그들이 무슨 생각을 하고 있는지 알고 있었다. 그가 길을 내려가 나무 아래에 앉으니, 사람들은 그를 에워싸고 기뻐하며 바라보았다. 그때 빔비사라 왕[瓶沙王]이 신하들에게 물었다.

"나라 안이 왜 이리 조용하느냐? 아무 소리도 나지 않는구나."

"아침에 어떤 수행자가 이곳을 지나갔는데, 빛나는 모습과 위의가 세상에서는 존재하지 않는 것이었습니다. 그래서 어른 아이 할 것 없이 나라의 사람들이 모두 따라가면서 구경하느라 지금까지도 돌아오지 않고 있습니다."

이에 왕은 신하들과 함께 그 수행자를 찾아 나섰다. 멀리서 보아도 태자의 광명과 자태가 말할 수 없이 빼어나고 훌륭하였다.

이에 곧 태자에게 물었다.

"어떠한 신(神)이십니까?"

"나는 신이 아닙니다."

"만약 신이 아니시라면 어느 나라에서 오셨으며, 어느 성족(姓族) 출신입니까?"

"나는 향산의 동쪽, 그리고 설산의 북쪽에 있는 카필라국에서 태어났습니다. 아버지는 슛도다나 왕이고, 어머니는 마야입니다."

이에 빔비사라 왕이 물었다.

"그렇다면 싯다르타가 아니십니까?"

"그렇습니다."

놀란 왕은 일어나서 발에 이마를 대어 예배하며 말하였다.

"태자의 탄생에는 기이한 일이 많았고, 몸의 모습은 환히 빛나고 특별하였습니다. 장차 사천하(四天下)의 임금이 되어 전륜성왕이 되시면 사해(四海)가 공경하고 신령스런 보배가 올 것인데, 어찌하여 하늘의 지위를 버리고 스스로 산과 숲으로 들어가려 하십니까? 반드시 특이하게 보는 바가 계시리니, 그 뜻을 들려주십시오."

태자가 대답하였다.

"내가 보는 바란, 세상에서 사람으로 태어나면 죽음이 있습니다. 극심한 고통에는 세 가지가 있는데, 늙고 병들고 죽음의 고통으로 피할 수가 없습니다. 몸은 괴로움의 그릇이라 근심과 두려움이 한량없습니다. 높은 사람으로부터 총애를 받으면 교만함과 방자함이 있고, 욕심을 내어 뜻을 제멋대로 하면 천하에 근심을 당할 것입니다. 나는 이것을 싫어하였기에 산으로 들어가려 합니다."

여러 장로가 말하였다.

"무릇 늙음·병듦·죽음은 이 세상에 늘 있는 일인데, 어찌하여 혼자만 근심하십니까? 명성을 버리고 몰래 숨어 살면서 그 몸을 괴롭히는 것 또한 어려운 일이 아닙니까?"

이에 태자는 곧 게송으로 말하였다.

사람이 태안에 있을 때 더럽지 않고
깨끗한 곳에 있으면서 더러움에 물들지 않으며
고통이 있더라도 많지 않다면
만약 이와 같다면 누가 세간을 즐기지 않으리오.

사람이 늙어도 모습이 변하지 않고
선행을 하던 이가 악행을 저지르지 않으며
사랑하다가 이별하여도 고통이 되지 않는다면
만약 이와 같다면 누가 세간을 즐기지 않으리오.

병들어 야위어도 큰 두려움이 없고
후세에 삼악도에 떨어지지 않으며
지옥에 떨어져도 고통이 없다면
만약 이와 같다면 누가 세간을 즐기지 않으리오.

젊음의 아름다운 모습은 변하지 않고
할 수 없는 일에 집착하지 않으며
죽음에 이르러도 두려움이 없다면
만약 이와 같다면 누가 세간을 즐기지 않으리오.

어리석음이 있더라도 깊지 않고
성냄이 있더라도 강하지 않으며
오욕락(五欲樂)으로 오염되지 않는다면
만약 이와 같다면 누가 세간을 즐기지 않으리오.

어리석은 사람과 같이 살지 않고
모든 어리석은 생각이 사람에게서 사라지며
모든 어리석은 이에게서 어리석은 생각이 없어진다면
만약 이와 같다면 누가 세간을 즐기지 않으리오.

여러 악한 종류의 무리들이 하나도 없고
모든 악법이 사람에게서 사라져 멸진하며
모든 악한 생각이 하나도 없다면
만약 이와 같다면 누가 세간을 즐기지 않으리오.

세간의 악이 다 멸하고
악행이 멸한 뒤에는 다시 생겨나지 않으며
모든 악행이 다 멸하여 실체조차 없다면
만약 이와 같다면 누가 세간을 즐기지 않으리오.

하늘의 음식과 복이 항상 줄어들지 않고
사람의 수명은 영원하며
어느 곳으로도 윤회하지 않는다면
만약 이와 같다면 누가 세간을 즐기지 않으리오.

오온의 번뇌가 일어나지 않고
육입(六入)에 괴로움이 없고
일체 세간이 고통이 아니라면
만약 이와 같다면 누가 세간을 즐기지 않으리오.

이어서 태자는 말하였다.

"그대들의 말과 같이 미리 근심하지 말아야 한다면, 내가 왕이 되어서 늙고 병들고 또한 죽음에 이르렀을 때 과연 나를 대신하여 이러한 재앙을 받을 사람이 있습니까? 만약 대신할 이가 없다면, 어찌 근심하지 않을 수 있겠습니까? 천하에 인자한 아버지와 효자가 있어서 사랑이 골수에 사무친다 하더라도, 죽을 때를 당해서는 서로가 대신할 수는 없습니다. 만약 이 거짓된 몸에 괴로움이 닥쳐오는 날이 오면, 비록 높은 지위에 있고 육친(六親)이 곁에 있다 하더라도 그것은 마치 장님에게 등불을 비춰주는 일과 같으니, 눈 없는 이에게 무슨 이익이 있겠습니까?

나는 알고 있습니다. 뭇 행은 일체가 덧없고 모두가 허깨비이고 진실이 아니며, 즐거움은 적고 괴로움은 많습니다. 몸은 자기 소유가 아니고, 세간은 허무하여 오래 살아 있기 어려우며, 태어나면 죽음이 있습니다. 일이 이루어지면 실패가 있고, 편안하면 위태로움이 있으며, 얻음이 있으면 없어짐도 있으니, 만물은 흩어져서 모두가 당연히 공(空)으로 돌아가야 함을 알고 있습니다.

정신은 형상이 없지만, 조급하고 흐리고 밝지 못하면 생사의 재앙에 이르게 되는데, 단지 한 번만 받는 것이 아닙니다. 탐냄과 애착 때문에 어리석음의 그물에 가려 있으면, 생사의 물에 빠져 있으면서도 그것을 깨달을 수가 없습니다. 그 때문에 나는 산으로 들어가려고 합니다.

일심으로 사대의 공성[四空]과 청정을 생각하고, 색(色)을 초월하여 성냄을 없앱니다. 구함을 끊고 '공'을 생각하면 옳고 그름이 없어집니다. 이렇게 함으로써 그 근원을 돌이켜 근본으로 돌아가게 됩니다. 그래서 비로소 무명의 뿌리에서 벗어납니다. 이와 같이 나의 본래의 서원을 성취하면 비로소 크게 편안해질 수 있을 것입니다."

빔비사라 왕과 모든 장로는 뜻을 이해하고 기뻐하며 말하였다.

"태자의 뜻은 미묘하여 세간에서는 찾아보기 어렵습니다. 반드시 부처님의 도를 얻으시리니, 먼저 저를 제도하여 주십시오."

이에 태자는 말없이 조용히 떠나갔다.

그는 다시 나아가다가 생각하였다. '이제 나는 산에 들어가려 하는데 보배 옷을 입고 있어도 되는 것일까. 세간에서 어리석은 사람은 모두 재물 때문에 위험하게 되지 않는가.'

그때 그의 눈에 문득 사냥꾼이 보였다. 그 사냥꾼은 법복을 입고 있었으므로 태자는 기뻐하며 말하였다.

"저것이야말로 진리를 통달한 사람[眞人]의 옷이고 세상을 건지는 자비의 옷인데, 사냥꾼이 무엇 때문에 입고 있을까?"

그는 마음속으로, '바꿀 수만 있다면 나의 소원은 이루어질 것이다'라고 생각하여, 금으로 아로 새긴 옷을 가지고 가서 법복과 바꾸자고 하니, 사냥꾼도 태자와 마찬가지로 속으로 기뻐하였다.

태자가 법복을 입어 보니 부드럽고도 산뜻하였다. 그래서 법복을 자세히 살펴보니 과거의 부처님 것과 차별이 없었다.

드디어 산으로 들어가니, 보살은 법복을 얻어서 기뻤고 그 빛은 산과 숲을 비쳤다.

여러 수행자 가운데 알라라 칼라마는 도를 배워온 지 여러 해이어서 네 단계의 선정[四禪]을 두루 갖추고 다섯 가지 신통을 얻었는데, 그 광명을 보고는, "이것은 무슨 상서로운 징조일까?"라며 놀라고 두려워하였다.

즉시 나가 자세히 살펴보다가 멀리서 태자가 오는 것을 보고는, "바로 싯다르타로구나. 이제야 출가하였구나."라고 하며 말하였다.

"잘 오셨습니다, 싯다르타시여. 이 평상에 앉으셔서 시원한 물과 맛있는 과일을 드십시오."

그러고는 게송으로 말하였다.

해가 처음 돋을 때는
산꼭대기 위에 머무나니
그와 같이 지혜의 광명이야말로
일체 중생을 비추리라.

어떤 이가 만약 그 모습 본다면
아무도 싫어할 이 없을지니
그와 같이 도의 덕성이 가장 높아서
짝할 이 없고 견줄 이 없으리라.

이때 보살은 게송으로 말하였다.

비록 네 단계의 선정[四定意]을 닦아도
위없는 지혜를 모르고 있구나.
도를 닦는 마음은 바름을 근본으로 하여
삿된 신을 섬기는 데 있지 않다네.

속된 것을 행하면서 진리라 여겨
오랫동안 범천에 태어남을 구하는구나.
그러므로 도를 알지 못하여
생사윤회에 떨어진다네.

이에 보살은 자애로운 마음[慈心]을 내어 중생을 두루 생각하니, 늙도록 어리석기만 하여 질병과 죽음의 고통에서 벗어나지 못하므로 저들을 해탈시키고자 하였다.

그러한 마음으로 연민의 마음[悲心]을 일으켜 일체 중생이 모두가 굶주림과 목마름·추위와 더위·이익과 손해·허물과 어려움의 근심이 있음을 불쌍히 여겨 저들을 안온하게 해 주고자 하였다.

그러한 마음으로 기뻐하는 마음[喜心]을 일으켜 다시 모든 세간을 생각하니, 근심·고통·두려움을 만나게 되는 걱정이 있음을 생각하고 그들의 우환을 밝히고자 하였다.

그러한 마음으로 보호하는 마음[護心]을 일으켜 다섯 갈래 윤회의 길[五道]의 여덟 가지 어려움에 처해 있는 중생을 제도하려 하니, 어리석고 어두워서 바른 도를 보지 못하므로 저들을 제도하고 무위(無爲)를 이루게 하고자 하였다.

그러한 마음으로 좋은 것을 얻어도 기뻐하지 않고, 싫은 것을 만나도 근심하지 않으며, 세상의 여덟 가지 일인 이익과 손해 · 비난과 명예 · 칭찬과 책망 · 괴로움과 즐거움을 버려 치우치지 않음으로써 제2선(第二禪)의 행을 이루었다.

다시 나아가서 치나천에 이르렀다. 그 하천은 평평하고 반듯해서 과일나무가 많았고 곳곳마다 흐르는 샘과 목욕하는 연못이 있었는데, 그 속은 깨끗하여 벌레나 벌 · 모기 · 등에 · 파리 · 벼룩 같은 것들이 없었다. 또한, 그 하천에는 치나라는 도사가 오백 명의 제자에게 도술을 가르치며 닦게 하고 있었다.

이때 보살은 사라나무 아래에 앉아서 일체를 위하여 위없는 바르고 참된 길을 구하고 있었다. 여러 천신이 감로를 바쳤지만 보살은 하나도 받으려 하지 않았다. 그는 스스로 맹세하여 한 줌의 깨와 쌀만을 먹으면서 정신과 기운을 유지하고 있었다.

흐트러짐이 없이 육 년 동안을 앉아 있었으니, 몸은 파리해지고 살갗과 뼈는 서로 맞붙어 있었다. 그러나 마음만은 맑고 고요하고 평온하여 하나로 통일되어 있었다. 들이쉬고 내쉬는 숨을 안으로 살펴보며 첫 번째는 들숨 날숨을 헤아리고[數], 두 번째는 마음이 미세한 호흡을 따르고[隨], 세 번째는 호흡을 멈추고[止], 네 번째는 호흡을 관하고[觀], 다섯 번째는 본래로 돌아오고[還], 여섯 번째는 청정히 하였다[淨]. 다시 뜻을 사념처[四意止, 四念處] · 사정단[四意斷, 四正斷] · 사여의족[四神足, 四如意足], 이 세 가지에서 노닐면서 열두 가지 문을 벗어나 뜻이 분산되지 않으면서 신통이 미묘하게 통달하였다. 탐욕과 악한 법을 버리고, 다섯 가지 덮개[五蓋]가 없어지며, 오욕락을 받지 않아서 뭇 악이 저절로 스러지고, 생각과 헤아림이 분명해졌으며, 생각하거나 살피는 행이 없어졌다. 마치 건장한 사람이 원수를 이긴 것과 같았으니, 마음이 청정해짐으로써 제3선

(第三禪)의 행을 이루게 되었다.

제석천왕은 생각하였다. '보살께서 나무 아래에 앉아 계신지 육 년이 다 되어 형체는 여위고 파리해지셨다. 이제 세간 사람들로 하여금 전륜성왕의 음식을 바치게 하여 육 년 동안의 굶주림을 채우시도록 해야겠구나.'

그는 치나의 두 딸을 감응시켜 꿈속에서 온 천하가 다 물이 되어 그 속에 피어 있는 한 송이 꽃이 칠보로 된 빛깔이었다가 잠깐 사이에 시들어 버려 본래의 색을 잃는 것을 보게 하였다. 다시 한 사람이 그 위에 물을 뿌리자 거듭 살아나면서 예전과 같이 되었고, 물속에서는 뭇 꽃들이 비로소 싹이 나며 물위로 솟아오르는 것을 보게 하였다.

두 딸들은 꿈에서 깨어나, "일찍이 없었던 괴이한 일이다." 하면서 곧 아버지에게 말하였다. 그러나 그도 이해할 수 없어 다시 장로들에게 물어보았지만 아무도 설명하지 못하였다.

제석천왕은 다시 내려와 범지로 화현하여 딸들에게 꿈을 풀이해 주었다.

"그대들이 보았던 천하의 물 안에 한 송이의 꽃이 핀 것은 슛도다나 왕의 태자가 처음 탄생한 때이다. 지금 나무 아래서 육 년 동안 계셨기에 몸은 파리해지고 형상이 야위신 것은 꽃이 시들어진 때이다. 다시 한 사람이 물을 뿌리자 거듭 소생함을 본 것은 음식을 바치게 되는 때이며, 어린 꽃들의 싹이 나오려 하는 것은 다섯 갈래 윤회의 길에서 나고 죽는 사람들이다."

이에 제석천왕은 게송으로 말하였다.

육 년 동안 기울거나 의지함이 없었고
굶주림과 추위도 생각하지 않으면서

힘써 나아가며 집착한 바 없어서
몸이 말라 뼈와 가죽이 맞붙었도다.

그대들은 공경하는 뜻을 닦아서
보살에게 받들어 올릴 것이니
현세에서 커다란 복을 얻고
다음 세상에서도 그 과보 받으리라.

딸들이 범지에게 말하였다.

"음식을 올리는 법은 어떤 것입니까?"

"오백 마리의 소에서 우유를 짜서 차례로 서로 먹이다가 마지막 한 마리의 소에 이르면, 그 소에서 짠 젖을 가져다 죽을 쑤시오."

우유 죽이 끓어오르니 일곱 길 높이로 치솟았는데, 왼편에서 올라와 오른편으로 내려가고, 오른편에서 올라와 왼편으로 내려갔다. 두 딸들은 죽을 발우에 퍼 담고 솥과 국자를 깨끗이 한 다음 공손하고 엄숙하게 보살에게 바치려 하였다.

이에 보살은, '먼저 목욕을 한 후에 죽을 받으리라'라고 생각하고, 흐르는 물가로 가서 몸을 씻었다. 몸을 씻은 뒤에 물에서 나오려 하니, 천신이 나뭇가지를 기울여 주었다.

두 딸들이 우유 죽을 바치면서 말하였다.

"몸의 기력이 충만하게 되소서!"

이에 보살은 한량없는 축복의 말을 해 주고 딸들을 삼보[三尊]에 귀의하게 하였다. 그리고 음식을 먹은 뒤에 손을 씻고 양치질을 하고 발우를 씻은 후 도로 물속으로 던지자 물을 거슬러 흘러갔다. 아직 칠 리도 가기 전에 천신이 금시조로 변화하여 날아 내려와 발우를 받들고 가서는 머리칼과 함께 한 곳에 탑을 세워 공양하였다.

이때 보살은 앞으로 가다가 네란자라강을 건너려 하면서 게송으로 말하였다.

네란자라강을 건너며
일체의 사람들을 사랑하고 가엾이 여겨
다섯 갈래 길과 삼독(三毒)의 번뇌를 없애어
마치 물과 같이 깨끗하게 하리라.

보살은 이러한 생각을 일으켜서
어리석어 어둠에 빠진 모든 이에게
여덟 가지 올바른 물을 가져다
삼독의 때를 씻어 없애 주리라.

게송을 읊으며 비로소 언덕에 오르기 시작하니, 공새 오백 마리가 날아와서 보살을 세 번 돌고 지저귀며 떠나갔다.

다시 앞으로 가다가 눈먼 용이 있는 연못을 지나가려 하자, 용은 크게 기뻐하며 튀어나왔다. 용은 보살을 뵙자 게송으로 말하였다.

뵙게 되어서 기쁩니다, 싯다르타여.
찾아주심이 어찌 이리도 늦으십니까.
받들어 청하오니 일체 중생에게
위없는 감로의 물을 주소서.

걸음을 걸으시니 땅이 진동하고

온갖 음악이 저절로 울리니
바로 과거의 부처님과 똑같아서
저는 의심하지 않습니다.

이제 위없는 지혜를 지니어
모든 악마를 항복시키고
이제 부처님의 해를 비추어
중생을 잠에서 깨워야 하오리다.

이에 다시 앞으로 가다가 숲이 우거진 산을 바라보았다. 그 땅은 평평하고 반듯하며 사방은 깨끗하였다. 자라난 풀은 부드럽고, 단 샘은 넘쳐흘렀으며, 꽃은 향기롭고 무성하면서 깨끗하였다. 그중에 높고 아름답고 기이하게 생긴 나무 한 그루가 있었는데, 가지마다 서로 이어지고 잎마다 서로 붙었으며, 꽃의 빛깔은 짙어서 마치 하늘의 장식과 하늘의 번기가 나무 꼭대기에 있는 것 같았다.

"이야말로 으뜸가는 상서로운 곳이요, 나무들 가운데서 왕이로다!"

보살은 감탄하며 조금 더 가다가 풀 베는 사람이 보이므로 그에게 물었다.

"그대의 이름은 무엇이오?"

"저는 길상(吉祥)이라 합니다."

"지금 베고 있는 길상초를 나에게 보시하시오. 시방세계가 모두 복될 것이오."

그러자 길상은 곧 게송으로 말하였다.

전륜성왕의 지위를 버리시고

칠보와 귀한 아내도 버리셨으며
금은의 평상과 의자도 버리시고
모포와 비단과 수놓은 이불도 버리셨군요.

길상(吉祥)의 애련하고 즐거운 음성과
팔부의 참된 소리 들리며
범천을 초월하여 지나가는데
이제 마른 풀로 무엇하시렵니까.

보살은 게송으로 대답하였다.

아승기겁 동안 원을 세워
다섯 갈래 중생을 제도하려 하였으니
이제 가서 본래 서원 이루고자
그 때문에 풀을 얻으려 하오.

그대가 준 헝클어진 풀
그것을 가지고 큰 나무로 향하리니
세간의 뜻이 모두 어지럽기에
나는 그 뜻을 바로 잡으려 하오.

곧 풀을 가져다 땅에 깔아
가지런히 바르게 말한 대로 하고서
보살이 그 위에 앉으면
일체가 그 은혜 입으리라.

보살에게 세 가지가 필요하니
그 마음과 앉는 일과 나무라네.
만약 내가 도를 얻지 못하면
끝내 세 가지 맹세 버리지 않으리라

곧 나의 살과 뼈가 마르더라도
움직이지 않고 마침내 이룰 것이니
과거의 부처님이 도를 얻을 때에
모두 한 마음에서 나왔노라.

이에 보살은 편안히 앉아 선정에 들어, 괴로움과 즐거움의 마음을 버리고 기쁨과 근심의 생각이 없었다. 또한, 마음이 선(善)을 의지하지 않고 악을 의지하지도 않는 바로 그 자리에 있었다. 그것은 마치 사람이 깨끗이 목욕하고서 흰 옷을 입으면 안팎이 모두 깨끗하여 겉과 속이 때가 없는 것과 같았다. 곧 거친 숨이 저절로 없어지고 고요하여 동요하지 않는 제4선(第四禪)의 행을 이루었다.

이미 삼매[定意]를 얻고 크게 가엾이 여김을 버리지 않으며, 지혜와 방편으로 요긴하고 미묘함을 깊이 통달하였으며, 삼십칠조도품[三十七道品]의 행을 통달하였다.

삼십칠조도품이란, 첫째가 사념처(四念處)이고, 둘째가 사정단(四正斷)이며, 셋째가 사여의족(四如意足)이고, 넷째가 오근(五根)이며, 다섯째가 오력(五力)이고, 여섯째가 칠각지[七覺意, 七覺支]이며, 일곱째가 팔정도[八直行, 八正道]이다.

두루 괴로움[苦]과 공함[空]과 덧없음[非常]과 무상(無想)과 무원(無願)을 되풀이하면서 생각하였다. '나는 세간의 탐냄과 애욕을 생각하여 나고 죽음의 고통에 떨어졌기에, 본래가 열두 가지 인연으로부터 일어난 것인 줄 스스로 깨달을 수가 없었구나.'

무엇이 열두 가지 근본이냐 하면, 어리석음[癡]과 결합[行]으로부터 식별[識]이 있고, 식별로 말미암아 명색(名色)이 있으며, 명색으로 말미암아 육입(六入)이 있다. 육입으로 말미암아 부딪침[更樂, 觸]이 있고, 부딪침으로 말미암아 느낌[痛, 受]이 있고, 느낌으로 말미암아 갈애[愛]가 있고, 갈애로 말미암아 취함[取]이 있고, 취함으로 말미암아 존재[有]가 있고, 존재로 말미암아 태어남[生]이 있고, 태어남으로 말미암아 늙음·죽음·근심·슬픔의 괴로움과 마음이 시달리는 큰 액난이 있는 것이다.

정신이 갖추어지고 이로부터 생사에 윤회하더라도, 도를 얻으려 하는 이는 탐욕과 갈애를 끊고 정욕(情欲)을 없애야 하며, 번뇌로 이끄는 일을 하거나 일으키지도 않아야 한다. 그렇게 하면 곧 어리석음이 멸하고, 어리석음이 멸하면 곧 결합이 멸하고, 결합이 멸하면 곧 식별이 멸하고, 식별이 멸하면 곧 명색(名色)이 멸하고, 명색이 멸하면 곧 육입(六入)이 멸하고, 육입이 멸하면 곧 부딪침이 멸하고, 부딪침이 멸하면 곧 느낌이 멸하고, 느낌이 멸하면 곧 갈애가 멸하고, 갈애가 멸하면 곧 취함이 멸하고, 취함이 멸하면 곧 존재가 멸하고, 존재가 멸하면 곧 태어남이 멸하고, 태어남이 멸하면 곧 늙음·죽음·근심·슬픔의 고통과 마음이 시달리는 큰 액난이 모두 다하게 되니, 이것을 일컬어 도를 얻은 것이라 한다.

보살은 생각하였다. '이제 마라의 권속들을 항복시켜야겠구나.'

보살은 곧 눈썹 사이의 백호상(白毫相)에서 광명을 놓아 마라의 궁전을 진동시키니, 마라는 크게 당황하고 두려워하며 마음속으로 불안해하였다. 그래서 보살을 자세히 살펴보니, 이미 나무 아래에 있으면서 청정하여 탐욕이 없고, 힘써 사유함에 게으르지 않았다.

이에 마라는 마음이 몹시 혼란하여 음식을 먹어도 맛이 없고 풍악도 잡히지 않았기에 그는 생각하였다. '그가 도를 이루면 반드시 나를 크게 이길 것이다. 그가 부처가 되기 전에 그가 지닌 도의 뜻을 무너뜨려야겠다.'

그러자 마라의 아들 수맛디가 앞에 와서 아버지에게 말씀드렸다.

"보살의 행은 청정하여 삼계에서 견줄 이가 없습니다. 저절로 신통을 얻으셨기 때문에 백억이나 되는 뭇 범천의 신들이 모두 찾아가 예배하고 모십니다. 천인(天人)으로서는 이분을 무너뜨릴 수 없으니, 악을 일으켜 그 복을 스스로 헐지나 마십시오."

마왕이 듣지 않자 마왕의 세 딸인 첫째 은애, 둘째 상락, 셋째 대락이 스스로 말하였다.

"부왕께서는 근심하지 마십시오. 저희가 가서 보살이 지닌 도의 뜻을 무너뜨리겠습니다. 괴로워할 일도 못 되니 부왕께서는 근심하지 마십시오."

세 딸들은 하늘의 옷을 잘 꾸며 입고, 오백 명의 옥녀를 데리고 보살이 있는 곳에 이르렀다. 그들은 거문고를 타고 노래 부르며 요염한 말씨로 도를 향한 보살의 의지를 어지럽히려고 말하였다.

"어짊과 덕이 지극히 높으시어 모든 하늘의 공경을 받으시는군요. 마땅히 공양을 올려야겠기에 일부러 천신께서 저희를 바친 것입니다. 저희야말로 순결하고 나이는 한창 때이니, 아침에 일어나고 밤에 주무실 때에 좌우에서 모실 수 있게 하여 주십시오."

보살이 대답하였다.

"그대들은 전생에 지은 복으로 하늘의 몸을 받았는데, 덧없음을 생각하지 않고 요염을 부리는구나. 모습은 비록 곱다 하더라도 마음이 단정하지 못하니, 마치 그림이 그려진 병 속에 독한 냄새가 무성한 것과 같구나. 장차 저절로 무너질 텐데 그대들이라고 무엇이 다르겠는가.

복은 오래 있기 어려운 데다 음탕하고 악하고 선하지 못하기에 저절로 그 근본마저 잃고 말 것이다. 복이 다하고 죄의 과보를 받게 되면 세 가지 나쁜 길에 떨어져서 여섯 가지 짐승의 형상을 받으리니, 벗어나려 하여도 어렵게 될 것이다.

그대들은 사람의 도를 향한 뜻을 어지럽히고 덧없음을 헤아리지 못하므로, 무수한 겁을 지나면서 다섯 갈래의 길[五道]을 윤회하며 고통을 아직 떠나지 못하였다. 나는 세상 곳곳에 태어나면서 나이 든 이는 마치 어머니같이 여기고, 중간쯤 되는 이는 누님같이 여기고, 어린 이들은 누이동생같이 여겼다. 누이들이여, 각자 궁으로 돌아가 다시는 이런 짓을 하지 마라."

그들은 보살의 한마디에 노파가 되어, 머리는 희어지고 이는 빠지고 눈은 멀고 등은 굽어져 지팡이를 짚고 서로 부축하며 돌아갔다.

마라는 도리어 딸 셋이 모두 노파가 되었음을 보고서 더욱 크게 성을 내며 다시 귀신 왕들을 불러 모았다. 모두 합하니 십팔억이나 되었는데, 모두가 하늘에서 내려와 보살을 삼십육 유순까지 에워쌌다. 그리고 모두가 변화를 부려 사자가 되기도 하고, 곰·무소·범·코끼리·용·소·말·개·돼지·원숭이의 형상이 되기도 하였다. 그것은 이루 말로 표현할 수조차 없었으니, 벌레 머리에 사람 몸이 되기도 하고, 독사의 몸에 자라나 거북의 머리가 되기도 하였다. 혹은 여섯 개의 눈이 있거나, 하나의 목에 많은 머리가 달려 있거나, 이빨과 어금니에 손톱과 발톱이 있기도 하였다. 또한, 산을 걸머지고 불을 토하기도 하고, 우뢰와 번개로 사방에서 둘러싸기도 하고, 창을 잡고 있기도 하였다.

그러나 보살은 자애로운 마음으로 놀라거나 두려워하지도 않으며 털끝하나 움직이지 않았다. 그 빛나는 얼굴은 더욱 환해져 귀신 병사들은 가까이 다가갈 수조차 없었다.

그러자 마왕이 앞으로 나아가 게송으로 물으니, 보살은 자애로운 마음으로 묻는 바에 따라 모두 게송으로 대답하였다.

비구는 무엇을 구하려고 나무 아래 앉아서
숲 속의 독한 짐승들 틈에서 즐거워하는가.
구름 일어 무섭고 어두컴컴하며
하늘의 마라가 에워쌌는데 놀라지도 않는가.

예로부터 참된 도는 부처님이 행한 바라
담박하여 으뜸이요 재앙을 없앤다네.
그 성(城)에는 가장 뛰어난 법이 가득 차 있으니
나 이제 이 자리에서 마왕과 결판내리라.

그대는 왕이 되어 금륜 굴리고
칠보가 저절로 와서 사방을 맡으며
누리는 오욕은 최상이어서 비할 데 없으리라.
이곳에는 도가 없으니 일어나 궁으로 돌아가라.

보건대, 탐욕이 왕성하면 뜨거운 구리조차 삼키나니
나라를 침 뱉듯 버려 탐내는 바 없으며
왕이 되어도 늙고 죽음의 근심 있으니
이렇듯 무익한 것 버렸으니 헛된 말은 하지 마라.

나라와 재보와 지위를 버린 채 한가함을 지키며
어찌 편안히 숲에 앉아 큰소리치는가.
내가 일으킨 네 종류의 병사인

상병·마병·거병·보병이 십팔억이나 됨을 못 보았느냐.

보살은 연이은 게송으로 말씀하셨다.

이미 원숭이와 사자 얼굴 보았고
범·무소·독사·돼지·귀신의 형상을 보니
모두가 칼을 갖고 창을 쥐고서
날뛰고 으르렁거리며 공중에 가득 찼구나.

설령 헤아릴 수조차 없는 신묘한 무용[武] 갖추고
그대와 같은 마왕을 위하여 이리로 몰려 와서는
화살이나 칼날·불로써 빗발치듯 침공하더라도
먼저 부처가 되지 않으면 끝내 일어나지 않으리라.

마라는 본래 내가 물러나기만을 원하겠지만
나 또한 맹세컨대 헛되이 돌아가지는 않으리니
그대의 복의 자리가 어찌 부처님과 같겠느냐.
이에 누가 이길 것인지 알 수 있으리라.

마왕이 게송으로 말하였다.

나는 일찍이 몸을 받으면서 흔쾌히 보시를 하여
그 때문에 여섯 하늘을 맡아서 마왕이 됐나니
비구는 자신이 전생의 복과 행을 알아서
스스로 한량없다 하지만 누가 증명하리오.

보살이 게송으로 말씀하셨다.

옛날에 나의 수행과 서원으로 디팜카라에게서
부처 되어 사캬무니[釋迦文]라 불리리라 수기 받고
성냄과 두려운 생각 다하였기에 이곳에 앉았나니
삼매의 마음으로 기필코 깨달아 그대의 군사 무너뜨리리라.

내가 받들고 섬기던 부처님들 많고
재보와 옷과 밥을 늘 남에게 보시하며
어짊과 계율로써 쌓은 공덕 땅보다도 두텁나니
이로써 생각을 벗어나 환난이 없도다.

보살은 곧 지혜의 힘으로써 손을 펴서 땅을 쓰다듬으며, "이로써 나를 알리라."고 하였다. 그러자 넓은 땅이 우레 소리를 내며 크게 움직이니, 마라와 그 권속들은 거꾸로 떨어지고 말았다.

마왕은 패하자 이득을 잃은 것을 슬퍼하였다. 혼미한 상태로 땅에 쭈그리고 앉아 그의 아들이 깨우쳐 준 마음을 비로소 깨닫고는 즉시 돌아가서 앞의 허물을 뉘우쳤다.

나는 무기를 사용하지 않고도
평등한 행과 자애심으로 마라를 물리쳤노라.
세상에선 무기를 써서 사람의 마음 움직이나
나는 그대 중생들을 평등하게 여기노라.

코끼리와 말은 길들여지고, 또 길들여졌다 하더라도

그런 뒤에도 옛 모습이 반드시 다시 생겨나니
만약 가장 잘 길들여진 부처님 같은 성품을 얻으면
이미 부처님같이 길들여져서 어질지 않음이 없으리라.

천신들은 부처님께서 마라의 무리를 사로잡았으나 용서와 원망 없는 마음으로 조복하시니, 원수가 스스로 항복함을 보았다. 천신들은 꽃을 받들고 모여와 그릇된 마왕이 패배하고 법왕이 승리하였음을 기뻐하였다.

항상 올바른 생각과 지혜의 힘을 좇기에
지혜로써 즉시 상서롭지 못한 일 물리칠 수 있느니라.
원수들을 제자로 삼을 수 있었으니
사무량심[四等]의 도를 증득한 분께 예배해야 하리라.

얼굴은 마치 보름달 같고 몸은 단정하며
이름은 시방[十方]에 들리고 덕은 산과 같다네.
부처님 모습을 구하려 해도 얻거나 견주기 어렵나니
세상을 건지는 선인께 머리 조아려야 하리라.

보살은 여러 겁 동안의 청정한 행과 지극히 부드럽고도 큰 사랑으로 도가 저절로 이루어졌다. 또한, 인욕의 힘으로 마라를 항복시켜 귀신 병사들이 흩어져 물러갔기에, 선정에 든 마음이 본래와 같아서 지혜를 쓰지 않고도 기뻐하거나 근심하는 생각이 없어졌다. 이날 이후 밤중에 세 가지 신통을 얻어서 번뇌가 다하고 맺힘이 풀렸다.

본래 옛날부터 오랫동안 익혀 왔던 행인 사여의족[四神足念, 四如意足], 즉 정진정(精進定)·욕정(欲定)·의정(意定)·계정(戒定, 慧定)을 저절로 알게 되었다. 변화하는 법을 얻어 하고 싶은 대로 하여 다시 마음을 쓰지 않았으니, 몸으로 날아다닐 수 있고, 하나의 몸이 백이 되고 천이 되고 억만이 되고 다시 헤아릴 수 없는 몸이 될 수 있을 뿐만 아니라, 다시 합쳐서 하나로 되기도 하였다. 또한, 땅을 뚫고 들어가거나 석벽을 통과하기도 하였고, 한쪽에서 나타나 숨어버렸다가 불쑥 나오는 것이 마치 파도와 같았다. 몸속에서 물과 불을 낼 수도 있고, 물위나 허공을 걸으면서도 몸이 빠지거나 떨어지지 않고, 공중에서 앉고 눕는 것이 마치 날아다니는 새의 날개와 같았다. 서면 하늘에 미칠 수 있어 손으로 해와 달을 만지고, 몸을 곧게 세우면 범천 · 자재천까지 이를 수 있었다. 눈으로 꿰뚫어 보고 귀로 환히 듣고 뜻으로 미리 알았으며, 여러 천신 · 사람 · 용 · 귀신이며 기어 다니고 꿈틀거리는 종류에 이르기까지 그들이 몸으로 행하고 입으로 말하고 마음으로 생각하는 바를 남김없이 보고 듣고 알았다.

모든 탐욕이 있는 이나 탐욕이 없는 이, 성냄이 있는 이나 성냄이 없는 이, 어리석음이 있는 이나 어리석음이 없는 이, 애욕이 있는 이나 애욕이 없는 이, 큰 뜻과 행이 있는 이나 큰 뜻과 행이 없는 이, 안팎의 행이 있는 이나 안팎의 행이 없는 이, 선(善)을 생각하는 이나 선을 생각함이 없는 이, 한마음이 있는 이나 한마음이 없는 이, 해탈의 뜻이 있는 이나 해탈의 뜻이 없는 이거나 간에 남김없이 알았다.

보살은 천상 · 인간 · 지옥 · 축생 · 귀신의 다섯 갈래의 길에서 전생의 부모 · 형제 · 처자와 친인척의 성과 이름 들을 자세히 살펴서 낱낱이 분별하였다. 한 세상 · 열 세상 · 백 · 천 · 만 · 억의 수없는 세상의 일과 하늘과 땅에 이르기까지 일 겁이 무너져서 텅 비어 황량할 때와 일 겁이 비로소 이루어지면서 사람과 물건이 처음 생겨나는 것과 열 겁 · 백 겁 · 천 · 만 · 억의 수 없는 겁에 이르기까지 그동안에 있었던 친인척의 성과 이름 들을 알았다.

옷과 밥 · 괴로움과 즐거움 · 수명의 장단을 알았으며, 어디서 죽어서 어디서 태어나고 차츰차츰 어디로 나아가는지를 알았다. 위로는 머리로 시작하여 여러 가지 바뀌었던 몸들과 나고 자라고 늙고 죽던 일들을 분별하여 알았다. 또한, 그 모습은 잘생겼는지 못생겼는지, 인자했는지 어리석었는지, 괴로웠는지 즐거웠는지 등 삼계의 온갖 것을 모두 분별하여 알았다.

사람의 혼신을 저마다 따라가서 다섯 갈래의 길[五道]에 태어나는 것을 보았다. 즉 지옥에 떨어지기도 하고, 축생에 떨어지기도 하고, 귀신이 되기도 하고, 하늘에 나기도 하였다. 또는 사람의 몸에 들어가되, 뛰어나고 귀하고 부자이며 즐거운 이의 집에 태어나는 이도 있고 비루하고 가난한 집에 태어나는 이도 있었다.

또한, 중생들이 '다섯 근간[五陰]'에 스스로 피폐하여지는 것도 알았다. 즉 색 · 느낌 · 생각 · 결합 · 식별이 모두 오욕락을 익히어 눈으로 빛깔을 탐내고, 귀로 소리를 탐내고, 코로 냄새를 탐내고, 혀로 맛을 탐내고, 몸으로 촉감을 탐내면서 애욕에 끌렸다. 그리고 재물과 색욕에 대하여 그 안온함과 즐거움을 생각하며 바라기도 하였다. 이로부터 모든 악의 근본이 생기고 악으로부터 고통에 이르게 되는 것이었다.

애욕의 습성[習]을 끊고 음탕한 마음을 따르지 않으며 아주 작은 것까지 크게 알아서 여덟 가지 도[八道]를 행하면 고통이 멸하니, 마치 땔나무가 없으면 불도 없는 것과 같다. 이것을 일컬어 '무위(無爲)로써 세상을 건너는 도'라고 한다.

보살은 이미 악의 근본을 버리고 탐욕 · 성냄 · 어리석음이 없었다. 나고 죽는 '다섯 근간[五陰]'의 종자들이 모두 끊어져 남아 있는 재앙이 없었다. 할 일을 모두 이루고 지혜가 환하여짐을 스스로 알았다. 샛별이 돋을 때에 확연이 크게 깨달아 위없는 바르고 참된 도를 얻어 '가장 완전하게 깨달은 이[最正覺]'가 되었다. 그리고 여래의 '열여덟 가지 특성[十八法]'과 '열 가지 거룩한 힘[十神力]'과 '네 가지 두려움 없음[四無所畏]'을 얻었다.

여래의 '열여덟 가지 특성[十八法]'이란, 부처가 되어서부터 열반에 이르기까지 첫째는 도를 잃음이 없고, 둘째는 빈말이 없고, 셋째는 망령된 뜻이 없는 것이다. 넷째는 뜻이 깨끗하지 아니함이 없고, 다섯째는 여러 가지의 생각이 없고, 여섯째는 살펴보지 않음이 없는 것이다. 일곱째는 하고자 하는 뜻이 줄어듦이 없고, 여덟째는 힘써 나아감이 줄어듦이 없고, 아홉째는 선정에 드는 마음이 줄어듦이 없는 것이다. 열째는 지혜가 줄어듦이 없고, 열한째는 해탈이 줄어듦이 없고, 열두째는 제도하는 지견(知見)이 줄어듦이 없는 것이다. 열셋째는 지나간 세상의 일을 모두 알고 보며, 열넷째는 앞으로 올 세상의 일을 모두 알고 보며, 열다섯째는 지금 세상의 일을 모두 알고 보는 것이다. 열여섯째는 온갖 신행(身行)으로 교화하여 알게 하며, 열일곱째는 온갖 언행(言行)으로 교화하여 알게 하며, 열여덟째는 온갖 의행(意行)으로 교화하여 알게 하는 것이다. 이것이 부처님의 '열여덟 가지 중생과 같지 않은 특성[十八不共法]'이다.

'열 가지 거룩한 힘[十神力]'이란 무엇인가. 모든 부처님은 깊은 것 · 미묘한 것 · 드러나지 않은 것 · 아득한 것을 모두 보고 아시어 옳고 그름을 있는 그대로 환히 아시니, 이것이 첫 번째 힘이다.

부처님께서는 과거 · 현재 · 미래에 짓는 업과 그 과보를 모두 밝게 아시니, 이것이 두 번째 힘이다.

부처님께서는 천상과 인간의 중생이 저마다 갖고 있는 다른 생각들을 모두 분별하시니, 이것이 세 번째 힘이다.

부처님께서는 중생의 여러 가지 종류의 말과 세상을 제도하는 말을 아시니, 이것이 네 번째 힘이다.

부처님께서는 모든 세간의 헤아릴 수 없는 다양한 모습을 아시니, 이것이 다섯 번째 힘이다.

부처님께서는 선정과 해탈과 삼매의 행을 나타내어 온갖 수고로움과 다툼을 제거할 수 있으시니, 이것이 여섯 번째 힘이다.

부처님께서는 탐욕의 속박을 알고 탐욕에서 벗어남을 아시어 반드시 있는 곳에서 마땅하게 행하시니, 이것이 일곱 번째의 힘이다.

부처님의 지혜는 바다와 같고 좋은 말씀은 한량없으며 전생에서 겪은 온갖 일을 생각하여 아시니, 이것이 여덟 번째의 힘이다.

부처님의 천안(天眼)은 깨끗하여 사람이 죽어 정신이 가서 나면 선과 악과 재앙과 복을 행한 대로 과보를 받는 것을 보시니, 이것이 아홉 번째의 힘이다.

부처님께서는 번뇌가 이미 다하고 다시는 얽매임과 집착이 없으시다. 신령하고 참되고 밝은 지혜로써 스스로 알고 보고 증득하셨으며, 도행(道行)을 완전히 드러내고 펴서 행할 바를 다 이루시고 더는 생사가 없음을 명확히 아시니, 이것이 부처님의 열 번째의 거룩한 힘이다.

'네 가지 두려움 없음[四無所畏]'이란 무엇인가. 부처님께서는 거룩한 지혜로 바르게 깨달으셨기에 모르시는 것이 없으시나, 어리석은 사람은 미혹하여 말하기를, "부처는 아직 다 알지 못한다."라고 한다. 그러나 범천·마라·뭇 성인에 이르기까지 모두 부처님의 지혜는 논할 수조차 없기 때문에, 부처님께서는 홀로 가면서도 두려워하지 않으시니, 이것이 첫 번째 두려움 없음이다.

부처님께서는 번뇌가 다하여 남김없이 마치셨으나, 어리석은 이는 미혹하여 서로 말하기를, "부처는 번뇌가 아직 다하지 못하였다."라고 한다. 그러나 범천·마라·뭇 성인에 이르기까지 부처님의 뜻은 논할 수조차 없기 때문에, 부처님께서는 홀로 가면서도 두려워하지 않으시니, 이것이 두 번째 두려움 없음이다.

부처님께서 말씀하신 경과 계율을 세상에서 외우고 익히지만, 어리석은 이는 미혹하여 말하기를, "부처의 말[經]은 막을 수 있다."라고 한다. 그러나 범천·마라·뭇 성인에 이르기까지 부처님의 바른 말씀을 논하여 헐어버릴 수 없기 때문에 부처님께서는 홀로 가면서도 두려워하지 않으시니, 이것이 세 번째 두려움 없음이다.

부처님께서는 도의 이치를 나타내실 때, 그 진실을 간략히 말씀하시어도 괴로움과 재앙을 제도할 수 있으나, 어리석은 이는 미혹하여 서로 말하기를, "괴로움을 제도할 수 없다."라고 한다. 그러나 범천·마라·뭇 성인에 이르기까지 부처님의 바른 도는 논할 수조차 없기 때문에 부처님께서는 두루 다니면서도 두려워하지 않으시니, 이것이 네 번째 두려움 없음이다.

부처님께서 이러한 마음을 얻어 일체를 알고 보셨으므로 앉아서 스스로 생각하셨다. '이는 진실로 미묘하여 알기 어렵고 밝히기도 어려우며 얻기는 더욱 어렵다. 높아서 위가 없고, 넓어서 끝이 없으며, 아득해서 밑이 없고, 깊어서 측량할 수 없으며, 커서 하늘과 땅을 감쌌고, 세밀하여 틈이 없는 데까지 스며들었다. 중생을 마치 갓난아이 보살피듯 길러 주고, 모든 부처님을 받들어 섬겨서 쌓은 덕이 한량없으며, 오랜 겁 동안 애쓰며 고행하였기에 그 공덕이 없어지지 않아 이제야 모두 얻게 되었구나.'

그러고는 기뻐하며 스스로 게송을 읊으셨다.

지은 복의 과보가 장쾌하니
뭇 서원 모두 이루게 되었도다.
속히 온갖 고요함에 들어서
모두 열반에 이르게 하리라.

이제 깨달은 부처는 지극히 높아
탐욕 버리고 깨끗하여 번뇌 없으며
능히 일체를 거느리고 인도하니
따르는 이는 반드시 기뻐하리라.

이때 부처님께서는 마가다국 선승 도량의 파트라 나무 아래에 계셨는데, 덕의 힘으로 마라를 항복시키셨으며, 깨달음의 지혜는 거룩하고 고요하여 세 가지 신통[三達]에 걸림이 없으셨다.

또한, 두 상인 트라푸사와 발리카를 제도하시어 삼보에 귀의하게 하고, 오계(五戒)를 주시어 청신사가 되게 한 뒤에 생각하셨다. '옛날 먼저의 부처님이신 디팜카라 부처님께서 나에게 부처가 되리라고 수기하시면서, 〈너는 지금으로부터 백 겁 후에 부처가 될 것이다. 이름은 사캬무니로, 그렇게 온 이[如來]·동등한 이[至真]·바르고 평등하게 깨달은 이[等正覺]·명예의 행을 완성한 이[明行成為]·잘 간 이[善逝]·세간을 아는 이[世間解]·더 이상 없는 이[無上士]·사람을 길들이는 이[道法御]·천신과 인간의 스승[天人師]·깨달은 어른[佛世尊]이라 불리리니, 중생을 제도하여 벗어나게 함이 지금의 나와 같을 것이다〉라고 하셨다. 나는 그 이후로 큰 서원을 세우고 육바라밀[六度]·사무량심[四等]·네 가지 은혜[四恩]와 삼십칠조도품을 받들어 행하였으며, 좋은 방편은 때를 따르고 온갖 법을 오랫동안 쌓으면서도 게으르지 않았다. 덕행은 높고 뛰어났으며, 괴로움을 참음이 한량없었다. 그리하여 공덕의 과보를 잃지 않아 큰 서원의 과보를 이룬 것이다.'

부처님께서 이 경을 말씀하시자, 모여 있는 모든 대중은 크게 기뻐하며 부처님께 예배하고 떠나갔다.

II. 불설중본기경

불설중본기경 상권

1. 법의 바퀴를 굴리는 품(轉法輪品)

아난은, "나는 예전에 부처님으로부터 이와 같이 들었다."라며 말하였다.

어느 때 부처님께서 마가다국 선승 도량의 보리수 아래에 계셨다. 덕의 힘으로 마라를 항복시키셨으며, 지혜를 깨달아 마음이 고요하여 세 가지 신통으로 걸림이 없으셨다. 또한, 상인 트라푸사와 발리카를 제도하시어, 삼보에 귀의하게 하고 오계(五戒)를 주시어 청신사가 되게 하신 뒤에 생각하셨다. '옛날 먼저의 부처님이신 디팜카라 부처님께서 나에게 부처가 되리라고 수기하시면서, 〈너는 지금으로부터 구십일 겁 후에 부처가 될 것이다. 이름은 사캬무니로, 그렇게 온 · 동등한 · 바르고 평등하게 깨달은 · 명에의 행을 완성한 · 잘 간 · 세간을 아는 · 더 이상 없는 · 사람을 길들이는 · 천신과 인간의 스승인 · 깨달은 어른이라 불리리니, 중생을 제도하여 벗어나게 함이 지금의 나와 같을 것이다〉라고 말씀하셨다. 나는 수기를 받은 이후로 마음의 근본을 닦아 다스리고, 육바라밀로 공덕을 쌓고 행을 쌓으면서 사무량심에 게으르지 않았다. 덕행은 높고 뛰어났으며, 괴로움을 참음이 한량없었다. 그리하여 공덕의 과보를 잃어버리지 않아 큰 서원의 과보를 이룬 것이다.'

다시 세존께서 생각하셨다. '내가 본래 마음을 낸 것은 맹세코 중생을 위함이었으므로 범천왕과 제석천왕이 법을 청하니 감로법을 열어야겠다. 그런데 누가 먼저 듣기에 알맞을까? 옛날 내가 출가하여 길을 갈 적에 범지 알라라 칼라마가 나에게 예를 갖추어 대하였으니, 그 사람에게 먼저 가르침을 펴야겠다.'

이렇게 생각하고는 떠나려 하시는데, 천신이 거룩한 뜻을 받들어 하늘에서 말하였다.

"그 사람은 죽은 지 칠 일이 되었습니다."

부처님께서 말씀하셨다.

"애석하도다. 알라라 칼라마여! 감로법을 열려 하였거늘 그대는 어찌 듣지 못한단 말인가!"

부처님께서는 다시 생각하셨다. '감로법을 열어야겠는데, 누가 그 다음으로 듣기에 알맞을까? 그렇다. 웃타카 라마푸타가 그 다음에 들을 수 있을 것이다.'

그러고는 막 일어나 가려 하시는데, 천신이 또다시 말하였다.

"그 사람은 어제저녁에 목숨을 마쳤습니다."

부처님께서 말씀하셨다.

"그 사람은 오랫동안 떨어져 있겠구나. 감로법을 열려 하였는데 받아 듣지 못하였으니, 나고 죽음에 오가면서 무슨 인연으로 열반을 얻을 것인가. 다섯 갈래의 길[五道]에서 헤맬 텐데 그 고통을 어찌 할 것인가."

그러고는 부처님께서 또 생각하셨다. '감로법의 북소리는 삼천대천세계에 들릴 텐데, 누가 듣기에 알맞을까? 부왕께서 옛날 콘단냐 · 앗사지 · 밧디야 · 바파 · 마하나마의 다섯 사람을 보내셨는데, 그들은 깨와 쌀을 가져다 주고 시중들며 수고를 하였으니, 그 공덕을 갚을 차례다.'

그때 다섯 사람은 모두 바라나시에 있었다. 이에 부처님께서 비로소 나무 아래서 일어나시니 상호와 위엄은 세상을 밝게 빛내고 위신력은 세상을 움직여 보는 사람마다 기뻐하였다.

부처님께서는 바라나시에 도착하시기 전에 중간에서 우우라는 범지를 만났다. 그는 볼수록 높고 아름다운 부처님의 모습에 놀람과 기쁨이 엇섞여서 길가에 선 채로 소리 높여 찬탄하였다.

"거룩하고 영묘하여 사람을 감동시키며, 위의가 우아하고 뛰어나십니다. 본래 어떠한 스승을 섬기셨기에 그러한 모습을 얻으셨습니까?"

부처님께서 우우를 위하여 게송으로 말씀하셨다.

여덟 가지 바른 깨달음[八正] 스스로 얻어
버리지도 않고 물들지도 않으며
갈애는 다하고 탐욕의 그물 부셨나니
스승 없이 스스로 얻었다네.

나의 행은 스승에 의지함이 없고
그 마음은 홀로 뛰어나 짝할 이가 없으며
일행(一行)을 쌓아서 부처가 되었나니
이로부터 성인의 도에 통했다네.

우우는 부처님께 여쭈었다.

"고타마께서는 어디로 가십니까?"

"나는 바라나시로 가서 감로의 법북을 울려 위없는 바퀴를 굴리려 합니다. 삼계의 뭇 성인들께서 전에 없던 법의 바퀴를 굴리시어 사람을 교화하고 열반에 들게 하셨으니, 지금의 나도 그렇게 할 것입니다."

우우는 크게 기뻐하며 말하였다.

"고타마의 말씀은 참으로 거룩하십니다. 바라건대, 감로법을 여시어 가르침을 말씀해 주십시오."

이에 부처님께서는 바라나시의 옛 선인(仙人)들이 머물던 사슴 동산[鹿園]의 나무 아래로 가시어 그 다섯 사람에게로 향하셨다.

다섯 사람은 멀리서 부처님께서 오시는 것을 보고 함께 의논하였다.

"우리는 가족과 이별한 채, 산을 오르고 재를 넘으며 극심한 고생을 하면서 이 사람을 앉혀 놓고 깨와 쌀을 대주느라 애쓰며 고생하였습니다. 더는 견딜 수 없다고 생각하던 차에 마왕이 와서 싸움을 걸기에 내버려 두고 숨어버렸는데, 이제 다시 오고 있습니다. 그러나 우리는 깨 한 알·쌀 한 톨도 감당할 수가 없습니다. 이제 일어나서 음식을 구한들 어떻게 마련할 수 있겠습니까. 다만 자리만은 베풀어 주되, 각자 무릎을 꿇거나 일어나거나 말을 하거나 문안을 하지는 맙시다. 여기서 기분이 언짢으면 반드시 스스로 떠날 것입니다."

이때 세존께서는 그 다섯 사람을 위하여 신족(神足)을 드러내시어 다섯 사람의 몸을 솟구쳐 그들 자신도 모르는 사이에 예배하게 하였다. 그리고 예전과 같이 시중들게 하고는 다섯 사람에게 말씀하셨다.

"함께 의논하여 일어나지 말자고 하더니 이제 예배까지 하는 것은 무엇 때문이냐?"

"우리는 당신 싯다르타 때문에 극심한 고생을 하였습니다. 슛도다나 왕은 사납고도 모질며 도리에 어긋났는데, 모두가 당신 때문이었습니다."

부처님께서 다섯 사람에게 말씀하셨다.

"그대들은 위없이 바르고 참된 여래이며 완전하게 깨달은 이에게 당신이라 하지 마라. 나는 위없이 바르게 깨달았으므로 나고 죽음의 뜻으로는 상대할 수가 없다. 어찌 나의 얼굴을 대하면서 아버지의 이름을 말할 수 있느냐."

계속하여 다섯 사람에게 말씀하셨다.

"그대들은 나의 몸을 자세히 살펴보아라. 나무 아래에 있을 때와 같으냐?"

"그때는 수척하고 파리하더니, 지금은 다시 광택이 납니다. 그러나 그때 나무 아래서 눈을 감고 단정히 앉아 하루에 한 줌의 참깨와 쌀만을 먹으면서도 오히려 도가 아니라고 여겼는데, 하물며 사람들 사이에 들어가 몸과 입을 제멋대로 하면서 어찌 도를 닦는다고 하겠습니까?"

부처님께서 다섯 사람에게 말씀하셨다.

"세상에는 스스로 범하여 속이고 있는 두 가지 일이 있다. 무엇이 두 가지인가. 곧, 살생과 음욕이다. 세력을 뽐내어 탐내고 원하면서 몸이 다하도록 괴롭히는 것은 안으로 도의 자취가 없기 때문이니, 이 두 가지 일이 없으면 바로 참된 수행자가 아니겠느냐.

아흔여섯 가지 술법 역시 버리거나 멀리할 것도 없는 이것이 중도를 취함이니, 양극단에 치우침이 없어야 한다.

무엇이 중도를 취함인가. 지혜의 행을 깨달아 뭇 지혜를 통달하고, 여섯 가지 신통을 모두 깨달으며, 여덟 가지 바른 행[八正行]을 갖추어야, 이것을 일컬어 중도를 취하여 열반에 머무른다고 하는 것이다."

부처님께서 이 법을 말씀하셨지만 다섯 사람은 아직 이해하지 못하였다.

이때 세 사람은 걸식을 나가고 두 사람이 공양을 올리자, 그들을 위하여 색(色)의 괴로움을 말씀하셨다.

"온갖 재앙은 모두가 색욕(色欲)에서 비롯된다. 좋아하는 것은 덧없고 사람 역시 머무름이 없다. 마치 환술사가 마음대로 변화로 만들어 낸 것을 어리석은 이가 사랑하고 그리워하고 탐내어 싫어하지 않는 것과 같다. 그러나 환술사는 변화된 것을 보고도 물들거나 집착하지 않는다. 왜냐하면 그것은 거짓이어서 참된 것이 아니기 때문이다."

부처님께서 두 사람을 위하여 게송으로 말씀하셨다.

> 뜻이 방탕하여 음욕을 행하면
> 음욕을 즐길수록 그 뿌리 더욱 깊어지네.
> 색을 탐내면 원한과 재앙만이 늘어나고
> 색욕을 떠나면 근심이 없어지리라.

다시 두 사람은 걸식을 나가고 세 사람이 공양을 올리니, 그들을 위하여 탐냄의 괴로움을 말씀하였다.

"안락한 생활을 좋아하고 영화를 구하는 것은 미혹하고 어리석은 이가 오로지 힘쓰는 것으로, 수행을 해치고 덕을 허물어뜨린다. 오로지 탐욕으로 인해 기뻐하거나 성내고 얻거나 잃게 되거늘, 탐욕스러운 이는 싫어함이 없으니 이 안락한 생활이야말로 부서지기 쉬운 것으로 마치 구름이 뜰을 지나가는 것과 같다. 늙음과 병듦과 죽음이 찾아오면 흩어지지 않음이 없으니, 마치 사람이 꿈을 꾸다가 깨어나면 볼 수 없는 것과 같다. 그러므로 슬기롭게 탐욕을 버릴 수 있어야 비로소 크게 편안함을 얻을 것이다."

부처님께서 세 사람을 위하여 게송으로 말씀하셨다.

> 탐욕이 마음의 밭이 되면
> 탐욕에 집착하는 마음은 씨앗이 되느니라.
> 탐욕을 끊고 편안함을 구하지 않으면
> 다시는 가고 옴의 근심이 없으리라.

이에 세존께서 거듭 자세히 법을 말씀해 주시자, 다섯 사람은 곧 이해하고 제자가 되기를 원하였다.

이에 부처님께서, "잘 왔도다, 비구들[善來比丘]이여!"라고 말씀하시니, 모두 사문이 되었다.

부처님께서 비구들에게 말씀하셨다.

"행위에 두 가지 일이 있으면 치우침에 떨어지게 되는데, 첫째는 생각을 색욕에 두면 청정한 뜻이 없게 되고, 둘째는 애착하여 탐하면 청정한 뜻을 일으킬 수 없다.

이 두 가지 일을 행하면 다시 치우침에 떨어지게 되어, 태어나서도 부처님을 만나지 못하고 참된 도를 어기고 멀리한다. 그러나 만약 탐욕을 끊고 정진하여 명(明)을 이루면 열반을 얻을 수 있다.

무엇이 열반인가. 먼저 네 가지 진리[四諦]를 아는 것이다. 무엇이 네 가지 진리인가. 첫째는 괴로움[苦]이고, 둘째는 괴로움의 집기[習]이고, 셋째는 괴로움의 멸함[盡]이고, 넷째는 괴로움의 멸함에 이르는 길[道]이다.

이와 같이 비구들이여, 차례로 깨달음의 지혜를 지녀 일심으로 생각하여 선정에 들면, 도의 응보를 받고 법의 눈이 밝아지니, 저 네 가지 진리를 알면 점차로 도의 자취에 들어가게 된다.

무엇이 괴로움인가. 생·노·병·사의 괴로움과 근심·슬픔·번민의 괴로움, 사랑하는 이와 이별하는 괴로움, 원수나 싫어하는 것과 만나는 괴로움, 구하나 얻지 못하는 괴로움이다. 요컨대 다섯 가지 취한 근간 그 자체가 괴로움[五盛陰苦]이다.

무엇이 괴로움의 집기인가. 애착하는 것이 집기이며, 애착하지 않는 것 역시 집기이다.

무엇이 괴로움의 멸함인가. 온갖 애착에는 멸함이 있음을 알아 사랑하지도 않고 생각하지도 아니하여 깨달아 모두 없애는 것이다.

무엇이 괴로움의 멸함에 이르는 길인가. 팔정도[八支聖道, 八正道]가 있으니, 바른 견해 · 바른 생각 · 바른 말 · 바른 행동 · 바른 생활 · 바른 정진 · 바른 기억 · 바른 선정이다.

이것이 괴로움의 집기를 멸하는 도에 들어가는 진리가 되며, 이것이 곧 태어남이 없는 것이다. 태어남이 없으면 늙음이 없고, 늙음이 없으면 병도 없고, 병이 없으면 죽음도 없고, 죽음이 없으면 괴로움도 없고, 괴로움이 없으면 더할 나위 없이 상서로워서 열반으로 향하게 되는 것이다."

그때 부처님께서 게송으로 말씀하셨다.

지극한 도는 가고 옴이 없고
깊고 미묘하며 맑고도 참되니
죽지도 않고 태어나지도 않는
이곳이야말로 열반이라네.

이것은 고요하고 위없는 것으로
다하였기에 새 몸 짓지 않으니
비록 하늘에 좋은 곳 있더라도
열반보다 좋은 곳 어디에도 없다네.

이 법을 말씀하시자, 콘단냐 등 다섯 사람은 법의 눈을 얻었다.

부처님께서 콘단냐에게 말씀하셨다.

"이해하였느냐?"

콘단냐는 자리에서 물러나며 대답하였다.

"아직 깨닫지 못하였습니다."

세존께서 다시 콘단냐에게 말씀하셨다.

"과거 먼 세상에 악생(惡生)이라는 국왕이 있었다. 왕은 기녀들을 데리고 산에 들어가 놀고자 하였다. 그때 왕은 관속들은 산 아래 머물러 있게 하고 기녀들만 따르도록 하여 걸어서 산꼭대기까지 올라갔다.

이에 왕은 매우 고단하여 누워 잠이 드니, 기녀들은 왕을 남겨 두고 꽃을 따다가 한 도인이 나무 아래 단정히 앉아 있음을 보았다. 기녀들은 기뻐하며 모두 나아가 예배를 드리자 도인은 축원을 하면서, '여러 누이는 어디서 왔습니까?' 하며 자리에 앉게 하고는 그들을 위하여 경법(經法)을 설해 주었다.

이때 왕이 깨어나 기녀들을 찾아다니다가 그 도인 앞에 앉아 있는 것을 보게 되었다. 왕은 질투심에 나쁜 마음을 내어 도인에게 물었다.

'무엇 때문에 남의 기녀들을 꾀어내어 여기에 앉혀 두었소. 당신은 무엇 하는 사람이오?'

도인은 반드시 왕이 사납게 해치려 할 것임을 미리 알고 대답하였다.

'인욕(忍辱)을 닦는 사람입니다.'

그러자 왕은 차고 있던 칼을 뽑아 그의 양팔을 베어 버리면서 물었다.

'무엇하는 사람이오?'

도인이 대답하였다.

'진실로 인욕을 닦는 사람입니다.'

다시 왕이 그의 귀와 코를 잘라 버렸으나, 도인은 마음이 굳건하여 동요하지 않고 여전히, '인욕을 닦는 사람입니다'라고 말하였다.

왕은 도인의 안색이 전혀 변하지 않는 것을 보고는 앞으로 나아가 허물을 뉘우치니, 도인이 왕에게 말하였다.

'그대는 지금 여색 때문에 칼로 나의 몸을 끊었지만, 나는 참기를 땅과 같이 하였소. 그러니 반드시 바르고 완전한 깨달음을 얻어서 장차 온갖 큰 지혜로써 그대의 생사를 끊어 주겠소.'

그러나 왕은 죄가 깊어서 틀림없이 무거운 재앙을 받을 것이라고 생각하여 땅에 머리를 대고 불쌍히 여겨 용서해 줄 것을 애원하자, 도인이 왕에게 말하였다.

'내가 진실로 인욕을 닦는 이라면, 피는 젖이 되고 끊어졌던 곳은 본래대로 회복될 것이오.'

그러자 곧 그가 말한 대로 젖이 나오면서 몸이 회복되었다. 왕은 인욕의 증거를 보고서, 모든 사람을 반드시 제도해 줄 것을 바라면서 진심 어린 뜻에서 말하였다.

'만약 참된 도를 이루면 저를 반드시 제도해 주십시오.'

도인은, '그렇게 하겠습니다' 하고 대답하였다. 이에 왕은 미혹을 그쳐야함을 깨닫고는 작별하고 궁으로 돌아갔다."

부처님께서 콘단냐에게 계속하여 말씀하셨다.

"그때의 인욕 수행자가 지금의 나이고, 악생왕이 바로 콘단냐 너였다. 콘단냐여, 이제야 알겠느냐?"

콘단냐는 자리에서 물러나며 부처님께 말씀드렸다.

"잘 알겠습니다, 세존이시여."

이 법을 말씀하시니, 콘단냐 등 다섯 사람은 번뇌가 다하고 마음을 깨달아 모두 아라한이 되었다. 위의 팔만 천신들도 법의 눈을 얻었으며, 삼천세계가 크게 진동하였다.

이것이 부처님께서 처음 바라나시에서 일찍이 굴리신 적이 없는 위없는 법의 바퀴를 굴리시어 크게 일체를 제도하신 것이니, 즐거이 받아들이지 않음이 없었다.

2. 변화를 나타내는 품②(現變品第二)

그때 바라나시성 안의 아구리 장자에게 아들이 하나 있었는데, 이름은 보칭(寶稱, 타타)이고 나이는 스물네 살이었다.

그는 기묘하게도 유리로 만든 신발을 신고 태어났으므로, 부모가 그것을 귀하고 특이하게 여겨 보칭이라고 이름을 지어 주었다. 보칭은 따로 마련해 준 집에서 추위와 더위에 따라 거처를 바꿔가면서 기녀들과 밤낮없이 즐겼다.

보칭은 어느 날 한밤중에 문득 깨어나 기녀들을 바라보니, 모두 죽어 있는 형상과 다름없었다. 피고름은 넘쳐흐르고, 사지의 뼈마디는 끊어져 있었으며, 집안의 온갖 도구들은 마치 무덤과 같았다.

그가 놀라 문으로 달려가자 문이 저절로 열렸다. 천지가 아주 캄캄한데 작은 광명이 보여 그 빛을 따라 동쪽 성문으로 나아가자 다시 문이 저절로 열리면서 광명은 사슴 동산을 비추고 있었다. 그가 그 빛을 찾아서 부처님께로 나아가게 되었는데, 높고 빛나는 부처님의 상호를 보고는 두려움이 그치고 미혹이 풀려 소리 높여 찬탄하였다.

"오랫동안 은혜와 사랑의 감옥에 있으면서 명색(名色)이라는 형틀에 얽매어 있었습니다. 이제야 부처님께 달려왔는데 과연 해탈할 수 있겠는지요?"

부처님께서 말씀하셨다.

"젊은이여, 잘 왔도다. 이곳이야말로 근심이 없고 뭇 행이 끝나는 곳임을 알라."

그는 앞으로 나아가 부처님 발에 예배하고 한쪽으로 물러났다. 부처님께서 그를 위하여 법을 말씀하시니, 그는 청정한 법의 눈을 얻었다.

그는 자리에서 물러나 부처님께 말씀드렸다.

"제자가 되고 싶습니다."

이에 부처님께서, "잘 왔도다, 비구여!"라고 말씀하시니, 그는 곧 사문이 되었다.

다음날 아침에 기녀들은 보칭이 보이지 않자 당황하여 여기저기 찾아

다니면서 탄식하며 울고 있었다. 장자가 놀라서 이상하게 여기며 그 까닭을 물으니, "보칭이 지금 어디에 계신지 모르겠습니다."라고 대답하는 것이었다.

장자는 두려움에 가슴이 울렁거렸다. 그는 곧 말을 타고 사방으로 나가 찾게 하였다. 자신도 급히 아들의 수레를 타고 나가 찾다가 바라나라는 냇물을 지나게 되었다. 물을 건너니 아들의 보배신이 언덕 기슭에 놓여 있는 것을 보고 발자국을 찾아가다가 사슴 동산까지 나아가게 되었다.

그때 부처님께서는 방편을 써서 그 부자(父子)가 서로 보이지 않게 하셨다. 장자는 부처님의 거룩한 위의와 상호를 뵙자, 기쁨과 두려움이 엇섞여서 공경을 표하는 것도 잊어버린 채 부처님께 여쭈었다.

"제 아들 보칭의 발자국이 여기까지 와 있는데 고타마께서는 보셨는지요?"

부처님께서 장자에게 말씀하셨다.

"그대의 아들이 여기에 있는데도 어째서 보이지 않는다고 근심하십니까?"

부처님께서는 이렇게 말씀하시고 그를 위하여 법을 설하셨다.

"나고 죽는 것은 어리석음 때문입니다. 은혜와 사랑에는 이별이 있으니, 이십억의 악을 깨뜨려 버리면 수다원에 들게 됩니다."

이에 보칭은 마음을 깨달아 곧 아라한이 되었으며, 부자는 서로를 볼 수 있었지만 은혜와 사랑은 엷어졌다.

이에 장자는 기뻐하며 물러나 앉으며 부처님께 말씀드렸다.

"오늘 마음이 즐겁습니다. 두 가지 기쁜 일이 있으니, 첫째는 부처님을 만나 깨달았기에 기쁘고, 둘째는 갈애를 여의어 유쾌하기에 기쁩니다."

그때 보칭에게 부욕·유마라·교염발·수타라는 네 명의 친한 벗이 있었다. 그들은 보칭이 이미 사문이 되었음을 듣고서 놀랍고 기쁜 나머지 털이 곤두서서 말하였다.

"그 사람은 덕이 높고 매우 총명하다고 온 나라에 알려져 있다. 이제 우리도 함께 귀의하여 사문이 되자. 그것은 분명 참된 길이기에 그가 갑자기 영화와 안락한 생활을 버렸을 것이다. 보칭도 살펴볼 겸 함께 부처님을 찾아뵙자."

그들은 함께 가서 부처님의 광명을 보자, 본원의 행[本願行]이 있었기에 마음이 즐거워지고 즉시 이해하였다.

이에 그들은 앞으로 나아가 세존께 예배하고 말씀드렸다.

"인도하여 가르쳐 주시기를 간절히 바랍니다. 마음을 비운 지 오래되었으니 하찮게 여기지 마시고, 부디 제자가 되게 해 주십시오."

부처님께서 그들에게, "잘 왔도다, 비구들이여!"라고 말씀하시니, 모두 사문이 되었다.

그리고 그들을 위하여 마음의 근본을 말씀하시고 청정법을 말씀하시니, 그들은 부처님 말씀을 듣고 마음을 깨달아 곧 아라한이 되었다.

이때 바라나시 부근의 도(荼)라는 고을에 사는 오십 명의 사람들이 일이 있어 그 나라에 갔다가 보칭과 부욕 등이 모두 사문이 되었다는 말을 듣고 저마다 생각하였다. '장자의 아들들은 뽐내기를 좋아하고 제멋대로이며 재주가 세상에서 높은데도, 그들 모두가 도의 가르침에 감화되었고 귀족들은 다시는 영화를 돌아보지 않게 되었다니, 고타마야말로 신묘한 분임에 틀림이 없다.'

그들은 저마다 부처님을 찾아뵈어야겠다고 생각하고는 곧 함께 출발하여 사슴 동산에 이르렀다. 그들은 본래의 서원으로 제도되기에 알맞았으므로, 부처님을 뵙자마자 마음으로 이해하여 제자가 되기를 원하였다.

이에 부처님께서 그들에게, "잘 왔도다, 비구들이여!"라고 말씀하시니, 모두 사문이 되었다. 그러고는 본래의 서원에 따라 신속히 법의 요체[法

要]를 이루어서 번뇌가 없어지고 속박이 풀리며 모두 아라한이 되었다.

그때 사슴 동산 안에는 한 무리의 사람들이 모여서 먹고 마시고 노래하고 춤추며 놀고 있었다.

그 무리 가운데서 단정하고 비범한 여자가 춤을 추자, 모든 대중은 즐겁기가 한량없었다. 그런데 춤이 끝나기도 전에 여인이 갑자기 사라져, 대중은 기쁨을 잃고 당황하며 두려워하였다. 그곳에서 백 걸음쯤 떨어진 곳에서 여인이 다시 모습을 드러내자 그녀에게 달려갔다. 여인은 그들을 이끌어 부처님께 나아가서는 갑자기 숨어 버렸다.

이에 사람들이 부처님께 여쭈었다.

"조금 전 한 여인이 함께 춤을 추다가 이리로 왔는데 고타마께서는 보셨는지요?"

부처님께서 그들에게 말씀하셨다.

"잠시 자신들의 몸을 살펴보십시오. 남의 몸을 살펴서 무엇하려 합니까? 색욕은 덧없으며 만나면 이별이 있습니다. 마치 물거품과 같은 것인데 어리석은 이들은 그리워하고 집착합니다. 재앙은 이로 인해 생겨나는 것입니다. 몸이야말로 괴로움의 그릇이니, 중생은 모두 그와 같습니다."

그러자 대중은 마음을 깨달아 사문이 되기를 원하였다. 부처님께서 모두에게 계율을 주시고 바른 진리로 인도하며 보여주시니, 모두가 아라한이 되었다.

부처님께서 비구들에게 널리 알리셨다.

"그대들은 각자 가서 널리 중생을 제도하라. 법을 보는 바에 따라 방편을 내보여 인도하고, 널리 법의 눈을 베풀어 삼보를 드높이며, 갈애[愛]를 멸하고 존재[有]를 없애 열반에 들게 하라. 나는 이제 홀로 우위라 고을로 갈 것이다."

비구들은 분부를 받고 부처님 발에 이마를 대어 예배하고 부처님을 세 번 돌고 저마다 떠나갔다.

3. 카샤파를 교화하는 품(化迦葉品)

부처님께서는 마가다국 우위라 고을에 도착하셨으나, 날이 저물어서 범지 사나의 동산에 머무셨다.

다음날 아침 부처님께서는 발우를 가지고 사나의 문으로 가셨다. 부처님께서 금빛 광명을 나타내어 그 당(堂) 위를 비추시자, 범지의 맏딸인 난다와 둘째 딸인 난다바라가 그 광명을 보고 기뻐하며 곧 부처님께 가서 예배하고 부처님을 청하였다. 이에 부처님께서는 당에 오르시어 두 딸을 가르쳐서 삼보에 귀의하게 하고 오계를 주신 뒤에 말씀하셨다.

"몸은 자기의 소유가 아니며, 만물은 '공(空)'으로 돌아간다."

이에 두 여인은 마음으로 이해하여 그 말씀을 높이 받들어 행하였다.

세존께서 생각하셨다. '내가 본래 배움을 일으킨 것은 중생을 제도하고 욕계의 마왕을 항복시켜 도로써 교화하려 함이었다.'

이때 근처 네란자라강에 범지가 살고 있었는데, 성은 카샤파[迦葉]이고 이름은 우루벨라였다. 나이가 백이십 살에 명성이 높고 널리 알려져 있어 세상 사람들이 받들고 우러렀다. 그는 불을 섬겨 제사를 지내는데 밤낮으로 게으르지 아니하였으며, 배움을 좋아하는 제자를 오백 명이나 두었다. 그의 두 아우 역시 그 형을 우두머리로 섬겼는데, 그들 또한 도를 얻었다 하여 저마다 제자를 두고 모두 강의 하류에서 살고 있었다.

카샤파는 자신의 이름이 날로 높아져 온 나라가 마음을 두어 우러르고 있는데, 도술이 얕으면 궁하기 쉽고 궁하면 명성이 무너질 것이니, 장차 좋은 계책을 세워 온 나라가 크게 우러르게 해야겠다고 생각하였다.

그래서 그는 곧 용을 구해다가 술법으로 용을 다스렸다. 그러고는 고요한 방을 만들어 용을 기르면서, 만약 경솔하게 고요한 방으로 제멋대로 들어오는 자가 있으면 불을 토하고 독을 내뿜어 들어 온 자를 없애 버리도록 하였다.

축제 때가 되어 용이 불을 내뿜어대자, 멀건 가깝건 모두가 큰 스승의 도야말로 신령스럽다고 하였다. 카샤파는 이로 말미암아 공명(功名)이 날로 융성하였다.

세존께서 생각하셨다. '내가 옛날 출가할 적에 길에서 빔비사라 왕을 만났는데, 내가 서원한 대로 도를 이루면 그는 먼저 자신을 제도하여 해탈케 해 주기를 원하였다. 나는 일체를 위하기 때문에 곧 허락하였지만, 이제 백성의 마음을 살펴보니, 널리 카샤파에게 쏠려 있어 갑자기 돌릴 수가 없다. 좋은 열매가 나무에 달려 있어도 높아서 따 먹을 수가 없다면, 나무뿌리를 베고 가지를 쓰러뜨려야만 먹고 싶은 대로 열매를 딸 수 있는 것과 같다. 모두가 꺼리는 것은 용이니, 나는 먼저 용을 항복시킬 것이다. 카샤파가 와서 따르게 되면 비로소 큰 도로써 교화되는 바가 끝이 없을 것이다.'

다시 세존께서 생각하셨다. '해가 천하를 비추면 세 가지 덕이 있다. 첫째, 광명이 빛나서 어둠을 제거하여 또렷하지 아니함이 없다. 둘째, 오색 빛깔을 지닌 갖가지 것들이 그 형상을 널리 나타낸다. 셋째, 싹을 트게 하여 만물의 정기가 번성하게 된다.

여래가 세상에 나오면, 역시 세 가지가 있다. 첫째, 온갖 큰 지혜로써 어리석음과 어둠을 비추어 없앤다. 둘째, 다섯 갈래 윤회의 길에 대한 말씀과 행동을 널리 편다. 셋째, 방편과 지혜로써 제도하여 이롭게 하고 편안하게 한다.'

부처님께서는 생각을 마치시고는 곧 사나 동산에서 출발하셨다. 해 질 무렵 카샤파에게 가셨는데, 그곳에 도착하기 전에 문득 금빛 광명을 나투시니, 나무와 흙과 돌의 빛깔이 마치 금빛과 같았다.

카샤파의 제자가 병에 물을 뜨다가 그 변화를 보고 마음이 움직여서 괴이하게 여겨 돌아보았다. 저 멀리 세존이 보이는데 천하를 환히 밝히고 계셨다. 그것이 어떤 미묘한 일인지 알 수 없어서 스승에게 달려가 알리자, 스승과 제자들이 모두 밖으로 나왔다. 세존의 거룩함과 밝은 위의가 으리으리하므로 카샤파는 가슴이 두근거리고 답답하여 어쩔 줄 몰라 하며 생각하였다. '혹시 이것은 해가 아닐까? 내가 보기에 이는 하늘 사람일 것이다.'

그의 눈이 다시 아찔하다가 뒤에 생각이 나서 비로소 알아차리고 말하였다.

"이분은 숫도다나 왕의 태자 싯다르타가 아닐까? 우리의 역법에서 말하기를, '숫도다나 왕의 아들은 복이 전륜성왕에 걸맞으나, 영화로운 지위를 좋아하지 아니하고 장차 부처님이 되리라'라고 하였다. 예전에 출가했다는 말을 들었는데, 그분이 도를 이룬 것일까?"

그때 갑자기 부처님께서 도착하셨으므로 카샤파는 크게 기뻐하며 말하였다.

"잘 오셨습니다, 고타마시여. 기거는 늘 편안하신지요?"

부처님께서 카샤파를 위하여 게송으로 말씀하셨다.

> 계율을 지니면 늙도록 편안하고
> 믿음이 바르면 선행에 머물리라.
> 지혜는 몸을 가장 안온하게 하니
> 뭇 악이 그 안온함을 해치지 못하리라.

카샤파는 부처님께 말씀드렸다.

"부디 덕을 베푸시어 보잘것없는 음식이지만 공양을 받아주십시오."

부처님께서 카샤파에게 말씀하셨다.

"예로부터 부처의 도법에는 한낮이 지나면 음식을 먹지 않습니다. 그런데 한 가지 다른 부탁이 있는데 거절하지 말아 주십시오."

"미리 준비해 놓지 못해서 죄송합니다. 덕을 공경하며 이를 잘 받아들이겠습니다."

"하룻밤 묵고자 하는데 받아주시겠습니까?"

카샤파가 부처님께 말씀드렸다.

"우리 범지들의 법에서는 방을 함께 쓰지 않습니다. 아껴서가 아니니 용서하십시오. 어찌 규정을 어기겠습니까?"

그러자 부처님께서 고요한 방을 가리키면서 말씀하셨다.

"여기는 또 무슨 방입니까?"

"그 안에는 신령한 용이 있는데, 성질이 급하고 사나워서 누가 방에 들어오면 매번 불을 뿜어서 태워버립니다."

"이곳을 내게 빌려 주십시오."

"참으로 아껴서 그런 것이 아니라, 용이 해를 끼칠까 염려되기 때문입니다."

오백 명의 제자들은 두려워 숨을 죽이고서 자신들의 스승이 부처님께 허락할까 겁을 내고 있었다. 그러나 거듭 세 번이나 빌려줄 것을 청하자 카샤파는 의심을 품으면서도 더는 어쩌지 못하며 반드시 재앙이 있을 것을 두려워하였다.

부처님께서 카샤파에게 말씀하셨다.

"나는 이미 삼계의 탐욕의 불을 꺼버렸으므로 용이 나를 해치지는 못합니다."

"고타마께서는 덕이 높으셔서 계실 수 있으실 테니 뜻대로 하십시오."

부처님께서 위신력으로 그 방으로 들어가시자, 오백 명의 제자들은 용이 해칠 것이라 믿고 모두 눈물을 흘리면서 말하였다.

"안타깝도다. 높으신 분께서 용에게 해를 입으실 것이다."

부처님께서 앉으시자, 순식간에 용이 굴에서 나오면서 독을 뿜으며 부처님을 에워쌌다. 그러나 부처님께서는 독을 변화시켜 모두 꽃이 되게 하셨다. 용은 그 독이 꽃이 되어 부처님을 에워싸는 것을 보고는, 더욱 드세게 불을 뿜어대면 해칠 수 있을 것이라 여겼는데, 오히려 뜨거운 기운이 용에게 되돌아와 답답하여 죽을 것만 같았다. 이에 용이 머리를 들어 부처님의 상호를 보고는 높으신 분인 줄 알아차리자, 시원한 바람이 용에게 불어왔다. 용이 그 시원함을 찾아서 부처님께로 나아가자 불이 꺼지고 독이 없어졌다. 이에 용은 부처님께 귀의하고 발우 안으로 들어갔다.

그때 부처님께서는 곧 불빛을 나타내어 하늘을 환하게 비추셨다. 그러자 카샤파의 제자들은 바로 일어나 하늘의 기운을 살펴보다가 부처님의 광명을 보고 그것을 용의 불이라 여겨 소리 높여 울부짖었다.

"애석하도다. 참된 분께서 마침내 용의 재앙을 입으셨구나."

이에 스승 카샤파와 제자들이 놀라서 함께 뛰어나왔다. 오백 명의 제자들은 한목소리로 스승을 책망하였다.

"하늘과 땅이 생겨난 이래 아직 고타마처럼 신묘한 분을 보지 못하였습니다. 높고 귀하신 분인데 눈여겨 자세히 보지 않았던 것이 한스럽습니다. 이제 어떠한 인연으로 다시 뵐 수 있겠습니까."

그들은 흐르는 눈물을 닦으며 게송으로 말하였다.

상호는 자금(紫金) 빛으로 빛났고
얼굴은 원만하고 머리칼은 검푸르며
거룩하신 분의 백 가지 복덕은 신묘하여
관상 보는 책에서 이르는 그대로라네.

반듯한 몸은 서서 한 길 여섯 자요
자태는 좋으셔서 여든 가지 형체이며
정수리의 광명은 어둔 데를 비췄거늘
갑자기 떠나시다니 덧없기만 하구나.

뒤에 온 제자들도 불이 부처님을 해친 줄 알고, 울부짖으며 애통해하였다. 그들은, "고타마께서 해를 입으셨는데, 우리가 살아서 무엇하겠느냐."고 하더니, 몸을 솟구쳐 불 속으로 뛰어들었다. 그러나 시원하고 상쾌하였기에, 돌아보며 그의 스승께 말씀드렸다.

"고타마께서는 해를 입지 않으셨습니다. 본래는 용의 불이라 여겼는데, 이것은 다름 아닌 부처님의 광명이었습니다."

스승 카샤파와 제자들은 소란을 떨며 숨도 제대로 못 쉬다가 날을 밝혔다.

다음날 아침 부처님께서 발우를 지니시고 고요한 방에서 나오시자, 카샤파는 크게 기뻐하며 말하였다.

"큰 도인께서는 아직 살아 계셨군요. 그런데 그릇 속에 있는 것은 무엇입니까?"

부처님께서 카샤파에게 말씀하셨다.

"독룡입니다. 이미 항복하고 법을 받았습니다."

오백 명의 제자가 모두, "부처님께서는 신령하기도 하시구나!"라고 하자, 카샤파는 속으로는 감복하면서도 위신을 세우느라 오로지 자신만을 추켜세웠다.

"큰 도인께서는 참으로 신령스러운 분이시지만, 비록 그렇다 하더라도 아직은 내가 얻은 아라한의 경지만은 못할 것입니다."

이어서 카샤파는 부처님께 말씀드렸다.

"공양을 올리고자 하니 큰 도인께서는 머물러 주십시오."

다음날 아침 공양 때가 되어 카샤파가 직접 찾아가 부처님을 청하자, 부처님께서 말씀하셨다.

"먼저 가십시오. 곧 뒤따라가겠습니다."

카샤파가 돌아가자 부처님께서 장부가 팔을 폈다 구부릴 만큼의 잠깐 사이에 동쪽으로 수천억 리나 떨어진 '푸리바비데하'까지 가셨다. 그러고는 '염핍'이라는 나무 열매를 따서 발우에 가득히 채워 돌아오셨다. 카샤파는 자신이 아직 도착하기도 전에 부처님께서 평상에 앉아 계시자, 부처님에게 물었다.

"큰 도인께서는 어느 길로 오셨습니까?"

부처님께서 말씀하셨다.

"그대가 떠난 뒤에 나는 동쪽의 푸리바비데하에 가서 이 염핍이라는 과일을 따왔습니다. 향기롭고 맛이 있어 먹음직합니다."

부처님께서 공양하고 떠나가시자, 카샤파는 생각하였다. '큰 도인이 비록 신령하다 하더라도 나의 도의 참됨만은 못할 것이다.'

다음날 공양 때에 다시 가서 부처님을 청하자, 부처님께서 말씀하셨다.

"먼저 가십시오. 곧 뒤따라가겠습니다."

카샤파가 돌아가자 부처님께서 남쪽 끝의 '잠부디파'로 가셨다. 그러고는 '하려륵' 열매를 따서 발우에 가득 담아 돌아오셨다. 카샤파는 자신이 도착하기도 전에 부처님께서 이미 평상에 앉아 계신 것을 보고 부처님에게 물었다.

"어떻게 먼저 도착하셨습니까?"

부처님께서 말씀하셨다.

"남쪽으로 가서 이 맛있는 과일을 가져왔는데, 병을 고치는 데 쓰입니다."

부처님께서 공양하고 떠나가시자, 카샤파는 생각하였다. '이 큰 사문은 참으로 신묘한 분이구나.'

다음날 카샤파는 다시 가서 부처님을 청하자, 부처님께서 말씀하셨다.

"곧 뒤따라가겠습니다."

부처님께서 서쪽 '고다니야'로 가셔서 '아마륵' 열매를 따서 발우에 가득 채워 돌아오셨다. 카샤파는 자신이 도착하기도 전에 벌써 부처님께서 평상에 앉아 계신 것을 보고 부처님에게 물었다.

"또 어느 쪽에서 오셨습니까?"

부처님께서 말씀하셨다.

"서쪽 고다니야에 가서 아마륵 열매를 가져왔으니 드셔 보십시오."

부처님께서 공양하고 떠나가시자, 카샤파는 또 생각하였다. '이 큰 사문이 하는 일이야말로 참으로 신령하구나.'

다음날 카샤파는 다시 가서 부처님께 청하자, 부처님께서 말씀하셨다.

"곧 뒤따라가겠습니다."

카샤파가 되돌아보았지만 갑자기 부처님이 보이지 않았다. 부처님께서는 이미 북쪽의 '웃타라쿠루'에 가셔서 저절로 된 '맵쌀'을 가지고 돌아오셨다. 카샤파는 자신이 도착하기도 전에 부처님께서 평상에 앉아 계신 것을 보고 부처님에게 물었다.

"또 어디서 오셨습니까?"

부처님께서 말씀하셨다.

"북쪽 웃타라쿠루에서 이 맵쌀을 가져 왔으니 드셔 보십시오."

부처님께서 공양하고 떠나가시자, 카샤파는 혼자 생각하였다. '이 큰 도인의 신묘함이 저와 같구나.'

다음날 공양 때가 되자, 부처님께서 발우를 지니시고 몸소 그의 집으로 가셨다. 그리고 음식을 가지고 돌아오셔서 잡수신 뒤에 손을 씻고 양치질을 하려는데 물이 없었다. 이에 제석천왕이 내려와서 손으로 땅을 가리키자 저절로 연못이 만들어졌다.

카샤파가 해 질 녘에 이리저리 다니다가 그 연못을 보고 이상하게 여겨 부처님에게 물었다.

"어떻게 하여 이런 일이 있는 것입니까?"

부처님께서 카샤파에게 말씀하셨다.

"아침에 당신에게서 밥을 얻어먹고 양치질을 하려는데 물이 없었습니다. 그때 제석천왕이 땅을 가리켜 연못을 만들어 사용하게 하였습니다. 그러니 이 연못을 '손가락으로 가리킨 못'이라 부르도록 하십시오."

이것을 듣고 카샤파는 생각하였다. '큰 도인께서는 신묘하여 공덕이 한량없구나.'

뒷날 세존께서는 카샤파 근처로 거처를 옮기시고 나무 아래에 앉아 계셨다. 밤에 욕계 제1천의 사천왕이 내려와서 부처님의 설법을 듣자, 사천왕의 광명과 그림자의 밝기가 마치 훨훨 타오르는 불과 같았다.

카샤파는 밤중에 일어나 부처님 앞에 네 개의 불이 있는 것을 보았다. 그는 날이 밝자 부처님에게 물었다.

"큰 도인께서도 역시 불을 섬기십니까?"

"아닙니다. 어젯밤에 사천왕이 와서 설법을 들었는데, 바로 그의 광명이었습니다."

카샤파는 다시 생각하였다. '이 큰 사문은 지극히 신령하여서 이런 하늘에까지 이르는구나. 비록 그렇다 하더라도 나의 도의 참됨만은 못할 것이다.'

다음날 밤에 욕계 제2천인 도리천의 제석천왕이 내려와 법을 들었는데, 제석천왕의 광명은 사천왕보다 두 배나 밝았다. 카샤파는 밤중에 일어나서 부처님 앞의 광명을 보고는, '부처님도 본디 불을 섬기는구나'라고 혼자 생각하였다.

그는 날이 밝자 부처님에게 물었다.

“불을 섬기는 것은 아닙니까? 어젯밤은 두 배나 밝았습니다.”

부처님께서 말씀하셨다.

“제석천왕이 내려와 법을 들었는데, 바로 그의 광명이었습니다.”

그 다음날 밤에는 제7 범천이 내려와 법을 들었는데, 범천의 광명은 제석천왕보다 두 배나 밝았다. 카샤파는 그 광명을 보고 부처님께서도 불을 섬기신다고 의심하였다.

그는 날이 밝자 부처님에게 물었다.

“큰 도인께서는 틀림없이 불을 섬기시지요?”

부처님께서 카샤파에게 말씀하셨다.

“제7 범천이 어젯밤에 법을 들었는데, 바로 그의 광명입니다.”

카샤파는 생각하였다. ‘이 큰 사문의 위신력은 범천왕조차 감동시켜 내려오게 하는구나.’

카샤파의 오백 명의 제자는 저마다 세 가지 불을 섬겼는데, 다음날 천오백 개의 불을 피우는데도 불은 끝내 타오르지 않았다. 그들은 괴이하게 여기며 스승에게 알리자 스승은 말하였다.

“틀림없이 이것은 부처님이 한 일이다.”

그러고는 부처님께 달려가 말씀드렸다.

“오늘 아침에 저의 오백 명의 제자가 불을 피우는 데, 끝내 타오르지 않습니다. 이는 부처님께서 하신 일인지요?”

부처님께서 카샤파에게 말씀하셨다.

“불이 타오르기를 원합니까?”

이렇게 묻기를 세 번까지 하시자, 그는 대답하였다.

“타오르게 하고 싶습니다.”

부처님께서, "가서 보십시오. 불은 타고 있을 것입니다."라고 말씀하셨다.

그 소리에 맞춰서 모두 타오르자, 카샤파는 다시 생각하였다. '이 큰 도인의 지극히 신령함이 이와 같구나.'

카샤파 자신도 세 가지 불을 섬기므로, 다음날 아침에 불을 피웠지만 다시 끌 수가 없었다. 오백 명의 제자와 그를 섬기는 이들이 그를 도와서 끄려했지만, 끝내 끌 수가 없었다. 그는 부처님께서 하신 일이라고 의심하면서 곧 부처님께 가서 말씀드렸다.

"제 자신이 세 가지 불을 섬기는데 끌 수가 없습니다."

"꺼지게 하고 싶습니까?"

"참으로 꺼지게 하고 싶습니다."

부처님께서, "불은 꺼지리라."고 하시자, 그 소리에 맞춰서 불이 꺼지니, 카샤파는 생각하였다. '큰 도인께서는 지극히 신묘하시어 하시는 일이 모두 이루어지는구나.'

어느 날 카샤파의 오백 명의 제자가 함께 장작을 쪼개고 있었는데, 저마다 도끼를 올리기만 하면 내릴 수가 없었다. 이를 부끄러워하며 스승을 찾아가 알리자 스승이 말하였다.

"이는 큰 사문께서 하시는 일일 것이다."

그는 즉시 부처님을 찾아가 말씀드렸다.

"저의 제자들이 함께 장작을 쪼개고 있는데, 도끼를 들어 올리면 내릴 수가 없습니다."

부처님께서, "가서 보십시오. 도끼는 내려질 것입니다."라고 하시자, 바로 내려져서 쓸 수 있게 되었다.

카샤파는 생각하였다. '이 큰 사문이 신령하기는 신령하구나.'

어느 날 부처님께서 나무 아래로 가셔서 버려진 헌 옷을 보시고는 빨려고 생각하셨다. 제석천왕이 부처님의 거룩한 뜻을 받들어 파나산 위에 가서 네모난 돌과 육각이 진 돌 하나씩 가져다 주어서 빨래를 하여 햇볕에 널었다. 그때 카샤파가 노닐면서 구경하다가 연못가에 있는 두 개의 돌을 보고 이상하게 여기며 부처님께 여쭈었다.

"지금 이 연못가에 있는 두 개의 돌은 매우 아름답고 고운데, 어디에서 나온 것입니까?"

부처님께서 카샤파에게 말씀하셨다.

"내가 빨래를 하고 옷을 햇볕에 말리려 하였더니, 제석천왕이 돌을 보내주어 사용한 것입니다."

카샤파는 다시 생각하였다. '고타마의 신령한 덕에는 감동되지 않는 것이 없구나.'

뒤에 부처님께서 '손가락으로 가리킨 못'에 들어가 목욕을 하고 나오려 하시는데, 당겨 잡을 것이 없었다. 연못 위에 가화라는 매우 크고 아름다운 나무가 있었는데, 그 나무가 아래로 굽어져 내려와 그것을 잡고 연못을 나오셨다. 카샤파는 나무가 아래로 굽어지는 것을 보고는 괴이하게 여겨 또 부처님께 여쭈니, 부처님께서 말씀하셨다.

"내가 아침에 연못에 들어갔다가 물에서 나오려는데, 나무의 신이 가지를 드리워서 나를 이끌어 나오게 하였습니다."

카샤파는 생각하였다. '이 큰 도인의 지극한 덕이야말로 감동하는 바가 많아서 큰 나뭇가지가 굽어져 내려왔구나.'

부처님께서 카샤파를 반드시 항복시키고자 곧 네란자라강으로 들어가셨다. 그 물은 깊고 물살은 빨랐지만 부처님께서 신통력으로 물살을 끊어 멈추게 하셨으며, 물이 사람의 머리 위를 지나가게 하고, 밑에서는 먼지가 일게 하기도 하셨다. 부처님께서 그 물 가운데를 걸어가셨다. 카샤파는 부처님께서 물에 들어가신 것을 보고 물에 빠질까 두려워, 곧 제자들을 거느리고 배를 타고 가 부처님을 구하려 하였다. 물살이 높이 일어난 그 아래에는 먼지가 일고 있었는데, 그곳에 부처님이 계신 것을 보고는 크게 기뻐하며 말하였다.

"큰 도인께서는 아직 살아 계셨군요. 배로 올라오시겠습니까?"

부처님께서 말씀하셨다.

"곧 올라가겠습니다."

부처님께서, '배 밑을 뚫고 들어가야겠다'라고 생각하시고는 배 밑을 통해 올라오셨다. 그러나 배에는 물이 새는 흔적조차 없게 하셨으므로, 카샤파는 크게 놀라며 말하였다.

"이 큰 사문의 미묘한 변화는 이름 붙이기조차 어렵구나."

그때 마가다국에서는 왕과 신하와 백성들이 해마다 모여 예배하고 카샤파에게 가서 칠 일 동안 함께 즐겼다.

카샤파는 생각하였다. '부처님의 덕이 거룩하고 밝아서 사람들이 보기만 하면 반드시 모두가 나를 버릴 것이니, 그 칠 일 동안은 나타나지 않으면 좋겠구나.'

부처님께서는 그의 뜻을 아시고, 칠 일 동안 숨어 계셨다.

팔 일째 아침이 되자 카샤파는 또 생각하였다. '지금 남은 음식이 있는데 부처님께 공양하면 좋겠구나.'

그러자 그 생각에 맞추어 부처님께서 갑자기 도착하시자, 카샤파는 크게 기뻐하며 여쭈었다.

"마침 공양을 올렸으면 하였는데 이렇게 오셨으니 어찌 반갑지 않겠습니까. 그동안 어디에 가셨다가 이제야 오십니까?"

부처님께서 카샤파에게 말씀하셨다.

"그대가, '부처님의 덕은 거룩하고 밝아서 사람들이 보면 반드시 모두 나를 버릴 테니, 그 칠 일 동안 나타나지 않으면 좋겠구나'라고 생각하였으므로 그 때문에 숨어 있었을 뿐이며, 지금은 그대가 나를 생각하기에 그 때문에 다시 온 것입니다."

카샤파는 생각하였다. '남의 생각까지 아시다니, 부처님은 참으로 지극히 신령한 분이시구나.'

부처님께서 카샤파의 마음이 이미 항복되었음을 아시고는 곧 카샤파에게 말씀하셨다.

"그대는 아라한이 아닙니다. 참된 도를 모르면서 무엇 때문에 헛되이 스스로를 귀하다고 합니까?"

이에 카샤파는 놀라 털이 곤두서서 스스로 도가 없음을 알고는 바로 머리를 조아리고 말하였다.

"큰 도인께서는 참으로 거룩하셔서 남의 생각까지 아시는군요. 어떻게 하면 큰 도인을 좇아서 거룩한 변화를 얻고, 경과 계율을 여쭙고 받으며, 사문이 될 수 있겠습니까?"

부처님께서 말씀하셨다.

"매우 훌륭하십니다. 그대의 제자들에게도 알리십시오. 그대는 나라의 스승인데 이제 법복을 입는다 하여 어찌 혼자 결정할 수 있겠습니까?"

카샤파는 분부를 받고 제자들을 돌아보며 말하였다.

"그대들은 그동안에 나와 함께 거룩한 변화를 보아 왔다. 나는 비로소 믿고 알았으니 사문이 되어야겠는데, 그대들은 어디로 가겠느냐?"

오백 명의 제자는 한목소리로 대답하였다.

"저희가 알고 있는 것은 모두 큰 스승의 은혜입니다. 스승께서 존중하고 믿는 바라면 모두 따르도록 해 주십시오."

즉시 스승과 제자들은 부처님께 나아가 예배하고 말씀드렸다.

"저희 모두가 믿음의 뜻을 지녔으니, 부디 제자가 되게 하여 주십시오."

이에 부처님께서, "잘 왔도다, 비구들이여!"라고 말씀하시니, 모두 사문이 되었다.

카샤파는 가죽옷과 털옷이며 물병 · 지팡이 · 신발 등 불을 섬기는 도구들을 모두 물속에 버렸다.

이때 카샤파에게는 두 아우가 있었는데, 첫째가 나디야 카샤파이고, 둘째가 가야 카샤파였다. 두 아우는 저마다 이백오십 명의 제자를 두고, 물가에서 오두막집들을 벌려 놓고 살고 있었다. 두 아우는 범지들의 옷과 가재도구와 불을 섬기는 도구들이 물살을 타고 떠내려오는 것을 보고 놀라서, 형과 제자들이 남에게 해를 입은 줄 알고 두려워하였다.

그들은 곧 제자들을 데리고 강을 따라 올라가다가, 형과 그의 제자들이 모두 사문이 된 것을 보고는 괴이하게 여겨 물었다.

"형님께서는 나이도 많으시고 지혜 또한 밝아 멀리까지 미쳐서 국왕과 백성이 함께 섬기는 분이십니다. 저희 또한 형님이 아라한을 얻은 이라 여겼는데 도리어 범지의 도를 버리고서 사문의 법을 배우고 계시니, 이것은 작은 일이 아닙니다. 어찌 부처님의 도만이 존귀하고 덕이 홀로 높겠습니까?"

카샤파가 대답하였다.

"부처님의 도는 가장 뛰어나서 그 법은 한량없다. 비록 내가 세상에서 배웠으나 일찍이 도와 거룩한 지혜가 부처님과 같은 분은 없었다."

두 아우는 이 말을 듣자 저마다 제자들에게 말하였다.

"나는 형님을 따르려 하는데, 그대들은 어디로 나아가겠는가?"

오백 명의 제자는 모두 한목소리로 말하였다.

"큰 스승님을 따르겠습니다."

그들은 모두 머리를 조아리고 사문이 되기를 원하였다.

이에 부처님께서, "잘 왔도다, 비구들이여!"라고 말씀하시니, 모두 사문이 되었다.

그때 부처님께서는 천 명의 비구들과 함께 가야로 가셨다. 크게 우거진 나무 아래에 앉으셔서 삼매에 들어 계시다가 갑자기 모습을 감추시더니 동쪽에서 오셔서는 나무 아래서 사라지셨다. 사방에서 역시 그와 같이 하셨는데, 허공으로 솟구쳐 머물면서도 떨어지지 않으시고, 몸에서 물과 불을 내시며 오르내리기를 자유로이 하셨다. 비구들이 고개를 들고 보면서 기뻐하고 있을 때, 부처님께서는 돌아와 본래 자리에 앉으셨지만, 알아채는 이가 없었다.

비구들은 기뻐하며 나아가 부처님 발에 예배하고 자리에서 물러나 부처님께 말씀드렸다.

"나타내 보이신 이것을 무엇이라 하는지요?"

부처님께서 비구들에게 말씀하셨다.

"이것은 '신족으로 나타내 보임[神足示現]'이라고 한다.

또한, '가르침으로 나타내 보임[教授示現]'이 있으니, 비구들이여, 자세히 들어라. 마음[心]·의지[意]·식별[識]의 결합은 인연으로 물들며 집착하는 것이니, 그것을 바로잡는 법을 일컬어 '가르침으로 나타내 보임'이라 한다.

또 '설법으로 나타내 보임[說法示現]'이 있으니, 비구들이여, 자세히 들어라. 스스로 색을 사랑함도 쇠하게 되고, 육정(六情)으로 사랑한 것도 쇠하게 되며, 쇠함이 그치지 않으면 곧 괴로움이 생겨난다. 무엇을 괴로움이 생기는 것이라 하는가. 탐욕·성냄·어리석음의 불이 일어나서 느낌과 늙음·병듦·죽음의 두려움이 있게 되는 것이니, 이것을 일컬어 '설법으로 나타내 보임'이라 한다."

부처님께서 법을 세 번 굴려 말씀하시니, 천 명의 비구는 번뇌가 다하고 욕망이 끊어져서 모두 아라한이 되었다. 부처님께서 비구들을 위하여 게송으로 말씀하셨다.

지금의 천 명의 비구는
장로들로서 높은 덕이 있도다.
삿됨을 고쳐서 바르게 보는 일 닦았으니
무상(無想)으로 선정의 지혜에 들리라.

이 법을 말씀하실 때에 천신 · 용 · 귀신 들이 즐거이 듣지 않음이 없었다.

4. 빔비사라 왕을 제도하는 품(度瓶沙王品)

그때 세존께서 라자가하로 가서 왕과 백성들을 제도하려 하셨다. 바로 그날 라자가하의 왕이 파견한 사자(使者)가 명을 받고 부처님께 나아가 지극한 공경을 표하며 예배를 마치고 말하였다.

"빔비사라 왕(瓶沙王)께서 부처님 앞에 머리 숙여 인사드립니다. 근래 세존께서 도를 이루시어 부처님이라 불리시고, 천상과 인간의 여러 무리는 때를 만난 것을 경사스러워 하고 있습니다. 삼가 엎드려 왕의 말씀을 전하오니, '세존께서는 편안하신지요? 바라건대, 보살핌을 베푸시어 저의 나라에 왕림하여 주십시오. 거룩한 교화에 굶주려 있는 백성들은 순수한 마음으로 뛸 듯이 좋아할 것입니다. 백성들을 가엾이 여기시어 해탈할 수 있게 하소서'라고 하셨습니다."

부처님께서 비구들에게 널리 알리셨다.

"그대들은 서둘러 준비하라. 왕의 청에 응하겠다."

비구들은 분부를 받자 준비를 마치고는 좌우에서 따르니, 사자(使者)가 달려가서 보고하였다.

"세존께서 천 명의 비구승과 함께 지금 성에서 사십 리 떨어진 수바라치 나무 아래에 계십니다.”

왕은, ‘만약 부처님께서 나라에 들어오시면 직접 나가 영접하여라. 그러면 얻는 복이 한량없을 것이다’라고 선왕(先王)이 남기신 분부를 떠올렸다. 곧 천 대의 수레에 말 만 마리와 칠천의 따르는 사람을 준비하도록 하였다.

준비를 마치자 수레에 올라 궁을 나와 성을 나서려는데, 성문이 저절로 닫히고 수레와 말이 한꺼번에 넘어졌다. 크게 놀란 왕은 큰 재앙이 있을 것을 두려워하며 말하였다.

“나의 죄가 무거워 이러한 재앙이 있구나.”

그러자 공중에서 소리가 들려왔다.

“옛날 왕과 같이 서원했던 사람이 지금 감옥에 갇혀 있다. ‘기필코 함께 가자’ 하고 서로 맹세하였기에 문이 바로 닫힌 것이다.”

이에 왕이 즉시 크게 사면하여 죄수들을 풀어 주자, 문이 저절로 열려 부처님께 나아갈 수 있었다. 왕은 멀리서 부처님의 상호가 빛나는 것을 보고 즉시 수레에서 내려 시종들을 물리치고 칼을 풀어 놓았다.

부처님께서는 빔비사라 왕의 성품이 평소에 교만하고 억세어서 떠받들려지고 있음을 알고 계셨다. 이에 빨리 깨닫게 하여 그를 교화시키려고 왕을 따르는 이들의 모습을 왕과 같이 만드셨다. 빔비사라 왕이 따르는 이들을 돌아보니 자기와 비슷하여 다름이 없으므로, 부처님께서 자신을 알아보지 못할까 걱정이 되었다.

그는 부처님 발에 이마를 대어 예배하고 오른편으로 세 번 돌고 말하였다.

“제가 바로 마가다국의 왕 빔비사라입니다.”

이렇게 세 번이나 말하므로 부처님께서 왕에게 말씀하셨다.

“나는 그대의 마음까지 비출 수 있거늘, 하물며 모습을 분간하지 못하겠습니까."

빔비사라 왕은 크게 기뻐하며 자리로 물러났다. 여러 신하와 백성들도 저마다 공경을 하였는데, 그 가운데는 예배를 하거나 자신의 이름을 말하거나 바로 서서 인사를 하는 이들도 있었다.

그들이 예배를 마치고 물러나자 부처님께서 앉기를 명하셨다. 그들이 분부를 받고 자리로 가자, 부처님께서 빔비사라 왕에게 말씀하셨다.

"전생의 복으로 왕이 되셨는데, 이제 더욱더 늘어날 것입니다. 왕과 나라의 백성들은 충성스럽고 효도하며 부귀하고 즐거워서 근심이 없으며, 복으로 보호되어 덕과 상서로움만이 있고 불이익은 없을 것입니다."

대중의 모임에서 '우루벨라 카샤파의 명성이 먼저 세상에 알려졌는데 이제 부처님과 함께 있으니, 누가 스승이 되기에 적합할까?' 하고 의심하였다.

부처님께서 대중의 생각을 살피시고 곧 카샤파에게 말씀하셨다.

"살생을 하여 제사를 지내면서 그 복을 바라고자 하였는데, 과연 얻을 수 있었습니까? 산중에 들어가 도를 구하면서 스승이 없이 도를 얻을 수 있었습니까?"

카샤파가 부처님께 말씀드렸다.

"살생하여 제사를 지내면 그 복을 얻지 못할 뿐만 아니라, 천신은 먹지도 않을 것이고, 살생을 한 이는 죄만 짓게 됩니다. 또한, 도를 배우는데 스승이 없으면 도는 끝내 이루어지지 못합니다."

카샤파가 계속하여 부처님께 말씀드렸다.

"저는 전에 불을 섬기면서 밤낮으로 게으르지 아니하고 오랜 세월에 걸쳐 애를 쓰며 고생하였습니다. 술법을 좋아하는 제자들이 무릇 오백 명이나 있어서 추위와 더위를 피하지 않으며 매우 용맹스럽게 불을 피웠고, 늙을 때까지 숙달되도록 하였어도 끝내 비슷한 것조차 얻지 못하였습니다.

이렇듯 옛 사람들이 미혹된 것을 후손들에게 전해 준 것을, 스스로 그것을 도라 여기며 헛되이 고생만 하고 과보는 없다가, 이제야 부처님의 가르침을 만나서 마음의 번뇌를 다하여 아라한이 되었습니다."

부처님께서 카샤파에게 말씀하셨다.

"그대는 아라한의 신족을 나타내 보시오."

카샤파는 명을 받고 곧 고요한 선정에 들었다. 그러고는 땅에서 수척을 떨어져 몸이 허공에 오르더니, 허리 위로는 불을 내고 허리 아래로는 물을 내었다. 다시 허리 위로는 물을 내고 허리 아래로는 불을 내었다. 그런데 그 물과 불에 옷이 젖거나 마르지 않았다. 공중에 머문 채 변화를 나타내 보이는데, 나타났다 없어지기를 일곱 번 되풀이하였다. 몸에서 광명을 내니 오색으로 빛나고, 동쪽에서 날아와 부처님 자리 앞에서 사라지기도 하였다. 사방과 위 · 아래에서 변화를 나타내 보이는 것도 그와 같았다.

그는 변화를 나투기를 마친 후 장궤합장하고 부처님께 말씀드렸다.

"제자 카샤파는 부처님의 자애로운 은혜를 입어 죄의 속박에서 벗어났습니다. 부처님께서는 매우 거룩하시어 삼계가 가르침을 높이 받듭니다."

부처님께서 카샤파를 위하여 게송으로 말씀하셨다.

만약 어떤 이가 백 살을 살면서
불을 받들고 다른 술법을 닦는다 해도
바른 진리를 받들면서
그 광명이 일체를 비추는 것만 못하리라.

만약 어떤 이가 백 살을 살면서
삿됨을 익히고 뜻이 착하지 못하면

하루를 살면서도
힘써 바른 법을 받드는 것만 못하리라.

왕과 신하들은 비로소 카샤파가 바로 부처님의 제자인 줄을 알게 되었다. 부처님께서 빔비사라 왕에게 말씀하셨다.

"세상 사람들이 눈으로 색(色)을 볼 때, '괴로움과 즐거움은 덧없고 몸은 오래갈 수 없다'고 보는 것만은 아닙니다. 세상 사람들은 뜻으로 악은 많이 짓고 선은 적게 짓습니다. 만 가지 생각을 일으켜 탐욕을 좇아 제멋대로 마음을 부리는데, 능히 이러한 마음을 버릴 수 있어야 도를 얻고, 공덕이 카샤파와 같아질 것입니다.

높은 신분으로 마음가짐을 함부로 하지 말고, 싫어함이 없이 마음대로 음욕을 탐하지 말아야 합니다. 세력이 강한 것으로 약한 이를 업신여기지 말고, 성냄으로 그릇되게 죄 없는 것들을 죽이지 말아야 합니다.

음탕한 마음을 따르지 말고, 탐내는 마음을 따르지 않으며, 성내는 마음을 따르지 않아야 합니다. 악을 그치고 선을 짓게 하고, 신의를 지키고 참되게 말해야 합니다. 죽음의 고통과 늙고 병듦의 고통을 생각하여 그 행할 바를 사유한다면, 역시 카샤파의 신족을 얻을 수 있습니다.

눈으로 색(色)을 볼 때는 마음을 잘 단속하여 곱거나 추함에 동요하지 않아야 합니다. 귀로 소리를 들을 때는 마음을 제어하여 기뻐하거나 성냄이 없어야 합니다. 코로 향기를 맡을 때는 마음을 조복하여 느낌에 집착하지 않아야 합니다. 입으로 갖가지 맛있는 것을 먹을 때는 마음을 제어하여 집착하는 생각을 일으키지 않아야합니다. 몸으로 집착할 때는 마음을 제어하여 그치게 해야 합니다.

식별[識]은 분명히 다섯 근간[五陰]의 밖에서 오는 것인데, 그것을 제어하는 것은 마음입니다. 육정(六情)은 주체가 아니니, 다섯 근간이 사라지면 이름도 없습니다. 카샤파의 공덕이란 곧 이것을 닦아서 얻은 것입니다.

사람이 태어나면 몸을 받아서 근심과 괴로움이 많습니다. 배고프고 목마르고 춥고 덥거늘 어리석은 이는 이것을 즐거운 것이라 여기지만 지혜로운 이에게는 고통일 뿐입니다.

세상 사람들은 처자와 영화와 안락한 생활에 미혹해져 있습니다. 그러나 이 여러 가지 일들은 흩어지지 않을 수 없으니, 천 년이 되고 만 년이 되면 모두 닳아 없어지는 것입니다."

부처님께서 빔비사라 왕을 위하여 게송으로 말씀하셨다.

무릇 세간을 거느리는 이가 되면
바름을 따르고 아첨하지 말며
자비로써 이끌고 예의를 보일지니
이와 같다면 법왕이 되리라.

크게 불쌍히 여겨 용서로써 바르게 이끌고
어짊과 사랑으로 사람들을 이롭게 하며
이익을 평등하고 고르게 줄 것이니
이와 같다면 중생이 의지하고 친근하리라.

부처님께서 빔비사라 왕에게 말씀하셨다.

"왕은 궁전을 지은 지 몇 해나 되었습니까?"

왕이 돌아보며 옆에 있던 신하에게 물으니, 그 신하가 대답하였다.

"궁전을 이룩한 지 칠팔백 년쯤 됩니다."

부처님께서 신하들에게 물었다.

"무릇 몇 명의 왕이 바뀌었소?"

"이십여 분의 왕이 계셨습니다."

부처님께서 빔비사라 왕에게 물었다.

"여러 왕을 모두 알고 있습니까?"

"오직 저의 부왕만을 알고, 그 앞의 분들은 모르겠습니다."

부처님께서 빔비사라 왕에게 말씀하셨다.

"대지는 영원하나, 사람은 무상(無常)합니다. 사람으로서 제 몸을 사랑한다면, 남의 생명을 해쳐서는 안 되며 도를 지닌 이를 헐뜯어서도 안 됩니다. 중생이 나고 죽는 것은 모두가 은혜와 사랑에서 비롯됩니다. 부모는 스스로, '이 아이는 내가 낳았으며, 이 아이는 나의 자식이다'라고 말하지만, 자식이란, 부모에게서 이루어진 것이 아닙니다. 그들 모두는 전생에서, 계율을 지녀 완전히 갖춘 이는 사람이 되고, 악행을 저지른 이는 죽어서 지옥·축생·아귀에 떨어집니다. 자신의 행을 따라 이루어진 것이지, 타인으로 말미암아 생긴 것이 아닙니다. 죄와 복은 밝고 공정하니, 왕은 특히 그것을 깊이 생각하셔야 합니다."

부처님께서 왕에게 계속하여 말씀하셨다.

"아이가 태안에 있을 때 아이가 눈이 멀거나 귀머거리라면, 어머니는 그것을 미리 알 수 있습니까?"

"미리 알 수는 없습니다."

"이 아이는 전생에 지은 죄와 행으로 그렇게 된 것이지 부모의 잘못은 아닙니다. 아이가 태안에 있을 때 아이의 거룩함과 총명함도 어머니로서는 미리 알 수가 없습니다. 모든 것은 지은 행이 맑고 순수했기 때문이지 부모의 힘이 아닙니다. 이 이치는 분명한 것이니, 왕은 잘 생각하십시오.

세상 사람들이 죄를 지음에는 세 가지 행이 있습니다. 입으로는 남을 헐뜯고, 몸으로는 난폭하게 해치며, 마음으로는 시샘하는 것입니다. 이 세 가지를 버릴 수 있다면, 비록 열반을 얻지는 못하더라도 천상과 인간에 태어나 귀한 신분을 얻어 자유로운 삶을 누릴 것입니다.

사람의 근본을 생각해 보면, 어리석음으로부터 몸[形]이 있게 되고, 몸으로부터 느낌[情]이 생기며, 느낌으로부터 식별[識]이 생기고, 식별로부터 욕망이 생깁니다. 욕망으로부터 부자(父子)의 관계가 있게 되고, 부자의 관계로부터 은혜와 사랑이 생기며, 은혜와 사랑으로부터 근심과 슬픔이 생겨서, 다섯 갈래의 길을 헤매며 쉬거나 그침이 없습니다. 또한, 사람은 태어날 때 어느 곳에서 왔는지, 죽어서 어디로 가는지도 모릅니다. 그 근본도 모른 채 저마다 서로 이름을 지어 말하기를, '아버지다, 아들이다'라고 하는 것입니다.

도를 얻어야만 비로소 생사의 근원을 알 수 있습니다. 생사의 인연은 본래 어리석음에서 일어나며, 일체는 덧없는 것입니다. 대왕은 이것을 받아 지니십시오."

부처님께서 계속하여 빔비사라 왕에게 말씀하셨다.

"만약 나라에 착한 사람이 있어서, 충성하고 효도하며 청렴하고 공경할 줄 알며 재주가 많고 지혜가 심원하며 나라의 법을 범하지 않는다면, 왕은 그가 본래 귀족이 아니라 하여 달리 대하겠습니까?"

"명성이 세상에 드러나는 유능한 이라면 뽑아서 직위를 줄 것입니다."

"도의 법에서는 사사로움이 없어서 오직 선(善)한 것만이 도움이 됩니다. 다섯 가지 계율을 지니게 되면 청신사라 부릅니다. 정진하여 곧바로 진리를 보고 물러서지 않는다면, 곧 수다원 · 사다함 · 아나함 · 아라한을 얻습니다. 저마다 마음의 근본을 깨침으로써 도의 자리를 차례로 얻게 됩니다."

부처님께서 이 말씀을 하실 때, 왕을 비롯하여 나라의 백성들 일만 이천과 팔만의 천신들이 모두 도의 자취를 보았다.

부처님께서 빔비사라 왕에게 말씀하셨다.

"왕이 오신 지가 벌써 오래되었고 궁전은 멀리 떨어져 있으니, 서둘러 돌아가십시오. 소와 말과 사람들이 서 있느라 지쳐 있습니다. 훗날 내가 성을 찾아가도록 하겠습니다."

왕은 일어나 부처님께 예배하고 계율을 받고 물러났다. 신하들과 따르는 관리들도 기뻐하며 앞으로 나아가 계율을 받았다.

왕과 신하들이 오계를 받을 때에 안팎의 사람들과 말이 고요하여 소리가 없었다. 바라문들 역시 감화되어 마음에서 굴복하고 모두 앞으로 나아가 계율을 받고 기뻐하며 물러났다.

왕이 수레에 오르자 신하들은 무릎을 꿇고 대왕의 공덕을 축하하였다.

"부처님께서 세상에 나오심을 만나게 해 주시고, 아울러 저희로 하여금 번뇌를 씻어 깨끗이 교화되게 하셨습니다."

빔비사라 왕은 궁으로 돌아가서 궁중에 칙명을 내려 재(齋)를 받들고 계율을 지니게 하였는데, 나라의 모든 이들이 믿고 깨달아 기뻐하였으며, 도리천의 왕은 부처님 위에 꽃을 흩뿌렸다.

그때 이 모임 가운데에 있던 칼란다라는 세력 있는 장자는 마음속으로 생각하였다. '나의 동산을 니간타에게 준 것이 애석하구나. 부처님께서 먼저 오셨더라면 부처님과 승가에게 바쳤을 텐데 먼저 보시한 것이 후회스럽구나. 영원히 잃고 말았구나.'

장자는 마음이 애석하여 누워서도 자리가 편치 못하였다. 그러나 과거에 지은 복은 따라오는 것이며 그 복덕은 온전했기에, 큰 귀신 장군인 반사가 부처님의 위신력으로 장자의 생각을 알고는 바로 야차를 불렀다.

"니간타들에게, '벌거숭이로 부끄럼도 없는 자들은 여기에 머무를 수 없다'라고 꾸짖어 내쫓아라."

야차가 명을 받들어 니간타들을 치고 때리며 그릇과 물건들을 끌어내자, 니간타들은 놀라 겁에 질려 도망가며 말하였다.

"어찌 이리도 포악한 자가 있단 말인가. 이토록 난폭하게 해칠 수 있단 말인가."

야차가 대답하였다.

"장자 칼란다가 대나무 동산을 도로 찾아서 부처님의 정사를 짓고 싶어 하기에 큰 귀신 장군 반사의 명을 받고 그대들을 쫓아낼 뿐이다."

다음날 니간타들은 함께 장자를 찾아가 심하게 책망하며 그 이유를 물었다.

"무엇 때문에 보시한 것을 바꾸어서 우리를 다치게 하는 것이오? 장자 때문에 이와 같은 곤욕을 당하였소."

칼란다는, '나의 소원이 이루어졌다. 성스러운 부처님께서 나의 지극한 마음을 널리 비추셨구나'라며 속으로 기뻐하였다.

그는 니간타들에게 대답하였다.

"이 귀신들은 거칠고 사나워서 반드시 해를 끼칠까 두려우니, 버리고 떠나가서 다시 편안한 곳을 구하는 것이 낫겠소."

니간타들은 원망하며 바로 그날 성을 내며 떠나가 버렸다. 장자는 기뻐하며 정사를 세우고 승방과 앉을 도구 등 여러 가지 준비를 모두 마치고는 나무 아래로 가서 부처님과 승가를 청하였다.

세존께서 보시를 받아들이고 그곳에 머무시며 일시에 크게 교화하시고 널리 제도하시니, 기뻐하고 즐거워하지 않는 이가 없었다.

5. 사리풋타와 마하목갈라나가 와서 배우는 품(舍利弗大目揵連來學品)

부처님께서 라자가하의 대나무 동산에서 우루벨라 등 천 명의 비구대중과 함께 계셨는데, 모두가 아라한을 얻은 이였다.

그곳에 나라타라는 외도가 있었는데, 본래 범지로 있을 때의 이름은 사연이었다. 선인의 행[仙行]을 힘써 닦으면서 배우고자 하는 이들을 맞아들였으므로 선인을 좋아하는 제자가 무릇 이백오십 명이나 되었다. 문도들 가운데 우파팃사와 콜리타라는 뛰어난 두 제자가 있었는데, 재주가 많고 지혜가 뛰어나 미묘한 곳까지 통달하였다.

나라타는 병이 들어서 장차 죽게 될 것을 스스로 알고 두 현자에게 말하였다.

"여기 새로 배우고자 하는 이들은 그 뜻을 도의 행에 두고 있다. 너희 두 사람에게 맡기니, 반드시 저들로 하여금 그 뜻을 온전하게 하라."

두 사람은 정중히 분부를 받들어 행하였다.

이때 세존께서 비구 알폐에게 명하셨다.

"그대는 가서 가르침을 펴라. 그러나 가서, 반드시 제도할 만한 이로서 그 지혜가 밝고 심원하여 여래가 아니고서는 함께 논의할 수 없다면, 만나더라도 법의 근본만을 말하고 서로 말을 주고받지 마라. 웃음거리만 될 것이다."

알폐는 명을 받고 옷을 단정히 하고 발우를 지니고 부처님께 예배하고 떠나갔다.

그때 우파팃사는 제자들과 함께 유행하다가, 멀리서 알폐의 위의가 침착하고 단아함을 보고는 일찍이 듣거나 본 일이 없었기에 생각하였다. '입은 옷이 속인과는 다른데 어떤 법을 따르는 것일까? 가서 물어봐야겠다.'

두 사람 모두 계속 나아가다가 길 중간에서 서로 만나게 되자, 우파팃사는 곧 알폐에게 물었다.

"옷이 평범하지 않은데, 어디서 오셨습니까? 가르침을 들을 만한 스승이라도 계십니까?"

이에 알폐는 게송으로 대답하였다.

나의 나이는 너무 어리고
배운 날도 아주 적은데
어찌 지극히 참되신 여래의
넓고 큰 이치를 말할 수 있으리오.

일체의 모든 법의 근본은
인연이며 공(空)이며 주인이 없나니
마음을 쉬고 본원을 통달했기에
그러므로 사문이라 부른다오.

우파팃사는 곧 법의 이치를 듣고 지극한 도리를 헤아리다가 스스로 생각하였다. '나는 어려서부터 배우는 것을 좋아하여 여덟 살에 스승을 따랐고, 열여섯 살에 이르러 옛 선인의 도술과 글을 모두 통달하였다. 열여섯의 큰 나라에서는 모두 내가 두루 알 것이라고 여기지만, 일찍이 이런 참되고 요긴한 이치를 들어 본 적이 없다. 우연히 지금 유행하다가 이런 보배 창고를 만났는데, 이 말의 미묘함이야말로 감로(甘露)보다도 맛이 있구나.'

그는 마음이 깨이고 마음으로 이해하여 곧 법의 눈을 얻었으므로, 정사에 돌아가서도 기쁘기 한량없었다. 콜리타는 그가 기뻐하는 모습을 보고는, '감로법을 얻기라도 한 것일까?' 하고 의심하며 우파팃사에게 물었다.

"감로법을 얻은 것입니까? 본래의 약속을 어기지 말고 은혜를 조금이라도 베풀어 주십시오."

우파팃사는 들었던 게송을 콜리타에게 자세히 말해 주었다. 그러나 한 번 듣고는 이해하지 못하므로 다시 설명하자 비로소 환히 알고는 반복하여 깊이 사유하다가 그 역시 법의 눈을 얻었다.

두 사람은 의논하였다.

"본래 서원하던 감로를 이제야 맛볼 수 있게 되었군요. 차라리 함께 큰 사문이 계신 곳으로 가서 그의 깊은 바다로 나아가 번뇌의 때를 씻고 청정하게 피어납시다."

한마음으로 의견이 일치하여 짐을 꾸리면서 콜리타는 생각하였다. '나의 스승님께서 돌아가시려 하실 때에 제자들을 부탁하며 도와주라 하셨는데, 이제 버리고 돌보지 않는다면 옳지 못하다.'

그는 곧 제자들에게 말하였다.

"저 큰 사문이야말로 감로를 지닌 선인[仙]이시며, 변하고 허물어지는 세속의 그물을 찢어 버리고 마음을 쉬어서 행이 고요하시다. 나는 의심가는 것을 물어서 미묘한 것을 알아내어 진리에 돌아가려 하는데, 그대들은 장차 어디로 가겠느냐?"

"지금 보고 들은 것은 바로 큰 스승의 은혜입니다. 대인(大人)께서 높이 받드시니, 명을 받으면 곧바로 감로를 얻기 위하여 저희도 따라가겠습니다."

뜻이 맞은 스승과 제자들은 즉시 머물던 곳을 떠나 대나무 동산으로 갔다. 그때 세존께서 비구들에게 말씀하셨다.

"지금 두 현자가 본래 서원하던 행을 실천하여 여러 제자를 데리고 사문이 되려 하는데, 그 공을 권하여 이룬 것은 바로 알폐의 힘이로다."

비구들은 분부를 받고 그 대중을 맞이하기 위해 기다리고 있었다. 우파팃사와 콜리타 등은 멀리서 부처님의 상호가 빛남을 보자 마음이 떨리고 기쁜 감정을 어쩌지 못하면서 스스로 감탄하여 말하였다.

"나의 생은 행복하도다. 청정한 가르침을 받들게 되었으니, 그 영광은 말하기조차 어렵도다."

그들은 차례대로 앞으로 나아가 부처님 발에 예배하였다. 예배를 마치자 거듭 한량없이 기뻐하며 이내 앞으로 나와서 사정을 자세히 말하였다.

"우파팃사 등은 허물에 덮여 흐름을 따라 깊은 연못에 빠졌다가 비로소 오늘에야 속된 것을 돌이켜서 그 근원을 다하게 되었습니다. 부디 바라건대 받아주시어 승가의 일원이 될 수 있도록 해 주십시오."

부처님께서 곧 허락하시니, 스스로 머리를 깎고 모두 사문이 되었다. 부처님께서 비구들에게 말씀하셨다.

"이 두 사람은 과거세의 부처님에게 나의 도가 이루어지기를 기다려 좌우에서 모시겠다고 서원하였다."

다시 부처님께서 우파팃사에게 말씀하셨다.

"세상에서 높은 이름이었건만 꽃이 피기만 하고 열매를 맺지 못한 것이니, 이제 그대의 본래의 이름을 회복하여 사리풋타[舍利弗]라 하고, 콜리타는 다시 마하목갈라나[大目揵連]라고 하라."

그러고는 법의 근본을 말씀하시니, 그들은 아라한이 되었다.

부처님께서 시자에게 말씀하셨다.

"천 명의 비구들에게 날이 저물면 계율을 제정할 것이니, 다른 곳으로 가지 말라고 하여라."

그날 밤 헤아려보니 천이백오십 명이나 되었는데, 부처님께서 계율을 제정하여 마치시니, 비구들은 모두 기뻐하며 숙연해져서 부처님께 예배하고 물러갔다.

6. 아버지의 나라에 돌아오신 품(還至父國品)

이에 부처님께서는 본국[舍夷]으로 돌아가고자 하시면서 비구 대중과 함께 계셨다. 그들은 모두 아라한으로 마음이 고요하고 미묘함에 통달하였으며 삼세 중생들의 행의 근원을 분명히 알았는데, 현자 사리풋타와 마하 목갈라나 · 우루벨라 카샤파 · 나디야 카샤파 · 가야 카샤파 등 천이백오십 명이었다.

이때 카필라국의 숫도다나 왕은 범지 우타야를 파견하여 대나무 동산에 가서 부처님에게 청하여 본국으로 돌아오도록 하였다.

그때 우타야는 부처님의 상호가 천지를 밝게 비추는 것을 보고 오정(五情)이 기쁨으로 가득 찼다. 그는 부처님 발에 이마를 대어 예배하고 한쪽으로 물러섰다가 마음을 가다듬고는 무릎을 꿇고 앉아 부처님께 말씀드렸다.

"부왕께서 멀리서 싯다르타께 안부를 물으시며, '그대의 도가 이루어져서 일체 중생을 제도한다 함을 들었다. 그런데 오직 나만이 근본에 대한 깨우침을 받지 못하였다. 그러니 돌아와 주기 원하므로 사신을 보낸다'라고 하셨습니다."

부처님께서 우타야에게 물으셨다.

"부왕의 기거는 편안하시더냐?"

"대왕은 편안하시며, 오직 세존만을 생각하고 계십니다."

"우타야여, 이 도를 좋아하느냐?"

"참으로 좋아합니다, 세존이시여."

부처님께서 우타야에게 사문이 되게 하고 부처님의 법과 계율을 수여하시자, 우타야는 생각하였다. '이제 제자가 되었으니 다시 돌아갈 이유가 없어졌다. 왕께서 소식을 기다리고 계실 텐데 누구에게 부탁하여 소식을 전할까?'

부처님께서 우타야의 마음을 아시고는 본국으로 돌아가고자 하는 마음을 내시고 말씀하셨다.

"우타야여, 세상일에 관여하거나 옛집을 그리워하며 집착하지 마라."

"부처님께서는 앞으로 본국[舍夷國]으로 돌아가시려는지요?"

"돌아갈 것이다."

우타야는 왕의 명을 받았기에 물러나 무릎을 꿇고 부처님께 말씀드렸다.

"어느 날에 도착하시는지 말씀해 주실 수 있으신지요?"

"칠 일 후에 본국에 도착하겠노라."

이에 우타야는 기뻐하며 부처님께 예배하고 떠나갔다.

본국으로 돌아온 우타야는 궁으로 가서 알리기를 청하였다. 문지기가 왕에게 아뢰었다.

"사신 우타야가 돌아와 문에 서서 뵈올 것을 청합니다."

이에 왕은 문지기에게 재차 물었다.

"나는 우타야가 오기를 마치 목마른 이가 물을 원하듯 기다리고 있는데 무엇 때문에 머뭇거리는 것이냐?"

문지기가 우타야에게 가서 전하기를 세 번까지 되풀이한 뒤에야 비로소 그는 앞으로 나아갔다.

왕은 우타야가 이미 법복을 입었음을 보고 우타야에게 물었다.

"그대도 사문이 되었는가?"

"이미 부처님 법을 따랐습니다."

왕이 우타야에게 물었다.

"싯다르타가 궁에 있을 때는 오직 그대만이 친하여 마음대로 드나들면서 문에서 알리는 일이 없었는데, 이제 심부름을 하고 돌아와서는 무엇 때문에 문밖에서 알리기를 청하느냐?"

"부처님께서 비구에게 가르치시기를, '속인을 가까이 하거나 집을 그리워하며 집착하지 마라. 왜냐하면 도와 세속이 다르기 때문이다'라고 하셨습니다."

왕이 우타야에게 물었다.

"나의 아들이 궁에 있을 때는 의복이 아주 훌륭했는데, 지금은 도를 닦으면서 무슨 옷을 입고 있는가?"

우타야는 옷을 가리키면서 대답하였다.

"입으신 것은 이것과 같습니다."

이에 왕은 눈물을 흘리면서 말하였다.

"싯다르타가 궁에 있을 때에 나는 궁전을 지어서 칠보로 새겨 장식해 주었다. 그것은 세상에서 아주 진기하고 미묘한 것이었는데, 지금의 집은 내가 지어준 것에 견주어서 어떠한가?"

"항상 나무 아래에 계시는데, 모든 부처님의 도법이 다 그렇습니다."

"나의 아들이 궁에 있을 때에 앉는 자리는 분홍빛 천과 비단에 수를 놓아 곱고 부드러웠었는데, 지금 앉는 자리는 어떠한가?"

"풀로 자리를 삼고 깨끗하여 탐욕을 없앴습니다."

"싯다르타가 궁에 있을 때에 나는 주방을 지어주어서 달고 기름지고 맛있는 음식들을 만들어 주었는데, 지금은 어떤 것들을 먹는가?"

"때가 되면 발우를 지니시고 복 지을 중생들에게 가십니다. 음식은 좋거나 나쁜 것이 없으니, 보시하는 집마다 축원의 말씀을 해 주십니다."

이 말을 듣고 왕은 다시 눈물을 흘리면서 우타야에게 물었다.

"싯다르타가 자고 있을 때는 거문고를 타며 노래를 한 후에 깨우도록 하였는데, 지금 깊은 산에서는 무엇으로 깨우는가?"

"여래께서는 삼매에 들어서 밤낮이 없으십니다."

"나의 아들이 궁에 있을 때는 여덟 가지 향즙으로 목욕을 하였는데, 지금은 무엇으로 목욕을 하는가?"

"여덟 가지 해탈의 물로 마음의 때를 씻으십니다."

"싯다르타가 궁에 있을 때는 전단향과 소합향을 그의 몸에 발라 주었는데, 이제 도를 닦으면서는 무엇을 바르는가?"

"계(戒)·정(定)·혜(慧)의 향으로 여덟 가지 어려움[八難]을 향기롭게 하십니다."

"싯다르타가 궁에 있을 때에 나는 네 가지 보배로 치장한 평상을 만들어 주었는데, 지금 앉는 것은 무엇으로 만든 것인가?"

"네 단계의 선정으로 평상을 삼고, 마음을 쉬어서 탐욕이 없으십니다."

"나의 아들이 궁에 있을 때는 관리들이 호위하며 따르게 하였는데, 지금 섬기고 따르는 이들은 어떤 사람들인가?"

"도를 배우는 제자를 비구승이라 하는데, 그들이 곁에서 세존을 모십니다. 무릇 천이백오십 명이 함께 있습니다."

"싯다르타가 궁에 있을 때는 나가 노닐게 되면 소·양·코끼리·말이 끄는 네 가지 수레가 있어서 탈것이 넉넉하였는데, 지금은 나갈 때 무엇을 타는가?"

"네 가지 진실한 신족(神足)을 탈것으로 삼아 날아다니십니다."

"나의 아들이 구경 다닐 때에는 여러 가지 깃발을 새의 깃털로 아름답게 장식하였는데, 지금의 깃발은 무엇으로 장식하는가?"

"네 가지 은혜와 자비로 널리 중생을 꾸미십니다."

"싯다르타가 나갈 때마다 종을 치고 북을 울렸기에 구경하는 이들이 길을 막았는데, 지금 유행하다 머무는 데에는 어떠한 소리가 있는가?"

"부처님께서 처음 도를 얻으시고 바라나시로 가시어 감로의 법북을 울리시니, 콘단냐 등 다섯 사람이 아라한이 되었고, 팔만의 천신이 모두 도의 자취에 들었습니다. 또한, 아흔여섯 종류의 외도가 흔쾌히 항복하지 않음이 없었고, 위없는 법의 음성이 삼천대천세계에 들렸습니다."

"싯다르타는 지금 어떤 나라를 다스리는가?"

"세존께서 다스리는 것은 헤아릴 수조차 없는 도입니다. 중생을 가르쳐주시어 제도 받지 못하는 이가 없고, 평등한 마음으로 널리 구제하시어 치우침이 없으십니다."

"나의 아들이 나라에 있을 때에는 바른 정치를 생각하여 말하고, 나를 도와서 백성을 편히 하였으며, 그 예절에 감동하여 따르면서 위풍을 받들지 않는 이가 없었는데, 지금은 홀로 있으면서 무엇을 생각하는가?"

"세존께서는, '일체는 공(空)이어서 괴로움과 즐거움은 진실이 아니고, 존재하는 것은 결국 소멸하고 만다'라고 사유하시어, 마음을 고요히 하시고 번뇌를 일으키는 일을 짓지 않으십니다."

왕은 이 말을 듣고 말하였다.

"재앙이로다, 싯다르타여. 온갖 것이 모두 존재하는데 너는 어째서 없다고 말하느냐? 그러지 마라, 싯다르타여. 사람들과 원수가 되고 말 것이다."

이에 우타야는 왕에게 말하였다.

"지혜로운 이를 천하에 가득 채우고는 사람마다 백 개의 머리가 있게 하고, 다시 머리마다 백 개의 혀가 있게 하고, 다시 혀마다 백 가지 이치를 풀이하게 하면서, 이런 사람들을 한데 모아서 겁이 다할 때까지 여래를 칭찬하여도 그 덕을 두루 다 말하지 못합니다. 그러니 하물며 제가 말씀드린 것은 일 억분의 일에도 미치지 못하리니, 오직 부처님과 부처님들만이 그 덕을 비로소 드러내십니다."

"거룩하시구나! 앞으로 부처님은 이리로 오신다 하는가. 어느 날쯤 도착하시겠는가?"

"칠 일 후에 도착하실 것입니다."

이에 왕은 크게 기뻐하며 즉시 신하들에게 명하였다.

"나는 부처님을 영접할 것이다. 인도하고 따르며 거동할 때의 행렬은 한결같이 전륜성왕이 출입하는 법칙에 준하라. 그리고 길을 평평하게 다듬고 향즙을 땅에 뿌리며, 성안과 거리에 모두 당기와 번기를 세우라. 또한, 그 닦고 치운 곳은 빛이 나게 정성을 다하여 장엄하고, 수레와 말과 따르는 사람들을 사십 리까지 마중 나가게 하라."

그날 세존께서 천이백오십 명의 비구와 함께 대나무 동산을 떠나시니, 여러 천신이 위신에 감동하여 모시고 따르는 사이에 본국으로 들어가기 시작하셨다.

길을 가시다가 아루나라는 물을 건너 언덕에 오르셔서 신통으로 비추어 살펴보시니, 데바닷타가 속으로 악한 마음을 일으키고 있었다. 틀림없이 교화하기 어려울 것을 아시고는, '신족을 드러내어 그가 믿고 항복하도록 할 것이다'라고 하시면서 곧 허공으로 올라가셨다. 땅에서 일곱 길이나 떨어졌는데도 마치 발이 땅을 밟고 있는 것 같았지만 실제로는 공중에 계시면서 비구들에게 말씀하셨다.

"저기 수레와 말이며 오색으로 화려하게 장엄된 것을 보라. 제석천왕이 유람을 나가는 때와 비슷하구나."

이때 사람들은 부처님과 비구들이 발로 그 땅을 걷고 계신 것을 보았는데, 올려다보니 발자국이 공중에 떠 있었다.

위에서 점차로 내려오셔서 마중 나온 사람들 가까이 이르러 사람들의 머리 높이에서 모두 가지런히 머무시니, 억센 이들조차 귀의하여 머리를 조아렸다. 그러나 오직 데바닷타만은, '태자는 도를 배운다 하면서 단지 요술만을 부려 사람들을 이렇게 미혹시키는구나. 나도 요술을 부려서 널리 사람들을 교화해야겠다'라고 나쁜 생각을 일으켰다.

이에 부왕은 멀리서 부처님께서 오시는 것을 보자, 사랑과 공경이 엇섞였다. 하나는 도에 대한 공경심이고, 또 하나는 아들에 대한 사랑이었다.

부왕은 코끼리 수레에서 내려와 칼을 풀고 일산을 물리치고는 눈물을 흘리면서 부처님께 나아가 예배하고 게송으로 찬탄하였다.

태어날 때 복덕의 인연으로

서른두 가지 상서로운 감응이 있을 때와
나무가 기울여 공경하며 조아린 때와
도를 이룬 지금까지 세 번을 예배합니다.

부왕이 이어서 게송으로 부처님께 여쭈자, 세존께서도 질문마다 게송으로 대답하셨다.

태자는 본래 나의 집에 있을 적엔
보배 수레라는 코끼리를 탔었는데
이제는 발로써 땅을 밟으니
그 고통을 어떻게 견딥니까?

수레와 말은 나고 죽음의 탈것이라
위태로운데 어찌 오래 편안할 수 있으리까.
다섯 가지 신통을 타고 달리면
가는 데에 한계나 걸림이 없습니다.

본래 칠보의 옷을 입었기에
진기하고 아름다워 매우 고왔는데
머리 깎고 누더기 걸치고 있으니
어찌 부끄럽다 하지 않겠습니까?

부끄러움으로써 의복을 삼았나니,
세속의 옷은 먼지와 때만 더할 뿐
법의 옷이야말로 참된 이의 옷이며

마음을 쉬었기에 여래라 부릅니다.

본래는 금과 은의 그릇을 썼으므로
여러 맛이 매우 향기롭고 좋았는데
지금은 다니면서 걸식하니
거칠고 나쁜 것을 어찌 삼켰습니까?

법의 맛이 도의 음식이 되었기에
굶주림은 이제 이미 없앴거니와
세상을 가엾이 여기기에 발우를 지니고
걸식하면서 중생을 복되게 합니다.

본래는 따로 지은 궁에 있으면서
뭇 궁중 기녀들이 모시고 지켰거늘
혼자서 산이나 나무 사이에 있으면서
어찌 두렵지 않겠습니까?

나고 죽음의 두려움을 없애서
이제는 이미 본래 없음에 들었으며
근심과 기쁘다는 생각 없으므로
머무는 곳을 도량이라 합니다.

본래 나의 집에 있을 때에는
향즙을 넣어 목욕하였거늘
산이나 나무들 틈에 살면서는

어떠한 물건으로 몸을 씻었습니까?

도(道)의 곳간을 목욕못으로 삼고
선정의 물로 그 연못을 채워서는
몸을 씻어 이미 삼독을 다했으며
세 가지 신통지로 비할 바 없이 상쾌합니다.

이에 부왕은 부처님과 비구들을 청하여 왕의 동산으로 가시도록 하여 그곳을 영원히 정사로 삼게 하였다. 부처님께서는 왕의 뜻을 받아들여 곧 정사로 들어가시어 니그로다 나무 아래에 앉아 칠 일 동안 지치지 않고 널리 가르침을 설하시니, 듣는 이들은 모두 기뻐하였다.

그 가운데는 대승의 뜻을 내는 이도 있고, 벽지불의 행을 좋아하는 이도 있고, 아라한의 뜻을 일으키는 이도 있고, 사문이 되는 이도 있어서, 저마다 내는 마음[發心]에 따라 행하는 대로 얻었다.

그러나 성안의 여인들은 저마다 착한 생각을 내어 슬피 울면서 자신을 꾸짖었다.

"세존께서 본국으로 돌아오셨기에 남자의 복덕으로는 홀로 부처님을 뵈올 수 있으나, 우리들은 여자라는 허물 때문에 법의 맛을 보지 못하니, 어찌 이와 같은 괴로움이 있을까."

부처님께서 여인들의 생각들을 아시고는 찬탄하셨다.

"훌륭하구나! 이렇게 좋은 마음을 내어 법을 듣고 싶어 하니, 반드시 괴로움을 건널 수 있을 것이다."

부처님께서 왕에게 말씀하셨다.

"법의 일어남도 만나기 어렵고, 도의 가르침도 얻기 어려운 것입니다. 나라 안에 법을 듣고 싶어 하는 여인들은 와서 들을 수 있도록 칙명을 내려주십시오."

왕은 즉시 널리 칙명을 내려 부처님을 뵙고 싶어 하는 이들은 와서 듣게 하였다. 그러자 성안의 여인들은 모두 기뻐하며 함께 나와 부처님께 가서 예배하고 물러났다. 이에 세존께서 근기에 맞게 법을 말씀하시니, 저마다 깨달아 알고서 법의 눈을 얻었다.

왕과 신하와 백성들이 기뻐하며 부처님께 예배하고 물러가자 비구들이 부처님께 말씀드렸다.

"본국에 사는 사람들로서 남녀노소를 가리지 않고 부처님의 설법을 듣고는 생각하는 대로 저마다 기별을 얻었는데, 어찌하여 부왕께서는 함께 들었는데도 기별을 얻지 못했습니까?"

부처님께서 비구들에게 말씀하셨다.

"부왕은 은혜와 사랑이 아직 그치지 않았다. 아버지와 아들로서 대하느라 공경하는 마음이 아직 온전하지 못하니, 그 때문에 얻지 못하는 것이다."

다음날 아침 부처님께서는 마하목갈라나만을 데리고 왕궁으로 가셨다. 부처님께서 전각에 올라 자리에 앉으시고는 마하목갈라나에게 말씀하셨다.

"그대의 도력을 나타내 보이시오."

목갈라나는 분부를 받고 허공으로 날아오르더니 나타났다 사라지기를 일곱 번 하였으며, 몸에서 물과 불을 내며 위로부터 내려오더니 부처님 발에 이마를 대어 예배하고 물러나 왼편에서 시중을 들었다.

부왕은 변화를 보자 마음이 풀리어 기뻐하였으며 은혜와 사랑이 끊어졌으므로, 속으로 공경하는 마음을 내며 자리에서 일어나 앞으로 나아가 부처님께 예배하고 말하였다.

"매우 거룩하십니다, 세존이시여. 제자의 공덕이 이와 같거늘, 부처님의 거룩한 덕은 헤아리기조차 어렵습니다."

그러고는 곧 위없는 바르고 참된 도의 뜻을 내었다.

이때 부왕은 부처님이 계신 곳을 찾아갈 때마다 카샤파 등 천 명의 모습이 매우 볼품없는 것을 보고는 그때마다 마음이 편치 못하여 이렇게 생각하였다. '이들 비구들은 비록 마음은 깨끗하다 할지라도 용모가 그렇지 못하다. 사캬족들 가운데 무위(無爲)를 좋아하는 이들에게 권하여 사문이 되게 하되, 단정한 이들을 골라야겠다.'

그는 즉시 명령하여 사캬족들에게 다음날 전각에 모이게 하였다. 명을 받고 도착한 사캬족들에게 왕은 말하였다.

"아시타가 관상을 보며 말하기를, '부처님이 출가하지 아니하면 당연히 어진 왕이 되어 사천하의 주인이 되고, 좌우의 시종들은 단정한 이들을 거느릴 것이다'라고 하였다. 그런데 지금의 제자들에게는 기품이 없으니, 이제 도가 있고 위의와 용모를 갖춘 이들로 승가의 수를 채워 세존을 빛나게 하려 하노라."

이에 모두가 말하였다.

"매우 좋은 일입니다."

그들은 명령을 듣고 기뻐하며 물러가 준비를 모두 마친 뒤, 칠 일 후에 떠나기로 하였다.

데바닷타는 떠나는 이들에게 말하였다.

"우리 왕족의 자제들은 이제 세상의 영화를 버리고 집을 떠나 도(道)에서 살고자 하는구나. 의복과 장식들을 정리하여 모으니, 세상에서 가장 미묘하고 코끼리와 말과 수레의 값은 만금어치나 되는구나."

그날이 되어 차리고 나오자 구경하는 이들이 길을 메웠는데, 데바닷타의 관과 머리싸개가 저절로 땅에 떨어지고, 구화리가 타고 있던 코끼리는 네 다리를 땅에 댄 채 새의 울음소리를 내었다.

이에 서로가 점을 치며 말하였다.

“다른 이들은 모두 도를 얻겠지만, 두 사람은 불길하다.”

그들은 다 같이 부처님께 나아가 모두 사문이 되었는데, 아무리 억센 자라도 항복하여 즐거이 받아들이지 않음이 없었다.

불설중본기경 하권

7. 수닷타품(須達品)

부처님께서 천이백오십 명의 비구 대중과 함께 본국에서 돌아오시어 라자가하성의 대나무 동산을 유행하고 계셨다.

장자 칼란다는 부처님을 섬기기 위하여 대나무 동산으로 달려가 온 마음으로 그 발에 예배하였다. 그는 머뭇거리다가 공손히 서서 마음을 가다듬고 부처님께 말씀드렸다.

"세존이시여, 보잘것없는 음식이지만 부디 오셔서 공양을 받아주십시오."

부처님 법에 말없이 조용히 계심은 이미 허락하신 것이므로, 장자는 기뻐하며 발에 이마를 대어 예배하고 물러 나와 집으로 돌아갔다. 그는 음식을 준비하면서 당기와 번기로 장엄하고 손수 일을 맡아 세상에서 가장 맛있는 것들을 장만하였다.

사바티의 수닷타[須達] 장자는 대나무 동산의 주인인 칼란다와 비록 만난 적은 없지만, 서신으로는 서로의 소식을 자주 듣고 있었다. 두 사람은 행과 덕이 같았기에 멀리서도 서로를 공경하며 벗으로 여겼다.

그러다 수닷타는 일 때문에 이곳에 왔다가 친하다 생각하여 칼란다를 찾아갔다. 그러나 칼란다는 손수 공양을 마련하느라 나오지 못하였기에,

수닷타는 매우 오랫동안 머뭇거리다가 하인을 불러 말하였다.

"나는 멀리서 일부러 왔소. 실로 뵙지 못하다가 예전부터 품어온 생각을 허심탄회하게 풀려고 하였는데, 이렇듯 박대를 당하여 만나지 못하리라고는 생각하지 못하였소."

때마침 칼란다가 일을 마치고 나오다가 서로 인사하고 자리에 앉아 말하였다.

"오래전부터 만나고 싶었는데, 찾아와 주셔서 고맙습니다. 마침 일이 있으셔서 오셨다는데, 내일 큰 손님을 초청하였기에 일을 하느라 바쁘다 보니, 하인이 빠뜨리고 알리지 않았나봅니다."

"큰 손님이란 누구십니까? 혼인이나 나라의 명절 모임이라도 있는 것입니까?"

"벗이여, 그대는 듣지 못했습니까? 숫도다나 왕의 태자께서 산으로 들어간 지 육 년 만에 도를 이루어 부처님이라 불리는데, 거룩한 상호는 밝고 심원하고, 신령스런 광명은 어두운 곳을 비추며, 몸은 한 길 여섯 자이고, 빛나는 모습은 자마금빛으로 세상을 환히 밝히십니다. 법과 계율을 말씀하시는데, 그 깊은 뜻은 신묘합니다.

그분을 따르는 제자들을 비구승이라 하는데, 그들은 고요한 곳에 머물면서 몸을 바르게 하고 덕을 닦고 도를 행하여 영화에 마음을 두지 않고 안락한 생활을 버렸습니다. 비구라는 말은 진리를 구하는 사람이라는 뜻으로, 이러한 비구가 모두 천이백오십 명이나 함께 있습니다."

수닷타는 부처님을 찬탄하는 말을 듣자 온몸의 털이 곤두서며 마음이 기쁘고 가슴이 벅차올랐다. 그는 편안히 지내면서 날이 밝기를 기다리자니 마음이 설레어서 이리저리 뒤척이며 잠을 이루지 못하였다. 그의 지극한 정성에 감동되었는지 한밤중인데도 환하게 밝아져 그는 곧 차리고 나섰다.

그가 성문을 향해 가다가 성의 왼편에 탑피라는 사당이 있는 것을 보고 그 앞을 지나가다 무릎을 꿇고 예배하였다. 그런데 예배를 마치고 돌아보니, 날이 갑자기 다시 어두워져 버려 그는 당황하여 어쩔 줄 몰랐다. 비록 이런 변이 있기는 하지만 마음은 부처님께 있었으므로, 그 지극한 마음 때문에 두려움조차 사라지더니 하늘에서 소리가 났다.

"장하도다, 수닷타여. 마음이 진실로 지극하구나."

수닷타는 천신의 소리를 듣고 여쭈었다.

"당신은 어떤 신이십니까?"

"내가 바로 그대의 어버이 마인제이다."

"당신은 어디에서 태어나셨으며, 어찌 이곳에 계십니까?"

"나는 옛날, 부처님의 신족(神足) 제자인 마하목갈라나께서 경법(經法)을 말씀하시는 것을 들은 복의 과보로 욕계 제1천에 태어나게 되었다. 그러나 공덕이 적어 이곳을 맡게 되었는데, 그대의 지극한 마음을 보고 와서 돕는 것이다.

부처님께서는 지극히 높으신 분으로 발을 들어 올리는 사이에도 복이 한량없으시다. 살아생전에 부처님을 뵙지 못한 것이 한스러울 뿐이다. 지금 보고 있는 것처럼 명백한 진리의 조짐으로 부처님께서 큰 광명을 내쏘아 대나무 동산을 비추고 계신 것이다."

이에 수닷타는 광명을 찾아 멀리서 여래를 뵙자 듣던 것보다 뛰어났으므로, 앞으로 나아가 예배하고 물러나 미묘한 마음으로 부처님의 상호를 보며 여쭈었다.

"거룩하고 존귀한 어른께서는 편안하신지요?"

부처님께서 수닷타를 위하여 게송으로 말씀하셨다.

근심의 상도 없고 기쁨의 상도 없으니

마음이 비어서 청정하고 편안하네.
더는 번뇌가 일어나지 않으니
진리를 보고 열반에 들어갔느니라.

정념(正念)으로 청정한 지혜를 깨달아
이미 다섯 갈래 길의 못을 건넜으며
은혜와 사랑의 그물을 끊어
영원히 고요하고 즐거우니, 그것이 안락이니라.

수닷타 장자는 말씀을 듣는 순간, 전생의 공덕으로 인하여 청정한 마음을 일으키고 법의 눈을 얻었으며, 삼보에 귀의하여 오계를 받고 청신사가 되었다.

그는 앞으로 나아가 부처님께 말씀드렸다.

"여래께서 사바티에 왕림하시어 단 한순간일지라도 가르침을 베풀어 왕과 백성을 제도하여 주십시오."

세존께서 말씀하셨다.

"그대의 이름은 무엇이오?"

장자는 무릎을 꿇고 대답하였다.

"제 이름은 수닷타입니다. 가난한 이와 나이 든 이들을 모시고 봉양하여 옷과 음식을 베풀어 주기에 이 나라 사람들이 저를 '아나타핀디카[給孤獨, 외로운 이 돕는 이]'라고도 부릅니다."

부처님께서 말씀하셨다.

"그곳에는 나의 대중을 받아들일 수 있는 정사가 있습니까?"

"아직 없습니다."

수닷타 장자는 부처님의 거룩한 뜻을 받들고자 앞으로 나아가 무릎을 꿇고 앉아 세존께 말씀드렸다.

"제게 맡겨주시면 정사를 일으켜 세우겠으니, 비구들이 머무를 곳으로 적합한지 살펴봐 주십시오."

부처님께서 돌아보시며 사리풋타에게 명하셨다.

"함께 다니며 정사를 지을 수 있도록 도와주어라."

사리풋타는 분부를 받고는 곧 예배하고 물러갔다.

그는 사바티로 돌아와 두루 다니면서 땅을 구하였지만 마음에 드는 곳은 제타의 동산[祇園]뿐이었다. 그곳에는 온갖 과일이 열려 있고 샘이 흐르고 기이한 새들이 날아다녔으며 땅은 평평하고 나무는 무성하고 성에서도 가까웠다. 이에 사리풋타는 곧 동산지기에게 가서 제타에게 팔 것을 청하였다. 제타는 끝끝내 팔 생각이 없었지만 사리풋타가 청하기를 그치지 않자 제타는 성을 내며 말하였다.

"만약 금전으로 동산을 완전히 덮는다면 즉시 내놓겠소."

"정말 그렇게 하시겠습니까?"

수닷타가 거듭 물으니 제타가 말하였다.

"값이 비싸면 그대는 분명 사지 못할 것이기에 농담으로 해본 말인데, 어찌하여 두 번씩이나 묻는 것이오."

그러나 수닷타가 인사를 하고 돌아가서 금전을 줄줄이 실려 보내자, 동산지기는 받지 않고 상전에게 달려가 아뢰었다.

"수닷타가 돈을 보냈는데 받아야 합니까, 받지 않아야 합니까?"

"내가 농담으로 한 말이니, 보낸 돈을 받지 마라."

이에 두 사람 사이에 다툼이 일어나자, 온 나라의 나이 든 이들이 달려와 말리며 그 거래의 정당함을 결정하여 말하였다.

"땅값은 이미 결정된 것이니, 후회하지 마십시오. 나라의 정사(政事)는 깨끗하고 공평한 것입니다."

제타는 법을 어길 수 없어 금전으로 바닥을 덮도록 허락하였으나 문 안에는 덮지 못하게 되자 기뻐하며 말하였다.

"동산을 다시 찾게 되었구나!"

이에 제타가 수닷타에게 사람을 보내 포기할 것을 독촉하니, 수닷타는 몸소 동산으로 함께 와서 살펴보았다. 아직 다 덮지 못하였음을 알고 수닷타는 마음이 심란하였다.

이에 제타가 말하였다.

"현자께서는 만약 후회되시면 그만두십시오."

"후회하지 않습니다. 어쩌면 깊이 감추어 놓은 것으로 땅값은 다 치를 수 있을 것입니다."

이에 제타는 생각하였다. '부처님은 지극히 높으신 분임에 틀림이 없다. 이 사람은 재물이 다하게 되어도 원망을 하지 않는구나. 받들고 우러를 만하며 거룩하고 미묘한 분이기에 이러할 것이다.'

그는 곧 수닷타에게 말하였다.

"금전으로 더 채우지 마십시오. 남은 땅은 나무와 맞바꿔 함께 정사를 세웁시다."

"좋습니다. 그렇게 합시다."

즉시 공사할 인부들을 동원하였는데, 승방과 좌구 · 평상 · 깔개 · 요 등은 세상에서 가장 훌륭한 것이었으며, 당기 · 번기를 더 내걸고 향즙을 땅에 뿌렸다. 그들은 공양 거리를 다 갖추어 잘 차리고는 온갖 이름난 향을 사르면서 멀리서 무릎을 꿇고 부처님을 청하였다.

"바라건대, 여래께서는 굽어 살펴주십시오."

이때 세존께서 천이백오십 명의 비구 대중과 함께 사바티에서 유행하고 계셨는데, 수닷타의 청에 응하시자 그 위신력이 세상을 움직였으므로 나라 안의 남녀노소 할 것 없이 모두 기뻐하며 나와 길을 메웠다.

아나타핀디카와 왕의 아우 제타가 앞으로 나아가 부처님 발에 이마를 대어 예배한 후 축원을 받기 위해 함께 정사에 올라가자, 부처님께서 말씀하셨다.

"'제타숲 아나타핀디카동산[祇樹給孤獨園, 祇園精舍]'이라고 하여라."

나라에 일이 생겨 왕이 급히 수닷타를 부르자, 그는 부름에 응하여 갔다. 수닷타는 일을 마치고 물러나 서둘러 돌아가 재(齋)를 받들어 공경을 다하고자 걸어가는데, 길 중간에서 어떤 사람이 타락 한 병을 그에게 바쳤다. 수닷타는 둘러봐도 심부름할 이가 없었기에 자신이 몸소 가지고 가다가 한 범지를 만나 그에게 들어다 주기를 부탁하였다. 둘이 함께 정사로 가서 부처님께 손수 따라 드리고 범지에게도, "당신도 따라 드리도록 하시오."라고 명하였다.

공양을 마치고 손 씻을 물을 돌린 뒤, 엄숙하게 법을 듣자 모두 기뻐하며 부처님의 뛰어남을 찬탄함이 한량없었다.

저녁 무렵 범지는 집으로 돌아갔는데, 밥을 주는데도 먹지 않자 부인이 이상하게 여겨 물었다.

"무슨 화나는 일이라도 있으십니까?"

"화가 난 것이 아니라, 재 때문에 그렇습니다."

"어느 재를 다녀오셨습니까?"

"아나타핀디카가 동산에서 부처님께 공양하면서 나를 청하기에 그 재에 갔었는데, 재의 이름이 팔관재였습니다."

그러자 그의 부인은 눈물을 흘리면서 성을 내며 말하였다.

"당신이 유업을 깨뜨리면 재앙이 일어날 것입니다. 고타마야말로 법을 어지럽히거늘, 어찌 받아들일 가치나 있겠습니까. 삼가야 합니다."

범지는 함께 밥을 먹고는 한밤중에 목숨을 마치고서, 울다라위국에 태어나 큰 연못의 나무의 신이 되었다.

그때 오백 명의 범지가 강가강의 세 사신(祠神)의 연못에 가서 더러움을 씻고 신선이 되기를 바라다가 중도에 양식이 떨어졌다. 멀리서 그 나무를 바라보니 흐르는 샘이 있을 것 같아 나무 아래로 달려갔다. 그러나 아무것도 보이지 않으므로, '이 연못에서는 고생만 하고 굶주려서 말라 죽겠다'라고 하였다.

이때 나무의 신이 나타나서 범지들에게 물었다.

"도사(道士)들께서는 어디서 오셨으며, 이제 다시 어디로 가려 하십니까?"

그들은 한목소리로 대답하였다.

"신의 연못에 가서 목욕하고 신선이 되기를 바랐지만, 이제는 굶주리고 목이 마를 뿐입니다. 바라건대, 가엾이 여겨 구제하여 주십시오."

나무의 신이 곧 손을 들어 올리니 갖가지 맛있는 것들이 흘러넘쳤다.

그들은 배불리 먹고 나서 신에게 나아가 물었다.

"어떠한 공덕으로 이렇게 뛰어나고 높이 되셨습니까?"

신은 범지들에게 대답하였다.

"나는 사바티에 사는 수닷타 장자로 인하여 팔관재를 지녔다가 부인이 만류하여 그 일을 마치지 못하였습니다. 그 뒤에 이 연못에 태어나 나무의 신이 되었습니다. 만약 재계를 법대로 마쳤더라면, 그 복이 천상에 태어나기에 알맞았을 것입니다."

나무의 신은 게송으로 말하였다.

> 제사를 지냄은 재앙의 뿌리를 심는 것이니
> 밤낮으로 가지와 줄기가 자라나
> 쓸데없이 고생하고 몸을 망치는 근본이지만

법다운 재계를 행하면 세간을 벗어나 신선을 이루리라.

범지들은 게송을 듣고 미혹이 풀려 그 말씀을 믿고 받아서 사바티로 돌아갔다. 도중에 구람니국을 지나가게 되었는데, 그 나라에는 구사라라는 장자가 있었다. 그는 백성들이 공경하고 사랑하며 말을 하면 곧 들어주었기에 범지들이 찾아가 묵기를 청하였다.

구사라가 물었다.

"도사들은 어디서 오셨으며, 지금은 어디로 가려 하십니까?"

그들은 그 연못의 나무의 신의 공덕을 듣고서 사바티의 아나타핀디카에게 가서 법다운 재계를 행하여 본래의 뜻을 이루려 한다는 것을 자세히 말해 주었다. 그러자 구사라는 뛸 듯이 기뻐하며 전생의 행이 지금까지 남아 있어서 팔관재를 행하고 싶다는 것을 알게 되었다. 그래서 다음날 그는 종친과 그가 친하고 사랑하는 이들에게 널리 알렸다.

"누가 같이 가서 법다운 재계를 받들겠소?"

그러자 오백 명의 사람이 다 같이, "그렇게 하겠습니다." 하니, 이는 본래의 서원이 서로를 끌어당겨 이치에 감응한 것이었다.

그들은 차리고 나와 사바티로 갔다. 기원정사에 도착하기 전에 길에서 부처님께 가고 있는 수닷타를 만났지만, 몰라보고 따르는 이들에게 물었다.

"저분은 누구신지요?"

"아나타핀디카(수닷타)입니다."

그러자 범지들은 기뻐하며 좇아가면서 말하였다.

"찾고 있던 분을 만나게 되었으니 우리의 소원이 이루어졌구나."

그들은 달려가 서로 뵙고 한목소리로 찬탄하여 말하였다.

"오랫동안 훌륭한 덕을 받들며 간절히 우러러 왔습니다. 도의 가르침에 팔관재의 법이 있다고 들었기에, 일부러 멀리서 와서 부탁하는 것입니다. 부디 가르쳐 인도하여 주십시오."

수닷타는 수레를 멈추고 대답하였다.

"저에게는 큰 스승이 계신데, 명호가 여래이며 세존이십니다. 사람들을 제도하시며 가까이 기원정사에 계시니, 함께 가서 세존을 뵙시다."

그들은 그의 말을 듣고 공경히 따랐다. 그들은 지극히 공손하고도 엄숙한 마음으로 멀리서 여래를 뵙자 마음속에서 기쁨이 솟아올라 오체투지하고 한쪽으로 물러나 앉았다. 세존께서 그 본래의 마음을 살피시고 법의 요체를 말씀하시니, 오백 명의 범지는 아나함과를 얻어 사문이 되었으며, 구사라와 그의 종친 등은 법의 눈을 얻었다.

이에 비구들이 부처님께 말씀드렸다.

"오백 명의 범지와 장자들은 도를 얻음이 어찌 그리도 빠른지요?"

세존께서 말씀하셨다.

"머지않은 과거세에 명호가 카샤파인 부처님이 계셨는데, 대중을 위하여 법을 설하시면서 내가 장차 올 것을 말씀하셨다. 그러자 지금의 범지들이 그 부처님 앞에서, '장차 오는 세상에서 사캬무니 부처님을 뵙기 바랍니다'라고 하였다. 또한, 이 장자들 역시 이와 같은 서원을 하였기에, 이 인연 때문에 나를 보자 곧 깨닫게 된 것이다."

비구들은 기뻐하며 모두 받들어 행하였다.

이에 구사라가 마음속으로 '세존을 청하고 싶구나'라고 생각하자, 부처님께서 그의 생각을 아시고 말씀하셨다.

"그곳에는 정사가 없으니 그대의 소원은 이루어지지 않을 것이오."

구사라는 기뻐하며 나아가 부처님께 말씀드렸다.

"저에게 따로 집이 있으니 그것을 정사로 삼으시고, 오직 가엾이 여기시어 구원의 손길을 드리워 중생을 제도해 주십시오."

그는 나라로 돌아가 공양 올릴 준비를 하고자 부처님 발에 이마를 대어 예배하고 떠나갔다.

8. 해용의 본래 인연에 대한 품(本起該容品)

그때 여래께서는 천이백오십 명의 비구들과 함께 사바티의 기원정사에서 구람니국의 구사라정사로 오셨다. 발로 문지방을 밟으시자 천지가 진동하고, 구슬과 악기들은 두드리지도 않았는데 저절로 울렸으며, 독이 되는 것은 숨어 버리고, 상서로운 것만이 온화하고 맑았다. 그날로 나라의 백성은 경건하고 엄숙해지며 세존을 간절히 우러르지 않는 이가 없었다.

이때 국왕의 이름은 우전이었는데, 매우 사납고 해만 끼치며 아첨하는 말을 잘 받아들이고 여색의 즐거움에 지나치게 빠져서 스스로 의심의 그물에 잠겨 있었다.

또 대부인 두 사람을 두어 좌우에서 시중들게 하였는데, 두 왕후의 용모는 그 나라에서 견줄 이가 거의 없었다.

왼편 부인의 이름은 조당으로, 사람됨이 교만하고 오직 악한 것만을 좇아 어진 이를 질투하여 헐뜯어 고해바치고 남 헐뜯기를 마다하지 않았다.

오른편 부인의 이름은 해용으로, 어질고 자애로운 일을 행하고 공경하는 마음으로 삼가 조심하며 청렴 소박하고 몸을 단속하여 무늬 있는 것을 몸에 걸치지 않았으므로, 왕은 그녀의 조신한 행실을 귀히 여겨 매사에 치우치게 사랑하였다.

이에 조당은 시샘하여 해용을 헐뜯어 고하기가 극에 달했지만, 왕은 그녀의 행동을 살피며 조당의 말을 받아들이지 않았다.

그때 해용에게는 도승(度勝)이라는 나이 든 하인이 있었는데, 향을 사러갈 때마다 문안을 드리기 위해 정사로 가는 길로 돌아서 갔다. 그는 매번 공경하는 마음을 표했으며, 향값을 조금씩 떼어 모았다가 부처님과 비구들을 찾아가 공양하였다. 또한, 부처님께서 그를 위하여 법을 말씀하시면, 지극한 마음으로 잊지 않았다.

그가 보시를 마치고 궁전으로 돌아오면서 가게에 들러 향을 사 왔는데, 이 공덕과 복으로 인하여 본래의 행이 뒤따랐으므로 향에서 풍기는 향내와 무게가 평상시보다 두 배나 더하였기에, 해용이 그 이유를 추궁하자 사실대로 아뢰었다.

"매번 향값을 줄여서 부처님과 승가에게 공양하였습니다. 그 법은 심오하고 이치가 미묘하여 세상에서는 들을 수조차 없는 법입니다."

해용은 부처님이라는 말을 듣고 두렵기도 하지만, 마음 한편으로는 기뻐하며 생각하였다. '나의 마음은 뛸 듯이 기쁘건만, 어떻게 하면 한량없는 가르침을 들을 수 있을까.'

해용은 곧 도승에게 말하였다.

"나에게 아무 말이든 해보라."

"몸은 천하고 입은 더러운데 어찌 감히 여래의 높으신 말씀을 말할 수 있겠습니까. 원하옵건대, 부처님께 가서 분부를 받고 돌아오도록 해 주십시오."

해용은 곧 그를 궁전에서 나가도록 하면서 거듭 말하였다.

"법을 듣는 의식도 자세히 받아 오너라."

도승이 돌아오기 전까지 부인과 시녀들은 뜰 안에서 숨도 제대로 못 쉬고 있었다. 부처님께서 도승에게 말씀하셨다.

"그대가 돌아가서 법을 말하면 제도되는 이가 많을 것입니다. 법을 설함에 있어 의식은 먼저 높은 자리를 마련하는 것입니다."

도승은 명을 받고 거룩한 뜻을 자세히 말해 주자, 해용은 기뻐하며 상자를 열어 옷을 꺼내더니 그것을 쌓아 높은 자리를 만들었다. 이에 그가 부처님의 위신력을 받아서 알맞게 법을 말해 주니, 부인 해용과 시녀들은 의심이 풀려 악을 물리치고 수다원의 도를 얻었으며, 도승도 이때 총지를 얻었다.

반면 조당은 원망과 질투심으로 분노하며 자주 헐뜯기를 한두 번에 그치지 않자 왕은 도리어 꾸짖으며 말하였다.

"그대는 요망하게 미혹시키려 하지만, 그 말은 이치에 맞지도 않다. 그 사람의 행실이야말로 절개를 지녀서 귀히 여길 만하다."

이에 조당은 질투심에 여전히 그녀를 해치려고 은밀히 왕에게 아뢰었다.

"그녀는 항상 하인을 시켜 부처님 처소에 다녀오게 하면서 방탕하게 바깥사람과 사귀며 마음이 삿된 곳으로 흐르고 있습니다. 그러나 소첩은 진실로 왕에게 충직한데도 소홀히 보십니다."

여러 번 헐뜯어 고하기를 그치지 않자 왕도 혼란스러워졌다.

이에 조당은 꾀를 내어 생각하였다. '그녀가 재를 올리는 날을 노리면 틀림없을 것이다.'

그러다가 재를 올리는 날을 엿보아 왕에게 권하며 말하였다.

"오늘은 오른편 부인을 청하여 즐기십시오."

왕이 곧 널리 부르자 명을 받고 모두 모였으나, 해용은 재를 올리느라 홀로 부름에 응하지 않았다. 계속해서 세 번까지 불렀지만 절개를 지니고 움직이지 않았다. 왕은 더욱 성을 내며 사람을 보내 끌어내 오게 하였다. 궁전 앞에 묶어 둔 채 활을 쏘아 죽이려 하였지만 해용은 두려워하지 않고 한마음으로 부처님께 귀의하였다.

왕이 직접 화살을 쏘았지만 그 화살은 다시 자신을 향하여 돌아오고, 다시 쏘아도 곧 돌아오는 것이었다.

그러자 왕은 크게 부끄러워하고 당황하면서 그녀를 풀어주며 물었다.

"당신은 무슨 재주가 있기에 이런 것이오?"

"오직 여래만을 섬기고 삼보에 귀의하였습니다. 아침에는 부처님께서 말씀하신 재를 받들었고, 낮이 지나면 먹지 않았으며, 나아가 여덟 가지의 일을 행하고, 장식은 몸에 가까이하지 않았습니다. 분명 세존께서 저를 가엾이 여겨 돌봐 주셨기에 이와 같은 일이 일어났을 것입니다."

"훌륭하구나! 어찌 옳은 말이 아니겠느냐. 나도 정사로 찾아가 뵙고 경건함을 표하겠다."

그런데 때마침 적국에서 군사를 일으켜 국경을 침입해 들어왔다. 그 무리의 세력이 강하여 왕이 직접 전쟁터에 나가면서 범지 길성에게 뒤를 부탁하여 임시로 나라를 다스리게 하였다.

이에 조당은 기뻐하며 말하였다.

"나의 부친께서 정사를 다스리면 그 여자를 반드시 죽여 버릴 것이다."

왕이 떠나간 뒤에 부녀가 함께 음모를 꾸며 해용과 그녀의 시녀들을 불태워 죽였다. 그들은 실수로 불이 나 그렇게 되었다고 거짓말을 하면 덮어 가릴 수 있으리라 여겼지만, 결국 사실이 드러나 버렸다.

이에 왕은 크게 분노하며 길성을 나라 밖으로 쫓아 버렸다. 그러나 그가 바라문이었기 때문에 목숨만은 살려 주었으며, 조당 등의 무리는 땅굴에 가두었다. 그리고 삿된 도를 몰아내고 널리 부처님 법을 천명하였다.

비구들은 자리에서 물러나 부처님께 말씀드렸다.

"왕후 해용과 그 시녀들은 정진함이 그와 같았고 진리를 보아 도를 얻었는데, 무슨 죄로 이런 불의 해를 입은 것인지 모르겠습니다. 부디 세존께서는 저희가 듣지 못했던 것을 자세히 알려주십시오."

부처님께서 비구들에게 말씀하셨다.

"과거 바라나시라는 성에 오백 명의 음녀들이 있었는데, 경박한 이들을 맞아들여 먹고 살았다. 그때 세간에 가라라는 벽지불이 백성들을 교화하여 오계를 지니게 하니, 온 나라의 남자와 여자들이 마음을 돌려 스승으로 여겼다.

이에 음녀들은 성을 내며 말하였다.

'이 자는 왜 이곳에 와서 우리의 손님들을 끊어 놓는단 말인가.'

그리하여 모두 성을 내며 해칠 것을 도모하였는데, 훗날 가라가 다시 그 마을에 들어오자 음녀들은 다 함께 성을 내며 화로로 가라를 치고 때렸다. 가라는 온몸이 타고 문드러졌으나 뉘우치거나 원망하지 않다가 문득 신족을 드러내 허공으로 올라갔다. 그러자 음녀들은 모두 놀라 두려워하며 울면서 허물을 뉘우치고 무릎을 꿇고 앉아 고개를 들고 호소하였다.

'여자들이 어리석어서 지극히 참된 이를 몰라보았습니다. 어리석은 무리들이 신령한 이를 해치고 욕보였습니다. 스스로 생각해도 허물과 죄악은 태산과 같습니다. 바라건대, 거룩한 덕을 내리시어 무거운 재앙을 녹여주십시오.'

이에 가라는 소리를 내며 내려와 열반에 드니, 여인들은 탑을 세우고 사리에 공양하였다."

세존께서 다시 말씀하셨다.

"그때의 저 음녀들은 지금의 해용 등이니, 죄와 복은 사람을 따라다녀 아무리 오래되어도 나타나지 않음이 없다."

이 법을 말씀할 때에 나라 안의 사람들은 어른 아이 할 것 없이 모두 믿어 받들고 기뻐하였으며, 다 같이 삼보에 귀의하고 계율을 받고 물러갔다.

이에 부처님과 비구들은 다시 사바티로 가셔서 기원정사에 머무셨다.

9. 고타미가 와서 비구니가 된 품(瞿曇彌來作比丘尼品)

부처님께서 카필라국 사캬족의 정사에서 유행하실 때, 천이백오십 명의 비구 대중과 함께 계셨다.

이때 마하파자파티 고타미는 부처님께 가서 예배한 뒤에 한쪽으로 물러서서 합장하고 말씀드렸다.

“저는 여자도 힘써 정진하면 사문의 네 가지 도를 얻을 수 있다고 들었습니다. 원컨대 부처님의 법과 계율을 받게 해 주십시오. 저는 집에 있으면서 믿음은 있지만 출가하여 도를 닦고자 합니다.”

부처님께서 말씀하셨다.

“그만두십시오, 고타미여. 여인이 나의 법과 계율에 들어와 가사를 입는 것을 바라지 않습니다. 목숨이 다할 때까지 청정한 행[梵行]을 닦아 밝게 깨닫도록 하십시오.”

고타미가 다시 세 번이나 애원하였으나 부처님께서는 들으려 하지 않으시므로 곧 앞으로 나아가 예배하고 부처님을 세 번 돌고 떠나갔다.

그 뒤 얼마 되지 않아 부처님께서 비구들과 함께 사캬족의 정사에서 카필라국으로 들어오셨다. 마하파자파티는 부처님께서 제자들과 함께 나라 안에 들어오셨다는 것을 듣고 마음으로 크게 기뻐하며 즉시 부처님께 가서 부처님 발에 예배하고 다시 말씀드렸다.

“저는 여자도 힘써 정진하면 사문의 네 가지 도를 얻을 수 있다고 들었습니다. 원컨대 부처님의 법과 계율을 받게 해 주십시오. 저는 집에 있으면서 믿음은 있지만 출가하여 도를 닦고자 합니다.”

부처님께서 말씀하셨다.

“그만두십시오, 그만두십시오, 고타미여. 여인이 나의 법과 계율에 들어와 가사를 입는 것을 바라지 않습니다. 목숨이 다할 때까지 청정한 행을 닦아 밝게 깨닫도록 하십시오.”

마하파자파티가 다시 세 번이나 애원하였으나 부처님께서는 들으려 하지 않으시므로 곧 앞으로 나아가 예배하고 부처님을 세 번 돌고 떠나갔다.

때에 부처님께서는 비구들과 함께 비를 피해 석 달 동안 이 나라에 머무시면서 옷을 기워 수선한 뒤, 옷을 입고 발우를 지니시고 성을 나와 떠나셨다.

마하파자파티도 곧 여러 노모와 함께 부처님을 뒤따랐다. 부처님께서 점점 더 가시다가 나사 고을에 도착하여 강에 머무르시자, 마하파자파티는 예배하고 물러서서 부처님께 말씀드렸다.

"저는 여자도 힘써 정진하면 사문의 네 가지 도를 얻을 수 있다고 들었습니다. 원컨대 부처님의 법과 계율을 받게 해 주십시오. 저는 집에 있으면서 믿음은 있지만 출가하여 도를 닦고자 합니다."

부처님께서 말씀하셨다.

"그만두십시오, 그만두십시오, 고타미여. 여인이 나의 법과 계율에 들어와서 가사를 입는 것을 바라지 않습니다. 목숨이 다할 때까지 청정한 행을 닦아 밝게 깨닫도록 하십시오."

마하파자파티는 다시 세 번이나 애원하였으나 부처님께서는 들으려 하지 않으시니, 곧 앞으로 나아가 예배하고 부처님을 오른편으로 세 번 돌고 물러갔다.

그녀는 문밖에서 해진 옷을 입고 맨발로 서 있었는데, 얼굴은 더럽고 옷은 때가 꼈으며 몸은 몹시 지쳐서 탄식하며 슬피 울고 있었다. 현자 아난은 큰 어머니인 마하파자파티의 이런 모습을 보고는 즉시 여쭈었다.

"고타미시여, 무슨 까닭으로 해진 옷을 입고 맨발로 서서 얼굴은 더럽고 옷은 먼지투성인 채 몹시 지쳐서 슬피 울고 계십니까?"

"현자 아난이여, 지금 나는 여자이기 때문에 부처님의 법과 계율을 받지 못합니다. 그 때문에 스스로 슬퍼하고 있습니다."

"그만 멈추십시오, 고타미시여. 잠시 마음을 진정하시고 저를 기다리고 계십시오. 제가 지금 들어가서 부처님께 이 일을 말씀드려 보겠습니다."

현자 아난은 곧 들어가 부처님의 발에 이마를 대어 예배한 뒤에 무릎을 꿇고 부처님께 말씀드렸다.

"저는 부처님으로부터 여인도 힘써 정진하면 사문의 네 가지 도를 얻을 수 있다고 들었습니다. 지금 마하파자파티께서 지극한 마음으로 법과 계율을 받고자 합니다. 그분은 집에 있으면서 믿음은 있지만 출가하여 도를 닦으려 하오니, 부디 부처님께서 허락하여 주십시오."

부처님께서 말씀하셨다.

"그만두어라, 그만두어라, 아난아. 나는 여인이 나의 법과 계율에 들어와서 사문이 되는 것을 원하지 않는다. 왜냐하면 아난아, 마치 좋은 가문의 집에서 아이를 낳았는데 딸이 많고 아들이 적은 것과 같다. 이런 집안은 쇠약해져서 크게 세력을 떨쳐 번성할 수가 없음을 알아야 한다. 이제 여인을 나의 법과 계율에 들게 하면, 부처님의 청정한 행은 결코 오래 머무르지 못할 것이다. 마치 논의 벼가 완전히 익었는데 모진 이슬과 재앙의 기운이 있으면 좋은 곡식이 상하게 되는 것처럼, 이제 여인을 나의 법과 계율에 들게 하면, 부처의 청정한 큰 도는 결코 오래도록 홍성할 수 없을 것이다."

아난이 다시 말씀드렸다.

"지금의 마하파자파티는 좋은 뜻이 많았습니다. 부처님께서 갓 태어나셨을 때부터 크게 성장하실 때까지 몸소 정성껏 길러주셨습니다."

"맞는 말이다. 아난아, 마하파자파티는 믿음이 깊고 뜻이 착하여 나도 은혜를 입었다. 내가 태어난 지 칠 일 만에 어머님께서 돌아가시고, 마하파자파티께서 몸소 크게 성장할 때까지 나를 길러주셨다. 지금 내가 천하에서 부처가 된 것 역시 마하파자파티의 은덕이 많았다. 그렇다. 마하파자파티는 나를 믿고 와서, 스스로 부처에게 귀의하고 법과 비구 승가에 귀의하였다. 또한, 부처를 믿고 법과 비구 승가를 믿었기에, 다시는 괴로움과 괴로움의 집기 · 괴로움의 멸함 · 괴로움의 멸함에 이르는 길을 의심하지 않게 되었다. 그리하여 믿음과 계율을 성취하고 많이 들음과 보시와 지혜를 성취하였다. 또한, 스스로 계율을 지킬 수 있어서 살생하지 않고,

도둑질하지 않으며, 음탕하지 않고, 거짓말하지 않으며, 술을 마시지 않는다.

그렇다, 아난아. 사람들에게 목숨이 다할 때까지 의복과 음식 · 침구 · 병을 고치는 약을 준다 하더라도, 내가 입은 이 은덕에는 미치지 못할 것이다.”

부처님께서 아난에게 말씀하셨다.

“가령 여인으로서 사문이 되려 한다면, 여덟 가지 공경의 법[八敬法]이 있으니, 어기지 말고 목숨이 다할 때까지 배우고 행해야 한다. 마치 물을 막을 때 둑을 잘 다스려서 새지 못하게 하는 것과 같으니, 이렇게 할 수 있는 사람만이 나의 계율에 들어올 수 있다. 무엇이 ‘여덟 가지 공경의 법[八敬法]’인가.

첫째, 대계(大戒)를 지키는 비구가 있으면, 여인인 비구니는 마땅히 정법을 들어야 한다.

둘째, 대계(大戒)를 지키는 비구승이 있으면, 비구니는 반달 이상을 예배하고 섬겨야 한다.

셋째, 비구승과 비구니는 함께 동일한 곳에 거주할 수 없다.

넷째, 석 달 동안 한곳에 머무르면서 스스로 서로를 단속하여 듣고 보는 것을 몸소 돌이켜 살펴야 한다.

다섯째, 비구니는 듣고 보았던 비구들의 일을 가지고 따져 물을 수 없지만, 비구들이 듣고 본 것이 있어 비구니에게 따져 물으면, 비구니는 즉시 스스로 돌이켜 살펴야 한다.

여섯째, 비구니가 도의 법에 대하여 의심 가는 것이 있으면, 비구들에게 경과 율에 대하여 물을 수 있다.

일곱째, 비구니로서 스스로 아직 도를 얻지도 못하고서 계율을 범하였다면, 반달 동안 대중 가운데 나아가서 허물을 알리고 스스로 뉘우치며 교만한 태도를 버려야 한다.

여덟째, 비구니로서 비록 백 살 동안 대계를 지녔다 하더라도, 새로 대계를 받은 어린 비구들의 아랫자리에 있으면서 겸양과 공경으로써 그에게 예배하여야 한다.

이것이 '여덟 가지 공경의 법'이다.

나의 가르침에 여인이 들어오면 어기지 말고 목숨을 마칠 때까지 배우고 행해야 한다. 만일 마하파자파티가 진실로 이 '여덟 가지 공경의 법'을 지닐 수 있다면, 사문이 되는 것을 허락하겠다."

현자 아난은 부처님의 말씀을 받은 뒤에 곰곰이 살펴 생각하고 나서 예배하고 나와 마하파자파티에게 알려 주었다.

"고타미시여, 다시는 근심하지 마십시오. 이미 집을 버리는 믿음을 얻어 집을 떠나 계율로 나아갈 수 있게 되셨습니다. 부처님께서 말씀하시기를, '여인으로서 사문이 되려면 〈여덟 가지 공경의 법〉을 어기지 말아야 한다. 목숨이 다할 때까지 오직 배움에 뜻을 두고 그것을 행하기에 힘써야 한다. 그리고 마음 지니기를 마치 물을 막을 때 둑을 잘 다스려 새지 못하게 하는 것과 같이 하여야 한다'라고 하셨습니다."

아난은 큰 어머니를 위하여 부처님께서 가르쳐주신 여덟 가지 공경에 대한 말씀을 하나하나 설명해 주었다.

"이렇게 할 수 있는 사람만이 부처님의 법과 계율에 들어갈 수 있습니다."

마하파자파티는 기뻐하며 말하였다.

"그렇게 하겠습니다. 아난이여, 나의 말을 한번 들어보십시오. 마치 사성 계급의 모든 여인이 목욕하고 향을 바르고 옷을 장엄하는 일에 남들이 그들을 도와 이익이 되게 하려 한다면, 안온하여 두려워하지 않을 것입니다. 좋은 꽃과 향이며 값진 보배로 머리 장식품을 만들어 그 여인들에게 준다면, 어찌 머리에 꽂기를 좋아하지 않겠습니까. 이제 부처님께서 가르쳐주신 '여덟 가지 공경의 법'을 저 또한 기쁜 마음으로 높이 받들기를 원합니다."

이에 마하파자파티는 곧 대계를 받고 비구니가 되었고, 법과 계율을 받들어 행하여 마침내 아라한이 되었다.

그러한 뒤 어느 때에, 비구니 마하파자파티는 장로 비구니들과 함께 현자 아난에게 가서 물었다.

"아난이여, 이 장로 비구니들은 모두가 오랫동안 청정한 행을 닦았고 이미 진리를 보았는데, 어찌하여 새로 큰 계율을 받은 어린 비구들에게 예배해야 합니까?"

"잠깐 기다리십시오. 제가 지금 들어가서 여쭤보겠습니다."

아난은 곧 들어가서 부처님 발에 예배하고 부처님께 말씀드렸다.

"마하파자파티 비구니가 말하기를, '이 여러 장로 비구니는 모두가 오랫동안 청정한 행을 닦았고 이미 진리를 보았는데, 어찌하여 새로 큰 계율[大戒]을 받은 어린 비구들에게 예배해야만 합니까'라고 하였습니다."

부처님께서 말씀하셨다.

"그만두어라, 아난아. 이런 말은 삼가하고 말도 하지 마라. 나의 생각은 너의 생각과 같지 않다. 만약 여인들을 나의 도에서 사문이 되지 못하게 하였더라면, 외도와 범지며 거사들이 모두 옷을 땅에 깔아 놓고 사문들에게 애걸하며, '현자께서는 청정한 계율과 높은 행이 있으니, 부디 이 옷을 밟고 가시어 저희가 길이 그 복을 얻도록 해 주십시오'라고 하였을 것이다."

계속하여 부처님께서 말씀하셨다.

"아난아, 만약 여인들을 나의 도에서 사문이 되지 못하게 하였더라면, 천하의 백성들이 모두 머리칼을 풀어서 땅에 깔아 놓고는 사문들에게 애걸하기를, '현자께서는 계율과 들음과 지혜의 행이 있으니, 부디 이 머리칼을 밟고 가시어 저희가 길이 그 복을 얻도록 해 주십시오'라고 하였을 것이다.

만약 여인들을 나의 도에서 사문이 되지 못하게 하였더라면, 천하의 백성들이 모두 미리 의복·음식·침상과 병들어 쇠약해진 곳을 치료하는 약을 갖추어 놓고서 애걸하기를, '부디 사문들께서는 몸소 오셔서 받아주십시오'라고 하였을 것이다.

만약 여인들을 나의 도에서 사문이 되지 못하게 하였더라면, 천하의 백성들이 사문을 마치 해와 달과 천신을 섬기듯 하여 외도들이나 이학(異學)들보다 더 높이 섬겼을 것이다. 또한, 만약 여인들을 나의 도에서 사문이 되지 못하게 하였더라면, 부처님의 바른 법은 천 년 동안 흥성할 것이었다."

부처님께서 다시 아난에게 말씀하셨다.

"여인들을 사문이 되게 하였기 때문에 나의 법은 오백 년 동안 쇠약하게 되었다. 왜냐하면 아난아, 여인으로서 다섯 가지는 될 수 없기 때문이다.

무엇이 다섯 가지냐 하면, 여인은 여래·응공[至眞]·등정각이 될 수 없고, 여인은 전륜성왕이 될 수 없고, 여인은 욕계 제2천의 도리천의 제석천왕이 될 수 없고, 욕계 제6천의 타화자재천의 악마천왕이 될 수 없고, 색계 초선천의 범천왕이 될 수 없다. 무릇 이 다섯 가지는 모두 장부로서만이 될 수 있다. 장부야말로 천하에서 부처님이 될 수 있고, 전륜성왕이 될 수 있고, 하늘의 제석천왕이 될 수 있고, 악마천왕이 될 수 있으며, 범천왕이 될 수 있다."

부처님께서 이를 말씀하여 마치시니, 모두가 기뻐하며 받들어 행하였다.

10. 파세나디 왕을 제도하는 품(度波斯匿王品)

이때 여래께서 사바티의 기원정사로 돌아오셔서 천이백오십 명의 비구들과 함께 계셨다.

파세나디 왕은 생각하였다. '부처님은 바로 사캬족으로, 집을 떠나 산에 있으면서 위없이 바르고 참되며 완전한 깨달음을 이루었기에, 거룩한 빛은 신령하고 미묘하여 천신 · 용 · 귀신 들까지도 우러르지 않음이 없다. 사람들을 위하여 법을 말하면 처음과 중간과 끝의 말이 다 좋아서 그 말을 듣고 기뻐하지 않음이 없으며, 복을 열고 재앙을 막으며 열반에 드는 일을 말한다.'

그는 곧 차리고 나와 평소처럼 사람들이 인도하고 따르게 하였다. 정사의 문에 이르자 왕은 수레에서 내려 신하들과 함께 앞으로 나아가, 선 채로 인사하고 물러나 앉아 부처님께 말씀드렸다.

"요즘 듣건대, 사캬 태자가 수행한 지 육 년 만에 도를 이루어 부처님이라 한다는데, 사실인지요? 이것은 세상에서 미화시킨 말이 아닙니까?"

부처님께서 왕에게 말씀하셨다.

"나는 참으로 부처입니다. 세상이 헛되게 전하는 것이 아닙니다."

"고타마여, 스스로 부처가 되었다 말하기 때문에 부처가 아닌 것입니다."

부처님께서 다시 왕에게 대답하셨다.

"과거 먼 세상에 부처님이 계셨는데 명호가 디팜카라였습니다. 그분이 나에게 수기하시기를, '그대는 지금으로부터 구십일 겁 후에 부처가 되리니, 명호는 사캬무니일 것이다. 삼십이상(三十二相)과 팔십종호(八十種好)와 열여덟 가지 특성[十八法]과 열 가지 거룩한 힘[十神力]과 네 가지 두려움 없음[四無所畏]을 지니리니, 한 가지라도 부족하면 부처가 되었다고 못할 것이다'라고 하셨습니다. 나는 이제 두루 갖추었기에 여래 · 무소착·등정각이 된 것입니다."

왕은 혼란스럽고 의심이 들어 거듭 물었다.

"고타마께서는 나이도 젊고 배움도 매우 적습니다. 왜냐하면 세상에서 어떤 바라문은 물과 불로 수행하고 그것을 다스리는데, 애를 써서 몸을 괴롭히며 밤낮을 가리지 않고 아흔여섯 가지 술법을 다 배우느라 나이는 많아졌으나 그 덕은 아득하기만 합니다. 또한, 푸라나 카샤파 등의 여섯 분은 그 이름이 세상을 덮었는데도 아직 부처가 되지 못하였으니, 부처님이란 참으로 높으신 분이기 때문입니다. 이로써 미루어보건대 의심이 들며 믿어지지 않습니다."

부처님께서 왕에게 말씀하셨다.

"내가 이제 왕을 위하여 법의 참된 진리를 말하겠으니, 자세히 듣고 의심하지 마십시오."

"잘 알겠습니다."

부처님께서 왕에게 말씀하셨다.

"작은 것에 네 가지 일이 있는데 모두가 가벼이 여길 수 없습니다. 무엇이 네 가지 일이냐 하면, 첫째, 태자가 비록 어리다고 하더라도 앞으로 정식의 군주가 될 것이니, 이를 가벼이 여길 수 없습니다. 둘째, 비록 작은 불이라 하더라도 풀을 태우면 풀이 다하여야 비로소 꺼지니, 이를 가벼이 여길 수 없습니다. 셋째, 용의 새끼가 비록 작다 하더라도 능히 바람·비·우뢰·번개며 벼락을 칠 수 있으니, 이를 가벼이 여길 수 없습니다. 넷째, 수행자가 비록 나이가 적다 하더라도 이미 도의 요긴하고 깊고 미묘한 지혜에 들어서 날아다니며 교화하고 사람들을 제도하여 해탈시키니, 이 역시 가벼이 여길 수 없습니다."

세존께서 왕을 위하여 게송으로 말씀하셨다.

태자의 복이 이루어져
앞으로 정식의 군주가 되거늘
어리석은 이가 가벼이 여긴다면
재앙이 바로 일어나리니
마음으로 말미암아 나오기에
무거울 수도 있고 가벼울 수도 있으리.

숙세의 행으로 얻어지는 것으로
복은 저절로 몸을 따르나니
능히 덕의 근본을 살핀 연후에
그 사람에게 도의 요체가
갖추어졌는가를 살필 것이니
대왕은 잘 생각해 보셔야 하리.

작은 불이 풀을 만나
타오르게 되면 한없으며
수미산이라는 보배도
조그마한 것에서 생겨났으니
지혜를 갖춘 이는 대상을 볼 적에
작은 것도 없고 큰 것도 없느니라.

용을 만났을 때 피하지 않으면
적은 독이라도 사람을 해치나니
비구는 악을 물리치고
힘써 정진하여 선정에 들어

도와 신통을 이루어
변화를 보여 사람들을 제도한다네.

진리를 보고 깨끗하여 번뇌가 없어서
이미 다섯 갈래 길의 못을 건넜나니
부처님이 나와서 세간을 비추어
중생을 위해 근심 걱정 없애준다네.

왕은 이 바른 말씀을 듣고도 번뇌가 두텁고 마음이 가려져 있어서 의심을 아직 풀지 못한 채 앞으로 나아가 부처님 발에 예배하고 작별인사를 하고서 왕궁으로 돌아갔다.

이때 나라 안에 어떤 바라문은 부자로 살며 보배는 많았으나 늙도록 아이가 없었다. 사당에 온 힘을 다하여 빌었더니 얼마 안 되어 아들을 낳았으나 일곱 살이 되자 병이 들어 갑자기 죽고 말았다. 그는 아버지로서 몹시 괴로워 누워도 자리가 편하지 않고 음식조차 들지 못하다가 부처님께서는 걱정과 근심을 능히 없애주신다는 말을 듣고 즉시 기원정사로 갔다.

부처님께서 범지에게 물었다.

"무슨 근심 걱정이 있기에 얼굴빛이 파리합니까?"

"제 나이 늘그막에서야 아들을 하나 얻었는데, 저를 버리고 세상을 떠났기에 슬프고 가엾어서 몹시 괴로워하고 있습니다."

부처님께서 범지에게 말씀하셨다.

"사람에게 은혜와 사랑이 있으면 근심하고 슬퍼하게 됩니다."

범지는 헷갈려 하며 부처님께 여쭈었다.

"은혜와 사랑의 즐거움에 무슨 근심과 슬픔이 있겠습니까?"

"그렇지 않습니다."

부처님께서 이렇게 세 번까지 말씀하셨는데도 바라문은 이해하지 못하고 기원정사에서 뛰쳐나가다가 두 사람이 주사위놀이를 하고 있는 것을 보았다. 그는, '이들은 분명 슬기로운 이들로 나의 의심을 풀 수 있을 것이다'라고 생각하고 두 사람에게 물었다.

"은혜와 사랑은 즐거운 것입니까, 아니면 근심되고 슬픈 것입니까?"

"천하의 즐거움에 은혜와 사랑보다 더한 것은 없습니다."

"나는 고타마를 만났는데, 나에게 그렇게 말했습니다."

"사문 고타마는 세상을 부정하고 사람들을 미혹시키니 믿지 마시오."

나라 안의 어리석은 이들은 모두 부처님의 말씀을 비웃었는데 이것이 위로 왕에게까지 들리자, 왕은 의심하며 부인 말리에게 말하였다.

"고타마는 매우 우스운 사람이구려. 논리에 맞지 않고 이치에도 어긋나오. 어째서 은혜와 사랑이 있으면 근심과 슬픔이 생긴단 말이오."

"부처님께서는 거짓된 말씀을 하지 않으십니다. 그것은 참으로 그와 같습니다."

왕은 다시 부인에게 말하였다.

"당신은 고타마를 존경하는 나머지 마치 종친이라도 되는 듯 그를 믿고 있구려."

"어째서 직접 가시거나 지혜로운 신하를 보내시어 묻고 싶은 것을 여쭈어 보지 않으시고, 세상의 어리석고 미혹한 것만을 증험하려 하십니까?"

왕은 그 말을 듣고 곧 지혜로운 신하 나리승을 불렀다.

"그대는 고타마께 문안하고 내 말을 이렇게 전하라. '세상 사람들이 어리석고 미혹하여 높으신 뜻을 망령되이 전하면서 〈은혜와 사랑이 근심과 슬픔을 일으킨다 함은 괴이하고 이치에도 어긋난다〉며 제멋대로 말하므로 사람을 보내 교화를 받고자 합니다'라고 하라. 그리고 부처님께서 가르침을 주시거든 그대는 자세히 받아오라."

신하는 왕의 명을 받자 곧 기원정사로 가서 부처님께 예배하고 잠시 물러났다가 다시 앞으로 나아가 무릎을 꿇고 말씀드렸다.

"파세나디 국왕께서 부처님께 예배하고 이해하지 못한 것을 여쭙고자 하니, 원컨대 가르쳐 인도해 주실 것을 말씀하셨습니다."

사실대로 아뢰자, 여래께서는 그 신하에게 자리에 앉도록 명하시고 말씀하셨다.

"은혜와 사랑의 근본은 흐름이 깊어서 다하기 어려운데, 근심과 슬픔의 괴로움은 한결같이 은혜와 사랑에서 비롯됩니다."

부처님께서 계속하여 대신에게 말씀하셨다.

"나는 이제 그대에게 물으리니, 잘 헤아려 대답하십시오. 가령 어떤 사람이 부모가 돌아가시고 처자는 죽고 재산은 관청에 몰수되었다면, 이 사람의 근심과 괴로움은 견뎌낼 수 있는 것입니까?"

"진실로 높으신 가르침과 같을 것입니다."

부처님께서 대신에게 말씀하셨다.

"옛날 어떤 사람이 가난하게 살다가 부잣집 딸에게 장가를 들었습니다. 그러나 게을러서 아무 일도 하지 않았기에, 날로 다시 가난해져서 집에 먹을 것조차 없게 되었습니다. 그러자 아내의 집안사람들이 아내를 빼앗아 다시 시집을 보내려 하니, 아내는 집안사람들이 의논하는 것을 듣고는 곧 남편에게 말하였습니다.

'우리 집안은 세력이 강하여 반드시 나를 빼앗기고 말텐데, 당신은 장차 어떤 계책을 쓰시렵니까?'

남편은 부인의 말을 듣고는 방으로 데리고 들어가서, '이제 당신과 함께 이 자리에서 죽어 버리겠소' 하며, 바로 부인을 칼로 찌르고 다시 자신도 찔러 자살하였습니다."

부처님께서 계속하여 나리승에게 말씀하셨다.

"은혜와 사랑으로 인해 서로 죽이기까지 하였는데, 어찌 근심하고 슬퍼하는 것뿐이겠습니까."

이에 대신은 부처님의 가르침을 받고 예배하고 물러갔다.

궁으로 돌아와서 자세히 부처님의 뜻을 말씀드렸으나, 왕은 깨닫지 못한 채 오히려 이 말씀을 비웃으면서 다시 부인 말리에게 말하였다.

"고타마는 무엇 때문에 이런 말을 하는 것이오?"

부인이 왕에게 말하였다.

"한 가지 일을 여쭙겠으니, 부디 잘 받아들여 살펴보십시오."

"말해 보시오."

"저기 두 고을이 있는데, 하나는 가이이고 다른 하나는 구달로입니다. 만약 어떤 이가 왕에게 보고하기를, '저 두 고을을 다른 나라 왕이 빼앗아 갔습니다'라고 한다면, 왕은 마음이 어떠하시겠습니까?"

"내가 재물이 많고 즐거운 것은 이 두 고을 때문인데, 만약 그런 말을 듣는다면 걱정되고 심란할 것이오."

부인은 다시 말하였다.

"태자 유리와 황녀 금강이 병들거나 죽기라도 한다면, 왕은 마음이 어떠하시겠습니까?"

"그 심정이란 견디기조차 어려울 것이오."

부인이 다시 말하였다.

"이것이 바로 은혜와 사랑에서 근심과 슬픔이 생긴다는 것이 아니겠습니까. 천한 소첩이 비록 못생기긴 하였으나 휘장에서 왕을 모시다가 하루아침에 병들어 죽는다면, 어떠하시겠습니까?"

"나의 마음은 혼란스럽고 쓸쓸해져서 목숨을 보존하지 못할 것이오."

"이것이 바로 은혜와 사랑에서 근심과 슬픔이 생긴다는 것이 아니겠습니까."

왕은 비로소 마음으로 이해하여 평상에서 내려와 멀리 기원정사[祇洹]를 향해 예배하였다. 그는 삼보에 귀의하여 허물을 참회하고 용서를 빌며 말하였다.

"몸이 다하고 목숨을 마칠 때까지 높으신 가르침을 높이 받들겠습니다."

11. 제 몸을 스스로 사랑한다는 품(自愛品第十一)

부처님께서 사바티의 기원정사에서 비구들과 함께 지내시며 그들을 위하여 법을 설하고 계셨다.

국왕 파세나디 왕은 해가 질 무렵, 부처님 처소를 지나가게 되었다. 그는 수레에서 내려 일산을 물리치고 두 손을 모으고 곧장 나아가 땅에 머리를 조아려 예배하고 물러나 왕을 위해 마련된 자리로 갔다. 부처님께서 왕에게 물으셨다.

"어디서 오시기에 옷이 해지고 얼굴이 야위셨습니까?"

왕은 자리에서 일어나 눈물을 닦으며 대답하였다.

"나라의 태부인께서 세상을 떠나셨으므로 영구를 모셔 안치하고 돌아오는 길입니다. 근일에 세존께서는 가엾이 여기시어 저의 나라에 왕림해 주셨습니다만, 저는 겉의 재앙 거리나 탐내고 성품이 완고하고 어리석어 마음이 삿된 소리에만 미혹해 있었습니다. 이제야 비로소 밝으신 가르침이 지극히 참됨을 알았습니다. 근심과 슬픔의 괴로움은 모두 은혜와 사랑에서 비롯됩니다. 부처님의 가르침을 생각해보니, 세상에서는 참으로 듣기 어려운 말씀입니다."

세존께서 왕에게 말씀하셨다.

"다시 앉아서 잘 들어보십시오."

"그렇게 하겠습니다."

"중생으로서 형상을 받으면, 늙거나 젊거나 세력이 있거나 천하거나 할 것 없이 목숨이 다하는 날에는 흩어지지 않는 이가 없습니다. 마치 봄날의 꽃은 빛깔의 산뜻함이 오래가지 못하고, 열매를 맺으면 꽃이 떨어지고, 그 열매도 익으면 꼭지에서 떨어지는 것과 같습니다.

수미산이라는 보배도 겁이 다하면 무너져 버리고, 큰 바다가 깊고 넓지만 마르기도 합니다. 사람의 목숨은 위태롭고 나약해서 슬기로운 이라면 그것을 믿지 않습니다. 오직 지닐 것은 덕을 닦고 정진하여 도를 이행하는 것뿐입니다."

부처님께서 게송으로 말씀하셨다.

목숨은 익기를 기다리는 열매와 같아서
항상 떨어질 것을 두려워한다네.
태어난 까닭에 모두가 괴로움이 있거늘
뉘라서 죽지 않을 수 있으리오.

강물이 급하게 흘러
큰 바다로 들어가듯이
사람의 목숨도 그와 같아서
가 버리면 다시는 돌아오지 못한다네.

부처님께서 왕에게 말씀하셨다.

"전륜성왕이 비록 사방의 영역을 맡아 다스리고, 날아다니며 순찰하고, 칠보가 인도하고 따르는 가운데 비록 천 년을 산다 하더라도, 역시 죽어서 떠나가고 맙니다. 여러 천신은 음식의 복으로 좋은 음식이 저절로 생기지만, 그 복록이 다하게 되면 역시 없어져 버립니다. 비구가 악을 깨뜨리고 한마음으로 선정에 들어 영리에 움직이지 않고, 뜻이 산과 같이 크며, 신통이 있는 아라한이 되어도 역시 적멸[滅度, 寂滅]에 듭니다. 여래가 세상에 나와 방편의 지혜로 몸을 나타내고, 금강의 덕을 지닌 몸으로 대천세계를 밝게 비추며, 삼계를 두루 돌면서 중생을 제도하는 열 가지 힘을 지닌 세상의 영웅조차도 열반을 나타냅니다. 사람이 사는 세간에서는 목숨이 오래 머무르지 못하여 빠르기가 마치 번개와 같고, 바람이 뜰을 스쳐가듯 높고 영화스런 보배의 자리 또한 꿈과 같습니다.

옛날을 미루어 지금을 증험하건데, 시작하여 끝나지 않는 것이 없습니다. 다섯 갈래 윤회의 길을 돌며 헤매게 되니, 진리를 보고 참된 것으로 돌아가십시오. 부처님께서 국왕을 위하여 게송으로 말씀하셨다.

강물이 빨리 흘러
가면 돌아오지 못하는 것처럼
사람의 목숨도 그와 같아서
가 버리면 돌아오지 못한다네.

비록 천 년을 산다 해도
역시 죽어 떠나 버리며
모이고 만남에는 이별이 있으니
친히 하여 의지할 것 없다네.

세간의 모든 것은 죽음이 있어
삼계에는 편안함이 없으며
여러 천신이 비록 즐겁다 해도
복이 다하면 또한 죽게 된다네.

땅과 같이 굳은 뜻과
산과 같이 높은 덕을 지닌
번뇌 없는 아라한이라도
적멸에 든다네.

참으로 좋은 복의 과보로
원한 바를 모두 이룩한
최상의 적멸에 드신 분이라도
스스로 열반을 나타낸다네.

이에 파세나디 왕은 다시 부처님께 말씀드렸다.

"무엇을 제 몸을 스스로 사랑함이라 하며, 무엇을 제 몸을 스스로 지킴이라 합니까?"

부처님께서 말씀하셨다.

"좋은 질문입니다. 대왕이시여, 자세히 들어보십시오.

사람이 세상에 태어남은 사대(四大)가 합하여 이루어지는 것인데, 어리석은 성품과 습관으로 인하여 살생하고 도둑질하고 음탕하고 속이며 도의 행을 믿지 않습니다. 이것은 제 몸을 스스로 사랑하는 것이 아닙니다.

선(善)을 익히고, 어짊을 행하며, 세상의 덧없음을 깨닫고, 죽으면 다시 태어남을 믿습니다. 마음을 삼보에 두어 계율을 받들어 마음을 다잡고, 믿음으로 도를 실천합니다. 예의를 지켜 겸양하며, 효도와 순종으로 정성이 지극합니다. 이러한 사람을 세상에서 제 몸을 스스로 사랑하는 이라 합니다.

선을 쌓고 덕을 행하며, 몸으로 제멋대로 함이 없고, 뜻과 행으로 명(明)을 닦으면 천신들이 호위해 줍니다. 남녀 할 것 없이 모든 행은 자신의 편이 되어 무기에 몸을 상하지 않고 호랑이나 외뿔소도 해치지 못합니다. 그러므로 제 몸을 스스로 보호하는 방법은 오직 계행을 지키는 것뿐입니다.”

부처님께서 파세나디 왕을 위하여 게송으로 말씀하셨다.

무릇 사람들은 악을 지으면서도
스스로 깨닫지 못하고
어리석어 마음을 제멋대로 쓰다가
뒤에는 모진 고통 받게 되리라.

살면서 선행(善行)이 없으면
죽어서 나쁜 길에 떨어지니
곧바로 무간지옥으로 가
도울 수 없는 곳에 도달하리라.

제 몸을 스스로 사랑하는 이는
삼가서 지킬 바를 지키며
마음을 제어하고 몸을 바르게 하니
그 복으로 천상에 오르리라.

사람에게 믿음과 행이 있으면
성인에게 칭찬을 받게 되나니
스스로 사랑함이 이와 같다면
빨리 깨달아 근심 없으리라.

불선행(不善行)은 몸을 위태롭게 하거늘
어리석은 이들은 가벼이 여기고
선(善)이야말로 몸을 가장 편히 하거늘
어리석은 이는 어렵다 여기리라.

법을 믿고 계율을 받들며
슬기로운 마음으로 능히 행하면
천신들이 호위하나니
슬기로운 이는 이를 좋아하리라.

어짊과 사랑이 삿되지 아니하여
편안히 머물러 근심이 없으며
능히 성냄을 없애게 되면
이로부터 윤회의 못을 벗어나리라.

왕은 법의 말씀을 듣자 어리석음이 풀리고 망령됨이 끊어져서 앞으로 나아가 오계를 받았다. 신하들과 시종들도 모두 도의 마음을 내었으며, 천신·용·귀신 들도 기뻐하며 즐거이 들었다.

12. 마하카샤파가 처음으로 오는 품(大迦葉始來品)

그때 세존께서 사바티의 기원정사에 계시면서 대중을 위하여 법을 말씀하시니, 천신·용·귀신 들과 사부(四部) 제자들이 모두 엄숙하게 정좌해 있었다.

이때 마하카샤파[大迦葉]가 머리칼을 드리우고 해진 옷을 입은 채 처음으로 부처님께 찾아왔다.

세존께서 멀리서 그를 보시고, "잘 왔도다, 카샤파여!"라고 찬탄하셨다. 그러고는 먼저 평상의 반을 나누어 앉게 하시자, 카샤파는 나아가 그 발에 이마를 대어 예배하고 물러나 무릎을 꿇고 말하였다.

"저는 여래의 끝줄 제자입니다. 그런데 자리를 나누시니 감히 뜻을 받아들이지 못하겠습니다."

대중들은 모두 생각하였다. '이 사문에게는 무슨 기이한 덕이 있기에 세존께서 자리를 나누도록 하신 것일까. 과연 이 사람은 뛰어난 분일까? 오직 부처님만이 밝히실 수 있을 것이다.'

이에 여래께서는 대중들의 생각을 살피시어 의심을 끊게 하고자 말씀하셨다.

"카샤파의 큰 행이야말로 성인과 동등함을 자세히 말해 주겠다."

세존께서 다시 말씀하셨다.

"나는 사선(四禪)의 선정으로 마음을 쉬어 처음부터 끝까지 줄어듦이 없는데 카샤파 비구도 사선(四禪)에서 삼매를 얻었다.

나는 큰 자애[慈]로 일체를 사랑하는데 카샤파의 본래 성품도 자애가 이와 같으며, 나는 큰 연민[悲]으로 중생을 제도하는데 카샤파 비구의 연민도 그와 같다.

나는 사선삼매로써 스스로 즐기기를 밤낮없이 한다. 무엇이 네 가지인가. 첫째는 무형삼매(無形三昧)이고, 둘째는 무량의삼매(無量意三昧)이며, 셋째는 청정적삼매(淸淨積三昧)이고, 넷째는 불퇴전삼매(不退轉三昧)이니, 카샤파 비구 역시 이러한 삼매를 지녔다.

나는 본래 여섯 가지 신통을 좋아하여 이미 여섯 가지 신통을 얻었으며, 카샤파 비구 역시 여섯 가지 신통을 얻었다. 무엇이 여섯 가지인가. 첫째, 네 가지 신족[四神足]을 생각하는 것이다. 둘째, 온갖 사람들의 마음을 다 아는 것이다. 셋째, 귀로 꿰뚫어 듣는 것이다. 넷째, 중생의 근본을 보는 것이다. 다섯째, 중생이 나아갈 곳을 아는 것이다. 여섯째, 모든 번뇌가 다하는 것이다. 그러므로 이제 두려움이 없고 삼계에서 홀로 존귀하다.

나는 네 가지 선정[四定]으로 법의 실현을 설한다. 무엇이 네 가지인가. 첫째는 해정(解定)이고, 둘째는 지정(智定)이며, 셋째는 혜정(慧定)이고, 넷째는 계정(戒定)이다.

이로써 명색(名色)이 모두 없어지고 청정한 행[梵]만이 남아, 근심하거나 기뻐하는 생각이 없어져 나고 죽음의 뿌리가 끊어졌는데, 카샤파 비구 역시 그와 같다."

세존께서 다시 말씀하셨다.

"과거 오랜 옛적에 문타갈이라는 어진 왕이 있었다. 그의 높은 행이 세상을 빛내니, 공훈에 감동된 도리천의 왕이 그의 뛰어난 덕을 흠모하여 수레와 말을 궁궐로 보내 성왕을 영접하였다.

성왕이 하늘 수레를 타고 홀연히 허공에 오르자, 도리천의 왕이 나와서 맞이하였다. 그는 성왕과 함께 앉아서 즐기다가 성왕을 환송하여 궁으로 돌아가도록 하였다."

부처님께서 비구들에게 말씀하셨다.

"그때의 하늘의 왕은 지금의 마하카샤파이며, 문타갈 왕이 바로 지금의 나이다. 옛날 하늘의 왕은 생사의 두려운 자리에 나를 나란히 앉게 하였지만, 나는 이제 위없는 바르고 참된 법을 실현한 자리로써 옛날의 공덕을 갚는 것이다."

부처님께서 과거의 일을 말씀하시어 더욱 거룩한 덕으로써 비구 카샤파를 드러내시니, 일체가 해탈하여 모두 위없는 바르고 참된 도의 뜻을 내었으며, 법의 가르침이 널리 퍼져서 즐거이 모두 받들었다.

13. 유녀를 제도하신 품(度柰女品)

부처님께서 카필라국을 떠나 천이백오십 명의 비구와 함께 밧지국을 지나시며 사람들을 제도하신 후, 다시 그곳을 떠나 베살리에 도착하시어 암바팔리의 나무 동산으로 가셨다.

성안에 있던 유녀 암바팔리는 부처님께서 자신의 동산에 오셔서 교화하심을 듣고 한없이 기뻐하며 즉시 오백 명의 여인들과 함께 치장하고 성을 나왔다. 이에 부처님께서 비구들에게 널리 알리셨다.

"마음을 다스려 머리를 숙이고 실없이 돌아보지 마라. 색욕은 사람을 어지럽히니, 오직 도(道)로써만 제어할 수 있다. 마음을 억제하고 단속하라. 지혜를 갖춘 이라면 반드시 가능할 것이다.

지금 암바팔리라는 여인이 오백 명의 여인들과 함께 설법을 들으려 하니, 그대들은 저마다 청정한 행을 지키고 잘 지녀서 놓치지 마라."

비구들은, "그렇게 하겠습니다." 하고 분부를 받아 지녔다.

암바팔리는 문에 다다르자 수레에서 내려 합장한 손을 가슴에 대고 머리를 숙이고 곧장 나아가 부처님 발에 예배하고 물러났다. 그녀가 여인들을 위한 자리로 가자, 세존께서 말씀하셨다.

"형상은 오래 머무르지 못하고 빛깔은 산뜻함이 오래가지 못한다. 목숨은 바람이 스쳐감과 같아서 젊음도 반드시 쇠약해지니, 용모를 믿고 스스로 오염된 행에서 살지 마라. 세간에서 미혹하여 재앙이 일어남은 색욕에서 비롯되므로 세 가지 길에서 괴로움을 당하지만 지혜를 갖춘 이는 능히 닫아버린다."

암바팔리는 부처님 말씀을 듣고 마음으로 욕망을 그치는 법을 깨닫고 도의 뜻을 내어 스스로 삼보에 귀의하였다.

그녀는 물러나 앉아 부처님께 말씀드렸다.

"여인을 천히 여기지 아니하시고 법의 말씀을 들을 수 있게 하셨습니다. 부디 내일 세존과 비구들께서 왕림하시어 보잘것없는 음식이나마 공양하시기 바랍니다."

부처님의 법에 묵연히 계심은 이미 허락하신 것이기에 그녀는 일어나 부처님 발에 예배하고 기뻐하며 물러갔다.

이때 성안에 오백 명의 장자의 아들들은 부처님께서 가르침을 펴시며 암바팔리 동산에 머무신다는 것을 듣고, 즉시 모두 함께 부처님께 나아가 법을 듣고자 하였다.

그들이 수레와 말과 옷을 오색 빛깔로 화려하게 장식하여 성을 나가 동산으로 가는데, 사람과 따르는 수레와 말이 고요하여 법다웠다.

문에 이르자 그들은 수레에서 내려 합장한 채 곧장 나아가서 예배하였다. 자세히 사정을 말씀드리고 물러나 남자들을 위한 자리에 앉았다.

부처님께서 장자의 아들들에게 말씀하셨다.

"영화로운 자리에 높고 세력이 있어서 뜻대로 즐길 수 있음은 모두가 전생의 복덕에서 온 것입니다. 이제 다시 부처님을 뵈었으니 공덕이 더욱 늘어날 것입니다."

장자의 아들들은 기뻐하며 물러나 꿇어앉아 부처님께 청하였다.

"부디 내일 왕림하셔서 변변치 못한 음식이나마 공양하십시오."

부처님께서 말씀하셨다.

"이미 먼저 청을 받았으니, 부처는 두 번 허락하지 않습니다."

"청한 분의 이름이 어떻게 되는지요?"

"조금 전 암바팔리의 청을 받았으므로 내일 그리로 갈 것입니다."

"그녀는 낮은 신분인데 어찌 먼저 공양을 올릴 수 있겠습니까?"

"여래의 자애는 두루 미치어 귀하고 천함을 묻지 않습니다."

그러자 장자의 아들들은 부처님께 나아가 발에 예배하며 인사하고 떠나갔다.

그들은 집으로 돌아오다가 암바팔리에게 가서 말하였다.

“부처님께서는 일체 중생을 구제하시므로 지극히 높으신 분이오. 지금 우리나라에 오셔서 교화하고 계시니, 부처님과 승가에게 공양을 올리는 일은 우리가 먼저 해야겠소. 남자는 높고 여자는 낮으니 그대는 그 뒤에 올리는 것이 마땅하오. 그래서 공양을 마련하지 말라고 일부러 찾아와 말해 주는 것이오.”

여인은 장자의 아들들에게 말하였다.

“세력이 있다고 위력으로 약한 이를 누르지 마십시오. 지금 네 가지 원하는 일이 있으니, 만약 그 은혜를 받게 되면 감히 먼저 공양을 올리지 않겠습니다.

네 가지 일이란, 첫째, 저의 선(善)한 마음이 보존되어 변함이 없게 해 주시고, 둘째, 제 목숨이 보존되어 죽음이 없게 해 주시며, 셋째, 재물이 보존되어 사라짐이 없게 해 주시고, 넷째, 세존께서 늘 머물러 가르치시며 다른 나라에 가시지 않게 해 주십시오.”

“선한 마음을 보존하게 할 수 없고 목숨 역시 그러하므로, 우리가 할 수 있는 일이 아닙니다.”

그들은 서로, “이 여인은 복된 사람이라 먼저 부처님께 공양하게 되었으니 참 대단하구나!”라고 말하며 매우 기뻐하였다.

그러나 그 가운데 어떤 젊은이들은 자신들이 나중에 공양하게 된 것을 매우 수치스럽게 여겨 함께 공양해야 한다고 억지를 부렸다.

그들은 시장 감독에게 장을 파하고 열지 말라고 명하였기에, 암바팔리가 종을 보내어 장을 보게 하였으나 끝내 아무것도 살 수 없었다. 돌아와 창고를 보니 찬거리는 갖추어져 있는데, 땔나무와 숯이 모자라 구하러다녔지만 얻지 못하였다. 그래서 창고에 있던 모포를 꺼내 거기에 향유를 붓고 불을 지펴 공양할 음식을 마련하였다.

다음날 때가 되자 심부름꾼을 보내어 부처님께 알리도록 하였는데, 그들은 성문을 또 닫아버렸다.

심부름꾼이 돌아와서, "성문을 열지 않습니다."라고 하자, 장자의 아들들이 하는 짓인 줄 알고 여인은 생각하였다. '법도에 따르자면 심부름꾼을 보내어 공양이 마련된 것을 알려야만 할 텐데, 어떻게 하면 알릴 수 있을까?'

그녀는 곧 앵무새에게 말하였다.

"네가 가서 부처님께 알려다오."

앵무새가 명을 받고 그 집에서 날아오르자, 장자의 아들들은 모두 활을 들고 새에게 쏘아댔다. 그러나 심부름을 받들어 부처님을 청하는 위신력으로 화살은 변화하여 꽃이 되었으므로, 앵무새는 곧 부처님 계신 곳으로 날아갈 수 있었다.

앵무새가 허공에서 부처님께 말씀드렸다.

"여러 가지를 차리고 다 마련하였습니다. 부디 왕림해 주십시오."

이에 세존께서 법다운 위의로 문지방을 넘으시자 천지가 진동하였다. 용은 비를 내려 먼지를 적셔 주었으며, 천신들은 즐거워하며 내려와서 따랐고, 악기들은 저절로 울렸다.

부처님께서 공양을 마치시자, 손 씻을 물을 돌린 뒤에 부처님께서 그들을 위하여 경전의 법을 말씀하셨다.

이에 오백 명의 장자의 아들들과 암바팔리 그리고 오백 명의 여인이 법의 눈을 얻었고, 모두 오계를 받았다.

그 후 부처님께서 비구들과 함께 암바팔리 동산에 다시 가시면, 모두가 기뻐하며 즐거이 듣지 아니함이 없었다.

14. 니간타가 의심을 묻는 품(尼揵問疑品)

부처님께서 베살리를 떠나 천이백오십 명의 비구와 천 명의 우바새와 함께 나란다국 프라바리 동산으로 가셨다.

이때 나라 안에서는 육사외도[六師]를 섬겨서 삿된 행에 미혹해 있었다. 특히 성안의 아이발제불이라는 세력 있는 장자는 니간타를 부지런히 받들어 섬김에 제일이었다. 그는 부처님이 오셨다는 말을 듣고는 니간타의 처소에 가서 평소와 같이 예배하자 니간타가 물었다.

"그대는 고타마가 이곳에 왔다는 말을 들으셨소?"

"들었습니다."

"그대는 가서 사문 고타마를 힐난하여 한 가지 일로써 말문이 막히도록 하시오."

"한 가지 일이란 무엇이기에 대답조차 못 하게 할 수 있습니까?"

"그대는 고타마를 힐난하면서, '나는, 사문이란 일체에게 축복의 말을 해 주어 두루 배부르게 해 준다고 들었소. 그런데 대중을 거느리고 굶주리는 나라에까지 와서 백성들의 밥을 축내니, 이야말로 크게 이익되는 것이 없소'라고 하시오."

발제불은 명을 받고 물러나 곧 부처님께 갔다. 그가 부처님을 바라보니, 신령스런 덕과 거룩한 모습은 빛이 났고, 제자들의 법다운 거동도 진실함이 넘쳐났다.

그는 공경하는 마음이 솟아나 두 손을 모으고 앞으로 나아가 선 채로 인사하고 물러나 앉아 부처님께 말씀드렸다.

"한 가지 일을 여쭙고자 하는데, 풀이하여 주십시오."

부처님께서 말씀하셨다.

"듣고 싶은 것들을 물어보십시오."

"고타마께서는 일체를 널리 이롭게 하여 안온함을 얻게 한다고 들었습니다. 그런데 대중까지 거느리고 굶주리는 나라에 오셔서 백성들의 밥을 축내시니, 손해만 있고 이익되는 게 없습니다."

부처님께서 아이발제불에게 말씀하셨다.

"나는 구십일 겁 동안을 오면서 사람들에게 복 지을 것을 권해왔는데, 손해만 있고 이익은 없다함을 아직 듣지 못하였소. 높고 부귀하고 안락함은 본래 보시에서 비롯되니, 헛되이 손해만 끼치고 과보가 없는 일은 없다고 들었소. 사람으로서 어질고 의롭게 행동한다면, 이 세상에서는 널리 칭찬받고 후생에서는 천상에 태어나게 되니, 선을 권하기를 기뻐하면 그 복이 자신의 몸을 따릅니다."

계속하여 장자에게 말씀하셨다.

"재물은 여덟 가지 위험이 있어서 손해만 끼치고 이익은 없습니다. 무엇이 여덟 가지인가. 첫째, 관청에 몰수당함이고, 둘째, 도적에게 빼앗김이며, 셋째, 느닷없이 불에 타버림이고, 넷째, 물에 빠져버림입니다. 다섯째, 원수나 빚쟁이가 제멋대로 빼앗아감이고, 여섯째, 농사가 잘못됨이며, 일곱째, 장사로 이익을 보지 못함이고, 여덟째, 나쁜 아들이 노름을 하여 씀씀이가 법도에 어긋나는 것입니다. 이것이 여덟 가지 위험입니다.

위험에 맞닥뜨리면 보존하기 어렵고, 여덟 가지 재앙이 닥치면 힘으로 제어할 수 없습니다. 그러므로 여래는 이러한 인연 때문에 사람들에게 보시하기를 권하는 것입니다. 그리하여 복밭에 깊이 잘 두어서 움직이기 어렵게 하면 다시는 물과 불이나 도적에게 침해받지 않으며, 목숨을 마치면 천상에 태어나 옷과 밥이 저절로 있게 됩니다."

계속하여 부처님께서 장자에게 말씀하셨다.

"참된 말씀은 지극히 긴요하여 세상의 어리석고 미혹함을 교화합니다. 그러나 그것을 믿지 않는 자는 스스로 사람의 근본을 무너뜨려 세 가지 길에 떨어지고 맙니다. 만약 능히 이것을 깨쳐서 인식을 고치고 행을 바꾸고 정신[神]을 무위(無爲)에 둘 수 있다면 나아갈 곳이 분명해질 것입니다."

아이발제불은 부처님의 설법을 듣고 마음이 기쁘고 안정되어 물러나 앉아 말하였다.

"어리석어 미혹함만 쌓았기에 바르고 참된 것을 모르고 도리에 어긋난 질문을 하였습니다. 실은 저의 뜻이 아니라 니간타가 시켜 공손하지 못했던 것이니, 부처님께서 은혜를 베풀어 허물을 용서하여 주십시오."

부처님께서 말씀하셨다.

"그대가 스스로 깨달았다면 그 복이야말로 한량없을 것입니다."

장자는 기뻐하며 다시 부처님께 말씀드렸다.

"마음이 어리석어 깨닫기 어려우니, 의심 가는 것을 묻고자 합니다."

"마음대로 물으십시오. 이제 그대를 위하여 낱낱이 분별해 주겠습니다."

"여래께서는 자비와 평등으로 널리 구제하신다고 들었습니다. 잘 모르겠으나, 법의 가르침이 치우치고 고르지 않아서 도를 얻는 이도 있지만 얻지 못하는 이도 있는지요? 오래전부터 궁금하였는데, 부디 세존께서 깨우쳐주시기 바랍니다."

부처님께서 말씀하셨다.

"좋은 질문입니다. 자세히 듣고 잘 받아 지니도록 하십시오. 비유하자면, 농부에게 전에 두 가지 일이 있었던 것과 같습니다. 위에 있는 밭은 물이 잘 빠지고 비옥하지만, 아래에 있는 밭은 물이 잘 빠지지 않고 척박하다고 합시다. 이 경우 화창한 봄에 같은 힘으로 공을 들여 씨를 뿌리고 계절에 맞추어 김을 매더라도, 가을이 되어 열매를 거두어 보면 수확이 현격하게 다릅니다."

부처님께서 계속하여 장자에게 말씀하셨다.

"이와 같이 사람의 공은 치우치지 않았지만 수확이 같지 않음은 땅이 비옥하거나 또는 척박하기 때문입니다. 사람들이 나의 법을 들은 뒤에 믿고 행하여 뜻대로 얻는 것은 마치 기름진 밭에서 수확이 많은 것과 같으니, 지금의 비구·비구니·우바새·우바이가 바로 그들입니다. 그들은 뜻에 따라 깊숙한 데 들어서도 신통으로 걸림이 없습니다. 만약 사람들이 도의 말씀을 듣고도 등을 돌리어 믿지 않는다면, 그것은 마치 척박한 밭에 심어져 싹이 나지 않는 것과 같으니, 지금의 니간타 등의 육사외도(六師外道)가 바로 그들입니다."

이어서 세존께서 말씀하셨다.

"만약 어떤 사람이 그릇을 가지고 물을 받는데, 그릇 하나는 온전하지만 다른 하나는 뚫어져 있다고 합시다. 이것들을 사용하여 물을 받는다면, 온전한 것에는 항상 물이 차 있지만 뚫어진 것은 물이 다 새나가서 없는 것과 같습니다. 그러므로 사람으로서 도의 가르침을 듣고 힘써 닦으며 계율을 어기지 않고 몸과 입을 엄숙하게 삼가면, 마치 온전한 그릇과 같아서 받는 바가 한이 없을 것입니다. 그러나 사람이 도의 가르침을 듣고도 받지 않고 믿지도 않으면서 헐뜯기나 하고 사람으로서의 근본을 잃어버린다면 도리어 악도(惡道)에 들어가리니, 마치 뚫어진 그릇에는 채울 수 없는 것과 같습니다."

부처님께서 계속하여 장자에게 말씀하셨다.

"지난 세상의 선한 행으로 여래를 뵙게 되었고 비록 다시 높고 세력이 있게 되었다 하여도 도를 믿지 않는다면, 그것은 마치 활짝 핀 꽃이 열매를 맺지 못하고 떨어지는 것과 같습니다."

발제불은 마음으로 기뻐하며 찬탄하였다.

"참된 말씀이 마음을 감동시킵니다. 말씀하신 바가 지극히 옳습니다."

그는 곧 위없는 바르고 참된 도의 뜻을 내어 계율을 받고 물러갔다. 나라 안의 모든 사람도 도의 뜻을 내어 육사외도의 삿된 술법을 일시에 비난하여 물리쳐버렸으며, 천인과 용 · 귀신 들은 법의 소리를 널리 펴 밝혔다.

15. 부처님께서 말이 먹는 보리를 잡수신 품(佛食馬麥品)

그때 부처님께서 프라바리 동산을 떠나 천이백오십 명의 비구와 함께 기원정사로 돌아가셨다.

이때 사바티 중간쯤에 위치한 수란연이라는 고을에 아그니닷타라는 바라문이 있었다. 그는 지혜가 많고 사리에 밝았으며 견줄 이 없는 부자였다. 그는 아난기기의 집을 찾아가 논의하던 일이 끝나자 수닷타에게 물었다.

"지금 이 고을에 어떤 신령한 분이 계신다 하던데 스승으로 섬길 만한 분입니까?"

"그대는 아직 듣지 못하였습니까? 사캬족의 왕자께서 집을 떠나 도를 닦아 도를 이루시어 부처님이라 불리십니다. 몸의 빛깔과 상호는 세상에서 보던 것이 아닙니다. 가르침과 계율은 맑고 바르며 마음의 번뇌를 비추어 없애주십니다. 신통으로 밝게 깨달아서 중생의 근원을 아시므로, 천신과 용 · 귀신 들이 받들지 않음이 없습니다. 가르침의 말씀마다 세밀한 이치가 신령함에 들었으므로, 반딧불과 같은 저로서는 다 말할 수조차 없습니다."

아그니닷타는 부처님의 거룩한 덕을 듣고 온 마음으로 조급해하면서 물었다.

"부처님께서는 지금 어디에 계시며, 또한 만나 뵐 수 있습니까?"

"가까운 기원정사에서 참된 말씀을 자세히 설하고 계십니다."

다음날 아그니닷타는 기원정사로 가서 문으로 들어가 부처님을 뵙자, 거룩한 광명에 공경하는 마음이 우러나서 앞으로 나아가 부처님 발에 예배하고 한쪽으로 물러가 앉았다. 부처님께서 그를 위하여 법을 말씀해 주시니, 뛸 듯이 기뻐하며 자리에서 물러나 부처님과 비구들을 청하였다.

"왕림하시어 한 철 석 달 동안 교화를 베풀어주십시오."

부처님께서 신령한 뜻으로 옛날의 인연을 아셨기에 묵연히 청을 받아들이셨다. 아그니닷타는 부처님의 허락을 얻자, 인사를 드리고 물러나 자기 나라로 돌아갔다.

아그니닷타는 집으로 돌아와 세상에서 매우 값지고 맛있는 것들로 공양을 준비하였다.

이날 세존과 오백 명의 비구는 수란연으로 갔다. 그러나 그때 아그니닷타는 마왕에게 홀려 오욕락에 빠지고 말았다. 그것은 첫째는 보배의 장식이고, 둘째는 여자의 즐거움이며, 셋째는 의복과 음식이고, 넷째는 영화와 안락한 생활이며, 다섯째는 색욕이었다.

그는 후편의 별당으로 들어가 문지기에게 명하였다.

"한 철 석 달 동안에는 손님을 들여보내지 마라. 신분이 높고 낮음을 막론하고 나의 분부가 있기만을 기다려라."

이에 여래께서 문에 이르셨으나 닫혀 있어 들어가지 못하시고 집 옆에 있는 크고 우거진 나무 아래에 머무셨다.

부처님께서 비구들에게 말씀하셨다.

"이 고을은 흉년인데다 사람들이 도를 좋아하지 않으니 각자 편리한 대로 걸식을 하라."

사리풋타는 명을 받고 혼자 도리천 위로 올라가서 날마다 저절로 생겨난 밥을 먹었다.

한편 비구 대중은 걸식을 하였으나 사흘째 빈손으로 돌아왔다. 그때 말을 부리는 이가 말이 먹는 보리를 덜어서 부처님과 비구승에게 공양하였다. 아난은 그 보리를 발우에 받고서는 마음이 아파 몹시 슬퍼하며 말하였다.

"여러 하늘의 이름 있는 맛과 국왕이 바치는 음식조차도 늘 세존의 입맛에는 걸맞지 않다고 여겼다. 그런데 지금 얻은 이 보리는 매우 조악하기만 하니, 어찌 이것을 가져다 부처님께 공양할 수 있겠는가."

그래서 그는 얻은 보리를 가지고 한 나이 든 여인을 찾아가 말하였다.

"부처님께서는 지극히 높으시고 법으로써 인도하시는 으뜸가는 성인이십니다. 이제 부처님께 공양을 올리려 하니 밥을 지어 주십시오. 공덕이 한량없을 것입니다."

"나는 지금 일이 바빠서 해 드릴 수가 없습니다."

때마침 옆에 있던 한 부인이 부처님의 존귀함을 찬탄하는 것을 듣고 달려나와 자신이 밥을 지을 것을 간청하였다. 아난이 보리를 건네주자 그녀는 즉시 밥을 지어 주었다.

부처님께서는 그것을 잡수시고 축원의 말씀을 해 주셨다. 그러나 아난의 마음이 맺혀 있으므로 부처님께서는 아난의 마음을 풀어주시려고 남은 밥을 주셨는데, 온갖 맛이 좋고 향기로워서 세상에는 없는 것이었다. 이에 아난은 마음이 풀리어 말하였다.

"여래의 미묘한 덕이야말로 불가사의합니다."

이때 세존께서는 밧지국으로 가려고 하셨는데, 먼저 아난에게, "가서 아그니닷타에게 전하라."고 하셨다.

아난은 분부를 받고 즉시 가서 전하였는데, 아그니닷타는 아난이 온 것을 보고도 그 뜻을 아직 깨닫지 못하고 아난에게 물었다.

"여래께서는 지금 어디 계십니까?"

"세존께서는 여기에 계십니다. 전에 당신의 청을 받고 오신 지 석 달이 되었습니다. 세존께서는 한번 하신 말씀은 어기지 않으십니다. 한 철을 이미 마쳤으니 작별을 알리고 떠나시려 합니다."

아그니닷타는 부처님께서 교화하여 주셨음을 듣고도 공양을 올리지 못한 것에 슬픔과 두려움이 교차하였다. 그는 즉시 부처님께 달려나가 이마를 땅에 대어 예배하고 사실을 말씀드렸다.

"어리석은 허물에 덮여 언약을 어기고 말았습니다. 바라건대, 부처님께서는 자비로써 그 무거운 죄를 용서하여 주십시오."

부처님께서 범지에게 말씀하셨다.

"그대의 지극한 마음을 환히 보았노라."

아그니닷타는 기뻐하며 부처님께 나아가 말씀드렸다.

"부디 공양을 올릴 수 있도록 이레 동안만이라도 머물러 주십시오."

부처님께서는 우기가 다 끝나가기에 곧 허락하셨다.

사리풋타가 하늘에서 내려온 날 우기도 이미 지났으므로 밧지국으로 가시려 하였다. 그때 아그니닷타는 공양하고 남은 것을 가져다 길 가운데 두루 흩어서 부처님께서 그 위를 밟고 지나가시도록 하였다. 그러자 부처님께서 범지에게 말씀하셨다.

"공양 거리와 쌀이며 곡식은 먹어야 하는 것이지 발로 밟아서는 안 됩니다."

부처님께서 그 보시를 받으시고는 축원하시며 게송으로 말씀하셨다.

외도가 닦고 섬기는 것에는
불을 애써 지킴이 으뜸이고
학문이 날로 더욱 밝아짐에는
뭇 이치를 통달함이 으뜸이니라.

인간 가운데, 귀의하여 우러름은
전륜성왕이 으뜸이고

강물과 하천의 원류로는
큰 바다의 깊음이 으뜸이니라.

무수한 별이 하늘에 있어도
해와 달의 광명이 으뜸이듯
여래가 세간에 출현하시어
보시를 받음이 가장 으뜸이니라.

아그니닷타는 기쁨에 차서 마음의 맺힘이 풀리면서 청정한 법의 눈을 얻었으며, 나라의 백성들은 어른 아이 할 것 없이 모두가 도의 마음을 내어 앞으로 나아가 부처님 발에 예배하고 기뻐하며 물러갔다.

그때 아난은 부처님의 위신력을 받아서 비구들이 마음속으로 크게 의심하는 것을 알고는 기회를 보아 부처님께 말씀드렸다.

"여래께서는 신령하시고 미묘하시며 세 가지 신통지로 널리 비춰보아 중생들의 생각과 인연이 일어나는 것을 아십니다. 그런데 무엇 때문에 한동안 말이 먹는 보리를 잡수셨는지 모르겠습니다. 부디 부처님께서 가르쳐 주시어 대중의 의심을 풀어주십시오."

부처님께서 비구들에게 말씀하셨다.

"과거 오랜 옛적에 반두월이라는 큰 나라에 빈두라는 왕이 살았는데, 그 왕에게는 유위라는 태자가 있었다. 그는 출가하여 도를 배웠고, 도가 이루어져 부처가 되어서도 그대로 유위라고 하였다. 상호와 거룩한 덕은 모든 여래의 법과 같았으므로, 따르는 비구들이 육만 이천 명이나 되었다.

부왕은 여래와 비구승에게 공양하고자 당기와 번기로 장엄하고 세상에서 가장 진귀한 보배들로 성안을 장식하였기에, 그 광채가 눈부시게 빛났다.

그때 청정하고 덕이 높은 범지가 있었는데, 일이 있어서 제자들을 데리고 성에 들어왔다가 두루 살펴보고 뭇사람들에게 물었다.

'무슨 특별한 명절이기에 광명과 장식이 이와 같은 것이오?'

한 행인이 대답하였다.

'빈두 왕의 태자께서 도를 이루어 부처님이라 불리십니다. 오늘 오셨기에 왕과 신하와 백성들이 공양을 올리는 것입니다.'

이에 범지가 말하였다.

'세상 사람들이 아주 미혹하군요. 이런 사람은 맛있는 음식을 먹어서는 안 되오. 그대가 말하는 바와 같은 사람이라면 말이 먹는 보리를 먹는 것이 마땅하오.'

이에 오백 명의 제자는 한목소리로, '잘한다'라고 칭찬하였으나, 그 가운데 한 사람이 있다가 스승의 잘못을 일깨우며 말하였다.

'스승의 말씀은 옳지 않습니다. 만약 이 사람의 말과 같다면, 저분의 덕이야말로 높아서 하늘의 음식을 드시기에 마땅할 것입니다'라고 하였다."

계속하여 부처님께서 비구들에게 말씀하셨다.

"그때의 행이 높은 범지가 지금의 나이고, 오백 명의 제자는 바로 지금의 그대들이며, 그때에 스승을 일깨워 준 이가 지금의 사리풋타이다. 나는 이러한 재앙을 심었다가 지금에야 비로소 마친 것이다."

다시 비구들에게 말씀하셨다.

"저마다 마음과 입을 보호하여 부디 방자함이 없게 하라. 선과 악은 사람을 따라다녀 오래 지나도 없어지지 않으니, 밝은 행을 닦아서 도를 얻어야 한다. 나는 갚아야 할 것을 이 세상에서 모두 마쳤노라."

비구들은 가르침을 듣자, 기뻐하며 받들어 행하였다.

III. 반니원경

반니원경 상권

이와 같이 나는 들었다.

어느 때 부처님께서 천이백오십 명의 비구 대중과 함께 라자가하성에서 유행하시면서 깃자쿠타산에 머무셨다.

당시 마가다국의 왕 아자타사투는 밧지국과 사이가 좋지 않아 신하들과 의논하였다.

"밧지국은 부강하고 사람이 많으며 땅이 비옥하고 들판은 풍년들고 진기한 보물이 많이 나는 것을 믿고 나에게 굴복하지 않으니, 가서 정벌해야겠다."

왕은 어진 대신인 바라문 종족의 밧사카라를 사신으로 임명하여 분부하였다.

"부처님께 가서 예배드리고, '계시는 곳은 편안하시고, 유행하실 때 기력은 좋으시며, 덕으로 교화하심은 날로 드높으신지요?'라고 공손히 문안드린 뒤, '아자타사투 왕은 밧지국과 뜻이 맞지 않아 신하들과 의논하여 정벌하려고 하니, 이에 부처님의 가르침을 듣고자 합니다'라고 여쭈어라."

밧사카라 대신은 명을 받고 즉시 오백 대의 수레에 이천 명은 말을 타고 이천 명은 걸어서 호위하게 하여 깃자쿠타산을 향해 출발하였다. 좁은 길

목에 이르자 수레에서 내려 앞으로 걸어가 부처님을 뵙자 기뻐하며 공손한 태도로 엎드려 예배하고 무릎을 꿇고 앉아 여쭈었다.

"마가다국의 아자타사투 왕이 부처님 발에 예배하고 공손히 안부를 묻습니다. 계시는 곳은 편안하시고, 유행하실 때 기력은 좋으시며, 덕으로 교화하심은 날로 드높으신지요?"

부처님께서 대답하셨다.

"매우 좋습니다. 왕과 모든 백성과 그대 또한 편안하신지요?"

밧사카라가 말씀드렸다.

"마가다국의 왕이 밧지국과 뜻이 맞지 않아 신하들과 의논하고 나서, '밧지국은 부강하고 사람이 많으며 땅이 비옥하고 들판은 풍년들고 진기한 보물이 많이 나는 것을 믿고 나에게 굴복하지 않으니, 가서 정벌하려고 합니다. 이에 부처님의 가르침을 듣고자 합니다'라고 하셨습니다."

부처님께서 대신에게 말씀하셨다.

"지난날 내가 밧지국을 유행하면서 어떤 신사(神舍)에 머문 적이 있는데, 그 나라 사람들은 모두 근엄한 것을 보았습니다. 나는 그때 그들을 위하여 나라를 위태롭지 않게 다스리는 길로서의 '일곱 가지 법'을 말해 주었습니다. 만약 그들이 이 '일곱 가지 법'을 행하고 있다면 나날이 홍성할지언정 쇠약하지는 않을 것입니다."

밧사카라는 합장하고 여쭈었다.

"그 일곱 가지 법을 듣고자 합니다. 그것은 어떻게 하는 것인지요?"

"자세히 듣도록 하십시오."

"가르침을 잘 받겠습니다."

그때 현자 아난이 부처님 뒤에 서서 부채질을 하고 있었다.

부처님께서 아난에게 말씀하셨다.

"아난아, 너는 밧지국 사람들이 자주 모여 나랏일을 의논하여 스스로 지킬 수 있도록 준비한다는 말을 들은 적이 있느냐?"

"예, 그들은 자주 모여 나랏일을 의논하여 스스로 지킬 수 있도록 준비한다고 들었습니다."

"그렇다면 그들은 쇠약하지 않다. 너는 밧지국의 왕과 신하가 늘 화합하여 맡은 바 책임을 충실히 하며 서로 돕는다는 말을 들었느냐?"

"예, 왕과 신하는 늘 화합하여 맡은 바 책임을 충실히 하며 서로 돕는다고 들었습니다."

"너는 밧지국 사람들이 법을 받들어 서로 따르고 남의 것을 빼앗거나 욕심내지 않으며 허물이 별로 없다는 말을 들었느냐?"

"예, 그들은 법을 받들어 서로 따르고 남의 것을 빼앗거나 욕심내지 않으며 허물이 별로 없다고 들었습니다."

"너는 밧지국 사람들이 예의로써 교화되어 삼가고 공경하며 남녀가 유별하고 어른과 아이가 서로 섬긴다는 말을 들었느냐?"

"예, 그들은 예의로써 교화되어 삼가고 공경하며 남녀가 유별하고 어른과 아이가 서로 섬긴다고 들었습니다."

"너는 밧지국 사람들이 부모에게 효도하고 스승과 어른들께 공손하며 가르침을 잘 받아들인다는 말을 들었느냐?"

"예, 그들은 부모에게 효도하고 스승이나 어른들께 공손하며 가르침을 잘 받아들인다고 들었습니다."

"너는 밧지국 사람들이 하늘을 받들고 땅을 섬기며 조상을 공경하고 사시[四時]를 잘 따른다는 말을 들었느냐?"

"예, 그들은 하늘을 받들고 땅을 섬기며 조상을 공경하고 사시를 잘 따른다고 들었습니다."

"너는 밧지국 사람들이 도덕을 존중하고 사문과 아라한[應真]과 사방에서 오는 사람이 있으면 의복·음식·침구·의약품 등으로 공양한다는 말을 들었느냐?"

"예, 그들은 도덕을 존중하고 사문과 아라한과 사방에서 오는 사람이 있으면 의복 · 음식 · 침구 · 의약품 등으로 공양한다고 들었습니다."

부처님께서 밧사카라에게 말씀하셨다.

"나라를 다스리는 이가 이 '일곱 가지 법'을 행한다면, 위태롭게 하지 못합니다."

밧사카라가 대답하였다.

"밧지국 사람들이 이 일곱 가지 가운데 하나만 지녀도 공격하지 못할 텐데, 하물며 이 일곱 가지를 다 지니고 있다면 말할 필요 있겠습니까. 나랏일이 많아 이만 돌아가고자 합니다."

"때를 알아서 그렇게 하십시오."

그는 곧 자리에서 일어나 부처님께 예배하고 물러갔다.

이때 부처님께서 현자 아난에게 깃자쿠타산에서 수행하는 비구들을 모두 불러 강당에 모이도록 분부하셨다.

아난이 곧 비구들에게 부처님 말씀을 전하니, 모두 와서 부처님께 예배드린 뒤에 한쪽에 앉았다. 부처님께서 말씀하셨다.

"비구들이여, 내가 하는 말을 자세히 듣고 잘 기억하여 행하라."

"가르침을 받겠습니다."

부처님께서 말씀하셨다.

"비구에게 '일곱 가지 가르침'이 있으면 법이 쇠퇴하지 않으리니, 무엇이 '일곱 가지 가르침'인가.

첫째, 자주 모여 경을 익히고 암송하는 것을 게을리하지 않는 것이다.

둘째, 화합하며 정성을 다하여 올바르게 서로 가르치며 돕는 것이다.

셋째, 남의 것을 빼앗거나 바라지 않으며, 오직 한적한 곳에 머물기를 좋아하여 갈망을 끊는 것이다.

넷째, 어른과 어린이에 순서가 있어서 예로써 서로를 섬기는 것이다.

다섯째, 사랑하고 섬기는 마음으로 스승과 어른을 받들며, 가르침을 잘 따르는 것이다.

여섯째, 법을 받들고, 경과 계율의 가르침을 공경하며, 청정한 행[梵行]을 닦는 것이다

일곱째, 법도에 따라 성중(聖衆)에게 공양을 올리고, 어리석은 이를 깨우쳐 주며, 배우러 오는 이들에게 의복 · 음식 · 침구 · 의약품 등을 베푸는 것이다.

이러한 '일곱 가지 가르침'이 있으면 법이 오래 머물게 될 것이다.

또 비구에게 '일곱 가지 지킴'이 있으면 법이 쇠퇴하지 않으리니, 잘 기억하여 행하라.

첫째, 청정(淸淨)함을 지키는 것이니, 유위(有爲)를 즐기지 않는 것이다.

둘째, 무욕(無欲)을 지키는 것이니, 이익을 탐내지 않는 것이다.

셋째, 인욕(忍辱)을 지키는 것이니, 다투지 않는 것이다.

넷째, 고요한 곳에 머물기[空行]를 지키는 것이니, 사람 많은 곳에 가지 않는 것이다.

다섯째, 법에 마음 두기[法意]를 지키는 것이니, 잡생각을 일으키지 않는 것이다.

여섯째, 일심(一心)을 지키는 것이니, 좌선을 행하여 마음을 고요히 하는 것이다.

일곱째, 검소함을 지키는 것이니, 거친 옷과 음식을 받고 풀을 깔아 잠자리로 삼는 것이다.

이러한 '일곱 가지 지킴'이 있으면 법이 오래 머물게 될 것이다.

또 비구에게 '일곱 가지 공경함'이 있으면 법이 쇠퇴하지 않으리니, 잘 기억하여 행하라.

첫째, 부처[佛]를 공경하는 것이니, 착한 마음과 예로써 섬기며 다른 것에 의지하지 않는 것이다.

둘째, 법(法)을 공경하는 것이니, 도를 행하는 것에 마음을 두어 다른 것에 의지하지 않는 것이다.

셋째, 승가[僧]를 공경하는 것이니, 승가에 의지하여 가르침을 받고 다른 것에 의지하지 않는 것이다.

넷째, 배움[學]을 공경하는 것이니, 계를 지키는 이를 섬기고 다른 것에 의지하지 않는 것이다.

다섯째, 듣는 것[聞]을 공경하는 것이니, 여래의 말씀을 전해 주는 이를 섬기고 다른 것에 의지하지 않는 것이다.

여섯째, 청정함[淨]을 공경하는 것이니, 무욕을 즐기며 다른 것에 의지하지 않는 것이다.

일곱째, 선정[定]을 공경하는 것이니, 좌선하여 적멸에 이른 이를 섬기고 다른 것에 의지하지 않는 것이다.

이러한 '일곱 가지 공경함'이 있으면 법이 오래 머물게 될 것이다.

또 비구들에게 '일곱 가지 재물'이 있으면 법이 쇠퇴하지 않으리니, 잘 기억하여 행하라.

첫째, 믿음이 있는 것이니, 정법(正法)을 보고 기뻐하고 즐거워하는 것이다.

둘째, 계행이 있는 것이니, 삼가고 지키며 범하지 않는 것이다.

셋째, 뉘우침이 있는 것이니, 자신의 허물을 뉘우쳐 고치고 스스로 참회하는 것이다.

넷째, 부끄러움이 있는 것이니, 남의 잘못을 보고 부끄러워할 줄 알아 말한 대로 행하는 것이다.

다섯째, 많이 듣는 것이니, 암송하기를 싫어하지 않는 것이다.

여섯째, 지혜가 있는 것이니, 깊은 행이 미묘한 것이다.

일곱째, 법을 베푸는 것이니, 답례나 보수를 바라지 않는 것이다.

이러한 '일곱 가지 재물'이 있으면 법이 오래 머물게 될 것이다.

또 비구들에게 '일곱 가지 깨달음 갈래[七覺意, 七覺支]'가 있으면 법이 쇠퇴하지 않으리니, 잘 기억하여 행하라.

첫째, 살핌[志念]이라는 깨달음 갈래, 둘째, 법 선택[法解, 擇法]이라는 깨달음 갈래, 셋째, 정진(精進)이라는 깨달음 갈래, 넷째, 기쁨[愛喜]이라는 깨달음 갈래, 다섯째, 쉼[一向]이라는 깨달음 갈래, 여섯째, 선정[惟定]이라는 깨달음 갈래, 일곱째, 담담함[行護, 捨]이라는 깨달음 갈래이니, 청정하여 탐욕을 없애고 산란한 마음을 다스리는 것이다.

이러한 '일곱 가지 깨달음 갈래'가 있으면 법이 오래 머물게 될 것이다.

또 비구들에게 '일곱 가지 아는 것[七知]'이 있으면 법이 쇠퇴하지 않으리니, 잘 기억하여 행하라.

첫째, 법을 아는 것이다. 여래의 십이부경(十二部經)을 자세히 받아 지녀 외우고 익히는 것이다.

둘째, 뜻[義]을 아는 것이다. 모든 법의 지혜를 구하여 널리 그 요체를 아는 것이다.

셋째, 때를 아는 것이다. 외우거나 걷거나 선정에 들거나 눕는 일에 있어서 그 적당한 때를 잃지 않는 것이다.

넷째, 자신을 아는 것이다. 법의 실행[法行]에 들어갈 때, 많고 적음 · 깊고 얕음 · 익숙함과 생소함을 잘 알아서 나날이 향상되도록 하는 것이다.

다섯째, 절제할 줄 아는 것이다. 아름답고 묘한 것을 탐내지 않고 몸에 맞도록 음식을 절제하여 병이 생기지 않게 하는 것이다.

여섯째, 대중을 분별해 아는 것이다. 비구 · 바라문 · 크샤트리아 또는 평민들을 분별해 알아, 예경해야 할지, 서거나 앉아야 할지, 침묵하거나 말을 해도 되는지를 분별해 아는 것이다.

일곱째, 사람을 아는 것이다. 그가 좋아하는 것과 그의 의지와 능력을 살펴, 뜻에 따라 권하고 인도하여 여래의 가르침[聖化]을 알게 하는 것이다.

이러한 '일곱 가지 아는 것'이 있으면 법이 오래 머물게 될 것이다.

또 비구에게 '일곱 가지 생각하는 것[七惟]'이 있으면 법이 쇠퇴하지 않으리니, 잘 기억하여 행하라.

첫째, 경전의 가르침을 생각하되 부모를 생각하듯 하는 것이다. 부모가 자식을 낳는 것은 그 은혜가 한 세상에 한정되지만, 법이 사람을 살리는 것은 수없는 세상에 이른다. 또한, 그것은 인간을 생사에서 벗어나게 한다.

둘째, 인생살이가 괴로움 아닌 것이 없다고 생각하는 것이다. 처자와 권속을 걱정해도 죽으면 제각기 흩어져 어느 곳으로 가는지를 알지 못한다. 마치 죄가 있으면 어버이도 풀어줄 수 없는 것과 같다. 이렇듯 덧없음을 알아 도를 닦는 일만을 생각해야 한다.

셋째, 정진하기를 생각하는 것이다. 몸과 입과 뜻을 바르게 하면 도를 이루기가 어렵지 않다.

넷째, 겸허하기를 생각하는 것이다. 교만하고 잘난 체하지 말고 지혜가 있는 분을 섬기며, 불법을 모르는 이를 가련히 여겨 가르쳐야 한다.

다섯째, 마음 조복 받기를 생각하는 것이다. 육정(六情)을 제멋대로 놀아나게 하지 말며, 음란하고 성내고 어리석은 태도를 억제하여 삿된 행이 없어야 한다.

여섯째, 몸 안을 생각하는 것이다. 몸은 단지 냄새나고 더러운 것들과 풍(風)·한(寒)·열(熱)의 피로 가득 차 있는 것으로 탐낼 것이 없다.

일곱째, 몸의 형상을 생각하는 것이다. 사람의 몸은 썩은 흙과 같다고 여겨 날마다 죽어감을 생각하는 것이다. 천지가 생기고 사람이 있은 이래로 죽지 않은 이가 없다. 세상이란 꿈과 같으며 기뻐하고 사랑하는 대상은 변화하는 것임을 알지 못한다. 깨닫고 보면 공(空)한 것이니, 허깨비인 줄 알아 스스로 속지 않아야 한다.

이러한 '일곱 가지 생각하는 것'이 있으면 법이 오래 머물게 될 것이다.

또 비구에게 '여섯 가지 소중한 법[六重法]'이 있으니, 잘 기억하여 행하면 법이 오래 머물게 될 것이다.

첫째, 신업[身]을 닦는 것이다. 자비로운 마음을 내어 청정함을 두루 통달한 성인에게 의지하여 이 소중한 임무를 행하는 것이다. 하나로 화합하고 서로 공경하며 도반들에게 베풀어서 취하거나 다투지 않으며 수행하기를 함께 힘쓰는 것이다.

둘째, 구업[口]을 닦는 것이다. 자비로운 마음을 내어 선한 구업을 짓는 것이다.

셋째, 의업[意]을 닦는 것이다. 자비로운 마음을 내어 선한 의업을 짓는 것이다.

넷째, 법(法)에 맞는지 보는 것이다. 만약 옷과 음식을 얻으면, 법에 맞도록 받고 그 이상의 것을 애착해 감춰두지 않는 것이다.

다섯째, 계율[戒]을 지켜 범하지 않는 것이다. 그러나 형식에만 얽매어 사람들에게 권하지 않는 것이다.

여섯째, 정견(正見)으로 세간을 벗어나고자 한다면, 도를 행하여 괴로움을 없애고 지견(知見)을 완성해야만 한다. 이 소중한 임무를 수행할 때, 청정함을 두루 통달한 성인의 말씀에 따라 서로 화합하고 공경하며, 도반들에게 베풀어서 취하거나 다투지 않으며, 서로의 성취를 도와 도행(道行)을 함께 지키는 것이다.

비구는 모든 생명을 불쌍히 여겨, 이나 서캐와 같은 미물에 이르기까지 자비로운 마음을 베풀어야 한다.

사람이 죽는 것은 슬픈 일이지만, 그가 사람으로 태어나 법을 듣지 못하였다면, 집안사람들이 울부짖는다 해도 죽은 이의 넋이 어디로 가는지 알지 못한다. 오직 도를 얻은 사람만이 그것을 알 수 있다.

여래는 이것을 위하여 가르침[經法]을 펴는 것이니, 경을 배워야만 하고 도를 닦아야만 된다. 세상에 많은 도가 있지만 왕도가 제일이듯, 불도(佛道)도 이와 마찬가지로 가장 높은 것이다.

마치 수십 명이 함께 활을 쏘면 먼저 맞힌 사람도 있고 뒤에 맞힌 사람도 있지만, 그치지 않고 쏘아대면 마침내 모두 과녁을 맞히는 것과 같다. 또한, 세상의 모든 물이 쉬지 않고 흘러가면 마침내 바다로 돌아가는 것과 같다.

이와 같이 비구들도 도 닦기를 그치지 않으면 마침내 해탈을 얻게 된다. 여래의 교법을 그대로 서로 이어받아 여래의 말씀을 외워 지니고 때때로 일깨우며 사부 제자들이 서로를 가르친다면, 이러한 여래의 가르침은 오래 머물게 될 것이다."

이때 부처님께서 현자 아난에게 함께 파탈리풋타로 가자고 말씀하시니, 아난은 곧 분부대로 행하였다.

부처님께서 옷을 입고 발우를 지니시고 라자가하를 지나서 가시는 도중에 왕의 동산에서 쉬시며 비구들에게 말씀하셨다.

"다들 들어라. 도를 닦는 이라면 네 가지 진리[四諦]를 알아야만 된다. 범부들은 이것을 알지 못하여 오래도록 생사를 윤회하여 쉴 새가 없는 것이다. 나는 이것으로써 그대들의 마음을 깨우치고자 한다. 무엇이 네 가지 진리인가.

첫째, 괴로움이 괴로움[苦]인 줄 아는 것이다. 이것을 진제(眞諦, 참된 진리)라 한다.

둘째, 괴로움은 집기[習]로 인해 생기는 것임을 아는 것이다. 이것을 진제라 한다.

셋째, 집기를 없애면 괴로움이 사라진다[滅]는 것을 아는 것이다. 이것을 진제라 한다.

넷째, 괴로움의 원인이 되는 집기를 멸하는 길[道]을 아는 것이다. 이것을 진제라 한다.

괴로움에 대하여 깨닫지 못하고 알지 못하므로 오래도록 나고 죽음이 쉬지 않는 것이니, 이 괴로움의 진리[苦諦]를 알아야만 한다. 괴로움이란, 생·노·병·사의 괴로움과 근심·슬픔·번민의 괴로움, 사랑하는 사람과 헤어지는 괴로움, 싫어하는 것과 만나는 괴로움, 구하는 것을 얻지 못하는 괴로움이다. 요컨대 다섯 가지 취한 근간 그 자체가 괴로움[五盛陰苦]인 것이다.

이것이 괴로움인 줄 깨달아 애착을 끊으면, '눈을 얻었다' 하는 것이니, 이생을 마치고 나면 다시는 괴로움을 받지 않을 것이다.

집기라는 것은 애욕으로부터 생기는 것이다. 팔정도를 실천하여 괴로움의 원인인 집기를 모두 없애고 도의 눈을 얻어 열반을 체득하면 이생을 마치고 난 뒤에 다시는 태어나지 않는다. 진리를 보아 도의 눈을 얻으면 다시는 나고 죽음이 없으며 윤회의 길이 영원히 끊어진다.

이와 같이 비구들이여, 도란 '여덟 가지 행을 실천하는 것'임을 알아야 한다. 무엇이 여덟 가지인가.

첫째, 마음을 다하여 여래의 경과 법을 받는 것이다. 둘째, 애욕을 버리고 세상과 다투지 않는 것이다. 셋째, 살생·도둑질·음행을 하지 않는 것이다. 넷째, 거짓말·이간질·꾸밈말·거친 말을 하지 않는 것이다. 다섯째, 질투하고 음식을 탐하고 믿음이 없는 짓을 하지 않는 것이다. 여섯째, 무상(無常)·고(苦)·무아(無我)를 기억하는 것이다. 일곱째, 몸은 냄새나고 더럽고 깨끗하지 않음을 관하는 것이다. 여덟째, 몸에 대하여 탐착하지 않고 죽으면 흙으로 돌아갈 것임을 아는 것이다.

지나간 세상의 모든 부처님이 다 이 네 가지 진리[四諦]를 알았고, 앞으로 오는 모든 부처님도 이 네 가지 진리를 알 것이다. 세속의 갈애를 탐하고 사모하거나 세간의 영화와 명예나 오래 살기를 원하는 사람은 끝내 세간을 벗어나는 도를 얻을 수 없다. 도는 마음을 좇아 생기는 것이니, 마음이 청정한 사람만이 도를 얻는다. 마음이 바른 이는 오계(五戒)를 범하지 않으므로 천상에 태어난다.

그 다음은 도를 믿고 경과 법을 배우기를 좋아하는 이는 다음 생에 다시 사람으로 태어난다. 지옥·축생·아귀로 태어나는 삼악도의 길을 끊고자 한다면, 일심으로 경과 계율을 받들어 행하여야 한다. 이제 내가 세상을 위하여 생사에서 해탈케 하고자 바른 도를 열어 보였으니, 그것을 배우고자 하는 이는 자세히 잘 생각하라."

이때 부처님께서 현자 아난과 함께 파탈리풋타에 도착하시어 성 밖의 신령스런 나무 아래에 머무셨다.

바라문과 거사들은 부처님께서 제자들과 함께 오셨다는 말을 듣고 모두 성 밖으로 나왔다. 그들은 부처님을 뵙고 공양을 올리고자 돗자리나 담요나 마실 것 또는 등잔을 들고 부처님이 계신 곳으로 와 예배하고 한쪽에 앉았다.

부처님께서 바라문과 거사들에게 말씀하셨다.

"사람이 세간에 있으면서 마음이 방자하여 탐욕만 좇으면, '다섯 가지 소모되는 것'이 있습니다.

첫째, 마음대로 방탕하게 쓰기 때문에 재산이 날로 줄어들게 됩니다.

둘째, 마음대로 방탕하게 행동하기 때문에 몸이 위험해지고 절제를 잃어버리게 됩니다.

셋째, 마음대로 방탕하게 업을 짓기 때문에 사람들이 공경하지 않게 되고 죽을 때 후회하게 됩니다.

넷째, 마음대로 방탕하게 업을 짓기 때문에 이름을 더럽히게 되고 나쁜 소문이 세상에 퍼지게 됩니다.

다섯째, 마음대로 방탕하게 업을 짓기 때문에 죽은 뒤에 혼신(魂神)이 삼악도에 떨어지게 됩니다.

또 사람이 마음을 다스려 방자하지 않으면, '다섯 가지 늘어나는 덕'이 있습니다.

첫째, 검소한 생활을 하기 때문에 재산이 날로 늘어납니다.

둘째, 검소한 생활을 하기 때문에 도의 뜻에 가까워지는 마음을 얻게 됩니다.

셋째, 검소한 생활을 하기 때문에 사람들의 공경을 받게 되고 죽을 때 후회할 일이 없습니다.

넷째, 검소한 생활을 하기 때문에 명성을 얻게 되고 좋은 소문이 세상에 널리 퍼지게 됩니다.

다섯째, 검소한 생활을 하기 때문에 죽은 뒤에 혼이 천상의 복된 곳에 태어납니다.

사람이 방자하거나 방탕한 생활을 하지 않으면 이와 같은 다섯 가지 좋은 일이 있으니, 그것을 잘 생각하고 기억해야만 합니다."

부처님께서 사람들을 위하여 핵심이 되는 갖가지 말씀으로 법을 설하여 바르게 교화하시니, 기뻐하지 않는 사람이 없었다. 그들은 모두 부처님 발에 이마를 대어 예배하고 부처님을 세 번 돌고 떠나갔다.

이때 부처님께서는 일어나 아위촌으로 가셨다. 나무 아래에 앉으셔서 천신들이 어진 신들을 시켜 이 땅을 수호하게 하는 것을 신통을 갖춘 마음의 눈으로 보셨다.

현자 아난이 조용히 앉아 있다 일어나 부처님께 예배하고 한쪽으로 물러났다.

부처님께서 아난에게 말씀하셨다.

"누가 이 파탈리풋타에 성곽을 쌓을 것을 꾀했느냐?"

"밧지국의 침입을 막기 위해 마가다국의 밧사카라 대신이 쌓은 것이라고 들었습니다."

"참으로 훌륭하구나! 밧사카라가 현명하여 이러한 일을 꾀했구나. 나는 도리천의 모든 신묘한 천신이 함께 이 땅을 수호하는 것을 보았다. 어떤 토지든지 천신의 보호를 받게 되면 반드시 평안하고 귀하게 될 것이다.

또한, 이 땅은 하늘의 중심에 가깝다. 이 땅을 다스리는 신의 이름은 인의(人意)다. 그가 수호하는 나라는 오랫동안 더욱 번영하리니, 반드시 성현이나 어질고 지혜로운 이나 호걸 등이 많이 태어날 것이다. 다른 나라는 이에 미칠 수도 없고 능히 무너뜨릴 수도 없으니, 이 성은 오래오래 유지될 것이다. 만약 무너뜨리고자 한다면, 세 가지 일이 있어야 한다. 첫째는 큰불이고, 둘째는 큰물이고, 셋째는 성안의 사람이 바깥사람과 공모하여야 이 성을 무너뜨릴 수 있다."

밧사카라 대신은 부처님께서 제자들과 함께 유행하시면서 이곳에 도착하셨다는 말을 들었다. 그는 부처님을 뵙고 공양하고자 곧바로 왕의 위엄으로 장엄한 오백 대의 수레를 타고 성에서 나왔다. 그는 부처님 계신 곳에 이르러 수레에서 내려 동산의 문으로 걸어서 들어갔다.

그는 부처님을 뵙자 기뻐하며 공손한 태도로 엎드려 예배하고 한쪽으로 물러가 앉았다. 이에 부처님께서 그를 위하여 핵심이 되는 갖가지 말씀으로 법을 설하시어 바르게 교화하시니, 밧사카라는 기뻐하며 자리를 뜨면서 말씀드렸다.

"변변치 못하나마 공양을 올리고자 하오니, 제자들과 함께 오셔서 공양을 받아주십시오."

부처님께서 묵연히 허락하시자 밧사카라 대신은 자리에서 일어나 예배하고 부처님을 세 번 돌고 나서 돌아갔다.

대신은 돌아가 밤새도록 훌륭한 음식을 준비하고 집안을 아름답게 꾸미고 평상과 앉을 자리를 마련하였다. 아침 일찍 그는 부처님께 가서 말씀드렸다.

"공양이 준비되었기에 부처님께 때를 알려드립니다."

부처님께서 곧 가사와 발우를 갖추시고 제자들과 함께 그의 집에 도착하시어 높은 자리에 올라가 대중들 앞에 앉으셨다.

밧사카라는 손수 물을 따라 드리고 발우를 들어서 맛있는 음식을 담아 드렸다. 손 씻을 물을 돌린 뒤 밧사카라는 부처님께 말씀드렸다.

"제가 베푼 복덕으로 이 나라의 백성들과 천인들이 오래도록 평안하도록 부처님께서 축원해 주시기 원합니다."

부처님께서 공양을 마치시고 축원을 해 주셨다.

"그대가 기꺼이 천신들을 위하여 공양을 올릴 수 있도록 내가 도울 것이오. 백성들을 잘 이끌어 여래와 비구승에게 공양하고 정법을 찬탄하며 지혜의 말씀을 받아 지니고 경과 계율을 받들어 행하십시오. 이 모든 것을 위하여 축원합니다. 공경할 만한 이를 공경할 줄 알고 섬길 만한 이를 섬길 줄 알며 널리 베풀고 사랑하며 자비심이 있으면, 언제나 복덕과 이익을 얻으며 바른 도를 얻게 될 것입니다."

밧사카라 대신이 기뻐하자 부처님께서 말씀을 계속하셨다.

"비록 그대가 이 세상에서 나랏일을 맡고 있지만, 이러한 복덕으로 인하여 훗날 반드시 해탈할 것입니다. 만약 어떤 누구라도 여래와 계행을 지키는 참다운 이에게 공양한다면, 나의 축원은 결코 헛되지 않을 것입니다. 그리고 알아두십시오. 벼슬이나 직위에 오르려는 이는 탐욕스런 마음·사치스런 마음·교만한 마음·포악한 마음·방종한 마음을 지니지 말아야 합니다. 이 다섯 가지의 마음을 버리면 훗날 허물과 후회가 없으며, 죽어서는 천상에 태어나고, 악도에 떨어지는 죄에서 벗어날 것입니다."

부처님께서 말씀을 마치시고 자리에서 일어나 동쪽 성문으로 나가셨다. 밧사카라가 따라 나와 모시면서 말씀드렸다.

"이 문을 '고타마 문'이라고 부르겠습니다."

부처님께서 나루를 건너시니, 또 따라와 그것도 '고타마 나루'라고 이름을 붙였다.

이때 사람들이 배를 타고 건너고 있었는데, 작은 배를 타거나 대나무 뗏목이나 나무 뗏목을 타는 등, 건너는 사람들이 매우 많았다. 부처님께서는 앉아서 선정에 들어 생각하셨다. '과거에 내가 부처가 되기 이전에 이곳에 올 때마다 뗏목과 배를 탄 것을 이루 다 헤아릴 수가 없다. 이제는 해탈하였으니 이것을 다시 타지 않을 것이다. 또한, 나의 제자들도 이것을 여의게 할 것이다.'

부처님께서 선정에서 깨어나 게송으로 말씀하셨다.

바다의 길잡이 부처 사공은
법의 다리로 나루를 건넜네.
이같이 대승도의 가르침[典]으로
모든 천신과 사람 건네주리라.

스스로 해탈하여
피안으로 건너 가 선인의 길 올랐으니
제자들의 얽매임 풀어주어
모두 열반에 들게 하리라.

이때 부처님께서 현자 아난에게 함께 코티성으로 가자고 말씀하시니, 제자들도 다 같이 따라나섰다. 모두 그곳에 이르러 나무 아래에 앉자, 부처님께서 비구들에게 말씀하셨다.

"다들 들어라. 청정한 계율[戒]을 지니고, 마음을 고요히 하여 선정[定]을 닦고, 깨쳐서 지혜[慧]를 얻도록 하라. 이 세 가지를 행하면 명예가 널리 퍼지고 탐욕·성냄·어리석음의 허물을 떠나게 된다. 이것을 가리켜, '탐욕의 질병에서 완전히 벗어났다'라고 한다. 이를 바란다면 스스로 깨닫도록 힘써야만 한다.

이생을 다하여 청정한 행에 들도록 하라. 이와 같이 힘써 행하면 일심(一心)을 알게 되니, 마음을 착하게 가져서 세상과 다투지 마라. 이미 세상일을 알았거든 스스로 몸을 근심거리로 여기고 고요히 머물러 안으로 사유하라. 그러면 곧 마음이 밝아져 세 가지 번뇌[三垢]는 없어지고 문득 도를 얻어 다시는 마음이 분주히 일어나지 않고 집착하는 일은 없을 것이다. 마치 나라의 왕이 모든 백성의 주인이 되는 것처럼, 비구도 모든 일은 다 마음이 주(主)가 됨을 생각하라."

부처님께서 아난과 함께 나디카 마을에 도착하셔서 강가에 있는 긴자카 나무 아래에 머무셨다. 제자들은 아침에 성으로 들어가 걸식을 마치고 발우를 씻고 돌아와 부처님께 예배하고 말씀드렸다.

"저희는 오늘 아침 이 나라에 전염병이 돌고 있어 죽는 사람이 많다고 들었습니다. 청신사 가운데 현담·시선·초동·계진·숙량·쾌현·백종·겸독·덕칭·정고, 이 열 사람도 모두 죽었다고 합니다. 이들은 몸을 잃고 어느 곳에 태어났습니까?"

부처님께서 비구들에게 말씀하셨다.

"이 열 사람은 저절로 혼신(魂神)이 끊어져서 색계 십팔천상(十八天上)에 태어나 '돌아오지 않는 자리[不還地]'에 이르렀으니, 다시는 세간의 법을 받으러 내려오는 일은 없다.

또한, 이 나라에 죽은 사람이 그들만이 아니다. 내가 천안(天眼)으로 살펴보니, 오백 명의 청신사 모두 세 가지 번뇌[三垢]를 여의고 '다섯 갈래 윤회의 길(五道)'에서 나고 죽음을 끊었기에 모두 천상에 태어나 '돌아오지 않는 자리'에 이르렀으니, 그곳에서 열반을 얻는다.

또 삼백 명의 청신사들이 이미 세 가지 결박[三結]을 끊어 탐욕 · 성냄 · 어리석음이 없기에 '한 번만 이 세상에 오는 자리[頻來地, 一來地]'에 이르렀으므로, 훗날 인간으로 태어나 '괴로움의 끝'을 보게 된다.

다시 오백 명의 청신녀들이 모두 네 가지 기쁨을 얻고 '세 가지 결박[三結]'이 풀리어 '흐름에 들어간 지위[溝港地, 豫流地]'를 얻어 삼악도를 벗어났다. 그들은 천상과 인간에 태어나기를 일곱 번 지나기 전에 아라한을 얻는다."

부처님께서 계속하여 비구들에게 말씀하셨다.

"그대들이 저들의 죽음을 말하는 것은 나를 번거롭게 할 뿐이다. 나는 부처가 되었기에 다시 나고 죽음을 받지 않으니, 무엇을 두려워하겠느냐. 미묘한 것이로다. 나고 죽음은 때가 있는 것이다. 모든 부처님이 출현하실 때 비록 세상에 태어났다고 말하지만, 부처님의 법에서는 유정으로 태어났다고 말할 수 없다. 왜냐하면 여래의 법에서는 유정으로서의 삶이 이미 끝났기 때문이며, 모든 것을 깨닫고 이생이 다하였다고 분명히 말하였기 때문이다.

미묘하다는 것은, 이것이 있으므로 저것이 있고, 이것이 없으므로 저것이 없다는 것이다. 이것이 일어나므로 저것이 생기고, 이것이 멸하므로 저것이 멸하는 것이다. 무슨 까닭인가?

욕망[欲]이 있으므로 무명(無明)이 있고, 무명으로 인하여 결합[行]이 있고, 결합으로 인하여 식별[識]이 있으며, 식별로 인하여 명색(名色)이 있고, 명색으로 인하여 육입(六入)이 있으며, 육입으로 인하여 부딪침[更樂, 觸]이 있고, 부딪침으로 인하여 느낌[痛, 受]이 있고, 느낌으로 인하여 갈애[愛]가 있고, 갈애로 인하여 취함[取]이 있으며, 취함으로 인하여 존재[有]가 있고, 존재로 인하여 태어남[生]이 있고, 태어남으로 인하여 늙음[老]과 죽음[死] · 근심[憂] · 슬픔[悲] · 고통[苦] · 번민[惱]이 있다. 이것은 괴로움의 원인이 되어 나고 죽음의 근본이 된다. 마치 수레바퀴가 쉬지 않고 도는 것을 멈추지 않는 것처럼, 어리석음과 무명 때문에 나고 죽음이 있는 것이다.

만약 욕망이 없어져서 무명이 남김없이 멸하면 곧 결합은 멸하고, 결합이 멸하면 곧 식별이 멸하며, 식별이 멸하면 곧 명색이 멸하고, 명색이 멸하면 곧 육입이 멸하고, 육입이 멸하면 곧 부딪침이 멸하고, 부딪침이 멸하면 곧 느낌이 멸하고, 느낌이 멸하면 곧 갈애가 멸하고, 갈애가 멸하면 곧 취함이 멸하고, 취함이 멸하면 곧 존재가 멸하고, 존재가 멸하면 곧 태어남이 멸하고, 태어남이 멸하면 곧 늙고 죽음 · 근심 · 슬픔 · 고통 · 번민의 온갖 괴로움의 원인이 다 멸한다. 그러므로 먼저 그대들을 위하여 말했듯이, 어리석은 이에게는 나고 죽음이 있지만, 지혜가 있는 이는 도를 지녀서 다시는 나고 죽지 않는다. 마땅히 이것을 생각하여 마음을 다스려 다시는 나고 죽는 일을 반복하지 마라.

또한, 도에 가까이 하고 싶거든, '네 가지 기쁨'을 지녀 잘 명심하여 행하라.

첫째, 부처님을 생각하여 마음으로 기뻐하고 늘 잊지 않는 것이다.

둘째, 법을 생각하여 마음으로 기뻐하고 늘 잊지 않는 것이다.

셋째, 승가를 생각하여 마음으로 기뻐하고 늘 잊지 않는 것이다.

넷째, 계율을 생각하여 마음으로 기뻐하고 늘 잊지 않는 것이다.

이 '네 가지 기쁨'을 생각하기를 끊이지 않게 하면 스스로 깨닫게 된다.

세간을 벗어나 해탈하려거든 지옥 · 축생 · 아귀의 길을 끊어 버리고 성자의 흐름에 들어가 악도에 떨어지지 마라. 비록 천상과 인간을 오고 갈지라도 일곱 번의 생을 지나지 않고서도 스스로 괴로움의 끝을 얻게 될 것이다."

이 말씀을 마치시고 부처님께서 현자 아난에게 베살리로 가자고 말씀하시니, 아난은 곧 분부대로 행하였다. 부처님께서는 코티성을 좋아하시기에 성 가운데를 지나서 성 밖에 있는 유녀(遊女) 암바팔리의 동산에 머무셨다. 그녀는 부처님께서 친히 제자들과 함께 밧지국에서 오셨다는 말을 듣고 곧 수레와 옷을 곱게 단장하고 오백 명의 여인 권속과 함께 성을 나섰다. 이윽고 자신의 동산에 이르러 부처님을 뵙고 예배하려 하였다.

부처님께서 멀리서 유녀 암바팔리와 오백 명의 여인들이 오는 것을 보시고 비구들에게 말씀하셨다.

"저 유녀 암바팔리와 오백 명의 여인들을 보거든 다들 머리를 숙이고 안으로 관하여 스스로 그대들의 마음을 단정히 하여라. 저 아름답게 꾸민 옷은 마치 그림이 그려 있는 병과 같아, 비록 겉은 화려하지만 속은 오물로 가득 차 있다. 아름다운 여인들이란, 그림이 그려 있는 병과도 같은 무리인 줄 알아, 도를 닦는 이는 저들에게 현혹되지 마라. 그러니 마음을 잘 다스려 잘 살펴보고 잘 분별하여라. 저 유녀들이 오더라도 나의 가르침을 잘 따라야 한다.

무엇을 '마음 다스림[健制]'이라 하는가.

이미 일어난 나쁜 법은 끊어 버림으로써 마음을 다스려 정진하고, 스스로 마음을 바르게 하는 것이다. 아직 일어나지 않은 나쁜 법은 일어나지 못하게 함으로써 마음을 다스려 정진하고, 스스로 마음을 바르게 하는 것이다. 아직 일어나지 않은 좋은 법은 마음으로 능히 생겨나게 함으로써 마음을 다스려 정진하고 스스로 마음을 바르게 하는 것이다. 이미 일어난 좋은 법은 마음을 다잡아 잊지 말고 더 자라나게 함으로써 마음을 다스려 정진하고 스스로 마음을 바르게 하는 것이다. 그러므로 힘줄과 뼈가 무너지고 몸이 부서지는 한이 있더라도, 마음에서 일어나는 나쁜 짓을 하지 말아야 한다. 이것을 '마음 다스림'이라 한다.

또 어떤 것을 '마음 살핌[志惟]'이라 하는가.

안으로 몸을 관하고, 밖으로 몸을 관하며, 또 안팎으로 관하고 사유하고 분별함으로써, 제멋대로 움직이는 마음을 다스리는 것이다. 안으로 느낌을 관하고, 밖으로 느낌을 관하며, 또 안팎으로 관하고 사유하고 분별함으로써, 제멋대로 움직이는 마음을 다스리는 것이다. 안으로 마음을 관하고, 밖으로 마음을 관하며, 또 안팎으로 관하고 사유하고 분별함으로써, 제멋대로 움직이는 마음을 다스리는 것이다. 안으로 법을 관하고, 밖으로 법을 관하며, 또 안팎으로 관하고 사유하고 분별함으로써, 제멋대로 움직이는 마음을 다스리는 것이다. 이것을 '마음 살핌'이라 한다.

또 어떤 것을 '분별'이라 하는가.

해야 할 것과 하지 말아야 할 것을 분별해 알아 바른 것만을 행하는 것이니, 이것을 '분별'이라 한다.

마음을 잘 다스리고 살피고 분별하면 수행의 힘을 지니게 된다. 힘센 장사가 굳센 것이 아니라 악을 버리고 선을 행할 때, 이것을 가장 굳세다고 하는 것이다.

내가 부처가 되기 위하여 마음과 싸워온 지 무수한 겁이 지났다. 삿된 마음을 용납하지 않았기에 이제 부처가 되었으니, 세간에 있으면서도 그 마음을 쉴 수가 있는 것이다.

그러나 그대들은 마음이 오랫동안 부정(不淨)한 가운데 있었으니, 스스로 제거하여 이 모든 괴로움에서 벗어나야 한다. 그러니 저 여인들이 오는 것을 보더라도 나의 가르침대로 하라."

이때 유녀가 도착하였다. 그녀가 공손히 예배하고 한쪽에 앉으니, 부처님께서 물으셨다.

"이제 그대 여인들의 뜻은 어떠한가?"

"부처님의 큰 은혜를 입어 부처님의 가르침을 듣고 어리석음을 깨달았으니, 낮이나 밤이나 스스로 경계하여 삿된 마음을 내지 않겠습니다."

부처님께서 계속하여 말씀하셨다.

"사음을 좋아하는 이는 '다섯 가지 비난'을 스스로 불러들인다.

첫째, 나쁜 소문이 널리 퍼진다. 둘째, 나라의 법에 의해 처벌을 받는다. 셋째, 이상한 사람으로 생각되어 의심을 많이 받게 된다. 넷째, 죽어서 지옥에 간다. 다섯째, 지옥의 죄가 다하면 축생의 몸을 받는다. 이런 것은 모두 스스로 마음을 파멸시키는 것이다.

사음을 하지 않는 이는 '다섯 가지 복'이 늘어난다.

첫째, 사람들로부터 칭찬을 많이 받는다. 둘째, 고을의 관리를 두려워하지 않는다. 셋째, 몸이 안온하다. 넷째, 죽어서 천상에 태어난다. 다섯째, 범행(梵行)을 확립하여 열반의 길에 들게 된다. 그러므로 여인으로 태어난 것이 병이 되어 달마다 부정(不淨)한 일을 겪게 되고, 묶이거나 매를 맞으니, 자유롭지 못함을 스스로 근심하고 싫어해야 한다. 그러나 경전과 계율의 가르침을 받아 행하면 여래와 같은 청정한 도를 얻을 수 있다."

부처님께서 유녀를 위하여 핵심이 되는 갖가지 말씀으로 법을 설하여 바르게 교화하시니, 유녀는 기뻐하며 자리에서 물러나 꿇어앉아 부처님께 말씀드렸다.

"변변치 못하오나 공양을 올리고자 하오니, 제자들과 함께 오셔서 공양을 받아주십시오."

부처님께서 묵연히 허락하시니, 그들은 곧 예배하고 물러갔다.

유녀가 물러간 지 오래지 않아 베살리의 귀족 가문인 릿챠비족도 부처님께서 제자들과 함께 오셨다는 말을 들었다. 그들은 성에서 칠 리쯤 떨어진 곳에서 왕의 위덕으로 장엄한 네 가지 색깔의 수레를 타고 와서 부처님을 뵙고자 하였다. 릿챠비족들 가운데 어떤 이들은 말·수레·옷·일산·깃대·번과 관속을 모두 푸른색으로 장엄하였으며, 어떤 이들은 노란색으로, 어떤 이들은 붉은색으로, 또 어떤 이들은 흰색으로 제각각 장엄하였다.

부처님께서는 수레와 말과 수십만 군중이 길을 가득 메우며 오는 것을 보시고 비구들에게 말씀하셨다.

"그대들이 도리천의 제석천왕이 하늘 동산에서 시종들을 데리고 출입하는 것을 보기 원한다면 이와 다를 것이 없도다."

릿챠비족은 부처님께서 계신 곳에 이르러 모두 수레에서 내려 유녀 암바팔리의 동산으로 들어와 예배를 마치고 한쪽으로 물러나 앉았다. 부처님께서 이들을 위하여 법을 설하시어 바르게 교화하셨다.

이때 병기라는 사람이 일어나 옷을 단정히 하고 부처님께 말씀드렸다.

"부처님의 공덕은 매우 높고 커서 하늘 위나 하늘 아래서 감동 받지 않는 이가 없다고 늘 듣고 있습니다. 계시는 곳을 향해 항상 밤낮으로 우러러 공경하며 청정한 교화에 감복하여 소홀함이 없었습니다."

부처님께서 병기에게 말씀하셨다.

"천하의 지혜로운 이만이 여래를 공경할 줄 압니다. 여래를 공경하는 이는 스스로 그 복을 받게 되며, 죽어서는 천상에 태어나고 악도에 떨어지지 않습니다."

이에 병기는 게송으로 찬탄하였다.

법왕을 뵙고자 찾아 왔더니

그 마음 올바르고 도력이 안정돼
참으로 거룩한 분 부처라 하니
그 이름 드러난 설산과 같네.

꽃처럼 깨끗하여 의심 없게 하시고
향기에 다가간 듯 기쁨 주시며
단정한 몸은 보아도 싫증남이 없고
광채는 이슬이 빛나는 것 같네.

부처님 지혜만이 높고 묘하니
밝고도 찬란하여 티끌 하나 없다네.
바라건대 청신사의 계를 받들어
스스로 삼보에 귀의하오리.

이때 자리에 있던 오백 명의 릿챠비 종족들이 각기 윗옷을 벗어 병기에게 맡겼다. 병기는 이 옷을 가지고 부처님 앞으로 나아가 말씀드렸다.

"이 모든 존귀한 이들이 훌륭한 말씀을 듣고 기뻐하여 다 함께 오백 벌의 윗옷을 부처님께 바치오니, 어여삐 여기시어 받아 주시기 바랍니다."

부처님께서 그것을 받으시고 말씀하셨다.

"그대들은 알아야 합니다. 그렇게 온 · 동등한 · 바르고 평등하게 깨달은 · 명에의 행을 완성한 · 잘 간 · 세간을 아는 · 더 이상 없는 · 사람을 길들이는 · 천신과 인간의 스승인 · 깨달은 어른으로 불리며 이 세상에 출현하실 때는 다섯 가지 있기 어려운 법이 저절로 있게 됩니다.

무엇이 다섯 가지 법인가. 여래가 출현하여 세상을 교화하면 제석천왕 · 범천왕 · 사문 · 바라문 · 용 · 신 · 왕 등이 저절로 갖추어진 지혜로 세상을 위하여 현세에서 깨달음을 얻어 참된 도를 열어 말해줍니다. 그 말은 처음도 좋고 중간도 좋고 마지막도 좋으며, 지극히 요긴한 뜻이 갖추어져서 청정한 법을 완전하게 드러내어 일체 법을 모두 설명할 수 있습니다. 이것이 첫째의 있기 어려운 법이 저절로 있게 되는 것입니다.

여래가 세상에서 경을 설하면, 듣는 사람이 모두 즐거워하여 믿고 배우고 암송하여 몸과 입과 뜻을 바르게 하여 삿된 길을 버리고 바른길에 들어갑니다. 이것이 둘째의 있기 어려운 법이 저절로 있게 되는 것입니다.

세상 사람들이 여래의 경의 가르침을 들으면, 마음이 열려 이해하고 깊이 생각하여 모두 밝은 지혜를 얻습니다. 이것이 셋째의 있기 어려운 법이 저절로 있게 되는 것입니다.

또 세상 사람들이 여래의 가르침을 들으면, 많은 사람이 소중히 여기고 공경하여 삼악도를 벗어나서 천상과 인간에 태어나 큰 이익을 얻습니다. 이것이 넷째의 있기 어려운 법이 저절로 있게 되는 것입니다.

세상 사람들이 불도(佛道)의 깊고 묘한 말씀을 들으면, 나고 죽는 인연의 근본을 알게 되어 마음의 탐욕을 끊고 모두가 생사를 벗어나는 길을 알게 됩니다. 제1의 정진을 하는 이는 아라한도[應眞道]를 얻고, 제2의 정진을 하는 이는 불환도(不還道)를 얻고, 제3의 정진을 하는 이는 빈래도(頻來道, 一來道)를 얻고, 제4의 정진을 하는 이는 예류도(預流道)를 얻습니다. 이것이 다섯째의 있기 어려운 법이 저절로 있게 되는 것입니다.

사람들이 여래에게 귀의하려는 마음이 있어서 조금이라도 좋은 일을 한다면, 모두 큰 복을 얻어 결코 헛되지 않습니다. 그러므로 병기여, 그대는 스스로 힘써 배움으로써 이것을 얻도록 하십시오."

부처님께서 말씀을 마치시자, 모든 릿차비족은 자리에서 일어나 옷을 단정히 하고 합장하며 이렇게 말씀드렸다.

"본래 부처님을 청하여 공양을 올리고자 하였는데, 유녀가 저희보다 먼저 청하였습니다. 바라건대, 다음날을 기다리겠습니다. 저희는 할 일이 많아 이만 돌아가고자 합니다."

"때가 되었으면 그렇게 하십시오."

부처님께서 말씀을 마치시자, 모두 부처님 발에 이마를 대어 예배하고 부처님을 세 번 돌고 물러갔다.

유녀는 밤새도록 훌륭한 음식을 준비하고 집안을 꾸몄으며, 날이 밝자 평상과 자리를 마련해 놓고 부처님께 가서 말씀드렸다.

"공양이 다 준비 되었으니, 부처님께서 드실 때가 되었습니다."

부처님께서 제자들과 함께 그녀의 집에 도착하시어 높은 자리에 올라가 대중 앞에 앉으셨다.

유녀는 몸소 물을 따르고 발우에 음식을 담아드렸다. 손 씻을 물을 돌린 뒤, 작은 자리를 가져와서 부처님 앞에 앉아 법을 배우고자 하니, 부처님께서 말씀하셨다.

"이 세상에서 베풀기를 좋아하는 이는 원망을 받을 두려움이 없으며, 많은 칭송을 받을 것이다. 좋은 이름이 날로 퍼지며, 사람들이 사랑하고 공경할 것이다. 또 사람됨이 인색하지 않아 어질고 은혜롭고 지혜롭다. 이와 같은 이는 허물이 없고 안온하니, 천상에 태어나 천신들과 서로 즐거워할 것이다."

부처님께서 유녀를 위해 핵심이 되는 갖가지 말씀으로 법을 설하시어 바르게 교화하시니, 모두 기뻐하였다.

부처님께서 현자 아난을 데리고 대중들과 함께 벨루바로 가시어 북쪽 숲 나무 아래에 머무셨다. 이해에 벨루바는 흉년이 들어 곡식이 매우 귀했다.

부처님께서 비구들에게 말씀하셨다.

"이곳은 흉년이라 걸식해도 얻기 어려울 것이니, 그대들은 제각기 나뉘어 베살리나 밧지 등의 마을로 가면 굶주리지는 않을 것이다."

그들이 분부를 받고 떠나려 하자, 부처님께서 말씀하셨다.

"비구들이여, 스스로 욕심을 줄여 좋은 것을 얻더라도 기뻐하지 말고, 거친 것을 얻더라도 싫어하지 마라. 먹는 것이란, 몸을 유지하기 위한 것이니 탐내어 좋은 것을 구하지 마라. 단지 가만히 앉아 놀면서 맛만 탐내어 좋은 것을 구하기 때문에 나고 죽는 일이 끊이지 않는 것이다. 오로지 몸을 절제할 줄 알아서 스스로 욕심을 줄일 수 있는 이는 고요한 마음을 얻게 된다."

부처님께서 핵심이 되는 갖가지 말씀으로 법을 설하여 바르게 교화하시니 모두 기뻐하며 부처님께 예배하고 떠나갔다.

비구들은 제각기 나뉘어 여러 나라의 마을로 향하였고, 부처님께서는 아난과 함께 위사 마을로 가셨다. 이때 부처님께서는 몸이 불편하시어 온몸에 통증이 있었다.

부처님께서 생각하셨다. '아픔은 심해지는데 제자들은 모두 없으니, 대중이 오기를 기다렸다가 여기에서 열반에 들 것이다.'

이에 부처님께서는 이 병을 견뎌내기 위하여 '어떠한 생각도 떠올리지 않는 정[不念衆想之定]'에 드시어 스스로 정진에 힘을 쏟으셨다. 이것은 있는 상태 그대로 받아들이는 삼매와 같은 것이다.

이렇게 '어떠한 생각도 떠올리지 않는 정'을 관하시며 고통을 견디시다가 문득 현자 아난의 목소리를 듣게 되셨다.

현자 아난은 나무 아래서 일어나 부처님께 가서 예배하고 한쪽에 서서 문안을 여쭈었다.

"병환에 차도가 없으신지요? 부처님께서 몸이 편찮으시다니 매우 근심스럽고 두렵습니다. 부처님께서는 열반에 들고자 하시는 것은 아닌지요? 원컨대 제자들에게 알려주십시오."

부처님께서 아난에게 대답하셨다.

"내가 왜 제자들과 헤어지려 하겠느냐. 나는 언제나 비구들과 함께 있으면서 가르침을 베풀어야 한다. 앞뒤를 두루 갖추어서 설한 것이 모두 대중들 가운데에 있으니, 부지런히 정진하여 그대로 행하라.

이제 나는 병이 나서 온몸의 고통이 극심하여 '어떠한 생각도 떠올리지 않는 정'에 든 것이니, 마음으로 병에 집착하지 않고자 하기 때문이다.

아난아, 내가 말한 법은 안팎이 다 갖추어졌다. 여래는 법의 스승이기에 빠뜨리거나 잊어버리는 것이 없으니, 베풀어 행할 것을 스스로 잘 알고 있다. 나 또한 이미 늙어 어느새 나이가 여든이니, 형상이 마치 다 낡은 수레와 같아 단단하지도 못하고 굳세지도 못하구나.

내가 전에 말하기를, 나고 죽는 것은 때가 있으며 태어난 것은 마침내 없어지지 않는 것이 없다고 하지 않았느냐. 가장 위에 하늘이 있는데 이름을 불상입(不想入)이라 한다. 그곳의 수명은 팔억 사천만 겁이나 되지만 그들 또한 죽음이 있다. 그러므로 여래의 가르침[經]을 세상에 펴서 열반의 큰 도를 남김없이 보여주어 생사의 근본을 끊게 한 것이다.

내가 이제 몸 있는 이 모두를 위하여 돌쩌귀가 되어 몸으로 스스로 돌아오게 하고, 내지 법교[法教]의 돌쩌귀가 되어 법으로 스스로 돌아오게 하는 것이다.

무엇이 돌쩌귀이며, 무엇이 그 자체로 돌아오는 것인가. 오로지 마음을 '사념처(四念處)'에 두는 것이다.

첫째, 몸[身]을 관하는 것이다. 둘째, 느낌[痛]을 관하는 것이다. 셋째, 마음[意]을 관하는 것이다. 넷째, 법(法)을 관하는 것이다.

그러므로 마음을 잘 다스리고 살펴서 제멋대로 일어나는 생각을 끊어야 한다. 이것이 법의 가르침을 돌쩌귀로 삼아서 그 자체로 돌아오는 것이다.

나는 이것을 이미 거듭 말하였다. 만약 알고 싶거든 정진하여 안팎으로 계법을 닦되 반드시 평상시와 같이 하라. 그러면 스스로 돌아와서 여래의 법을 깨닫게 되리니, 다 여래의 자손인 것이다. 내가 이제 전륜왕의 지위를 버리고 중생을 위하여 부처가 된 것은 삼계를 제도하려고 걱정한 때문이다. 그대들도 그 몸을 걱정하여 온갖 괴로움을 끊어야 한다."

아난은 비를 피해 있을 때 해진 옷을 다 꿰매었다. 그때 부처님께서 현자 아난에게 함께 베살리로 가자고 말씀하시니, 아난은 분부대로 행하였다. 그곳에 도착하여 원후관에 머무시며 걸식하신 후 발우를 씻으셨다.

부처님께서는 다시 아난과 함께 서둘러 신령스러운 땅 베살리에 이르시어 아난에게 말씀하셨다.

"베살리는 참 좋은 곳이고 밧지 또한 좋은 곳이다. 지금 이 천하에 있는 열여섯 대국의 모든 성과 읍이 다 좋은 곳이구나. 히란냐바티강에서는 황금이 많이 나고, 잠부디파의 땅은 오색 그림과 같구나. 사람들은 세상에 태어나서 오래 사는 것으로 즐거움을 삼으니, 만약 비구·비구니가 네 가지 신족[四神足]을 안다면 세간의 괴로움을 없앨 수 있다. 많이 닦고 익혀서 늘 생각하며 잊지 않으면 마음이 바라는 대로 되어 죽지 않을 수도 있으니, 어찌 일 겁에 그치겠느냐. 마찬가지로 아난아, 여래는 네 가지 신족을 이미 많이 닦고 익혀서 일념으로 잊지 않으니, 마음이 바라는 대로 능히 일 겁 이상도 머물 수 있다."

부처님께서 두 번 세 번 거듭 말씀하셨다.

그때 아난은 마음이 딴생각에 빠져 있어서 마왕의 어지럽힘을 받아 몽롱하여 말뜻을 알아채지 못하고 잠자코 있으며 대답하지 못하였다.

부처님께서 다시 아난에게 말씀하셨다.

"너는 나무 밑에 가서 마음을 가라앉히고 잘 생각해 보아라."

아난은 분부를 받고 한 곳에 가서 앉았다.

이때 마라 파순이 찾아와 부처님께 말하였다.

"부처님의 뜻은 열반에 드시고자 함이 아닙니까. 교화를 이미 다 마치셨으니, 이제 열반에 드실 때입니다. 옛날에 부처님께서 카쿠타강가에 계실 때 장로들에게 말씀하시기를, '내가 부처가 되어 비록 자재로움을 얻었으나 오래 머무르기를 탐내지 않는다'라고 하셨는데, 바로 지금을 말씀하신 것이 아니겠습니까. 제도하실 것을 다 마치셨으니 열반에 드십시오."

부처님께서 파순에게 대답하셨다.

"내가 지금까지 열반에 들지 않은 것은 나의 제자인 비구 · 비구니들이 모두 지혜를 얻어서 가르침과 계율을 계승하여, 아직 도에 들어오지 못한 이에게 발심하도록 권하여 배움을 성취하게 하도록 기다린 것이다.

또 나의 청신사 · 청신녀들이 지혜를 얻어서 가르침과 계율을 계승하여, 도에 들지 못한 이는 도에 들게 하고 법을 받은 이는 배움이 성취되기를 기다린 것이다.

파순이여, 이와 같이 나는 사부 제자가 다 법의 뜻을 얻어서, 서로 가르치고 널리 전하여 모든 어리석은 이를 깨우쳐 배움을 성취하게 하고자 오늘에 이르도록 열반하지 않은 것이다."

마왕은 또 말하였다.

"그 모든 것이 충족되어 이미 마치실 때가 되었습니다."

부처님께서 말씀하셨다.

"그대는 잠자코 있어라. 지금부터 석 달 후에 열반에 들 것이다."

마왕은 이 말씀을 듣고 기뻐하며 물러갔다.

부처님께서는 바르게 앉아 마음을 고요히 하시고 선정에 드셨다. 삼매 중에 본래의 수명[性命]에 머무르지 않으시고 남아 있는 수명을 놓아 버리셨다.

이때 땅이 크게 흔들리고 공중에서 청정한 부처님의 광명이 끝없이 환히 비추었다. 모든 천신이 찾아와 허공을 가득 채우니, 부처님께서는 삼매에서 깨어나 게송으로 말씀하셨다.

헤아릴 수 없이 많은 덕행 지어온
유위의 몸 나는 이제 버리려 하네.
가깝거나 멀거나 제도할 이들을
이미 모두 건져 제도하였기 때문이네.

현자 아난은 깜짝 놀라 온몸의 털이 곤두섰다. 그는 서둘러 부처님께 가서 예배하고 한쪽에 서서 여쭈었다.

"놀랍습니다. 세존이시여, 땅이 이렇게 흔들리는 것은 어떤 인연 때문인지요?"

부처님께서 아난에게 말씀하셨다.

"세상에서 땅이 흔들리는 것에는 여덟 가지 인연이 있다. 무엇이 여덟 가지인가. 천하의 땅은 물에 의지하고, 물은 바람에 의지하고, 바람은 허공에 의지하는데, 공중에서 큰바람이 일어나면 때때로 큰물이 흔들리고, 큰물이 흔들리면 땅이 크게 흔들리니, 이것이 첫째 인연이다.

만약 도를 얻은 사문이나 신묘한 천신이 계율을 지킨 덕이 크게 자라 스스로 그 힘을 시험하려고 손으로 살짝 땅을 누르면 땅이 크게 흔들리게 되니, 이것이 둘째 인연이다.

만약 보살이 제4천인 도솔천에서 내려와 어머니 태안으로 들어가 지혜와 자비의 마음으로 중생을 교화하고 어리석은 이들을 깨우치고자 신비로운 광명을 비추면, 천지가 진동하여 범천왕 · 제석천왕 · 마왕 · 사문 · 바라문 들 모두가 이 광명을 볼 수 있도록 하니, 이것이 셋째 인연이다.

만약 보살이 어머니 태안에서 나올 때, 위덕이 천신들을 감동시켜 티 없이 맑은 신비로운 광명이 멀리 비치면 땅이 크게 흔들리니, 이것이 넷째 인연이다.

보살이 최상의 도를 얻어 부처를 이룰 때, 땅이 크게 흔들리고 천신이 사방에 가득 차서 부처의 이름을 찬양하니, 이것이 다섯째 인연이다.

이미 부처가 되어 처음으로 큰 법회를 열 때, 법의 바퀴를 세 번 굴리니 천상과 인간이 곧 깨달아 알고, 여러 보살이 큰 도를 이루어 광명이 멀리 비치면 땅이 크게 흔들리니, 이것이 여섯째 인연이다.

여래가 교화를 마치고는 본래의 수명에 머무르지 않고 남아 있는 수명을 버리고자 할 때, 큰 광명을 놓아 천상과 인간에게 알리고자 하면 땅이 크게 흔들리니, 이것이 일곱째 인연이다.

만약 여래가 몸을 버리고 열반에 드실 때면 광명이 비추지 않는 곳이 없고, 천신들이 내려와 참례하면 땅이 크게 흔들리니, 이것이 여덟째 인연이다."

아난이 여쭈었다.

"이제 부처님께서는 이미 남아 있는 수명을 놓으신 것입니까?"

"이미 놓았느니라."

아난이 여쭈었다.

"옛적에 부처님께서, '만약 제자가 네 가지 신족을 알아 많이 닦고 행하며 일심으로 잊지 않으면, 마음이 바라는 대로 일 겁 이상을 죽지 않고 머물 수 있다'라고 말씀하시는 것을 들었습니다. 부처님의 도와 덕은 이보다 수승하시니 더 오래 머무르실 수는 없는지요?"

부처님께서 아난에게 대답하셨다.

"이제야 네가 이 말을 하는 것은 늦지 않았느냐. 내가 너에게 네 가지 신족에 대한 말을 두서너 번이나 하였는데, 몽롱하여 말뜻을 알아듣지 못하고 마왕의 어지럽힘을 받고 있더니, 이제 와서 무슨 말을 하는 것이냐. 또한, 여래가 한번 입 밖으로 한 말을 어찌 스스로 어길 수 있겠느냐."

"그러실 수는 없습니다."

"아난아, 지혜롭지 못한 이는 자기가 한 말을 나중에 어기기도 하지만 나는 그렇지 않다."

아난은 슬피 울며 한탄하였다.

"부처님께서 열반에 드심이 어찌 이다지도 빠르십니까. 세간의 눈이 멸함이여!"

부처님께서 아난에게 베살리국에 가서 각기 흩어져 다니는 비구들을 불러오게 하셨다.

아난은 분부를 받고 즉시 비구들을 모두 강당으로 모이게 하였다. 강당에 모인 비구들은 부처님께 예배하고 한쪽으로 물러섰다.

부처님께서 비구들에게 말씀하셨다.

"세간은 덧없는 것이다. 견고한 것이 없고 모두 흩어지니 영원히 존재하는 것이란 없다. 마음의 분별[心識]로 행하는 것은 자신을 속일 뿐이다. 애착으로 모인 것이 어찌 오래갈 수 있겠느냐. 천지와 수미산도 결국은 무너질 텐데 하물며 사람 몸이 오래갈 수 있겠느냐. 그럼에도 오래 살기를 바라겠는가. 마땅히 생사의 근심과 괴로움을 싫어해야만 한다.

나는 석 달 뒤에 열반에 들 것이니, 이상하게 여기지도 말고 근심하지도 마라. 과거 · 현재 · 미래의 부처님들도 모두 법에 따라 열반을 성취한다. 경법(經法)이 또한 갖추어져 있으니, 그대들도 힘써 부지런히 배우고 행하여 청정한 마음을 지녀 해탈을 얻도록 하라.

마음의 분별[心識]로 인하여 생기는 애착이 쉬면 죽지도 않고 다시 태어나지도 않을 것이다. 다시는 다섯 갈래의 길[五道]을 다니면서 한 몸을 버리고 다시 한 몸을 받는 일도 없을 것이다. 다섯 근간이 끊어지면, 배고픔과 목마름이 없고, 추위와 더위가 없으며, 근심 · 슬픔 · 고통 · 번민 등의 걱정이 없어진다.

사람이 바른 마음을 알면 천상의 천신들이 모두 그 사람에 대하여 기뻐한다. 그러므로 마음을 부드럽게 다스려 스스로 탐욕을 줄임으로써 마음이 가는 대로 따라가지 마라.

마음의 작용은 하지 못하는 것이 없으니, 도를 얻는 것 또한 마음이다. 마음이 천신도 만들고 사람도 만들고 귀신 · 축생 · 지옥도 만드니, 모두가 마음이 만드는 것이다. 마음의 작용에 따라 모든 법이 일어난다. 마음[心]이 식별[識]을 만들고, 식별이 의지[意]를 만들며, 의지가 다시 마음으로 들어간다. 마음이 가장 근본이 되니, 마음의 의지는 행(行)이 되고 행이 생활[命]이 된다. 현명함과 어리석음은 행에 있고, 오래 살고 일찍 죽는 것은 생활에 있다.

대개 의지와 행과 생활, 이 세 가지는 서로 의지하여 좋은 일도 하고 나쁜 일도 하는데, 자신이 그 과보를 받게 된다. 즉, 아버지가 착하지 못한 짓을 했더라도 자식이 대신 받지 못하고, 또 자식이 착하지 못한 짓을 했더라도 아버지가 대신 받을 수는 없다. 선한 것은 저절로 복을 얻고, 악한 것은 저절로 재앙을 얻는다.

이제 여래가 천상과 천하에서 존경받는 대상이 된 것도 모두 마음에 의해 이루어진 것이다. 그러므로 바른 마음으로 법을 행하라. 법을 행하는 이는 현세에서 쉼을 얻고 안락을 얻을 것이다. 그러니 법을 잘 받아 지니고 잘 배우고 잘 암송하며 고요한 마음으로 사유하라. 그러면 나의 청정한 법이 오래 머무를 것이며, 세간의 모든 괴로움을 자비로써 제도하고, 모든 천신과 인간을 인도하여 이롭고 편안하게 할 것이다.

비구들이여, 마땅히 알아야만 한다. 무엇이 '법'인가.

사념처[四志惟, 四念處] · 사정단[四意端, 四正斷] · 사여의족[四神足,

四如意足]·사선[四禪行, 四禪]·오근(五根)·오력(五力)·칠각지[七覺, 七覺支]·팔정도[八道諦, 八正道]이다. 만약 이 법을 받아 행한다면, 해탈을 얻게 되고 여래의 법이 쇠퇴하지 않을 것이다.

무엇이 '사념처[四志惟, 四念處]'인가.

안으로 몸을 관하고, 밖으로 몸을 관하며, 또 안팎으로 관하여, 사유하고 분별함으로써 어리석고 미혹한 마음을 끊는 것이다. 느낌[痛]과 마음[意]과 법(法)을 관하는 것도 모두 앞에서 말한 것과 같다.

무엇이 '사정단[四意端, 四正斷]'인가.

이미 생긴 선하지 않은 법은 끊어버림으로써 마음을 다스려 정진하고 스스로 마음을 바르게 하는 것이다. 아직 일어나지 않은 선하지 않은 법은 제어하여 일어나지 못하게 함으로써 마음을 다스려 정진하고 스스로 마음을 바르게 하는 것이다. 아직 생기지 않은 선한 법은 생기도록 함으로써 마음을 다스려 정진하고 스스로 마음을 바르게 하는 것이다. 이미 생긴 선한 법은 잊지 말고 더 자라나게 함으로써 마음을 다스려 정진하고 스스로 마음을 바르게 하는 것이다.

무엇이 '사여의족[四神足, 四如意足]'인가.

삼매를 얻고자 함을 생각하여 모든 행(行)을 끊고 염(念)을 갖추어 신족을 얻으면, 그 삼매를 얻고자 하는 바람[欲定]은 삿되지 않다. 취할 것도 없고 버릴 것도 없이 항상 청정한 행을 지키게 된다. '정진을 생각하여 정에 들어가는 것[精進定]'과 '의지를 생각하여 정에 들어가는 것[意志定]'과 '계율을 생각하여 정에 들어가는 것[戒習定]'도 다 앞에서 말한 것과 같다.

무엇이 '사선(四禪)'인가.

탐욕과 선하지 않은 법을 버리고 다만 염(念)과 그 작용[行]만이 있어 마음이 무위를 즐기게 되면 초선행을 성취한다. 염(念)과 그 작용이 없어지고 안으로 한결같은 마음을 유지하여 마음이 편안하고 고요하면 제2선행을 성취한다. 음욕이 없음을 살피고 관조하여 몸과 마음이 편안해지고 있는 그대로 알고 보게 되면, 제3선행을 성취한다. 이미 괴로움과 즐거움을 끊고 근심과 기쁨의 생각도 없어서 마음이 청정하면 제4선행을 성취한다.

무엇이 '오근(五根)'인가.

첫째, 신근(信根)이니, 의지가 네 가지 기쁨으로 향하는 것이다. 둘째, 정진근(精進根)이니, 사정단을 닦는 것이다. 셋째, 염근(念根)이니, 사념처를 닦는 것이다. 넷째, 정근(定根)이니, 사선을 닦는 것이다. 다섯째, 지근(智根)이니, 사성제를 통찰하는 것이다.

무엇이 '오력(五力)'인가.

첫째, 신력(信力)이니, 기쁨으로 향하는 뜻이 사라지지 않는 것이다. 둘째, 정진력(精進力)이니, 항상 마음을 바르게 다스리는 것이다. 셋째, 염력(念力)이니, 사념처를 살펴 관조하는 힘을 얻는 것이다. 넷째, 정력(定力)이니, 선정을 닦는 마음이 어지럽지 않은 것이다. 다섯째, 지력(智力)이니, 도를 실천하여 스스로 증득하는 것이다.

무엇이 '칠각지(七覺志, 七覺支)'인가.

살핌의 깨달음 갈래[念覺意]·법 선택의 깨달음 갈래[法解覺意]·정진의 깨달음 갈래[精進覺意]·기쁨의 깨달음 갈래[愛喜覺意]·쉼의 깨달음 갈래[一向覺意]·선정의 깨달음 갈래[惟定覺意]·담담함의 깨달음 갈래[行護覺意]이다.

무엇이 '팔정도[八道, 八正道]'인가. 바른 견해[正見]·바른 생각[正思]·바른 말[正語]·바른 행동[正行]·바른 생활[正命]·바른 정진[正治]·바른 기억[正志]·바른 선정[正定]이다.

위에서 말한 여러 가지 법이 세간을 벗어나는 청정한 법이다."

이때 부처님께서 현자 아난에게 함께 코티성으로 가자고 말씀하시니, 아난은 곧 분부대로 행하였다.

부처님께서는 베살리를 좋아하시어 성 가운데를 지나 성문을 나오시더니, 몸을 오른쪽으로 돌려 성문을 보시고는 웃으셨다. 이에 아난은 옷매무시를 고치고 오른쪽 무릎을 땅에 대고 꿇어앉아 여쭈었다.

"제가 부처님을 모신 지 이십여 년이 되었으나 부처님께서 하시는 일에는 까닭 없는 것이 하나도 없었습니다. 이제 몸을 돌려 성문을 보시고 웃으신 것은 무슨 까닭이신지요?"

부처님께서 말씀하셨다.

"그렇다, 아난아. 여래의 몸가짐에 있어서는 헛되이 몸을 돌려 공연히 웃는 일은 없다. 내가 마지막으로 베살리를 보는 것이기 때문에 보고 웃은 것이다."

부처님께서 게송으로 말씀하셨다.

이것이 나로서는 마지막으로
베살리를 유행하며 보는 것이니
내가 장차 저 열반에 들면
다시는 이런 몸을 받지 않으리.

이때 어떤 비구가 또한 게송으로 탄식하였다.

부처님께서 이것을 최후라 하시면
몸으로 행하심은 이제 끝났네.
만일 저 열반에 드시고 나면
어디서 부처님을 뵈올 수 있으리.

부처님께서 아난과 함께 코티성으로 가서 북쪽 나무 아래에 머무시며 비구들에게 말씀하셨다.

"청정한 계율을 지키고 선정을 닦고 지혜를 깨달아라. 계율[戒]을 지키고 선정[定]을 닦고 지혜[慧]를 지닌 이는 큰 덕을 이루고 명예를 드날리며, 탐욕[貪淫] · 성냄[瞋恚] · 어리석음[愚癡]의 삼독을 영원히 없애고 아라한이 될 것이다. 현세에서 완전한 해탈을 얻고자 한다면, 스스로 힘써 이생에서 삼독을 다 없애고 청정한 도에 들도록 하라. 이와 같이 하면, 죽은 뒤에 다음 생을 받지 않을 줄을 스스로 알게 된다."

부처님께서 다시 현자 아난에게 건지읍으로 가자고 말씀하셨다. 성 북쪽 나무 아래서 멈추시더니 앉으셔서 비구들에게 말씀하셨다.

"청정한 계율을 지키고 선정을 닦고 지혜를 구하여 깨달아라. 청정한 계율을 지키는 이는 삼독[三態, 三毒]을 따르지 않는다. 선정을 닦는 이는 마음이 흐트러지지 않는다. 지혜를 깨달은 이는 애욕을 벗어나 행하는 일에 걸림이 없다. 계 · 정 · 혜가 있으면 큰 덕을 이루고 명예가 드날릴 것이다.

또 탐 · 진 · 치의 세 가지 번뇌[三垢, 三毒]를 여의면 마침내 아라한이 될 것이다. 만약 현재의 몸으로 완전한 해탈을 얻고자 한다면, 부지런히 노력하여 이생에서 삼독을 멸진하고 청정한 도에 들도록 하라. 이와 같이 하면, 죽은 뒤에 후생을 받지 않는 줄을 스스로 알게 된다."

부처님께서 다시 아난과 함께 엄만 · 출금 · 수수 · 화씨 마을을 지나 선정이라는 마을에 도착하셨다. 부처님께서는 지나오신 곳곳에서 제자들을 위하여 다음의 세 가지 요체를 말씀하셨다.

"계를 지키고 선정을 닦고 지혜를 깨달아라. 이 세 가지를 잘 지키는 이는 덕망이 높고 명예가 드날리며 탐욕 · 성냄 · 어리석음이 사라지리니, 이것을 완전한 해탈이라 한다. 계를 지키는 마음이 있으면 저절로 선정의 마음이 이루어지고, 선정의 마음이 이루어지면 지혜의 마음이 밝아진다. 마치 깨끗한 천에 물을 들여야 그 물든 색이 선명하고 좋은 것처럼, 이 세 가지 마음이 있으면 도를 쉽게 얻을 수 있다. 한결같은 마음으로 몸을 삼가고 부지런히 노력하여 이생에서 삼독을 다 없애고 청정한 도에 들도록 하라. 이와 같이 하면, 이생에서 삼독을 멸한 뒤에 다시는 후생을 받지 않는 줄을 스스로 알게 된다.

만약 계 · 정 · 혜의 행을 갖출 수 없다면, 세간에서 해탈하고자 하여도 벗어나기 어렵다. 그러나 이 세 가지가 있으면 마음이 저절로 열려 깨닫게 된다. 앉아서 사유하면 문득 다섯 갈래 윤회의 길[五道]을 보게 된다. 즉 천상 · 인간 · 지옥 · 축생 · 아귀의 세계가 보이며, 중생들이 마음으로 생각하는 것을 남김없이 환하게 알게 된다. 마치 시냇물이 맑으면 그 밑에 있는 모래와 돌과 자갈이 푸른지 노란지 흰지 검은지 환히 볼 수 있는 것과 같다.

도를 얻은 사람의 마음은 맑기 때문에 보는 것이 다 드러난다. 그러므로 도를 얻고자 하는 이는 마땅히 그 마음을 맑게 하여야 한다. 마치 물이 흐리면 그 속이 보이지 않는 것과 같이, 마음을 청정하게 지니지 않으면 세간에서 나고 죽음을 벗어날 수 없다.

스승이 견해를 말하면 제자들은 그대로 행해야만 한다. 스승이 제자의 마음속까지 들어가서 그 생각을 바로 잡아주지는 못한다. 생각과 마음이 바르면 도는 스스로 얻어진다."

부처님께서 이 말씀을 마치시고 아난에게 함께 보가성으로 가자고 하셨다. 성에 이르러 북쪽 나무 아래에 앉으셨다.

늦은 오후 무렵 아난은 조용히 앉아 있다가 일어나 부처님께 가서 예배하고 합장하며 여쭈었다.

"땅이 흔들리는 데에는 몇 가지 인연이 있는지 갑자기 알고 싶어졌습니다."

부처님께서 아난에게 말씀하셨다.

"아난아, 땅이 흔들리는 데는 세 가지 인연이 있다. 첫째, 땅은 물에 의지하고 물은 바람에 의지하고 바람은 허공에 의지하니, 큰바람이 일어나면 물이 흔들리고 물이 흔들리면 땅도 흔들린다. 둘째, 도를 얻은 사문과 신묘한 천신이 신통력을 나타내 보이고자 하면 땅이 흔들린다. 셋째, 여래의 힘 때문이다.

내가 부처가 되기를 전후하여 이미 땅이 흔들렸으니, 삼천의 해와 달과 일만 이천 천지가 감응하지 않은 것이 없으며, 천신과 인간과 귀신들도 거의 다 듣고 알게 되었다."

아난은 이 말씀을 듣고 찬탄하며 다시 여쭈었다.

"신묘하십니다, 부처님이시여. 부처님과 견줄 자가 없습니다. 자연계의 온갖 것이 감동하여 흔들리지 않는 것이 없으니, 지극한 덕과 높은 도를 지니셨기에 그렇습니다."

부처님께서 말씀하셨다.

"그렇다, 아난아. 여래의 덕은 짧은 시간에 이루어진 것이 아니다. 헤아릴 수 없는 오랜 겁 동안 공덕을 쌓아왔으며, 모든 선한 법을 받들어 행하여 스스로 부처가 된 것이다. 그러므로 이 신비하고 묘한 자연계의 감화가 있는 것이다. 일체를 알고 일체를 보아 들어가지 않는 곳이 없고 교화하지 못하는 것이 없다.

기억하건대, 나는 옛적에 자비심으로 몸을 변화하여 수백 수천이나 되는 천하의 왕이나 군자(君子)들에게 나타나서, 그들의 형상에 따라 위안을 주고 경과 도를 설하여 두루 교화하였으며, 그들로 하여금 선한 마음을 얻게 하였다. 이와 같이 두루 팔방(八方)에 화신을 나투어서, 그 나라의 풍속과 복식과 언어에 따라 그들에게 어떤 법을 행하고 어떤 경을 설할지를 알아 연설하고, 바른 도로써 가르침을 주었다. 이론을 좋아하는 이에게는 경을 길게 설하여 가르쳤고, 도의 이치를 통달한 이에게는 가장 요긴한 법만을 설하여 그들의 뜻을 굳게 바로 세워 놓고는 숨어 버렸다. 설령 왕이나 군자들이 내가 누구인지 모르더라도 나중에 모두 법의 맛을 알고 법의 가르침을 공경스럽게 받들었다. 이것이 여래의 맑고 미묘한 '자연법(自然法)'이다.

또 아난아, 나는 여래의 신통력으로 여러 곳에 두루 들어가서 여래의 위의법[儀法]으로 교화하되, 사문 무리에 들어가서는 스승이 되어 인도하고, 다시 화신(化身)으로 바라문 무리나 거사나 학자 혹은 외도의 무리에 들어가서는 그들의 의복과 음성 · 언어에 따라 경의 가르침을 주어 일체를 성취시키는 횡법(橫法)을 따르게 하고 숨어 버렸다. 그들은 나의 가르침을 받으면서도 나를 알지 못하니, 이것이 여래의 있기 어려운 '자연법'이다.

여래는 또한 위로 욕계의 제1 사왕천에 올라가고, 그 위의 제2 도리천 · 제3 야마천 · 제4 도솔천 · 제5 화락천 · 제6 타화자재천에 올라간다. 그리고 두루 마왕의 세계를 돌고, 제7 범중천 · 제8 범보천 · 제9 대범천 · 제10 소광천 · 제11 무량광천 · 제12 광음천 · 제13 소정천 · 제14 무량정천 · 제15 변정천 · 제16 무운천 · 제17 복생천 · 제18 광과천 · 제19 무상천 · 제20 무번천 · 제21 무열천 · 제22 선현천 · 제23 선견천 · 제24 색구경천 등 여러 곳을 나는 두루 다니며 수백 수천의 천인들을 교화하였다. 이 모든 천인이 갖고 있는 모습과 성향에 따라 청정함을 좋아하는 이에게는 청정한 법을 말해 주고, 도의 마음을 통달한 이에게는 교화를 펴도록 권하였다. 청정함을 닦고 있는 이에게는 더 큰 도로써 확고히 하게 하며, 그 법의 뜻을 깨달은 이에게는 법의 요체로써 가르쳐 교화하여 도를 얻도록 권유하고는 문득 숨어 버렸다. 저 모든 천인은 내가 누구인지 알지 못하니, 이것이 여래의 있기 어려운 '자연법'이다.

그 위에 있는 네 하늘은 다 형상과 소리가 없으므로 여래는 가지 않으니, 제25 공무변처천 · 제26 식혜입천(식무변처천) · 제27 불용혜입천(무소유처천) · 제28 불상입천(비상비비상처천)이 그것이다.

이와 같이 아난아, 여래의 은혜는 넓고 커서 뉘우치게 하지 못하는 것이 없다. 그러나 슬프게도 만나기 어려우니, 여래가 세상에 출현하는 것은 우담바라꽃이 한 번 피는 것과 같이 드물고 귀하기 때문이다.

여래가 설하는 법 또한 듣기 어려우니, 경의 가르침을 들었다면 잘 받아 지키고 지녀야만 한다.

어떻게 지키고 지녀야 하는가. 내가 멸도(滅度)한 뒤에 만약 어떤 비구가, '내가 부처님을 뵙고 직접 이 법과 계율과 가르침을 받았다'라고 하더라도, 그가 말하는 것이 여래의 가르침에 가깝지 않고 도에서 벗어나 정법을 훼손하는 것이면, 법의 구절과 경에 설해진 대로 그리고 계율에 정한 대로 잘 설명해 주어라. 만약 그가 말하는 경이 법의 뜻에 어긋나거든 즉시 이렇게 충고해 주어야 한다.

'현자여, 잘 들으시오. 부처님께서는 그것을 말씀하시지 않았습니다. 그대가 잘못 들은 것입니다. 법의 뜻에 어긋나며 법도 아니고 율도 아닙니다. 부처님의 가르침과 같지 않으니, 마땅히 버려야 하는 것임을 아십시오.'

만약 어떤 비구가, '성중(聖衆) 가운데서 법과 계율을 지닌 분으로부터 내가 직접 이 법과 계율과 가르침을 받았다'라고 하더라도, 그가 말하는 것이 여래의 가르침에 가깝지 않고 도에서 벗어나 정법을 훼손하는 것이면, 법의 구절과 경에 설해진 대로 그리고 계율에 정한 대로 잘 설명해 주어라. 만약 그가 말하는 경이 법의 이치에 어긋나거든 즉시 이렇게 충고해 주어야 한다.

'현자여, 잘 들으시오. 비구들이 법을 알고 계율에 밝다고 하지만 그것은 부처님의 법과 계율이 아닙니다. 그대가 제멋대로 들은 것으로, 경에 맞지 않고 법의 이치에도 어긋납니다. 부처님의 가르침과 같지 않으니, 마땅히 버려야 하는 것임을 아십시오.'

만약 어떤 비구가, '내가 직접 나이 많으신 장로에게서 이 법과 계율과 가르침을 받았다'라고 하더라도, 그가 말하는 것이 부처님의 가르침에 가깝지 않고 도에서 벗어나 정법을 훼손하는 것이면, 법의 구절과 경에 설해진 대로 그리고 계율에 정한 대로 잘 설명해 주어라. 만약 그가 말하는 경이 법의 이치에 어긋나거든 즉시 이렇게 충고해 주어야 한다.

'현자여, 잘 들으시오. 나이 많은 장로가 법을 알고 계율에 밝다고 하지만 그것은 부처님의 법과 계율이 아닙니다. 그대가 제멋대로 들은 것으로, 경에 맞지 않고 법의 이치에도 어긋납니다. 부처님의 가르침과 같지 않으니, 마땅히 버려야 하는 것임을 아십시오.'

만약 어떤 비구가, '나는, 어질고 재능이 뛰어나고 밝은 지혜와 큰 복덕이 있어서 많은 사람이 받들어 섬기는 이를 가까이 하여 직접 이 법과 계율과 가르침을 받았다'라고 하더라도, 그가 말하는 것이 부처님의 가르침에 가깝지 않고 도에서 벗어나 정법을 훼손하는 것이면, 법의 구절과 경에 설해진 대로 그리고 계율에 정한 대로 잘 설명해 주어라. 만약 그가 말하는 경이 법의 이치에 어긋나거든 즉시 이렇게 충고해 주어야 한다.

'현자여, 잘 들으시오. 뛰어나고 크게 밝아 법과 계율을 잘 아는 이라고 하지만, 이것은 부처님의 법과 계율이 아닙니다. 그대가 제멋대로 받아들인 것으로, 경에 맞지 않고 법의 이치에도 어긋납니다. 부처님의 가르침과 같지 않으니, 마땅히 버려야 하는 것임을 아십시오.'

아난아, 만약 어떤 이가, '나는 부처님으로부터 이 법의 말씀을 들었다'라고 하더라도 그 말이 그릇되고 경법에 맞지 않거나, 만약 어떤 이가, '나는 법을 받드는 성중(聖衆)에게서 이것을 받았다'라고 하더라도 그 말이 그릇되고 경법에 맞지 않거나, 만약 어떤 이가, '나는 직접 나이 많은 장로에게서 이것을 받았다'라고 하더라도 그 말이 그릇되고 경법에 맞지 않거나, 만약 어떤 이가, '나는 어질고 재능이 뛰어나고 밝은 지혜와 큰 복덕이 있는 이로부터 직접 이 말을 들었다'라고 하더라도 그 말이 그릇되어 경법에 맞지 않으면, 여래의 말씀으로 분명히 이해시켜 알게 하고, 그 사람으로 하여금 경을 공부하고 계율을 받들게 하며, 여래의 경과 법을 자세히 가르쳐주어야 한다. 그리하여 성중이 이어받은 것과 장로들이 밝힌 것과 어질고 재능이 뛰어난 이들이 분별하는 것, 그리고 현자들이 자세히 들은 것들을 계율과 가르침과 같게 하여 다툼이 없도록 하고서 이 네 가지를 지녀야 한다.

아난아, 만약 그에게 이러한 네 가지 어둠이 있다면 정법을 훼손하는 것이니, 잘 분별하여 삿된 것을 버리고 네 가지 바른 뜻을 받게 하라. 이것이 법을 받아 지니고 수호하는 것이다.

만약 그가 경과 계율을 받들지 않는다면 비구들은 그를 내쫓아 버려라. 잡초를 제거하지 않으면 좋은 곡식의 싹을 해치는 것처럼, 제자가 올바르지 못하면 나의 도와 법을 무너뜨리게 된다. 서로 점검하여 바로 잡아주어 여래가 세상을 떠났다고 하여 가르침을 받들어 행하지 않는 일이 없도록 하여라.

세간에 사문이 있어서 경과 계율을 받들어 행하면, 천하가 복을 얻고 천신들이 모두 기뻐한다. 만약 어느 곳에 경에 밝은 비구가 있다는 말을 들으면, 그가 장로 비구이든 새로 배움에 들어온 이든 마땅히 찾아가서 물어야 한다. 이렇게 하면 청신사 · 청신녀 들이 옷과 음식과 좌구 · 침구 · 의약품 등을 즐거운 마음으로 공양할 것이다.

같은 길을 가는 비구들끼리는 반드시 화합하지 않으면 안 된다. 지옥 · 아귀 · 축생의 삼악도에 떨어지는 것은 다 화합하지 못한 때문이다. 비구들끼리 서로 흉보고 비웃으며, '나는 경을 많이 알지만 당신은 경을 조금만 안다'라고 헐뜯지 마라. 많이 알든 적게 알든 각자가 스스로 행하는 것이다. 또 말하는 것이 경에 맞으면 그대로 받아들이고, 맞지 않거든 버려야 한다. 이것이 여래가 설하고 비구가 받은 것이니, 반드시 잘 지녀야 한다.

만약 지금이나 후세에 경을 강론할 때에는, '이와 같이 나는 들었다. 어느 때 부처님께서 어느 나라 어느 곳에서 어느 비구들과 함께 계시며 이 경을 말씀하셨다'라고 말해야 한다.

만약 그 경에서 이 구절을 찾을 수 없다면, 그것은 여래가 말한 것이 아니다. 이와 같이 서로 받아 행한다면, 비구의 법은 오래 머무를 것이다."

이때 부처님께서 아난에게 함께 파탈리풋타로 가자고 말씀하시니, 제자들도 다 같이 따라나섰다. 부처님께서는 보가성을 좋아하시기에 성 가운데를 지나서 성 밖에 있는 선두 동산에 이르러 잠시 머무셨다. 파탈리풋타의 귀족 가문인 화씨(華氏)들이 부처님께서 오셨다는 말을 듣고 모두 나와 공손히 예배하고 한쪽에 앉았다.

부처님께서 화씨들에게 말씀하셨다.

"지혜로운 이는 집에 있으면서 공손하고 검소하며 절약합니다. 그는 네 가지를 받들어 그로써 기쁨을 얻습니다. 첫째, 부모와 처자를 공양하는 것입니다. 둘째, 손님과 노비를 무시하지 않는 것입니다. 셋째, 친척이나 아는 이들에게 베푸는 것입니다. 넷째, 왕과 천신과 사문과 수행자를 받들어 섬기는 것입니다.

이것이 참다운 삶으로서, 몸을 온전히 하고 집안을 편안히 하며 힘을 얻어 건강하고 재산과 명예를 얻게 되어 죽어서는 천상에 태어나는 길입니다."

부처님께서 화씨들을 위하여 핵심이 되는 갖가지 말씀으로 법을 설하여 바르게 교화하시니, 모두 기뻐하며 물러갔다.

그때 화씨 족의 춘다가 혼자 남아 있다가 일어나서 옷매무시를 단정히 하고 꿇어앉아 부처님께 말씀드렸다.

"변변치 못하나마 공양을 올리고자 하오니, 부디 제자들과 함께 오셔서 공양을 받아주십시오."

부처님께서 자비심으로 묵묵히 그것을 허락하셨다. 춘다는 기뻐하며 예배하고 돌아가 훌륭한 음식을 준비하고 집을 아름답게 꾸몄다. 그는 새벽에 상을 차리고 자리를 마련한 뒤에 부처님께 가서 말씀드렸다.

"공양이 다 준비되었으니, 부처님께서 드실 때가 되었습니다."

부처님께서 제자들과 함께 그의 집으로 가서 높은 자리에 오르셔서 대중 앞에 앉으시자, 춘다는 몸소 물을 따르고 발우를 받들어 음식을 담아 드렸다.

그때 한 못된 비구가 발우를 잡으려 했는데, 부처님께서는 그것을 알고 계셨다. 춘다도 부처님의 생각을 알고는 좋은 마음으로 공양을 올렸다. 춘다는 손 씻을 물을 돌린 다음 작은 자리를 가져와서 부처님 앞에 놓고 앉아 게송으로 여쭈었다.

> 자비와 지혜 모두 갖추신 부처님이시여!
> 이 세상을 벗어나 피안에 이르신 분이시여!
> 가르침을 내리시어 온갖 의심 끊어 주소서.
> 사문들은 몇 부류나 있는지요.

부처님께서 춘다에게 말씀하셨다.

"사문에겐 네 부류가 있으니, 잘 분별해 아십시오. 첫째, 도를 행함에 가장 뛰어난 이들입니다. 둘째, 도를 통달하여 능히 말할 수 있는 이들입니다. 셋째, 도에 의지하여 생활하는 이들입니다. 넷째, 도를 더럽히는 짓을 하는 이들입니다.

무엇을, '도를 행함에 가장 뛰어나다'고 하는가. 여래가 말한 법은 헤아릴 수조차 없기에, 능히 행할 수 있다면 다른 것과 비교할 수가 없습니다. 마음을 다스려서 근심과 두려움을 벗어나 법의 스승이 되어 세간을 이끌어 줄 수 있습니다. 이러한 사문을 가리켜 '가장 뛰어나다'고 합니다.

무엇을, '도를 통달하여 능히 말할 수 있다'고 하는가. 여래가 찬탄하는 고귀하고 미묘한 법의 의미를 이해하고, 그것을 몸소 행하여 의심하지 않으며, 다른 사람을 위하여 도의 법을 자세히 말해줍니다. 이러한 사문을 가리켜 '능히 말할 수 있다'고 합니다.

무엇을, '도에 의지하여 생활한다'고 하는가. 마음을 살펴서 그 마음을 스스로 지키고, 부지런히 배우는 일에 매진하며, 한결같이 바른길을 가고, 부지런하여 게으르지 않으며, 법으로써 스스로 마음을 닦습니다. 이러한 사문을 가리켜 '도에 의지하여 생활한다'고 합니다.

무엇을, '도를 더럽히는 짓을 한다'고 하는가. 마음 내키는 대로 즐기고, 문벌 높은 것을 믿고 오직 악행만을 일삼아 대중에게 물의를 일으키며, 여래의 말씀을 공경하지 않고, 죄를 두려워하지도 않는 것입니다. 이런 사문을 가리켜 '도를 더럽히는 짓을 한다'고 합니다.

무릇 사람들이 보고 듣고 나서는 나중에 자신을 일컬어 도를 행하고 청정한 지혜를 배우는 이라고 한다면 모두 이와 같습니다. 이 가운데에는 진실한 이도 있고 거짓된 이도 있으며, 선한 이가 있는가 하면 악한 이도 있으니, 어느 하나를 잡아 서로 똑같다고 할 수는 없습니다.

저 불선(不善)한 자는 현자(賢者)를 비방하기에 이르게 되는데, 이 때문에 여래의 계율에서는 악한 자를 쫓아내기도 하는 것입니다. 그것은 마치 어린 벼 틈에 생겨난 잡초를 뽑아버리지 않으면 벼를 해치고 마는 것과 같습니다. 세상에도 이런 무리가 많아서 안으로는 더러운 것을 품고 있으면서 밖으로는 깨끗한 척합니다.

만약 복을 아는 이라면 굳은 신심으로 도를 받들 뿐, 그들에게 원한의 생각을 일으키지 않습니다.

선(善)을 아는 이는 자신을 닦고 악을 멀리하며 탐욕 · 성냄 · 어리석음을 멀리합니다. 그리하여 그는 도를 빨리 얻게 됩니다."

부처님께서 말씀을 마치시니, 춘다는 매우 기뻐하였다.

반니원경 하권

이때 부처님께서 현자 아난에게 함께 쿠시나라로 가자고 말씀하셨다. 부처님께서는 파바국을 좋아하시어 성안을 두루 둘러보셨다. 가시는 도중에 부처님께서 갑자기 병이 나셨다.

등이 아파 나무 아래에 앉으셔서 현자 아난에게 말씀하셨다.

"발우를 가지고 카쿠타강에 가서 물을 떠오너라."

아난은 분부를 받고 곧 물가로 나갔으나 때마침 오백 대의 수레가 위쪽에서 물을 건너기 때문에 물이 혼탁하여 맑지 못하였다.

아난은 물을 떠 가지고 돌아와 부처님께 말씀드렸다.

"조금 전에 여러 대의 수레가 지나가 물이 맑지 않아 손발을 씻는 데나 알맞습니다. 히란냐바티강이 여기서 멀지 않으니 그 물을 길어오면 드시도록 하십시오."

부처님께서는 발우의 물로 얼굴과 발을 씻으셨다. 아픔을 참으신지 조금 지났을 때, 화씨의 대신 복계가 지나가다가 멀리서 부처님의 모습을 보았는데, 모든 감관이 고요하고 마음을 잘 다스려 선정의 적멸한 경계를 얻어 안색이 깨끗하고 좋으신 것을 보았다. 그는 기뻐하며 부처님께 나아가 공손히 예배하고 한쪽으로 물러섰다.

부처님께서 복계에게 물으셨다.

"그대는 무엇에 의해 법의 기쁨을 얻었습니까?"

"역람이라는 비구를 통해서입니다. 예전에 제가 길을 가다가 역람이 나무 아래에 앉아 있는 것을 보게 되었습니다.

그때 길에는 오백 대의 수레가 지나갔는데, 어떤 사람이 뒤에 도착하여 수레에서 내려 비구에게 묻기를, '앞에 지나간 여러 대의 수레를 보았습니까?'라고 하니, 그는 보지 못했다고 대답하였습니다. '정말 수레 소리를 듣지 못했습니까?'라고 다시 묻자, 역시 듣지 못했다고 하였습니다. '그러면 누워서 잠이 들었던 것입니까?'라고 하니, '나는 잠들지 않았으며, 도를 생각하고 있었습니다'라고 하였습니다.

그 사람은 감탄하면서, '수레 소리가 요란한데 깨어 있으면서도 듣지 못하였다 하니, 마음을 어떻게 집중하였기에 그렇습니까? 이런 일은 참으로 있기 어렵습니다. 오백 대의 수레 소리도 듣지 못하였다니, 다른 소린들 어찌 듣겠습니까?' 하고 곧 그에게 물들인 베옷 한 벌을 주었습니다.

제가 그때 이 말을 듣고는 그 경지를 훌륭히 여겨 따르다가 마침내 법의 기쁨을 얻어 오늘에 이른 것입니다."

부처님께서 복계에게 물으셨다.

'그대가 알기에 천둥벼락 소리는 오백 대의 수레 소리에 비해 어떠합니까?"

"천 대의 수레를 질주시켜 동시에 소리를 내게 한들 어디 천둥벼락 소리에 미치기나 하겠습니까?"

부처님께서 말씀하셨다.

"예전에 내가 아두마 마을을 지나갈 때였습니다. 해 질 무렵 별안간 먹구름이 몰려오더니 천둥이 치고 폭우가 쏟아지며 벼락이 떨어져 황소 네 마리와 밭 갈던 형제 두 사람이 목숨을 잃었기에 사람들이 많이 모여들어 떠들썩하였습니다.

그때 나는 선정에서 깨어나 경행하고 있었는데, 어떤 사람이 와서 머리 숙여 예배하고는 나를 따라 걸었습니다.

나는 그에게, '무엇이 그리 바쁘고 급한 것이오?'라고 물으니, '조금 전 친 벼락으로 황소 네 마리와 밭 갈던 형제 두 사람이 죽었습니다. 세존께서는 듣지 못하셨습니까?'라고 하였습니다.

내가 듣지 못했다고 하니, 그는, '그때 주무셨습니까?'라고 물었습니다. 그래서 나는, '잠든 것이 아니라 삼매(三昧)에 들어 있었습니다'라고 대답하니, 그 사람은 감탄하며 말하였습니다.

'선정에 들어 부처님과 같이 하셨다는 분은 들어 본 적이 없습니다. 벼락 소리가 천지를 진동시켰는데도 고요한 선정에 들어 듣지 못하셨다니 말입니다.'

그러자 그는 기뻐하였으며 법의 즐거움을 얻었습니다."

복계는 이 말씀을 듣고 게송으로 찬탄하였다.

부처님을 만나 뵙는 이라면
그 누가 기뻐하지 않으리오.
부처님의 복덕과 서원을 마침내 만나니
나에게 법의 이익 얻게 하시네.

부처님께서도 게송으로 대답하셨다.

법을 좋아하는 이는 안온하여
기쁨을 얻어 마음 깨끗하여라.
참된 분께서 말씀하신 법을
어진 이는 즐거이 행하니

법 행하는 이를 법이 보호함은
마치 비가 만물을 적셔줌과 같도다.

그때 대신 복계는 시종을 보내 새로 짠 황금 담요를 가져오게 하여 손수 받들어 올리면서 말씀드렸다.

"부처님께서 사용하지 않으실 줄 알고 있습니다만, 어여삐 여겨 받아 주시기 바랍니다."

부처님께서 그 담요를 받으시고 그를 위하여 핵심이 되는 갖가지 말씀으로 법을 설하시어 바르게 교화해 주셨다. 복계는 자리에서 물러나 말씀드렸다.

"저는 오늘부터 부처님께 귀의하고, 법에 귀의하고, 승가에 귀의하겠습니다. 청신사의 계를 받아 살생하지 않고, 남의 것을 훔치지 않고, 사음하지 않고, 속이거나 거짓말하지 않고, 술을 마시지 않고, 고기를 먹지 않겠습니다. 이러한 계를 감히 범하지 않겠습니다. 나랏일이 많아 이만 물러가고자 합니다."

그는 부처님 발에 이마를 대어 예배하고는 세 번 돌고 떠나갔다.

부처님께서 현자 아난에게 말씀하셨다.

"복계가 가져 온 황금으로 짠 담요를 가져오너라."

아난이 분부대로 곧 가져다 드리니, 부처님께서 받아서 몸에 두르셨다. 아난은 부처님의 얼굴이 고요하고 기쁨에 차서 자금색으로 빛나시는 것을 보고 무릎을 꿇고 말씀드렸다.

"제가 부처님을 모셔온 지 이십여 년이 되었으나 오늘처럼 부처님의 얼굴이 빛나고 안색이 밝으신 것을 보지 못하였습니다. 그 의미를 듣고자 합니다."

부처님께서 말씀하셨다.

"아난아, 두 가지 인연으로 여래의 안색이 밝게 빛나는 것이다. 무엇이 둘인가. 내가 위없는 바르고 참되고 묘한 정각(正覺)을 얻어 부처가 되었을 때와 나머지 무위(無爲)의 삶을 버리고 열반에 들 때이다. 그러므로 내가 오늘 밤에 열반에 들려고 하므로 안색이 밝게 빛나는 것이다."

아난은 울면서 말하였다.

"어찌 이리도 빠르십니까. 부처님께서 열반에 드심이 어찌 이리도 빠르십니까. 세간의 눈이 멸함이여!"

이때 부처님께서 현자 아난에게 히란냐바티강으로 가자고 말씀하셨다.

강가에 이르자 부처님께서 옷을 입으신 채 물에 들어가 두 손으로 옷을 걷어 올려 몸소 몸을 씻으셨다. 그러고는 물을 건너 맞은편 기슭으로 가시어 옷을 단정히 하시고 아난에게 말씀하셨다.

"아침에 제자 춘다에게 가서 공양하였으니, 밤에 열반에 들 것이다. 그러니 너는 춘다에게, '부처님이 그대의 공양을 받았으니, 밤에 열반에 들 것이다'라는 나의 뜻을 전하여 춘다의 마음을 풀어주어라.

천하에 두 가지 만나기 어려운 것이 있으니, 만약 만나서 몸소 공양한다면 의심과 두려움을 해결하고 바른 과보[正報]를 얻을 것이다. 무엇이 두 가지 만나기 어려운 일인가.

첫째, 공양을 올려 그 음식으로 기력을 얻어 무상정등각을 이루어 거룩한 부처가 되는 것이다. 둘째, 공양을 올려 그 음식으로 기력을 얻어 나머지 무위의 삶을 버리고 열반에 드는 것이다.

그러니 이제 춘다에게, '그대가 여래에게 공양을 올렸으니 긴 수명 · 욕심 없는 마음 · 큰 부 · 지극한 존귀함 · 관속의 다섯 가지 복을 얻어 마침내 천상에 태어나게 될 것이다'라고 춘다에게 말해 주어 근심하지 말고 기뻐하게 하여라.

또 '그대가 한 끼의 음식을 여래에게 공양한 인연으로 많은 과보를 받을 것이다. 그러므로 여래를 공경해야 하고 가르침[經法]을 배워야 하며 성중을 섬겨야만 함을 알아야 한다'라고 말해 주어라."

아난은 부처님께 말씀드렸다.

"찬나 비구는 천성이 패악하고 급하여 욕하기를 좋아하고 말이 많습니다. 부처님께서 열반하신 뒤에는 그를 어찌해야 하는지요?"

"내가 열반하고 난 뒤에 찬나 비구에게는 '아무도 상대해 주지 않는 벌[梵檀罰]'을 내려 대중들은 침묵하여 그와 말하지 않도록 하라. 그러면 그는 분명 부끄러움을 느껴 스스로 뉘우치게 될 것이다."

그때 부처님께서 현자 아난에게 말씀하셨다.

"침상을 펴다오. 등이 아프구나."

아난이 침상을 펴 드리자, 부처님께서 오른쪽 옆구리를 바닥에 대고 무릎을 굽혀 다리를 포개고 누우셔서 성인의 바른 지혜의 길을 사유하셨다.

부처님께서 현자 아난에게, "일곱 가지 깨달음 갈래를 말하라"고 하셨다.

아난은, "그렇게 하겠습니다."라고 대답하고 '일곱 가지 깨달음 갈래'를 말하였다.

"예전에 부처님께 들었습니다.

첫째, 살핌이라는 깨달음 갈래이니, 부처님께서는 이 법으로 스스로 깨달아 비할 바 없는 성인이 되시어 무위(無爲)에 의지하여 갈애를 여의시고 산란한 마음을 다스리셨습니다.

둘째, 법 선택이라는 깨달음 갈래이니, 부처님께서는 이 법으로 스스로 깨달아 비할 바 없는 성인이 되시어 무위에 의지하여 갈애를 여의시고 산란한 마음을 다스리셨습니다.

셋째, 정진이라는 깨달음 갈래이니, 부처님께서는 이 법으로 스스로 깨달아 비할 바 없는 성인이 되시어 무위에 의지하여 갈애를 여의시고 산란한 마음을 다스리셨습니다.

넷째, 기쁨이라는 깨달음 갈래이니, 부처님께서는 이 법으로 스스로 깨달아 비할 바 없는 성인이 되시어 무위에 의지하여 갈애를 여의시고 산란한 마음을 다스리셨습니다.

다섯째, 쉼이라는 깨달음 갈래이니, 부처님께서는 이 법으로 스스로 깨달아 비할 바 없는 성인이 되시어 무위에 의지하여 갈애를 여의시고 산란한 마음을 다스리셨습니다.

여섯째, 선정이라는 깨달음 갈래이니, 부처님께서는 이 법으로 스스로 깨달아 비할 바 없는 성인이 되시어 무위에 의지하여 갈애를 여의시고 산란한 마음을 다스리셨습니다.

일곱째, 담담함이라는 깨달음 갈래이니, 부처님께서는 이 법으로 스스로 깨달아 비할 바 없는 성인이 되시어 무위에 의지하여 갈애를 여의시고 산란한 마음을 다스리셨습니다."

부처님께서 말씀하셨다.

"아난아, 일곱 가지 깨달음 갈래를 다 말하였으니, 반드시 그대로 정진하여라."

"예, 말한 그대로 정진하겠습니다."

"그렇다, 아난아. 힘써 행하는 사람만이 도를 빨리 이룰 수 있다."

부처님께서 일어나 편히 앉으시고 법의 뜻을 사유하셨다.

이때 어떤 비구가 게송으로 말하였다.

감로의 교화는 부처님에게서 나왔나니
제자들은 들은 대로 말하도록 힘써야 하리.
이것을 후학들에게 권하고 가르치되
칠각지의 묘한 뜻은 현자에게 물어야 하리.

부처님께서 출현하시어 나로 하여금
청정하고 걸림 없는 행을 얻게 하셨네.
살핌과 법 선택을 바로하고
정진하면 기쁨이 생긴다는 것을
마땅히 배우고 닦아야 하리.

쉼과 선정과 담담함을 갖추면
법을 있는 그대로 깨달아 청정지혜 생기리라.
배우려고 힘쓰는 자들은 마땅히 이것을 듣고서
미세한 생각을 알아차리고 삿된 생각을 없애야 하리.

이와 같이 배움에 힘쓰는 자가 법왕이 되나니
도의 보배는 이 근원에서 나오느니라.
저들도 오히려 법을 들으려 하거늘
하물며 범부로서 듣지 않으랴.

뛰어나고 지혜로운 상수제자들도
와서 묻기를 힘쓰며 진리를 듣기 원하니
거룩하고 지혜 있는 이들도 싫어 않거늘
그 밖의 사람들이 어찌 듣지 않으랴.

만약에 때를 놓쳐 법을 듣지 못하면
다른 생각 일어나서 마음 어긋나
법에 대한 기쁨을 모르는 자가 되리니
부처님의 가르침은 잡된 생각 없게 하네.

법에 대한 기쁨이 있으면 쉼[一向]이라는 법이 생기며
무위를 이루어서 심행(心行)의 적멸을 얻게 되느니라.
바른 삼매 성취하여 듣고도 상(想)을 일으키지 않으면
이것을 법에 대한 깨달음이라 하네.

모든 행이 멸하고 순수한 지혜가 드러나면
스스로 삼세의 부처님께 귀의하게 되네.
바라건대 모든 인간과 천신은
자비로운 큰 도의 진리를 함께 배워야 하리.

오늘 이제 세존께서 열반하신 뒤에는
현명한 제자가 가르침과 지혜를 서로 이어가야 하리.
부처님이시여, 때때로 법의 말씀을 읊고 외우리니
바라건대 신골(神骨)이 되어서도 교화의 행을 도우소서.

그때 부처님께서 현자 아난에게 말씀하셨다.

"너는 사라쌍수 사이에 머리를 북쪽으로 가도록 침상을 차려라. 나는 밤중에 열반에 들 것이다."

아난은 분부대로 시행하고 돌아와 부처님께 준비가 되었음을 말씀드렸다.

부처님께서 사라쌍수로 가시더니 침상에 올라 오른쪽으로 누우셨다. 아난은 침상 뒤에서 머리를 숙이고 슬피 울며 한탄하였다.

"부처님께서 어찌 이리도 빨리 열반에 드시는 것인가. 세간의 눈이 멸함이 어찌 이리도 빠른 것인가. 제자들이 부처님을 뵙기 위해 사방에서 오면 그들은 절망에 빠질 것이다. 다시는 부처님을 뵙지도 못하고 모실 수도 없는데, 와서 뵙지도 못한다면 모두 슬픔에 빠질 테니 어찌하면 좋을까."

부처님께서 비구에게 물으셨다.

"아난은 무엇하고 있느냐?"

"뒤쪽에서 슬피 울고 있습니다."

부처님께서 아난을 부르셨다.

"아난아, 울지 마라. 네가 나의 시중을 들어 온 뒤로 몸으로나 입으로나 또 마음으로나 행하는 것이 항상 친절하였다. 인자한 마음으로 편안함을 베풀었으며, 생각하는 것이 자상하고, 늘 마음을 나에게 두고 있었다. 비록 과거세의 부처님 시자들이 부처님을 잘 시봉하였다고 하지만 너를 능가하지는 못하였을 것이다. 또한, 미래의 부처님과 현재의 부처님께 다른 시자가 있어서 마음을 다하여 시봉한다 할지라도 너를 능가하지는 못할 것이다. 왜냐하면 너는 나에게 적절한 시간을 알아서 잘 맞추어 주었기 때문이다. 즉 비구들이 나를 만나고자 할 때는 잘 살펴서 적절한 시간을 맞추어 주었고, 비구니와 청신사와 청신녀 등이 와서 나를 만나고자 청할 때도 잘 살펴서 시간을 맞추어 주었으며, 외도나 바라문이나 거사들이 와서 나를 만나고자 청할 때도 시간을 잘 맞추어 주었다."

부처님께서 비구들에게 말씀하셨다.

"세상에 가장 귀한 전륜성왕에게는 '네 가지 행하기 어려운 자연의 덕'이 있다. 무엇이 넷인가?

만약 그에게 속한 나라의 모든 크샤트리아 왕이 와서 알현하면 성왕(聖王)이 기쁘게 맞이하고는 법을 설해 주는데, 모두 즐겨 듣고 받들어 시행하니, 이것이 첫째의 덕이다.

만약 도를 닦는 바라문들이 와서 알현하면 기쁘게 맞이하고는 법을 설해 주는데, 모두 즐겨 듣고 받들어 시행하니, 이것이 둘째의 덕이다.

만약 집에 있는 거사들이 와서 알현하면 기쁘게 맞이하고는 법을 설해 주는데, 모두 즐겨 듣고 받들어 시행하니, 이것이 셋째의 덕이다.

만약 세속의 외도들이 와서 알현하면 성왕이 문득 나타나서 법을 설해 주는데, 모두 즐겨 듣고 받들어 시행하니, 이것이 넷째의 덕이다.

그리고 비구들이여, 현자 아난에게도 '네 가지의 아름답고 행하기 어려운 덕'이 있다. 무엇이 넷인가.

만약 비구들이 아난의 처소에 오면 기쁜 마음으로 맞이하여 경법을 설하니, 다들 마음이 열려 이해하고 즐거이 받들어 행한다. 또한, 비구니와 청신사 · 청신녀 들이 아난의 처소에 오면 기쁜 마음으로 맞이하여 경법을 설하니, 모두 마음이 열려 이해하고 즐거이 받들어 행한다. 이것이 첫째의 네 가지 덕이다.

현자 아난이 비구 · 비구니 · 청신사 · 청신녀 들을 위하여 법을 말할 때에는 그 마음이 단정하고 말이 올바르므로 다른 뜻이 있을 수 없으니, 듣는 이들은 공손하고 엄숙해져 조용히 듣고 받아들인다. 아난이 많은 법을 들을 때에도 마음이 적정하였기 때문에 잊어버리지 않으니, 이것이 둘째의 네 가지 덕이다.

만약 비구 · 비구니나 청신사 · 청신녀 들이 경법과 계율의 뜻을 잘 알지 못하여 아난에게 물으면, 아난은 곧 분별하여 말해 주어 모두가 이해할 수 있게 하고, 나간 뒤에도 아난을 칭찬하지 않는 이가 없으니, 이것이 셋째의 네 가지 덕이다.

여래가 말한 십이부경(十二部經)을 현자 아난은 다 외우고 기억하고 분별하여 널리 전하는데, 사부 제자들을 위하여 말할 때에는 꼭 들은 대로 하여 더하거나 줄이는 일이 없고 게으름을 피우는 일도 없다. 이것이 아난에게 있는 넷째의 네 가지 덕이다.

이것은 도달하기 어려운 것들로서 세상에는 견줄 만한 것이 없다."

그때 화신(化身)으로 나타난 비구가 부처님 앞을 가로막고 서자, 부처님께서 말씀하셨다.

"비구여, 내 앞을 막지 말고 비켜서거라."

현자 아난이 부처님께 말씀드렸다.

"제가 부처님을 모셔 온 지 이십오 년이나 되었지만, 안내도 없이 곧장 앞으로 나오는 이런 비구는 본 적이 없습니다."

"아난아, 지금 화신으로 나타난 비구는 여러 겁 동안 대존천(大遵天)이었는데, 신묘한 도를 닦아 위덕이 있고 근심과 두려움은 이미 없어졌다. 그는 내가 밤중에 열반에 들 것을 알고는 앞으로 영원히 여래를 볼 수 없기 때문에 찾아 온 것이다."

"이 천신만이 부처님께서 열반하실 것을 안 것인지요?"

"쿠시나라성의 동·서·남·북으로 사백팔십 리에 걸쳐 천신들로 꽉 차서 빈틈이 없다. 모두들 근심하고 탄식하고 술렁이며 불안한 마음으로 여래가 열반하는 것이 너무 이르다고 생각하고 있다."

현자 아난이 부처님께 여쭈었다.

"여기서 가까운 곳에 문물대국·왕사대국·만라대국·유야대국이 있습니다. 부처님께서는 그런 나라에서 열반에 들지 않으시고 왜 하필 이 좁고 누추하고 조그만 성에서 열반에 드시려 하십니까?"

부처님께서 말씀하셨다.

"아난아, 이 성이 좁고 누추하다고 말하지 마라. 이 나라도 옛적에는 그 이름이 구사바티로서 대왕의 도성이었다.

성의 길이는 사백팔십 리였고 넓이는 이백팔십 리나 되었으며, 장엄하게 꾸민 것이 마치 한 폭의 그림과도 같았다.

성의 담은 일곱 겹으로 둘러싸였으며 그 기반은 사층이나 되었고 높이가 여덟 길에 꼭대기의 넓이는 세 길이나 되었는데, 모두 황금·백은·수정 · 유리의 네 가지 보배로 만들어져 있었다. 성벽과 성 위에 낮게 쌓은 담은 아롱진 무늬로 조각하고, 땅에는 벽돌을 깔고 백성의 가옥들도 네 가지 보배로 이루어져 있었다.

길옆에는 다린 나무들이 저절로 나와 자라났고, 그 나무들 역시 네 가지 보배로 이루어져 있었는데, 금 나무는 잎과 꽃과 열매가 모두 은으로 되어 있었고, 은 나무는 잎과 꽃과 열매들이 금으로 되어 있었으며, 수정 나무 · 유리 나무도 그와 같았다.

미풍이 불어 나무가 흔들리면 늘 다섯 가지의 소리가 났는데, 그 소리가 부드럽고 애잔하여 마치 다섯 줄 현악기의 소리 같았다.

나무 사이에는 목욕하는 연못이 있었는데, 연못가에는 벽돌을 쌓아서 걸어 다닐 수 있도록 연결되어 있었다. 연못 한복판에는 네 가지 보배로 이루어진 정자가 있었으며, 정자의 계단과 난간 · 지붕 · 벽 · 평상 · 궤 모두 네 가지 보배로 되어 있었다.

연못 안에는 온갖 종류의 연꽃이 있었는데, 푸른 연꽃과 보랏빛 연꽃 · 노란 연꽃 · 붉은 연꽃 등이 사방으로 줄지어 피어 있었다. 연못가에 난 길에는 일곱 가지 기묘한 꽃들이 있었는데, 향기가 매우 아름다웠고 겨울 · 여름 할 것 없이 항상 피어 있어 오색으로 빛났다.

그리고 그 나라엔 항상 열두 가지의 소리가 끊임이 없었으니, 코끼리 소리 · 말 소리 · 소 소리 · 수레 소리 · 고동 소리 · 종소리 · 방울 소리 · 북소리와 춤추고 노래하는 소리 · 현악기 소리 · 어질고 의로움을 칭송하는 소리와 부처님의 공덕을 찬탄하는 소리였다.

그때 대쾌견이라는 이름의 전륜성왕이 있었는데, 사천하를 맡아서 정법으로 다스렸다. 그에게는 저절로 갖추어진 일곱 가지 보배가 있었으니, 금륜보(金輪寶) · 백상보(白象寶) · 감마보(紺馬寶) · 신주보(神珠寶) · 옥녀보(玉女寶) · 거사보(居士寶) · 성도보(聖導寶)였다.

다시 왕에게는 '네 가지의 신비한 덕'이 있었다. 나이가 모두 삼십삼만 육천 살이었으니, 동자로서 팔만 사천 살이고, 태자로서 팔만 사천 살이며, 전륜왕으로서 팔만 사천 살이고, 왕위를 버리고 법의(法衣)를 입고서 팔만 사천 살이었다. 이것이 첫째의 '신비한 덕'이다.

그리고 왕이 날아다니며 사천하를 유행할 때, 일곱 가지 보배가 앞에서 인도하고 뒤에서 따르며 가는 곳마다 신하들이 극진히 모셨으니, 이것이 둘째의 '신비한 덕'이다.

용모가 단정하고 아름다우며, 건강하여 병이 없고 기운이 알맞아 몸이 차지도 덥지도 않았으니, 이것이 셋째의 '신비한 덕'이다.

위신이 뛰어나고 마음은 언제나 온화하고 기쁘며 정도(正道)를 보고 법으로 백성을 교화하였으니, 이것이 넷째의 '신비한 덕'이다.

왕은 나갈 때마다 무엇이든 보시하여 복을 지었는데, 사람이 원하는 것에 따라 마실 것을 구하면 마실 것을 주고, 먹을 것을 구하면 먹을 것을 주고, 옷이나 수레나 말 · 꽃 · 향 · 돈 · 보배를 원하는 대로 주어 그들의 뜻을 거스르지 아니하였다.

백성을 사랑하기를 아버지가 자식 사랑하듯 하니, 백성들 역시 왕을 우러러 사모하기를 자식이 아버지를 우러러보듯 하였다.

또 왕은 나갈 때마다 마부에게 천천히 가도록 명하여 백성들이 오래 바라볼 수 있도록 하였다. 성품이 순박하고 어질어서 사방이 태평하였으니, 이것 또한 지극한 덕이었다.

왕이 다스리는 나라들이 팔만 사천이나 되었는데, 작은 나라의 왕들이 알현할 때마다 대쾌견 왕은 모두 전당[殿]에 오르게 하여 기쁘게 위안하고는 정법을 말해 주었다. 나라의 부족한 것을 물으면 왕들은 사양하며, '대왕의 두터운 은혜를 입어 모든 것이 만족하여 즐겁습니다'라고 대답하였다.

왕은 또 지시하기를, '각기 다스리는 곳을 장엄하되 나의 궁전과 같게 하고, 정법으로 교화하여 하늘이 낸 백성을 억울하게 하지 마라' 하고는, 작은 나라의 왕들에게 의관 · 신발 · 버선 · 수레 · 보물 등을 나누어 준 뒤에 하직하고 물러가게 하니, 모두 기뻐하였다.

이때 대왕이 다스리는 법전(法殿)은 길이가 사십 리나 되었는데, 층계는 네 겹으로 모두 황금 · 백은 · 수정 · 유리로 이루어져 있었다. 지붕과 벽 · 난간 · 기둥 · 들보 · 문지도리 · 주두 · 마룻대 · 서까래 · 용마루 · 처마며 평상 · 좌대 · 책상 · 대자리 등 모든 것이 네 가지 보배로 되어 있었다.

법전 위에는 팔만 사천의 휘장으로 둘러친 누다락이 있었는데, 모두 네모난 장막이 드리워져 있었다.

금 휘장 누다락에는 은으로 된 계단을 놓고, 은 휘장 누다락에는 금으로 된 계단을 놓았다. 수정 휘장 누다락과 유리 휘장 누다락 역시 이와 같았다.

휘장 사이에는 꽃이 드리워지고 과일이 달려 있었는데, 네 가지 보배로 뒤섞여 있었다. 장막 위는 금과 은으로 짜서 만든 붉은 무늬로 수놓은 갖가지 빛깔의 비단으로 꾸며졌고, 네모난 산호가 있었다. 휘장 중심에는 각기 네 가지 보배로 된 혼자 앉는 어상(御床)이 놓여 있었다.

사방에는 목욕하는 연못이 있었는데, 그 길이와 폭이 각각 일 유순이었다. 연못가에 있는 팔만 사천 그루의 다린 나무는 그 키가 일 유순이나 되어 모든 휘장과 누다락을 뒤덮고 있었다.

대왕이 나갈 때는 코끼리를 탔다. 그때 쾌견 왕이 자신의 재산으로 복된 일을 매우 많이 했으며, 아침마다 늘 사문과 바라문을 전당[殿]에 오르게 하여 음식을 베풀었다.

왕은 생각하였다. '해와 달이 뜨고 짐에 따라 나는 늙어갈 것이니, 보배 집을 짓는 일 등 오욕을 좇는 일을 절제하고 청정한 행을 닦아야겠다.'

그는 곧 시자 한 명만을 데리고 법전[殿]으로 올라가서는 금 휘장 안으로 들어가 은으로 만든 어상(御床)에 앉아 생각하였다. '천하에 음욕을 탐내는 것은 그리 기특한 일이 아니다. 태어난 자는 반드시 죽게 되고 몸뚱이는 죽어서 흙으로 돌아가리니, 존재하는 모든 것은 그 어느 것도 영원한 것이 없구나.'

다시 왕은 일어나 은 휘장 안으로 들어가 금으로 만든 어상에 앉아 생각하였다. '만나면 모두 헤어지는 법, 사랑하여 간절히 그리워한다 해도 소용없으니, 갈애를 버리고 청정한 행을 닦아야겠다.'

다시 왕은 일어나 수정 휘장 안으로 들어가 유리로 된 어상에 앉아 생각하였다. '늙고 병들고 죽는 일을 극복하고야 말겠다. 그릇된 마음을 고치고 행실을 바꾸어 탐욕 · 성냄 · 어리석음을 없애고 무위(無爲)의 도를 생각할 것이다.'

다시 왕은 일어나 유리 휘장 안으로 들어가 수정으로 된 어상에 앉아 마음을 골똘히 하여 생각하였다. '세간의 탐욕과 나쁜 법을 버리고 무위의 도를 생각하며 오직 청정히 하여 초선행(初禪行)을 이룰 것이다.'

이와 같이 그는 오래도록 여러 누다락을 돌아다녔다.

이때 팔만 사천의 옥녀들이 가장 높은 옥녀보(玉女寶)에게 다 함께 말하였다.

'천후께서는 알고 계실 것입니다. 저희가 다시는 대왕을 가까이서 모시지 못하게 될 것이라는 말을 들었습니다. 그러니 이제 정성과 공경을 다하여 나아가 뵙고자 합니다.'

천후가 대답하였다.

'그대들은 돌아가서 몸을 치장하도록 하라. 함께 알현하자구나.'

천후는 곧 성왕의 길잡이[聖導]에게 말하였다.

'저희 여인들이 오랫동안 대왕을 가까이서 모시지 못하였기에 공경하여 우러러보는 마음으로 모두 알현하고자 합니다.'

길잡이 신하는 곧 팔만 사천 마리 코끼리에 멍에를 메우고, 무소 가죽으로 된 갑옷을 입히고, 금으로 꾸미고, 보배 구슬로 고삐를 드리우니, 백상왕(白象王)의 붉은 갈기와 꼬리가 제일이었다.

팔만 사천 마리의 말에도 무소 가죽 갑옷을 입히고, 금으로 꾸미고, 보배 구슬로 고삐를 드리우니, 역마왕의 검푸른 몸에 붉은 갈기와 꼬리가 제일이었다.

팔만 사천 대의 수레에도 무소 가죽 갑옷과 네 가지 보배로 꾸미니, 성왕의 길잡이 신하가 탄 것이 제일이었다.

팔만 사천의 여인을 수레마다 한 명씩 태우니, 옥녀보가 제일이었다.

모든 왕이 이끌고 뒤따르며 법전 아래로 나아가니, 시중드는 신하가 아뢰었다.

'코끼리 · 말 · 수레를 타고 온 부인들과 작은 나라의 왕들이 모두 찾아와 뵙고자 합니다.'

왕은 시중드는 신하에게 명하여 법전 아래에 평상을 차리게 하였다. 왕이 법전에서 내려가 팔만 사천의 여인들을 보니 복장이 매우 화려하였다. 사람들은 탄식하며 말하였다.

'이것은 말로 표현하기 어렵구나. 왕이 여인들을 치장함이 이 정도에 이르다니!'

옥녀가 대응하여 말하였다.

'저희는 오랫동안 대왕을 모시지 못하게 되었기에 옷을 잘 꾸미고 와서 알현하고자 하는 것입니다.'

이때 왕이 자리에 앉으니, 여인들이 모두 앞으로 나와 머리 숙여 예배하고 한쪽으로 물러가 앉았다.

옥녀보가 앞으로 나아가 말씀드렸다.

'이제 이 모든 코끼리 · 말 · 수레와 옥녀와 작은 나라의 왕들은 대왕의 소유입니다. 부디 대왕께서는 잠깐이라도 지난날을 생각하시어 마음을 이곳에 두고 즐기시기 바랍니다.

또 팔만 사천 나라 가운데 천왕의 도성(都城)이 제일이며, 팔만 사천의 누다락 가운데 대정누다락이 제일입니다. 부디 대왕께서는 마음을 머물게 하시어 하늘이 주신 천성[性]과 천명[命]을 즐기시기 바랍니다.'

왕이 대답하였다.

'누이들이여, 내가 밤낮으로 몸을 단속하여 절제하고 마음을 바로 하여 자비로운 일을 하는 것은 오로지 이 탐욕을 떠나고자 함이다. 왜냐하면 여인들이 질투하는 모습은 그 재앙이 내 몸에까지 미치기 때문이다. 탐욕을 버리고자 함은 이런 허물을 멀리하려고 하는 것이다.'

옥녀보는 눈물을 흘리면서 말하였다.

'천왕께서는 어찌하여 혼자서만 애욕을 끊고 우리를 누이라 부르시며, 은애(恩愛)의 마음을 버리고 여인들의 소망을 끊으려 하십니까? 대왕께서 바른 마음으로 자비를 행하심은 무엇을 위한 것인지 듣고 싶습니다. 저희도 따라가서 닦고자 합니다.'

왕이 말하였다.

'자비로운 마음으로 올바르게 행하여 모든 번뇌에 떨어지지 않고 탐욕을 버려 덕을 닦고 청정함을 지키려고 하는 것이다. 사는 날은 적고 목숨 잃기는 쉬우니 사람이나 만물은 영원불변한 것이 아님을 기억하라. 오직 도만이 참된 것이다. 그러므로 모든 코끼리 · 말 · 수레 · 누다락 · 국토 · 소왕 · 부녀의 애욕까지도 다 버려, 다시는 뜻에 얽매이지 않고 스스로 몸을 근심거리로 여길 뿐이다.

하늘과 땅 사이에 태어난 것은 죽지 않는 것이 없다. 그대 누이들도 각자 바른 마음으로 자비를 행할 것이며, 제멋대로 살다가 번뇌에 떨어지지 않도록 하여라.'

옥녀보는 눈물을 닦으며 말하였다.

'이제 대왕께서 몸을 단속하고 절제하시어 번뇌에 떨어지지 않기를 바라시면서, 사는 날은 적고 목숨 잃기는 쉬우니 한적한 곳에 거처하며 몸을 근심거리로 여기고 청정한 행을 닦자고 하셨습니다.

모든 사람과 만물을 헤아려 보면 태어난 것은 죽지 않는 것이 없으니, 가지고 있는 모든 것을 다 버리고 뜻을 더럽히지 않고 깨끗한 계를 받아 잊지 않으려 하시는 것 같습니다.'

왕은 자비한 마음으로 여인들에게 작별인사를 하고는 모두 돌려보냈다.

그는 다시 법전으로 올라가 금 휘장 누다락에 들어가 앉아 자애로운 마음[慈心]을 생각하여 원한을 모두 잊고 시기와 미워함을 없앴으며, 더 나아가 큰 도의 한없는 덕행을 생각하고 널리 세간을 사랑하므로 스스로 단속하여 몸을 살폈다.

그는 다시 일어나 은 휘장 누다락에 들어가 앉아 연민의 마음[悲心]을 생각하여 원한을 모두 잊고 시기와 미워함을 없앴으며, 더 나아가 큰 도의 한없는 덕행을 생각하고 널리 세간을 슬퍼하므로 스스로 단속하여 몸을 살폈다.

그는 다시 일어나 수정 휘장 누다락에 들어가 앉아 기뻐하는 마음[喜心]을 생각하여 원한을 모두 잊고 시기와 미워함을 없앴으며, 더 나아가 큰 도의 한없는 덕행을 생각하여 널리 세간을 화합하므로 스스로 단속하여 몸을 살폈다.

그는 다시 일어나 유리 휘장 누다락에 들어가 앉아 보호하는 마음[護心]을 생각하여 원한을 모두 잊고 시기와 미워함을 없앴으며, 더 나아가 큰 도의 한없는 덕행을 생각하여 일체를 보호하려고 스스로 단속하여 몸을 살폈다.

그는 오직 이 네 가지 큰 범행(梵行)을 행함으로써 애욕의 마음을 물리치고 범행을 닦았다.

왕이 이와 같이 행하였기에 자재함을 얻어서 죽을 때에 안온하여 몸이 아프거나 가렵지 않았다. 마치 힘센 장사가 맛있는 음식을 한 번 삼킬 만한 잠깐 사이에 그의 혼신(魂神)이 제7 범천에 가서 태어났다.

그때 전륜왕이었던 대쾌견이 바로 지난 세상의 나였다. 이와 같이 아난아, 누가 이와 같은 옛적의 나의 숙명(宿命)을 알겠느냐. 전륜왕이 되어 칠보가 저절로 따르고 정법을 행하여 네 가지 덕이 있어서 항상 탐욕을 일으키지 않았으니, 그때엔 쿠시나라성 주위 사백팔십 리가 다 대왕의 영토에 속하였다.

나는 그 이전에도 크샤트리아 왕이 되어서 이미 여섯 번이나 이 땅에 뼈를 묻었으니, 쾌견 왕 때까지 모두 합하면 일곱 번이 된다. 이제는 부처가 되어서 이미 나고 죽음을 끊었으니, 이 뒤부터는 다시 몸을 짓지 않을 것이다.

나는 또한 일체의 것을 두루 마쳤다. 동·서·남·북을 다니면서 가는 곳마다 교화하다 보니 어느덧 석 달이 늦춰졌으니, 이제 이곳에 뼈를 묻어야겠구나."

현자 아난은 부처님의 이러한 말씀을 듣고 나서 여쭈었다.

"부처님께서 열반하신 뒤에는 어떻게 장례를 치러야 하는지요?"

"너는 잠자코 있어라. 바라문과 거사들이 알아서 잘할 것이다."

"바라문과 거사들이 지내는 장례법이란 어떤 것인지요?"

부처님께서 말씀하셨다.

"전륜성왕의 법과 같이 하는 것이다. 카시의 새 비단으로 시신을 싼 다음, 다시 오백 장의 고운 천으로 차례차례 싼 뒤에 시신을 금관에 안치하고 향유[麻油]를 충분히 붓는다.

다시 금관을 들어 올려 커다란 철곽 안에 안치하고, 많은 향나무를 그 위에 쌓아 놓고 다비한다. 다비를 마친 후, 사리를 거두어 사거리에 탑을 세우고, 사당을 짓고, 찰간대를 세워 비단을 내걸며, 꽃과 향을 올려 예배하고 섬겨야 한다. 이것이 전륜성왕의 장례법이다."

부처님께서 아난에게 분부하셨다.

"성에 들어가 모든 화씨에게, '부처님이 오늘 밤에 열반할 것이니, 하고자 하는 일이 있으면 빨리 해서 나중에 후회함이 없도록 하라. 또한, 부처님을 직접 뵙고 법을 들어 깨닫고자 한다면 이때를 놓치지 마라'라고 전하여라."

아난은 분부대로 즉시 쿠시나라성으로 들어갔다.

오백 명의 화씨들이 모여 의논하고 있는 것을 보고 아난은 존자들에게 알렸다.

"부처님께서 밤중에 열반하실 것입니다. 하고자 하는 일이 있다면 빨리 해서 나중에 후회함이 없도록 하십시오. 또한, 부처님을 직접 뵙고 깨닫고자 한다면 이때를 놓치지 마십시오."

사람들은 모두 놀라 슬퍼하며 탄식하였다.

"부처님께서는 어찌 이리도 빨리 열반에 들려 하십니까. 세간의 눈이 멸함이 어찌 이리도 빠른 것입니까."

슬피 울부짖는 소리가 궁중에까지 들리자, 왕은 태자와 여러 화씨들을 그곳으로 보내었다.

그들은 각각 집안의 권속들을 데리고 사라쌍수로 가서 아난에게 말하였다.

"부처님 앞에 나아가 예배하고 여쭙고자 합니다."

아난은 들어가 부처님께 말씀드렸다.

"태자 아신이 여러 귀족 가문의 권속들과 함께 와서 삼귀의를 받고자 합니다."

부처님께서는 잠시 계시다가 그들을 들어오게 하셨다. 사람들은 앞으로 나와 머리 숙여 예배하고 한쪽에 물러가 앉았다.

"부처님께서는 어찌 이리도 빨리 열반에 들려 하시는지요?"

태자의 말에 부처님께서 대답하셨다.

"나는 근본이 되는 것을 이미 말하였소. 세간은 참된 것이 아니어서 즐길 만한 것이 없습니다. 범부가 오래 살고자 하는 것은 오욕(五欲)에 연연하기 때문입니다. 이것은 번뇌만 생겨 이익이 없으니, 나고 죽음만이 더하여 오히려 한량없는 괴로움만 늘어날 뿐입니다. 그래서 나는 스스로 노력하여 자연스런 무욕의 경지를 얻어 금생에 부처가 되었습니다.

세상의 지혜로운 이는 언제나 부처 뵙기를 원하고 경법 듣기를 좋아합니다. 이미 이러한 뜻이 있으면 믿음·계행·보시·많이 듣고 널리 배움·지혜, 이 다섯 가지 뜻을 세움으로써 번뇌와 탐심을 벗어나게 됩니다. 그러면 태어나는 세상마다 부귀를 누리고 명예가 널리 드날리며, 천상에 태어나서 안락하게 되고 열반을 얻을 것입니다."

부처님께서 말씀을 마치시자, 태자와 화씨들은 모두 예배하고 물러갔다.

이때 왕은 나라 안의 남녀노소 십사만 대중을 데리고 사람들이 잠이 들 시간에 사라쌍수로 왔다. 그는 아난에게 부처님을 뵙고 가르침을 받기를 청하였다.

아난이 나아가 여쭈자 부처님께서는 그들을 들어오게 하셨다.

왕은 나라 안의 어질고 착한 이들을 데리고 나아가 머리 숙여 예배하고 한쪽에 물러나 앉았다.

앞에 등불이 없어 캄캄하였기에 부처님께서 정수리로 광명을 놓으시니 이천 리를 환히 비추었다.

부처님께서 대왕에게 말씀하셨다.

"군신들을 거느리고 오느라 수고가 많으셨습니다."

왕이 부처님께 여쭈었다.

"부처님께서 열반에 드시려 하시니, 무슨 유훈이라도 있으신지요?"

왕에게 대답하셨다.

"내가 부처가 된 지 사십구 년이 되었습니다. 그동안 말해온 경과 계율에는 일체가 모두 갖추어졌으니, 대왕의 나라에 사는 현명한 이들은 이미 잘 가려서 알고 있습니다."

왕과 신하들이 몹시 슬퍼하며 괴로워하니, 부처님께서 왕에게 말씀을 계속하셨다.

"예로부터 천신이나 사람이나 태어난 것은 죽지 않은 것이 없습니다. 죽어서도 없어지지 않는 것은 오직 열반의 즐거움뿐입니다. 그런데 왕은 어찌하여 슬퍼하십니까. 마땅히 선한 법만을 생각하여 지난 허물을 고치고 미래에도 마음을 닦아야 합니다. 이로써 나라를 다스리되, 횡포하지 말고 어진 이를 잘 대우하며 작은 허물은 너그러이 용서하여 주도록 하십시오.

또한, 네 가지의 은혜를 힘써 행하여 백성들의 마음을 편안하게 해 주십시오. 무엇이 네 가지냐 하면, 첫째는 보시하여 부족한 것을 베푸는 것이고, 둘째는 어질고 사랑하는 마음으로 백성 보기를 제 자식같이 보는 것이며, 셋째는 선하고 바른 법으로써 교화하여 백성들을 이롭게 하는 것이고, 넷째는 이익을 같이하여 아랫사람과 함께 즐거워하는 것입니다.

왕께서 이와 같이 한다면 항상 그 복을 얻을 것입니다. 나는 과거세에 이 네 가지 은혜를 베풀어서 헤아릴 수 없는 생애 동안 덕을 쌓아 왔기에 부처가 되었고, 비로소 열반의 즐거움을 알게 된 것입니다."

부처님께서 게송으로 말씀하셨다.

금생에 깨달아 부처가 되니 가장 높구나.
탐욕 버리고 청정하여 번뇌 없으며
지혜로써 천신과 인간을 이끌어주니
누구든지 따르는 이는 기쁨 얻으리.

복의 과보 지극히 즐거운 것이어서
미묘한 소원과 뜻 모두 이루어지네.
용맹스럽게 정진하여 최상의 해탈 얻었으니
나 이제 저 열반에 들어가리라.

왕과 그를 따라온 이들은 모두 일어나 부처님께 예배하고 부처님을 세 번 돌고 물러갔다.

이때 성안에 백이십 살 된 수밧다라는 늙은 외도가 있었다. 그는 부처님께서 밤중에 열반하신다는 소식을 듣고 생각하였다. '나는 언제나 고타마에게 물어보고 싶은 것이 있었는데, 지금 가서 그 의심을 풀어봐야겠다.'

그는 곧 자리에서 일어나 스스로의 힘으로 사라쌍수로 가서 아난에게 말하였다.

"고타마께서 오늘 밤중에 열반하신다고 들었는데, 만나 뵙고 의심을 풀고 싶습니다."

아난이 말하였다.

"안 됩니다, 안 됩니다, 수밧다여. 부처님을 번거롭게 하지 마십시오."

그렇지만 수밧다도 두 번 세 번 간곡하게 말하였다.

"내가 들으니 부처님은 그렇게 온 이 · 동등한 이 · 바르고 평등하게 깨달은 이 · 명에의 행을 완성한 이 · 잘 간 이 · 세간을 아는 이 · 더 이상 없는 이 · 사람을 길들이는 이 · 천신과 인간의 스승 · 깨달은 어른으로 불리며, 만나기 어려운 것이 마치 우담바라꽃이 백천만 년에 한 번 피는 것과 같다고 합니다. 그러니 한 번 뵙고 의심을 풀고자 합니다."

아난은 부처님을 괴롭히고 또 번거롭게 한다 하여 들여보내려 하지 않았다. 그러나 부처님께서 신통의 마음으로 꿰뚫어 들으시고, 그 청정함이 보통사람을 넘어선 분임을 아시고는 아난에게 말씀하셨다.

"말리지 말고 들여보내라. 내 마지막으로 외도 수밧다를 제도하겠다."

수밧다는 들어가게 되자 말할 수 없는 기쁨에 선심(善心)을 일으켰다. 그는 직접 부처님을 뵙게 된 즐거움에 예의를 갖추고 공손히 절하고 한쪽에 물러서서 부처님께 말씀드렸다.

"여쭙고 싶은 것이 있으니 기회를 주시어 그 의심을 끊게 해 주십시오."

"그대 뜻대로 물어보십시오. 듣고 나면 의심이 풀릴 것입니다."

왕이 부처님께 여쭈었다.

"지금 이 세상의 수행자들이 저마다 스스로를 스승이라고 하는데, 고구(古龜) · 무실(無失) · 지행(志行) · 백로자(白鷺子) · 연수(延壽) · 계금번(計金樊) · 다적원(多積願) · 니간타[尼犍子]가 여덟 사람은 남들이 스승이라고 합니까, 아니면 스스로 스승이라고 합니까?"

"저들의 도는 부처님의 도와는 다릅니다. 그들은 스스로 삶을 탐하고 희망하는 생각으로 삿된 길을 걷고 있습니다.

첫째는 삿된 견해이니, 이 세상과 다음 세상에 지은 것을 스스로 받는 줄을 알지 못하고 점을 치거나 제사를 지내는 것으로 복을 구하기를 좋아합니다.

둘째는 삿된 생각이니, 생각이 애욕에 있고 다투고 성내는 마음에 있습니다.

셋째는 삿된 말이니, 거짓말하고 아첨하고 남을 헐뜯으며 꾸밈말을 합니다.

넷째는 삿된 행동이니, 살생하고 도둑질하고 음란하고 방탕합니다.

다섯째는 삿된 생활이니, 옷이나 음식을 구할 때 바른 도로써 하지 않습니다.

여섯째는 삿된 정진이니, 악행을 끊지 못하고 선행을 하지 않습니다.

일곱째는 삿된 기억이니, 뜻으로 늘 즐거운 것만을 탐하면서 이 몸을 깨끗하다 여깁니다.

여덟째는 삿된 선정이니, 오로지 마음으로 바라기만 할 뿐 벗어나는 길을 알지 못합니다.

수밧다여, 나는 일찍이 집을 나온 지 십이 년 만에 도를 이루어 부처가 되었고, 법을 설해 온 지는 오십 년이 되었습니다. 집을 떠나 계(戒)·정(定)·혜(慧)와 해탈(解脫)과 해탈지견(解脫知見)을 온전히 갖추었습니다. 바른 도를 말하는 이는 오직 불법의 사문뿐이고, 그 밖의 범부와 외도는 그렇지 않습니다.

내가 본래 밟아 온 길은 '팔정도[八眞道, 八正道]'에 있습니다. 제1의 사문도 이것을 따라 얻고, 제2·제3·제4의 사문에 이르기까지 모두 이것을 따라 이루는 것입니다. 만약 이 팔정도를 알지 못하면 그 사람은 사문의 네 가지 도[沙門四果]를 얻지도 못합니다.

팔정도란, 첫째는 바른 견해[正見]이니, 금생이나 후생에 선을 행하면 복이 있고, 악을 행하면 재앙을 얻는 것을 아는 것입니다. 괴로움[苦]을 알고 괴로움의 집기[集]를 알아서 온갖 행을 멸(滅)하여 도(道)를 얻는 것입니다.

둘째는 바른 생각[正思]이니, 즐겁게 출가를 생각하고, 다투고 성내는 마음을 버리는 것입니다.

셋째는 바른 말[正言]이니, 말이 진실하고 정성스럽고 부드럽고 충실하여 믿을 만한 것입니다.

넷째는 바른 행동[正行]이니, 살생하지 않고 도둑질 하지 않으며 음란한 마음이 없는 것입니다.

다섯째는 바른 생활[正命]이니, 옷이나 음식을 구할 때에는 바른 도로써 하고 삿되게 하지 않는 것입니다.

여섯째는 바른 정진[正治]이니, 악행을 억제하고 선한 뜻을 일으키는 것입니다.

일곱째는 바른 기억[正志]이니, 몸[身]과 느낌[痛] · 마음[心] · 법[法]을 관하여 덧없고 괴로우며 무아(無我)이며 부정(不淨)한 것임을 아는 것입니다.

여덟째는 바른 선정[正定]이니, 사선행(四禪行)을 성취하여 마침내 무위에 도달하는 것입니다.

사문과 바라문이 이 팔정도를 행한다면, 사문의 네 가지 도를 이루어 능히 사자후를 하게 될 것입니다. 나의 현명한 제자들은 세간에 대한 욕망을 멸하고 수행에 게으르지 않아 아라한이 되는 것입니다."

이에 수밧다는 아난에게 말하였다.

"참으로 기쁩니다, 현자여. 이것은 이롭고 매우 좋은 일이며 일찍이 없었던 일입니다. 그대와 같은 상수제자가 되어 이러한 가르침을 들을 수 있다면, 이 또한 훌륭한 일이 아니겠습니까. 이제 거룩한 은혜를 입어 이러한 가르침을 들었으니, 바라건대 집을 떠나 비구계를 받고자 합니다."

아난은 부처님께 말씀드렸다.

"외도 수밧다가 부처님의 법을 배우기를 원하여 집을 떠나 계를 받고 사문이 되고자 합니다."

부처님께서 그것을 허락하시고 그에게 다가가 계를 주려고 생각하셨

다. '이 외도 수밧다가 내가 가장 마지막에 보는 깨달음을 얻은 청정한 사람이로다.'

그리고 즉시 계를 주어 비구가 되게 하였다.

"일심으로 계를 받아 방일하지 말고 마음을 잘 다스려 생각할 것은 생각하고 끊을 것은 끊어 버려라. 그대가 바라던 대로 머리카락과 수염을 깎고 가사를 입어라. 그대는 집에 머무는 청신사에서 집을 떠나 사문이 되어, 도와 법을 얻고 뜻으로 범행을 갖추어 스스로 알고 깨달아라. 깨달음을 이루고 나서, '마음을 이미 깨쳤다'라고 아라한처럼 외쳐라."

곧 현자 수밧다는 이미 세간을 건너 아라한이 되었다.

그는 앉아서 조용히 생각하였다. '내가 부처님께서 열반에 드시는 것을 기다릴 때가 아니구나.'

그러고는 갑자기 먼저 열반에 들었으므로, 부처님께서는 그보다 뒤에 열반하시게 되었다. 그때 부처님께서 비구들에게 말씀하셨다.

"내가 열반한 뒤에 만약 이와 같은 외도의 무리가 법을 실천하고자, 머리를 깎고 몸을 깨끗이 씻고 집을 떠나 계를 받고자 한다면, 그들이 사문이 되기에 적합한지 알아보아야 한다.

어떻게 할 것인가. 만약 그들이 큰 뜻을 가지고 있으면 먼저 석 달 동안 가르쳐라. 그리고 그가 탐욕을 버리고자 하는 마음이 있는지 없는지를 알아보아야 한다. 만약 말과 행동이 같은 이로서 능히 허물을 버릴 수 있으면 먼저 십계를 주고, 삼 년 동안 허물이 없이 지키면 그 다음에 이백오십계를 주어라. 그 가운데 십계는 근본이 되고 이백사십 계는 예의범절이 된다. 이것을 행할 수 있다면 모든 천신이 기뻐하고 사람들이 우러러 볼 것이다.

또한, 계율을 받아 사문이 되고자 하는 이에게는 네 가지의 인연이 있다. 모두 도에 다가가기를 바라고 즐거워하는 마음은 있는데, 내가 열반한 뒤에 어떤 이는 관법의 죄를 피하여 사문이 되려 하고, 어떤 이는 나이가 많아 사문이 되려 하고, 어떤 이는 가난하여 사문이 되려 하고, 어떤 이는 바른 행을 익히려고 사문이 되기 원할 것이다.

대개 재능이 뛰어난 이는 바른 행을 익히려 할 것이고, 나이가 많거나 빈곤하거나 관법을 피해서 찾아와 도를 닦으려 하는 이들은 옷이나 먹을 것만을 구하려 할 뿐이다.

법의 말씀을 받아 외우고 범행을 갖춘 이는 오래 머물게 되리니, 이를 따르면 많은 사람을 편안케 하고, 많은 사람이 제도 받게 되며, 세간이 의지하게 되고, 천상과 인간을 이롭게 할 것이다. 그러므로 '법을 좇는 이는 현세에서 안온함을 얻고 현세에서 해탈을 얻는다'라고 하는 것이다. 마땅히 잘 살펴 받아 지녀라.

무슨 법으로 현세에서 편안함을 얻고 해탈을 얻게 되는가. 부처가 말한 십이부경(十二部經)을 말함이니, 첫째는 문(文)이고, 둘째는 노래[歌]이며, 셋째는 기별[記]이다. 넷째는 송(頌)이고, 다섯째는 비유이며, 여섯째는 본기(本記)다. 일곱째는 사해(事解)이고, 여덟째는 생전(生傳)이며, 아홉째는 광박(廣博)이다. 열째는 자연(自然)이고, 열한째는 도행(道行)이며, 열두째는 양현(兩現)이다. 이러한 것들을 법이라 한다.

이것을 지니고 법답게 행한다면, 곧 현세에서 편안하고 해탈을 얻게 된다. 자세히 받아 지니고 암송하며 바른 마음으로 생각하면 깨끗한 도가 오래 머무르게 된다.

그대들 모든 제자는 게으르지 말고 정진해야 한다. '부처님께서 이미 가셨으니 귀의할 곳이 없다'라고 말하지 마라. 반드시 법의 가르침을 이어서 항상 한 달에 두 번, 보름과 그믐에 계법을 강설하라. 몸을 청정히 지키는 '육재일(六齋日)'에 높은 자리에서 경을 암송하고 마음을 경에 의지하여 부처가 생존했을 때와 같이하여라.

또한, 훌륭한 가문 출신의 남녀들이 반드시 기억해야 할 네 가지 일이 있다. 첫째는 보살로서 처음 내려온 때이고, 둘째는 부처가 처음으로 도의 신묘한 정각을 이룬 때이다. 셋째는 처음 경을 설하여 법의 바퀴를 굴린 때이고, 넷째는 나머지 무위의 삶을 버리고 열반에 드는 때이다.

마땅히 이와 같이 생각하고 말해야 한다. '부처님이 태어나실 때에 복덕이 이러하고, 부처님이 도를 얻으실 때에 신력이 이러하고, 법의 바퀴를 굴리실 때에 사람을 제도하심이 이러하고, 열반하실 때에 남기신 법이 이러하다.'

말법의 시대가 되어 이것을 기억하면서 의행(意行)을 일으키는 이는 모두 천상에 나게 될 것이다. 만약 이것을 받고도 의심이 있으면 마음이 부처와 법과 성중에 있는 것이 아니라고 보아야 한다.

괴로움 · 집기 · 멸함 · 길을 마땅히 알아야 하며, 그것을 물을 때는 내가 살아 있을 때 이 말을 가지고 내 앞에서 물었던 것처럼 하라. 그리고 내 앞에서 직접 들은 제자는 그 물음에 대하여 내가 설한 그대로 말해 주어라."

현자 아난이 부처님 뒤에서 부채질을 하고 있다가 말씀드렸다.

"그렇게 하겠습니다. 이미 모두가 그와 같이 하고자 합니다. 어느 비구도 부처님과 법과 승가와 사제법[四諦]을 의심하거나 비난하는 이는 없습니다."

"아난아, 이미 여래의 바른 교화를 기쁘게 받고 부처님과 법과 승가와 괴로움 · 집기 · 멸함 · 길에 대하여 의심이 없다면, 그는 탐욕과 교만과 번뇌의 마음을 버리고 부처의 가르침을 따르고 정진하여 조용히 도행을 사유해야만 한다.

이것이 마지막 부처의 유훈이니, 반드시 그대로 따르라. 그대 비구들은 부처의 모습을 보아라. 다시는 보기 어려울 것이다. 지금으로부터 일억 사천여 년 뒤에야 미륵불이 나올 것이니, 부처를 늘 만나기는 어렵다. 세상에 우담바라라는 꽃이 있는데 그 꽃은 피지 않고 열매만 맺는다. 만약 그것이 꽃을 피우면 세상에 부처가 나타나게 된다. 부처는 세간의 태양과 같으니, 모든 어두움을 없애기 위해 항상 마음을 쓴다. 내가 스승이 되어 나이가 일흔아홉에 이르니, 해야 할 것은 이미 다 밝혀 놓았다. 그대들은 부지런히 정진하여라. 밤이 벌써 깊었구나."

이때 부처님께서는 초선을 생각하시어 곧 초선에 드셨다. 다시 제2선을 생각하시어 곧 제2선에 드시고, 다시 제3선을 생각하시어 제3선에 드시고, 다시 제4선을 생각하시어 제4선에 차례로 드셨다. 다시 끝없는 공간을 생각하시어 공무변처[空無際, 空無邊處]에 드시고, 다시 끝없는 식별을 생각하시어 식무변처[識無量, 識無邊處]에 드시고, 다시 어떤 것도 아닌 것을 생각하시어 무소유처[無所用, 無所有處]에 드시고, 다시 상(想)도 아니고 상도 아닌 것도 아닌 것을 생각하시어 비상비비상처[不想入, 非想非非想處]에 드시고, 다시 상(想)과 지(知)가 멸함을 생각하시어 상수멸정[想知滅, 想受滅定]에 드셨다.

이때 아난이 아나율에게 물었다.

"부처님께서는 열반에 드셨습니까?"

"아닙니다. 부처님께서는 지금 막 상수멸정에 드셨습니다."

아난이 말하였다.

"예전에 부처님께서 사선(四禪)에서 앎이 없는 데 이르러 나머지 무위의 삶을 버리고 열반에 드는 것이다'라고 말씀하신 것을 들었습니다."

이때 부처님께서는 '상수멸정'을 떠나 '비상비비상처'에 드셨다. 다시 '비상비비상처'를 떠나 '무소유처'에 드셨다. 다시 '무소유처'를 떠나 '식무변처'에 드셨다. 다시 '식무변처'를 떠나 '공무변처'에 드셨다. 다시 '공무변처'를 떠나 제4선에 드시고, 제4선을 떠나 제3선에 드시고, 제3선을 떠나 제2선에 드시고, 제2선을 떠나 초선에 드셨다. 그러시더니 다시 초선에서 차례로 제3선에 드시고, 제4선에서 앎이 없는 데 돌아와 나머지 무위의 삶을 버리고 곧 열반에 드셨다.

이때 땅이 크게 진동하고 여러 하늘과 용 · 귀신 들이 허공에 가득 차서 비 오듯 꽃을 뿌리며 탄식하고 사모하여 함께 와서 공양하였다. 욕계 제2천의 도리천의 제석천왕도 내려와 게송으로 말하였다.

다섯 근간의 결합은 항상함이 없으니
생겼다 사라지는 허망한 법이로다.
태어난 것은 죽지 않는 것이 없으니
부처님의 열반만이 즐거움이로다.

제7 초선천의 범천도 내려와 게송으로 말하였다.

묘하도다. 부처님께서 벌써
세간의 온갖 것 다 버리시고
청정한 가르침 남겨 두시니
삼계에 견줄 이 없다네.
신묘하고 참된 힘 지닌 두려움 없는 이여
그 광명이 이제 막 없어졌도다.

현자 아나율이 게송으로 말하였다.

부처님은 이미 무위에 들어
날숨 들숨 쉬지 않으시네.

본래 무위에서 오셨으니
신령한 빛 여기서 다 꺼졌도다.

모든 뜻이 깨끗하여 걸림이 없건만
사람들을 위하여 이 몸 받으셨나니
은혜의 가르침 널리 펴시고
이제는 물러가 적멸로 돌아가셨네.

부처님 만나 본 이 어느 누구도
은혜를 입지 않은 이 하나도 없으니
지금 막 고요한 데 드셨지만
깨달음을 구하면 다시 나타나시리.

이때 비구들은 모두 웅성거리며 부르짖었다.

"부처님께서 열반에 드심이 너무도 빠르구나. 세간의 눈이 멸함이 너무도 빠르구나."

그 가운데는 근심하고 탄식하며 세상은 괴로움인데 도를 이루지 못한 것을 스스로 슬퍼하는 이도 있었으며, 어떤 이는 기절하기도 하였다. 어떤 사람은, '마음은 존재에 의지하여 인연을 좇아 일어나며, 짓고 또 지으며 덧없음의 괴로움을 받는다. 태어나면 죽음이 있고, 죽으면 다시 태어나 생사를 왕래하면서도 정신은 없어지지 않아 올바른 곳에 이르지 못하는구나'라고 생각하기도 하였다.

현자 아나율이 말하였다.

"모두들 그만 그치십시오. 그리고 아난이여, 비구들을 깨우쳐 주십시오. 천인들이 이것을 본다면 미혹하다 할 것입니다. 집을 떠나 무위법에 들어온 이들이 어찌 법으로써 스스로 위안하지 못한단 말입니까."

아난은 눈물을 닦으며 아나율에게 물었다.

"이 위로 천인들이 얼마나 있습니까?"

"위야월로부터 구다묘와 히란냐바티강에 이르기까지 사백팔십 리에 걸쳐 천인들이 가득 차서 빈틈이 없습니다."

비구들은 웅성거리며 제각기 말하였다.

"부처님께서 열반에 드심이 너무도 빠르구나. 세간의 눈이 멸함이 너무도 빠르구나."

그 가운데는 근심하고 탄식하고 슬퍼하면서, "세간의 괴로움을 생각하면서도 탐욕에 눈이 어두워 도를 깨닫지 못하였다."라며 뉘우치는 이도 있었다.

또는 서로에게 다음과 같이 일깨워 주기도 하였다.

"부처님께서는, '나고 죽는 일은 본래 인연 따라 일어나니, 뜻으로 짓고 또 지으면서 덧없음의 괴로움을 받는다. 태어나면 죽음이 있고 죽으면 다시 태어나게 되니, 식별[識]이 행(行)을 따라다니기 때문에 열반을 알지 못한다'라고 하셨습니다. 부처님께서 이미 열반하셨으니 제각기 정진합시다."

이미 한밤중이 지나자 아나율은 아난에게 성안에 들어가 알리라고 하였다.

"부처님께서 열반하셨습니다. 하고 싶은 일이 있으면 모두 와서 이때를 놓치지 마십시오."

아난이 성안에 들어가 알리자, 화씨들은 이 말을 듣고는 깜짝 놀라 어쩔 줄을 모르고 슬퍼하며 말하였다.

"부처님께서 열반에 드심이 어찌 이리도 빠르단 말인가. 세간의 눈이 멸함이 어찌 이리도 빠르단 말인가."

성안의 사람들이 모두 모여 꽃과 향을 받들고 부처님의 유체가 있는 곳으로 나아가 머리 숙여 예배하고 공양을 올린 뒤 아난에게 물었다.

"장례의 법은 어떻게 할 것인지요?"

"부처님의 분부대로 전륜성왕의 법으로 하되, 부처님의 장례는 더욱 성대하게 치를 것입니다."

이에 문벌 귀족들이 말하였다.

"칠 일 동안 음악·꽃·향·등촉 등으로 공양하여 우리들의 마음을 전하고자 합니다."

"그대들 뜻대로 하십시오."

아난이 허락하자, 화씨들은 황금 항아리·황금 수레·황금 시상·황금 관을 만들고, 또한 철곽도 만들었다. 그리고 카시의 새 비단과 오백 장의 고운 천도 갖추었다.

이때 사방에서 모인 사람들이 사백팔십 리의 길을 꽉 메웠다. 모두 악기와 꽃·향·등촉 등을 가지고 사라쌍수로 왔다. 그리고 함께 부처님의 유체를 들어 올려 황금 시상 위에 모시고 기악을 울려 공양하였다.

화씨들은 젊은이들을 뽑아 황금 상여를 모시고 구다신지로 가서 다비하기로 하였다. 하지만 젊은이들이 부처님 유체에 다가갔으나 시상을 들어 올릴 수가 없었다. 두 번 세 번 거듭 들게 하였지만 끝내 들어 올릴 수가 없었다.

현자 아나율이 아난에게 말하였다.

"부처님의 시상이 들어지지 않는 것은 분명 여러 천인의 뜻일 것입니다. 그러니 화씨의 젊은이들이 상여의 왼쪽을 메게 하고, 천인들이 오른쪽을 메게 합시다. 그 뒤를 백성들이 따르게 하여, 함께 상여를 모시고 동쪽 성문으로 들어가 두루 성안을 돌면서 하늘의 음악을 연주해 공양을 마치고, 다시 서쪽 성문으로 나와 구다신지에 모시고 향나무를 많이 쌓아

다비해야 할 것입니다."

아난이 말하였다.

"그렇게 하십시오. 천인들이 원하는 대로 따릅시다."

그리고 아난이 화씨들에게도 알리자, 그들도 모두 공경히 따르겠노라 하였다. 그리하여 젊은이들에게는 갖가지 비단으로 상여 왼편에 줄을 메게 하였고, 천인들은 하늘의 비단으로 상여 오른편에 줄을 메게 하였다. 그리고 나머지 수없이 많은 천인은 허공에서 여러 가지 꽃을 흩뿌리고 향수를 뿌리어 비 오듯이 하였다.

이때 바현의 대신이 쿠시나라의 대신과 의논하여, 인간의 음악으로 앞에서 노래하고 하늘의 음악으로 뒤를 이어서 유체를 보내 드리자고 하였다. 의논한 대로 천천히 동쪽 성문으로 들어가 두루 성안을 돌면서 네거리와 마을 골목 곳곳에 머무르며 꽃과 향과 기악으로 공양하였다.

다시 서쪽 성문을 나와 구다신지에 이르자, 카시의 새 비단으로 부처님의 유체를 싸고 오백 장의 고운 천으로 천 겹 이상을 다시 쌌으며, 부처님의 유체를 그 안에 안치하고 향유를 금관에 가득 부었다. 그리고 황금 관을 들어 철곽 안에 넣고 그것을 둘러싸서 빈소를 차려 향나무를 많이 쌓았다. 구소의 대신이 불을 들어 부처님의 유체를 태우려고 불을 섶에 붙였다. 그런데 갑자기 불이 꺼져 버려 세 번이나 연거푸 붙였으나 타지 않자, 현자 아나율이 아난에게 말하였다.

"불이 타지 않는 이유는 천신의 뜻입니다. 마하카샤파 존자가 부처님을 뵙고자 오백 명의 대중을 거느리고 파탈리풋타를 떠나 거의 반쯤 왔기에 불이 붙지 않는 것입니다."

그러자 아난이 말하였다.

"그렇게 하십시오. 천신이 원하는 대로 따릅시다."

이때 아이유라는 한 외도가 부처님께서 열반하신 것을 보고 나서 하늘의 만다라꽃을 가지고 돌아가는 중이었다.

카샤파가 그를 보고 수레로 다가가 물었다.

"그대는 우리의 거룩한 스승이신 부처님을 아십니까?"

"잘 압니다. 열반에 드신 지 벌써 칠 일이 되었습니다. 천인들과 인간들이 다 모여 부처님 유체에 공양을 올리고 있습니다. 저도 그곳에서 오는 길인데, 이 하늘 꽃은 거기서 얻은 것입니다."

이에 카샤파는 낙담하며 괴로워하였다. 오백 명의 비구들 가운데는 웅성거리며 하늘을 향해 울부짖는 이들도 있었다.

"부처님께서 열반하심이 어찌 이리도 빠르단 말인가. 세간의 눈이 멸하였도다!"

또 어떤 이는 근심하고 탄식하며 슬퍼하였다.

"세간은 괴로움이라고 생각하였으나, 갈애에 얽매어 도를 이루지 못하였구나."

이에 카샤파는 타이르며 말하였다.

"현자들이여, 너무 근심하지 마라. 몸이란, 인연에 의하여 생겨나는 것임을 알아야 한다. 마음으로 짓고 또 지으며 덧없음의 괴로움에 이르고 만다. 태어나면 죽음이 있고, 죽으면 다시 태어나게 되어 다섯 갈래의 길을 윤회하며 편안함이 없으니, 오직 열반만이 즐거운 것이다. 도를 얻지 못한 이는 법의 이익을 구해야 하니, 유위를 버리고 집착함이 없으면 도를 얻게 될 것이다. 그러니 옷을 걷어 올리고 서둘러 간다면 부처님의 유체를 뵐 수 있을 것이다."

그들 가운데 단두라는 사람이 있었는데, 사캬족 출신으로 부처님을 따라 집을 나온 이였다. 그가 비구들을 제지하며 말하였다.

"어찌하여 근심만 하는가. 우리는 이제야 자유롭게 되었다. 저 노인은 항상, '이렇게 해라. 그렇게 해서는 안 된다'라고만 했는데, 이제 그런 이가 아주 돌아가셨다니 참으로 좋지 않은가."

카샤파는 이를 못마땅하게 여기며 길을 떠나 사라쌍수에 도착하였다. 그는 부처님 유체를 덮은 향나무 더미를 보고 아난에게 말하였다.

"아직 다비에 부치지 않았으니 불신(佛身)을 뵙고자 합니다."

아난이 대답하였다.

"부처님의 유체는 벌써 몇 겹으로 싸고 향유를 부어 금관 속에 모셔졌습니다. 밖에는 향나무를 쌓고 향유를 두루 부어 놓았으니, 비록 아직 다비는 하지 않았으나 뵙기에는 이미 때가 늦었습니다."

카샤파가 두 번 세 번 청하였으나, 아난은, "부처님을 이제 다시 뵈올 수는 없습니다."라며 처음 대답과 같이 거절하였다.

그런데 이때 부처님의 유체를 거듭 담은 관 속에서 두 발이 밖으로 나타났다. 이를 본 사람들은 기뻐하지 않는 이가 없었다. 카샤파는 머리 숙여 예를 올렸다.

그는 부처님 발 위에 이상한 빛깔이 있음을 보고 아난에게 물었다.

"부처님의 몸은 원래 금빛인데, 어찌하여 다른 빛깔이 있는 것입니까?"

"어떤 쇠약한 할머니가 부처님 발에 머리를 숙이고 울다가 그만 눈물을 그 위에 떨어뜨려 그 흔적으로 다른 빛깔이 있는 것입니다."

마하카샤파는 이를 못마땅하게 여겨 한숨을 휘 내쉬고 게송으로 말하였다.

저것이 열반이고 불생이니
다시는 늙고 죽음 받지 않으며
다시 태어남도 없으리니
미운 자와 서로 만나지 않으리.

갈애를 이미 버려
이별할 근심도 하지 않으리.
마땅히 방편을 구하여
이렇게 좋은 곳 가야 하겠네.

부처님은 다섯 근간 청정하여서
모두 다 끊어 다시는 있지 않으며
유위 또한 다시 짓지 않으리니
받음이 있으면 그것이 곧 다섯 근간이라네.

괴로움 이미 다하였으니
존재[有]의 뿌리까지 또한 없앴네.
마땅히 부지런히 방편 구하여
이러한 안온 얻으리로다.

부처님 이미 세간을 끊으시어
온갖 갈애와 탐욕을 벗어났으며
또 능히 모두 참으셨기에
근심과 어려움 다 여의었도다.

스스로 안온함을 이루고
중생도 안온하게 하여주시니
마땅히 이분에게 머리 숙이면
영원히 삼계를 벗어나리라.

부처님 말씀하신 경전과 계율
세간에서 가장 밝아서
이미 바른길 널리 나타냈으니
참되고 자세하여 의심 없도다.

천하를 두루 살리시고
늙고 죽음을 벗어나게 하시니
부처님 만나는 이들
뉘라서 넓고 큰 은혜 받지 않으랴.

마치 밝은 달이 밤을 비추어
그늘과 어두움 없애는 것과 같고
태양이 한낮을 비추어
천하를 밝게 해 주는 것과 같도다.

번갯불 번쩍이며 나타날 적에
갑자기 짙은 구름 비춰주듯이
부처님 광명 일시에 나와서
삼계를 이미 모두 밝히셨도다.

이름난 온갖 강물
곤륜강보다 못하고
이름 난 온갖 큰물
그 역시 바다에는 비길 수 없네.

하늘에 반짝이는 온갖 별들 가운데
저 달이 제일 밝듯이
세간의 스승이신 부처님이
하늘 위 하늘 아래 가장 높도다.

부처님 일체 세간 제도하시어
베푸신 복덕이 세간에 두루 차서
말씀하신 교법 · 계행 그 모두가
어디에나 남김없이 분명하시네.

또한, 법으로써 유포하심에
제자들 기뻐하며 받아 지니고
천신과 인간 · 귀신 · 용 들까지도
공손히 이어받아 행하리라.

카샤파는 게송을 마치고 부처님 발에 이마를 대어 예배하고 향나무 가리를 세 번 돌고 한쪽으로 물러났다. 비구 · 비구니와 청신사 · 청신녀 그리고 하늘 · 용 · 귀신 왕 · 하늘의 기악신 · 질량신 · 금시조신 · 애욕신 · 뱀의 몸을 가진 신 들도 각기 머리 숙여 예배하고 향나무 가리를 세 번 돌고 한쪽으로 물러났다. 그러자 관 위에 쌓아 놓은 향나무 가리가 불을 붙이지도 않았는데 저절로 타올랐다.

이때 현자 아난이 게송으로 말하였다.

부처님은 안팎으로 청정하시니
범천의 몸을 받으시고

청정한 마음 바탕으로 오시어
지금 여기에 누워계시도다.

카시의 새 비단으로 싸고 천으로 천 번을 두르니
옷을 몸에 걸친 것이 아니고
빨거나 씻은 것도 아니건만
한결같이 청정하고 선명하도다.

그 밤이 지나고 향나무 가리가 다 타고 난 뒤, 그 자리에 네 그루의 나무가 저절로 났으니, 소선니 나무 · 가유도 나무 · 아세제 나무와 니그로다 나무였다.

나라의 여러 귀족이 함께 부처님의 사리를 모아 황금 항아리에 담아 상여에 싣고 성안으로 들어가 큰 전각에 모셨다. 그러고는 다 같이 기악을 울리며 꽃을 흩뿌리고 향을 사루며 예배하여 공양하였다.

이때 파탈리푸트라의 여러 화씨들과 가락국의 구린들 · 유형국의 만리들 · 신주국의 범지들 · 유야국의 이건들이 부처님께서 사라쌍수 아래서 열반에 드셨다는 소식을 듣고는 저마다 코끼리를 탄 상병 · 말을 탄 기마병 · 수레를 탄 거병 · 걷는 보병의 네 종류의 병사를 동원하여 찾아왔다. 그들은 쿠시나라성 밖에 이르자 사자를 보내어 말을 전하였다.

"부처님께서 이곳에서 열반하셨다고 들었습니다. 그분은 우리의 스승이기도 하므로, 공경하고 사모하는 마음으로 함께 찾아왔습니다. 부처님의 사리를 나누기를 청하니, 본국으로 모시고 가서 탑묘를 세워 봉안하고자 합니다."

쿠시나라국의 왕은 말하였다.

"부처님께서 스스로 이곳에 오셨으니 내가 공양함이 당연하다. 멀리서 오느라 수고했으나 사리만은 나누어 줄 수가 없다."

가비라국의 사캬족들도 네 종류의 군사를 동원하여 찾아와 말하였다.

"부처님께서 이곳에 머무시다가 열반하셨다고 들었습니다. 그분은 사캬 종족에서 난 성웅이십니다. 우리의 친족에서 나셨으니 실로 우리의 어버이이시기에 사모하는 마음으로 찾아왔습니다. 사리를 나누기를 청하니, 돌아가 탑묘를 세워 봉안하려고 합니다."

쿠시나라국의 왕은 처음과 같이 대답하고 나누어 주려 하지 않았다.

마가다국의 왕 아자타사투 역시 네 종류의 군사를 거느리고 물을 건너왔다. 그는 범지 모궐을 안으로 들여보내 소식을 묻고 은근히 말하게 하였다.

"우리는 본래 이제까지는 신뢰하는 마음으로 그대들을 대우하여 빼앗거나 다툰 적이 없었습니다. 이제 부처님께서 이곳에 머무시다 열반하셨습니다. 그분은 삼계(三界)에서 높으신 분이기에 실로 우리가 하늘처럼 공경하고 사모하는 마음으로 찾아와 사리를 나누어 줄 것을 청하는 것입니다. 우리에게도 나누어 주시면 저는 그대가 소유한 소중한 보배를 끝까지 보존하겠습니다."

쿠시나라국의 왕이 말하였다.

"부처님께서 스스로 이곳에 오셨으니 내가 공양함이 당연하다. 그대의 대왕에게, '사리는 나누어 줄 수 없다'라고 전하라."

이에 모궐은 모여 있는 사람들에게 게송으로 말하였다.

이제 저마다 사람을 뽑아서
멀리서 찾아와 머리 숙여
겸손히 나눠 주기 원하니
만약 우리와 나누지 않으면

대기 중인 군사 움직이리니
네 종류의 군사 여기 있도다.
의로운 이러한 말 듣지 않으면
반드시 목숨 걸고 겨루고 말리라.

쿠시나라국 사람들 역시 게송으로 대답하였다.

멀리서 오느라 수고하였으나
수치스럽게 굽히고 절하여도
부처님 남겨 두신 이 사리는
감히 허락하지 못하겠노라.

만약 군사들을 움직인다면
우리에게도 군사가 있으니
다 같이 명령하여 겨루어 보자
그런 것 두렵지 않노라.

범지 모궐이 사람들을 깨우쳐 말하였다.

"그대들은 일찍이 부처님의 훌륭한 가르침을 받아서 날마다 법의 말씀을 암송하였다. 일체 중생을 마음으로 섭수하고 어짊으로 교화하여 편안하게 하고자 항상 염송하였다. 그리고 부처님께서는 대자대비의 마음으로 몸을 불살라 사리를 남기시어 널리 세상을 이롭게 하려고 하신 것이거늘, 어찌 근본 은혜의 뜻을 저버리려 하는가. 사리는 서로 나누어 갖는 것이 당연하다."

대중들은 모두, '옳소!' 하며 사리 항아리가 있는 곳으로 가서 고개 숙여 예배하고 한쪽으로 물러났다. 그리고 그들은 모궐에게 사리를 나누도록 하였다.

이에 모궐은 밀봉된 항아리에 있는 사리를 팔 등분으로 나누었다. 그러고 나서 그는 사람들에게 말하였다.

"나는 부처님을 공경하고 또한 여러분의 뜻을 가상히 여깁니다. 저는 사리를 담았던 항아리를 얻어 가지고 돌아가 탑묘를 세우고자 합니다."

이에 모두가, "지혜로운 일이며, 이것은 매우 적절한 처사입니다."라며 가져갈 것을 허락하였다.

또 온위라는 범지가 사람들에게 말하기를, "부처님의 훌륭한 뜻을 사모하여 땅에 타고 남은 숯이라도 얻어가지고 돌아가 탑묘를 세우고자 합니다."라고 하니, 모두 그것을 그에게 주라고 하였다.

뒤에 유형국의 외도가 찾아와 다비한 땅에 남은 재를 구해가 탑묘를 세웠다.

그때 여덟 나라가 팔 등분한 부처님의 사리를 얻어 가지고 각기 돌아가 탑을 세워 매우 아름답게 장엄하였다.

범지 모궐과 종(種)이라는 마을에서 온 수행자 대온위는 비분 마을로 돌아갔으며, 유형국에서 온 수행자는 땅에 남은 재를 얻어 가지고 돌아가 모두 탑묘를 세웠다.

사리 여덟 몫이 여덟 개의 탑이 되었으며, 아홉째는 항아리탑, 열째는 숯탑, 열한째는 재탑이 되었다.

부처님께서 사월 팔일에 태어나시고, 사월 팔일에 집을 떠나셨으며, 사월 팔일에 불도를 이루셨고, 사월 팔일에 열반에 드셨는데, 다 샛별[佛星]이 나올 때였다. 이때는 온갖 꽃이 피어나고 나무들도 무성한 시기였다.

부처님께서 이미 열반에 드셨으니, 천하에 광명이 없어졌기에 시방[十方]의 천신들이 모두 부처님께 귀의하였다.

사리를 나누는 것을 마치고 다시 아직 소식을 듣지 못한 먼 곳에 있던 사부 제자들을 위하여 구십 일을 기다렸다가 탑묘를 세웠다. 본국으로 돌아온 왕과 귀족과 백성 및 그들의 가족과 시종들도 모두 구십 일 동안 재계(齋戒)하였다.

먼 곳에 있던 사부 제자들이 모두 쿠시나라에 모여 함께 아난에게 물었다.

"어디에 탑을 세울 것입니까?"

"성에서 사십 리쯤 되는 곳의 위치라는 마을 네거리 가운데 세울 것입니다."

쿠시나라의 귀족들이 다 같이 벽돌을 만들었는데, 가로와 세로가 석 자씩 되었다. 이것을 모아 탑을 쌓으니, 높이와 사방의 길이가 모두 십오 척이나 되었다. 황금 항아리에 사리를 담아 탑 속에 안치하고, 찰간대를 세워 비단을 달아 법륜을 표시하고, 등촉 · 꽃 · 향과 기악 등으로 예배하고 공양하게 하여 온 나라 백성이 다 복을 짓게 하였다.

마하카샤파와 아나율 등 여러 비구가 모여 함께 의논하였다.

"오늘 탑묘 조성과 공양에 참여한 삼십만 명의 대중과 여러 나라의 귀족과 신하들이 부처님께서 열반하신 때를 만나 공경하는 마음으로 복을 지었으므로 마침내 모두 제4천인 도솔천에 태어나서 미륵보살을 만나 해탈을 얻을 것입니다. 쿠시나라국의 왕은 장차 제12 수음천(水音天)에 태어나 미륵보살이 부처님이 될 때에 내려와 부처님을 위하여 정사를 지을 것인데, 지금의 '기원정사[給孤獨園]'보다 훌륭할 것입니다."

아난이 마하카샤파에게 물었다.

"쿠시나라국의 왕은 어찌하여 미륵불에게 아라한의 도를 구하지 않습니까?"

"이 왕은 아직 나고 죽는 괴로움을 싫어하지 않으니, 나고 죽는 괴로움을 싫어하지 않는 이는 아라한을 얻지 못하기 때문입니다."

아난은 마하카샤파에게 물었다.

"그렇다면 나는 이미 몸의 괴로움과 세간을 떠나지 못함을 근심하고 싫어하거늘, 어찌하여 도를 얻지 못하는 것입니까?"

"그대는 다만 계행만 지키고 몸의 관법(觀法)을 행하지 않으며, 그저 생사에 의지하여 먹고 살아갈 뿐, 나고 죽음의 법이 아직 쉬지 않았기 때문입니다."

구십 일에 이르러 마하카샤파와 아나율 등, 비구들이 모여 의논하였다.

"부처님의 십이부경(十二部經)에 네 가지 아함이 있는데, 오직 아난만이 부처님을 모신 지 오래되어 부처님께서 말씀하신 것을 모두 외우고 있으니, 아난으로부터 그대로 받도록 합시다. 그러나 그가 아직 도를 얻지 못한 것이 염려됩니다. 그것은 탐심이 있기 때문이니, 옛일을 가지고 아난을 힐책하고는 높은 자리를 마련하여 세 번을 오르내리게 하면 진실함을 얻을 수 있을 것입니다."

모두들 매우 좋은 생각이라 말하고 조용히 자리에 앉자, 직사(直事) 비구가 아난을 쫓아내었다. 그러고 나서 조금 있다가 다시 들어오게 하였다.

아난이 들어와 대중에게 예를 올리니, 아직 도를 얻지 못한 이는 다 일어나게 하였다. 직사 비구가 아난을 중앙의 높은 자리에 앉게 하자 아난은 사양하면서, "이것은 나의 자리가 아닙니다."라고 하였다.

그러자 비구들은 말하였다.

"부처님의 말씀을 듣고자 그대를 높은 자리에 앉게 하는 것이니, 묻고 싶은 것이 있습니다."

아난이 그 자리로 나아가자 대중이 물었다.

"그대는 큰 허물이 있는 데도 어찌하여 스스로 알지 못합니까? 예전에 부처님께서 말씀하시기를, '잠부디파는 즐거운 곳이로다'라고 하셨는데, 그대는 어찌하여 대답하지 않았습니까?"

직사 비구가 아난을 자리에서 내려오게 하자, 그는 자리에서 내려와 대답하였다.

"부처님께서 자유자재하지 못하시고 제 말씀을 꼭 기다리셔야만 되겠습니까?"

그러자 비구들은 잠잠하였다. 직사 비구가 다시 아난을 자리에 오르게 하자, 비구들이 다시 물었다.

"부처님께서 그대에게 '네 가지 신족을 얻은 이는 일 겁 이상을 머물 수 있노라'라고 말씀하셨는데, 그대는 어찌하여 가만히 있었습니까?"

아난이 자리에서 내려와 말하였다.

"부처님께서 말씀하시기를, '장차 미륵보살이 내려와 부처가 될 것이다'라고 하셨습니다. 처음으로 법에 들어온 이도 그를 따라서 이룰 것이니, 만약 부처님께서 계속 머물러 계신다면 미륵은 어찌 되겠습니까?"

비구들은 다시 아무 말 없이 잠자코 있었지만 아난은 마음속으로 약간 두려워하였다.

비구들이 말하였다.

"현자는 기억을 되살려 의미를 갖추어서 부처님의 가르침[經]을 말해 보십시오."

아난은, "그렇게 하겠습니다."라고 대답하고, 세 번째로 자리에 올라갔다.

"이와 같이 들었습니다. 어느 때에 ……"라고 아난이 말을 시작하자, 자리에 앉아 있던 아직 도를 얻지 못한 이들은 모두 울면서 말하였다.

"부처님께서 이와 같이 가르침을 말씀하셨는데, 어찌하여 그렇게 빨리 열반하셨단 말인가."

마하카샤파가 대중 가운데서 사십 명의 아라한을 가려내 아난으로부터 네 가지 아함[四阿含]을 물려받게 하였으니, 첫째는 중아함(中阿含), 둘째는 장아함(長阿含), 셋째는 증일아함(增壹阿含), 넷째는 잡아함(雜阿含)이었다.

이 네 가지 말씀은 첫째는 탐음(貪淫) 때문에 말씀하신 것이고, 둘째는 기뻐하고 성내는 일 때문에 말씀하신 것이며, 셋째는 어리석음 때문에 말씀하신 것이고, 넷째는 불효하고 스승을 받들어 섬기지 않는 일 때문에 말씀하신 것이다.

아난에게서 들은 이 네 가지 아함의 말씀은 각기 육십 필의 천에 달하는 분량이었다.

이에 여러 비구가 말하였다.

"이 네 가지 경문을 서사하여 온 세상에 유포해야겠다."

부처님을 다비한 곳에서 저절로 생겨난 네 그루의 나무를 잘 가려내고 모아서 부처님의 십이부경을 분별하고 서사하였으니, 계율과 법이 갖추어졌다.

천 년이 지나는 동안 부처님의 경과 계율을 지니는 이는 뒤에 모두 미륵불이 계신 곳에 태어나서 그를 좇아 해탈하며 생사의 번뇌[漏]에서 벗어날 것이다.

IV. 아함경정선

1. 외도비판(外道批判)

1. 1 범천청불경(梵天請佛經)

【중아함경 제19권 78경】

이와 같이 나는 들었다.

어느 때 부처님께서 사밧티국을 유행(遊行)하실 때 제타숲 아나타핀디카동산[勝林給孤獨園, 祇樹給孤獨園]에 계셨다.

그때 범천왕[梵天]이 하늘에 머무르면서 이러한 삿된 견해를 내었다. '이곳은 영원하고 이곳은 변하지 않으며 이곳은 길이 존재하니, 이곳은 사람들이 바라는 곳이다. 이곳은 법이 끝나지 않는 곳이며, 이곳은 출요처[出要][1]로서, 이 출요처보다 더 뛰어나고 훌륭하고 묘하며 으뜸인 곳은 없다.'

이에 세존께서 '남의 마음을 아는 지혜[他心智]'로써 저 범천의 생각을 아시고, 곧 여기상정(如其像定)에 드시어 그 여기상정으로써 힘센 사람이 팔을 굽혔다 펴는 것 같은 동안에 사밧티의 제타숲 아나타핀디카동산에서 사라져 모습을 감추시더니, 범천이 있는 하늘로 올라가셨다.

범천은 세존께서 오시는 것을 보고 곧 세존을 청하였다.

---

1) 출요(出要) : 탐욕을 떠남.

"잘 오셨습니다, 큰 선인이여. 이곳은 영원하고 이곳은 변하지 않으며 이곳은 길이 존재하니, 이곳은 사람들이 바라는 곳입니다. 이곳은 법이 끝나지 않는 곳이며, 이곳은 출요처로서 이 출요처보다 더 뛰어나고 훌륭하고 묘하며 으뜸인 곳은 없습니다."

이에 세존께서 말씀하셨다.

"범천이여, 그대는 영원하지 않은 것을 영원하다 하고, 변하는 것을 변하지 않는다 하며, 존재하지 않는 것을 존재한다 하고, 사람들이 바라지 않는 곳을 사람들이 바라는 곳이라고 한다. 법이 끝나는 곳을 법이 끝나지 않는 곳이라 하고, 출요가 아닌 곳을 출요처라 하며, 이 출요처보다 더 뛰어나고 훌륭하고 묘하며 으뜸인 곳은 없다고 말한다. 범천이여, 그대에게는 무명(無明)이 있다. 범천이여, 그대에게는 무명이 있다."

그때 그 무리 가운데에 있던 마라 파순이 세존께 말하였다.

"비구여, 범천이 한 말을 부정하지 마라. 범천이 한 말을 거스르지 마라. 만일 그대가 범천이 한 말을 부정하고 범천이 한 말을 거스르면, 비구여, 그것은 마치 어떤 사람이 상서로운 일이 오는 것을 물리치는 것과 같으니, 그대가 하는 말도 이와 같다. 그러므로 비구여, 그대에게, '범천이 한 말을 부정하지 말며, 범천이 한 말을 거스르지 마라'라고 하는 것이다.

비구여, 만일 그대가 범천이 한 말을 부정하고 범천이 한 말을 거스르면, 그것은 마치 어떤 사람이 산 위에서 떨어지면서 손발로 허공을 잡고 매달리려 하여도 그렇게 될 수 없는 것과 같으니, 비구가 하는 말도 이와 같다. 그러므로 비구여, 나는 그대에게, '범천이 한 말을 부정하지 말며, 범천이 한 말을 거스르지 마라'라고 하는 것이다.

비구여, 만일 그대가 범천이 한 말을 부정하고 범천이 한 말을 거스르면, 그것은 마치 어떤 사람이 나무 위에서 떨어지면서 손발로 가지나 잎을 잡고 매달리려 하여도 그렇게 될 수 없는 것과 같으니, 그대가 하는 말도 이와 같다. 그러므로 비구여, 나는 그대에게, '범천이 한 말을 부정하지 말며, 범천이 한 말을 거스르지 마라'라고 하는 것이다. 왜냐하면 범천은 다스리는 자[梵]이고, 복을 주는 자이며, 변화시키는 자이고, 가장 높은 자이며, 조물주이고, 창조자이며, 이미 있었고 장차 있을 일체 중생의 아버지로서, 모두 범천에 의해 태어나기 때문이다. 따라서 이 범천은 알 것은 다 알고 볼 것은 다 본다.

큰 선인이여, 만일 어떤 사문이나 바라문이 땅[2]을 싫어하고 땅을 비방하면, 그는 몸이 무너지고 목숨이 끝난 뒤에 반드시 다른 하천한 기악신(妓樂神)으로 태어날 것이다. 이와 같이 물 · 불 · 바람 · 자연신 · 천신 · 생주신[生主]에 대하여도 그러하며, 범천을 싫어하고 범천을 비방하면, 그는 몸이 무너지고 목숨이 끝난 뒤에 다른 하천한 기악신으로 태어날 것이다.

큰 선인이여, 만일 어떤 사문이나 바라문이 땅을 좋아하고 땅을 칭찬하면, 그는 몸이 무너지고 목숨이 끝난 뒤에 반드시 가장 높은 범천에 태어날 것이다. 이와 같이 물 · 불 · 바람 · 자연신 · 천신 · 생주신에 대하여도 그러하며, 범천을 좋아하고 범천을 칭찬하면, 그는 몸이 무너지고 목숨이 끝난 뒤에 반드시 가장 높은 범천에 태어날 것이다. 큰 선인이여, 그대는 이 범천의 권속들이 앉아 있는 것이 우리와 같음을 보지 못하는가?"

그러나 저 마라 파순은 범천도 아니고 범천의 권속도 아니다. 그런데도 스스로 자신이 바로 범천이라고 말하고 있는 것이다.

이에 세존께서는 곧 이와 같이 생각하셨다. '이 마라 파순은 범천도 아니고 범천의 권속도 아니다. 그런데도 자신이 바로 범천이라고 말하고 있다. 만일 마라 파순이 있다면, 이것이 바로 마라 파순일 것이다.'

---

2) 땅 : 송 · 원 · 명, 세 본에는 모두 타(他, 다른 사람)로 되어 있다.

세존께서는 이미 다 아시고 말씀하셨다.

"마라 파순이여, 그대는 범천도 아니고 범천의 권속도 아니다. 그런데도 그대는 스스로, '내가 곧 범천이다'라고 말하고 있다. 만일 마라 파순이 있다면, 그대가 바로 마라 파순이다."

이에 마라 파순은 이렇게 생각하였다. '세존은 나를 알고, 선서(善逝)는 나를 보는구나.'

이렇게 알고 나서는 시름하고 걱정하다가 그곳에서 갑자기 사라져 나타나지 않았다.

그때 범천이 두 번 세 번 와서 세존을 청하였다.

"잘 오셨습니다, 큰 선인이여. 이곳은 영원하고 이곳은 변하지 않으며 이곳은 길이 존재하니, 이곳은 사람들이 바라는 곳입니다. 이곳은 법이 끝나지 않는 곳이고, 이곳은 출요처로서 이 출요처보다 더 뛰어나고 훌륭하고 묘하며 으뜸인 곳은 없습니다."

세존께서도 두 번 세 번 말씀하셨다.

"범천이여, 그대는 영원하지 않은 것을 영원하다 하고, 변하는 것을 변하지 않는다 하며, 존재하지 않는 것을 존재한다 하고, 사람들이 바라지 않는 곳을 사람들이 바라는 곳이라고 한다. 법이 끝나는 곳을 법이 끝나지 않는 곳이라 하고, 출요가 아닌 곳을 출요처라 하며, 이 출요처보다 더 뛰어나고 훌륭하고 묘하며 으뜸인 곳은 없다고 한다. 범천이여, 그대에게는 이러한 무명이 있다. 범천이여, 그대에게는 이러한 무명이 있다."

이에 범천이 세존께 말하였다.

"큰 선인이여, 옛날의 사문이나 바라문은 수명이 매우 길어 오래 머물렀습니다. 그러므로 그들은 알 것은 다 알고 볼 것은 다 보았습니다. 그러나 큰 선인이여, 당신의 수명은 지극히 짧아 그 사문이나 바라문이 한 번 조용히 좌선하는 시간만큼도 안 됩니다. 만일 진실로 출요처가 있다 하여

도 이보다 더 뛰어나고 훌륭하고 묘하며 으뜸인 곳은 없습니다. 만일 진실로 출요처가 없다 하여도 이보다 더 뛰어나고 훌륭하고 묘하며 으뜸인 곳은 없습니다.

큰 선인이여, 당신은 출요에 대해서는 출요가 아니라고 생각하고, 출요가 아닌 것에 대해서는 출요라고 생각합니다. 그래서 당신은 출요를 얻지 못하고 크게 어리석은 것입니다. 왜냐하면 경계(境界)가 아니기 때문입니다.

큰 선인이여, 만일 어떤 사문이나 바라문이 땅을 좋아하고 땅을 칭찬하면, 그는 나의 뜻대로 되고 내가 하고자 하는 것을 따르게 되며 내가 시키는 것을 따르게 될 것입니다. 이와 같이 물·불·바람·자연신·천신·생주신에 대하여도 그러하며, 범천을 좋아하고 범천을 칭찬하면, 그는 나의 뜻대로 되고, 내가 하고자 하는 것을 따르게 되며, 내가 시키는 것을 따르게 될 것입니다.

큰 선인이여, 만일 당신이 땅을 좋아하고 땅을 칭찬하면, 당신 또한 나의 뜻대로 되고, 내가 하고자 하는 것을 따르게 되며, 내가 시키는 것을 따르게 될 것입니다. 이와 같이 물·불·바람·자연신·천신·생주신에 대하여도 그러하며, 범천을 좋아하고 범천을 칭찬하면, 당신은 나의 뜻대로 되고, 내가 하고자 하는 것을 따르게 되며, 내가 시키는 것을 따르게 될 것입니다."

세존께서 말씀하셨다.

"범천이여, 그렇다. 그대가 한 말은 사실이다. 만일 어떤 사문이나 바라문이 땅을 좋아하고 땅을 칭찬하면, 그는 그대의 뜻대로 되고 그대가 하고자 하는 것을 따르게 되며 그대가 시키는 것을 따르게 될 것이다. 이와 같이 물·불·바람·자연신·천신·생주신에 대해서도 그러하며, 범천을 좋아하고 범천을 칭찬하면, 그는 그대의 뜻대로 되고 그대가 하고자 하는 것을 따르게 되며 그대가 시키는 것을 따르게 될 것이다.

범천이여, 만일 내가 땅을 좋아하고 땅을 칭찬하면, 나 또한 그대의 뜻대로 되고, 그대가 하고자 하는 것을 따르게 되며, 그대가 시키는 것을 따르게 될 것이다. 이와 같이 물 · 불 · 바람 · 자연신 · 천신 · 생주신에 대하여도 그러하며, 범천을 좋아하고 범천을 칭찬하면, 나 또한 그대의 뜻대로 되고, 그대가 하고자 하는 것을 따르게 되며, 그대가 시키는 것을 따르게 될 것이다.

범천이여, 만일 이 여덟 가지[八事]에 대하여 내가 그것을 좋아하고 칭찬하면, 그것 또한 그러할 것이다. 범천이여, 나는 그대가 온 곳과 갈 곳과 머무는 곳과 마치는 곳과 태어나는 곳을 안다. 만일 범천이 있다면 그에게는 큰 여의족(如意足)이 있고, 큰 복이 있으며, 큰 위덕(威德)이 있고, 큰 위신(威神)이 있을 것을 안다."

이에 범천이 세존께 여쭈었다.

"큰 선인이여, 당신은 어떻게 내가 아는 것을 알고, 내가 보는 것을 봅니까? 해가 자재로이 모든 일천 세계를 밝게 비추는 것처럼 당신은 어떻게 나에 대하여 남김없이 압니까? 그 일천 세계에서 당신은 자재를 얻었습니까? 나는 그 곳곳을 다 알아 밤낮이 없습니다. 큰 선인이여, 일찍이 그 모든 곳을 가 본 적이 있습니까? 얼마나 자주 가 보았습니까?"

세존께서 말씀하셨다.

"범천이여, 해가 자재로이 모든 일천 세계를 밝게 비추는 것처럼, 일천 세계에서 나는 자재를 얻었다. 그리고 그 곳곳을 다 알아 밤낮이 없다. 범천이여, 나는 일찍이 그 모든 곳에 가 본 적이 있고, 여러 번 그곳에 가 보았다.

범천이여, 세 하늘이 있는데, 곧 광천(光天) · 정광천(淨光天) · 변정광천(遍淨光天)이다. 범천이여, 만일 저 세 하늘이 알고 본다면, 나 또한 알고 본다. 범천이여, 만일 저 세 하늘이 알지도 못하고 보지도 못하더라도, 나는 여전히 알고 본다. 범천이여, 만일 저 세 하늘과 그의 권속들이 알고 본다면, 나 또한 알고 본다. 범천이여, 만일 저 세 하늘과 그의 권속들이 알지도 못하고 보지도 못하더라도, 나는 여전히 알고 본다.

범천이여, 만일 그대가 알고 본다면, 나 또한 알고 본다. 범천이여, 만일 그대가 알지도 못하고 보지도 못하더라도, 나는 여전히 알고 본다. 범천이여, 만일 그대와 그대의 권속들이 알고 본다면, 나 또한 알고 본다. 범천이여, 만일 그대와 그대의 권속들이 알지도 못하고 보지도 못하더라도, 나는 여전히 알고 본다. 그러므로 범천이여, 그대는 나와 일체가 같지 않고 모든 것이 같지 않다. 나는 그대보다 훨씬 뛰어나고 훨씬 높다."

이에 범천이 세존께 말하였다.

"큰 선인이여, 무슨 까닭으로 저 세 하늘이 알고 본다면 당신도 알고 보며, 저 세 하늘이 알지도 못하고 보지도 못하더라도 당신은 여전히 알고 볼 수 있습니까?

만일 저 세 하늘과 그의 권속들이 알고 본다면 당신도 알고 보며, 저 세 하늘과 그의 권속들이 알지도 못하고 보지도 못하더라도 당신은 여전히 알고 볼 수 있습니까?

만일 내가 알고 본다면 당신도 알고 보며, 내가 알지도 못하고 보지도 못하더라도 당신은 여전히 알고 볼 수 있습니까?

만일 나와 나의 권속들이 알고 본다면 당신도 알고 보며, 나와 나의 권속들이 알지도 못하고 보지도 못하더라도, 당신은 여전히 알고 볼 수 있습니까?

큰 선인이여, 말을 아끼시는 것은 아닙니까? 나는 듣고도 알지 못하고 어리석음만 늘어나는 것 같습니다. 왜냐하면 한량없는 경계를 인식함으로써 한량없는 앎과 한량없는 견해와 한량없는 종류를 나는 각각 분별하여 알기 때문입니다. 즉, 이 땅을 땅이라 알고, 물 · 불 · 바람 · 자연신 · 천신 · 생주신 또한 그러하며, 범천을 범천이라 압니다."

세존께서 말씀하셨다.

"범천이여, 만일 어떤 사문이나 바라문이 땅[地]에 대하여 땅이라는 생각이 있어, '땅이 곧 나다. 땅은 나의 것이다. 나는 땅의 것이다'라고 한다면, 그는, '땅이 곧 나다'라고 생각하지만 땅을 알지 못한다.

이와 같이 물 · 불 · 바람 · 자연신 · 천신 · 생주신 · 범천 · 무번천(無煩天) · 무열천(無熱天)에 대하여도 그러하며, 깨끗함에 대하여 깨끗하다는 생각이 있어, '깨끗함은 나다. 깨끗함은 나의 것이다. 나는 깨끗함의 것이다'라고 한다면, 그는, '깨끗함은 나다'라고 생각하지만 깨끗함을 알지 못한다.

범천이여, 만일 어떤 사문이나 바라문이 땅을 땅이라고 알아, '땅은 내가 아니다. 땅은 나의 것이 아니다. 나는 땅의 것이 아니다'라고 알고, 그가, '땅은 나다'라고 생각하지 않아야 땅을 아는 것이다.

이와 같이 물 · 불 · 바람 · 자연신 · 천신 · 생주신 · 범천 · 무번천 · 무열천에 대하여도 그러하며, 깨끗함을 깨끗함이라 알아, '깨끗함은 내가 아니다. 깨끗함은 나의 것이 아니다. 나는 깨끗함의 것이 아니다'라고 알고, 그가, '깨끗함이 곧 나다'라고 생각하지 않아야 깨끗함을 아는 것이다.

범천이여, 나는 땅을 땅이라 알아, '땅은 내가 아니다. 땅은 나의 것이 아니다. 나는 땅의 것이 아니다'라고 알고, '땅이 곧 나다'라고 생각하지 않으므로 나는 땅을 아는 것이다.

이와 같이 물 · 불 · 바람 · 자연신 · 천신 · 생주신 · 범천 · 무번천 · 무열천에 대하여도 그러하며, 깨끗함을 깨끗함이라고 알아, '깨끗함은 내가 아니다. 깨끗함은 나의 것이 아니다. 나는 깨끗함의 것이 아니다'라고 알고, '깨끗함은 곧 나다'라고 나는 생각하지 않으므로 나는 깨끗함을 아는 것이다."

범천이 세존께 말하였다.

"큰 선인이여, 이 중생들은 존재[有]를 좋아하고 존재를 즐기며 존재에 익숙합니다. 그런데 당신은 이미 존재의 근본을 뽑아내었습니다. 왜냐하면 여래(如來)는 무소착(無所著)·등정각(等正覺)이기 때문입니다."

범천이 게송으로 말하였다.

존재에서 두려움 보고
존재의 견해 없으면 두려움 없네.
그러므로 존재를 즐기지 말아야 하니
존재를 어찌 끊지 않으리.

"큰 선인이여, 저는 이제 형상을 숨기고자 합니다."

세존께서 말씀하셨다.

"범천이여, 형상을 숨기고자 하거든 그대 마음대로 하라."

이에 범천이 곧 자기 마음대로 형상을 숨기었으나, 세존께서는 곧 아셨다.

"범천이여, 그대는 저기 있구나. 그대는 여기 있구나. 그대는 중간에 있구나."

이에 범천은 여의족(如意足)을 모두 나타내어 자신의 형상을 숨기고자 하였으나 숨길 수가 없어 범천으로 돌아가 머물렀다.

세존께서 말씀하셨다.

"범천이여, 나도 이제 나의 형상을 숨기고자 한다."

범천은 세존께 말씀드렸다.

"큰 선인이여, 형상을 숨기고자 하시거든 그렇게 하십시오."

이에 세존께서는 이와 같이 생각하셨다. '나는 이제 여기상여의족(如其像如意足)을 나타내어 지극히 묘한 광명을 놓아 모든 범천을 비추고는 숨어 있으면서 모든 범천과 범천의 권속들이 나의 음성만 듣고 형상은 보지 못하게 할 것이다.'

세존께서는 곧 여기상여의족을 나타내시어 지극히 묘한 광명을 놓아 일체의 범천을 비추시고는 숨어 계시면서 모든 범천과 범천의 권속들이 다만 그 음성만 듣고 그 형상은 보지 못하게 하셨다. 이에 모든 범천과 범천의 권속들은 제각기 이렇게 생각하였다. '사문 고타마는 참으로 기이하고 참으로 특별하시어, 큰 여의족이 있고 큰 위덕이 있으며 큰 복이 있고 큰 위신이 있으시다. 왜냐하면 지극히 묘한 광명을 놓아 모든 범천을 비추시고는 숨어 계시면서 우리와 우리의 권속들이 그 음성만 듣고 형상은 보지 못하게 하시기 때문이다.'

이에 세존께서 다시 이렇게 생각하셨다. '나는 이미 이 범천과 범천의 권속들을 교화시켰으니, 이제 여의족을 거둘 것이다.'

세존께서는 여의족을 거두시고 범천으로 돌아가 머무셨다.

그때 마라 파순도 두 번 세 번 와서 그 대중 가운데 있었다.

마라 파순이 세존께 말하였다.

"큰 선인이여, 당신은 잘 보고 잘 알고 잘 통달하였소. 그러나 제자들을 훈계하고 가르치지 말며, 제자들을 위하여 설법하지도 말고, 제자들에게 집착하지도 마시오. 제자들에게 집착함으로써 몸이 무너지고 목숨이 끝난 뒤에 다른 하천한 기악신으로 태어나지 마시오. 무위(無爲)를 행하여 현세에서 안락을 얻으시오. 왜냐하면 큰 선인이여, 그것은 자신을 괴롭게 할 뿐이기 때문이오.

큰 선인이여, 옛날에 어떤 사문이나 바라문은 제자를 훈계하고 제자를 가르치며, 제자를 위하여 설법하고 제자에게 집착하였소. 그는 제자에게 집착함으로써 몸이 무너지고 목숨이 끝난 뒤에 다른 하천한 기악신으로 태어났소. 그러므로 나는 당신에게, '제자를 훈계하고 제자를 가르치지 말며, 제자를 위하여 설법하지도 말고, 제자에게 집착하지도 마시오. 제자들에게 집착함으로써 몸이 무너지고 목숨이 끝난 뒤에 다른 하천한 기악신으로 태어나지 말고, 무위를 행하여 현세에서 안락을 얻으시오'라고 말하는 것이오. 왜냐하면 그것은 자신을 괴롭게 할 뿐이기 때문이오."

세존께서 말씀하셨다.

"마라 파순아, 그대는 나에게서 정의를 구하는 것도 아니고, 요익되게 하려는 것도 아니며, 즐겁게 하려는 것도 아니고, 안온하게 하려는 것도 아니면서, '제자를 훈계하거나 가르치지 말며, 제자를 위하여 설법하지도 말고, 제자에게 집착하지도 마시오. 제자에게 집착함으로써 몸이 무너지고 목숨이 끝난 뒤에 다른 하천한 기악신으로 태어나지 말고, 무위를 행하여 현세에서 안락을 얻으시오. 왜냐하면 그것은 자신을 괴롭게 할 뿐이오'라고 말하는구나.

마라 파순아, 그대는, '이 사문 고타마가 제자들을 위하여 설법하면, 나의 제자들은 법을 들은 뒤에 나의 경계에서 벗어날 것이다'라고 생각하고 있다.

마라 파순아, 이런 이유로 그대는 지금 나에게, '제자를 훈계하지 말고 가르치지 말며, 제자를 위하여 설법하지도 말고, 제자에게 집착하지도 마시오. 제자에게 집착함으로써 몸이 무너지고 목숨이 끝난 뒤에 다른 하천한 기악신으로 태어나지 말고, 무위를 행하여 현세에서 안락을 얻으시오. 왜냐하면 그것은 자신을 괴롭게 할 뿐이오'라고 말하는 것이다.

마라 파순아, 만일 어떤 사문이나 바라문이 제자를 훈계하고 가르치며, 제자를 위하여 설법하고, 제자에게 집착하며, 제자에게 집착함으로써 몸이 무너지고 목숨이 끝난 뒤에 다른 하천한 기악신으로 태어났다면, 그 사문이나 바라문은 사문이 아니면서 사문이라 말한 것이고, 바라문이 아니면서 바라문이라 말한 것이며, 아라한이 아니면서 아라한이라 말한 것이고, 등정각이 아니면서 등정각이라 말했기 때문이다.

그러나 마라 파순아, 나는 진실한 사문으로서 사문이라 말하는 것이고, 진실한 바라문으로서 바라문이라 말하는 것이며, 진실한 아라한으로서 아라한이라 말하는 것이고, 진실한 등정각으로서 등정각이라 말하는 것이다.

마라 파순아, 내가 제자를 위하여 설법하거나 설법하지 않거나 그대는 어서 떠나가라. 나는 제자를 위하여 설법할 것인지 설법하지 않을 것인지 내 스스로 알고 있다."

이것이 바로, '범천이 청했을 때 마라 파순이 말리고자 하였으나 세존께서는 범천의 청에 따라 설법하셨다'라는 것이다. 그러므로 이 경의 이름을 '범천청불(梵天請佛)'이라 하는 것이다.

부처님께서 이와 같이 말씀하시자, 범천과 범천의 권속들은 부처님 말씀을 듣고 기뻐하며 받들어 행하였다.

1. 2 사문과경(沙門果經)

【장아함경 제17권 제3분】

이와 같이 나는 들었다.

어느 때 부처님께서 라자가하성에 있는 지바카 코마라바차의 암라 동산에 천이백오십 명의 비구 대중과 함께 계셨다.

그때 베데히 부인의 아들인 아자타삿투 왕은 보름날 달이 찼을 때, 한 부인에게 말하였다.

"오늘 밤은 맑고 밝아서 낮과 다름없으니, 무엇을 하면 좋겠소?"

"오늘 밤은 보름이라 달이 차서 낮과 다름없으니, 머리를 감고 목욕한 뒤 궁녀들과 함께 오욕(五欲)을 즐기실 때입니다."

왕은 다시 태자 우다야바드라에게 말하였다.

"오늘 밤은 보름이라 달이 차서 낮과 다름없으니, 무엇을 하면 좋겠느냐?"

"오늘 밤은 보름이라 달이 차서 낮과 다름이 없습니다. 사병(四兵)을 모아 서로 의논하여 국경의 반란군을 친 뒤에 이곳으로 돌아와 함께 즐기면 좋겠습니다."

왕은 다시 용맹하고 씩씩한 대장에게 말하였다.

"오늘 밤은 보름이라 달이 차서 날이 맑고 밝아 낮과 다름없으니, 무엇을 하면 좋겠는가?"

"오늘 밤은 맑고 밝아서 낮과 다름이 없습니다. 사병(四兵)을 모아 천하를 순찰하여 역모가 있는지 알아보면 좋겠습니다."

왕은 다시 밧사카라 바라문에게 말하였다.

"오늘 밤은 보름이라 달이 차서 맑고 밝아 낮과 다름이 없구나. 어떤 사문이나 바라문에게 가야 나의 마음을 깨우칠 수 있을까?"

"오늘 밤은 맑고 밝아서 낮과 다름없습니다. 푸라나 카샤파가 있습니다. 그는 대중의 우두머리로 지식이 많고 이름이 널리 알려져 있으며, 마치 큰 바다가 많은 것을 받아들이는 것처럼 대중들의 공양을 받습니다. 대왕께서는 그에게 가셔서 물어보십시오. 대왕께서 그를 만나보시면 마음이 깨치실 것입니다."

왕은 다시 밧사카라의 아우 수니다에게 말하였다.

"오늘 밤은 보름이라 달이 차서 맑고 밝아 낮과 다름없구나. 어떤 사문이나 바라문에게 가야 나의 마음을 깨우칠 수 있을까?"

"오늘 밤은 맑고 밝아서 낮과 다름없습니다. 막칼리 고살라가 있습니다. 그는 대중의 우두머리로 지식이 많고 이름이 널리 알려져 있으며, 마치 큰 바다가 많은 것을 받아들이는 것처럼 대중들의 공양을 받습니다. 대왕께서는 그에게 가셔서 물어보십시오. 대왕께서 그를 만나보시면 마음이 깨치실 것입니다."

왕은 다시 전작(典作) 대신에게 말하였다.

"오늘 밤은 보름이라 달이 차서 맑고 밝아 낮과 다름없구나. 어떤 사문이나 바라문에게 가야 나의 마음을 깨우칠 수 있을까?"

"아지타 케사캄발린이 있습니다. 그는 대중의 우두머리로 지식이 많고 이름이 널리 알려져 있으며, 마치 큰 바다가 많은 것을 받아들이는 것처럼 대중들의 공양을 받습니다. 대왕께서는 그에게 가셔서 물어보십시오. 대왕께서 그를 만나보시면 마음이 깨치실 것입니다."

왕은 다시 가라 수문장에게 말하였다.

"오늘 밤은 보름이라 달이 차서 맑고 밝아 낮과 다름이 없구나. 어떤 사문이나 바라문에게 가야 나의 마음을 깨우칠 수 있을까?"

"파쿠다 캇차야나가 있습니다. 그는 대중의 우두머리로 지식이 많고 이름이 널리 알려져 있으며, 마치 큰 바다가 많은 것을 받아들이는 것처럼 대중들의 공양을 받습니다. 대왕께서는 그에게 가셔서 물어보십시오. 대왕께서 그를 만나보시면 마음이 깨치실 것입니다."

왕은 다시 우타이만제의 아들에게 말하였다.

"오늘 밤은 보름이라 달이 차서 맑고 밝아 낮과 다름이 없구나. 어떤 사문이나 바라문에게 가야 나의 마음을 깨우칠 수 있을까?"

"산자야 벨라티풋타가 있습니다. 그는 대중의 우두머리로 지식이 많고 이름이 널리 알려져 있으며, 마치 큰 바다가 많은 것을 받아들이는 것처럼 대중들의 공양을 받습니다. 대왕께서는 그에게 가셔서 물어보십시오. 대왕께서 그를 만나보시면 마음이 열릴 것입니다."

왕은 다시 그의 아우 아바야에게 말하였다.

"오늘 밤은 보름이라 달이 차서 맑고 밝아 낮과 다름이 없구나. 어떤 사문이나 바라문에게 가야 나의 마음을 깨우칠 수 있을까?"

"니간타 나타풋타가 있습니다. 그는 대중의 우두머리로 지식이 많고 이름이 널리 알려져 있으며, 마치 큰 바다가 많은 것을 받아들이는 것처럼 대중들의 공양을 받습니다. 대왕께서는 그에게 가셔서 물어보십시오. 대왕께서 그를 만나보시면 마음이 깨치실 것입니다."

왕은 다시 지바카 코마라바차에게 말하였다.

"오늘 밤은 보름이라 달이 차서 맑고 밝아 낮과 다름이 없구나. 어떤 사문이나 바라문에게 가야 나의 마음을 깨우칠 수 있을까?"

"부처님께서 지금 저의 암라 동산에 계십니다. 대왕께서는 그에게 가셔서 물어보십시오. 대왕께서 만나보시면 마음이 반드시 깨치실 것입니다."

왕은 다시 지바카에게 명령하였다.

"내가 타는 보배 코끼리와 흰 코끼리 오백 마리를 준비하여라."

지바카는 분부를 받고 곧 왕의 보배 코끼리와 오백 마리의 코끼리를 준비해 놓고 왕에게 말씀드렸다.

"탈것이 이미 준비되었습니다. 이제 출발하실 때입니다."

아자타삿투 왕은 자신의 보배 코끼리를 타고, 오백 명의 부인들은 오백 마리의 암코끼리에 태웠다. 손에는 각각 횃불을 들게 하여 왕의 위엄을 보이며 라자가하성을 떠났다. 왕은 부처님 계신 곳으로 가다가 잠시 후에 지바카에게 말하였다.

"너는 지금 나를 속이고 나를 함정에 빠뜨려 나의 대중을 끌고 가서 원수에게 넘기고자 하는가?"

"대왕이시여, 제가 감히 왕을 속이거나 함정에 빠뜨려 왕의 대중을 끌고 가 원수에게 넘길 수는 없습니다. 왕이시여, 다만 앞으로 나아가시면 반드시 복락과 경사를 얻으실 것입니다."

왕은 다시 조금 더 가다가 지바카에게 말하였다.

"너는 지금 나를 속이고 나를 함정에 빠뜨려 나의 대중을 끌고 가 원수에게 넘기고자 하는가?"

이렇게 두 번 세 번 반복하였다. 왜냐하면 그곳에는 대중이 천이백오십 명이나 있는데도 아무 소리가 없는 것이 장차 무슨 음모가 있을 것이라고 생각되었기 때문이다.

지바카는 다시 두 번 세 번 말씀드렸다.

"대왕이시여, 제가 감히 왕을 속이거나 함정에 빠뜨려 왕의 대중을 끌고 가 원수에게 넘길 수는 없습니다. 왕이시여, 다만 앞으로 나아가시면 반드시 복락과 경사를 얻으실 것입니다. 저 사문의 법은 항상 고요함을 즐기기에 소리가 없는 것입니다. 왕이시여, 다만 앞으로 나아가십시오. 동산 숲이 이미 나타났습니다."

아자타삿투 왕은 동산의 문에 이르자 코끼리에서 내려 칼을 풀고 일산을 물리치고 다섯 가지 위의를 버리고 걸어서 동산 문으로 들어가 지바카에게 말하였다.

"지금 부처님께서는 어디 계시는가?"

"대왕이시여, 지금 부처님께서는 높은 당에 계시는데, 그 앞에는 밝은 등불이 있고 사자좌에서 남쪽을 향해 앉아 계십니다. 왕께서 조금만 더 가시면 세존을 뵈올 수 있습니다."

아자타삿투 왕은 강당이 있는 곳으로 가서 밖에서 발을 씻은 뒤에 당으로 올라갔다. 잠자코 사방을 둘러보다가 환희심이 저절로 일어나 말하였다.

"지금 모든 사문은 매우 고요하고 고요해 지관(止觀)을 성취하였구나. 나의 태자 우다야바드라도 지관을 성취함에 이와 다름없게 하고 싶구나."

그때 세존께서 아자타삿투 왕에게 말씀하셨다.

"왕은 아들을 생각했기 때문에 입에서 말이 저절로 나오기를, '태자 우다야바드라도 지관을 성취함에 이와 다름없게 하고 싶구나'라고 하였소. 왕은 앞으로 나와 앉으시오."

이에 아자타삿투 왕은 앞으로 나아가 부처님 발에 예배하고 한쪽에 앉아 말씀드렸다.

"지금 여쭈어 볼 것이 있습니다. 혹 한가하시면 청해 여쭙겠습니다."

부처님께서 말씀하셨다.

"대왕이시여, 묻고 싶은 것이 있으면 물어보십시오."

"세존이시여, 지금 사람들이 코끼리 · 말 · 수레를 타고 칼 · 창 · 큰칼 · 활 · 화살과 같은 무기 다루는 법과 전투하는 법을 익히는 것처럼, 왕자 · 역사 · 대역사 · 하인 · 가죽 다루는 이 · 이발사 · 머리 따주는 이 · 수레 모는 이 · 기와장이 · 대나무 짜는 이 · 갈대 엮는 이 들도 모두 갖가지 기술로써 스스로 생활하면서 마음껏 즐기고 있습니다. 또한, 그들의 부모 · 처자 · 시종 · 하인 들도 함께 즐기고 있습니다. 이와 같이 생업을 경영하여 다 현재에 과보가 있는 것처럼, 지금 저 사문들도 현재에 도를 닦아 현재에 그 과보를 받습니까?"

부처님께서 왕에게 말씀하셨다.

"왕은 일찍이 사문이나 바라문에게 가서 이러한 뜻을 물은 일이 있습니까?"

왕은 부처님께 말씀드렸다.

"나는 일찍이 사문이나 바라문에게 가서 이러한 뜻을 물은 일이 있습니다. 기억하건대, 어느 때 푸라나 카샤파에게 가서, '사람들이 코끼리 · 말 · 수레를 타고 병법을 익히며, ……갖가지로 생업을 경영하여 다 현재에 과보가 있는 것처럼, 지금 이 사문이나 바라문도 현재에 도를 닦아 현재에 그 과보를 받는가'라고 물었습니다.

푸라나 카샤파는 나에게, '왕이 스스로 짓거나 혹은 남을 시켜, 해치고 지지고 베어 중생을 괴롭히고 걱정시키고 울게 하거나, 살생·도둑질·사음·거짓말·담을 넘어 겁탈하기·불 놓아 태우기 등으로 도를 끊는 악을 짓는다 하자. 대왕이여, 이와 같은 일을 하더라도 그것은 악을 짓는 것이 아니다. 대왕이여, 만일 날카로운 칼로 모든 중생을 잘라 고기더미로 만들어 세간을 가득 채운다고 해도 이것 또한 악이 아니어서 그 죄의 과보는 없다. 또한, 강가강의 남쪽 언덕에서 중생을 칼로 죽여도 그 악의 과보는 없고, 강가강의 북쪽 언덕에서 큰 보시의 모임을 열어 모든 중생에게 베풀어서 고루 이롭게 하더라도 복의 과보 또한 없다'라고 대답하였습니다."

왕은 계속하여 부처님께 말씀드렸다.

"그것은 마치 어떤 사람이 오이를 묻는데 오얏이라 대답하고, 오얏을 묻는데 오이라고 대답하는 것과 같습니다. 그도 역시 이와 같아서 나는, '현재에 과보를 받는가'라고 물었는데, 그는, '죄와 복의 과보는 없다'라고 대답하였습니다.

나는 조용히 생각하였습니다. '나는 머리에 물로 관정을 받은 크샤트리아 왕이다. 이유도 없이 출가한 사람을 죽이거나 묶어 쫓아 버릴 수는 없다.' 이렇게 생각한 뒤에 마음에 품었던 분노를 버리고 곧 그곳을 떠났습니다."

왕은 다시 부처님께 말씀드렸다.

"나는 다시 어느 때 막칼리 고살라에게 가서, '사람이 코끼리·말·수레를 타고 병법을 익히며, ……갖가지 생업을 경영하여 다 현재에 과보가 있는 것처럼, 지금 이 사문이나 바라문들도 현재에 도를 닦아 현재에 그 과보를 받는가'라고 물었습니다.

그는 나에게, '대왕이여, 주는 것[施]도 없고 갚는 것[與]도 없으며 제사의 법도 없다. 선과 악의 과보도 없으며, 금생도 없고 후생도 없다. 아버지도 없고 어머니도 없으며, 천신도 없고 화현[化]도 없으며 중생도 없다. 세상에는 사문이나 바라문으로서 평등하게 행하는 자도 없고, 금세와 후세에 스스로 증명하고 남에게 두루 나타내는 자도 없다. 모든 것이 있다고 말하는 것은 다 허망한 것이다'라고 대답하였습니다.

세존이시여, 그것은 마치 어떤 사람이 오이를 묻는데 오얏이라 대답하고, 오얏을 묻는데 오이라고 대답하는 것과 같습니다. 그도 역시 이와 같아서 나는, '현재에 과보를 받는가'를 물었는데, 그는, '없다[無]'라고 대답하였습니다.

나는 조용히 생각하였습니다. '나는 머리에 물로 관정을 받은 크샤트리아 왕이다. 이유도 없이 출가한 사람을 죽이거나 묶어 쫓아 버릴 수는 없다.' 나는 이렇게 생각한 뒤에 마음에 품었던 분노를 버리고 곧 그곳을 떠났습니다."

왕은 계속하여 부처님께 말씀드렸다.

"나는 또 어느 때 아지타 케사캄발린에게 가서, '대덕이여, 사람들이 코끼리 · 말 · 수레를 타고 병법을 익히며, ……갖가지로 생업을 경영하여다 현재에 과보가 있는 것처럼, 지금 이 사문이나 바라문들도 현재에 도를 닦아 현재에 그 과보를 받는가'라고 물었습니다.

그는 나에게, '사대(四大)를 받은 사람이 목숨을 마치면 지대(地大)는 흙으로 돌아가고, 수대(水大)는 물로 돌아가고, 화대(火大)는 불로 돌아가고, 풍대(風大)는 바람으로 돌아간다. 모두 무너지고 부서져 모든 기관은 공(空)으로 돌아간다. 만일 사람이 죽었을 때, 상여에 시신을 실어 화장장에 가져가 불로 그 뼈를 태우면 그것은 비둘기 빛깔처럼 변하여 재가 된다. 이렇듯 어리석은 이나 지혜로운 이나 목숨을 마치면 모두 무너지고 부서져 단멸법(斷滅法)이 되고 만다'라고 대답하였습니다.

세존이시여, 그것은 마치 어떤 사람이 오이를 묻는데 오얏이라 대답하고, 오얏을 묻는데 오이라고 대답하는 것과 같습니다. 그도 역시 이와 같아서 나는, '현재에 과보를 받는가'를 물었는데, 그는 제게 '단멸법'으로 대답하였습니다.

나는 조용히 생각하였습니다. '나는 머리에 물로 관정을 받은 크샤트리아 왕이다. 이유도 없이 출가한 사람을 죽이거나 묶어 쫓아 버릴 수는 없다.' 나는 이렇게 생각한 뒤에 마음에 품었던 분노를 버리고 곧 그곳을 떠났습니다."

왕은 계속하여 부처님께 말씀드렸다.

"나는 또 옛날 어느 때 파쿠다 캇차야나에게 가서, '대덕이여, 사람들이 코끼리 · 말 · 수레를 타고 병법을 익히며, ……갖가지로 생업을 경영하여다 현재에 그 과보가 있는 것처럼, 지금 이 사문이나 바라문들도 현재에 도를 닦아 현재에 그 과보를 받는가'라고 물었습니다.

그는 제게, '대왕이여, 힘도 없고 정진도 없으니, 사람에게는 힘도 없고 정진도 없다. 인(因)도 없고 연(緣)도 없이 중생은 물들고, 인도 없고 연도 없이 중생은 청정하다. 목숨이 있는 일체 중생은 힘이 없어 자재를 얻지 못하고 원수도 없다. 정해진 운명에 따라 육도에 떨어져 모든 고락을 받는 것이다'라고 대답하였습니다.

그것은 마치 오얏을 묻는데 오이라고 대답하고, 오이를 묻는데 오얏이라고 대답하는 것과 같습니다. 그도 역시 이와 같아서 나는, '현재에 과보를 받는가'를 물었는데, 그는 '무력(無力)'으로 대답하였습니다.

나는 조용히 생각하였습니다. '나는 머리에 물로 관정을 받은 크샤트리아 왕이다. 이유도 없이 출가한 사람을 죽이거나 묶어 쫓아 버릴 수는 없다.' 나는 이렇게 생각한 뒤에 마음에 품었던 분노를 버리고 곧 그곳을 떠났습니다."

왕은 계속하여 부처님께 말씀드렸다.

"나는 또 어느 때 산자야 벨라티풋타에게 가서, '대덕이여, 사람들이 코끼리·말·수레를 타고 병법을 익히며, ……갖가지로 생업을 경영하여 다 현재에 과보가 있는 것처럼, 지금 이 사문이나 바라문들도 현재에 도를 닦아 현재에 그 과보를 받는가'라고 물었습니다.

그는 나에게, '대왕이여, 〈현재에 사문에게 과보가 있느냐〉고 묻는다면, 그것에 대한 대답은 이와 같다. 〈이 일은 옳다. 이 일은 옳지 않다. 이 일은 옳은 것도 아니고 옳지 않은 것도 아니다.〉

대왕이여, 〈현재에 사문에게 과보가 없느냐〉고 묻는다면, 그것에 대한 대답은 이와 같다. 〈이 일은 옳다. 이 일은 옳지 않다. 이 일은 옳은 것도 아니고 옳지 않은 것도 아니다.〉

대왕이여, 〈현재에 사문에게는 과보가 있기도 하고 없기도 하느냐〉고 묻는다면, 그것에 대한 대답은 이와 같다. 〈이 일은 옳다. 이 일은 옳지 않다. 이 일은 옳은 것도 아니고 옳지 않은 것도 아니다.〉

대왕이여, 〈현재에 사문에게는 과보가 있지도 않고 없지도 않느냐〉고 묻는다면, 그것에 대한 대답은 이와 같다. 〈이 일은 옳다. 이 일은 옳지 않다. 이 일은 옳은 것도 아니고 옳지 않은 것도 아니다〉'라고 대답하였습니다.

세존이시여, 그것은 마치 어떤 사람이 오얏을 묻는데 오이라고 대답하고, 오이를 묻는데 오얏이라고 대답하는 것과 같습니다. 그도 역시 이와 같아서 나는, '현재에 과보를 받는가'를 물었는데, 그는 '다른 말[異論]'로 나에게 대답하였습니다.

나는 조용히 생각하였습니다. '나는 머리에 물로 관정을 받은 크샤트리아 왕이다. 이유도 없이 출가한 사람을 죽이거나 묶어 쫓아 버릴 수는 없다.' 나는 이렇게 생각한 뒤에 마음에 품었던 분노를 버리고 곧 그곳을 떠났습니다."

왕은 계속하여 부처님께 말씀드렸다.

"나는 또 옛날 어느 때 니간타 나타풋타에게 가서, '대덕이여, 마치 사람들이 코끼리·말·수레를 타고 ……갖가지로 생업을 경영하여 모두 현재에 과보가 있는 것처럼, 지금 이 사문·바라문 들도 현재에 도를 닦아 현재에 그 과보를 받는가'라고 물었습니다.

그는 제게, '대왕이여, 나는 일체의 지(智)와 일체의 견(見)을 가진 사람으로서 모든 것을 남김없이 다 안다. 다니거나 머물거나 앉거나 눕거나 모든 것을 남김없이 깨달아 지혜가 항상 드러난다.'라고 대답하였습니다.

세존이시여, 이것은 마치 어떤 사람이 오이를 묻는데 오얏이라고 대답하고, 오얏을 묻는데 오이라고 대답하는 것과 같습니다. 그도 역시 이와 같아서 나는, '현재에 과보를 받는가'를 물었는데, 그는 제게 '일체의 지혜[一切智]'라고 대답하였습니다.

나는 조용히 생각하였습니다. '나는 머리에 물로 관정을 받은 크샤트리아 왕이다. 이유도 없이 출가한 사람을 죽이거나 묶어 쫓아 버릴 수는 없다.' 나는 이렇게 생각한 뒤에 마음에 품었던 분노를 버리고 곧 그곳을 떠났습니다.

그러므로 세존이시여, 이제 나는 여기 와서 이러한 뜻을 묻는 것입니다. 사람들이 코끼리·말·수레를 타고 ……갖가지로 생업을 경영하여 다 현재에 과보가 있는 것처럼, 지금 사문들도 현재에 도를 닦으면 현재에 과보를 받습니까?"

부처님께서 아자타삿투 왕에게 말씀하셨다.

"나는 이제 왕에게 되묻겠으니, 마음대로 대답하십시오. 어떻습니까, 대왕이여. 왕실의 종이나 안팎의 하인들이 보름날 달이 찼을 때, 왕이 머리 감고 목욕하고 높은 전당에 올라가 궁녀들과 서로 즐기는 것을 보고 이렇게 생각한다고 합시다. '아아, 행의 과보가 여기까지 미치는구나. 이 아자타삿투 왕은 보름날 달이 찼을 때, 머리 감고 목욕한 뒤 높은 전당에 올라가 궁녀들과 함께 오욕(五欲)을 즐긴다. 누가 능히 이것이 행의 과보인 줄 알겠는가'라고.

그가 훗날 수염과 머리를 깎고 삼법의(三法衣)를 입고 집을 떠나 도를 닦아 평등법을 행한다면, 대왕은 멀리서 그가 오는 것을 보고, '저 사람은 나의 종이 아닌가'라고 생각하겠습니까?"

왕은 부처님께 말씀드렸다.

"아닙니다. 세존이시여, 만일 그가 오는 것을 보면 나는 일어나 맞이하여 앉기를 청하겠습니다."

부처님께서 대왕에게 말씀하셨다.

"그렇다면 이것이 어찌 사문이 현재에 받는 과보가 아니겠습니까?"

"그렇습니다. 세존이시여, 그것은 사문이 현재에 받는 과보입니다."

부처님께서 말씀하셨다.

"또한, 대왕이여, 만일 왕의 영토 안에 살며 왕이 베풀어 주는 것을 먹는 나그네가 보름날 달이 찼을 때, 왕이 머리 감고 목욕한 뒤에 높은 전당에 올라가 궁녀들과 함께 오욕을 즐기는 것을 보고, '아아, 저 행의 과보가 여기까지 미치는구나. 누가 능히 이것이 행의 과보인 줄 알겠는가'라고 이렇게 생각하였다고 합시다.

그가 훗날 수염과 머리를 깎고 삼법의를 입고 집을 떠나 도를 닦아 평등법을 행한다면, 대왕은 멀리서 그가 오는 것을 보고, '저 사람은 내 영토 안에 살면서 내가 베풀어 주는 것을 먹던 자가 아닌가'라고 생각하겠습니까?"

왕이 말하였다.

"아닙니다. 나는 만일 그가 멀리서 오는 것을 보면, 일어나 맞이하여 예경하고 인사한 뒤에 앉기를 청할 것입니다."

"그렇다면 대왕이여, 이것이 사문이 현재에 받는 과보가 아니겠습니까?"

왕이 말하였다.

"그렇습니다. 이것이 사문이 현재에 받는 과보입니다."

"또한, 대왕이여, 여래·응공[至眞]·등정각이 이 세상에 나타나면, 나의 법에 들어오는 이는 마침내 삼명(三明)으로써 모든 어두움을 멸하고 큰 지혜의 광명을 낼 것이니, 이른바 번뇌가 다한 지혜의 증득[漏盡智證]이 그것입니다. 왜냐하면 부지런히 정진하고 전념하여 잊지 않으며, 혼자 고요히 머무르는 것을 즐기고 방일하지 않았기 때문입니다. 어떻습니까, 대왕이여. 이것이 사문이 현재에 받는 과보가 아니겠습니까?"

왕이 대답하였다.

"그렇습니다. 세존이시여, 실로 그것은 사문이 현재에 받는 과보입니다."

그때 아자타삿투 왕은 곧 자리에서 일어나 부처님 발에 예배하고 말씀드렸다.

"원컨대 세존이시여, 나의 뉘우침을 받아주십시오. 나는 경솔하고 어리석으며 지혜가 없었습니다. 나의 부친인 마가다국의 빔비사라 왕은 법으로써 다스려 치우치거나 굽힘이 없었습니다. 그런데 나는 오욕에 빠져 부왕을 해쳤습니다. 원컨대 세존이시여, 자비로써 가엾이 여기시어 나의 뉘우침을 받아 주십시오."

부처님께서 왕에게 말씀하셨다.

"왕은 어리석어 지혜가 없었습니다. 그렇지만 이제 스스로 허물을 뉘우치고 있습니다. 왕은 오욕에 빠져 부왕을 해치고 말았으나 이제 부처님의 법 안에서 허물을 뉘우치니, 곧 스스로 이롭고 편안하게 할 것입니다. 나는 그대를 가엾이 여기기 때문에 그대의 뉘우침을 받아들이겠습니다."

이에 아자타삿투 왕은 세존의 발에 예배한 뒤 돌아와 한쪽에 앉았다. 부처님께서 그를 위하여 설법하시고 가르쳐 보이시어 이롭고 기쁘게 하셨다.

왕은 부처님의 가르침을 듣고 곧 부처님께 말씀드렸다.

"나는 이제 부처님께 귀의하고 법에 귀의하고 승가에 귀의합니다. 내가 정법 안에서 청신사[優婆塞]가 되는 것을 허락해 주십시오. 나는 지금부터 목숨이 다할 때까지 살생하지 않고, 도둑질 하지 않고, 음탕하지 않고, 속이지 않으며, 술을 마시지 않겠습니다. 원컨대 세존과 모든 대중은 나의 청을 받아 주십시오."

이에 세존께서는 묵연히 그것을 허락하셨다.

그때 왕은 부처님께서 말없이 허락하시는 것을 보고 바로 일어나 부처님께 예배하고 세 번 돌고 돌아갔다.

그가 떠난 지 오래지 않아 부처님께서 모든 비구에게 말씀하셨다.

"이 아자타삿투 왕은 죄가 감해져서 무거운 재앙에서 빠져나왔다. 만일 아자타삿투 왕이 그의 아버지를 죽이지만 않았다면, 반드시 이 자리에서 청정한 법의 눈[法眼]을 얻었을 것이다. 그러나 이제 아자타삿투 왕은 스스로 허물을 뉘우쳐 죄를 줄임으로써 무거운 재앙에서 빠져나왔다."

그때 아자타삿투 왕은 돌아오는 길에 지바카에게 말하였다.

"참으로 훌륭하구나. 너는 지금 나에게 많은 이익을 주었다. 너는 조금 전에 여래께서 가르쳐서 깨우침을 준다고 나에게 말해 주었고, 그런 뒤에 나를 인도해 세존께 가서 깨우침을 받도록 해 주었다. 나는 너의 깊은 은혜를 결코 잊지 않을 것이다."

왕은 궁으로 돌아와 온갖 음식을 장만하였다. 그 다음날 때가 되자 오직 부처님만이 때를 아셨다. 이에 세존께서는 옷을 입으시고 발우를 가지고 천이백오십 명의 제자들과 함께 왕궁으로 가시어 자리에 앉으셨다.

때에 왕은 손수 음식을 나누어서 부처님과 스님들께 공양을 올렸다. 공양을 마치고 발우를 거두고 손 씻을 물을 돌리기를 마치자, 왕은 세존의 발에 예배하고 말씀드렸다.

"저는 이제 몇 번이고 허물을 뉘우칩니다. 저는 경솔하고 어리석어 지혜가 없었습니다. 저의 부친 빔비사라 왕은 법으로써 다스려 치우침과 굽힘이 없었습니다. 그런데 저는 오욕에 빠져서 부왕을 해쳤습니다. 원컨대 세존이시여, 자비로써 가엾이 여기시어 저의 뉘우침을 받아 주십시오."

부처님께서 왕에게 말씀하셨다.

"왕은 어리석어서 지혜가 없어 오욕에 빠져 부왕을 해쳤으나 이제 부처님의 법 안에서 허물을 뉘우치니, 곧 스스로 이익되게 할 것입니다. 나는 이제 그대를 가엾이 여겨 그대의 뉘우침을 받아들이겠습니다."

이에 왕은 부처님 발에 예배하고 작은 자리 하나를 가지고 와서 부처님 앞에 앉았다.

부처님께서 그를 위하여 법을 설하시고 가르쳐 보이시어 이롭고 기쁘게 하셨다. 왕은 부처님의 가르침을 들은 뒤에 말씀드렸다.

"저는 이제 몇 번이고 부처님께 귀의하고, 법에 귀의하고, 승가에 귀의합니다. 바라건대, 제가 정법 안에서 청신사가 되는 것을 허락하여 주십시오. 저는 지금부터 목숨이 다할 때까지 살생하지 않고 도둑질하지 않고 음탕하지 않고 속이지 않으며 술을 마시지 않겠습니다."

세존께서는 아자타삿투 왕을 위하여 법을 설하고 가르쳐 보이시어 이롭고 기쁘게 하신 뒤, 자리에서 일어나 떠나가셨다.

아자타삿투 왕과 지바카는 부처님의 말씀을 듣고 기뻐하며 받들어 행하였다.

1.3 삼명경(三明經)

【장아함경 제16권 제3분】

이와 같이 나는 들었다.

어느 때 부처님께서 코살라국에서 사람들 사이에서 유행하실 때 바라문 마을 이차낭카라의 이차 숲 속에서 천이백오십 명의 비구 대중과 함께 계셨다.

그때 포카라사티 바라문과 타루카 바라문은 사소한 일로 이차낭카라 마을에 왔다.

이 포카라사티 바라문은 칠 대를 내려오면서, 부모가 진실하여 남의 업신여김이나 비방을 받지 않고, 바라문교의 세 가지 베다 경전을 외워 통달하고, 온갖 경서를 능히 분별하였다. 또한, 관상 보는 법과 길흉을 점치는 것과 제사의례에 능하였다. 그리고 오백 명의 제자를 가르치기를 그치지 않았다.

그중 첫째 제자의 이름은 바셋타였다. 그도 칠 대를 내려오면서, 부모가 진실하여 남의 업신여김이나 비방을 받지 않고, 바라문교의 세 가지 베다 경전을 외워 통달하고, 온갖 경서를 잘 분별하였다. 또한, 관상 보는 법과 길흉을 점치는 것과 제사의례에 능하였다. 그리고 오백 명의 제자들을 가르치기를 그치지 않았다.

타루카 바라문 또한 칠 대를 내려오면서, 부모가 진실하여 남의 업신여김이나 비방을 받지 않고, 바라문교의 세 가지 베다 경전을 외워 통달하고, 온갖 경서를 잘 분별하였다. 또한, 관상 보는 법과 길흉을 점치는 것과 제사의례에 능하였다. 그리고 오백 명의 제자들을 가르치기를 그치지 않았다.

그 첫째 제자에 바라드와자가 있었다. 그도 칠 대를 내려오면서, 부모는 진실하여 남의 업신여김이나 비방을 받지 않고, 바라문교의 세 가지 베다 경전을 외워 통달하고, 온갖 경서를 잘 분별하였다. 또한, 관상 보는 법과 길흉을 점치는 것과 제사의례에 능하였다. 그리고 오백 명의 제자들을 가르치기를 그치지 않았다.

그때 바셋타와 바라드와자 두 사람은 이른 아침에 동산에 들어가 함께 이치를 논하다가 서로 옳고 그름을 따지게 되었다.

바셋타가 바라드와자에게 말하였다.

"나의 도는 진실하여 능히 출요를 얻어 범천에 이릅니다. 이것은 나의 큰 스승인 포카라사티 바라문이 하신 말씀입니다."

바라드와자가 말하였다.

"나의 도는 진실하여 능히 출요를 얻어 범천에 이릅니다. 이것은 나의 스승인 타루카 바라문이 하신 말씀입니다."

이와 같이 바셋타는 두 번 세 번 자신의 도가 진실함을 자랑하였고, 바라드와자도 두 번 세 번 자신의 도가 진실함을 자랑하였다. 두 사람 모두 이렇게 주장하니 결정을 내리지 못하였다. 이에 바셋타가 바라드와자에게 말하였다.

"나는, '사캬족의 왕자인 사문 고타마가 집을 떠나 도를 이룬 뒤에 코살라국 백성들 사이에서 유행하시다가 지금은 이차낭카라 숲 속에 계시는데, 큰 이름은 천하에 두루 알려져 있다. 그는 여래·응공·등정각 등의 십호(十號)를 갖추고 모든 천신·인간·마라·야마천·사문·바라문 들 사이에서 스스로 증명하고 남을 위하여 설법하는데, 그 말은 처음과 중간과 마지막이 다 진실하여 뜻이 분명하고 범행(梵行)이 청정하다. 이러한 참된 사람은 마땅히 찾아가 뵈어야 한다'라고 들었습니다.

그리고 나는, '저 고타마는 범천의 도를 잘 알아 남을 위하여 설명하고 항상 범천들과 오가면서 말씀하신다'라고 들었습니다. 우리가 함께 고타마께 가서 누구의 말이 옳은지 결정합시다. 만일 사문 고타마의 가르침을 받게 되면 함께 받들어 지니도록 합시다."

그때 바셋타와 바라드와자 두 사람은 이차 숲 속에 이르러 세존께 가서 인사하고 한쪽에 앉았다.

세존께서는 그 두 사람의 생각을 아시고 바셋타에게 말씀하셨다.

"그대들은 이른 아침에 동산에 들어가 이러한 이야기로 서로 시비하였는데, 한 사람은, '나의 법은 진실하여 능히 출요를 얻어 범천에 이른다. 이것은 나의 큰 스승인 포카라사티의 말씀이다'라고 말했고, 또 한 사람은, '나의 법은 진실하여 능히 출요를 얻어 범천에 이른다. 이것은 나의 큰 스승인 타루카의 말씀이다'라고 말하며 서로 옳고 그름을 따지는 이러한 일이 있었습니까?"

그때 바셋타와 바라드와자는 부처님께서 이와 같이 말씀하시는 것을 듣고는 놀라 털이 거꾸로 섰다. 그들은, '사문 고타마께서는 큰 신덕(神德)이 있으셔서 사람의 마음을 미리 아시는구나. 그래서 우리들이 이야기하려는 것을 사문 고타마께서 먼저 말씀하신 것이다'라고 생각하였다.

바셋타가 부처님께 여쭈었다.

"이 도와 저 도는 모두 진실하여 다 출요를 얻어 범천에 이른다고 합니다. 포카라사티 바라문이 한 말이 옳은 것입니까, 타루카 바라문이 한 말이 옳은 것입니까?"

부처님께서 말씀하셨다.

"바셋타여, 이 도와 저 도가 모두 진실하여 출요를 얻어 범천에 이를 수 있다면, 그대들은 무엇 때문에 이른 아침에 동산에 들어가 두 번 세 번 서로 시비하였습니까?"

바셋타가 부처님께 말씀드렸다.

"모든 삼명 바라문은 갖가지의 도, 즉 자재욕도(自在欲道) · 자작도(自作道) · 범천도(梵天道)를 말합니다. 이 세 가지 도는 다 범천으로 향합니다. 고타마시여, 마을에 있는 모든 길이 다 성으로 향하는 것과 같이, 모든 바라문이 비록 여러 가지 도를 말하지만, 그것은 다 범천으로 향합니다."

부처님께서 바셋타에게 말씀하셨다.

"저 모든 도는 범천으로 나아가는 것입니까?"

"다 나아갑니다."

부처님께서 두 번 세 번 물으셨다.

"저 모든 도는 다 범천으로 나아가는 것입니까?"

"다 나아갑니다."

세존께서 그의 말을 확인하시고 바셋타에게 말씀하셨다.

"삼명 바라문 가운데 단 한 사람이라도 범천을 본 사람이 있습니까?"

"본 사람이 없습니다."

"그러면 바셋타여, 삼명 바라문 이전의 스승 가운데 범천을 본 사람이 있습니까?"

"본 사람이 없습니다."

"그러면 바셋타여, 과거의 삼명 선인이나 옛날의 바라문으로서 성전을 외워 통달하여 남을 위하여 옛날의 모든 찬송 · 가영(歌詠) · 시서(詩書)를 말해 주던 아타마 · 바마데바 · 베싸미타 · 앙기라사 · 야마타기 · 바바실 · 카샤파 · 아루나 · 구담마 · 수지 · 바라손타 바라문이 있었는데, 그들은 범천을 보았습니까?"

"본 사람이 없습니다."

부처님께서 말씀하셨다.

"만일 저 삼명 바라문 가운데 한 사람도 범천을 보지 못하였고, 삼명 바라문 이전의 스승들도 범천을 보지 못하였으며, 모든 옛날의 큰 선인으로서 아타마 등의 삼명 바라문들도 범천을 보지 못하였다면, 삼명 바라문이

한 말은 진실이 아님을 알 수 있습니다."

부처님께서 다시 바셋타에게 말씀하셨다.

"그것은 마치 음탕한 사람이 어느 단정한 여인과 관계한 뒤 그 음탕한 행위를 자랑하며 말할 때, 어떤 사람이, '그대는 그 여자를 아는가. 동·서·남·북 어디에 있는가'라고 물으면 그가, '모른다'라고 대답하는 것과 같습니다. '그 여자가 사는 곳이 성읍인지 촌락인지 아느냐'라고 물어도, '모른다'라고 대답하고, '그 여자의 부모와 성명을 아느냐'라고 물어도, '모른다' 하며, '저 여자가 크샤트리아 여자인지, 바라문·바이샤·수드라 여자인지 아느냐'라고 물어도, '모른다' 하고, '그 여자가 키가 큰지 작은지, 뚱뚱한지 날씬한지, 피부색은 흰지 검은지, 예쁜지 못생겼는지 아느냐'라고 물어도, '모른다'라고 대답한다면, 바셋타여, 그 사람이 자랑하며 하는 말이 진실입니까?"

"진실이 아닙니다."

"그렇습니다, 바셋타여. 삼명 바라문의 말도 그와 같아서, 진실이 아닙니다. 바셋타여, 삼명 바라문이 해와 달이 뜨고 지는 곳을 향해 합장하고 공양하며, '이 도는 진실하여 출요를 얻어 해와 달이 있는 곳에 이를 수 있다'라고 말할 수 있습니까?"

바셋타가 대답하였다.

"이러한 삼명 바라문은 해와 달이 뜨고 지는 곳을 향해 합장하고 공양하나, '이 도는 진실하여 출요를 얻어 해와 달이 있는 곳에 이를 수 있다'라고 말할 수 없습니다."

"그렇습니다, 바셋타여. 삼명 바라문은 해와 달이 뜨고 지는 곳을 향해 합장하고 공양하나, '이 도는 진실하여 출요를 얻어 해와 달이 있는 곳에 이를 수 있다'라고 말할 수 없습니다. 그런데도 항상 합장하고 공양하고 공경하니 어찌 허망하지 않겠습니까?"

바셋타가 대답하였다.

"그렇습니다, 고타마시여. 그것은 참으로 허망합니다."

부처님께서 말씀하셨다.

"그것은 마치 어떤 사람이 사다리를 빈 땅에 세우는 것과 같습니다. 다른 사람이, '사다리로 무엇하려 하느냐'라고 물으니, '나는 높은 당(堂)에 올라가고자 한다'라고 대답하여, '그 집은 동 · 서 · 남 · 북 어디에 있느냐'라고 물으니, '나는 모른다'라고 대답한다면, 바셋타여, 이 사람이 사다리를 세워 높은 당으로 올라가려는 것이 어찌 허망하지 않겠습니까?"

"그렇습니다. 그것은 참으로 허망합니다."

부처님께서 말씀하셨다.

"삼명 바라문도 그와 같아서, 허망하여 진실하지 않습니다. 바셋타여, 오욕은 깨끗하여 사랑하고 즐길 만합니다. 어떤 것이 다섯인가. 눈으로 색을 보면 매우 사랑하고 즐길 만하고, 귀는 소리를, 코는 냄새를, 혀는 맛을, 몸은 촉감을 매우 사랑하고 즐길 만합니다. 그러나 부처님 법에서는 그것을 집착이라 하고 결박이라 하고 갈고리나 쇠사슬이라 합니다.

그러나 저 삼명 바라문들은 오욕에 물들어 애착이 굳어져서 그 허물을 보지 못하고 출요를 모릅니다. 그들은 오욕에 결박되어 해와 달과 물과 불을 섬기며, '나를 인도하여 범천에 가서 태어나게 하라'라고 부르짖더라도 그것은 그렇게 될 수는 없습니다.

마치 아치라바티강의 물이 기슭에까지 가득 차서 까마귀나 새들도 그 물을 마실 수 있을 때, 어떤 사람이 이쪽 기슭에 몸이 단단히 묶인 채 저쪽 기슭을 향하여, '와서 나를 건네 달라'라고 부질없이 외치는 것과 같습니다. 그렇다면 저쪽 기슭이 와서 이 사람을 건네 줄 수 있습니까?"

"없습니다."

"바셋타여, 오욕은 깨끗하여 사랑하고 즐길 만하다고 말하지만, 부처님 법에서는 갈고리와 쇠사슬과 같다고 말합니다. 저 삼명 바라문들은 오욕에 물들고 애착이 굳어져 그 허물을 보지 못하고 출요를 알지 못합니다. 그들은 오욕에 결박된 채 해와 달과 물과 불을 섬기면서, '나를 인도하여 범천에 가서 나도록 하라'라고 외치지만 끝내 그렇게 될 수 없는 것입니다.

바셋타여, 마치 아치라바티강의 물이 기슭에까지 가득 차서 까마귀나 새들도 그 물을 마실 수 있을 때, 어떤 사람이 건너가고자 하면서 손발과 몸의 힘은 쓰지 않고, 또한 배나 뗏목도 의지하지 않은 채 건널 수 있겠습니까?"

"그럴 수 없습니다."

"바셋타여, 삼명 바라문도 그와 같아서, 사문의 청정한 범행은 닦지 않고 다른 도의 청정하지 못한 행을 닦으면서 범천에 태어나기를 바란다면, 그렇게 될 수 없는 것입니다.

바셋타여, 마치 산에 물이 사납게 일어나 많은 사람을 휩쓸어가고 배나 뗏목도 없고 다리도 없을 때, 어떤 행인이 와서 저쪽 언덕으로 건너가고자 하였습니다. 그러나 그는 산에 물이 사납게 일어나 많은 사람을 휩쓸어가고 배나 뗏목도 없고 다리도 없음을 보고, '나는 차라리 많은 초목을 모아 단단한 뗏목을 만들어 내 자신의 힘으로 저쪽 언덕으로 건너가야 겠다'라고 생각하였습니다. 그리하여 그는 곧 뗏목을 만들어 자신의 힘으로 안전하게 건널 수 있었습니다.

바셋타여, 이것 또한 그와 같습니다. 만일 비구가 사문답지 않은 청정하지 않은 행을 버리고 사문다운 청정한 행을 행하여 범천에 태어나고자 한다면, 그것은 그렇게 될 수 있는 것입니다.

어떻습니까, 바셋타여. 범천에게는 질투하는 마음이 있습니까, 없습니까?"

"질투하는 마음이 없습니다."

또 물으셨다.

"삼명 바라문에게는 질투하는 마음이 있습니까, 없습니까?"

"질투하는 마음이 있습니다."

"바셋타여, 범천에게는 질투하는 마음이 없고, 삼명 바라문에게는 질투하는 마음이 있습니다. 질투하는 마음이 있는 것과 질투하는 마음이 없는 것은 같지 않습니다. 해탈하는 것이 같지 않고, 가는 곳이 같지 않습니다. 그러므로 범천과 바라문은 같지 않습니다.

바셋타여, 범천에게는 성내는 마음이 있습니까, 없습니까?"

"성내는 마음이 없습니다."

또 물으셨다.

"삼명 바라문에게는 성내는 마음이 있습니까, 없습니까?"

"성내는 마음이 있습니다."

부처님께서 말씀하셨다.

"범천에게는 성내는 마음이 없고, 삼명 바라문에게는 성내는 마음이 있습니다. 성내는 마음이 있는 것과 성내는 마음이 없는 것은 가는 곳이 같지 않고, 해탈하는 것이 같지 않습니다. 그러므로 범천과 바라문은 같지 않습니다.

바셋타여, 범천에게는 원한의 마음이 있습니까, 없습니까?"

"원한의 마음이 없습니다."

또 물으셨다.

"삼명 바라문에게는 원한의 마음이 있습니까, 없습니까?"

"원한의 마음이 있습니다."

부처님께서 말씀하셨다.

"범천에게는 원한의 마음이 없고, 삼명 바라문에게는 원한의 마음이 있습니다. 원한의 마음이 없는 것과 원한의 마음이 있는 것은 가는 곳이 같지 않고, 해탈하는 것이 같지 않습니다. 그러므로 범천과 바라문은 같지 않습니다.

바셋타여, 범천에게는 가족과 생업이 있습니까?"

"없습니다."

또 물으셨다.

"삼명 바라문에게는 가족과 생업이 있습니까?"

"있습니다."

부처님께서 말씀하셨다.

"범천에게는 가족과 생업이 없고, 삼명 바라문에게는 가족과 생업이 있습니다. 가족과 생업이 있는 것과 가족과 생업이 없는 것은 가는 곳이 같지 않고, 해탈하는 것이 같지 않습니다. 그러므로 범천과 바라문은 같지 않습니다.

바셋타여, 범천은 자재를 얻었습니까, 얻지 못하였습니까?"

"자재를 얻었습니다."

또 물으셨다.

"삼명 바라문은 자재를 얻었습니까, 얻지 못하였습니까?"

"자재를 얻지 못하였습니다."

부처님께서 말씀하셨다.

"범천은 자재를 얻었고, 삼명 바라문은 자재를 얻지 못하였습니다. 자재를 얻은 것과 얻지 못한 것은 가는 곳이 같지 않고, 해탈하는 것이 같지 않습니다. 그러므로 범천과 바라문은 같지 않습니다."

부처님께서 말씀하셨다.

"저 삼명 바라문은 어떤 사람이 와서 어렵고 깊은 뜻을 물으면 제대로 대답하지 못합니다. 그렇지 않습니까?"

"그렇습니다."

이때 바셋타와 바라드와자 두 사람은 부처님께 말씀드렸다.

"그 이야기는 그만하겠습니다. 저희는, '사문 고타마께서는 범천의 도를 잘 알아 남을 위하여 설명하시고, 범천과도 서로 보고 오가면서 이야기를 나누신다'라고 들었습니다. 원컨대 사문 고타마께서는 사랑하고 가엾이 여기시어 범천의 길을 설명하여 열어 보이시고 널리 펴주십시오."

부처님께서 바셋타에게 말씀하셨다.

"나는 이제 그대에게 물으리니, 그대의 뜻대로 대답하십시오. 바셋타여, 저 마나사카타국은 여기서 가깝습니까, 멉니까?"

"가깝습니다."

"만일 어떤 사람이 그 나라에서 태어나서 자랐다 합시다. 다른 사람이 그 나라의 길을 그에게 물었을 때, 그 나라에서 태어나서 자란 그가 그 길에 대해 대답할 때 모르는 것이 있겠습니까?"

"모르는 것이 없습니다. 왜냐하면 그 나라에서 태어나고 자랐기 때문입니다."

부처님께서 말씀하셨다.

"그 사람은 그 나라에서 태어나서 자랐더라도 모르는 것이 있을 수 있습니다. 그러나 어떤 사람이 나에게 와서 범천의 길을 묻는다면, 나는 모르는 것이 없습니다. 왜냐하면 나는 항상 저 범천의 길을 상세하게 설명하기 때문입니다."

바셋타와 바라드와자는 함께 부처님께 말씀드렸다.

"그 이야기는 그만하겠습니다. 저희는, '사문 고타마께서는 범천의 길을 잘 알아 남을 위하여 설명하시고, 범천과도 서로 보고 오가면서 이야기를 나누신다'라고 들었습니다. 원컨대 사문 고타마께서는 사랑하고 가엾이 여기시어 범천의 길을 설명하여 열어 보이시고 널리 펴주십시오."

부처님께서 말씀하셨다.

"자세히 듣고 잘 생각하십시오. 그대들을 위하여 설명하겠습니다."

"예, 듣기를 원합니다."

부처님께서 말씀하셨다.

"만일 여래 · 응공 · 등정각이 십호를 갖추어 세상에 나타나면, ……현법(現法)에서 제4선에 이르기까지 스스로 즐길 것입니다. 왜냐하면 그는 부지런히 정진하고 전념하여 잊지 않으며 혼자 고요히 머무는 것을 즐기며 방일하지 않기 때문입니다.

그는 자애로운 마음[慈心]으로 한 방향을 두루 채우고, 다른 방향에도 그렇게 합니다. 그 마음은 널리 퍼져 끝이 없고 한결같고 한량없으니, 원한도 없어지고 해침도 없어집니다. 그는 이러한 마음으로 노닐면서 스스로 즐깁니다.

또 가엾이 여기는 마음[悲心] · 함께 기뻐하는 마음[喜心] · 담담한 마음[捨心]으로 한 방향을 두루 채우고, 다른 방향에도 그렇게 합니다. 그래서 그 마음은 널리 퍼져 끝이 없고 한결같고 한량이 없으니, 원한도 없어지고 해침도 없어집니다. 그는 이러한 마음으로 노닐면서 스스로 즐깁니다.

어떻습니까, 바셋타여. 범천에게는 질투하는 마음이 있습니까, 질투하는 마음이 없습니까?"

"질투하는 마음이 없습니다."

또 물으셨다.

"자비[慈]를 행하는 비구에게는 질투하는 마음이 있습니까, 질투하는 마음이 없습니까?"

"질투하는 마음이 없습니다."

부처님께서 말씀하셨다.

"범천에게도 질투하는 마음이 없고, 자비를 행하는 비구에게도 질투하는 마음이 없습니다. 범천에게 질투하는 마음이 없는 것과 자비를 행하는 비구에게 질투하는 마음이 없는 것은 가는 곳이 같고, 해탈하는 것이 같습니다. 그러므로 범천과 비구는 한가지로 같습니다.

바셋타여, 범천에게는 성내는 마음이 있습니까, 성내는 마음이 없습니까?"

"없습니다."

또 물으셨다.

"자비를 행하는 비구에게는 성내는 마음이 있습니까, 성내는 마음이 없습니까?"

"없습니다."

부처님께서 말씀하셨다.

"범천에게도 성내는 마음이 없고, 자비를 행하는 비구에게도 성내는 마음이 없습니다. 범천이 성내는 마음이 없는 것과 비구가 성내는 마음이 없는 것은 가는 곳이 같고, 해탈하는 것이 같습니다. 그러므로 범천과 비구는 한가지로 같습니다.

바셋타여, 범천에게는 원한의 마음이 있습니까, 원한의 마음이 없습니까?"

"없습니다."

또 물으셨다.

"자비를 행하는 비구에게는 원한의 마음이 있습니까, 원한의 마음이 없습니까?"

"없습니다."

부처님께서 말씀하셨다.

"범천에게도 원한의 마음이 없고, 자비를 행하는 비구에게도 원한의 마음이 없습니다. 범천이 원한의 마음이 없는 것과 비구가 원한의 마음이 없는 것은 가는 곳이 같고, 해탈하는 것이 같습니다. 그러므로 비구와 범천은 한가지로 같습니다.

바셋타여, 범천에게는 가족과 생업이 있습니까?"

"없습니다."

또 물으셨다.

"자비를 행하는 비구에게는 가족과 생업이 있습니까?"

"없습니다."

부처님께서 말씀하셨다.

"범천에게도 가족과 생업이 없고, 자비를 행하는 비구에게도 가족과 생업이 없습니다. 범천이 가족과 생업이 없는 것과 비구가 가족과 생업이 없는 것은 가는 곳이 같고, 해탈하는 것이 같습니다. 그러므로 범천과 비구는 한가지로 같습니다.

어떻습니까, 바셋타여. 범천은 자재를 얻었습니까?"

"자재를 얻었습니다."

또 물으셨다.

"자비를 행하는 비구는 자재를 얻었습니까?"

"자재를 얻었습니다."

부처님께서 말씀하셨다.

"범천도 자재를 얻었고, 자비를 행하는 비구도 자재를 얻었습니다. 범천이 자재를 얻은 것과 비구가 자재를 얻은 것은, 가는 곳이 같고 해탈하는 것이 같습니다. 그러므로 범천과 비구는 한가지로 같습니다."

부처님께서 바셋타에게 말씀하셨다.

"자비를 행하는 비구는 몸이 무너지고 목숨이 끝난 뒤에 화살이 날아가는 것과 같이 빠른 시간에 범천에 태어남을 알아야 합니다."

부처님께서 이 법을 말씀하시자, 바셋타와 바라드와자는 곧 그 자리에서 번뇌를 완전히 여의고 모든 법 가운데서 법의 눈을 얻었다. 그때 바셋타와 바라드와자는 부처님의 말씀을 듣고 기뻐하며 받들어 행하였다.

1. 4 수바경[鸚鵡經]

【중아함경 제38권 152경】

이와 같이 나는 들었다.

어느 때 부처님께서 라자가하성에서 유행하실 때 칼란다카 대나무 동산에 계셨다.

그때 토데야의 아들 수바[鸚鵡] 마나바는 일이 있어서 라자가하에 가서 어느 거사(居士) 집에 머물렀다.

토데야의 아들 수바는 그가 머무는 집의 거사에게 물었다.

"사문이나 범지의 종주(宗主)이며 대중의 스승으로서, 대중을 거느리고 사람들의 존경을 받으며, 내가 때때로 가서 뵙고 받들어 공경할 만하여 받들어 공경할 때에, 마음의 기쁨을 얻게 할 사람이 있습니까?"

거사가 대답하였다.

"있습니다, 존자여. 사문 고타마는 사캬족의 아들로서, 사캬족을 버리고 수염과 머리를 깎고 가사를 입고 지극한 믿음으로 집을 떠나 도를 배워 위없는 바른 깨달음[無上正盡覺]을 얻었습니다.

존자여, 그는 때때로 가서 뵙고 받들어 공경할 만하며, 그를 받들어 공경할 때에 마음에 기쁨을 얻을 것입니다."

수바 마나바가 다시 물었다.

"사문 고타마께서는 지금 어디 계십니까? 가서 뵙고자 합니다."

"사문 고타마께서는 이 라자가하성의 칼란다카 대나무 동산에 계십니다. 지금 가면 만나 뵐 수 있을 것입니다."

수바는 그가 머무는 거사 집에서 나와 칼란다카 대나무 동산으로 갔다.

수바는 멀리서 세존께서 숲 사이에 계시는 것을 보았다. 그 모습은 단정하고 아름다워 별들 가운데의 달과 같았고, 밝고 환하게 빛나기는 금산(金山)과 같았다. 상호(相好)를 두루 갖추어 위신은 돋보였고, 모든 감각기관[根]은 고요하고 걸림이 없으며, 잘 다스려진 마음은 편안하고 고요하였다.

그는 곧 부처님께 가서 문안드리고 물러나 한쪽에 앉아 말씀드렸다.

"고타마시여, 여쭙고 싶은 것이 있습니다. 들어 주신다면 감히 여쭙겠습니다."

세존께서 말씀하셨다.

"마음대로 물어보아라."

수바는 말씀드렸다.

"고타마시여, 만일 집에 있으면 좋은 이해를 얻어 법다움을 알지만, 집을 떠나 도를 배우면 그렇지 않다고 들었습니다. 어느 것이 옳습니까?"

"이 일은 일정하지 않다."

"고타마시여, 원컨대 저를 위하여 이 일을 분별해 주십시오."

"마나바야, 자세히 듣고 잘 기억하여라. 나는 그대를 위하여 자세히 분별하여 설명하겠다."

수바는 말씀을 받들어 잘 듣고 있었다.

부처님께서 말씀하셨다.

"마나바야, 집에 있거나 집을 떠나 도를 배우거나 삿된 행을 하면, 나는 그를 칭찬하지 않는다. 왜냐하면 집에 있거나 집을 떠나 도를 배우거나 삿된 행을 하는 자라면, 좋은 이해를 얻지 못하여 법다움을 알지 못하기 때문이다. 그러므로 마나바야, 집에 있거나 집을 떠나 도를 배우거나 삿된 행을 하면, 나는 그를 칭찬하지 않는다.

마나바야, 집에 있거나 집을 떠나 도를 배우거나 바른 행을 하면, 나는 그를 칭찬한다. 왜냐하면 집에 있거나 집을 떠나 도를 배우거나 바른 행을 하는 이라면, 반드시 좋은 이해를 얻어 법다움을 알기 때문이다. 그러므로 마나바야, 집에 있거나 집을 떠나 도를 배우거나 바른 행을 하면, 나는 그를 칭찬한다.

마나바야, 나는 이와 같이 두 법을 말하여 이와 같이 분별하고, 이와 같이 드러내 보인다. 만일 어떤 사문이나 범지가 정진력이 있고 견고하여 깊이 들어가 한결같이 힘쓰면, 이것을 진실하다 말하고 그렇지 않으면 허망하다 말한다."

수바가 여쭈었다.

"고타마시여, 만일 집에 있으면 큰 공덕이 있지만, 집을 떠나 도를 배우면 그렇지 않다고 들었습니다. 어느 것이 옳습니까?"

"그 일은 일정하지 않다."

"고타마시여, 부디 저를 위하여 다시 이 일을 분별해 주십시오."

"마나바야, 자세히 듣고 잘 기억하여라. 나는 그대를 위하여 자세히 분별하여 설명하겠다."

수바는 말씀을 받들어 잘 듣고 있었다.

부처님께서 말씀하셨다.

"마나바야, 만일 집에 있는 사람이 큰 재환(災患)이 있고 큰 다툼이 있으며 큰 원망과 미움이 있어서 삿된 행을 하면, 큰 과보를 받지 못하고 큰 공덕도 없다. 마치 농사에 큰 재환이 있고 큰 다툼이 있으며 큰 원망과 미움이 있어서 삿된 행을 하면, 큰 결과를 얻지 못하고 큰 공덕이 없는 것과 같다. 이와 같이 마나바야, 집에 있는 자 또한 이와 같다.

마나바야, 집을 떠나 도를 배우는 사람이 작은 재환이 있고 작은 다툼이 있고 작은 원망과 미움이 있어서 삿된 행을 하면, 큰 과보를 받지 못하고 큰 공덕이 없다. 마치 살림살이에 작은 재환이 있거나 다툼이 있거나 원망과 미움이 있어서 삿된 행을 하면, 큰 결과를 얻지 못하고 큰 공덕이 없는 것과 같다. 이와 같이 마나바야, 집을 떠나 도를 배우는 자 또한 이와 같다.

마나바야, 만일 집에 있는 사람이 큰 재환이 있고 큰 다툼이 있으며 큰 원망과 미움이 있더라도 바른 행을 하면, 큰 과보를 받고 큰 공덕이 있다. 마치 농사에 큰 재환이 있고 큰 다툼이 있으며 큰 원망과 미움이 있더라도 바른 행을 하면, 큰 결과를 얻고 큰 공덕이 있는 것과 같다. 이와 같이 마나바야, 집에 있는 자 또한 이와 같다.

집을 떠나 도를 배우는 사람이 작은 재환이 있고 작은 다툼이 있으며 작은 원망과 미움이 있더라도 바른 행을 하면, 큰 과보를 받고 큰 공덕이 있다. 마치 살림살이에 작은 재환이 있고 작은 다툼이 있고 작은 원망과 미움이 있더라도 바른 행을 하면, 큰 결과를 얻고 큰 공덕이 있는 것과 같다. 이와 같이 마나바야, 집을 떠나 도를 배우는 자 또한 이와 같다.

마나바야, 나는 이와 같이 두 법을 말하여 이와 같이 분별하고 이와 같이 드러내 보인다. 만일 어떤 사문이나 범지가 정진력이 있고 견고하여 깊이 들어가 한결같이 힘쓰면, 이것을 진실하다 말하고 그렇지 않으면 허망하다 말한다."

수바가 말씀드렸다.

"고타마시여, 저 모든 범지는 다섯 가지 법을 가르쳐서 큰 과보가 있고 큰 공덕이 있으며 복을 짓고 선을 얻습니다."

세존께서 말씀하셨다.

"만일 모든 범지가 다섯 가지 법을 가르쳐서 큰 과보가 있고 큰 공덕이 있으며 복을 짓고 선을 얻는다면, 그대는 이 대중들에게 지금 설명할 수 있겠는가?"

"고타마시여, 그렇게 못할 것이 없습니다. 왜냐하면 저는 지금 이 대중들 사이에 앉아 있기 때문입니다."

세존께서 말씀하셨다.

"그대는 말해 보아라."

수바가 말씀드렸다.

"고타마시여, 잘 들어보십시오. 범지는 첫째로 진제법(眞諦法)을 가르쳐서 큰 과보가 있고 큰 공덕이 있으며 복을 짓고 선을 얻습니다. 둘째는 송습(誦習)이고, 셋째는 열행(熱行)이며, 넷째는 고행(苦行)이고, 다섯째는 범행(梵行)입니다. 고타마시여, 범지가 이 다섯 가지 법을 가르치면, 큰 과보가 있고 큰 공덕이 있으며 복을 짓고 선을 얻습니다."

세존께서 말씀하셨다.

"만일 어떤 범지가 다섯 가지 법을 가르쳐서 큰 과보가 있고 큰 공덕이 있으며 복을 짓고 선을 얻는다면, 그 범지들 가운데 한 범지라도, '나는 이 다섯 가지 법으로 현법(現法)에서 스스로 알고 스스로 깨닫고 스스로 증명한 뒤에 과보를 가르친다'라고 말한 적이 있는가?"

"없습니다, 고타마시여."

"그렇다면 그의 스승이나 그의 할아버지의 스승이나 칠대의 부모에 이르기까지, '나는 이 다섯 가지 법으로 현법에서 스스로 알고 스스로 깨닫고 스스로 증명한 뒤에 과보를 가르친다'라고 말한 적이 있는가?"

"없습니다, 고타마시여."

세존께서 물으셨다.

"마나바야, 옛날의 어떤 범지들은 수명이 다하여 목숨을 마칠 때까지 경서를 외워 널리 펴며 경전을 외워 익혔다. 첫째는 앗타카, 둘째는 바마카, 셋째는 바마데바, 넷째는 벳사밋타, 다섯째는 야마탁기, 여섯째는 앙기라사, 일곱째는 바셋타, 여덟째는 카샤파, 아홉째는 바라드와자, 열째는 바구였다.

지금의 모든 범지 또한 이 경전들을 모두 외워 익히고 배운다. 그렇다면 그들도, '나는 이 다섯 가지 법으로 현법에서 스스로 알고 스스로 깨닫고 스스로 증명한 뒤에 과보를 가르친다'라고 말한 적이 있는가?"

"없습니다, 고타마시여. 다만 모든 범지는 믿음으로써 받아 지닐 뿐입니다."

세존께서 말씀하셨다.

"만일 모든 범지 가운데 한 범지라도, '나는 이 다섯 가지 법으로 현법에서 스스로 알고 스스로 깨닫고 스스로 증명한 뒤에 과보를 가르친다'라고 말하지 못하고, 그의 스승이나 그의 할아버지의 스승이나 칠 대의 부모에 이르기까지, '나는 이 다섯 가지 법으로 현법에서 스스로 알고 스스로 깨닫고 스스로 증명한 뒤에 과보를 가르친다'라고 말한 적이 없으며, 또한 앗타카 · 바마카 · 바마데바 · 벳사밋타 · 야마탁기 · 앙기라사 · 바셋타 · 카샤파 · 바라드와자 · 바구와 같은 옛날의 어떤 범지들도 수명이 다하여 목숨을 마칠 때까지 경서를 외워 널리 펴며 경전을 외워 익혔고 지금의 모든 범지도 그 경전들을 모두 외워 익히고 배우는데, 그들 중 어느 누구도, '나는 이 다섯 가지 법으로 현법에서 스스로 알고 스스로 깨닫고 스스로 증명한 뒤에 과보를 가르친다'라고 말하지 못한다면, 마나바야, 그 모든 범지는 믿음을 일으키는 근본이 없는 것이 아니겠는가?"

"고타마시여, 진실로 근본이 없습니다. 다만 모든 범지는 그 말을 들은 뒤에 받아 지닐 뿐입니다."

세존께서 말씀하셨다.

"마치 장님들이 서로 붙들고 가는데, 앞에 있는 사람은 뒤를 보지 못하고 가운데도 보지 못하며, 가운데 있는 사람은 앞을 보지 못하고 뒤도 보지 못하며, 뒤에 있는 사람은 가운데를 보지 못하고 앞도 보지 못하는 것과 같이, 그대가 말하는 모든 범지도 그와 같다. 마나바야, 아까는 믿는다고 하더니 이제는 들었다고 하는구나."

이에 수바는 세존에게 성을 내고 미워하고 불쾌해 하면서 세존을 비방하고 손가락질하며 헐뜯었다. 그는 고타마를 비방하고 손가락질하며 명예를 떨어뜨리려고 세존께 말씀드렸다.

"포카라사티라는 범지가 있는데, 바르고 청정한 가문에 태어난 사람입니다. 그가 말하기를, '만일 어떤 사문이나 범지가 〈나는 세간을 벗어나는 법[人上法]에 대하여 지견(知見)이 있어서, 현재에서 나는 그것을 얻은 자이다〉라고 말한다면, 나는 그 말을 듣고는 크게 웃으며 옳지 않다고 생각할 것이다. 그것은 허망하여 진실이 아니고, 법에도 맞지 않기 때문이다. 어떻게 사람이 사람으로 태어나 스스로 세간을 벗어나는 법을 얻었다고 말할 수 있는가. 만일 세간을 벗어나는 법에 대하여 나는 알고 나는 보았다고 말한다면, 그것은 옳지 않다'라고 하였습니다."

이에 세존께서는 곧 이와 같이 생각하셨다.

"토데야의 아들 수바는 나에게 성을 내고 미워하고 불쾌해 하면서 나를 비방하고 손가락질하며 헐뜯고 있구나. 나를 비방하고 손가락질하며 명예를 떨어뜨리려고, '고타마시여, 포카라사티라는 범지가 있는데, 청정한 가문에 태어난 사람입니다. 그가 말하기를, 〈만일 어떤 사문이나 범지가 자신은 세간을 벗어나는 법에 대하여 지견이 있어서 현재에서 자신이 그것을 얻은 자라고 한다면, 나는 그 말을 듣고는 크게 웃으며 옳지 않다고 생각할 것이다. 그것은 허망하여 진실이 아니고, 또한 법에도 맞지 않기 때문이다. 어떻게 사람이 사람으로 태어나 스스로 세간을 벗어나는 법을 얻었다고 말할 수 있는가. 만일 사람으로서 세간을 벗어나는 법에 대하여 나는 알고 나는 보았다고 말한다면, 그것은 옳지 않다〉고 하였습니다'라고 말하는구나."

세존께서 이와 같이 아시고 말씀하셨다.

"마나바야, 포카라사티 범지는 청정한 가문에 태어났지만, 그는 모든 사문이나 범지가 생각하는 것을 다 알고 난 뒤에 그런 말을 하는 것인가? 즉, '어떤 사문이나 범지가 〈나는 세간을 벗어나는 법에 대하여 지견이 있는데 현재에서 나는 그것을 얻은 자이다〉라고 하면, 나는 그 말을 듣고는 크게 웃으며 옳지 않다고 생각할 것이다. 그것은 허망하여 진실이 아니고, 법에도 맞지 않기 때문이다. 어떻게 사람이 사람으로 태어나 스스로 세간을 벗어나는 법을 얻었다고 말할 수 있는가. 만일 사람으로서 세간을 벗어나는 법을 알고 보았다고 한다면, 그것은 옳지 않다'라고."

"고타마시여, 포카라사티 범지는 청정한 가문에 태어난 사람입니다. 그러나 그에게는 푸니카라는 한 여종이 있는데, 그 여종이 생각하는 것도 알지 못하거늘 하물며 사문이나 범지들이 생각하는 것을 알 수 있겠습니까. 만일 안다고 한다면, 그것은 있을 수 없는 일입니다."

세존께서 말씀하셨다.

"마치 태어나면서부터 장님인 사람이, '검은색도 흰색도 볼 수 없기 때문에 검은색도 없고 흰색도 없다. 좋아하는 색도 싫어하는 색도 볼 수 없기 때문에 좋아하는 색도 싫어하는 색도 없다. 긴 색도 짧은 색도 볼 수 없기 때문에 긴 색도 짧은 색도 없다. 가까운 색도 먼 색도 볼 수 없기 때문에 가까운 색도 먼 색도 없다. 거친 색도 미세한 색도 볼 수 없기 때문에 거친 색도 미세한 색도 없다. 나는 처음부터 보지도 못하고 알지도 못하였기에 색(色)은 없다'라고 말하는 것과 같으니, 장님이 이렇게 말하는 것을 진실이라 하겠는가?"

"아닙니다, 고타마시여. 왜냐하면 검은색도 흰색도 볼 수 있기 때문에 검은색도 있고 흰색도 있습니다. 좋아하는 색도 싫어하는 색도 볼 수 있기 때문에 좋아하는 색도 싫어하는 색도 있습니다. 긴 색도 짧은 색도 볼 수 있기 때문에 긴 색도 짧은 색도 있습니다. 가까운 색도 먼 색도 볼 수 있기 때문에 가까운 색도 먼 색도 있습니다. 거친 색도 미세한 색도 볼 수 있기 때문에 거친 색도 미세한 색도 있습니다. 만일 그 장님이, '나는 처음부터 보지도 못하고 알지도 못하였기에 색은 없다'라고 말한다면, 그것은 진실이라 할 수 없습니다."

"마나바야, 포카라사티 범지는 청정한 가문에서 태어난 사람이지만, 그가 한 말은 마치 장님으로 태어나 눈이 없는 사람과 같지 않은가?"

"장님과 같습니다, 고타마시여."

세존께서 말씀하셨다.

"마나바야, 그대는 어떻게 생각하는가? 만일 옛날에 창키 범지 · 자눗소니 범지 · 포카라사티 범지 · 그대의 아버지 토데야와 같은 범지들이 수명이 다하여 목숨을 마칠 때까지 경서를 외워 널리 펴며 경전을 외워 익혔다면, 그들이 한 말은 옳은가 옳지 않지 않은가, 참인가 거짓인가, 높은가 낮은가?"

"만일 옛날에 창키 범지 · 자눗소니 범지 · 포카라사티 범지 · 나의 아버지 토데야와 같은 범지들이 수명이 다하여 목숨을 마칠 때까지 경서를 외워 널리 펴며 경전을 외워 익혔다면, 제 생각에는 그들이 한 말은 옳아서 그릇되지 않고, 참되어서 거짓이 아니며, 높아서 낮지 않았으면 합니다.

세존께서 물으셨다.

"마나바야, 포카라사티 범지는 청정한 가문에 태어난 사람이지만, 그가 한 말은 옳지 않아서 거짓이니 옳음이 없다고 하지 않겠는가. 옳지 않아서 참되지 않으니 참됨이 없다고 하지 않겠는가. 옳지 않아서 낮으니 높음이 없다고 하지 않겠는가?"

"진실로 그러합니다, 고타마시여."

"또한, 마나바야, 다섯 가지 법이 있어 장애가 되고 덮개가 되며, 장님으로 만들어 눈이 없게 하며, 지혜를 멸하여 번뇌에 시달리고 열반을 얻지 못하게 한다.

어떤 것이 다섯 가지인가. 마나바야, 탐욕이 그 첫째 법이니, 장애가 되고 덮개가 되며 장님으로 만들어 눈이 없게 하고, 지혜를 멸하여 번뇌에 시달리고 열반을 얻지 못하게 한다. 마나바야, 성냄[恚]·몸이 있다는 견해[身見]·계율에 대한 집착[戒取]도 그러하며, 의심[疑]이 다섯째 법이니, 장애가 되고 덮개가 되며, 장님으로 만들어 눈이 없게 하며, 지혜를 멸하여 번뇌에 시달리고 열반을 얻지 못하게 한다.

마나바야, 그대는 어떻게 생각하는가? 이 다섯 가지 법에 걸리고 덮이고 묶인 채, 그가 자기의 이치를 관찰하고, 남의 이치를 관찰하고, 자기와 남의 두 이치를 함께 관찰하고, 또 모든 사문이나 범지의 생각을 알고자 한다면, 끝내 그렇게 될 수 없을 것이다.

마나바야, 포카라사티는 청정한 가문에 태어난 사람이지만, 탐욕에 물들고 탐욕에 더럽혀졌으며, 탐욕에 부딪히고 탐욕에 의지하고 있다. 탐욕에 집착하고 탐욕 속에 들어가 재환을 보지 못하며, 벗어나는 길을 모른 채 탐욕을 부린다. 그가 이 다섯 가지 법에 걸리고 덮이고 묶인 채, 자기의 이치를 관찰하고 남의 이치를 관찰하고, 자기와 남의 이치를 함께 관찰하고, 또 모든 사문이나 범지의 생각을 알고자 한다면, 끝내 그렇게 될 수 없을 것이다.

마나바야, 오욕(五欲)의 즐거움은 애착하는 마음과 즐기는 마음을 일으킨다. 그것은 물질에 애착을 일으키고, 탐욕과 상응하여 매우 즐기게 한다.

어떤 것이 다섯인가. 눈은 빛깔을 알고, 귀는 소리를 알며, 코는 냄새를 알고, 혀는 맛을 알며, 몸은 촉감을 안다. 마나바야, 그대는 어떻게 생각하는가? 중생은 이 오욕의 즐거움으로 인해 즐거움이 생하고 기쁨이 생하는데, 이것은 허물이 되지 않겠는가?"

"그렇습니다, 고타마시여."

세존께서 물으셨다.

"마나바야, 그대는 어떻게 생각하는가? 초목을 의지해서 불을 붙이는 것과 초목이 없이 불을 붙이는 것 가운데, 어느 불꽃이 더 높고 더 묘하며 더 훌륭하겠는가?"

"고타마시여, 초목이 없이 불을 붙인다는 것은 있을 수 없습니다. 오직 여의족만이 가능케 할 뿐이니, 고타마시여, 만일 초목 없이도 불을 붙일 수 있다면, 그 불꽃이 가장 높고 가장 묘하며 가장 훌륭할 것입니다."

"참으로 그렇다, 마나바야. 초목 없이도 불을 붙인다는 것은 있을 수 없다. 오직 여의족만이 가능케 할 뿐이니, 만일 초목 없이도 불을 붙인다면, 그 불꽃은 가장 높고 가장 묘하며 가장 훌륭할 것이다.

나는 이제 말하겠다.

마나바야, 초목을 의지해서 불을 붙이는 것과 같이, 중생이 기쁨과 즐거움을 내는 것은 탐욕과 악하고 선하지 않은 법[不善法]을 의지하기에 즐거움을 버리고 고요히 쉼을 얻지 못하는 것이다. 마나바야, 초목이 없이 불을 붙이는 것과 같이, 중생이 버리는 즐거움을 내는 것은 탐욕을 버리고 모든 선한 법을 따름으로써 즐거움을 버리고 고요히 쉼을 얻는 것이다."

세존께서 말씀하셨다.

"마나바야, 그대는 어떻게 생각하는가? 어떤 범지가 재(齋)를 베풀고 보시를 행할 때, 동방에서 한 크샤트리아 동자가 와서, '나는 이 가운데서 가장 좋은 자리와 가장 좋은 손 씻을 물과 가장 좋은 음식을 얻을 것이다'라고 말하고는, 가장 좋은 자리와 가장 좋은 손 씻을 물과 가장 좋은 음식을 얻지 못하면 곧 원한을 내어 미움을 품는다.

혹은 남방에서 어떤 범지 동자가 와서, '나는 깨끗하고 맛있는 음식을 얻을 것이다'라고 말하고는, 깨끗하고 맛있는 음식을 얻지 못하면 곧 원한을 내어 미움을 품는다.

혹은 서방에서 어떤 거사(居士) 동자가 와서, '나는 풍요한 음식을 얻을 것이다'라고 말하고는, 풍요한 음식을 얻지 못하면 곧 원한을 내어 미움을 품는다.

혹은 북방에서 어떤 공사(工師) 동자가 와서, '나는 풍족한 음식을 얻을 것이다'라고 말하고는, 풍족한 음식을 얻지 못하면 곧 원한을 내어 미움을 품는다.

마나바야, 그 범지들은 이러한 보시를 행할 때에 어떠한 과보가 있다고 가르치는가?"

"고타마시여, 범지는 이러한 마음으로 보시를 하지 않았기에 남으로 하여금 원한을 내어 미움을 품게 하였습니다. 고타마시여, 범지는 가엾이 여기는 마음으로 보시를 행해야 하고, 가엾이 여기는 마음으로 보시를 행했을 때 큰 복을 얻음을 알아야 합니다."

세존께서 말씀하셨다.

"마나바야, 범지는 여섯째 법을 가르쳐야 큰 과보가 있고 큰 공덕이 있으며 복을 짓고 선을 얻지 않겠는가?"

"그렇습니다, 고타마시여."

세존께서 물으셨다.

"마나바야, 만일 어떤 범지가 다섯 가지 법을 가르쳐서 큰 과보가 있고 큰 공덕이 있으며 복을 짓고 선을 얻는다면, 그대는 이 법이 어느 곳에 있다고 보는가? 집에 있다고 보는가, 집을 떠나 도를 배우는 데 있다고 보는가?"

"고타마시여, 만일 어떤 범지가 다섯 가지 법을 가르쳐서 큰 과보가 있고 큰 공덕이 있으며 복을 짓고 선을 얻는다면, 저는 이 법은 집을 떠나 도를 배우는 데 있고, 집에 있는 것에 있지 않다고 봅니다. 왜냐하면 집에 있는 사람은 일이 많아서, 할 것도 많고 원한을 맺음도 많으며 미움과 다툼도 많아서, 그는 참된 진리를 지킬 수 없기 때문입니다.

고타마시여, 집을 떠나 도를 배우는 사람은 일이 적어서, 할 것도 적고 원한을 맺음도 적으며 미움과 다툼도 적어서, 그는 참된 진리를 지킬 수 있을 것입니다.

고타마시여, 저는 참된 진리는 집을 떠나 도를 배우는 데 많이 있고, 집에 있는 것에 있지 않다고 봅니다. 왜냐하면 집에 있는 사람은 일이 많아서, 할 것도 많고 원한을 맺음도 많으며 미움과 다툼도 많아서, 그는 보시를 할 수 없고 외워 익힐 수 없으며 고행을 할 수 없고 범행을 행할 수 없기 때문입니다. 고타마시여, 집을 떠나 도를 배우는 사람은 일이 적어서, 할 것이 적고 원한을 맺음이 적으며 미움과 다툼이 적어서, 그는 보시를 할 수 있고 외워 익힐 수 있으며 고행을 할 수 있고 범행을 행할 수 있습니다. 고타마시여, 저는 범행을 행하는 법은 집을 떠나 도를 배우는 데 있고, 집에 있는 것에 있지 않다고 봅니다."

세존께서 말씀하셨다.

"마나바야, 만일 어떤 범지가 다섯 가지 법을 가르쳐서 큰 과보가 있고 큰 공덕이 있으며 복을 짓고 선을 얻는다면, 나는 이것을 마음에서 일어난다고 말한다.

왜 마음에서 일어난다고 하는가. 만일 마음에 맺음도 없고 원망도 없고 성냄도 없고 다툼도 없으면, 마음을 닦을 수 있기 때문이다.

마나바야, 그대는 어떻게 생각하는가? 만일 어떤 비구가 참된 진리를 수호하면, 그는 참된 진리를 수호함으로써 기쁨을 얻고 즐거움을 얻는다. 마나바야, 만일 기쁨이 있고 즐거움이 있으면, 선(善)과 선은 서로 잘 맞으므로 나는 이것을 마음에서 일어난다고 말한다. 왜 마음에서 일어난다고 하는가. 만일 마음에 맺음도 없고 원망도 없고 성냄도 없고 다툼도 없으면, 마음을 닦을 수 있기 때문이다.

이와 같이 그는 보시를 할 수 있고 외워 익힐 수 있으며, 고행을 할 수 있고 범행을 행할 수 있다. 그는 범행을 행함으로써 기쁨을 얻고 즐거움을 얻는다. 마나바야, 만일 기쁨과 즐거움이 있으면, 선과 선은 서로 잘 맞으므로 나는 이것을 마음에서 일어난다고 말한다. 왜 마음에서 일어난다고 하는가. 만일 마음에 맺음도 없고 원망도 없고 성냄도 없고 다툼도 없으면, 그의 마음은 자애[慈]와 함께하여 동쪽을 두루 채우고 노닌다. 이와 같이 서쪽 · 남쪽 · 북쪽의 사방과 서북 · 서남 · 동북 · 동남의 사유(四維)와 상 · 하의 일체를 두루 채운다. 그의 마음은 자애와 함께하므로, 맺음도 없고 원망도 없고 성냄도 없고 다툼도 없어 지극히 넓고 크며, 한량없이 잘 닦아 일체 세간을 두루 채우고 노닌다.

이와 같이 그의 마음은 연민[悲] · 함께 기뻐함[喜] · 담담함[捨]과 함께하므로, 맺음도 없고 원망도 없고 성냄도 없고 다툼도 없어 지극히 넓고 크며, 한량없이 잘 닦아 일체 세간을 두루 채우고 노닌다.

마나바야, 그대는 어떻게 생각하는가? 마치 어떤 사람이 소라고둥을 잘 부는데, 만일 아직 듣지 못한 곳이 있으면, 그는 밤중에 높은 산에 올라가 힘껏 그것을 불어 미묘한 소리를 내어 사방을 두루 채우는 것과 같이, 비구의 마음은 자애와 함께하여 동쪽을 두루 채우고 노닌다. 이와 같이 서쪽 · 남쪽 · 북쪽의 사방과 사유와 상 · 하의 일체를 두루 채운다. 그의 마음은 자애와 함께하므로, 맺음도 없고 원망도 없고 성냄도 없고 다툼도 없어 지극히 넓고 크며, 한량없이 잘 닦아 일체 세간을 두루 채우고 노닌다.

이와 같이 그의 마음은 연민 · 함께 기뻐함 · 담담함과 함께하므로, 맺음도 없고 원망도 없고 성냄도 없고 다툼도 없어 지극히 넓고 크며, 한량없이 잘 닦아 일체 세간을 두루 채우고 노닌다.

마나바야, 그대는 어떻게 생각하는가? 어떤 이는 천신이 되어서 천상에 태어나기를 구하기 때문에, 탐욕과 상응하는 마음을 일으켜, '나로 하여금 천신이 되어서 천상에 태어나게 하소서' 하고, 또 어떤 이는 천신이 되어서 천상에 태어나기를 구하기 때문에, 맺음도 없고 원망도 없고 성냄도 없고 다툼도 없어 지극히 넓고 크며, 한량없이 잘 닦아 마음이 고요해지고 마음을 깨달아서 두루 채우고 노닐면서, '나로 하여금 천신이 되어서 천상에 태어나게 하소서'라고 한다면, 그대는 그들 가운데 누가 천신이 되어서 천상에 태어나리라고 보는가?"

"고타마시여, 만일 천신이 되어서 천상에 태어나기를 구하기 때문에, 맺음도 없고 원망도 없고 성냄도 없고 다툼도 없어 지극히 넓고 크며, 한량없이 잘 닦아 마음이 고요해지고 마음을 깨달아서 두루 채우고 노닐면, 저는 그가 반드시 천신이 되어서 천상에 태어나리라고 봅니다."

세존께서 물으셨다.

"마나바야, 그대는 어떻게 생각하는가? 어떤 이는 범천이 되고자 하고 범천에 태어나기를 구하기 때문에, 탐욕과 상응하는 마음을 일으켜, '나로 하여금 범천이 되어서 범천에 태어나게 하소서' 하고, 혹 어떤 이는 범천이 되고자 하고 범천에 태어나기를 구하기 때문에, 맺음도 없고 원망도 없고 성냄도 없고 다툼도 없어 지극히 넓고 크며, 한량없이 잘 닦아 마음이 고요해지고 마음을 깨달아서 두루 채우고 노닐면서, '나로 하여금 범천이 되어서 범천에 태어나게 하소서'라고 한다면, 그대는 그들 가운데 누가 범천이 되어서 범천에 태어나리라고 보는가?"

"고타마시여, 만일 어떤 이가 범천을 구하면 더 높은 범천 위를 구하기 때문에, 맺음도 없고 원망도 없고 성냄도 없고 다툼도 없어 지극히 넓고 크며, 한량없이 잘 닦아 마음이 고요해지고 마음을 깨달아서 두루 채우고 노닐면, 저는 그가 반드시 범천이 되어서 범천에 태어나리라고 봅니다."

수바 마나바가 세존께 여쭈었다.

"고타마시여, 범천에 이르는 길을 아십니까?"

세존께서 말씀하셨다.

"마나바야, 내가 이제 그대에게 물으리니, 아는 대로 대답하여라. 마나바야, 그대는 어떻게 생각하는가? 날라카라 마을은 이 대중들이 있는 곳에서 멀지 않은가?"

"멀지 않습니다."

"마나바야, 그대는 어떻게 생각하는가? 그대가 이 대중 가운데서 어떤 사람에게, '그대는 저 날라카라 마을에 갔다가 곧 돌아오라'라고 한다면, 그는 그대가 시키는 대로 빨리 날라카라 마을에 갔다가 돌아올 것이다. 그가 돌아온 뒤에 그에게 날라카라 마을에 갔다올 때 드나든 길을 묻는다면, 그 사람은 과연 머뭇거리며 대답하지 못하겠는가?"

"대답할 수 있습니다, 고타마시여."

세존께서 말씀하셨다.

"마나바야, 그 사람이 날라카라 마을에 갔다가 돌아온 뒤에 그에게 그 길에 대해 물었을 때, 그는 머뭇거리며 대답하지 못할 수는 있어도, 여래 · 무소착 · 등정각에게 범천에 이르는 길을 묻는다면, 잠시라도 머뭇거리며 대답하지 못하는 일은 없다."

수바 마나바가 세존께 말씀드렸다.

"사문 고타마께서는 헷갈림 없이 하늘을 살피는 이 일을 구족하셨습니다. 범천에 이르는 길을 물으면 곧바로 대답할 수 있기 때문입니다.

세존이시여, 저는 이해하였습니다. 선서시여, 저는 알았습니다. 세존이시여, 저는 지금부터 부처님과 법과 승가에 귀의하겠습니다. 원컨대 세존께서는 저를 받아들여 청신사가 되게 해 주십시오. 저는 오늘부터 몸이 다하고 목숨을 마칠 때까지 귀의하겠습니다."

부처님께서 이와 같이 말씀하시자, 수바 마나바는 부처님 말씀을 듣고 기뻐하며 받들어 행하였다.

1. 5 디가나카경[長爪經]

【잡아함경 제34권 969경】

이와 같이 나는 들었다.

어느 때 부처님께서 라자가하성 칼란다카 대나무 동산에 계셨다.

그때 출가한 디가나카[長爪] 장자는 부처님께 찾아와 문안드린 뒤 물러나 한쪽에 앉아 말씀드렸다.

"고타마시여, 저는 일체의 견해를 인정하지 않습니다."

부처님께서 디가나카 장자에게 말씀하셨다.

"그대는, '일체의 견해를 인정하지 않는다'라는 그 견해도 인정하지 않는가?"

디가나카 장자가 말하였다.

"지금 말한, '일체의 견해도 인정하지 않는다'라는 그 견해도 인정하지 않습니다."

부처님께서 말씀하셨다.

"그렇게 알고 그렇게 본다면, 그 견해는 이미 끊기고 버려지고 떠나서 다른 견해는 이어지지 않고 일어나지 않고 생기지 않는다. 불을 숭배하는 자여, 많은 사람도 그대의 견해와 같다. 그들도 그렇게 보고 그렇게 말한다. 그대도 또한 그들과 같다. 불을 숭배하는 자여, 만일 모든 사문이나 바라문이 그러한 견해를 버리고 다른 견해도 일으키지 않는다면, 그와 같은 사문이나 바라문은 이 세상에서도 극히 드물 것이다.

불을 숭배하는 자여, 그들은 세 가지 견해에 의지한다. 무엇이 셋인가. 어떤 이는, '나는 일체를 인정한다'라고 주장하고, 어떤 이는, '나는 일체를 인정하지 않는다'라고 주장하며, 어떤 이는, '나는 어떤 것은 인정하고 어떤 것은 인정하지 않는다'라고 주장한다.

불을 숭배하는 자여, 만일 '일체를 인정한다'라고 말한다면, 그 견해는 탐욕과 함께 생기는 것이요 탐하지 않는 것이 아니다. 질투와 함께 생기는 것이요 질투하지 않는 것이 아니다. 어리석음과 함께 생기는 것이요 어리석지 않은 것이 아니다. 그것은 얽매어 있어 얽매임에서 벗어나지 못하고, 그것은 번뇌이기에 청정하지 못하다. 그래서 즐거움에 집착하는 것이며 번뇌에 오염되는 것이다.

만일 '나는 일체를 인정하지 않는다'라고 한다면, 그 견해는 탐욕과 함께하지 않고 질투와 어리석음과도 함께하지 않는다. 그것은 청정하여 번뇌가 아니며, 얽매임에서 벗어나 얽매이는 것이 아니다. 그래서 즐기지 않아 취하지도 않으니, 집착이 일어나지 않는다.

불을 숭배하는 자여, 만일 '나는 어떤 것은 인정하고 어떤 것은 인정하지 않는다'라고 말한다면, 그 인정하는 것에는 탐욕이 있어 ……집착이 일어난다. 만일 '그런 견해는 인정하지 않는다'라고 하면 거기에는 탐욕이 없어 ……집착이 일어나지 않는다.

그러나 많이 들어 아는 거룩한 제자는 이와 같이 배운 대로 말한다. 즉, '내가 만일 일체를 인정한다고 이와 같이 보고 이와 같이 말하면, 곧 두 가지 견해를 가진 사람들로부터 나무람과 힐난을 받을 것이다'라고. 어떤 것이 둘인가. '일체를 인정하지 않는다'는 견해와 '어떤 것은 인정하고 어떤 것은 인정하지 않는다'는 견해이니, 이 두 가지 견해를 가진 사람들로부터 비난을 받게 된다. 나무라기 때문에 힐난하고, 힐난하기 때문에 해친다. 그는 나무람과 힐난과 해침을 받기 때문에 곧 그 견해를 버리고 다른 견해를 일으키지 않는다. 이리하여 견해를 끊고 버리고 떠나서, 다른 견해는 이어지지 않고 일어나지 않고 생기지 않는다.

또 저 많이 들어 아는 거룩한 제자는 이와 같이 배운 대로 말한다. '내가 만일 일체를 인정하지 않는다고 주장하면, 곧 두 가지 견해를 가진 사람들로부터 힐난을 받을 것이다'라고. 어떤 것이 둘인가. '일체를 인정한다'는 견해와 '어떤 것은 인정하고 어떤 것은 인정하지 않는다'는 견해이니, 이 두 가지 견해를 가진 사람들로부터 나무람과 힐난이 있고, ……다른 견해는 이어지지 않고 일어나지 않고 생기지 않는다.

또 저 많이 들어 아는 거룩한 제자는 이와 같이 배운 대로 말한다. '내가 만일 어떤 것은 인정하고 어떤 것은 인정하지 않는다고 주장하면, 곧 두 가지 견해를 가진 사람들로부터 나무람과 힐난을 받을 것이다'라고. 어떤 것이 둘인가. '일체를 인정한다'는 견해와 '일체를 인정하지 않는다'는 견해이니, 이 두 가지 견해를 가진 사람들로부터 나무람을 받고, ……다른 견해는 이어지지 않고 일어나지 않고 생기지 않는다.

또한, 불을 숭배하는 자여, 성인의 제자는 이 육체의 거친 네 가지 요소[四大]는 '덧없는 것이고, 생하고 멸하는 것이며, 탐욕을 떠나야 할 것이고, 멸하여 없어질 것이며, 버려야 할 것'이라고 관하여야 한다.

만일 성인의 제자가 그것을, '덧없는 것이고, 생하고 멸하는 것이며, 탐욕을 떠나야 할 것이고, 멸하여 없어질 것이며, 버려야 할 것'이라고 관하여 머무르면, 그는 몸에 대한 욕심과 생각 · 애착 · 물듦 · 집착이 영원히 멸하여 남아 있지 않을 것이다.

불을 숭배하는 자여, 세 가지 느낌이 있다. 괴로운 느낌[苦受] · 즐거운 느낌[樂受] · 괴롭지도 즐겁지도 않은 느낌[不苦不樂受]이다. 이 세 가지 느낌은 무엇이 원인이고, 무엇이 집기하며, 무엇에서 생기고, 무엇이 변한 것인가.

이 세 가지 느낌은 부딪침[觸]이 원인이고, 부딪침이 집기[集]하며, 부딪침에서 생기고, 부딪침이 변한 것이다. 그러므로 그 부딪침이 집기하면 느낌이 집기하고, 부딪침이 멸하면 곧 느낌도 멸하여, 지극히 고요하고 맑고 시원하며 번뇌가 영원히 다한다.

그는 이 세 가지 느낌, 즉 괴로운 느낌 · 즐거운 느낌 · 괴롭지도 즐겁지도 않은 느낌에 대하여 그 느낌의 집기[集] · 멸함[滅] · 맛[味] · 근심[患] · 벗어남[出]을 참답게 알고, 그것을 참답게 안 뒤에는 곧 그 느낌은 덧없는 것이고, 생하고 멸하는 것이며, 탐욕을 떠나야 할 것이고, 멸하여 없어질 것이며, 버려야 할 것이라고 관한다. 그리하여 그는 몸의 한계와 감각에 대하여 참답게 알고 목숨의 한계와 감각에 대하여 참답게 알아서, 몸이 무너지고 목숨이 끝난 뒤에는 모든 느낌이 영원히 멸하여 남아 있지 않다.

그때 그는, '즐거움을 느낄 때에도 몸은 허물어지고, 괴로움을 느낄 때에도 몸은 허물어지며, 괴롭지도 않고 즐겁지도 않음을 느낄 때에도 몸은 허물어지고 있다'라고 생각한다. 그리하여 그는 괴로움에서 벗어나게 된다. 즉 즐거운 느낌에도 얽매이지 않아 얽매임에서 벗어나고, 괴로운 느낌에도 얽매이지 않아 얽매임에서 벗어나며, 괴롭지도 않고 즐겁지도 않은 느낌에도 얽매이지 않아 얽매임에서 벗어난다. 어떤 얽매임에서 벗어나게 되는가. 탐욕과 성냄과 어리석음에서 벗어나고, 태어남 · 늙음 · 병듦 · 죽음 · 근심 · 슬픔 · 번민 · 고통에서 벗어나게 된다. 나는 이것을 '괴로움에서 벗어나는 것'이라 한다."

그때 사리풋타 존자는 구족계를 받은 지 반달이 지났다. 그는 부처님 뒤에 서서 부채질을 해 드리고 있다가 이와 같이 생각하였다. '세존께서는 저런 여러 가지 법에 대하여 탐욕을 끊고 떠나고 없애고 버리는 일을 칭찬하신다.'

그때 그는 곧 그 여러 가지 법에 대하여, '덧없는 것이고, 생하고 멸하는 것이며, 탐욕을 떠나야 할 것이고, 멸하여 없어질 것이며, 버려야 할 것'이라고 관하였다. 그리하여 모든 번뇌를 일으키지 않고 마음의 해탈을 얻었다.

그때 디가나카 외도는 출가하여 번뇌가 다하여 법의 눈이 청정하게 되어 법을 보아 법을 얻고 법을 깨달아 법에 들어갔다. 모든 의혹을 끊되 남의 힘을 의지하지 않고 바른 법과 율에 들어가 두려움이 없게 되었다. 그는 곧 자리에서 일어나 옷을 단정히 하고서 예배하고 합장하고 부처님께 말씀드렸다.

"바른 법과 율 안에서 출가하여 구족계를 받고, 부처님 법 안에서 여러 가지 범행을 닦기 원합니다."

부처님께서 말씀하셨다.

"그대는 바른 법과 율 안에서 출가하여 구족계를 받고 비구가 되었느니라."

그는 곧 선래(善來) 비구가 되어서 선남자(善男子)로서 수염과 머리를 깎고 가사를 입고 바른 믿음으로 집을 떠나 도를 배우는 까닭을 생각하고, ……마음의 해탈을 얻어 아라한이 되었다.

부처님께서 이 경을 말씀하시자, 사리풋타 존자와 디가나카 존자는 부처님 말씀을 듣고 기뻐하며 받들어 행하였다.

1. 6 십육비구경(十六比丘經)

【잡아함경 제2권 36경】

이와 같이 나는 들었다.

어느 때 부처님께서 마투라국 발타라강 옆에 있는 일산 모양의 암라나무 동산에 계셨다. 그때 세존께서 비구들에게 말씀하셨다.

"비구들이여, 자기를 피난처로 삼고 자기를 의지해 머무르며, 법을 피난처로 삼고 법을 의지해 머무르며, 다른 것을 피난처로 삼거나 다른 것을 의지해 머무르지 마라. 비구들이여, 마땅히 바르게 관찰하여 자기를 피난처로 삼고 자기를 의지해 머무르며, 법을 피난처로 삼고 법을 의지해 머무르며, 다른 것을 피난처로 삼거나 다른 것을 의지해 머무르지 마라.

무엇이 원인이 되어 걱정 · 슬픔 · 번민 · 고통이 생기는가? 어떻게 이 넷이 있으며, 또 어떻게 아직 생기지 않은 걱정 · 슬픔 · 번민 · 고통이 생기고, 이미 생긴 걱정 · 슬픔 · 번민 · 고통은 더욱 자라고 커진다고 스스로 관찰하는가?"

모든 비구는 부처님께 말씀드렸다.

"세존께서는 법의 근본이시고, 법의 눈이시며, 법의 의지처이십니다. 바라건대, 말씀하여 주시면, 저희는 듣고 나서 그 말씀과 같이 받들어 행하겠습니다."

"비구들이여, 자세히 듣고 잘 생각하여라. 그대들을 위하여 설명하겠다. 비구들이여, 색(色)이 있어 색을 인하고 색에 얽매이기 때문에, 아직 생기지 않은 걱정 · 슬픔 · 번민 · 고통이 생기고, 이미 생긴 것들은 더욱 자라고 커진다고 관찰하여라. 느낌[受] · 생각[想] · 결합[行] · 식별[識] 또한 그와 같다. 비구들이여, 영원하여 변하거나 바뀌지 않고 늘 머무르는 색이 있더냐?"

"없습니다, 세존이시여."

"참으로 훌륭하구나, 비구들이여. 색은 덧없는 것이다. 만일 선남자가 색은 덧없는 것으로 변하고 바뀌는 것인 줄을 알면, 그는 욕심을 떠나고 욕심을 멸해 모든 번뇌가 없어질 것이다. 모든 색은 본래부터 덧없고 괴로우며 변하고 바뀌는 법인 줄을 알면, 색을 연하여 걱정 · 슬픔 · 번민 · 고통이 생기더라도 그것을 끊으며, 그것을 끊으면 집착할 것이 없게 된다. 집착하지 않기 때문에 안온한 즐거움에 머무르고, 안온한 즐거움에 머무르게 되면 그것을 열반이라 하니, 느낌 · 생각 · 결합 · 식별도 그와 같다."

부처님께서 이 경을 말씀하시자, 열여섯 비구는 모든 번뇌가 생기지 않아 마음의 해탈을 얻었다. 그리고 모든 비구도 부처님 말씀을 듣고 기뻐하며 받들어 행하였다.

1. 7 도경(度經)

【중아함경 제3권 13경】

이와 같이 나는 들었다.

어느 때 부처님께서 사밧티국에서 유행하실 때 아나타핀디카동산에 계셨다. 그때 세존께서 여러 비구에게 말씀하셨다.

"삼도처(三度處)가 있는데, 성을 달리하고 이름을 달리하며 종(宗)을 달리하고 설(說)을 달리한다. 이른바 지혜가 있다고 하는 자가 잘 받아 지녀 남을 위하여 설명하지만, 아무 이익도 얻지 못한다.

어떤 것이 셋인가. 어떤 사문이나 바라문은 이와 같이 보고 이와 같이 말한다.

'사람이 하는 것은 일체가 다 숙명(宿命)에 의해 지어진다.'

어떤 사문이나 바라문은 이와 같이 보고 이와 같이 말한다.

'사람이 하는 것은 일체가 다 존우(尊祐)에 의해 지어진다.'

어떤 사문이나 바라문은 이와 같이 보고 이와 같이 말한다.

'사람이 하는 것은 일체가 다 인(因)도 없고 연(緣)도 없다.'

그 가운데 만일 어떤 사문이나 바라문이, '사람이 하는 것은 일체가 다 숙명에 의해 지어진다'라고 하여 그렇게 보고 그렇게 말한다면, 나는 곧 그들에게 가서, '여러분, 진실로 사람이 하는 것은 일체가 다 숙명에 의해 지어진다고 그렇게 보고 그렇게 말하는가?'라고 물을 것이다.

그들이, '그렇다'라고 대답한다면, 나는 다시 그들에게 말할 것이다.

'만일 그렇다면 여러분도 산목숨을 죽일 수도 있다. 왜냐하면 일체는 다 숙명에 의해 지어지기 때문이다. 이와 같이 여러분은 모두 주지 않는 것을 취하고 사음하고 거짓말하며, ……삿된 견해를 가질 수도 있다. 왜냐하면 일체는 다 숙명의 지음에서 비롯되기 때문이다. 여러분이 만일 일체는 다 숙명에 의해 지어진다는 것을 진실이라고 본다면, 마음속에서 해야 할 일과 하지 않아야 할 일에 대하여 어떠한 의욕도 없고 노력도 없을 것이다. 여러분이 만일 해야 할 일과 하지 않아야 할 일에 대하여 진실 그대로 알지 못하면, 곧 바른 생각을 잃을 것이고 바른 지혜가 없어 가르칠 수 없을 것이다.'

이와 같이 사문의 법으로 말한다면, 곧 이치로써 그 사문이나 바라문을 항복시킬 수 있을 것이다.

그중에서 만일 어떤 사문이나 바라문이, '사람이 하는 것은 일체가 다 존우에 의해 지어진다'라고 그렇게 보고 그렇게 말한다면, 나는 곧 그들에게 가서, '여러분은 진실로 사람이 하는 것은 일체가 다 존우에 의해 지어진다고 그렇게 보고 그렇게 말하는가?'라고 물을 것이다.

그들이, '그렇다'라고 대답한다면, 나는 다시 그들에게 말할 것이다.

'만일 그렇다면 여러분은 다 산목숨을 죽일 수도 있다. 왜냐하면 일체는 다 존우에 의해서 지어지기 때문이다. 이와 같이 여러분은 모두 주지 않는 것을 취하고 사음하고 거짓말하며, ……삿된 견해를 가질 수도 있다. 왜냐하면 일체는 다 존우에 의해 지어지기 때문이다. 여러분이 만일 〈일체는 다 존우에 의해 지어진다〉는 것을 진실이라고 본다면, 마음속에서 해야 할 일과 하지 않아야 할 일에 대하여 어떠한 의욕도 없고 노력도 없을 것이다. 여러분이 만일 해야 할 일과 하지 않아야 할 일에 대하여 진실 그대로 알지 못하면, 곧 바른 생각을 잃을 것이고 바른 지혜가 없어 가르칠 수 없을 것이다.'

이와 같이 사문의 법으로 말한다면, 곧 이치로써 그 사문이나 바라문을 항복시킬 수 있을 것이다.

그중에서 만일 어떤 사문이나 바라문이, '사람이 하는 것은 일체가 다 인도 없고 연도 없다'고 그렇게 보고 그렇게 말한다면, 나는 곧 그들에게 가서, '여러분은 진실로 사람이 하는 것은 일체가 다 인도 없고 연도 없다고 그렇게 보고 그렇게 말하는가?'라고 물을 것이다.

그들이, '그렇다'라고 대답한다면, 나는 다시 그들에게 말할 것이다.

'만일 그렇다면 여러분은 모두 산목숨을 죽일 수도 있다. 왜냐하면 일체는 다 인도 없고 연도 없기 때문이다. 이와 같이 여러분은 주지 않는 것을 취하고 사음하며 거짓말하고, ……삿된 견해를 가질 수도 있다. 왜냐하면 일체는 다 인도 없고 연도 없기 때문이다. 여러분이 만일 '일체는 다 인도 없고 연도 없다'라는 것을 진실이라고 본다면, 마음속에서 해야 할 일과 하지 않아야 할 일에 대하여 어떠한 의욕도 없고 노력도 없을 것이다. 여러분이 만일 해야 할 일과 하지 않아야 할 일에 대하여 진실 그대로 알지 못하면, 바른 생각을 잃을 것이고 바른 지혜가 없어 가르칠 수 없을 것이다.'

이와 같이 사문의 법으로 말한다면, 곧 이치로써 그 사문이나 바라문을 항복시킬 수 있을 것이다.

내가 스스로 알고 스스로 깨달은 법이 있다. 그 법을 그대들에게 설한다면, 사문이나 바라문 · 천신 · 마라 · 범천이나 세간의 다른 어떤 누구라도 나의 법을 항복시키지 못하고 더럽히지 못하며 제압하지 못할 것이다.

내가 스스로 알고 스스로 깨달은 법은 어떠한 법이어서 그대들에게 설하면, 사문이나 바라문 · 천신 · 마라 · 범천이나 세간의 다른 어떤 누구라도 나의 법을 항복시키지 못하고 더럽히지 못하며 제압하지 못하는가.

이른바 육처법(六處法)이 있다. 그것은 내가 스스로 알고 스스로 깨달은 법으로서 그대들에게 설하면, 사문이나 바라문 · 천신 · 마라 · 범천이나 세간의 다른 어떤 누구라도 나의 법을 항복시키지 못하고 더럽히지 못하며 제압하지 못할 것이다.

그리고 육계법(六界法)이 있다. 그것은 내가 스스로 알고 스스로 깨달은 법으로서 그대들에게 설하면, 사문이나 바라문 · 천신 · 마라 · 범천이나 세간의 다른 어떤 누구라도 나의 법을 항복시키지 못하고 더럽히지 못하며 제압하지 못할 것이다.

어떤 것이 육처법으로서, 내가 스스로 알고 스스로 깨달아 그대들에게 설하는 것인가. 안처(眼處)와 이처(耳處) · 비처(鼻處) · 설처(舌處) · 신처(身處) · 의처(意處)가 그것이다. 이것을 육처법이라 하며, 내가 스스로 알고 스스로 깨달은 것으로서 그대들에게 설하는 것이다.

어떤 것이 육계법으로서, 내가 스스로 알고 스스로 깨달아 그대들에게 설하는 것인가. 지계(地界)와 수계(水界) · 화계(火界) · 풍계(風界) · 공계(空界) · 식계(識界)가 그것이다. 이것을 육계라 하며, 내가 스스로 알고 스스로 깨달은 것으로서 그대들에게 설하는 것이다.

육계가 합함으로써 어머니 태안에 나고, 육계로 인하여 육처가 있으며, 육처로 인하여 부딪침이 있고, 부딪침으로 인하여 느낌이 있다.

비구들이여, 만일 느낌이 있으면 괴로움[苦]을 참답게 알고, 괴로움의 집기[習]를 알며, 괴로움의 멸함[滅]을 알고, 괴로움의 멸함에 이르는 길[道]을 참답게 안다.

어떻게 괴로움을 참답게 아는가. 이른바 생 · 노 · 병 · 사의 괴로움과 싫어하는 것과 만나는 괴로움, 사랑하는 것과 이별하는 괴로움, 구하여도 얻지 못하는 괴로움이다. 간략히 말하면, '다섯 가지 취한 근간을 유지하는 괴로움[五盛陰苦]'이다. 이것을 괴로움을 참답게 아는 것이라 한다.

어떻게 괴로움의 집기를 참답게 아는가. 이른바 이 갈애[愛]는 장차 존재[有]로 이끄는 것이며, 즐거움과 욕망을 함께 갖추어서 갖가지 존재를 구한다. 이것을 괴로움의 집기를 참답게 아는 것이라 한다.

어떻게 괴로움의 멸함을 참답게 아는가. 이 갈애는 장차 올 존재로 이끄는 것이며 즐거움과 욕망을 함께 갖추어서 갖가지 존재를 구하는 것이니, 이것을 남김없이 끊고 버리고 다 토하여 욕심이 없으며 멸하고 그치어 사라지게 하는 것이다. 이것을 괴로움의 멸함을 참답게 아는 것이라 한다.

어떻게 괴로움의 멸함에 이르는 길을 참답게 아는가. 팔정도[八支聖道, 八正道]로서 바른 견해와 바른 생각·바른 말·바른 행동·바른 생활·바른 정진·바른 기억·바른 선정이니, 이것이 여덟 가지이다. 이것을 괴로움의 멸함에 이르는 길을 참답게 아는 것이라 한다.

비구는 마땅히 괴로움을 참답게 알아야 하고, 괴로움의 집기를 끊어야 하며, 괴로움의 멸함을 증득하여야 하고, 괴로움의 멸함에 이르는 길을 닦아야 한다.

만일 비구가 괴로움을 참답게 알고, 괴로움의 집기를 끊으며, 괴로움의 멸함을 증득하고, 괴로움의 멸함에 이르는 길을 닦으면, 이것이, '비구가 일체의 번뇌를 다하고 모든 맺힘이 이미 풀려, 능히 바른 지혜로써 괴로움의 끝을 얻는다'라고 하는 것이다."

부처님께서 이와 같이 말씀하시니, 여러 비구는 부처님 말씀을 듣고 기뻐하며 받들어 행하였다.

2. 교설방법(教說方法)

2. 1 권청품(勸請品)

【증일아함경 제10권 19-①경】

이와 같이 나는 들었다.

어느 때 부처님께서 마가다국 보리수 아래에 계셨다.

그때 세존께서는 도를 얻은 지 오래지 않아 이렇게 생각하셨다. '내가 지금 얻은 매우 깊은 이 법은 알기 어렵고 깨닫기 어려우며 생각하기 어려운 것이다. 번뇌가 그치고 미묘한 지혜를 가진 사람만이 깨달아 알 것이다. 그 이치를 분별하여 익히기를 게을리하지 않으면 곧 기쁨을 얻을 것이다. 그러나 비록 내가 사람들을 위하여 이 묘한 법을 설하더라도, 사람들이 그것을 믿고 받아들이지 않고 받들어 행하지 않으면, 수고롭고 손해만 있을 뿐이다. 나는 이제 차라리 침묵을 지킬 것이다. 법을 설할 필요가 없다.'

그때 범천왕은 범천이 머무는 하늘에서 여래의 생각을 알고는 마치 힘센 사람이 팔을 굽혔다 펴는 것 같은 동안에 범천에서 사라지더니 세존이 계신 곳으로 내려왔다.

그는 세존의 발에 예배하고 한쪽에 서서 말씀드렸다.

"이 남섬부주[閻浮提]는 결국 망하고 삼계(三界)는 눈을 잃게 될 것입니다. 여래 · 응공 · 등정각께서 이 세상에 나타나시면 마땅히 법보(法寶)를 펼치셔야 하건만, 그 법을 설하지 않으려 하십니다. 원컨대 여래께서는 두루 중생을 위하여 깊은 법을 널리 설해 주십시오. 이 중생들의 근기(根機)는 제도하기 쉬운데, 만일 법을 듣지 못하면 영원히 법의 눈을 잃게 되어 반드시 법에서 버려진 이들이 되고 말 것입니다.

마치 푸른 연꽃이나 붉은 연꽃이나 하얀 연꽃이 땅에서는 나왔지만 물 위로는 나오지 못하여 피지 못하는 것과 같습니다. 어떤 꽃은 차차 자라려고 하지만 여전히 물속에서 나오지 못하고, 어떤 것은 물위로 나와서 물에 젖지 않는 것도 있습니다. 중생들도 이와 같아서, 근기는 이미 익었으면서도 태어남과 늙음과 병과 죽음에 시달려 법을 듣지 못하고 그만 죽고 만다면 어찌 가엾지 않겠습니까. 지금이 바로 그때입니다. 원컨대 세존께서는 법을 설하여 주십시오."

세존께서는 범천왕의 마음을 아시고 또한 일체 중생들을 가엾이 여겨 게송으로 말씀하셨다.

범천이 지금 와서 청하므로
내가 법의 문을 열고자 하니
듣는 사람은 돈독한 믿음 얻고
깊은 법의 요지를 분별하라.

마치 높은 산 위에 오르면
중생들을 두루 볼 수 있듯이
내가 지금 지닌 이 법을
법상에 올라 법의 눈 드러내리라.

이에 범천은, '여래께서는 반드시 중생들을 위하여 깊고 묘한 법을 설하실 것이다'라고 생각하고는 뛸 듯이 기뻐하였다. 그리고 그는 곧 부처님 발에 예배하고 천상으로 돌아갔다.

그때 범천은 부처님 말씀을 듣고 기뻐하며 받들어 행하였다.

2. 2 존중경(尊重經)

【잡아함경 제44권 1188경】

이와 같이 나는 들었다.

어느 때 부처님께서 우루벨라촌 네란자라강 옆에 있는 보리수 아래에 계셨는데, 부처가 되신 지 오래지 않았다.

그때 세존께서는 홀로 고요히 선정에 드시어 이와 같이 생각하셨다. '공경할 것이 없는 사람에게는 큰 고통이 있다. 차례가 없고 두려워할 다른 의지처가 없으면, 대의(大義)에서 벗어나게 된다. 공경할 것이 있어서 차례가 있고 다른 의지처가 있으면, 그는 안락하게 지낼 수 있다. 공경할 것이 있어서 차례가 있고 다른 의지처가 있으면, 대의를 갖추게 된다.

만약 마라 · 범천 · 사문 · 바라문 등 모든 천신과 세상 사람 가운데서 내가 두루 갖춘 계율이나 삼매나 지혜나 해탈이나 해탈지견보다 나아서, 나로 하여금 공경하고 존중하며 받들어 섬기고 공양하게 할 것이 있다면, 나는 그것을 의지해 살 것이다.'

세존께서는 다시 이와 같이 생각하셨다. '마라 · 범천 · 사문 · 바라문 등 모든 천신과 세상 사람 가운데는 내가 두루 갖춘 계율이나 삼매나 지혜나 해탈이나 해탈지견보다 나아서, 나로 하여금 공경하고 존중하며 받들어 섬기고 공양하게 하면서 그것을 의지해 살 만한 것이 없다. 오직 바른 법이 있어서 나로 하여금 스스로 깨달아 삼먁삼붓다를 이루게 하였다. 나는 그것을 공경하고 존중하며 받들어 섬기고 공양하면서 그것을 의지해 살아갈 것이다. 왜냐하면 과거의 여래 · 응공 · 등정각도 바른 법을 공경하고 존중하며 받들어 섬기고 공양하면서 그것을 의지해 살았고, 미래의 여래 · 응공 · 등정각도 바른 법을 공경하고 존중하며 받들어 섬기고 공양하면서 그것을 의지해 살 것이기 때문이다.'

그때 사바세계의 주인 범천왕은 세존의 생각을 알고, 마치 힘센 사람이 팔을 굽혔다 펼 만한 동안에 범천에서 사라져 부처님 앞에 나타나 찬탄하면서 말하였다.

"훌륭하십니다. 그렇습니다, 세존이시여. 그렇습니다, 선서시여. 게으르고 공경할 것이 없는 사람은 참으로 큰 고통이 있습니다. 차례가 없고 두려워할 다른 의지처가 없으면 대의를 갖추지 못하게 됩니다. 그러나 공경할 것이 있어서 차례가 있고 다른 의지처가 있으면 안락하게 지낼 수 있습니다. 공경할 것이 있어서 차례가 있고 다른 의지처가 있으면 대의가 갖추어 집니다.

진실로 마라 · 범천 · 사문 · 바라문 등 모든 천신과 세상 사람 가운데서 세존께서 갖추신 계율이나 삼매나 지혜나 해탈이나 해탈지견보다 나아서, 세존께서 공경하고 존중하며 받들어 섬기고 공양하면서 그것을 의지해 살아가게 할 것이 없습니다. 오직 바른 법이 있어서 세존께서 스스로 깨달아 바르고 평등한 깨달음을 성취하셨습니다. 그러므로 그것은 여래께서 공경하고 존중하며 받들어 섬기고 공양할 만한 것으로서, 그것을 의지해 살아가셔야 할 것입니다. 왜냐하면 과거의 모든 여래 · 응공 · 등정각도 바른 법을 공경하고 존중하며 받들어 섬기고 공양하면서 그것을 의지해 살았고, 미래의 모든 여래 · 응공 · 등정각도 바른 법을 공경하고 존중하며 받들어 섬기고 공양하면서 그것을 의지해 살아갈 것이기 때문입니다. 그러므로 세존께서도 그 바른 법을 공경하고 존중하며 받들어 섬기고 공양하면서 그것을 의지해 살아 가셔야 할 것입니다."

범천왕은 다시 계송으로 말하였다.

과거의 등정각이나
미래의 모든 부처님이나
현재의 부처 · 세존께서는
중생들의 근심을 없애 주시네.

모든 부처님은 법을 공경하시며
바른 법에 의지해 머무시니
이와 같이 공경하는 일
그것이 바로 모든 부처님의 법이라네.

그때 범천왕은 부처님 말씀을 듣고 기뻐하며 부처님 발에 예배하고 사라져 나타나지 않았다.

2. 3 사취품(邪聚品)

【증일아함경 제27권 35-②경】

이와 같이 나는 들었다.

어느 때 부처님께서 사밧티성 제타숲 아나타핀디카동산에 계셨다. 이때 세존께서 여러 비구에게 말씀하셨다.

"여래가 세상에 나오면 반드시 다섯 가지 일을 한다. 어떤 것이 다섯인가. 첫째는 법륜(法輪)을 굴리는 일이고, 둘째는 부모를 제도하는 일이며, 셋째는 믿음이 없는 사람을 믿음 자리에 세우는 일이고, 넷째는 보살 마음을 내지 않는 이에게 보살 마음을 내게 하는 일이며, 다섯째는 미래에 부처가 될 것이라고 수기를 주는 일이다. 여래가 세상에 나오면 반드시 이 다섯 가지 일을 한다. 그러므로 비구들이여, 자애심을 내어 여래에게 향하도록 하라. 비구들이여, 이와 같이 공부하여야 한다."

그때 비구들은 부처님 말씀을 듣고 기뻐하며 받들어 행하였다.

2. 4 가나카 목갈라나경[算數目揵連經]

【증일아함경 제35권 144경】

이와 같이 나는 들었다.

어느 때 부처님께서 사밧티성에서 유행하실 때 동쪽 동산 미가라마뚜 강당에 계셨다.

그때 산수(算數)를 잘하는 목갈라나[目揵連] 범지가 오후에 천천히 거닐어 부처님께 가서 문안드리고 물러나 한쪽에 앉아 말씀드렸다.

"고타마시여, 여쭐 말씀이 있습니다. 들어 주신다면 감히 여쭙겠습니다."

세존께서 말씀하셨다.

"목갈라나야, 그대 마음대로 물어 스스로 의심을 가지지 마라."

가나카 목갈라나[算數目揵連]가 말씀드렸다.

"고타마시여, 이 미가라마뚜 강당은 일 층부터 차례대로 지어졌습니다. 고타마시여, 이 미가라마뚜 강당은 사다리로 처음에 일 층을 오른 뒤에야 이 층·삼 층·사 층으로 오를 수 있습니다. 고타마시여, 이와 같이 미가라마뚜 강당은 층을 따라 차츰차츰 올라갑니다.

고타마시여, 코끼리를 길들이는 것도 갈고리를 가지고 차츰차츰 차례대로 다스립니다. 고타마시여, 말을 다스리는 것도 채찍으로 차츰차츰 차례대로 다스립니다. 고타마시여, 크샤트리아도 활쏘기를 연습함으로써 차츰차츰 차례대로 이루어지는 것입니다. 고타마시여, 이 모든 범지 또한 경서(經書)를 배움으로써 차츰차츰 차례대로 이루어지는 것입니다.

고타마시여, 우리들이 산수를 배우는 것도 산수로써 생활해 나가면서 차츰차츰 차례대로 이루어지는 것입니다. 남자나 여자 제자가 있으면, 처음에는 하나를 가르친 뒤에 둘 · 셋 · 열 · 백 · 천 · 만으로 차츰차츰 차례대로 올라갑니다. 고타마시여, 이와 같이 우리들이 산수를 배우는 것도 산수로써 생활해 나가면서 차츰차츰 차례대로 이루어지는 것입니다.

사문 고타마시여, 세존의 법과 율에는 어떠한 순서가 있어 차츰차츰 차례대로 성취하게 됩니까?"

세존께서 말씀하셨다.

"목갈라나야, 바른 법이 있으면 차츰차츰 차례대로 성취하게 된다. 왜냐하면 목갈라나야, 나도 이 법과 율을 차츰차츰 차례대로 성취하였기 때문이다.

목갈라나야, 만일 젊은 비구가 처음 와서 도를 배우고 처음으로 법과 율에 들어오면, 여래는 먼저, '그대는 와서 몸과 입과 뜻을 지켜서 생활을 청정하게 하라'라고 가르친다.

목갈라나야, 만일 비구가 몸과 입과 뜻을 지켜서 생활을 청정하게 하면, 여래는, '비구여, 그대는 와서 자신의 몸을 몸 그대로 관하고, 느낌[覺]과 마음과 법을 느낌과 마음과 법 그대로 관하라'라고 더 높은 가르침을 준다.

목갈라나야, 만일 비구가 자신의 몸을 몸 그대로 관하고, 느낌을 느낌 그대로, 마음을 마음 그대로, 법을 법 그대로 관하게 되면, 여래는, '비구여, 그대는 와서 자신의 몸을 몸 그대로 관하여 욕망과 상응하는 생각을 하지 말고, 느낌과 마음과 법을 느낌과 마음과 법 그대로 관하여 법에 어긋나는 생각을 하지 마라'라고 더 높은 가르침을 준다.

목갈라나야, 만일 비구가 자신의 몸을 몸 그대로 관하여 욕망과 상응하는 생각을 하지 않고, 느낌과 마음과 법을 느낌과 마음과 법 그대로 관하여 법에 어긋나는 생각을 하지 않게 되면, 여래는, '비구여, 그대는 와서 모든 감각기관[根]을 수호하여 항상 단속하기를 생각하고 명확하게 알기를 생각하며, 이러한 생각하는 마음을 수호하여 성취하도록 하여라. 그래서 언제나 바른 지혜를 일으켜, 만일 눈으로 색을 보더라도 그 상(相)을 받아들이지 말고, 색을 맛보지도 마라. 그것은 성내어 싸우기 때문이다. 눈의 감각기관[眼根]을 수호하여 마음속에 탐욕과 근심과 악하고 선하지 않은 법이 생겨나지 않게 하라. 그리고 눈의 감각기관을 수호하여 거기로 나아가지 마라. 이와 같이 귀·코·혀·몸도 그렇게 하라. 그리고 의지가 법을 알더라도 그 상을 받아들이지 말고, 법을 맛보지도 마라. 그것은 성내어 서로 싸우기 때문이다. 의지[意根]를 수호하여 마음속에 탐욕과 근심과 악하고 선하지 않은 법이 생겨나지 않게 하라. 그리고 의지를 수호하여 거기로 나아가지 마라'라고 더 높은 가르침을 준다.

목갈라나야, 비구가 모든 감각기관을 수호하여 항상 단속하기를 생각하고 명확하게 알기를 생각하며, 이러한 생각하는 마음을 수호하여 성취함으로써 언제나 바른 지혜를 일으켜 눈으로 색을 보더라도 그 상을 받아들이지 않고 색을 맛보지도 않아 그것은 성내어 서로 싸우지 않으며, 눈의 감각기관을 수호하여 마음속에 탐욕과 근심과 악하고 선하지 않은 법이 생겨나지 않게 하고 눈의 감각기관을 수호하여 거기로 나아가지 않으며, 이와 같이 귀·코·혀·몸도 그렇게 하며, 의지가 법을 알더라도 그 상을 받아들이지 않고 맛보지도 않아 그것은 성내어 다투지 않으며, 의지를 수호하여 마음속에 탐욕과 근심과 악하고 선하지 않은 법이 생겨나지 않게 하고 의지를 수호하여 거기로 나아가지 않으면, 여래는, '비구여, 그대는 와서 들어오고 나가는 것을 바르게 알고, 굽히고 펴기와 낮추고 높이기와 몸가짐과 표정을 잘 관찰하여 분별하며, 가사와 모든 옷을 바르게 입고, 발우를 바르게 지니며, 걷고 서기와 앉고 눕기와 잠자고 깨기와 말하고 침묵하기를 모두 바르게 알라'라고 더 높은 가르침을 준다.

목갈라나야, 만일 비구가 들어오고 나가는 것을 바르게 알고, 굽히고 펴기와 낮추고 높이기와 몸가짐과 표정을 잘 관찰하여 분별하며, 가사와 옷을 바르게 입고, 발우를 바르게 지니며, 걷고 서기와 앉고 눕기와 잠자고 깨기와 말하고 침묵하기를 모두 바르게 알면, 여래는, '비구여, 그대는 와서 멀리 떠나 혼자서 일 없는 곳에 있되, 나무 아래 · 빈 곳 · 편안하고 고요한 곳 · 산의 바위 · 돌집 · 한데 · 짚가리로 가거나, 숲 속이나 무덤 사이에서 살라. 그대가 이미 일 없는 곳에 있어, 나무 아래 · 빈 곳 · 편안하고 고요한 곳에 가거든, 자리를 펴고 가부좌를 하고 앉아 몸을 바로 하고 원(願)을 바로 하여 생각이 다른 데로 향하지 않게 하라. 탐욕을 끊어 마음에 다툼이 없게 하고, 남의 재물과 여러 생활 기구를 보더라도 탐욕을 일으켜 나의 소유로 만들려 하지 마라. 그리하여 그대는 탐욕을 그 마음에서 깨끗이 없애라. 이와 같이 분노와 수면과 들뜸 또한 그렇게 하며, 의심을 끊고 미혹을 막아 모든 선한 법에 대하여 망설임이 없게 하여 의혹을 그 마음에서 깨끗이 없애라. 그대는 이 다섯 가지 덮개[五蓋]와 마음의 더러움과 지혜의 약함을 끊고, 탐욕을 떠나고 악하고 선하지 않은 법을 떠나, 제4선을 성취하여 노닐도록 하라'라고 더 높은 가르침을 준다.

목갈라나야, 만일 비구가 탐욕을 떠나고 악하고 선하지 않은 법을 떠나 제4선을 성취하여 노닐면, 여래는 젊은 비구들을 위하여 많은 이익을 준 것이니, 이것이 곧 가르치고 훈계한 것이다.

목갈라나야, 만일 비구가 나이가 많고 덕이 높거나 오랫동안 범행을 닦았으면, '마침내 일체의 번뇌가 다하게 된다'라고 여래는 더 높은 가르침을 준다."

가나카 목갈라나가 다시 여쭈었다.

"사문 고타마시여, 이렇게 가르치고 이렇게 훈계하시면, 모든 제자는 구경의 지혜를 얻어 반드시 열반을 얻게 되는지요?"

세존께서 대답하셨다.

"목갈라나야, 한결같이 얻지는 못한다. 얻는 이도 있고, 얻지 못하는 이도 있다."

"사문 고타마시여, 이것에는 무슨 인연이 있어서 열반이 있고 열반으로 가는 길이 있습니까? 사문 고타마께서는 현재의 스승으로서, 비구들을 이렇게 가르치고 이렇게 훈계하시는데, 어떻게 구경열반(究竟涅槃)을 얻기도 하고 얻지 못하기도 합니까?"

"목갈라나야, 그대에게 묻겠으니, 아는 대로 대답하여라. 목갈라나야, 그대는 어떻게 생각하는가? 그대는 라자가하성이 있는 곳과 그곳으로 가는 길을 아는가?"

"그렇습니다. 저는 라자가하성이 있는 곳을 알고 있으며, 그곳으로 가는 길도 알고 있습니다."

"목갈라나야, 만일 어떤 사람이 왕을 보려고 라자가하성으로 가는데, 그 사람이 그대에게, '나는 왕을 보려고 라자가하성으로 가는데, 가나카 목갈라나여, 라자가하성이 있는 곳과 그곳으로 가는 길을 알면 나에게 말해 줄 수 있습니까?'라고 묻는다면, 그대는 그 사람에게, '여기서 동쪽으로 가면 어느 마을에 이르고, 그 마을에서 더 가면 어느 읍에 이를 것이니, 이렇게 계속 가다 보면 라자가하성에 이를 것이다. 그래서 라자가하성 밖에는 아름다운 동산이 있고, 그 땅은 편평하여 누각과 목욕터가 있으며, 다양한 꽃나무가 있고, 긴 강이 흐르며, 맑은 샘물이 있는 것을 다 보고 다 알 수 있을 것이다'라고 말할 것이다.

그 사람은 그대의 가르침을 받은 뒤에 여기서 동쪽으로 가다가 얼마 안 가서 바른길을 버리고 다른 길에서 헤매면, 그는 라자가하성 밖에는 아름다운 동산이 있고, 그 땅은 편평하여 누각과 목욕터가 있으며, 다양한 꽃나무가 있고, 긴 강이 흐르며, 맑은 샘물이 있는 것을 다 볼 수도 없고 다 알 수도 없을 것이다.

또한, 어떤 사람이 왕을 보려고 라자가하성으로 가고자 하여, 그 사람이 그대에게, '나는 왕을 보려고 라자가하성으로 가는데, 라자가하성이 있는 곳을 알고 그곳으로 가는 길을 알면 나에게 말해 줄 수 있습니까?'라고 묻는다면, 그대는 그에게, '여기서 동쪽으로 가면 어느 마을에 이르고, 그 어느 마을에서 더 가면 어느 읍에 이를 것이니, 이렇게 계속 가다 보면 라자가하성에 이를 것이다. 그래서 라자가하성 밖에는 아름다운 동산이 있고, 그 땅은 편평하여 누각과 목욕터가 있으며, 다양한 꽃나무가 있고, 긴 강이 흐르며, 맑은 샘물이 있는 것을 다 보고 다 알 수 있을 것이다'라고 말할 것이다.

그 사람은 그대의 가르침을 받은 뒤에 여기서 동쪽으로 가서 어느 마을에 이르고, 그 마을에서 더 가서 어느 읍에 이르게 되고, 이렇게 계속 가서 라자가하성에 이르면, 그는 라자가하성 밖에는 아름다운 동산이 있고, 그 땅은 편평하여 누각과 목욕터가 있으며, 다양한 꽃나무가 있고, 긴 강이 흐르며, 맑은 샘물이 있는 것을 다 보고 다 알 것이다.

목갈라나야, 여기에는 무슨 인연이 있어서, 저 라자가하성이 있고 라자가하성으로 가는 길이 있으며, 그대는 현재의 길잡이인데도 첫째 사람은 그대의 가르침을 받은 뒤에 오래지 않아 곧 편평하고 바른길을 버리고 다른 길에서 헤매어서, 라자가하성 밖에는 아름다운 동산이 있고, 그 땅은 편평하여 누각과 목욕터가 있으며, 다양한 꽃나무가 있고, 긴 강이 흐르며, 맑은 샘물이 있는 것을 다 보지도 못하였고 다 알지도 못하였는가?

또 둘째 사람은 그대의 가르침을 받고 편평하고 바른길을 따라 계속 가서 라자가하성에 이르렀고, 그래서 라자가하성 밖에 좋은 동산이 있고, 그 땅은 편평하여 누각과 목욕터가 있으며, 다양한 꽃나무가 있고, 긴 강이 흐르며, 맑은 샘물이 있는 것을 다 보고 다 알았는가?”

가나카 목갈라나가 말씀드렸다.

“고타마시여, 저는 어쩔 수 없습니다. 라자가하성이 있고 라자가하성으로 가는 길이 있으며 제가 현재의 길잡이이지만, 첫 번째 사람은 나의 가르침을 따르지 않고 편평하고 바른길을 버리고 나쁜 길로 돌아갔기에, 라자가하성 밖에는 아름다운 동산이 있고, 그 땅은 편평하여 누각과 목욕터가 있으며, 다양한 꽃나무가 있고, 긴 강이 흐르며, 맑은 샘물이 있는 것을 보지도 못하고 알지도 못하였을 뿐입니다.

그러나 두 번째 사람은 저의 가르침대로 편평하고 바른길을 따라 계속 가서 라자가하성에 이르게 되었기에, 라자가하성 밖에는 아름다운 동산이 있고, 그 땅은 편평하여 누각과 목욕터가 있으며, 다양한 꽃나무가 있고, 긴 강이 흐르며, 맑은 샘물이 있는 것을 다 보고 다 알았을 뿐입니다.”

세존께서 말씀하셨다.

“그와 같이 목갈라나야, 나 또한 어쩔 수가 없다. 열반이 있고 열반으로 가는 길이 있다. 나는 스승이 되어 모든 비구를 위하여 이렇게 가르치고 이렇게 훈계하지만, 제각기 비구가 행한 것에 따라서 어떤 비구는 구경열반을 얻고, 어떤 비구는 얻지 못한다. 목갈라나야, 나는 다만 그의 행을 보고, ‘마침내 번뇌가 다하였다’라고 기별할 뿐이다.”

가나카 목갈라나가 말씀드렸다.

“고타마시여, 저는 알았습니다. 고타마시여, 저는 이해하였습니다. 고타마시여, 마치 좋은 땅에 사라나무 숲이 있는 것과 같으니, 그곳에는 사라나무 숲을 지키는 사람이 있는데, 총명하고 건장하고 게으르지 않아, 모든 사라나무의 뿌리를 때에 맞춰 호미로 파서, 높은 데는 편평하게 하고 낮은 데는 메우고 거름을 주고 물대기에 그 시기를 놓치지 않으며, 만일 그 옆에 더럽고 나쁜 풀이 있으면 다 뽑아 버리고, 굽어서 곧지 않은 것이 있으면 다 베어서 추리며, 매우 좋고 꼿꼿한 나무가 있으면 보호하고 길러서 때에 따라 호미로 파고 거름을 주고 물대기에 시기를 놓치지 않으면, 좋은 땅의 사라나무 숲은 날이 갈수록 무성하고 좋아질 것입니다.

고타마시여, 이와 같이 어떤 사람이 아첨하고 속이며, 희망이 없고 믿음이 없으며, 게으르고, 생각[念]도 없고 선정[定]도 없으며, 나쁜 지혜가 있어 마음은 날뛰고 모든 감각기관은 어지러우며, 계를 지니기에는 마음이 풀어져 있어 사문의 도를 닦지 않으면, 이러한 사람과는 일을 같이 할 수 없습니다. 왜냐하면 고타마시여, 이러한 사람은 범행(梵行)을 더럽히기 때문입니다.

고타마시여, 또한 어떤 사람이 아첨하지도 않고 속이지도 않으며, 희망이 있고 믿음이 있으며, 정진하여 게으르지 않으며, 생각도 있고 선정도 있고 지혜도 있어 지극히 계를 공경하고 널리 사문의 도를 닦으면, 이러한 사람과는 일을 같이 할 수 있습니다. 왜냐하면 고타마시여, 이러한 사람은 범행을 청정하게 하기 때문입니다.

고타마시여, 모든 뿌리 향 가운데 침향(沈香)을 첫째로 하는 것과 같으니, 그것은 저 침향이 모든 뿌리 향 가운데 최상이기 때문입니다. 고타마시여, 모든 사라나무 향 가운데 붉은 전단향을 첫째로 하는 것과 같으니, 고타마시여, 붉은 전단향이 모든 사라나무 향 가운데 최상이기 때문입니다. 고타마시여, 모든 물 꽃 가운데 푸른 연꽃을 첫째로 하는 것과 같으니, 푸른 연꽃이 모든 물 꽃 가운데 최상이기 때문입니다.

고타마시여, 모든 육지 꽃 가운데 수마나꽃을 첫째로 하는 것과 같으니, 수마나꽃이 모든 육지 꽃 가운데 최상이기 때문입니다. 고타마시여, 세상의 모든 논사 가운데 사문 고타마를 첫째로 하는 것과 같으니, 사문 고타마 논사께서는 능히 일체의 외도와 이학(異學)들을 항복시키시기 때문입니다.

세존이시여, 저는 지금부터 부처님과 법과 승가에 귀의하겠습니다. 바라건대 세존이시여, 저를 받아들여 청신사가 되게 하여 주십시오. 저는 오늘부터 몸이 다하고 목숨을 마칠 때까지 귀의하겠습니다."

부처님께서 이와 같이 말씀하시자, 가나카 목갈라나와 여러 비구는 부처님 말씀을 듣고 기뻐하며 받들어 행하였다.

2. 5 전유경(箭喩經)

【중아함경 제60권 221경】

이와 같이 나는 들었다

어느 때 부처님께서 사밧티성 제타숲 아나타핀디카동산에 계셨다.

그때 말룬카풋타 존자는 편안하고 고요한 곳에서 홀로 조용히 앉아 생각하였다. '세존께서는 〈세간은 영원한가, 세간은 덧없는가. 세간은 유한한가, 세간은 무한한가. 영혼과 육체는 하나인가, 영혼과 육체는 둘인가. 여래는 사후에 있는가, 여래는 사후에 없는가, 여래는 사후에 있기도 하고 없기도 한가, 여래는 사후에 있는 것도 아니고 없는 것도 아닌가〉라는 이러한 견해들은 다 제쳐두신 채 아무 말씀도 하지 않으신다. 그러나 나는 그것을 원하지도 않고, 그것을 참을 수도 없으며, 그것을 옳다고 여기지도 않는다.

만일 세존께서 나에게 한결같이 세간은 영원하다고 말한다면, 나는 그를 따라 범행을 배울 것이다. 그러나 만일 세존이 나에게 한결같이 세간은 영원하다고 말하지 않는다면, 나는 그를 비난한 뒤에 그를 버리고 떠날 것이다.

이와 같이 〈세간은 덧없는가. 세간은 유한한가, 세간은 무한한가. 영혼과 육체는 하나인가, 영혼과 육체는 둘인가. 여래는 사후에 있는가, 여래는 사후에 없는가, 여래는 사후에 있기도 하고 없기도 한가, 여래는 사후에 있지도 않고 없지도 않은가〉라는 견해에 대하여, 세존께서 나에게 한결같이 이것이 진실이고 다른 것은 다 허망한 말이라고 한다면, 나는 그를 따라 범행을 배울 것이다. 그러나 만일 세존께서 나에게 한결같이 이것은 진실이고 다른 것은 다 허망한 말이라고 말씀하시지 않는다면, 나는 그를 비난한 뒤에 그를 버리고 떠나갈 것이다.'

이에 말룬카풋타 존자는 해 질 녘에 조용히 앉아 있다 일어나 부처님께 가서 부처님 발에 예배하고 물러나 한쪽에 앉아 말씀드렸다.

"세존이시여, 저는 지금 혼자 편안하고 고요한 곳에서 조용히 앉아 깊이 생각하다가, '세존께서는 〈세간은 영원한가, 세간은 덧없는가. 세간은 유한한가, 세간은 무한한가. 영혼과 육체는 하나인가, 영혼과 육체는 둘인가, 여래는 사후에 있는가, 여래는 사후에 없는가, 여래는 사후에 있기도 하고 없기도 한가, 여래는 사후에 있지도 않고 없지도 않은가〉라는 이러한 견해들은 다 제쳐두고 아무 말씀도 하지 않으시지만, 나는 그것을 원하지도 않고, 그것을 참을 수도 없으며, 그것을 옳다고 여기지도 않는다'라고 생각하였습니다.

만일 세존께서 한결같이 '세간은 영원하다'는 것을 아신다면, 세존이시여 저에게 말씀해 주십시오. 그러나 만일 세존께서 한결같이 '세간은 영원하다'는 것을 알지 못하면, '나는 알지 못한다'라고 바로 말씀해 주십시오.

이와 같이, '세간은 덧없는가. 세간은 유한한가, 세간은 무한한가. 영혼과 육체는 하나인가, 영혼과 육체는 둘인가. 여래는 사후에 있는가, 여래는 사후에 없는가, 여래는 사후에 있기도 하고 없기도 한가, 여래는 사후에 있지도 않고 없지도 않은가'라는 견해에 대하여, 만일 세존께서 한결같이 이것은 진실이고 다른 것은 다 허망한 말이라고 아신다면, 세존이시여, 저에게 말씀해 주십시오. 그러나 만일 세존께서 한결같이 이것은 진실이고 다른 것은 다 허망한 말이라고 알지 못하시면, '나는 알지 못한다'라고 바로 말씀해 주십시오."

세존께서 물으셨다.

"말룬카풋타여, 내가 이전에 그대에게, 세간은 영원하다고 말하였기 때문에 그대는 나를 좇아 범행을 배우는 것인가?"

"아닙니다, 세존이시여."

"이와 같이, '세간은 덧없다. 세간은 유한하다, 세간은 무한하다. 영혼과 육체는 하나다, 영혼과 육체는 둘이다. 여래는 사후에 있다, 여래는 사후에 없다, 여래는 사후에 있기도 하고 없기도 하다, 여래는 사후에 있지도 않고 없지도 않다'라는 견해에 대해서도 내가 이전에 그대에게 이것은 진실이고 다른 것은 다 허망한 말이라고 말하였기 때문에 그대는 나를 좇아 범행을 배우는 것인가?"

"아닙니다, 세존이시여."

"말룬카풋타여, 그대는 이전에 나에게, '만일 세존께서 나에게 세간은 영원하다고 말씀하신다면, 나는 세존을 좇아 범행을 배우겠습니다'라고 말한 적이 있는가?"

"아닙니다, 세존이시여."

"이와 같이, '세간은 덧없다. 세간은 유한하다, 세간은 무한하다. 영혼과 육체는 하나다, 영혼과 육체는 둘이다. 여래는 사후에 있다, 여래는 사후에 없다, 여래는 사후에 있기도 하고 없기도 하다, 여래는 사후에 있지도 않고 없지도 않다'라는 견해에 대하여도, 말룬카풋타여, 그대는 이전에 나에게, '만일 세존께서 나에게 한결같이 이것은 진실이고 다른 것은 다 허망한 말이라고 말씀하신다면, 나는 세존을 좇아 범행을 배우겠습니다'라고 말한 적이 있는가?"

"아닙니다, 세존이시여."

"말룬카풋타여, 나도 이전에 그대에게 말한 일이 없고, 너도 이전에 내게 말한 일이 없는데, 그대는 참 어리석구나. 어찌하여 그대는 부질없이 나를 모함하고 비방하느냐."

이에 말룬카풋타 존자는 세존에게서 직접 꾸지람을 듣고는 근심하고 슬퍼하며 머리를 숙이고 할 말을 잊은 채 조용히 있었다. 그런데 무엇인가 물을 것이 있는 것 같았다.

이에 세존께서 말룬카풋타를 직접 꾸짖으신 뒤에 비구들에게 말씀하셨다.

"만일 어떤 어리석은 사람이, '세존께서 나에게 한결같이 세간은 영원하다고 말씀하시지 않는다면, 나는 세존을 좇아 범행을 배우지 않겠다'라고 생각한다면, 그 어리석은 사람은 그것을 알지 못한 채 그런 생각만 하다가 목숨을 마치고 말 것이다.

이와 같이, '세간은 덧없다. 세간은 유한하다, 세간은 무한하다. 영혼과 육체는 하나다, 영혼과 육체는 둘이다. 여래는 사후에 있다, 여래는 사후에 없다, 여래는 사후에 있기도 하고 없기도 하다, 여래는 사후에 있지도 않고 없지도 않다'라는 이러한 견해에 대하여도, 어떤 어리석은 사람이, '세존께서 나에게 한결같이 이것은 진실이고 다른 것은 다 허망한 말이라고 말씀하시지 않는다면, 나는 세존을 좇아 범행을 배우지 않을 것이다'라고 생각한다면, 그 어리석은 사람은 그것을 알지 못한 채 그런 생각만 하다가 목숨을 마치고 말 것이다.

마치 어떤 사람이 몸에 독화살을 맞아 그 독화살 때문에 매우 심한 고통을 받을 때, 그 친족들이 그를 가엾이 생각하고 불쌍히 여기며 그의 이익과 안온을 위하여 곧 의사를 불렀다.

그러나 그 사람이, '아직 화살을 뽑아서는 안 된다. 나는 먼저 화살을 쏜 사람의 성과 이름과 신분은 어떠하며, 키는 큰지 작은지, 살결은 거친지

고운지, 얼굴빛은 검은지 흰지, 검지도 않고 희지도 않은지, 크샤트리아 종족인지 브라만 · 바이샤 · 수드라 종족인지, 동방 · 남방 · 서방 · 북방 어느 쪽에 사는지를 알아야겠다.'

또, '아직 이 화살을 뽑아서는 안 된다. 나는 먼저 그 활이 산뽕나무로 되어 있는지, 뽕나무나 물푸레나무로 되어 있는지, 뿔로 되어 있는지를 알아야겠다.'

또, '아직 이 화살을 뽑아서는 안 된다. 나는 먼저 그 궁찰(弓扎)이 소 힘줄로 되어 있는지, 노루나 사슴 힘줄로 되어 있는지, 실로 되어 있는지를 알아야겠다.'

또, '아직 이 화살을 뽑아서는 안 된다. 나는 그 활 빛이 검은지, 흰지, 붉은지, 노란지를 알아야겠다.'

또, '아직 이 화살을 뽑아서는 안 된다. 나는 먼저 그 활줄이 힘줄로 되어 있는지, 실이나 모시로 되어 있는지, 삼으로 되어 있는지를 알아야겠다.'

또, '아직 이 화살을 뽑아서는 안 된다. 나는 먼저 그 화살이 나무로 되어 있는지, 대나무로 되어 있는지를 알아야겠다.'

또, '아직 이 화살을 뽑아서는 안 된다. 나는 먼저 그 화살통이 소 힘줄로 되어 있는지, 노루나 사슴 힘줄로 되어 있는지, 실로 되어 있는지를 알아야겠다.'

또, '아직 이 화살을 뽑아서는 안 된다. 나는 먼저 그 화살깃이 매의 털로 되어 있는지, 보라매나 독수리 털로 되어 있는지, 고니나 닭털로 되어 있는지, 학 털로 되어 있는지를 알아야겠다.'

또, '아직 이 화살을 뽑아서는 안 된다. 나는 먼저 그 화살촉이 보습으로 되어 있는지, 창으로 되어 있는지, 창칼로 되어 있는지를 알아야겠다.'

또, '아직 이 화살을 뽑아서는 안 된다. 나는 먼저 화살촉을 만든 사람의 성과 이름과 신분은 어떠하며, 키는 큰지 작은지, 살결은 거친지 고운지, 얼굴빛은 흰지 검은지, 검지도 않고 희지도 않은지, 동방 · 남방 · 서방 · 북방의 어느 쪽에 사는지를 알아야겠다'라고 한다면, 그 사람은 마침내 그것을 알지 못한 채 그런 생각만 하다가 목숨을 마치고 마는 것과 같다.

이와 같이 만일 어떤 어리석은 사람이, '세존께서 나에게 한결같이 세간은 영원하다고 말씀하시지 않으면, 나는 세존을 좇아 범행을 배우지 않겠다'라고 생각한다면, 그 어리석은 사람은 그것을 알지 못한 채 그런 생각만 하다가 마침내 목숨을 마치고 말 것이다.

이와 같이, '세간은 덧없다. 세간은 유한하다, 세간은 무한하다. 영혼과 육체는 하나다, 영혼과 육체는 둘이다. 여래는 사후에 있다, 여래는 사후에 없다, 여래는 사후에 있기도 하고 없기도 하다, 여래는 사후에 있지도 않고 없지도 않다'라는 이러한 견해들에 대하여, 만일 어떤 어리석은 사람이, '세존께서 나에게 한결같이 이것은 진실이고 다른 것은 다 허망한 말이라고 말씀하시지 않으면, 나는 세존을 좇아 범행을 배우지 않겠다'라고 한다면, 그 어리석은 사람은 마침내 그것을 알지 못한 채 그러한 생각만 하다가 목숨을 마치고 말 것이다.

'세간은 영원하다'라는 이러한 견해 때문에 나를 좇아 범행을 배운다면, 그것은 옳지 못하다. 이와 같이, '세간은 덧없다. 세간은 유한하다, 세간은 무한하다. 영혼과 육체는 하나다, 영혼과 육체는 둘이다. 여래는 사후에 있다, 여래는 사후에 없다, 여래는 사후에 있기도 하고 없기도 하다, 여래는 사후에 있지도 않고 없지도 않다'라는 이러한 견해 때문에 나를 좇아 범행을 배운다면, 그것은 옳지 못하다.

'세간은 영원하다'라는 이러한 견해 때문에 나를 좇아 범행을 배우지 않는다면, 이것도 옳지 못하다. 이와 같이, '세간은 덧없다. 세간은 유한하다, 세간은 무한하다. 영혼과 육체는 하나다, 영혼과 육체는 둘이다. 여래는 사후에 있다, 여래는 사후에 없다, 여래는 사후에 있기도 하고 없기도 하다, 여래는 사후에 있지도 않고 없지도 않다'라는 이러한 견해 때문에 나를 좇아 범행을 배우지 않는다면, 이것도 옳지 못하다.

'세간은 영원하다'라는 이러한 견해가 없기 때문에 나를 좇아 범행을 배운다면, 그것도 옳지 못하다. 이와 같이, '세간은 덧없다. 세간은 유한하다, 세간은 무한하다. 영혼과 육체는 하나다, 영혼과 육체는 둘이다. 여래는 사후에 있다, 여래는 사후에 없다, 여래는 사후에 있기도 하고 없기도 하다, 여래는 사후에 있지도 않고 없지도 않다'라는 이러한 견해가 없기 때문에 나를 좇아 범행을 배운다면, 그것도 옳지 못하다.

'세간은 영원하다'라는 이러한 견해가 없기 때문에 나를 좇아 범행을 배우지 않는다면, 이것도 옳지 못하다. 이와 같이, '세간은 덧없다. 세간은 유한하다, 세간은 무한하다. 영혼과 육체는 하나다, 영혼과 육체는 둘이다. 여래는 사후에 있다, 여래는 사후에 없다, 여래는 사후에 있기도 하고 없기도 하다, 여래는 사후에 있지도 않고 없지도 않다'라는 이러한 견해가 없기 때문에 나를 좇아 범행을 배우지 않는다면, 이것도 옳지 못하다.

'세간은 영원하다'라고 말하는 사람도 태어남과 늙음과 병듦과 죽음이 있고, 슬픔과 울음 · 근심 · 괴로움 · 번민이 있으니, 이렇게 하여 아주 커다란 괴로움의 무더기가 생긴다. 이와 같이, '세간은 덧없다. 세간은 유한하다, 세간은 무한하다. 영혼과 육체는 하나다, 영혼과 육체는 둘이다. 여래는 사후에 있다, 여래는 사후에 없다, 여래는 사후에 있기도 하고 없기도 하다, 여래는 사후에 있지도 않고 없지도 않다'라고 말하는 자도 태어남과 늙음과 병듦과 죽음이 있고, 슬픔과 울음 · 근심 · 괴로움 · 번민이 있으니, 이렇게 하여 아주 커다란 괴로움의 무더기가 생긴다.

나는 한결같이 세간은 영원하다고 그렇게 말하지는 않는다. 무슨 까닭으로 한결같이 그렇게 말하지는 않는가. 그것은 이치에 맞지 않고 법에 맞지 않으며 또 범행이 아니어서, 지혜로 나아가지 않고 깨달음으로 나아가지 않으며 열반으로 나아가지 않기 때문이다. 그러므로 나는 한결같이 그렇게 말하지는 않는다. 이와 같이, '세간은 덧없다. 세간은 유한하다, 세간은 무한하다. 영혼과 육체는 하나다, 영혼과 육체는 둘이다. 여래는 사후에 있다, 여래는 사후에 없다, 여래는 사후에 있기도 하고 없기도 하다, 여래는 사후에 있지도 않고 없지도 않다'라고 나는 한결같이 그렇게 말하지는 않는다. 무슨 까닭으로 한결같이 그렇게 말하지는 않는가. 그것은 이치에 맞지 않고 법에 맞지 않으며 또 범행이 아니어서, 지혜로 나아가지 않고 깨달음으로 나아가지 않으며 열반으로 나아가지 않는다. 그러므로 나는 한결같이 그렇게 말하지는 않는다.

그러면 나는 어떠한 법을 한결같이 말하는가. 나는 괴로움과 괴로움의 집기와 괴로움의 멸함과 괴로움을 멸하는 길을 한결같이 말한다. 무슨 까닭으로 나는 이것을 한결같이 말하는가. 이것은 이치에 맞고 법에 맞으며, 또 이것은 범행이어서 지혜로 나아가고 깨달음으로 나아가며 열반으로 나아간다. 그러므로 나는 한결같이 이것을 말한다. 이것이, '말하지 않아야 할 것은 말하지 않고, 말하여야 할 것은 말한다'라고 하는 것이다. 그대들은 마땅히 이렇게 지니고 배워야 한다."

부처님께서 이렇게 말씀하시자, 모든 비구는 부처님 말씀을 듣고 기뻐하며 받들어 행하였다.

2. 6 신서림경(申恕林經)

【잡아함경 제15권 404경】

이와 같이 나는 들었다.

어느 때 부처님께서 마가다국에 계시면서 사람들 사이에서 유행하셨다.

라자가하성과 파탈리풋타 사이에 있는 대나무숲 마을에 마가다국의 대왕이 정사를 지어드렸는데, 세존께서는 여러 대중과 함께 그곳에 머무셨다. 그때 세존께서 비구들에게 말씀하셨다.

"모두 싱사파 숲[申恕林]으로 가자."

그때 세존께서 모든 대중과 함께 싱사파 숲으로 가시어 나무 아래에 앉으셨다. 세존께서 손에 나뭇잎을 쥐시고 비구들에게 말씀하셨다.

"이 손안의 나뭇잎이 많은가, 저 큰 숲의 나뭇잎이 많은가?"

비구들이 부처님께 말씀드렸다.

"세존이시여, 손안의 나뭇잎은 매우 적으며, 저 숲 속의 나뭇잎은 한량이 없어 백배 · 천배 · 만배 · 억배나 되니, 셀 수도 없고 비교할 수도 없습니다."

"그와 같이 비구들이여, 내가 등정각을 이루고 스스로 본 법을 남을 위하여 말하는 것은 이 손안의 나뭇잎과 같다. 왜냐하면 그 법은 이치로 요익하게 하고, 법으로 요익하게 하며, 범행으로 요익하게 하고, 밝은 지혜로 바르게 깨달아 '열반'으로 향하게 하기 때문이다.

그러나 내가 등정각을 이루고 스스로 안 바른 법을 말하지 않은 것은, 저 큰 숲의 나뭇잎과 같다. 왜냐하면 그 법은 이치로 요익하게 하지 않고, 법으로 요익하게 하지 않으며, 범행으로 요익하게 하지 않고, 밝은 지혜로 바르게 깨달아 바르게 열반으로 향하게 하지 않기 때문이다. 그러므로 비구들이여, 네 가지 거룩한 진리[四聖諦]에 대하여 아직 확실하게 알지 못하였다면, 부지런히 정진하고 더욱더 의욕을 일으켜 확실하게 알도록 공부하여야 한다."

부처님께서 이 경을 말씀하시자, 여러 비구는 부처님 말씀을 듣고 기뻐하며 받들어 행하였다.

2. 7 마혈천자문팔정품(馬血天子問八政品)

【증일아함경 제38권 43-⑤경】

이와 같이 나는 들었다.

어느 때 부처님께서 사밧티성 제타숲 아나타핀디카동산에 계셨다. 그때 세존께서 비구들에게 말씀하셨다.

"나는 지금 뗏목의 비유를 말하리니, 그대들은 잘 생각하고 명심하여라."

"그렇게 하겠습니다, 세존이시여."

비구들은 부처님의 가르침을 듣고 있었다.

세존께서 말씀하셨다.

"뗏목의 비유란 무엇인가. 그대들이 길을 가다가 도적에게 사로잡히더라도 마음을 바르게 가져 미워하는 생각을 내지 말고, 자애로운 마음[慈心]·가엾이 여기는 마음[悲心]·함께 기뻐하는 마음[喜心]·담담한 마음[護心]을 일으켜 모든 곳을 두루 채워 한량이 없고 헤아릴 수 없게 하여라.

마치 땅과 같은 마음을 가져야 한다. 땅은 깨끗한 것도 받아들이고 똥·오줌 같은 더러운 것도 모두 다 받아들인다. 그러나 땅은 좋아하거나 싫어하는 마음을 내지 않고, '이것은 좋고 이것은 더럽다'라고 말하지 않는 것처럼, 그대들이 지금 행할 것도 그와 같아서, 도적에게 사로잡히더라도 나쁜 생각을 내거나 좋아하거나 싫어하는 마음을 내지 마라.

땅·물·불·바람이 나쁜 것도 받아들이고 좋은 것도 받아들이면서도 조금도 좋아하거나 싫어하는 마음을 내지 않는 것처럼, 자애로운 마음·가엾이 여기는 마음·함께 기뻐하는 마음·담담한 마음을 일으켜 일체 중생을 대하여야 한다. 왜냐하면 선한 법을 행함도 버려야 하거늘 하물며 선하지 않은 법을 익혀야 하겠느냐.

어떤 사람이 무섭고 어려운 곳에 들어가게 되었다. 그는 그 어려운 곳을 지나 안온한 곳에 이르려고 이리저리 돌아다니며 안온한 곳을 찾다가 매우 깊고 넓은 큰 강을 만났으나, 저쪽 언덕으로 건너갈 수 있는 다리나 배가 없었다. 그가 서 있는 곳은 매우 두렵고 어려운 점이 많았으나, 저쪽 언덕은 아무 일도 없었다.

그때 그 사람은 좋은 방법을 생각해 내었다. '이 강물은 매우 깊고 넓다. 이제 나무와 풀잎을 주워 모아 뗏목을 만들어 건너가야겠다. 뗏목을 의지하면 이쪽 언덕에서 저쪽 언덕으로 갈 수 있을 것이다.'

그는 곧 나무와 풀잎을 모아 뗏목을 만들어 이쪽 언덕에서 저쪽 언덕으로 건너갔다. 그는 저쪽 언덕에 이르러 다시, '이 뗏목은 나에게 많은 이익을 주었다. 이 뗏목으로 액난에서 벗어날 수 있었고 두려운 곳에서 안온한 곳에 이를 수 있었다. 나는 이제 이 뗏목을 버리지 않고 가지고 다니면서 써야겠다'라고 생각하였다.

비구들이여, 그 사람은 과연 그것을 가지고 다니면서 쓸 수 있겠느냐?"

비구들이 말씀드렸다.

"아닙니다. 세존이시여, 그 사람의 소원은 이미 이루어졌는데 그 뗏목을 다시 어디에 쓰겠습니까."

부처님께서 말씀하셨다.

"선한 법도 버려야 하거늘 하물며 나쁜 법이겠는가."

그때 어떤 비구가 말씀드렸다.

"어찌하여, '선한 법도 버려야 하거늘 나쁜 법이겠는가'라고 하십니까? 저희는 법에 의지해 도를 배우는 것이 아닙니까?"

세존께서 말씀하셨다.

"교만(憍慢)에 의하여 교만 · 만만(慢慢) · 증상만(增上慢) · 자만(自慢) · 사견만(邪見慢) · 만중만(慢中慢)을 멸한다. 즉 교만이 없음으로써 만만을 멸하고, 무만(無慢) · 정만(正慢) · 사만(邪慢)과 증상만[增上之

慢]을 멸하니, 즉 네가지 만(慢)을 모두 멸하는 것이다.

옛날 아직 불도를 이루기 전에 나는 나무 아래에 앉아 이렇게 생각하였다. '이 욕계(欲界)에서 누가 가장 세력이 있고 귀한가. 나는 그것의 항복을 받을 것이다. 그렇게 하면 욕계 안의 천신과 사람들이 모두 항복할 것이다.'

그때 나는 다시, '마라 파순이 있다고 들었다. 나는 그와 싸울 것이다'라고 생각하였는데, 드디어 그 파순의 항복을 받음으로써 스스로 높고 뛰어나다고 자만하는 모든 천신의 항복을 받았다.

비구들이여, 내가 그때 그 자리에서 웃음으로써 그 마라 파순의 경계를 모두 진동시켰더니, 허공에서 게송을 읊는 소리가 들렸다.

참되고 깨끗한 왕의 법을 버리고
집을 떠나 감로법을 배웠거니
만일 넓은 원을 바로 잘 세우면
세 갈래 나쁜 세계 모두 비우지.

내가 지금 모든 군사를 모아
저 사문 얼굴 보니
내가 계략을 쓰지 않으면
다리가 잡혀 바다 위에 던져 지리라.

2. 8 출가경(出家經)

【잡아함경 제34권 964경】

이와 같이 나는 들었다.

어느 때 부처님께서 라자가하성 칼란다카 대나무 동산에 계셨다.

그때 집을 나온 어떤 바차 종족이 부처님께 와서 서로 인사하고 안부를 물은 뒤에 물러나 한쪽에 앉아 여쭈었다.

"고타마시여, 여쭐 말씀이 있습니다. 혹 한가하시면 설명해 주시겠습니까?"

그때 세존께서는 아무 말씀이 없으셨다. 바차가 두 번 세 번 여쭈었으나 세존께서는 여전히 침묵하고 계셨다.

때에 바차가 부처님께 여쭈었다.

"저는 고타마님을 따르고자 하여 지금 질문을 드렸는데, 어찌하여 아무런 말씀이 없으신지요."

그때 세존께서는, '이 바차는 언제나 순박하여 아첨하거나 거짓되지 않다. 지금 묻는 것은 모르기 때문이고 일부러 성가시게 하려는 것이 아니다. 나는 지금 법과 계율로써 그를 받아들일 것이다'라고 생각하신 뒤에 바차에게 말씀하셨다.

"마음대로 물어보라. 그대를 위하여 설명하겠다."

바차가 말씀드렸다.

"고타마시여, 선한 법이 있습니까?"

"있다."

"저에게 선한 법[善法]과 선하지 않은 법[不善法]을 설명하시어 이해하게 해 주십시오."

부처님께서 말씀하셨다.

"나는 그대를 위하여 선한 법과 선하지 않은 법을 간략히 설명할 것이니, 자세히 듣고 잘 생각하여라. 바차여, 탐욕은 선하지 않은 법이다. 탐욕을 항복 받으면 그것은 선한 법이다. 성냄과 어리석음은 선하지 않은 법이다. 성냄과 어리석음을 항복 받으면 그것이 곧 선한 법이다.

살생은 선하지 않은 법이다. 살생을 멀리하면 그것은 선한 법이다. 도둑질 · 사음 · 거짓말 · 두말 · 나쁜 말 · 꾸밈말 · 탐욕 · 성냄 · 삿된 견해는 선하지 않은 법이다. 도둑질하지 않고 사음하지 않고, 거짓말 · 두말 · 나쁜 말 · 꾸밈말 하지 않으며, 탐내지 않고, 성내지 않고, 바르게 보면 그것은 선한 법이다.

바차여, 나는 이미 세 가지 선한 법과 세 가지 선하지 않은 법을 말하였다. 이와 같이 성인의 제자로서 이 세 가지 선한 법과 세 가지 선하지 않은 법을 참답게 알고, 열 가지 선한 법과 열 가지 선하지 않은 법을 참답게 알면, 탐욕을 남김없이 없앨 것이고 성냄과 어리석음을 남김없이 없앨 수 있을 것이다. 그리하여 일체의 번뇌를 다하고, 번뇌가 없어 심해탈(心解脫)과 혜해탈(慧解脫)을 얻어 현법(現法)에서 증득한 줄을 스스로 안다. 그래서 나의 생은 다하고 범행은 갖추었고 할 일은 마쳐, 다시는 다음 생을 받지 않을 줄을 스스로 안다."

바차가 여쭈었다.

"혹 비구로서 이 법과 율 안에서 번뇌를 없애고, 번뇌가 없어 심해탈과 ……다음 생을 받지 않는 이가 있습니까?"

부처님께서 바차에게 말씀하셨다.

"단지 한 명이나 둘 셋 내지 오백 명의 비구만이 아니다. 많은 비구가 이 법과 율 안에서 모든 번뇌를 없애고, ……다음 생을 받지 않을 것이다."

바차가 부처님께 말씀드렸다.

"그렇다면 비구니로서 이 법과 율 안에서 모든 번뇌를 없애고, ……다음 생을 받지 않을 이가 있습니까?"

"한 명이나 둘 셋 내지 오백 명의 비구니만이 아니다. 많은 비구니가 이 법과 율 안에서 모든 번뇌를 없애고, ……다음 생을 받지 않을 것이다."

바차가 부처님께 말씀드렸다.

"그렇다면 청신사로서 모든 범행을 닦아 이 법과 율에 대해서 의심하지 않는 이가 있습니까?"

"한 명이나 둘 셋 내지 오백 명의 청신사만이 아니니다. 많은 청신사가 모든 범행을 닦고, 이 법과 율 안에서 욕계의 다섯 가지 결박[五下分結]을 끊고 아나함(阿那含)을 이루어, 다시는 이 세상에 태어나지 않을 것이다."

바차가 부처님께 말씀드렸다.

"그렇다면 어떤 청신녀[優婆夷]로서 이 법과 율 안에서 범행을 닦고, 이 법과 율에 대해서 의심하지 않는 이가 있습니까?"

"한 명이나 둘 셋 내지 오백 명의 청신녀만이 아니니다. 많은 청신녀가 이 법과 율 안에서 욕계의 다섯 가지 결박을 끊고 아나함을 이루어, 다시는 이 세상에 태어나지 않을 것이다."

바차가 부처님께 말씀드렸다.

"그렇다면 어떤 청신사로서 오욕(五欲)을 누리면서도 이 법과 율에 대해서 의심하지 않는 이가 있습니까?"

"한 명이나 둘 셋 내지 오백 명의 청신사만이 아니니다. 많은 청신사가 집에 있으면서 처자를 거느리고 향과 꽃으로 장식하며 종들을 부리면서도, 이 법과 율 안에서 세 가지 결박[三結]을 끊고 탐욕 · 성냄 · 어리석음이 엷어져 사다함(斯陀含)을 얻어, 천상과 인간에 한 번 오간 뒤에는 마침내 괴로움에서 완전히 벗어날 것이다."

바차가 부처님께 말씀드렸다.

"그렇다면 어떤 청신녀로서 오욕을 누리면서도 이 법과 율에 대해서 의심하지 않는 이가 있습니까?"

"한 명이나 둘 셋 내지 오백 명의 청신녀만이 아니니다. 많은 청신녀가 집에 있으면서 아들 · 딸을 기르고 오욕을 누리며 향과 꽃으로 장식하면서도, 이 법과 율 안에서 세 가지 결박을 끊고 수다원(須陀洹)을 얻어, 나쁜 세계에 떨어지지 않고 반드시 깨달음[三菩提]으로 향해 일곱 번 천상과 인간에 태어난 뒤에는 마침내 괴로움을 완전히 벗어날 것이다."

바차가 부처님께 말씀드렸다.

"고타마시여, 비록 사문 고타마께서 등정각(等正覺)을 이루셨더라도, 만일 비구 · 비구니 · 청신사 · 청신녀로서 범행을 닦는 이나 또 청신사 · 청신녀로서 오욕을 누리는 이가 그러한 공덕을 함께 얻지 못한다면, 그것은 완전한 것이 아닙니다. 그러나 사문 고타마께서 등정각을 이루심으로써, 비구 · 비구니 · 청신사 · 청신녀로서 범행을 닦는 이나 또 청신사 · 청신녀로서 오욕을 누리는 이가 그러한 공덕을 함께 얻기 때문에 완전한 것입니다. 고타마시여, 저는 이제 비유를 들어 말씀드리겠습니다."

"그대의 뜻대로 말하여라."

바차가 말씀드렸다.

"하늘에서 큰 비가 내리면 물이 아래로 흘러내리는 것처럼, 고타마의 법과 율 또한 그와 같습니다. 비구 · 비구니 · 청신사 · 청신녀로서 남자나 여자는 다 흐름을 따라 열반으로 향하고 열반으로 실려 내려가니, 부처님과 법과 승가의 평등한 법과 율은 참으로 놀랍습니다. 만일 다른 외도로서 고타마님께 가서 그 법과 율 안에서 출가하여 구족계를 받으려 한다면, 얼마나 지나야 허락을 받을 수 있습니까?"

부처님께서 말씀하셨다.

"만일 다른 외도로서 이 바른 법과 율 안에서 출가하여 구족계를 받으려고 하면, 화상(和尙)에게서 가사를 받고 넉 달 동안 머물러야 한다. 그러나 그것은 사람에 따라 대충 제한을 정했을 뿐이다."

바차가 말씀드렸다.

"만일 다른 외도로서 바른 법과 율 안에서 출가하여 구족계를 받고 화상에게서 가사를 받은 뒤에 넉 달이 지나 출가하는 것을 허락하신다면, 저도 이제 화상에게서 가사를 받고 넉 달 동안 머무르면 바른 법과 율 안에서 출가하여 구족계를 받을 수 있겠군요. 그러면 저도 고타마님의 법 안에서 출가하여 구족계를 받고 범행을 닦아 지니겠습니다."

부처님께서 말씀하셨다.

"내가 조금 전에 사람에 따라 대충 제한을 정하였다고 말하지 않았는가?"

바차가 말씀드렸다.

"그렇습니다, 고타마시여."

그때 세존께서 여러 비구에게 말씀하셨다.

"그대들은 저 바차를 제도하여 나의 바른 법과 율 안에서 출가하여 구족계를 받게 하라."

바차는 곧 바른 법과 율 안에서 출가하여 구족계를 받고 비구가 되었다. 그래서 반달 동안에 알아야 하고 식별하여야 하며 보아야 하고 얻어야 하며 깨달아야 하고 증득하여야 할 것을 다 배워, 그것을 다 알고 다 식별하고 다 보고 다 얻고 다 깨달아 여래의 바른 법을 모두 증득하였다.

바차 존자는 생각하였다. '나는 이제 알아야 하고 식별하여야 하며 보아야 하고 얻어야 하며 깨달아야 하고 증득하여야 할 것을 다 배워, 그 전부를 다 알고 식별하고 보고 얻고 깨달아 증득하였다. 나는 이제 가서 세존을 뵈어야겠다.'

바차 존자는 부처님께 가서 부처님 발에 예배하고 물러나 한쪽에 앉아 말씀드렸다.

"세존이시여, 저는 알아야 하고 식별하여야 하며 보아야 하고 얻어야 하며 깨달아야 하고 증득하여야 할 것을 다 배워, 그것을 다 알고 식별하고 보고 얻고 깨달아 세존의 바른 법을 다 증득하였습니다. 원컨대 세존께서는 저를 위하여 설법해 주십시오. 저는 그것을 듣고 혼자 고요한 곳에서 골똘히 생각하면서 방일하지 않고, 선남자가 수염과 머리를 깎고 가사를 입고 집을 떠나 도를 배우는 이유를 생각하여 ……다음 생을 받지 않는 줄을 스스로 알도록 하겠습니다."

부처님께서 바차에게 말씀하셨다.

"두 가지 법이 있으니 많이 닦아 익혀라. 이른바 지(止)와 관(觀)이다. 이 두 가지 법을 많이 닦아 익히면, 계의 과보[界果]를 알고 계층을 환히 깨닫고, 갖가지 계층을 알고 갖가지 계층을 환히 깨닫게 될 것이다.

이와 같이 해서 비구는 탐욕을 떠나고, 악하고 선하지 않은 법을 떠나 ……제4선에 이르기까지 두루 갖추어 머물며, 자애로운 마음 · 가엾이 여기는 마음 · 함께 기뻐하는 마음 · 담담하게 보는 마음을 완전히 갖춘다. 또한, 공입처(空入處) · 식입처(識入處) · 무소유입처(無所有入處) · 비상비비상입처(非想非非想入處)로써 세 가지 결박을 끊어 수다원을 얻고, 세 가지 결박이 다하고 탐욕 · 성냄 · 어리석음이 엷어져 사다함(=일래과)을 얻고, 욕계의 다섯 가지 결박을 끊어 아나함(=불환과)을 얻고, 더 나아가 갖가지 신통 경계 즉, 하늘의 눈[天眼] · 하늘의 귀[天耳] · 남의 마음을 아는 지혜[他心智] · 전생 일을 아는 지혜[宿命智] · 나고 죽음을 아는 지혜[生死智] · 번뇌가 다한 지혜[漏盡智]를 모두 얻게 될 것이다. 그러므로 비구여, 이 두 가지 법을 많이 닦아 익혀야 한다. 그것을 많이 닦아 익히면 갖가지 계층을 알고 마침내 번뇌를 다하게 된다."

바차 존자는 부처님 말씀을 듣고 기뻐하며 예배하고 물러갔다.

바차 존자는 혼자 고요한 곳에서 골똘히 생각하면서 방일하지 않고 머물러 ……다음 생을 받지 않을 줄을 스스로 알았다.

그때 많은 비구는 방편으로 장엄하고 세존께 가서 공경하고 공양하려 하였다. 바차가 많은 비구에게 물었다.

"그대들은 방편으로 장엄하고 세존께 가서 공경하려 합니까?"

비구들이 대답하였다.

"그렇습니다."

바차는 모든 비구에게 말하였다.

"존자들은 나를 대신하여 세존께 공경히 예배하고, '거동은 가벼우시고 병이 없어 편안하신지요'라고 문안을 드려주십시오. 그리고, '바차 비구는 세존께 여쭙니다. 저는 이미 세존께 공양하였고 빠짐없이 받들어 섬겨 기쁘게 해 드리니 매우 즐겁습니다. 스승님의 제자로서 할 일을 다 마침으로써 스승님께 공양하고 기쁨을 드리니 매우 즐겁습니다'라고 말씀드려주십시오."

많은 비구는 부처님께 가서 부처님 발에 예배하고 물러나 한쪽에 앉아 말씀드렸다.

"세존이시여, '바차 존자가 세존의 발에 예배하고 ……기쁨을 드리니 매우 즐겁습니다'라고 아룁니다."

부처님께서 말씀하셨다.

"여러 천신이 이미 나에게 말하였는데, 그대들이 다시 말하는구나. 여래는 으뜸가는 지견을 성취하였다. 바차와 같은 비구 역시 그러한 덕의 힘이 있다."

이에 세존께서는 바차 비구에게 제일의 기별[第一記]을 주셨다.

부처님께서 이 경을 말씀하시자, 여러 비구는 부처님 말씀을 듣고 기뻐하며 받들어 행하였다.

2. 9 바라드와자경(婆肆吒經)

【잡아함경 제42권 1158경】

이와 같이 나는 들었다.

어느 때 부처님께서 사밧티성 제타숲 아나타핀디카동산에 계셨다.

그때 사밧티성 안에는 다난자니라는 바라문의 부인이 있었다. 그녀는 부처님과 법과 승가를 믿어 부처님께 귀의하고 법과 승가에 귀의하였다. 부처님과 법과 승가에 대한 의심을 떠나고, 괴로움과 괴로움의 집기와 괴로움의 멸함과 괴로움의 멸함에 이르는 길에 대해서도 의혹을 떠났다. 그래서 진리를 보아 과보를 받아 완전히 평등한 지혜[無間慧]를 얻었다.

그녀의 남편 바라드와자[婆肆吒]는 바라문 종성(種姓)이었다. 그녀는 남편 곁에서 일을 하다가 이익이나 손해가 있을 때마다, '부처님께 귀의합니다'라고 말하며, 여래께서 계신 방향을 향해 합장하고 세 번 이렇게 말하였다.

"여래 · 응공 · 정변지의 몸은 순금 빛으로 뚜렷한 광명이 가득하고, 몸은 단정하고 원만하여 니그로다 나무 같으시며, 묘한 법을 잘 설하시고, 거룩한 성자이시며, 가장 뛰어난 선인이신 나의 스승님께 귀의합니다."

그때 남편인 바라드와자 바라문은 이 말을 듣고 성을 내고 불쾌해 하면서 아내에게 말하였다.

"귀신이 들렸소? 그것은 옳지 않소. 삼명(三明)을 갖추고 큰 덕이 있는 바라문을 버리고, 지혜도 없고 세상이 칭찬하지도 않는 머리 깎은 사문을 칭찬하는구려. 내가 지금 가서 당신의 스승과 토론하리니, 그 낫고 못함을 알 수 있을 것이오."

그의 아내가 말하였다.

"저는 어떤 마라 · 범천 · 사문 · 바라문 등 모든 천신과 세상 사람 가운데서 세존이시며 여래 · 응공 · 등정각으로서 몸은 금빛으로 뚜렷한 광명이 가득하고, 몸은 원만하여 니그로다 나무 같으며, 묘한 법을 잘 설하시고, 가장 뛰어난 선인이시며, 거룩한 성자이신 나의 스승님과 능히 토론할 수 있는 사람을 보지 못하였습니다. 이제 당신께서 가 보시면 스스로 아실 것입니다."

바라문은 곧 부처님께 가서 서로 인사하고 안부를 물은 뒤, 물러나 한쪽에 앉아 게송으로 말하였다.

어떤 것을 죽이면 편안히 잘 수 있고
어떤 것을 죽이면 마음에 걱정 없고
어떤 것을 죽이면 고타마가 칭찬하는가.

세존께서는 바라문의 마음을 살펴 아시고 게송으로 말씀하셨다.

성냄을 죽이면
편안히 잘 수 있고
성냄을 죽이면
마음에 걱정이 없다.
성냄은 독의 근본이 되어
능히 감로의 종자를 해친다네.

성냄을 죽일 수 있으면
성현은 그를 칭찬하리니
만일 능히 성냄을 죽이면
그 마음은 걱정이 없으리라.

그때 바라드와자 바라문은 부처님의 말씀을 듣고 있었다. 부처님께서는 차례로 설법하여 가르쳐 보이시어 이롭고 기쁘게 하셨다. 보시와 계율과 하늘에 태어나는 법을 말씀하시고, 탐욕에 집착하는 것은 재환과 번뇌임을 말씀하시고, 청정한 출요와 멀리 떠남을 수순하기와 청정함의 복과 이익을 널리 분별해 말씀하셨다.

마치 깨끗한 흰 천이 물들기 쉬운 것처럼, 바라드와자 바라문은 그 자리에서 네 가지 거룩한 진리[四聖諦], 즉 괴로움과 괴로움의 집기와 괴로움의 멸함과 괴로움의 멸함에 이르는 길에 대하여 완전한 지혜[無間等]를 얻었다. 그는 법을 보고 법을 얻고 법을 알아 법에 들어가 모든 의혹을 떠나고, 남에게 가르침을 받지 않고도 바른 법과 계율에서 두려움이 없게 되었다.

그는 곧 자리에서 일어나 오른쪽 어깨가 드러나게 법의를 입어 예를 갖추고 합장하고 부처님께 말씀드렸다.

"저는 이미 제도되었습니다. 세존이시여, 이미 제도되었습니다. 선서시여, 저는 이제 청신사가 되어 목숨을 마칠 때까지 부처님께 귀의하고 법과 승가에 귀의하겠습니다. 저를 받아주십시오."

그리고 나서 바라드와자 바라문은 부처님 말씀을 듣고 기뻐하며 예배하고 떠나갔다.

그가 집으로 돌아가자, 그의 아내는 남편이 오는 것을 보고 말하였다.

"여래·응공·등정각으로서 몸은 순금 빛으로 뚜렷한 광명이 가득하고, 몸은 원만하여 니그로다 나무 같으며, 묘한 법을 잘 설하시고, 가장 뛰어난 선인이시며, 거룩한 성자이신 나의 스승님과 토론해 보셨습니까?"

남편이 대답하였다.

"나는 아직 어떤 마라·범천·사문·바라문 등 모든 천신과 세상 사람들 가운데서, 능히 여래·응공·등정각으로서 몸은 순금 빛으로 뚜렷한 광명이 가득하고, 몸은 원만하여 니그로다 나무 같으며, 미묘한 법을 잘 설하시고, 가장 뛰어난 선인이시며, 거룩한 성자이신 당신의 스승님과 토론할 수 있는 이를 보지 못하였소. 그러니 당신은 지금 나를 위하여 좋은 법의(法衣)를 지어 주시오. 나는 그것을 가지고 세존께 가서 비구가 되어 도를 배울 것이오."

아내는 깨끗한 흰 천으로 법의를 지어 주었다. 바라문은 그 법의를 가지고 세존께 가서 세존의 발에 예배하고 물러나 한쪽에 앉아 말씀드렸다.

"세존이시여, 저도 지금부터 세존의 법 안에서 비구가 되어 도를 배우고 범행을 닦을 수 있습니까?"

부처님께서 말씀하셨다.

"그대도 지금부터 이 법 안에서 비구가 되어 도를 배우고 범행을 닦을 수 있습니다."

그는 집을 떠나 혼자 고요히 생각하였다. '선남자가 수염과 머리를 깎고 가사를 입고 집을 떠나 도를 배우는 까닭은 ……아라한이 되어 마음의 해탈을 얻는 데 있다.'

2. 10 사불괴정경(四不壞淨經)

【잡아함경 제30권 836경】

이와 같이 나는 들었다.

어느 때 부처님께서 사밧티성 제타숲 아나타핀디카동산에 계셨다. 그때 세존께서 비구들에게 말씀하셨다.

"그대들은 가엾이 여기는 마음과 자애로운 마음을 내어야 한다. 만일 어떤 사람이 그대들의 말을 듣고 즐겁게 받아들이거든, 그들을 위하여 '네 가지 무너지지 않는 깨끗한 믿음[四不壞淨]'을 설명하여, 그들로 하여금 거기에 들어가 머물게 하라.

어떤 것이 넷인가. 부처에 대한 무너지지 않는 깨끗한 믿음과, 법과 승가와 거룩한 계율에 대한 무너지지 않는 깨끗한 믿음을 성취하는 것이다. 왜냐하면 땅 · 물 · 불 · 바람의 네 가지 요소는 변하거나 늘거나 주는 일이 있어도, 이 네 가지 무너지지 않는 깨끗한 믿음은 일찍이 늘거나 줄거나 변하는 일이 없기 때문이다.

늘거나 줄지 않고 변하지 않는다는 것은, 이른바 많이 들어 아는 거룩한 제자로서 부처에 대한 무너지지 않는 깨끗한 믿음을 성취하고도 지옥이나 축생 · 아귀에 떨어진다는 것은 있을 수 없기 때문이다. 그러므로 비구들이여, '나는 반드시 부처님에 대한 무너지지 않는 깨끗한 믿음과 법과 승가와 거룩한 계율에 대한 무너지지 않는 깨끗한 믿음을 성취하고, 반드시 다른 사람에게도 믿음을 일으키게 하겠다'라는 마음을 가져야 한다."

부처님께서 이 경을 말씀하시자, 여러 비구는 부처님 말씀을 듣고 기뻐하며 받들어 행하였다.

2. 11 수습주경(修習住經)

【잡아함경 제33권 931경】

이와 같이 나는 들었다.

어느 때 부처님께서 카필라밧투성 니그로다 동산에 계셨다. 그때 사캬 마하나마는 부처님께 가서 부처님 발에 예배하고 물러나 한쪽에 앉아 여쭈었다.

"세존이시여, 만일 비구가 배움의 자리에 있으면서 아직 얻지 못한 곳을 향해 계속 나아가 안온한 열반을 구하고자 한다면, 세존이시여, 그는 무엇을 많이 닦아 익혀 머물러야 이 법과 율에서 번뇌를 다하여 번뇌가 없어 심해탈(心解脫)과 혜해탈(慧解脫)을 얻어 현법에서 증득한 줄을 스스로 알아, 나의 생은 다하고 범행은 갖추었고 할 일은 마쳐, 다시는 다음 생을 받지 않을 줄을 스스로 알게 됩니까?"

부처님께서 마하나마에게 말씀하셨다.

"만일 비구가 배움의 자리에 있으면서 아직 얻지 못한 곳을 향해 계속 나아가 안온한 열반을 구하고자 할 때, 여섯 가지 생각[六念]을 닦으면 마침내 열반을 얻을 것이다. 마치 굶주린 사람이 몸이 여위었을 때 맛난 음식을 먹으면 몸이 살찌게 되는 것처럼, 비구가 배움의 자리에 있으면서 아직 얻지 못한 곳을 향해 계속 나아가 안온한 열반을 구하고자 여섯 가지 생각을 닦으면 안온한 열반을 빨리 얻게 될 것이다.

어떤 것이 여섯인가. 성인의 제자는 여래에 대한 일을 생각해야 한다. 즉 '그렇게 온[如來] · 동등한[應供] · 바르고 평등하게 깨달은[正遍知] · 명에의 행을 완성한[明行足] · 잘 간[善逝] · 세간을 아는[世間解] · 더 이상 없는[無上師] · 사람을 길들이는[調御丈夫] · 천신과 인간의 스승인[天人師] · 깨달은 어른[佛世尊]이시다'라고.

성인의 제자가 이와 같이 여래에 대한 일을 생각하면, 탐욕에 얽매이지 않고 성냄과 어리석은 마음을 일으키지 않는다. 그리하여 그는 마음이 바르게 되어 여래의 뜻을 알게 되고 여래의 바른 법을 얻어 여래의 바른 법과 여래가 얻은 것에 대하여 따라 기뻐하는 마음이 생긴다. 따라 기뻐한 뒤에는 마음이 흐뭇해지고, 흐뭇해진 뒤에는 몸이 편안해진다. 몸이 편안해진 뒤에는 느낌이 즐거워지고, 느낌이 즐거워진 뒤에는 마음이 고요해진다. 마음이 고요해진 뒤에는 험악한 중생들 속에서 어떠한 장애도 없이 법의 흐름에 들어가 마침내 열반을 얻게 된다.

다음에 성인의 제자는 법에 대한 일을 생각해야 한다. 즉, '세존의 법과 율은 현법에서 생사의 번뇌를 떠나게 하며, 때를 기다리지 않고 통달하게 하여, 현법의 인연으로 스스로 깨달아 알게 된다.'

성인의 제자가 이와 같이 법에 대한 일을 생각하면, 탐욕과 성냄과 어리석음을 일으키지 않고 마침내 법을 생각하는 힘에 의해 열반으로 나아가게 된다.

다음에 성인의 제자는 승가에 대한 일을 생각해야 한다. 즉, '성인의 제자는 착하게 향하고 바르게 향하며 곧게 향하고 정성으로 향하여 수순하는 법을 행한다. 그리하여 어떤 이는 수다원을 향하여 수다원과를 얻고, 사다함을 향하여 사다함과를 얻고, 아나함을 향하여 아나함과를 얻고, 아라한을 향하여 아라한과를 얻는다. 이것을 사쌍팔배(四雙八輩)의 성현이라 한다. 그러므로 세존의 제자 승가는 깨끗한 계율을 완전히 갖추고 삼매와 지혜와 해탈과 해탈지견을 완전히 갖추어, 섬김과 공양을 받을 만한 좋은 복밭이 된다.'

성인의 제자가 이와 같이 승가에 대한 일을 생각하면, 탐욕 · 성냄 · 어리석음을 일으키지 않고, 마침내 승가를 생각하는 힘에 의해 열반으로 나아가게 된다.

다음에 성인의 제자는 스스로 깨끗한 계율을 생각해야 한다. 즉, '계율을 부수지 말고, 계율을 깨거나 더럽히지 말며, 다른 계율을 섞지 말고, 남의 계율을 지니지 말며, 계율을 잘 보호하자. 현명한 사람은 계율을 칭찬하고, 지혜로운 사람은 계율을 싫어하지 않는다.'

성인의 제자가 이와 같이 계율을 생각하면, 탐욕 · 성냄 · 어리석음을 일으키지 않고, 마침내 계율을 생각하는 힘에 의해 열반으로 나아가게 된다.

다음에 성인의 제자는 보시에 대한 일을 생각해야 한다. 즉, '나는 좋은 이익을 얻었다. 인색한 때가 낀 중생들 가운데서 인색함을 떠나게 되었다. 집 없는 이가 되어 해탈보시를 행하고, 항상 스스로의 힘으로 보시하며, 버리는 법을 즐겨 행하여 평등한 보시를 완전히 성취하자.'

성인의 제자가 이와 같이 보시를 생각하면, 탐욕 · 성냄 · 어리석음을 일으키지 않고, 마침내 보시를 생각하는 힘에 의해 열반으로 나아가게 된다.

다음에 성인의 제자는 모든 하늘에 대한 일을 생각해야 한다. 즉, '사왕천과 도리천 · 야마천 · 도솔천 · 화락천 · 타화자재천이 있다. 바른 믿음을 가진 사람이라면 여기서 목숨을 마친 뒤에는 저 여러 하늘에 태어난다고 한다. 나도 이러한 바른 믿음을 닦자. 또한, 깨끗한 계율[戒]과 보시[施]·들음[聞]·버림[捨]·지혜[慧]를 닦는 사람은 여기서 목숨을 마친 뒤에는 저 여러 하늘에 태어난다고 한다. 나도 지금부터 계율·보시·들음·버림·지혜를 닦자.'

성인의 제자가 이와 같이 하늘에 대한 일을 생각하면, 탐욕·성냄·어리석음을 일으키지 않고 그 마음이 바르게 되어, 저 여러 하늘에 태어나게 된다.

이와 같이 마음이 바르게 되면 그는 깊은 법의 이익과 깊은 이치의 이익을 얻고 저 하늘에 태어나는 이익에 대하여 따라 기뻐하게 된다. 따라 기뻐한 뒤에는 마음이 흐뭇해지고, 흐뭇해진 뒤에는 몸이 편안해진다. 몸이 편안해지면 느낌이 즐거워지고, 느낌이 즐거워지면 마음이 고요해진다. 마음이 고요해지면 그는 험악한 중생 속에서 어떠한 장애도 없이 법의 흐름에 들어가 하늘을 생각하는 힘에 의해 열반으로 나아가게 된다.

마하나마여, 만일 비구가 배움의 자리에 있으면서 안락한 열반을 구하기 위하여 이와 같은 생각들을 많이 닦아 익혀 빨리 열반을 얻으면, 바른 법과 계율 안에서 모든 번뇌를 빨리 다하고 번뇌가 없어 심해탈과 혜해탈을 얻어 현법에서 증득한 줄을 스스로 안다. 그래서 나의 생은 다하고 범행은 갖추었고 할 일은 마쳐, 다시는 다음 생을 받지 않을 줄을 스스로 안다."

그때 마하나마는 부처님 말씀을 듣고 기뻐하며 자리에서 일어나 예배하고 물러갔다.

3. 십이처 · 십업설

3. 1 십이처(十二處)

3.1.1 일체경(一切經)

【잡아함경 제13권 319경】

이와 같이 나는 들었다.

어느 때 부처님께서 사밧티성 제타숲 아나타핀디카동산에 계셨다.

그때 자눗소니[生聞] 바라문이 부처님 계신 곳으로 가서 서로 인사하고 안부를 여쭌 뒤 물러나 한쪽에 앉아 부처님께 여쭈었다.

"고타마시여, 일체란 어떤 것을 일체라 하십니까?"

부처님께서 바라문에게 말씀하셨다.

"일체란 십이입처(十二入處)이니, 눈과 색 · 귀와 소리 · 코와 냄새 · 혀와 맛 · 몸과 촉감 · 의지와 법이다. 이것을 일체라 한다.

만일 어떤 사람이, '이것은 일체가 아니다. 나는 이제 사문 고타마가 말하는 일체를 버리고 다른 일체를 세우겠다'라고 한다면, 그것은 다만 말만 있을 뿐이며, 듣고도 알지 못하고 의혹만 더할 것이다. 왜냐하면 그것은 경계가 아니기 때문이다."

이때 자눗소니 바라문은 부처님 말씀을 듣고 기뻐하며 받들어 행하였다.

3.1.2 육내입처경(六內入處經)

【잡아함경 제13권 323경】

이와 같이 나는 들었다.

어느 때 부처님께서 사밧티성 제타숲 아나타핀디카동산에 계셨다. 그 때 세존께서 비구들에게 말씀하셨다.

"여섯 가지 내입처(內入處, 감각기관)가 있다. 이른바 눈이라는 내입처와 귀 · 코 · 혀 · 몸 · 의지라는 내입처이다."

부처님께서 이 경을 말씀하시자, 모든 비구는 부처님 말씀을 듣고 기뻐하며 받들어 행하였다.

3.1.3 육외입처경(六外入處經)

【잡아함경 제13권 324경】

이와 같이 나는 들었다.

어느 때 부처님께서 사밧티성 제타숲 아나타핀디카동산에 계셨다. 그 때 세존께서 비구들에게 말씀하셨다.

"여섯 가지 외입처(外入處, 인식 대상)가 있다. 어떤 것을 여섯이라 하는가. 이른바 색이 외입처이고, 소리 · 냄새 · 맛 · 촉감 · 법이 외입처이다. 이것을 여섯 가지 외입처라 한다."

부처님께서 이 경을 말씀하시자, 모든 비구는 부처님 말씀을 듣고 기뻐하며 받들어 행하였다.

3.1.4 세간오욕경(世間五慾經)

【잡아함경 제8권 211경】

이와 같이 나는 들었다.

어느 때 부처님께서 베살리의 지바카 코마라바차의 암라 동산에 계셨다. 그때 세존께서 비구들에게 말씀하셨다.

"내가 옛날 바른 깨달음[正覺]을 이루지 못하였을 때 혼자 고요한 곳에서 선정에 들어, '내 마음이 어느 곳으로 많이 향하는가'를 관하였다. 그리하여 내 마음이 과거에는 오욕의 즐거움[五欲功德]을 많이 찾아 다녔으나, 현재에는 오욕의 즐거움을 적게 찾으며, 미래 세상에서는 좇을 것이 더욱 적은 것을 관찰하였다.

나는 과거에 오욕의 즐거움을 많이 찾은 것을 관찰한 뒤에는 방편을 잘 써서 스스로 단속하고 정진하여 다시는 과거의 오욕의 즐거움을 따르지 않게 하였다. 그래서 나는 스스로 단속하고 정진하여 점점 아뇩다라삼먁삼보리에 가까워졌다.

그대 비구들도 과거에 오욕의 즐거움을 많이 찾았더라도 현재와 미래에는 적어야 한다. 그러므로 그대들 또한 마음이 과거에 오욕의 즐거움을 많이 찾았기 때문에 지금은 스스로 단속하고 정진하여야 한다. 그리하면 오래지 않아 모든 번뇌를 다하게 되어 심해탈과 혜해탈을 얻어 현법에서 증득한 줄을 스스로 알게 될 것이다. 그래서 나의 생은 다하고 범행은 갖추었고 할 일은 마쳐, 다시는 다음 생을 받지 않는 줄을 스스로 알 것이다. 왜냐하면 눈이 색을 보는 인연으로 안의 느낌이 생긴다. 즉, 괴로운 느낌 · 즐거운 느낌 · 괴롭지도 않고 즐겁지도 않은 느낌이다. 귀 · 코 · 혀 · 몸도 그러하며, 의지가 법을 연하여 안의 느낌이 생긴다. 즉 괴로운 느낌 · 즐거운 느낌 · 괴롭지도 않고 즐겁지도 않은 느낌이다. 그러므로 비구들이여, 그 입처(入處)에 대하여 마땅히 깨닫고 알아야 한다.

만일 눈이라는 입처가 멸하면 색이라는 생각이 곧 사라진다. 귀 · 코 · 혀 · 몸도 그러하며, 의지라는 입처가 멸하면 법이라는 생각이 곧 사라진다.

부처님께서는, '여섯 가지 입처[六入處]를 깨달아야 한다'라고 말씀하신 뒤에 방으로 들어가 좌선하셨다.

이때 많은 비구는 세존께서 떠나신 뒤에 이와 같이 의논하였다.

"세존께서는 우리들에게, '여섯 가지 입처를 깨달아야 한다. 만일 눈이라는 입처가 멸하면 색이라는 생각이 곧 사라진다. 귀·코·혀·몸도 그러하며, 의지라는 입처가 멸하면 법이라는 생각도 곧 사라진다'라고 이와 같이 간략히 설법하시고, 자세히 분별해 주시지 않으신 채 방으로 들어가 앉으셔서 선정에 드셨다. 우리들은 오늘 세존께서 법에 대하여 간략히 말씀하셨기 때문에 이해할 수가 없다. 이제 이 대중 가운데 누가 지혜의 힘이 있어서 능히 우리들을 위하여 세존께서 간략히 말씀하신 법에 대하여 그 뜻을 자세히 설명할 수 있겠는가?"

그리고 다시 이렇게 생각하였다. '오직 아난 존자가 항상 세존을 모시고 있고, 총명과 지혜와 범행이 있다고 항상 세존의 찬탄을 받고 있다. 오직 아난 존자만이 우리들을 위하여 세존께서 간략히 말씀하신 법에 대하여 그 뜻을 설명할 수 있을 것이다. 우리들은 오늘 다 같이 아난 존자에게 가서 그 깊은 뜻을 물어보고 그 말대로 받들어 행하자.'

이에 많은 비구는 아난 존자가 있는 곳으로 가서 서로 인사한 뒤에 한쪽에 앉아 아난 존자에게 말하였다.

"존자여, 세존께서는 우리들에게 법의 핵심을 간략히 말씀하셨습니다."

위에서 말씀한 것과 같이 말하고, 아난 존자에게 말하였다.

"우리들을 위하여 그 뜻을 자세히 설명하여 주십시오."

아난 존자는 비구들에게 말하였다.

"자세히 듣고 잘 생각하십시오. 세존께서 간략히 말씀하신 법에 대하여 그대들을 위하여 그 뜻을 자세히 설명하겠습니다.

세존께서 간략히 말씀하신 것은 이 여섯 가지 입처를 멸하는 것에 관한 것입니다. 그래서 그 나머지를 말씀하시기 위하여, '눈이라는 입처가 멸하면 색이라는 생각이 곧 사라진다. 귀 · 코 · 혀 · 몸도 그러하며, 의지라는 입처가 멸하면 법이라는 생각이 곧 사라진다'라고 말씀하신 것입니다. 그리고 세존께서는 이 법을 간략히 말씀하신 뒤에 방으로 들어가 좌선하셨던 것입니다. 이것이 내가 지금 그대들을 위하여 그 뜻을 분별하여 설명한 것입니다."

아난 존자가 이 뜻을 설명하자, 비구들은 이 말을 듣고 기뻐하며 받들어 행하였다.

3.1.5 육종중생경(六種衆生經)

【잡아함경 제43권 1171경】

이와 같이 나는 들었다.

어느 때 부처님께서 코삼비국 고시타 동산에 계셨다. 그때 세존께서 비구들에게 말씀하셨다.

"예를 들어 어떤 사람이 빈 집에서 놀다가 여섯 종류 중생을 얻었다고 하자. 처음에는 개를 얻어서 그 개를 붙들어 한 곳에 매어 두었다. 다음에는 새를 얻었고, 다음에는 독사, 다음에는 여우, 다음에는 악어, 다음에는 원숭이를 얻었다.

그는 이런 중생들을 얻어 모두 한곳에 매어 두었다. 그런데 개는 마을로 들어가려 하고, 새는 항상 허공으로 날아가려 하며, 뱀은 늘 구멍으로 들어가려 하고, 여우는 무덤 사이로 가려 하며, 악어는 언제나 물로 들어가려 하고, 원숭이는 숲으로 들어가려 하였다.

이 여섯 종류 중생을 모두 한곳에 매어 두었지만 즐기는 곳이 같지 않기 때문에, 각각 편안한 곳으로 가기를 희망하여 모두 괴로워한다. 그것들은 다른 곳에 매여 있기 때문에 제각기 있는 힘을 다해 원하는 방향으로 가고자 하지만 거기서 벗어날 수가 없다.

이와 같이 여섯 가지 감각기관[六根]은 갖가지 경계 가운데서 각각 자신이 즐기는 경계를 구하고, 다른 경계를 원하지 않는다. 눈은 언제나 좋아하는 색을 구하고, 마음에 들지 않는 색은 싫어한다. 코는 항상 마음에 드는 냄새를 구하고, 마음에 들지 않는 냄새는 싫어한다. 혀는 항상 마음에 드는 맛을 구하고, 마음에 들지 않는 맛은 싫어한다. 몸은 언제나 마음에 드는 촉감을 구하고, 마음에 들지 않는 촉감은 싫어한다. 의지는 언제나 마음에 드는 법을 구하고, 마음에 들지 않는 법은 싫어한다.

이 여섯 가지 감각기관의 갖가지 향하는 곳과 갖가지 경계는 각각 다른 감각기관의 경계를 구하지 않는다. 그러나 이 여섯 가지 감각기관도 힘이 있는 것은 자유로이 자기의 경계를 따르게 할 수 있다. 마치 장정이 여섯 종류 중생을 튼튼한 기둥에 매어 두었을 때, 그것들은 바로 힘을 내어 마음대로 가려고 하지만 이리저리 달리다가 그만 지쳐 버리고 마는 것과 같다. 그것들은 밧줄로 매여 있어 결국 기둥을 떠나지 못하기 때문이다.

비구들이여, 내가 이 비유를 말하는 것은 그대들을 위하여 그 이치를 나타내 보이기 위함이다. 여섯 종류 중생은 '여섯 가지 감각기관'을 비유한 것이고, 튼튼한 기둥은 '신념처(身念處)'를 비유한 것이다. 만일 신념처를 잘 닦아 익히면, 생각하거나 생각하지 말아야 할 색에 대하여 사랑할 만한 색을 보아도 집착하지 않고, 사랑할 만하지 않은 색을 보아도 싫어하지 않는다. 귀와 소리 · 코와 냄새 · 혀와 맛 · 몸과 촉감도 그러하며, 의지가 법에 대해서도 마음에 드는 법도 구하지 않고, 마음에 들지 않는 법도 싫어하지 않는다. 그러므로 비구들이여, 마땅히 '신념처'를 부지런히 닦아 익혀 항상 거기에 머물러야 한다."

부처님께서 이 경을 말씀하시자, 모든 비구는 부처님 말씀을 듣고 기뻐하며 받들어 행하였다.

3.1.6 육희행경(六喜行經)

【잡아함경 제8권 336경】

이와 같이 나는 들었다.

어느 때 부처님께서 사밧티성 제타숲 아나타핀디카동산에 계셨다. 그 때 세존께서 비구들에게 말씀하셨다.

"여섯 가지 기뻐하는 행[六喜行]이 있다. 어떤 것을 여섯이라 하는가. 비구들이여, 만일 눈이 색을 볼 때 기뻐하면, 그 색에 대하여 기쁨을 일으킨다. 귀와 소리 · 코와 냄새 · 혀와 맛 · 몸과 촉감도 그러하며, 의지가 법을 식별할 때 기뻐하면, 그 법에 대하여 기쁨을 일으킨다. 비구들이여, 이것을 '여섯 가지 기뻐하는 행'이라 한다."

부처님께서 이 경을 말씀하시자, 모든 비구는 부처님 말씀을 듣고 기뻐하며 받들어 행하였다.

3.1.7 육우행경(六憂行經)

【잡아함경 제8권 337경】

이와 같이 나는 들었다.

어느 때 부처님께서 사밧티성 제타숲 아나타핀디카동산에 계셨다. 그 때 세존께서 비구들에게 말씀하셨다.

"여섯 가지 걱정하는 행[六憂行]이 있다. 어떤 것을 여섯이라 하는가. 비구들이여, 만일 눈이 색을 볼 때 걱정하면, 그 색에 대하여 걱정을 일으킨다. 귀와 소리 · 코와 냄새 · 혀와 맛 · 몸과 촉감도 그러하며, 의지가 법을 식별할 때 걱정하면, 그 법에 대하여 걱정을 일으킨다. 비구들이여, 이것을 '여섯 가지 걱정하는 행'이라 한다."

부처님께서 이 경을 말씀하시자, 모든 비구는 부처님 말씀을 듣고 기뻐하며 받들어 행하였다.

3.1.8 육사행경(六捨行經)

【잡아함경 제8권 338경】

어느 때 부처님께서 사밧티성 제타숲 아나타핀디카동산에 계셨다. 그때 세존께서 비구들에게 말씀하셨다.

"여섯 가지 담담한 행[六捨行]이 있다. 어떤 것을 여섯이라 하는가. 비구들이여, 눈이 색을 담담히 바라보면, 그 색에 대하여 담담해진다. 귀와 소리 · 코와 냄새 · 혀와 맛 · 몸과 촉감도 그러하며, 의지로 법을 식별할 때 담담히 바라보면, 그 법에 대하여 담담해진다. 비구들이여, 이것을 '여섯 가지 담담한 행'이라 한다."

부처님께서 이 경을 말씀하시자, 모든 비구는 부처님 말씀을 듣고 기뻐하며 받들어 행하였다.

3.1.9 육상행경(六常行經)①

【잡아함경 제13권 339경】

이와 같이 나는 들었다.

어느 때 부처님께서 사밧티성 제타숲 아나타핀디카동산에 계셨다. 그때 세존께서 비구들에게 말씀하셨다.

"여섯 가지 떳떳한 행[六常行]이 있다. 어떤 것을 여섯이라 하는가. 비구들이여, 눈으로 색을 보아도 괴로워하지도 않고 즐거워하지도 않으며, 담담한 마음으로 바른 생각과 바른 지혜에 머무는 것이다. 귀와 소리 · 코와 냄새 · 혀와 맛 · 몸과 촉감도 그러하며, 의지로 법을 분별하여도 괴로워하지도 않고 즐거워하지도 않으며, 담담한 마음으로 바른 생각과 바른 지혜에 머무는 것이다. 비구들이여, 이것을 '여섯 가지 떳떳한 행'이라 한다."

부처님께서 이 경을 말씀하시자, 모든 비구는 부처님 말씀을 듣고 기뻐

하며 받들어 행하였다.

3.1.10 육상행경(六常行經)②

【잡아함경 제13권 340경】

이와 같이 나는 들었다.

어느 때 부처님께서 사밧티성 제타숲 아나타핀디카동산에 계셨다. 그때 세존께서 비구들에게 말씀하셨다.

"여섯 가지 떳떳한 행이 있다. 어떤 것을 여섯이라 하는가. 비구들이여, 눈으로 색을 보아도 괴로워하지도 않고 즐거워하지도 않으며, 담담한 마음으로 바른 생각과 바른 지혜에 머무는 것이다. 귀와 소리 · 코와 냄새 · 혀와 맛 · 몸과 촉감도 그러하며, 의지로 법을 분별하여도 괴로워하지도 않고 즐거워하지도 않으며, 담담한 마음으로 바른 생각과 바른 지혜에 머무는 것이다. 만일 비구가 이 여섯 가지 떳떳한 행을 성취한다면 그는 세간에서 찾기 어려운 사람이다."

부처님께서 이 경을 말씀하시자, 모든 비구는 부처님 말씀을 듣고 기뻐하며 받들어 행하였다.

3.1.11 세간변경(世間邊經)

【잡아함경 제9권 234경】

이와 같이 나는 들었다.

어느 때 부처님께서 사밧티성 제타숲 아나타핀디카동산에 계셨다. 그때 세존께서 모든 비구에게 말씀하셨다.

"나는 어떤 사람이 걸어서 세간 끝에까지 이른 사람이 있다고 말하지 않는다. 나는 또한 세간 끝에까지 이르지 않고서도 괴로움을 완전히 벗어난 사람이 있다고도 말하지 않는다."

이와 같이 말씀하신 뒤에 방으로 들어가 좌선하셨다. 그때 많은 비구는 세존께서 떠나신 뒤에 곧 서로 의논하였다.

"세존께서 조금 전에, '나는 어떤 사람이 걸어서 세간 끝에까지 이른 사람이 있다고 말하지 않는다. 나는 또한 세간 끝에까지 이르지 않고서도 괴로움을 완전히 벗어난 사람이 있다고도 말하지 않는다'라고 간략히 법을 말씀하신 뒤에 방으로 들어가 좌선하셨습니다. 우리들은 지금 세존께서 간략히 말씀하신 법만 들어서는 그 뜻을 이해할 수가 없습니다. 여러분 가운데 누가 능히 세존께서 간략히 말씀하신 법에 대하여 우리들을 위하여 그 뜻을 자세히 설명할 수 있는지요?"

그들은 다시 이렇게 말하였다.

"오직 아난 존자가 있을 뿐입니다. 그는 총명과 지혜로 부처님 말씀을 외워 모든 법을 가졌고, 언제나 세존을 곁에서 모시고 있으며, 세존께서는 그의 많은 지식과 범행을 찬탄하십니다. 그에게 가서 세존께서 간략히 말씀하신 법의 뜻을 우리들을 위하여 자세히 설명해 주기를 청합시다."

이에 비구들은 아난 존자가 있는 곳으로 가서 서로 인사한 뒤에 한쪽에 앉아 부처님께서 말씀하신 뜻을 아난에게 자세히 물었다.

아난 존자가 비구들에게 말하였다.

"자세히 듣고 잘 생각하십시오. 이제 그대들을 위하여 설명하겠습니다. 만일 세간 · 세간의 이름 · 세간의 깨달음 · 세간의 말씨 · 세간의 말이 있다면, 이것은 다 세간의 범주에 들어갑니다.

여러분, 이른바 눈은 세간이고 세간의 이름이며 세간의 깨달음이고 세간의 말씨며 세간의 말이니, 이것들은 다 세간의 범주에 들어갑니다. 귀 · 코 · 혀 · 몸 · 의지도 그와 같습니다. 그러므로 많이 들어 아는 거룩한 제자들은 여섯 가지 입처의 집기 · 멸함 · 맛 · 근심 · 떠남을 참답게 아니, 이것을 거룩한 제자가 세간 끝에까지 이르러 세간을 알아 세간의 존경을 받고 세간을 건넌 것이라 합니다."

아난 존자는 다시 게송으로 말하였다.

걸어가는 사람으로서는
세계 끝에 이를 수 없고
세계 끝에 이르지 못하면
온갖 괴로움 면할 수 없네.

그러므로 저 높으신 성자를
세간을 아는 이라 부르니
그는 능히 세계 끝에 이르러
모든 범행을 이루었네.

세계의 끝은 분명코 있지만
바른 지혜로써만 알 수 있나니
깨달음에서 생긴 지혜 세간을 통달했네.
그러므로 피안에 이르렀다 하네.

"이와 같이 여러분, 조금 전 세존께서는 이 법을 간략히 말씀하신 뒤, 방에 들어가 좌선하신 것입니다. 이것이 내가 지금 그대들을 위하여 그 뜻을 분별하여 설명한 것입니다."

아난 존자가 이 법을 설명하자, 많은 비구는 그 말을 듣고 기뻐하며 받들어 행하였다.

3.1.12 조복경(調伏經)

【잡아함경 제11권 279경】

이와 같이 나는 들었다.

어느 때 부처님께서 사밧티성 제타숲 아나타핀디카동산에 계셨다. 그때 세존께서 비구들에게 말씀하셨다.

"이 여섯 가지 감각기관[六根]을 조복하지 않고 굳게 닫지 않으며 지키지 않고 지니지 않으며 닦아 익히지 않으면, 미래 세상에서 반드시 괴로움의 과보를 받을 것이다.

어떤 것을 여섯 가지 감각기관이라 하는가. 눈을 조복하지 않고 굳게 닫지 않으며 지키지 않고 닦아 익히지 않으면, 미래 세상에서 반드시 괴로움의 과보를 받을 것이다. 귀 · 코 · 혀 · 몸 · 의지에 대해서도 그와 같다.

어리석고 무지한 범부는 눈으로 색을 볼 때, 그 모양에 집착하고 좋아하는 모양을 좇아 집착한다. 그리하여 그 눈이 가는 대로 맡겨서, 율의(律儀)가 아닌 것에 집착하여 머무르고, 세간의 탐욕과 애착과 악하고 선하지 않은 법에 머물러, 그 마음에서 번뇌가 일어난다. 그들은 그로써 율의를 지니지 못해 눈의 감각기관을 보호하지 못하니, 귀 · 코 · 혀 · 몸 · 의지에 대해서도 그와 같다.

이와 같이 여섯 가지 감각기관을 조복하지 않고 닫지 않으며 지키지 않고 지니지 않으며 닦아 익히지 않으면, 미래 세상에서 반드시 괴로움의 과보를 받을 것이다.

어떻게 여섯 가지 감각기관을 잘 조복하고 잘 닫으며 잘 지키고 잘 지니며 잘 닦아 익혀야, 미래 세상에서 반드시 즐거움의 과보를 받는가.

많이 들어 아는 거룩한 제자는 눈으로 색을 보아도 색의 모양을 취하지 않고 좋은 형상을 취하지 않는다. 그 눈의 감각기관이 가는 대로 맡기되 언제나 율의에 머물러, 세간의 탐욕과 애착과 악하고 선하지 않은 법이 그 마음에서 일어나지 않는다. 그리하여 능히 율의를 일으키고 눈의 감각기관을 잘 보호하니, 귀 · 코 · 혀 · 몸 · 의지에 대해서도 그와 같다. 이와 같이 여섯 가지 감각기관을 잘 조복하고 잘 닫으며 잘 지키고 잘 지니며 잘 닦아 익히면, 미래 세상에서 반드시 즐거움의 과보를 받을 것이다."

부처님께서 게송으로 말씀하셨다.

여섯 가지 감각기관이
율의가 아닌 것에 머무르면
이들 모든 비구는
긴 밤 동안에 큰 고통 받으리.

이 모든 율의를
언제나 부지런히 닦고
바른 믿음으로 마음이 하나 되어
모든 번뇌가 마음에서 일어나지 않게 하라.

눈으로 색을 보면
마음에 맞고 맞지 않는 것 있네.
마음에 맞아도 욕심을 내지 말고
마음에 안 맞는다 하여 싫어하지도 마라.

귀로 모든 소리 들으면
생각하고 생각하지 않을 것 있네.
생각할 만한 것도 즐기거나 집착 말고
생각할 것 못 된다 하여 싫어하지도 마라.

코로 냄새 맡으면
향기롭거나 고약한 냄새 있네.
향기로움과 더러움에 마음을 평등히 하여
욕심 내지 말고 언짢아도 하지 마라.

여러 가지 먹는 음식에도
맛난 것 있고 나쁜 것 있네.
좋아하는 맛에도 탐욕을 내지 말고
나쁜 맛이라도 가리지 마라.

닿는 촉감이 즐거워도 거기에 빠져 헤매지 말고
닿는 촉감이 괴로워도 싫다는 생각을 내지 마라.
평등함에 머물러 괴로움과 즐거움을 떠나서
멸하기 어려운 것을 멸하게 하라.

내 마음으로 관찰하는 것
이런 저런 온갖 모양을
참답지 않게 거짓으로 분별하면
탐욕은 갈수록 더욱 더하리니
저 모든 나쁜 것 깨달아 알고
탐욕을 멀리 떠나 편히 머물라.

이 여섯 가지 감각기관을 잘 다스려
여섯 가지 인식 대상에 부딪혀도 흔들림이 없다면
원수인 마라들 무찔러 항복 받고

나고 죽음을 건너 피안에 이르리라.

부처님께서 이 경을 말씀하시자, 모든 비구는 부처님 말씀을 듣고 기뻐하며 받들어 행하였다.

3.1.13 코티카경[拘絺羅經] ②

【잡아함경 제9권 250경】

이와 같이 나는 들었다.

어느 때 부처님께서 라자가하성 칼란다카 대나무 동산에 계셨다.

그때 사리풋타 존자는 마하코티카[拘絺羅, 구치라] 존자와 함께 깃자쿠타산에 있었다.

마하코티카 존자는 해 질 녘에 선정에서 깨어나 사리풋타 존자가 있는 곳으로 가서 서로 인사한 뒤, 물러나 한쪽에 앉아 사리풋타에게 말하였다.

"묻고 싶은 것이 있습니다. 혹 한가하시면 대답해 주시겠습니까?"

사리풋타 존자는 마하코티카에게 말하였다.

"그대의 물음에 따라 아는 대로 대답하겠습니다."

마하코티카 존자가 사리풋타 존자에게 물었다.

"어떻습니까, 사리풋타 존자여. 눈이 색에 매입니까, 색이 눈에 매입니까? 귀와 소리 · 코와 냄새 · 혀와 맛 · 몸과 촉감 · 의지와 법에 대해서는 어떻습니까? 의지가 법에 매입니까, 법이 의지에 매입니까?"

사리풋타 존자가 마하코티카 존자에게 말하였다.

"눈이 색에 매인 것도 아니고, 색이 눈에 매인 것도 아닙니다. 그와 같이 의지가 법에 매인 것도 아니고, 법이 의지에 매인 것도 아닙니다. 마하코티카 존자여, 그 중간에서 만일 그가 탐욕을 내면, 그것이 곧 매이는 것입니다.

마하코티카 존자여, 만약 검은 소와 흰 소가 한 멍에와 굴레에 매여 있을 때, 어떤 사람이, '검은 소가 흰 소에 매인 것인가. 흰 소가 검은 소에 매인 것인가'라고 묻는다면, 그것을 바른 물음이라 하겠습니까?"

"아닙니다. 사리풋타 존자여, 검은 소가 흰 소에 매인 것도 아니고, 흰 소가 검은 소에 매인 것도 아닙니다. 그러나 그 중간에 멍에나 굴레에 끼이면, 그것이 곧 매이는 것입니다."

"그와 같이 마하코티카 존자여, 눈이 색에 매인 것도 아니고, 색이 눈에 매인 것도 아니며, ……의지가 법에 매인 것도 아니고, 법이 의지에 매인 것도 아닙니다. 그 중간에 탐욕이 있으면, 그것이 곧 매이는 것입니다.

마하코티카 존자여, 눈이 색에 매이고, 색이 눈에 매이며, ……의지가 법에 매이고, 법이 의지에 매인다면, 세존께서는 사람들에게, '범행을 닦으면 괴로움을 완전히 벗어날 수 있다'라고 가르치지 않으셨을 것입니다.

눈이 색에 매인 것도 아니고, 색이 눈에 매인 것도 아니며, ……의지가 법에 매인 것도 아니고, 법이 의지에 매인 것도 아니기 때문에, 세존께서는 사람들에게, '범행을 닦으면 괴로움을 완전히 벗어날 수 있다'라고 말씀하신 것입니다."

"마하코티카 존자여, 세존께서는 눈으로 색을 보실 때, 아름답거나 추하거나 탐욕을 일으키지 않으십니다. 그러나 그 밖의 중생들은 눈으로 색을 볼 때, 아름답거나 추하거나 탐욕을 일으킵니다. 그러므로 세존께서는, '탐욕을 끊으면 곧 마음이 해탈한다'라고 말씀하신 것입니다. ……의지와 법에 대해서도 그와 같습니다."

이때 두 존자는 서로 기뻐하며 제각기 본 처소로 돌아갔다.

3.1.14 미경(味經)

【잡아함경 제9권 243경】

이와 같이 나는 들었다.

어느 때 부처님께서 베살리의 원숭이못 옆에 있는 중각강당에 계셨다. 그때 세존께서 모든 비구에게 말씀하셨다.

"비구들이여, 만일 눈에 대해서 맛 들이면, '그 사문이나 바라문은 자유로이 악마의 손에서 벗어나지 못하고 마라의 결박에 매이어 마라의 얽매임에 들어갈 것이다'라고 마땅히 알라. 귀 · 코 · 혀 · 몸 · 의지에 대해서도 그와 같다. 만일 사문이나 바라문으로서 눈에 대해서 맛 들이지 않으면, '그 사문이나 바라문은 마라를 따르지 않고 마라의 손에서 벗어나 마라의 얽매임에 들어가지 않을 것이다'라고 마땅히 알라."

부처님께서 이 경을 말씀하시자, 모든 비구는 부처님 말씀을 듣고 기뻐하며 받들어 행하였다.

('맛 들임'과 같이, 기뻐하고 찬탄하며, 집착하고 굳게 머무르며, 사랑하고 즐기며, 미워하고 질투하는 것에 대해서도 이와 같이 말씀하셨다. 내입처의 일곱 경과 같이, 외입처의 일곱 경도 이와 같이 말씀하셨다.)

3.1.15 마구경(魔鉤經)

【잡아함경 제9권 244경】

이와 같이 나는 들었다.

어느 때 부처님께서 베살리의 원숭이못 옆에 있는 중각강당에 계셨다. 그때 세존께서 모든 비구에게 말씀하셨다.

"여섯 가지 마라의 갈고리가 있다. 어떤 것이 여섯인가. 눈으로 색에 맛들여 집착하는 것이니, 이것이 곧 마라의 갈고리다. 귀로 소리에 맛 들여 집착하는 것이니, 이것이 곧 마라의 갈고리다. 코로 냄새에 맛 들여 집착하는 것이니, 이것이 마라의 갈고리다. 혀로 맛에 맛 들여 집착하는 것이니, 이것이 마라의 갈고리다. 몸으로 촉감에 맛 들여 집착하는 것이니, 이것이 마라의 갈고리다. 의지로 법에 맛 들여 집착하는 것이니, 이것이 마라의 갈고리다.

그러므로 만일 사문이나 바라문으로서 눈으로 색에 맛 들여 집착하면, '그 사문이나 바라문은 마라의 갈고리가 목에 걸려 마라에게서 자유롭지 못하게 된다'는 것을 알아야 한다."

(더러움을 말하고 깨끗함을 말하여 자세히 말씀하신 것은 위와 같다.)

3.1.16 빈두성경(頻頭城經)

【잡아함경 제11권 280경】

이와 같이 나는 들었다.

어느 때 세존께서는 코살라국에 계시면서 사람들 사이에서 유행하실 때, 나가라빈다성 북쪽에 있는 싱사파 숲에 오셨다.

그때 나가라빈다성 안에 있는 바라문 장자들은 세존께서 코살라국 사람들 사이에서 유행하시다가 나가라빈다성의 싱사파 숲에 오셨다는 말을 들었다. 그들은 모두 함께 성을 나와 싱사파 숲으로 가서 세존께서 계신 곳으로 나아가 세존의 발에 예배하고 물러나 한쪽에 앉았다. 세존께서 나가라빈다의 바라문 장자들에게 말씀하셨다.

"만일 어떤 사람이 그대들에게, '어떤 종류의 사문이나 바라문을 공경하거나 존중하지 말아야 하며, 예로써 섬기지도 공양하지도 말아야 하는가'라고 묻거든, 그대들은 이와 같이 대답하여라.

'만일 어떤 사문이나 바라문이 눈으로 색을 볼 때, 탐냄을 떠나지 못하고 욕심을 떠나지 못하며 애착을 떠나지 못하고 갈구함을 떠나지 못하고 그것에 대한 생각을 떠나지 못하여, 안으로 마음이 고요하지 않고 행하는 것이 법답지 못하고 거칠고 까다롭게 행동하며, 귀 · 코 · 혀 · 몸 · 의지에 대해서도 그와 같다면, 이러한 종류의 비구를 공경하거나 존중하지 말아야 하며, 예로써 섬기거나 공양하지 말아야 할 것이다.'

이렇게 대답하고 나면 그는 다시, '무슨 까닭으로 그런 종류의 사문이나 바라문을 공경하거나 존중하지 말며, 예로써 섬기거나 공양하지 말아야 하는가'라고 물을 것이다. 그러면 그대들은 이와 같이 대답하여라.

'우리들은 눈으로 색을 보면 탐냄 · 욕심 · 애착 · 갈구함 · 생각을 떠나지 못하여, 안으로 마음이 고요하지 않다. 귀 · 코 · 혀 · 몸도 그러하며, 의지가 법에 대해서도 그와 같다. 사문이나 바라문도 눈으로 색을 보면 탐냄 · 욕심 · 애착 · 갈구함 · 생각을 떠나지 못하여, 안으로 마음이 고요하지 않고, 법답지 않은 행을 하고, 거칠고 까다로운 행을 한다. 귀 · 코 · 혀 · 몸도 그러하며, 의지가 법에 대해서도 그와 같다. 우리는 이런 것에서 차별을 찾아보려 해도 차별되는 행을 볼 수 없다. 그러므로 우리는 이런 종류의 사문이나 바라문을 공경하거나 존중하지 않고, 예로써 섬기거나 공양하지 않을 것이다.'

만일 그가 다시, '어떤 종류의 사문이나 바라문을 공경하고 존중하며, 예로써 섬기고 공양하여야 하는가'라고 묻거든, 그대들은 마땅히 이와 같이 대답하여라.

'만일 그가 눈으로 색을 보아도 탐냄 · 욕심 · 애착 · 갈구함 · 생각을 떠나서, 안으로 마음이 고요하고, 법답지 않은 행을 하지 않으며, 평등한 행을 하고, 거칠고 까다로운 행을 하지 않는다. 귀 · 코 · 혀 · 몸도 그러하며, 의지가 법에 대해서도 그와 같다면, 그러한 사문이나 바라문을 마땅히 공경하고 존중하며, 예로써 섬기고 공양해야 할 것이다.'

만일 그가 다시, '무슨 까닭으로 그러한 종류의 사문이나 바라문을 공경하고 존중하며, 예로써 섬기고 공양하여야 하는가'라고 묻거든 그대들은 이와 같이 대답하여라.

'우리는 눈으로 색을 보면 탐냄 · 욕심 · 애착 · 갈구함 · 생각을 떠나지 못하여, 안으로 마음이 고요하지 않고 법답지 않은 행을 하며 거칠고 까다로운 행을 한다. 귀가 소리에, 코가 냄새에, 혀가 맛에, 몸이 촉감에, 의지가 법에 대해서도 그와 같다. 그런데 그러한 종류의 사문이나 바라문은 탐냄 · 욕심 · 애착 · 갈구함 · 생각을 떠나서, 안으로 마음이 고요하고, 법다운 행을 하며, 거칠고 까다로운 행을 하지 않는다. 귀 · 코 · 혀 · 몸도 그러하며, 의지가 법에 대해서도 그와 같다. 우리가 거기서 차별을 찾아보면 그 차별을 볼 수 있다. 그러므로 그러한 종류의 사문이나 바라문을 공경하고 존중하며, 예로써 섬기고 공양하여야 한다.'

이와 같이 말하면 그는 다시, '그 사문이나 바라문은 어떤 단계에 있고, 어떤 모습이 있으며, 어떤 특징이 있는가. 그대들은 그 사문이나 바라문이 탐냄을 떠나 탐냄을 항복 받고, 성냄을 떠나 성냄을 항복 받고, 어리석음을 떠나 어리석음을 항복 받았는지를 아는가'라고 물을 것이다. 그러면 그대들은 마땅히 이와 같이 대답하여라.

'우리가 본 사문이나 바라문은 이와 같은 종류였다. 즉 비고 한적한 곳이나 숲 속이나 나무 아래서 낮은 평상에 풀을 깔고 있으면서, 멀리 떠나는 행을 닦고, 모든 여자를 떠나, 홀로 있기를 즐기는 이를 가까이 하고, 선정을 닦는 이와 함께한다. 그곳에서 눈으로 색을 보아도 즐기거나 집착하는 일이 없다. 또한, 귀로 소리를, 코로 냄새를, 혀로 맛을, 몸으로 촉감을 즐기거나 집착하는 일이 없다. 만일 그 사문이나 바라문에게 이러한 행과 이러한 모습과 이러한 특징이 있으면, 우리는 그것을 보고 이 사문이나 바라문은 탐냄을 떠나 탐냄을 항복 받고, 성냄을 떠나 성냄을 항복 받고, 어리석음을 떠나 어리석음을 항복 받은 줄을 안다'라고."

이때 모든 사문과 바라문 장자가 부처님께 말씀드렸다.

"놀랍습니다. 세존이시여, 스스로 찬탄하지도 않고 남을 비방하지도 않으시면서 바르게 그 이치를 설명하셨습니다. 모든 입처(入處)에 대해서 더러움과 깨끗함을 분별하여 연기(緣起)를 자세히 말씀하시는 것은 여래 · 응공 · 등정각의 말씀답습니다.

마치 장정이 물에 빠진 사람을 능히 건지고, 닫힌 것을 능히 열어 주며, 헤매는 사람에게 길을 보이고, 어두운 곳에서 등불을 밝혀주는 것과 같습니다. 세존께서도 그와 같아서, 자신을 추켜세우지도 않으시고 남을 비방하지도 않으시면서 바르게 그 이치를 설명하셨습니다. ……여래 · 응공 · 등정각의 말씀답습니다."

그때 나가라빈다의 바라문 장자들은 부처님 말씀을 듣고 기뻐하며 받들어 행하였다.

3.1.17 부루나경(富樓那經)

【잡아함경 제13권 311경】

이와 같이 나는 들었다.

어느 때 부처님께서 사밧티성 제타숲 아나타핀디카동산에 계셨다.

그때 푼나[富樓那, 부루나] 존자는 부처님 계신 곳으로 가서 머리 숙여 부처님 발에 예배하고 물러나 한쪽에 앉아 말씀드렸다.

"훌륭하십니다. 세존이시여, 저를 위하여 설법하여 주십시오. 저는 혼자 고요한 곳에 앉아 골똘히 생각하면서 방일하지 않고 머물러 마침내 다음 생을 받지 않을 줄을 스스로 알았습니다."

부처님께서 푼나에게 말씀하셨다.

"참으로 훌륭하구나. 푼나여, 능히 여래에게 그와 같은 이치를 묻는구나. 자세히 듣고 잘 생각하여라. 그대를 위하여 설명하겠다.

만일 어떤 비구가 눈으로 사랑하고 즐길 만하고 생각하고 뜻할 만하여 욕심을 자라게 하는 색을 보면, 그것을 보고는 기뻐하고 찬탄하고 집착하게 된다. 기뻐하고 찬탄하고 집착한 뒤에는 환희하고, 환희한 뒤에는 즐기고 집착하며, 즐기고 집착한 뒤에는 탐하여 애착하고, 탐하여 애착한 뒤에는 막히고 걸린다. 환희하고 즐기고 집착하며 탐하여 애착한 뒤에는 막히고 걸리기 때문에, 그는 열반에서 멀어진다. 귀 · 코 · 혀 · 몸 · 의지에 대해서도 그와 같이 말한다.

푼나여, 어떤 비구는 눈으로 사랑하고 즐길 만하고 생각하고 뜻할 만하여 욕심을 자라게 하는 색을 보아도, 그것을 보고는 기뻐하거나 찬탄하거나 집착하지 않는다. 기뻐하거나 찬탄하거나 집착하지 않기 때문에 환희하지 않는다. 환희하지 않기 때문에 깊이 즐기지 않으며, 깊이 즐기지 않기 때문에 탐하여 애착하지 않고, 탐하여 애착하지 않기 때문에 막히거나 걸리지 않는다. 환희하지 않고 깊이 즐기지 않으며 탐하여 애착하지 않고 막히거나 걸리지 않기 때문에 점점 열반에 가까워진다. 귀 · 코 · 혀 · 몸 · 의지에 대해서도 그와 같이 말한다."

부처님께서 말씀하셨다.

"나는 이미 법의 가르침을 간략히 말하였다. 그대는 어디 가서 머무르고자 하는가?"

푼나는 부처님께 말씀드렸다.

"세존이시여, 저는 세존에게서 간략히 말씀하신 가르침을 받았습니다. 저는 서방 수나파란타카로 가서 사람들 사이에서 유행하고자 합니다."

부처님께서 말씀하셨다.

"서방의 수나파란타카 사람들은 흉악하고 가볍고 성급하며 사나워 꾸짖기를 좋아한다. 푼나여, 그대가 만일 그들이 흉악하고 가볍고 성급하며 사나워 꾸짖기를 좋아하여 헐뜯고 욕하는 그들의 말을 듣게 된다면, 어떻게 하겠는가?"

푼나는 부처님께 말씀드렸다.

"세존이시여, 만일 서방의 수나파란타카 사람들이 흉악하여 제 앞에서 꾸짖으며 헐뜯고 욕하면 저는, '이 서방의 수나파란타카 사람들은 어질고 착하며 지혜가 있다. 비록 내 앞에서는 흉악하고 사나워서 헐뜯고 욕하지만, 아직 그들은 손이나 돌로 나를 치지는 않는구나'라고 생각하겠습니다."

부처님께서 말씀하셨다.

"저 서방의 수나파란타카 사람들이 다만 흉악하고 가볍고 성급하고 사나워서 꾸짖거나 욕만 한다면 그대는 즉시 벗어날 수 있겠지만, 다시 손이나 돌로 친다면 어찌하겠느냐?"

푼나는 부처님께 말씀드렸다.

"세존이시여, 저 서방의 수나파란타카 사람들이 만일 손이나 돌로 저를 친다면, 저는, '수나파란타카 사람들은 어질고 착하며 지혜가 있다. 비록 손이나 돌로 나를 치지만 칼이나 몽둥이를 쓰지는 않는구나'라고 생각하겠습니다."

"만일 그 사람들이 칼이나 몽둥이로 그대에게 해를 가한다면, 그대는 어떻게 하겠느냐?"

"세존이시여, 만일 그 사람들이 칼이나 몽둥이로 저를 친다면, 저는, '이 수나파란타카 사람들은 어질고 착하며 지혜가 있다. 비록 칼이나 몽둥이로 나를 치지만 죽이지는 않는구나'라고 생각하겠습니다."

부처님께서 말씀하셨다.

"만약 그 사람들이 그대를 죽인다면 어떻게 하겠느냐?"

푼나는 부처님께 말씀드렸다.

"세존이시여, 만일 서방의 수나파란타카 사람들이 저를 죽인다면, 저는, '세존의 제자들 가운데는 몸을 싫어하고 근심거리로 여겨, 칼로 자살

하거나 독약을 먹거나 노끈으로 스스로 목을 매거나 깊은 구덩이에 몸을 내던져 죽으려 하기도 하는데, 저 서방 수나파란타카 사람들은 어질고 착하며 지혜로워서 나의 썩어 무너질 몸을 조그마한 방편으로 해탈하게 해 주는구나'라고 생각하겠습니다."

"착하다. 푼나여, 그대는 인욕을 잘 배웠구나. 그대는 이제 수나파란타카 사람들 속에 가서 살 수 있을 것이다. 그대는 이제 가서 아직 제도하지 못한 사람은 제도하고, 편안하지 못한 사람은 편안하게 하며, 열반을 얻지 못한 사람은 열반을 얻게 하라."

그때 푼나는 부처님 말씀을 듣고 기뻐하며 예배하고 떠나갔다.

푼나 존자는 밤이 지나고 이른 아침이 되자, 가사를 입고 발우를 가지고 사밧티국으로 들어가 걸식하였다. 공양을 마치고는 침구를 맡겨 놓은 뒤에 가사와 발우를 가지고 서방 수나파란타카에 이르러 사람들 사이에서 유행하였다.

그곳에서 여름 안거[夏安居]를 지내며, 오백 명의 청신사를 위하여 설법하고 오백 개의 승가람을 세우니, 노끈 평상과 침구와 공양하는 모든 도구가 다 갖추어졌다. 삼 개월이 지난 뒤에는 삼명(三明)을 두루 갖추고 그곳에서 무여열반(無餘涅槃)에 들었다.

3. 2 삼법인(三法印)

3.2.1 이희탐경(離喜貪經)

【잡아함경 제8권 188경】

이와 같이 나는 들었다.

어느 때 부처님께서 사밧티성 제타숲 아나타핀디카동산에 계셨다. 그때 세존께서 비구들에게 말씀하셨다.

"눈은 덧없는 것이라고 바르게 관하여라. 이와 같이 관하면, 그것을 바른 관찰[正見]이라 한다. 바르게 관하면 싫어하는 마음이 생기고, 싫어하는 마음이 생기면 기쁨과 탐욕을 떠나며, 기쁨과 탐욕을 떠나면, '마음이 바르게 해탈하였다'라고 나는 말한다.

이와 같이 귀 · 코 · 혀 · 몸 · 의지에 대해서 기쁨과 탐욕을 떠나며, 기쁨과 탐욕을 떠났기 때문에, 비구들이여, '마음이 바르게 해탈하였다'라고 나는 말한다. 마음이 바르게 해탈한 사람은, '나의 생은 다하고 범행은 갖추었고 할 일은 마쳐, 다시는 다음 생을 받지 않는 줄을 스스로 안다'라고 말할 수 있을 것이다."

부처님께서 이 경을 말씀하시자, 모든 비구는 부처님 말씀을 듣고 기뻐하며 받들어 행하였다.

(덧없음과 같이, 괴로움 · 공(空) · 무아(無我)에 대해서도 이와 같이 말씀하셨다.)

3.2.2 이욕탐경(離欲貪經)

【잡아함경 제8권 189경】

이와 같이 나는 들었다.

어느 때 부처님께서 사밧티성 제타숲 아나타핀디카동산에 계셨다. 그때 세존께서 여러 비구에게 말씀하셨다.

"눈에 대해서 바르게 생각하여 덧없는 것이라고 바르게 관하라. 왜냐하면 눈에 대해서 바르게 생각하여 덧없는 것이라고 관하기 때문에 눈에 대해서 탐욕이 끊어지고, 탐욕이 끊어지면, '마음이 바르게 해탈하였다'라고 나는 말한다.

귀 · 코 · 혀 · 몸 · 의지에 대해서도 바르게 생각하여 덧없는 것이라고 관하기 때문에 탐욕이 끊어지고, 탐욕이 끊어지면, '마음이 바르게 해탈하였다'라고 나는 말한다.

이와 같이 비구들이여, 마음이 바르게 해탈한 사람은, '나의 생은 다하고 범행은 갖추었고 할 일은 마쳐, 다시는 다음 생을 받지 않는 줄을 스스로 안다'라고 말할 수 있을 것이다."

부처님께서 이 경을 말씀하시자, 모든 비구는 부처님 말씀을 듣고 기뻐하며 받들어 행하였다.

3.2.3 무상경(無常經)

【잡아함경 제8권 208경】

이와 같이 나는 들었다.

어느 때 부처님께서 베살리의 지바카 코마라바차의 암라 동산에 계셨다. 그때 세존께서 비구들에게 말씀하셨다.

"과거의 눈도 덧없고 미래의 눈도 덧없는데, 하물며 현재의 눈이겠느냐. 그러므로 많이 들어 아는 거룩한 제자들로서 이와 같이 관하는 사람은 과거의 눈도 돌아보지 않고, 미래의 눈도 기뻐하지 않으며, 현재의 눈에 대해서도 싫어하여 즐기지 않고, 탐욕을 떠나 싫어하는 길로 나아간다. 귀·코·혀·몸·의지에 대해서도 그와 같다."

부처님께서 이 경을 말씀하시자, 모든 비구는 부처님 말씀을 듣고 기뻐하며 받들어 행하였다.

(덧없음과 같이, 괴로움·공·무아에 대해서도 이와 같이 말씀하셨다. 또한, 내입처에 대한 네 가지 가르침과 같이, 외입처, 즉 색·소리·냄새·맛·촉감·법에 관한 네 가지 가르침 역시 이와 같이 말씀하셨으며, 내외입처에 관한 네 가지 가르침 역시 이와 같이 말씀하셨다.)

3.2.4 안무상경(眼無常經)

【잡아함경 제12권 316경】

이와 같이 나는 들었다.

어느 때 부처님께서 사밧티성 제타숲 아나타핀디카동산에 계셨다. 그때 세존께서 비구들에게 말씀하셨다.

"눈은 덧없는 것이다. 만일 눈이 영원한 것이라면 응당 다가오는 괴로움을 받지 않을 것이고, 눈에 대하여 이렇게 되었으면 하거나 이렇게 되지 않았으면 하고 바랄 수도 있을 것이다. 그러나 눈은 덧없는 것이기 때문에 눈은 다가오는 괴로움을 받고, 눈에 대하여 이렇게 되었으면 하거나 이렇게 되지 않았으면 하고 바랄 수도 없다. 귀 · 코 · 혀 · 몸 · 의지에 대해서도 그와 같이 말한다."

부처님께서 이 경을 말씀하시자, 모든 비구는 부처님 말씀을 듣고 기뻐하며 받들어 행하였다.

3.2.5 안고경(眼苦經)

【잡아함경 제12권 317경】

이와 같이 나는 들었다.

어느 때 부처님께서 사밧티성 제타숲 아나타핀디카동산에 계셨다. 그때 세존께서 비구들에게 말씀하셨다.

"눈은 괴로운 것이다. 만일 눈이 즐거운 것이라면 응당 다가오는 괴로움을 받지 않을 것이고, 눈에 대하여 이렇게 되었으면 하거나 이렇게 되지 않았으면 하고 바랄 수도 있을 것이다. 그러나 눈은 괴로운 것이기 때문에 다가오는 괴로움을 받고, 눈에 대하여 이렇게 되었으면 하거나 이렇게 되지 않았으면 하고 바랄 수도 없다. 귀 · 코 · 혀 · 몸 · 의지에 대해서도 그와 같이 말한다."

부처님께서 이 경을 말씀하시자, 모든 비구는 부처님 말씀을 듣고 기뻐하며 받들어 행하였다.

3.2.6 안비아경(眼非我經)

【잡아함경 제12권 318경】

이와 같이 나는 들었다.

어느 때 부처님께서 사밧티성 제타숲 아나타핀디카동산에 계셨다. 그때 세존께서 비구들에게 말씀하셨다.

"눈은 '나'가 아니다. 만일 눈이 '나'라면 응당 다가오는 괴로움을 받지 않을 것이고, 눈에 대하여 이렇게 되었으면 하거나 이렇게 되지 않았으면 하고 바랄 수도 있을 것이다. 그러나 눈은 '나'가 아니기 때문에 다가오는 괴로움을 받고, 눈에 대하여 이렇게 되었으면 하거나 이렇게 되지 않았으면 하고 바랄 수도 없는 것이다. 귀 · 코 · 혀 · 몸 · 의지에 대해서도 그와 같이 말한다."

부처님께서 이 경을 말씀하시자, 모든 비구는 부처님 말씀을 듣고 기뻐하며 받들어 행하였다.

(여섯 가지 내입처에 관한 세 가지 가르침과 같이, 여섯 가지 외입처에 관한 세 가지 가르침도 그와 같이 말씀하셨다.)

3.2.7 기사경(棄捨經)

【잡아함경 제11권 274경】

이와 같이 나는 들었다.

어느 때 부처님께서 사밧티성 제타숲 아나타핀디카동산에 계셨다. 그때 세존께서 비구들에게 말씀하셨다.

"그대들의 소유가 아닌 것은 다 버려야 한다. 그 법을 다 버린 뒤에는 긴 밤 동안 안락할 것이다.

비구들이여, 그대들은 어떻게 생각하는가? 이 제타숲에 있는 모든 초목의 가지와 잎사귀를 어떤 사람이 가지고 가면 그대들은 그것을 걱정하여, '이 모든 것은 다 나의 소유인데, 저 사람은 무슨 까닭으로 갑자기 가지고 가는 것일까'라고 말하겠는가?"

비구들이 대답하였다.

"아닙니다, 세존이시여. 왜냐하면 그것은 '나'도 아니요, '나의 것'도 아니기 때문입니다."

"그대 모든 비구 또한 그와 같다. 그대들의 소유가 아닌 물건은 마땅히 다 버려야 한다. 그 법을 다 버린 뒤에는 긴 밤 동안 안락할 것이다.

어떤 것을 그대들의 소유가 아니라고 하는가. 이른바 눈이니, 눈은 그대들의 소유가 아니므로 다 버려야 한다. 그 법을 다 버리고 나면 긴 밤 동안 안락할 것이다. 귀 · 코 · 혀 · 몸 · 의지에 대해서도 그와 같다.

비구들이여, 눈은 영원한 것인가, 덧없는 것인가?"

"덧없는 것입니다."

"만일 덧없는 것이라면 그것은 괴로운 것인가?"

"그것은 괴로운 것입니다, 세존이시여."

"만일 덧없고 괴로운 것이라면 그것은 변하고 바뀌는 법이다. 그런데 많이 들어 아는 거룩한 제자로서 과연 거기서, '눈이 바로 나다. 눈은 나와 다르다. 눈은 나와 함께 있다'라고 보겠느냐?"

"아닙니다, 세존이시여."

"귀 · 코 · 혀 · 몸 · 의지에 대해서도 그와 같다. 그러므로 많이 들어 아는 거룩한 제자는 이 여섯 가지 입처에 대해서 '나'도 아니고 '내 것'도 아니라고 관찰한다. 관찰한 뒤에는 모든 세간에 대해서 도무지 취할 것이 없고, 취할 것이 없기 때문에 집착할 것이 없고, 집착할 것이 없기 때문에 스스로 열반을 깨닫는다. 그래서 나의 생은 다하고 범행은 갖추었고 할 일은 마쳐, 다시는 다음 생을 받지 않는다고 스스로 안다."

부처님께서 이 경을 말씀하시자, 모든 비구는 부처님 말씀을 듣고 기뻐하며 받들어 행하였다.

3.2.8 삼공양품(三供養品)

【증일아함경 제12권 22-⑤경】

이와 같이 나는 들었다.

어느 때 부처님께서 사밧티성 제타숲 아나타핀디카동산에 계셨다. 그때 세존께서 비구들에게 말씀하셨다.

"유위법(有爲法)에는 세 가지 유위(有爲)의 상(相)이 있다. 어떤 것이 세 가지인가. 생기는 것이고, 변하는 것이고, 없어지는 것이다.

무엇이 생기는 것인가. 이른바 태어나서 자라고 다섯 근간[五陰]의 형체를 이루며 모든 감각기관을 가지게 되는 것이니, 이것이 생기는 것이다.

무엇이 변하는 것인가. 이는 빠지고 머리는 희어지며 기운은 다하고 나이가 들어 약해지고 몸이 무너지는 것이니, 이것이 이른바 변하고 바뀌는 법이다.

무엇이 없어지는 것인가. 이른바 죽음이니, 목숨은 머무르지 않고 덧없는 것이어서 모든 감각기관은 무너지고 친척들과 이별하며 목숨이 끊어지게 된다. 이것이 이른바 없어진다는 것이다.

비구들이여, 이것이 유위법의 세 가지 유위의 상(相)이다. 마땅히 이 세 가지 유위의 상을 잘 분별해 알라. 비구들이여, 이와 같이 공부하여야 한다."

그때 비구들은 부처님 말씀을 듣고 기뻐하며 받들어 행하였다.

3. 3 십업(十業)

3.3.1 사경(思經)

【중아함경 제3권 15경】

이와 같이 나는 들었다.

어느 때 부처님께서 사밧티성에서 유행하실 때 제타숲 아나타핀디카동산에 계셨다. 그때 세존께서 비구들에게 말씀하셨다.

'만일 일부러 짓는 업[故作業]이 있으면, 반드시 그 과보를 받되 현세에서 받거나 후세에서 받는다'라고 나는 말한다. '만일 일부러 지은 업이 아니면[不故作業], 반드시 그 과보를 받지 않는다'라고 나는 말한다. 그 가운데는 몸으로 일부러 짓는 세 가지 업이 있다. 그것은 선하지 않아 괴로움의 결과를 주고 괴로움의 과보를 받게 한다. 입에는 네 가지 업이 있고, 뜻에는 세 가지 업이 있다. 그것은 선하지 않아 괴로움의 결과를 주고 괴로움의 과보를 받게 한다.

어떤 것이 몸으로 일부러 짓는 세 가지 업으로서, 그것은 선하지 않아 괴로움의 결과를 주고 괴로움의 과보를 받게 하는가.

첫째는 살생이니, 모든 중생과 곤충에 이르기까지 자비로운 마음을 내지 않고 극악한 마음으로 그것들을 해치고 죽이며 심지어는 그 피를 마시고자 하는 것이다.

둘째는 남이 주지 않는 것을 취하는 것이니, 남의 재물에 집착하여 도둑질할 뜻으로 그것을 취하는 것이다.

셋째는 사음(邪淫)이니, 아버지의 보호를 받고, 어머니의 보호를 받고, 부모의 보호를 받고, 자매의 보호를 받고, 형제의 보호를 받고, 친정 부모의 보호를 받고, 친한 이들의 보호를 받고, 가문의 보호를 받는 여자, 채찍의 벌을 받는 두려움이 있는 남의 부녀자, 이름을 빌리거나 화만(華鬘)으로 머리장식을 한 여자 등 이러한 여자를 범하는 것이다.

이것을 몸으로 일부러 짓는 세 가지 업이라 한다. 그것은 선하지 않아 괴로움의 결과를 주고 괴로움의 과보를 받게 한다.

어떤 것이 입으로 일부러 짓는 네 가지 업으로서, 선하지 않아 괴로움의 결과를 주고 괴로움의 과보를 받게 하는 것인가.

첫째는 거짓말이니, 그가 대중 가운데 있거나 권속들 가운데 있거나 혹은 왕실에 있을 때, 그를 불러서, '그대는 아는 대로 말하라'라고 물으면, 그는 모르면서 안다 하고 알면서 모른다 하며, 보지 않은 것을 보았다 하고 본 것을 보지 않았다 하며, 자신을 위하거나 남을 위하거나 재물을 얻기 위하여 알면서도 거짓말을 하는 것이다.

둘째는 이간하는 말이니, 남을 갈라서게 하고자 여기서 듣고 저기에 말해 이것을 부수고자 하고, 저기서 듣고 여기에 말해 저것을 부수고자 한다. 모인 자는 떠나고자 하고 떠난 자는 다시 떠나, 그러면서 당파를 만들고 당파를 즐기며 당파를 칭찬해 말하는 것이다.

셋째는 거친 말이니, 그가 말을 하면 말의 기운은 거칠고, 그 거친 소리는 귀에 거슬려 대중이 기뻐하지 않고 좋아하지 않는다. 이렇듯 남을 괴롭게 하여 안정을 얻지 못하게 하는 이러한 말을 하는 것이다.

넷째는 꾸며대는 말이니, 그는 때가 아닌데 말하고, 진실이 아닌 것을 말하며, 의미 없는 것을 말하고, 법이 아닌 것을 말한다. 지식(止息)[3]이 아닌 것을 말하고, 지식(止息)이 아닌 일을 칭찬한다. 때를 어기어 잘 가르치지도 않으며, 잘 꾸짖지도 않는다.

이것을 입으로 일부러 짓는 네 가지 업이라 한다. 그것은 선하지 않아 괴로움의 결과를 주고 괴로움의 과보를 받게 한다.

무엇이 의지로 일부러 짓는 세 가지 업으로서, 선하지 않아 괴로움의 결

3) 지식(止息) : 번뇌의 그침

과를 주고 괴로움의 과보를 받게 하는가.

첫째는 탐냄이니, 남의 재물과 모든 생활의 기구를 항상 엿보고 구하고 원하여 나의 것으로 만들고자 하는 것이다.

둘째는 미워하고 성내는 것이니, 마음에 미움을 품어, '저 중생은 죽여야 하고 속박해야 하며, 재물을 빼앗고 파면시켜 쫓아내야 한다'라고 생각하여, 그가 한량없는 괴로움을 받도록 하는 것이다.

셋째는 삿된 견해이니, 그의 견해는 거꾸로 되어 이와 같이 보고 이와 같이 말한다. '보시(布施)도 없고 재(齋)도 없으며 주문[呪說]도 없다. 선과 악의 업도 없고, 선업과 악업의 과보도 없다. 이 세상과 저 세상도 없으며, 아버지도 없고 어머니도 없다. 세상에는 참된 사람이 좋은 곳으로 가는 일도 없다. 이 세상을 떠나서 저 세상으로 잘 가고 잘 향하는 일도 없다. 스스로 알고 스스로 깨닫는 일도 없고, 스스로 증득하여 성취하여 노니는 일도 없다.'

이것을 의지로 일부러 짓는 세 가지 업이라 한다. 그것은 선하지 않아 괴로움의 결과를 주고 괴로움의 과보를 받게 하는 것이다.

많이 들어 아는 거룩한 제자는 몸의 선하지 않은 업을 버리고 몸의 선한 업을 닦으며, 입과 뜻의 선하지 않은 업을 버리고 입과 뜻의 선한 업을 닦는다. 저 많이 들어 아는 거룩한 제자는 이와 같이 정진하여 계율의 덕을 갖추어, 몸의 깨끗한 업을 성취하고 입과 뜻의 깨끗한 업을 성취한다. 그는 성냄을 떠나고, 다툼을 여의며, 잠을 없애고, 들뜬 마음을 없애며, 의심을 끊고, 교만을 모두 버려, 바른 생각과 바른 지혜를 갖춰 어리석음이 없다.

그의 마음은 자애와 함께하여 동쪽을 두루 채우고 노닌다. 이와 같이 서쪽 · 남쪽 · 북쪽과 사유(四維)와 상 · 하의 일체를 두루 채운다. 그의 마음은 자애와 함께하므로, 맺힘도 없고 원한도 없고 성냄도 없고 다툼도 없어 지극히 넓고 크며, 한량없이 잘 닦아 일체 세간을 두루 채우고 노닌다.

그는 이렇게 생각한다. '나는 과거에는 이러한 마음이 거의 없었기 때문에 잘 닦지 않았는데, 지금은 이러한 마음을 한량없이 잘 닦는다.'

많이 들어 아는 거룩한 제자는 그 마음을 이와 같이 한량없이 잘 닦는다.

만일 처음부터 악한 벗으로 인해 방일한 행동을 하고 선하지 않은 업을 지으면, 그런 이는 데리고 갈 수 없고 교화할 수 없으며 서로 따를 수도 없다. 만일 남자아이와 여자아이가 세상에 태어나 '자애로운 마음의 해탈'을 행하였다면, 그가 훗날에 그 몸과 입과 뜻으로 다시 선하지 않은 업을 짓겠느냐?"

비구들이 말씀드렸다.

"아닙니다, 세존이시여. 왜냐하면 스스로 악업을 짓지 않았는데, 무엇으로 인하여 악업이 생기겠습니까."

"그러므로 남자나 여자는 집에 있거나 집을 떠나거나 항상 '자애로운 마음의 해탈'을 부지런히 닦아야 한다. 만일 남자나 여자가 집에 있거나 집을 떠나거나 '자애로운 마음의 해탈'을 닦으면, 이 몸을 가지고 저 세상에 가는 것이 아니라 다만 마음을 따라 이곳을 떠나는 것이다. 그러므로 비구는, '나는 본래 방일하여 선하지 않은 업을 지었다. 이 모든 것은 지금 그 과보를 받는 것이지 다음 세상에 받는 것이 아니다'라고 생각하여야 한다. 만일 이와 같이 '자애로운 마음의 해탈'을 행하기를 한량없이 하여 잘 닦는 이가 있으면, 그는 반드시 아나함을 얻거나 다시 그 위의 과를 얻을 것이다.

이와 같이 '가엾이 여기는 마음'과 '함께 기뻐하는 마음'과 '담담한 마음'과 함께하면, 맺힘도 없고 원한도 없고 성냄도 없고 다툼도 없어 지극히 넓고 크며, 한량없이 잘 닦아 일체 세상을 두루 채우고 노닐게 된다.

그는 이렇게 생각한다. '나는 본래 이러한 마음이 거의 없었기 때문에 잘 닦지 않았는데, 지금은 이러한 마음을 한량없이 잘 닦는다.'

많이 들어 아는 거룩한 제자는 그 마음을 이와 같이 한량없이 잘 닦는다.

만일 본래부터 악한 벗으로 인해 방일한 행동을 하고 선하지 않은 업을 짓는다면, 그는 데리고 갈 수 없고 교화할 수 없으며 서로 따를 수도 없다. 만일 남자아이나 여자아이가 세상에 태어나 '담담한 마음의 해탈'을 행한다면, 훗날에 그 몸과 입과 뜻으로 선하지 않은 업을 짓겠느냐?"

"아닙니다, 세존이시여. 스스로 악한 업을 짓지 않았는데, 무엇으로 인하여 악한 업이 생기겠습니까."

"그러므로 남자나 여자는 집에 있거나 집을 떠나거나 항상 '담담한 마음의 해탈'을 부지런히 닦아야 한다. 만일 남자나 여자가 집에 있거나 집을 떠나거나 '담담한 마음의 해탈'을 닦으면, 이 몸을 가지고 저 세상에 가는 것이 아니라 다만 마음을 따라 이곳을 떠나는 것이다.

따라서 비구는, '나는 원래 방일하여 선하지 않은 업을 지었다. 이 모든 것은 지금 그 과보를 받는 것이지, 다음 세상에 받는 것이 아니다'라고 생각하여야 한다. 만일 이와 같이 '담담한 마음의 해탈'을 행하기를 한량없이 하여 잘 닦는 이가 있으면, 그는 반드시 아나함을 얻거나 다시 그 위의 과를 얻을 것이다."

부처님께서 이와 같이 말씀하시자, 비구들은 부처님 말씀을 듣고 기뻐하며 받들어 행하였다.

3.3.2 수법경(受法經)(하)

【중아함경 제45권 175경】

이와 같이 나는 들었다.

어느 때 부처님께서 쿠루국 도읍인 감맛사담마에서 유행하셨다. 그때 세존께서 모든 비구에게 말씀하셨다.

"이 세상 사람들은 이렇게 하고자 하고, 이렇게 희망하며, 이렇게 사랑하고, 이렇게 원하며, 이렇게 생각한다. 즉 기쁘지 않고 사랑스럽지 않고 옳지 않은 법은 멸하게 하고, 기쁘고 사랑스럽고 옳은 법은 생하게 하려고 한다. 그러나 그들이 이렇게 하고자 하고 이렇게 희망하며 이렇게 사랑하고 이렇게 원하며 이렇게 생각하지만, 기쁘지 않고 사랑스럽지 않고 옳지 않은 법은 생기고, 기쁘고 사랑스럽고 옳은 법은 멸한다. 이것은 어리석은 법이기 때문이다.

그러나 나의 법은 매우 깊어 보기도 어렵고 깨닫기도 어려우며 통달하기도 어렵다. 이처럼 나의 법은 매우 깊어, 보기도 어렵고 깨닫기도 어려우며 통달하기도 어렵지만, 기쁘지 않고 사랑스럽지 않고 옳지 않은 법은 멸하고, 기쁘고 사랑스럽고 옳은 법은 생하게 한다. 이것은 어리석지 않은 법이기 때문이다.

세상에는 진실로 '네 가지 받는 법[受法]'이 있다. 어떤 것이 넷인가. 어떤 법은 현재에는 즐겁지만, 미래에는 괴로운 과보를 받는다. 어떤 법은 현재에는 괴롭지만, 미래에는 즐거운 과보를 받는다. 어떤 법은 현재에도 괴롭고 미래에도 괴로운 과보를 받는다. 어떤 법은 현재에도 즐겁고 미래에도 즐거운 과보를 받는다.

어떤 '받는 법'이 현재에는 즐겁지만, 미래에는 괴로운 과보를 받는 것인가. 어떤 사람은 스스로 즐거워하고 스스로 기뻐하면서 살생하고, 살생으로 인해 즐거움이 생기고 기쁨이 생긴다. 또 그는 스스로 즐거워하고 스스로 기뻐하면서 도둑질·사음·거짓말·두말·나쁜 말·꾸밈말을 하고 탐욕을 부리고 성을 내고, 그것들로 인해 즐거움이 생기고 기쁨이 생긴다. 또 그는 삿된 견해를 가지며, 삿된 견해로 인해 즐거움이 생기고 기쁨이 생긴다. 이와 같이 몸도 즐겁고 마음도 즐겁지만 선하지 않음을 따라 선하지 않음이 생겨서, 지혜로 나아가지 못하고 깨달음으로 나아가지 못하며 열반으로 나아가지 못한다. 이것을 어떤 '받는 법'은 현재에는 즐겁지만, 미래에는 괴로운 과보를 받는 것이라 한다.

어떤 '받는 법'이 현재에는 괴롭지만, 미래에는 즐거운 과보를 받는 것인가. 어떤 사람은 스스로 괴로워하고 스스로 근심하면서 살생을 끊고, 살생을 끊음으로 인해 괴로움이 생기고 근심이 생긴다. 또 그는 스스로 괴로워하고 스스로 근심하면서, 도둑질 · 사음 · 거짓말을 끊고, ……삿된 견해를 끊으며, 삿된 견해를 끊음으로 인해 괴로움이 생기고 근심이 생긴다. 이와 같이 몸도 괴롭고 마음도 괴롭지만 선함을 따라 선함이 생겨서, 지혜로 나아가고 깨달음으로 나아가며 열반으로 나아간다. 이것을 어떤 '받는 법'은 현재에는 괴롭지만, 미래에는 즐거운 과보를 받는 것이라 한다.

어떤 '받는 법'이 현재에도 괴롭고 미래에도 괴로운 과보를 받는 것인가. 어떤 사람은 스스로 괴로워하고 스스로 근심하면서 살생하고, 살생함으로써 괴로움이 생기고 근심이 생긴다. 또 그는 스스로 괴로워하고 스스로 근심하면서 도둑질 · 사음 · 거짓말을 하고, ……삿된 견해를 가지며, 삿된 견해로 인해 괴로움이 생기고 근심이 생긴다. 이와 같이 몸도 괴롭고 마음도 괴로우면서 선하지 않음을 따라 선하지 않음이 생겨서, 지혜로 나아가지 못하고 깨달음으로 나아가지 못하며 열반으로 나아가지 못한다. 이것을 어떤 '받는 법'은 현재에도 괴롭고 미래에도 괴로운 과보를 받는 것이라 한다.

어떤 '받는 법'이 현재에도 즐겁고 미래에도 즐거운 과보를 받는 것인가. 어떤 사람은 스스로 즐거워하고 스스로 기뻐하면서 살생을 끊으며, 살생을 끊음으로 인해 즐거움이 생기고 기쁨이 생긴다. 그는 스스로 즐거워하고 스스로 기뻐하면서 도둑질 · 사음 · 거짓말을 끊고, ……삿된 견해를 끊으며, 삿된 견해를 끊음으로 인해 즐거움이 생기고 기쁨이 생긴다. 이와 같이 몸도 즐겁고 마음도 즐거우면서 선함을 따라 선함이 생겨서, 지혜로 나아가고 깨달음으로 나아가며 열반으로 나아간다. 이것을 어떤

'받는 법'은 현재에도 즐겁고 미래에도 즐거운 과보를 받는 것이라 한다.

어떤 '받는 법'은 현재에는 즐겁지만, 미래에는 괴로운 과보를 받는다. 그러나 어리석은 사람은 이 '받는 법'이 현재에는 즐겁지만, 미래에는 괴로운 과보를 받는 줄을 참답게 알지 못한다. 그것을 참답게 알지 못하므로 자꾸 익히고 행하여 끊지 못하고, 자꾸 익히고 행하여 끊지 못하므로 기쁘지 않고 사랑스럽지 않고 옳지 않은 법은 생기고, 기쁘고 사랑스럽고 옳은 법은 멸하는 것이다.

마치 아마니약이 좋은 빛깔과 향기와 맛은 있어도 거기에 독을 섞은 것을 어떤 병자가 먹는다면, 그것을 먹을 때에는 좋은 빛깔과 향기와 맛이 입에도 맞고 목도 상하게 하지 않지만, 먹고 난 뒤에는 배에 들어가 약이 되지 않는 것과 같다.

이와 같이 어떤 '받는 법'은 현재에는 즐겁지만, 미래에는 괴로운 과보를 받는다. 그러나 어리석은 사람은 이 '받는 법'이 현재에는 즐겁지만, 미래에는 괴로운 과보를 받는 줄을 참답게 알지 못한다. 그것을 참답게 알지 못하므로 이내 자꾸 익히고 행하여 끊지 못하고, 자꾸 익히고 행하여 끊지 못하므로 기쁘지 않고 사랑스럽지 않고 옳지 않은 법은 생기고, 기쁘고 사랑스럽고 옳은 법은 멸한다. 이것을 어리석은 법이라 한다.

어떤 '받는 법'은 현재에는 괴롭지만, 미래에는 즐거운 과보를 받는다. 그러나 어리석은 사람은 이 '받는 법'이 현재에는 괴롭지만, 미래에는 즐거운 과보를 받는 줄을 참답게 알지 못한다. 그것을 참답게 알지 못하므로 자꾸 익히지 않고 행하지 않아 그것을 끊고, 자꾸 익히지 않고 행하지 않아 그것을 끊으므로 기쁘지 않고 사랑스럽지 않고 옳지 않은 법은 생기고, 기쁘고 사랑스럽고 옳은 법은 멸한다. 이것을 어리석은 법이라 한다.

어떤 '받는 법'은 현재에도 괴롭고 미래에도 괴로운 과보를 받는다. 그러나 어리석은 사람은 이 '받는 법'이 현재에도 괴롭고 미래에도 괴로운 과보를 받는 줄을 참답게 알지 못한다. 그것을 참답게 알지 못하므로 이내 자꾸 익히고 행하여 끊지 못하고, 자꾸 익히고 행하여 끊지 못하므로 곧 기쁘지 않고 사랑스럽지 않고 옳지 않은 법은 생기고, 기쁘고 사랑스럽고 옳은 법은 멸한다.

마치 대소변에 독을 섞어 어떤 병자가 그것을 먹는다면, 먹을 때에도 빛깔이 나쁘고 냄새가 나며 맛도 없어 입에 맞지 않고 목도 상하며, 먹고 난 뒤에도 배에 들어가 약이 되지 않는 것과 같다.

이와 같이 어떤 '받는 법'은 현재에도 괴롭고 미래에도 괴로운 과보를 받는다. 그러나 저 어리석은 사람은 이 '받는 법'이 현재에도 괴롭고 미래에도 괴로운 과보를 받는 줄을 참답게 알지 못한다. 참답게 알지 못하므로 이내 자꾸 익히고 행하여 끊지 못하고, 자꾸 익히고 행하여 끊지 못하므로 곧 기쁘지 않고 사랑스럽지 않고 옳지 않은 법은 생기고, 기쁘고 사랑스럽고 옳은 법은 멸한다. 이것을 어리석은 법이라 한다.

어떤 '받는 법'은 현재에도 즐겁고 미래에도 즐거운 과보를 받는다. 그러나 어리석은 사람은 이 '받는 법'이 현재에도 즐겁고 미래에도 즐거운 과보를 받는 줄을 참답게 알지 못한다. 참답게 알지 못하므로 이내 자꾸 익히지 않고 행하지 않아 그것을 끊고, 자꾸 익히지 않고 행하지 않아 그것을 끊으므로 기쁘지 않고 사랑스럽지 않고 옳지 않은 법은 생기고, 기쁘고 사랑스럽고 옳은 법은 멸한다. 이것을 어리석은 법이라 한다.

그들은 익히고 행해야 할 법도 참답게 알지 못하고, 익히지 않고 행하지 않아야 할 법도 참답게 알지 못한다. 익히고 행해야 할 법도 알지 못하고, 익히지 않고 행하지 않아야 할 법도 참답게 알지 못하므로, 익히지 않고 행하지 않아야 할 법은 익히고, 익히고 행해야 할 법은 익히지 않는다. 익히지 않고 행하지 않아야 할 법은 익히고, 익히고 행해야 할 법은 익히지 않으므로, 기쁘지 않고 사랑스럽지 않고 옳지 않은 법은 생기고, 기쁘고 사랑스럽고 옳은 법은 멸한다. 이것을 어리석은 법이라 한다.

어떤 '받는 법'은 현재에는 즐겁지만, 미래에는 괴로운 과보를 받는다. 그래서 지혜로운 사람은 이 받는 법이 현재에는 즐겁지만, 미래에는 괴로운 과보를 받는 줄을 참답게 안다. 그것을 참답게 알므로 그것을 자꾸 익히지 않아 그것을 끊고, 자꾸 익히지 않아 그것을 끊으므로 기쁘고 사랑스럽고 옳은 법은 생기고, 기쁘지 않고 사랑스럽지 않고 옳지 않은 법은 멸한다. 이것을 지혜로운 법이라 한다.

어떤 '받는 법'은 현재에는 괴롭지만, 미래에는 즐거운 과보를 받는다. 그래서 지혜로운 사람은 이 '받는 법'이 현재에는 괴롭지만, 미래에는 즐거운 과보를 받는 줄을 참답게 안다. 그것을 참답게 알므로 자꾸 익히고 행하여 끊지 않고, 자꾸 익히고 행하여 끊지 않으므로 기쁘고 사랑스럽고 옳은 법은 생기고, 기쁘지 않고 사랑스럽지 않고 옳지 않은 법은 멸한다.

마치 대소변에 몇 가지 약을 섞어 어떤 병자가 먹는다면, 그것을 먹을 때에는 빛깔이 나쁘고 냄새가 나며 맛이 없어 입에도 맞지 않고 목도 상하지만, 먹고 난 뒤에는 배에 들어가 곧 약이 되는 것과 같다.

이와 같이 어떤 '받는 법'은 현재에는 괴롭지만, 미래에는 즐거운 과보를 받는다. 그래서 지혜로운 사람은 이 '받는 법'이 현재에는 괴롭지만, 미래에는 즐거운 과보를 받는 줄을 참답게 안다. 그것을 참답게 알므로 자꾸 익히고 행하여 끊지 않고, 자꾸 행하여 끊지 않으므로 기쁘고 사랑스럽고 옳은 법은 생기고, 기쁘지 않고 사랑스럽지 않고 옳지 않은 법은 멸한다. 이것을 지혜로운 법이라 한다.

어떤 '받는 법'은 현재에도 괴롭고 미래에도 괴로운 과보를 받는다. 그래서 지혜로운 사람은 이 '받는 법'이 현재에도 괴롭고 미래에도 괴로운 과보를 받는 줄을 참답게 안다. 그것을 참답게 알므로 자꾸 익히지 않고 행하지 않아 그것을 끊고, 자꾸 익히지 않고 행하지 않아 그것을 끊으므로 기쁘고 사랑스럽고 옳은 법은 생기고, 기쁘지 않고 사랑스럽지 않고 옳지 않은 법은 멸한다. 이것을 지혜로운 법이라 한다.

어떤 '받는 법'은 현재에도 즐겁고 미래에도 즐거운 과보를 받는다. 그래서 지혜로운 사람은 이 '받는 법'이 현재에도 즐겁고 미래에도 즐거운 과보를 받는 줄을 참답게 안다. 그것을 참답게 알므로 자꾸 익히고 행하여 끊지 않고, 자꾸 익히고 행하여 끊지 않으므로 기쁘고 사랑스럽고 옳은 법은 생기고, 기쁘지 않고 사랑스럽지 않고 옳지 않은 법은 멸한다.

마치 타락꿀에 몇 가지 약을 넣어 어떤 병자가 먹으면, 그것을 먹을 때에도 좋은 빛깔과 향기와 맛이 있어 입에도 맞고 목도 상하지 않으며, 먹고 난 뒤에도 배에 들어가 약이 되는 것과 같다.

이와 같이 어떤 '받는 법'은 현재에도 즐겁고 미래에도 즐거운 과보를 받는다. 그래서 지혜로운 사람은 이 '받는 법'이 현재에도 즐겁고 미래에도 즐거운 과보를 받는 줄을 참답게 안다. 그것을 참답게 알므로 자꾸 익혀 행하여 끊지 않고, 자꾸 익혀 행하여 끊지 않으므로 기쁘고 사랑스럽고 옳은 법은 생기고, 기쁘지 않고 사랑스럽지 않고 옳지 않은 법은 멸한다. 이것을 지혜로운 법이라 한다.

그들은 익히고 행해야 할 법도 참답게 알고, 익히지 않고 행하지 않아야 할 법도 참답게 안다. 익히고 행해야 할 법도 참답게 알고, 익히지 않고 행하지 않아야 할 법도 참답게 알므로, 익히고 행해야 할 법은 익히고, 익히지 않고 행하지 않아야 할 법은 익히지 않는다. 익히고 행해야 할 법은 익히고, 익히고 행하지 않아야 할 법은 익히지 않으므로, 기쁘고 사랑스럽고 옳은 법은 생기고, 기쁘지 않고 사랑스럽지 않고 옳지 않은 법은 멸한다. 이것을 지혜로운 법이라 한다.

세상에는 진실로 이 '네 가지 받는 법이 있다'라고 말한 것은 이 때문이다."

부처님께서 이렇게 말씀하시자, 모든 비구는 부처님 말씀을 듣고 기뻐하며 받들어 행하였다.

3.3.3 벨루드바라경[鞞紐多羅經]

【잡아함경 제37권 1044경】

이와 같이 나는 들었다.

어느 때 부처님께서 코살라국에 계시면서 사람들 사이에서 유행하시다가 벨루드바라 마을 북쪽에 있는 싱사파 숲에 와 계셨다.

벨루드바라 마을의 바라문 장자들은 세존께서 그 마을 북쪽에 있는 싱사파 숲에 계신다는 말을 들었다. 그들은 서로 불러 싱사파 숲으로 가서 세존께 문안드린 뒤에 물러나 한쪽에 앉았다.

그때 세존께서 바라문 장자들에게 말씀하셨다.

"나는 그대들을 위하여 스스로 통하는 법[自通法]을 설명하리니, 자세히 듣고 잘 생각하여라. 어떤 것이 스스로 통하는 법인가. 성인의 제자는 이와 같이 공부하여야 한다.

'나는 생각한다. 누가 나를 죽이려 한다면, 나는 좋아하지 않는다. 내가 좋아하지 않는 것이면, 남도 그럴 것이다. 그런데 어떻게 남을 죽이겠는가.' 이렇게 깨닫고는 살생하지 않는 계율을 받고 살생을 즐기지 않는 것이다. (위에서 말씀하신 것과 같다)

또한, '나는 남이 나의 물건을 훔치는 것을 좋아하지 않는다. 남도 좋아하지 않을 것이다. 그런데 내가 어떻게 남의 물건을 훔치겠는가.' 그러므로 훔치지 않는 계율을 받고 훔치기를 즐기지 않는 것이다. (위에서 말씀한 것과 같다)

'나는 남이 내 아내를 범하는 것을 좋아하지 않는다. 남도 좋아하지 않을 것이다. 그런데 내가 어떻게 남의 아내를 범하겠는가.' 그러므로 음행

하지 않는 계율을 받아 지니는 것이다. (위에서 말한 것과 같다)

'나는 남에게 속는 것을 좋아하지 않는다. 남도 그럴 것이다. 그런데 내가 어떻게 남을 속이겠는가.' 그러므로 거짓말하지 않는 계율을 받아 지니는 것이다. (위에서 말씀하신 것과 같다)

'나는 남이 나와 친구를 갈라놓는 것을 좋아하지 않는다. 남도 그럴 것이다. 그런데 어떻게 내가 남의 친구를 갈라놓겠는가.' 그러므로 두 가지 말을 하지 않는 것이다.

'나는 남이 나에게 거친 말을 하는 것을 좋아하지 않는다. 남도 그럴 것이다. 그런데 어떻게 남에게 욕설을 하겠는가.' 그러므로 남에게 거친 말을 하지 않는 것이다. (위에서 말씀한 것과 같다)

'나는 남이 내게 꾸밈말 하는 것을 좋아하지 않는다. 남도 그럴 것이다. 그런데 어떻게 남에게 꾸밈말을 하겠는가.' 그러므로 남에게 꾸밈말을 하지 않는 것이다. (위에서 말씀한 것과 같다)

이것을 '일곱 가지 거룩한 계율'이라 한다.

다시 부처님에 대한 무너지지 않는 깨끗한 믿음을 성취하고, 법과 승단에 대한 무너지지 않는 깨끗한 믿음을 성취하면, 이것을 '성인의 제자의 네 가지 무너지지 않는 깨끗한 믿음[四不壞淨]의 성취'라고 한다.

만일 이러한 것들을 스스로 현실에서 관찰할 수 있으면, '나에게는 지옥이 끝나고, 축생과 아귀가 끝나고, 일체의 나쁜 세계가 없어지고, 수다원(須陀洹)을 얻어 나쁜 세계의 법에 떨어지지 않고 반드시 삼보리로 향해 일곱 번 천상과 인간에 태어났다가 마침내 괴로움을 완전히 벗어날 것이다'라고 말할 수 있을 것이다."

이때 벨루드바라 마을의 바라문 장자들은 부처님 말씀을 듣고 기뻐하며 자리에서 일어나 떠나갔다.

3.3.4 벨루바경(鞞羅經)

【잡아함경 제37권 1042경】

이와 같이 나는 들었다.

어느 때 부처님께서 코살라국에 계시면서 사람들 사이에서 유행하시다가 벨루바 마을 북쪽에 있는 싱사파 숲 속에 계셨다.

벨루바 마을의 바라문 장자들은 세존께서 마을 북쪽에 있는 싱사파 숲 속에 계신다는 말을 듣고 모두 모여 부처님께 가서 부처님 발에 예배하고 물러나 한쪽에 앉아 여쭈었다.

"세존이시여, 무슨 인연으로 어떤 중생들은 몸이 무너지고 목숨이 끝나면 지옥에 태어나게 됩니까?"

부처님께서 바라문 장자들에게 말씀하셨다.

"법답지 않은 행과 위험한 행을 하면, 그 인연으로 몸이 무너지고 목숨이 끝난 뒤에 지옥에 태어난다."

바라문 장자들이 부처님께 여쭈었다.

"어떤 것이 법답지 않은 행이고 위험한 행이어서, 몸이 무너지고 목숨이 끝나면 지옥에 태어나게 합니까?"

부처님께서 말씀하셨다.

"살생 · 도둑질 · 사음 · 거짓말 · 두말 · 나쁜 말 · 꾸밈말 · 탐냄 · 성냄 · 삿된 견해의 열 가지 선하지 않은 법이다. 바라문이여, 이것이 법답지 않은 행이고 위험한 행으로, 몸이 무너지고 목숨이 끝나면 지옥에 태어나게 한다."

바라문들이 여쭈었다.

"무슨 인연으로 어떤 중생들은 몸이 무너지고 목숨이 끝나면 천상에 태어나게 됩니까?"

부처님께서 말씀하셨다.

"법다운 행과 바른 행을 하면, 그 인연으로 몸이 무너지고 목숨이 끝난 뒤에 천상에 태어나게 된다."

"세존이시여, 어떤 법다운 행과 바른 행을 하면, 몸이 무너지고 목숨이 끝난 뒤에 천상에 태어나게 됩니까?"

"살생을 버리고 ……바른 견해의 열 가지 선한 업의 인연으로, 몸이 무너지고 목숨이 끝나면 천상에 태어나게 된다.

바라문 장자들이여, 만일 이 법다운 행과 바른 행을 하는 사람으로서 크샤트리아의 큰 가문이나 바라문의 큰 가문이나 바이샤의 큰 가문에 태어나기를 원하면, 다 거기 가서 태어나게 된다. 왜냐하면 법다운 행과 바른 행의 인연 때문이다.

그리고 사왕천이나 삼십삼천이나 ……타화자재천에 나기를 구하면, 다 거기 가서 태어나게 된다. 왜냐하면 법다운 행과 바른 행을 함으로써 깨끗한 계율을 행한 사람은 그 마음이 원하는 것은 다 저절로 얻어지기 때문이다.

그리고 이 법답고 바른 행을 한 사람으로서 범천에 나고자 한다면, 또한 거기 가서 태어나게 된다. 왜냐하면 바른 행과 법다운 행을 함으로써 계율을 지니고 청정한 마음으로 애욕을 떠나면, 원하는 것은 반드시 얻어지기 때문이다.

그리고 광음천 · 변정천 ……색구경천에 나고자 한다면, 또한 그렇게 된다. 왜냐하면 그는 계율을 지니고 청정한 마음으로 애욕을 떠났기 때문이다.

그리고 악하고 선하지 않은 법을 떠나 아직은 거친 생각[覺]도 있고 미세한 생각[觀]도 있는 초선의 경지에서부터 제4선에 이르기까지 두루 갖추어 머무르고자 한다면, 다 성취하게 된다. 왜냐하면 법답고 바른 행을 함으로써 계율을 지니고 청정한 마음으로 애욕을 떠나면, 원하는 것은 반드시 얻어지기 때문이다.

그리고 자애로운 마음·가엾이 여기는 마음·함께 기뻐하는 마음·담담하게 보는 마음과 공입처·식입처·무소유입처·비상비비상입처를 구하고자 한다면, 다 얻게 된다. 왜냐하면 법답고 바른 행을 함으로써 계율을 지니고 청정한 마음으로 애욕을 떠나면, 원하는 것은 반드시 얻어지기 때문이다.

그리고 세 가지 결박을 끊고 수다원과·사다함과·아나함과와 한량없는 신통, 즉 하늘귀의 지혜·남의 마음 아는 지혜·전생 일 아는 지혜·생사를 아는 지혜·번뇌 다한 지혜를 구하고자 한다면, 다 얻게 된다. 왜냐하면 법답고 바른 행을 함으로써 계율을 지니고 애욕을 떠나면, 원하는 것은 다 얻어지기 때문이다.

이때 바라문 장자들은 부처님 말씀을 듣고 기뻐하며 예배하고 떠나갔다.

3.3.5 원주경(圓珠經)②

【잡아함경 제37권 1048경】

이와 같이 나는 들었다.

어느 때 부처님께서 사밧티성 제타숲 아나타핀디카동산에 계셨다. 그때 세존께서 비구들에게 말씀하셨다.

"만일 살생하기를 많이 익히고 많이 행하면, 지옥에 태어날 것이며, 혹 인간으로 태어나더라도 반드시 목숨이 짧을 것이다. 주지 않는 것을 가지기를 많이 익히고 많이 행하면, 지옥에 태어날 것이다. 혹 인간으로 태어나더라도 재물에 어려움이 많을 것이다. 음행을 많이 익히고 많이 행하면, 지옥에 태어날 것이다. 혹 인간으로 태어나더라도 자기 아내가 남의 유혹을 받을 것이다.

거짓말을 많이 익히고 많이 행하면, 지옥에 태어날 것이다. 혹 인간으로 태어나더라도 남의 놀림을 받을 것이다. 이간하는 말을 많이 익히고 많이 행하면, 지옥에 태어날 것이다. 혹 인간으로 태어나더라도 친구가 배반하고 떠날 것이다. 욕설을 많이 익히고 많이 행하면, 지옥에 태어날 것이다. 혹 인간으로 태어나더라도 언제나 거친 음성을 갖게 될 것이다. 꾸밈말을 많이 익히고 많이 행하면, 지옥에 태어날 것이다. 혹 인간으로 태어나더라도 말에 신용이 없을 것이다.

탐욕을 많이 익히고 많이 행하면, 지옥에 태어날 것이다. 혹 인간으로 태어나더라도 탐욕만 더할 것이다. 성냄을 많이 익히고 많이 행하면, 지옥에 태어날 것이다. 혹 인간으로 태어나더라도 성냄을 더할 것이다. 삿된 견해를 많이 익히고 많이 행하면, 지옥에 태어날 것이다. 혹 인간으로 태어나더라도 어리석음만 더할 것이다.

만일 살생하지 않기를 많이 닦아 익히면, 천상에 태어날 것이다. 혹 인간으로 태어나더라도 반드시 목숨이 길게 될 것이다. 훔치지 않기를 많이 닦아 익히면, 천상에 태어날 것이다. 혹 인간으로 태어나더라도 재물을 잃지 않을 것이다. 음행하지 않기를 많이 닦아 익히면, 천상에 태어날 것이다. 혹 인간으로 태어나더라도 아내가 순수하고 어질 것이다.

거짓말하지 않기를 많이 닦아 익히면, 천상에 태어날 것이다. 혹 인간으로 태어나더라도 남의 놀림을 받지 않을 것이다. 이간질하지 않기를 많이 닦아 익히면, 천상에 태어날 것이다. 혹 인간으로 태어나더라도 친구가 의리를 굳게 지킬 것이다. 욕설하지 않기를 많이 닦아 익히면, 천상에 태어날 것이다. 혹 인간으로 태어나더라도 언제나 아름다운 음성을 가질 것이다. 꾸밈말 하지 않기를 많이 닦아 익히면, 천상에 태어날 것이다. 혹 인간으로 태어나더라도 말에 신용을 얻을 것이다.

탐내지 않기를 많이 닦아 익히면, 천상에 태어날 것이다. 혹 인간으로 태어나더라도 탐냄을 더하지 않을 것이다. 성내지 않기를 많이 닦아 익히면, 천상에 태어날 것이다. 혹 인간으로 태어나더라도 성냄을 더하지 않을 것이다. 바른 견해를 많이 닦아 익히면, 천상에 태어날 것이다. 혹 인간으로 태어나더라도 어리석음을 더하지 않을 것이다."

부처님께서 이 경을 말씀하시자, 모든 비구는 그 말씀을 듣고 기뻐하며 받들어 행하였다.

3.3.6 사정경(邪正經) ①

【잡아함경 제28권 790경】

이와 같이 나는 들었다.

어느 때 부처님께서 사밧티성 제타숲 아나타핀디카동산에 계셨다. 그 때 세존께서 비구들에게 말씀하셨다.

"삿된 곳과 삿된 길이 있고, 바른 곳과 바른길이 있으니, 자세히 듣고 잘 생각하여라. 그대들을 위하여 설명하겠다. 어떤 것이 삿된 곳인가. 지옥과 아귀와 축생이다. 어떤 것이 삿된 길인가. 삿된 견해 ……삿된 선정이다. 어떤 것이 바른 곳인가. 인간과 천상과 열반이다. 어떤 것이 바른길인가. 바른 견해 ……바른 선정[正定]이다."

부처님께서 이 경을 말씀하시자, 모든 비구는 부처님 말씀을 듣고 기뻐하며 받들어 행하였다.

3.3.7 사정경(邪正經) ②

【잡아함경 제28권 791경】

이와 같이 나는 들었다.

어느 때 부처님께서 사밧티성 제타숲 아나타핀디카동산에 계셨다. 그 때 세존께서 비구들에게 말씀하셨다.

"삿된 곳과 삿된 길이 있고, 바른 곳과 바른길이 있으니, 자세히 듣고 잘 생각하여라. 그대들을 위하여 설명하겠다. 어떤 것이 삿된 곳인가. 지옥 · 축생 · 아귀이다. 어떤 것이 삿된 길인가. 살생 · 도둑질 · 사음 · 거짓말 · 두말 · 나쁜 말 · 꾸밈말 · 탐냄 · 성냄 · 삿된 견해이다.

어떤 것이 바른 곳인가. 인간 · 천상 · 열반이다. 어떤 것이 바른길인가. 살생하지 않음 · 도둑질하지 않음 · 사음하지 않음 · 거짓말하지 않음 · 두말하지 않음 · 나쁜 말 하지 않음 · 꾸밈말 하지 않음 · 탐냄 없음 · 성냄 없음과 바른 견해이다."

부처님께서 이 경을 말씀하시자, 모든 비구는 부처님 말씀을 듣고 기뻐하며 받들어 행하였다.

3.3.8 사정경(邪正經)③

【잡아함경 제28권 792경】

이와 같이 나는 들었다.

어느 때 부처님께서 사밧티성 제타숲 아나타핀디카동산에 계셨다. 그때 세존께서 비구들에게 말씀하셨다. (위에서 말씀하신 것과 같다. 다른 것은 다음과 같다.)

"어떤 것이 나쁜 세계로 향하는 길인가. 부모를 죽이는 것 · 아라한을 죽이는 것 · 대중의 화합을 깨는 것 · 나쁜 마음으로 부처 몸에 피를 내는 것이다." (그 밖은 위에서 말씀하신 것과 같다)

부처님께서 이 경을 말씀하시자, 모든 비구는 부처님 말씀을 듣고 기뻐하며 받들어 행하였다.

3.3.9 가미니경(伽彌尼經)

【중아함경 제3권 17경】

이와 같이 나는 들었다.

어느 때 부처님께서 나란다국에서 유행하실 때 파바리카의 망고 숲에 계셨다.

그때 아사라 천신에게는 가미니라는 아들이 있었는데, 빼어난 용모에 밝고 빛나는 피부를 지녔다. 그는 밤이 지나 이른 아침에 부처님께 가서 부처님 발에 예배하고 한쪽으로 물러나 말씀드렸다.

"세존이시여, 바라문은 스스로 잘난 척하며 몇몇 천신들을 섬깁니다. 만일 어떤 중생이 목숨을 마치면, 그는 자재로이 좋은 곳으로 오가면서 그를 천상에 태어나게 한다고 합니다. 세존께서는 법의 주인이십니다. 원컨대 세존이시여, 중생들이 목숨을 마치면 좋은 곳으로 가서 천상에 태어나게 해 주십시오."

세존께서 말씀하셨다.

"가미니여, 나는 그대에게 물을 것이니 아는 대로 대답하여라. 가미니여, 그대는 어떻게 생각하는가? 만일 한 마을에 어떤 남녀가 게을러 정진하지 않으면서 악한 법을 행하여 열 가지 불선업의 길[不善業道], 즉 살생 · 도둑질 · 사음 · 거짓말 · 두말 · 나쁜 말 · 꾸밈말 · 탐냄 · 성냄 · 삿된 견해를 성취하였다. 그런데도 그들이 목숨을 마칠 때 여러 사람이 와서 합장하고 그들을 찬탄하며, '그대들 남녀는 게을러 정진하지 않으면서 악한 법을 행하여 열 가지 불선업의 길 즉 살생 · 도둑질 · 사음 · 거짓말 ……삿된 견해를 성취하였다. 그대들은 이것을 인연으로 하여 몸이 무너지고 목숨이 끝나면 반드시 좋은 곳으로 가서 천상에 태어날 것이다'라고 축원하였다 하자.

그렇다면 가미니여, 저 남녀들은 게을러 정진하지 않으면서 악한 법을 행하여 열 가지 불선업의 길, 즉 살생 · 도둑질 · 사음 · 거짓말 ……삿된 견해를 성취하였다. 그런데도 여러 사람이 합장하고 그들을 찬탄하며 축원한다고 해서, 이것을 인연으로 하여 몸이 무너지고 목숨이 끝나면 좋은 곳으로 가서 천상에 태어날 수 있겠느냐?"

가미니가 말씀드렸다.

"아닙니다, 세존이시여."

세존께서는 찬탄하시며 말씀하셨다.

"훌륭하구나, 가미니여. 왜냐하면 저 남녀들은 게을러 정진하지 않으면서 악한 법을 행하여 열 가지 불선업의 길, 즉 살생 · 도둑질 · 사음 · 거짓말 ……삿된 견해를 성취하였는데도, 여러 사람이 합장하고 그들을 찬탄하고 축원한다고 해서, 이것을 인연으로 하여 몸이 무너지고 목숨이 끝나면 좋은 곳으로 가서 천상에 태어날 수 있다는 것은 있을 수 없다.

가미니여, 그것은 마치 이 마을에서 멀지 않은 곳에 있는 깊은 연못에 어떤 사람이 크고 무거운 돌을 물속에 던져 넣자, 여러 사람이 와서 각각 합장하고 그것을 찬탄하고 축원하면서, '부디 돌아 떠올라라'라고 말하는 것과 같다. 가미니여, 어떻게 생각하느냐? 여러 사람이 각각 합장하고 찬탄하고 축원한다고 해서, 이것을 인연으로 하여 이 크고 무거운 돌이 떠오를 수 있겠느냐?"

"아닙니다, 세존이시여."

"이와 같이 가미니여, 저 남녀들은 게을러 정진하지 않으면서 악한 법을 행하여 열 가지 불선업의 길, 즉 살생 · 도둑질 · 사음 · 거짓말 ……삿된 견해를 성취하였는데도, 여러 사람이 각각 합장하고 그들을 찬탄하고 축원한다고 해서, 이것을 인연으로 하여 몸이 무너지고 목숨이 끝나면 좋은 곳으로 가서 천상에 태어날 수 있다는 것은 있을 수 없다. 왜냐하면 이 열 가지 불선업의 길은 검은 것으로써 검음의 과보가 있어 자연히 밑으로 내려가 반드시 악한 곳에 이를 것이기 때문이다.

가미니여, 그대는 어떻게 생각하는가? 만일 한 마을에 어떤 남녀가 정진하여 부지런히 수행하면서 묘한 법을 행하여, 열 가지 선업의 길[十善

業道]을 성취하여 살생을 멀리하고 살생을 끊으며, 도둑질 · 사음 · 거짓말 ……삿된 견해를 버리고 삿된 견해를 끊어 바른 견해를 얻었다. 그런데도 그들이 목숨을 마칠 때에 여러 사람이 와서 각각 합장하고 그들을 탄식하며, '그대 남녀들은 정진하여 부지런히 수행하면서 묘한 법을 행하여, 열 가지 선업의 길을 성취하여 살생을 멀리하고 살생을 끊으며, 도둑질 · 사음 · 거짓말 ……삿된 견해를 버리고 삿된 견해를 끊어 바른 견해를 얻었다. 그대들은 이것을 인연으로 하여 몸이 무너지고 목숨이 끝나면 반드시 악한 곳으로 가서 지옥에 태어날 것이다'라고 기원한다고 하자.

그렇다면 가미니여, 그대는 어떻게 생각하는가? 저 남녀들은 정진하여 부지런히 수행하면서 묘한 법을 행하여, 열 가지 선업의 길을 성취하여 살생을 멀리하고 살생을 끊으며, 도둑질 · 사음 · 거짓말 ……삿된 견해를 버리고 삿된 견해를 끊어 바른 견해를 얻었는데도, 여러 사람이 각각 합장하고 그들을 탄식하며 바란다고 해서, 어찌 이것을 인연으로 하여 몸이 무너지고 목숨이 끝나면 악한 곳으로 가서 지옥에 태어날 수 있겠는가?"

"아닙니다, 세존이시여."

세존께서 찬탄하시며 말씀하셨다.

"훌륭하구나, 가미니여. 저 남녀들은 정진하여 부지런히 수행하면서 묘한 법을 행하여, 열 가지 선업의 길을 성취하여 살생을 멀리하고 살생을 끊으며, 도둑질 · 사음 · 거짓말 ……삿된 견해를 버리고 삿된 견해를 끊어 바른 견해를 얻었는데도, 여러 사람이 합장하고 요구한다고 해서, 이것을 인연으로 하여 몸이 무너지고 목숨이 끝나면 악한 곳으로 가서 지옥에 태어난다는 것은 있을 수 없다. 왜냐하면 가미니여, 이 열 가지 선업의 길은 흰 것으로서 흰 과보가 있어 자연히 위로 올라가 반드시 좋은 곳에 이를 것이기 때문이다.

가미니여, 그것은 마치 이 마을에서 멀지 않은 곳에 깊은 연못이 있는데, 거기서 어떤 사람이 타락 기름병을 물에 던져 부수면, 부서진 병 조각은 밑으로 가라앉지만 타락기름은 위로 떠오르는 것과 같다.

이와 같이 가미니여, 저 남녀들이 정진하여 부지런히 수행하면서 묘한 법을 행하여, 열 가지 선업의 길을 성취하여 살생을 멀리하고 살생을 끊으며, 도둑질 · 사음 · 거짓말 ……삿된 견해를 버리고 삿된 견해를 끊어 바른 견해를 얻었다. 그래서 사대(四大)는 부모로부터 생하여 옷과 밥으로 키우고, 앉고 눕고 쓰다듬고 목욕시켜 건강하게 자랐지만, 그들이 목숨을 마칠 때에는 몸의 빛깔은 추해지고, 다 부서지는 법이고, 사라져 다하는 법이며, 떠나고 흩어지는 법이어서, 그의 목숨이 끝난 뒤에는 까마귀와 새에게 쪼이고, 호랑이와 승냥이에게 먹히며, 태워지거나 묻히어, 모두 재가 되고 마는 것이다. 그러나 그의 마음[心]과 의지[意]와 식별[識]은 항상 믿음에 훈습되고, 정진과 다문(多聞)과 보시와 지혜에 훈습되어, 그는 이것을 인연으로 하여 자연히 위로 올라가 좋은 곳에 태어나게 된다.

가미니여, 저 살생하는 사람이 살생을 멀리하고 살생을 끊는다면, 그에게는 동산으로 가는 길과 위로 오르는 길과 좋은 곳으로 가는 길이 있게 된다. 가미니여, 도둑질 · 사음 · 거짓말 ……삿된 견해를 가진 사람이 삿된 견해를 버리고 바른 견해를 얻는다면, 그에게는 동산으로 가는 길과 위로 오르는 길과 좋은 곳으로 가는 길이 있게 된다.

가미니여, 다시 동산으로 가는 길과 위로 오르는 길과 좋은 곳으로 가는 길이 있다. 가미니여, 어떤 것이 동산으로 가는 길과 위로 오르는 길과 좋은 곳으로 가는 길인가. '팔정도'이다. 바른 견해와 바른 생각 · 바른 말 · 바른 행동 · 바른 생활 · 바른 정진 · 바른 기억 · 바른 선정이니, 이것이 팔정도이다. 가미니여, 이것이 동산으로 가는 길과 위로 오르는 길과 좋은 곳으로 가는 길이다."

부처님께서 이렇게 말씀하시자, 가미니와 비구들은 부처님 말씀을 듣고 기뻐하며 받들어 행하였다.

3.3.10 우파카경[優波迦經] ①

【잡아함경 제4권 89경】

이와 같이 나는 들었다.

어느 때 부처님께서 사밧티성 제타숲 아나타핀디카동산에 계셨다.

그때 바라문의 청년 우파카[優波迦]는 부처님이 계신 곳으로 가서 인사를 올린 뒤에 물러나 한쪽에 앉아 부처님께 여쭈었다.

"고타마시여, 바라문들은 항상 사성대회(邪盛大會)를 칭찬합니다. 사문 고타마께서도 사성대회를 칭찬하십니까?"

"나는 한결같이 칭찬하지는 않는다. 어떤 사성대회는 칭찬할 만하지만 어떤 사성대회는 칭찬할 것이 못 된다."

우파카가 부처님께 여쭈었다.

"어떤 사성대회가 칭찬할 만하며, 어떤 사성대회가 칭찬할 만하지 못합니까?"

"만일 사성대회에서 수송아지 · 황소 · 암소 및 양이나 염소 등 여러 중생들을 잡아매어 죽이거나 핍박하거나 괴롭히며, 하인이나 머슴을 매질로 위협하여 슬피 부르짖게 하는 등 온갖 고통을 주어 부린다면, 이러한 사성대회를 나는 칭찬하지 않는다. 큰 죄악을 짓는 것이기 때문이다.

어떤 사성대회에서 소들을 잡아매어 두지 않고 ……그 중생들에게 큰 고통을 주어 부리지 않으면, 그러한 사성대회를 나는 칭찬한다. 큰 죄악을 짓지 않기 때문이다."

그때 세존께서 곧 게송으로 말씀하셨다.

마사(馬祀) 등의 대회에서는

온갖 큰 죄를 짓나니
이러한 사성(邪盛)을
큰 선인(仙人)은 칭찬하지 않네.

모든 중생을 잡아 얽매고
작은 벌레까지 죽이니
이는 바른 모임이 아니라
큰 선인은 그것을 따르지 않네.

만일 중생들 해치지 않고
그러한 죄악 짓지 않으면
이는 곧 바른 모임이라
큰 선인은 그것을 칭찬하네.

은혜로써 공양을 베풀고
법에 어울리는 사성(邪盛)을 행하면
베푸는 사람의 청정한 마음은
범행을 닦는 이의 좋은 복밭이네.

이러한 대회는
곧 아라한의 모임이라
이 모임은 큰 과보 얻고
모든 천신이 기뻐한다네.

공경하는 마음으로 사람 청하고

내 손으로 고루 베풀면
받는 이 주는 이 모두 청정하나니
이러한 베풂은 큰 과보 얻으리.

지혜로운 사람은 이렇게 보시하고
믿는 마음으로 반드시 해탈하여
죄 없이 이 세간을 즐기다
지혜로운 자 피안에 태어나리.

부처님께서 이 경을 말씀하시자, 우파카 바라문은 부처님 말씀을 듣고 기뻐하며 예배하고 물러갔다.

3.3.11 소연경(小緣經)

【장아함경 제6권 제2분】

이와 같이 나는 들었다.

어느 때 부처님께서 사밧티성의 풋바라마[淸信園林]에 있는 미가라마뚜 강당에서 천이백오십 명의 비구 대중과 함께 계셨다.

그때 두 명의 바라문이 있었는데, 견고한 믿음으로 집을 떠나 부처님 계신 곳으로 가서 도를 닦고 있었다. 한 사람은 바셋타이고, 또 한 사람은 바라드와자였다.

그때 부처님께서는 고요한 방에서 나와 강당에서 거닐고 계셨다. 바셋타는 부처님께서 거닐고 계시는 것을 보고 바라드와자에게 가서 말하였다.

"그대는 알고 있습니까? 여래께서는 지금 고요한 방에서 나와 강당에서 거닐고 계십니다. 우리가 함께 부처님께 가면 여래의 말씀을 들을 수 있을 것입니다."

바라드와자는 그 말을 듣고 부처님께 함께 가서 부처님 발에 예배하고 부처님을 따라 거닐었다.

세존께서 바셋타에게 말씀하셨다.

"그대 두 사람은 바라문 종족으로 태어났는데, 나의 법에 대한 견고한 믿음으로 집을 떠나 도를 닦고 있는가?"

그들이 대답하였다.

"그렇습니다."

부처님께서 말씀하셨다.

"그대들 바라문이여, 이제 나의 법에 귀의하여 집을 떠나 도를 닦으니, 다른 바라문들이 그대들을 비난하지 않는가?"

"그렇습니다. 부처님의 큰 은혜를 입어 집을 떠나 도를 닦고 있는데, 다른 바라문들의 비난을 받고 있습니다."

부처님께서 말씀하셨다.

"무슨 일로 그대들을 비난하는가?"

두 사람은 부처님께 말씀드렸다.

"그들은, '우리 바라문 종족이 제일이고, 다른 종족은 비열하다. 우리 종족은 맑고 희며, 다른 종족은 어둡고 검다. 우리 종족은 범천의 계통으로서 범천의 입에서 나왔다. 현법(現法)에서 청정한 해탈을 얻고, 다음 세상에도 청정하다. 그런데 너희들은 왜 청정한 종족을 버리고 저 고타마의 다른 법으로 들어갔느냐'라고 말합니다.

세존이시여, 저희가 불법에 귀의하여 집을 떠나 도를 닦는 것을 보고 이런 말로 우리를 비난합니다."

부처님께서 바셋타에게 말씀하셨다.

"그대는 보라. 모든 사람이 어리석고 무지하여 마치 짐승과 같아 스스로 거짓을 말한다. '바라문 종족이 제일이고, 다른 것은 비열하다. 우리 종족은 맑고 희며, 다른 종족은 검고 어둡다. 우리 바라문 종족은 범천의 계통으로서 범천의 입에서 나왔다. 현재에도 청정하고 다음 세상에도 청정할 것이다'라고.

바셋타여, 지금 나의 위없는 바른 진리의 길에서는 종성(種姓)을 구분하지 않고, '우리'나 '나'라는 교만한 마음을 내지 않는다. 세속의 법에서는 그것을 구분하지만, 나의 법에서는 그렇지 않다. 만일 사문이나 바라문으로서 자기의 종성을 믿고 교만한 마음을 품는다면, 나의 법에서는 끝내 위없는 도를 이루지 못할 것이다. 만일 종성의 관념을 버리고 교만한 마음을 없애면, 나의 법에서 도를 이루어 바른 법을 받을 수 있을 것이다. 사람들은 신분이 낮은 자를 싫어하지만, 나의 법에서는 그렇지 않다."

부처님께서 바셋타에게 계속해서 말씀하셨다.

"네 가지 종성[四姓]이 있다. 선과 악이 섞여 있어 지혜로운 사람의 칭찬도 받고, 지혜로운 사람의 나무람도 받는다. 어떤 것이 네 가지 종성인가. 첫째는 크샤트리아, 둘째는 브라만, 셋째는 바이샤, 넷째는 수드라 종성이다.

바셋타여, 그대는 들으라. 크샤트리아 종성 가운데도 살생하는 자도 있고 도둑질하는 자도 있고 음란한 자도 있다. 속이고 두말하고 나쁜 말을 하고 말을 꾸미는 자도 있다. 인색하여 탐내는 자도 있고 질투하는 자도 있으며 삿된 견해를 가진 자도 있다. 브라만 · 바이샤 · 수드라 종성 가운데도 이와 같이 열 가지 나쁜 행을 하는 자가 뒤섞여 있다.

바셋타여, 선하지 않은 행에는 선하지 않은 과보가 있고, 검고 어두운 행에는 검고 어두운 과보가 있다. 만일 이 과보가 오직 크샤트리아 · 바이샤 · 수드라 종성에게만 있고 브라만 종성에게는 없다고 한다면, 저 바라문 종성은 스스로, '우리 브라만 종성이 제일이고, 다른 종족은 열등하다.

우리 종성은 맑고 희며, 다른 종족은 어둡고 검다. 우리 브라만 종성은 범천의 계통으로서 범천의 입에서 나왔다. 현재에도 청정하고 다음 세상에도 청정할 것이다'라고 말할 수 있을 것이다.

그러나 만일 선하지 않은 행에는 선하지 않은 과보가 있고, 검고 어두운 행에는 검고 어두운 과보가 있는 것이 브라만 · 크샤트리아 · 바이샤 · 수드라 종성에게도 똑같이 있다면, 바라문 종성은, '우리 종성만 청정하여 제일이다'라고 말할 수 없을 것이다.

바셋타여, 크샤트리아 종성 가운데도 살생하지 않고, 도둑질하지 않고 음란하지 않으며, 거짓말 하지 않고, 두말하지 않고, 욕설하지 않고, 꾸밈말을 하지 않으며, 탐내지 않고, 질투하지 않으며, 삿된 견해를 가지지 않은 자도 있다. 브라만 · 바이샤 · 수드라 종성도 그와 같아서, 다 같이 '열 가지 선한 법'을 닦는다.

선한 법을 닦으면 반드시 선한 과보가 있고, 맑고 깨끗한 행을 하면 반드시 흰 과보가 있다. 만일 이 과보가 오직 브라만 종성에게만 있고 크샤트리아 · 바이샤 · 수드라 종성에게는 없다면, 브라만 종성은 마땅히, '우리 종족은 청정하여 제일이다'라고 말할 수 있을 것이다. 그러나 만일 네 가지 종성에 다 같이 이러한 과보가 있다면, 브라만은, '우리 종족만 청정하여 제일이다'라고 말할 수 없을 것이다."

부처님께서 바셋타에게 말씀하셨다.

"지금 현재의 브라만 종성을 보면 결혼하여 아기를 낳는 것이 세상과 다름이 없다. 그런데 거짓으로, '우리는 범천의 계통으로서 범천의 입에서 나왔다. 현재에도 청정하고 다음 세상에도 청정하다'라고 말한다.

바셋타여, 지금 나의 제자들은 종성이 한결같지 않고 계통도 각각 다르지만, 나의 법에 귀의하여 집을 떠나 도를 닦고 있다.

만일 어떤 사람이 그대는 어떤 종성인지 묻거든, '나는 사문 사캬 종족의 아들이다'라고 대답하여라. 또, '우리 바라문 종성은 부처님의 입에서 나온 법문을 직접 듣고 그 법에 따라 다시 태어났다. 현재에도 청정하고 다음 세상에도 청정하다'라고 말하라.

왜냐하면 대범(大梵)이란 이름은 곧 여래의 호(號)로서, 여래는 세간의 눈이고, 세간의 지혜이며, 세간의 법이고, 세간을 다스리는 자[梵]이며, 세간의 법의 바퀴이고, 세간의 감로(甘露)이며, 세간의 법주(法主)이기 때문이다.

바셋타여, 만일 크샤트리아 종성 가운데 돈독하게 1) 부처님[佛]을 믿어서, 여래 · 응공 · 등정각 등의 십호를 갖춘 것을 믿는다면, 또한 돈독하게 2) 법(法)을 믿어서, 여래의 법은 미묘하고 청정하여 현재에 수행할 만하고 언제나 설할 수 있으며 열반으로 나아가는 길을 보여 주고, 또 그것은 지혜로운 이만 알 수 있어서 어리석은 자들은 미칠 수 없는 가르침임을 믿는다면, 또한 돈독하게 3) 승가[僧]를 믿어서, 승려는 성품이 선하고 정직하여 도과(道果)를 성취하고 권속을 성취하며, 부처님의 진정한 제자로서 법마다 성취하니, 이른바 승려들은 계(戒)를 성취하고, 선정[定]과 지혜[慧]와 해탈지견(解脫知見)들을 성취하며, 수다원(須陀洹)으로 향하고 수다원을 얻고, 사다함(斯多含)으로 향하고 사다함을 얻고, 아나함(阿那含)으로 향하고 아나함을 얻고, 아라한(阿羅漢)으로 향하고 아라한을 얻으니, 이러한 사쌍팔배(四雙八輩)야말로 여래의 제자들로서, 이들은 공경할 만하고 우러를 만하여 세상의 복밭이 되어 주니 사람들의 공양을 받을 만하다고 믿는다면, 또한 돈독하게 4) 계(戒)를 믿어 거룩한 계를 구족하여 번뇌가 없고 허물이나 흐트러짐이 없다면, 지혜로운 이의 칭찬을 받으며 고요한 열반을 얻을 것이다.

바셋타여, 모든 브라만 · 바이샤 · 수드라 종성도 이와 같이 돈독하게 부처님을 믿고, 법을 믿고, 승가를 믿어, 성스러운 계를 성취할 수 있을 것이다.

바셋타여, 크샤트리아 종성 가운데 아라한에게 공양하고 공경 예배하는 이가 있다면, 브라만 · 바이샤 · 수드라 종성도 다 아라한에게 공양하고 공경 예배한다."

부처님께서 바셋타에게 말씀하셨다.

"지금 나의 친족인 사캬 종족은 파세나디 왕을 섬기며 예경한다. 그런데 파세나디 왕은 나에게 공양하고 예경한다. 그는, '사문 고타마는 훌륭한 가문 출신인데 나의 가문은 낮다. 사문 고타마는 큰 부자이고 큰 위덕이 있는 집에서 태어났는데, 나는 낮고 궁하고 더럽고 작은 집에서 태어났기 때문에 여래에게 공양하고 예경한다'라고 생각하지 않는다. 파세나디 왕은 법에서 법을 관하여 진실과 거짓을 분명하게 분별하기 때문에, 청정한 신심을 내어 여래를 공경하는 것이다.

바셋타여, 이제 나는 그대에게 네 가지 종성[四姓]의 본래의 인연[本緣]을 설명하겠다. 천지가 마지막 겁이 다해 무너질 때에 중생은 목숨을 마치고 모두 광음천에 태어났는데, 저절로 화생(化生)하여 생각을 음식으로 삼고 광명은 스스로 비치고 신족(神足)으로 허공을 날아다녔다.

그 뒤에 이 땅은 다 물로 변해 두루 미치지 않은 곳이 없었다. 그때는 해와 달과 별도 없었고, 낮과 밤과 연월(年月)의 헤아림도 없이, 다만 큰 어둠이 있을 뿐이었다.

그 뒤에 이 물은 땅이 되었고, 모든 광음천은 복이 다해 목숨을 마치고는 다시 땅에 태어났다. 그러나 여전히 생각을 먹고 살았으며, 신족으로 날아다니고, 몸의 광명은 스스로 비치면서 여기서 오랫동안 살았다. 그리고 그들은 서로를 '중생 중생'이라고 하였다.

그 뒤에 이 땅에서 단샘이 솟아났는데, 그것은 마치 타락이나 꿀 같았다. 처음에 온 천신은 성질이 경솔한 자로서 이 샘을 보고 조용히, '저것이 무엇인지 시험해 맛봐야겠다'라고 생각하였다. 그는 곧 손가락을 물속에 넣어 시험해 맛보았다. 두 번 세 번 이렇게 하는 동안에 점점 그 맛을 알고는 드디어 손으로 움켜쥐어 마음껏 그것을 먹었다. 그는 이렇게 애착하며 끝내 만족할 줄 몰랐다.

그 밖의 중생들도 그를 따라 먹어보았는데, 두세 번 되풀이하는 동안 그 맛을 알게 되었다. 그것을 계속하여 먹으니, 그들의 몸은 점점 추하게 되었고 살결은 굳어지고 하늘의 묘한 법을 잃어버렸다. 신족은 없어져서 땅을 밟고 다니게 되었고, 몸의 광명은 갈수록 없어져 천지는 깜깜해졌다.

바셋타여, 천지의 영원한 법칙이란, 큰 어둠이 있은 뒤에 반드시 해와 달과 별들이 허공에 나타나고, 그런 뒤에야 밤과 낮과 어둠과 밝음과 연월(年月)의 헤아림이 있는 것임을 알라.

그때의 중생은 다만 땅에서 솟아오르는 단샘만 먹으며 오랫동안 세간에서 살았다. 그것을 많이 먹은 자는 얼굴빛이 추하고 더러우며, 적게 먹은 자는 얼굴빛이 오히려 환하고 윤기가 있었다. 곱다 밉다 단정하다는 것은 여기서 처음 있게 된 것이다. 단정한 자는 교만한 마음으로 추한 자를 업신여기고, 추한 자는 질투하는 마음으로 단정한 자를 미워하였다. 중생들은 이로 인하여 각각 서로 성내고 다투게 되었다. 이때 단샘은 저절로 말라버렸다.

그 뒤에 이 땅에는 저절로 지비(地肥)가 났는데, 빛깔과 맛을 갖추어 향기롭고 정갈하여 먹을 만하였다. 이때 중생들은 다시 그것을 먹으면서 오랫동안 살았다. 그것을 많이 먹은 자는 얼굴빛이 초췌하고, 적게 먹은 자는 오히려 얼굴빛이 환하고 윤기가 났다. 단정한 자는 교만한 마음으로 추한 자를 업신여기고, 추한 자는 질투하는 마음으로 단정한 자를 미워하였다. 중생들은 이로 인하여 각각 서로 다투고 꾸짖게 되었다. 이때부터 지비는 다시 나지 않았다.

그 뒤에 다시 거친 지비가 났다. 향기롭고 맛이 있어 먹을 만했지만 먼저 것보다는 못하였다. 이때 중생들은 다시 이것을 먹으면서 오랫동안 세간에서 살았다. 그것을 많이 먹은 자는 얼굴빛이 갈수록 추하고, 적게 먹은 자는 얼굴빛이 오히려 환하고 윤기가 났다. 중생들은 이로 인하여 단정함과 추함을 가지고 서로 시비하고 다투게 되었다. 결국 지비는 다시 나지 않았다.

그 뒤에 이 땅에는 저절로 멥쌀이 났다. 그것은 등겨가 없었으며 빛깔과 맛을 갖추어 향기롭고 정갈하여 먹을 만하였다. 이때 중생들은 다시 그것을 먹으면서 오랫동안 세간에서 살았다. 다시 남녀가 있게 되고 서로 보면서 점점 정욕이 생겨나 갈수록 서로 친근하게 되었다. 다른 중생들은 이것을 보고, '너희들이 하는 짓은 그르다. 너희들이 하는 짓은 그르다'라고 말하면서 배척하고 몰아내어 대중 밖에 있게 하여 삼 개월이 지난 뒤에 돌아오게 하였다."

부처님께서 계속하여 바셋타에게 말씀하셨다.

"그들은 예전에는 그르다고 생각한 것을 지금은 옳다고 생각하였다. 그때 중생들은 법이 아닌 것을 익혀 정욕을 마음껏 즐기면서 시도 때도 없이 끊임없이 계속하였다. 드디어 부끄러워하는 마음이 생겨 집을 지었다. 이때부터 세간에는 방이 있게 되었고, 법답지 않은 것을 즐기고 익혀서 음욕은 갈수록 더해져 아이를 배는 일이 있게 되었으니, 이것은 부정(不淨)함으로 인해 생긴 것이다. 세간에서의 잉태는 여기서 시작된 것이다. 이때 중생들은 저절로 난 멥쌀을 먹었는데, 취하는 대로 계속해서 생겨나 다함이 없었다.

그 중생들 가운데 어떤 게으른 자가 있었다. 그는 조용히, '아침에 먹을 것은 아침에 취하고, 저녁에 먹을 것은 저녁에 취하는 것은 수고로운 일이다. 이제부터 하루 먹을 것을 한꺼번에 취해야겠다'라고 생각하고는 한꺼번에 취하였다.

그 후에 친구가 와서 함께 가서 쌀을 취하자고 하였다. 그 사람은, '나는 이미 하루 먹을 것을 한꺼번에 취하였으니, 취하고자 하거든 자네나 마음대로 취하게'라고 대답하였다.

그 사람도 혼자 생각하였다. '이 친구는 영리해서 남보다 먼저 쌀을 저축하였다. 나도 이제 삼 일 분의 쌀을 저축해야겠다.'

그 사람은 곧 삼 일 분의 양식을 저축하였다.

다른 중생이 또 와서 함께 쌀을 가지러 가자고 말하였다. 그는, '나는 이미 삼 일 분의 양식을 저축해 두었으니, 취하려거든 자네 혼자 가서 취하게'라고 대답하였다.

그 사람도 다시, '이 사람은 영리해서 먼저 삼 일 분의 양식을 취하였다. 나도 그를 본받아 삼 일 분의 양식을 저축해야겠다'라고 생각하고는 곧 가서 가져왔다.

이때 중생들이 서로 다투어 쌀을 저축하자, 멥쌀은 거칠고 더러워졌으며 겨가 생겨났다. 그리고 베어낸 뒤에는 다시 나지 않았다. 중생들은 이것을 보고는 기쁨이 사라지고 걱정하면서 각자의 생각을 서로 말하였다.

'우리가 본래 처음 태어났을 때에는 생각을 음식으로 삼고 신족으로 허공을 날아다니며 몸의 광명을 스스로 비치면서 세상에 오랫동안 살았다.

그 뒤에 이 땅에는 단샘이 솟아났다. 그것은 마치 타락이나 꿀과 같아서, 향기롭고 맛이 있어 먹을 만하였다. 그래서 우리는 언제나 그것을 함께 먹었다. 그것을 먹은 지 오래되자, 많이 먹은 자는 얼굴빛이 추해지고, 적게 먹은 자는 얼굴빛이 오히려 환하고 윤기가 났다. 이 음식으로 인해 우리의 얼굴빛이 달라졌다. 이에 중생들은 각각 옳고 그름을 따지면서 서로를 미워하게 되었다. 이때에 단샘은 저절로 말라버렸다.

그 뒤에 이 땅에 저절로 지비가 났다. 빛깔과 맛을 갖추어 향기롭고 맛이 있어 먹을 만하였다. 그때 우리들은 또 그것을 다투어 먹었다. 그것을 많이 먹은 자는 얼굴빛이 초췌해지고, 적게 먹은 자는 얼굴빛이 환하고 윤기가 났다. 중생들은 여기서 또 옳고 그름을 따지면서 서로를 미워하였다. 이때에 지비는 다시 나지 않았다.

그 뒤에 다시 거친 지비가 났다. 이것 또한 향기롭고 맛이 있어 먹을 만하였다. 그때 우리들은 다시 그것을 다투어 먹었다. 많이 먹으면 얼굴빛이 추하고, 적게 먹으면 얼굴빛이 아름다웠다. 여기서 다시 옳고 그름을 따지면서 서로를 미워하였다. 이때 지비는 더는 나지 않았다.

다시 저절로 멥쌀이 났는데 그것은 겨가 없었다. 이때 우리들은 다시 그것을 먹으면서 오랫동안 세상에서 살았는데, 게으른 자들은 서로 다투어 저축하였다. 그래서 멥쌀은 거칠고 더러워지고 겨가 생겼다. 그리고 베어낸 뒤에는 다시 나지 않았다. 이것을 장차 어찌하면 좋을까?'

그들은 다시 서로에게 말하였다.

'땅을 나누어 따로따로 표지를 세우자.'

그러고는 땅을 나누고 따로따로 표지를 세웠다. 바셋타여, 이 인연으로 말미암아 비로소 '논밭[田地]'이라는 이름이 생겨났다. 그때의 중생들은 각각 논밭을 차지하고 경계를 정하게 되자, 점차 도둑질할 마음이 생겨서 남의 벼를 훔쳤다. 다른 중생들은 그것을 보고, '네가 하는 짓은 그르다. 네가 하는 짓은 그르다. 자기도 논밭을 가지고 있으면서 남의 것을 가지려 한다. 지금부터 다시는 그런 짓을 하지 마라'라고 말하였다.

그러나 그 중생은 도둑질하기를 그치지 않았다. 다른 중생들도 그를 꾸짖기를 그치지 않았고 손으로 그를 치면서 사람들에게 말하였다.

'이 사람은 자기 논밭을 가지고 있으면서 남의 물건을 훔친다.'

그 사람도 다른 사람들에게, '이 사람이 나를 친다'라고 말하였다.

그때 사람들은 두 사람이 다투는 것을 보고 근심하고 걱정하고 번민하며 말하였다.

'중생은 갈수록 악해져서 이 세상에는 이런 선하지 않은 것이 있게 되었고 더럽고 부정함[不淨]이 생겼다. 이것이 태어나고 늙고 병들고 죽는 원인이니, 번뇌의 괴로움의 과보는 삼악도(三惡道)에 떨어지는 것이다. 논밭이 있음으로 인해 이런 다툼이 생겼으니, 이제 차라리 한 사람을 주인으로 세워 다스리게 해야겠다. 그리고 보호해야 할 사람은 보호하고, 꾸짖어야 할 사람은 꾸짖게 하자. 우리가 각자 쓰는 쌀을 줄여 그에게 대어주고 모든 다툼을 판결해 다스리게 하자.'

그래서 그들 가운데서 몸이 크고 얼굴이 단정하며 위덕이 있는 한 사람을 뽑아 그에게 말하였다.

'그대는 이제 우리들을 위하여 평등한 주인이 되어, 보호할 사람은 보호하고, 꾸짖을 사람은 꾸짖고, 쫓아낼 사람은 쫓아내 주시오. 우리는 쌀을 모아 공급하여 주겠소.'

그 한 사람은 여러 사람의 말을 듣고 임금이 되어 다툼을 판결해 다스리고, 사람들은 쌀을 모아 공급하였다. 그 한 사람은 또 선한 말로 사람들을 위로하였다. 사람들은 그의 말을 듣고 모두 기뻐하고 칭찬하며 서로 말하였다.

'훌륭하십니다, 대왕이시여. 훌륭하십니다, 대왕이시여.'

여기서 세간에는 비로소 '임금'이라는 이름이 생겨났다. 바른 법으로 백성을 다스리기 때문에 크샤트리아라고 불렀다. 그래서 세간에는 '크샤트리아'라는 이름이 생겨났다.

이때 그 무리 가운데 어떤 사람이 혼자 이렇게 생각하였다. '집이란 큰 걱정거리다. 집이란 독한 가시다. 나는 이제 살던 집을 버리고 혼자 산림 속으로 들어가 고요히 도를 닦을 것이다.'

그는 곧 집을 버리고 산림으로 들어가 고요히 깊은 생각에 들었다. 그러다가 때가 되면 그릇을 가지고 마을로 들어가 밥을 빌었다. 많은 사람은 그를 보고 모두 즐거이 공양하고 기뻐하며, '훌륭하구나. 이 사람은 살던 집을 버리고 혼자 산중에 살면서 고요히 도를 닦아 모든 악을 버린다'라고 칭찬하였다. 여기서 세간에는 비로소 '브라만'이라는 이름이 생겨났다.

브라만 가운데 고요히 앉아 참선하고 명상하기를 즐기지 않는 사람이 있었다. 그는 속세로 들어가 글을 외우고 익히는 것을 업으로 삼고, 스스로, '나는 참선하지 않는 사람'이라고 하였다. 그래서 세상 사람은 그를 '참선하지 않는 브라만'이라 불렀다. 또 사람들 속으로 들어갔기 때문에 그를 인간 브라만이라 이름 하였다. 이에 세간에는 브라만 종족이 있게 되었다.

또 중생 가운데 어떤 사람은 즐거이 살림을 경영해 많은 재보를 저축하였다. 그래서 사람들은 그를 '바이샤'라 이름 하였다.

그 중생 가운데 재주가 좋아 물건을 많이 만들어 내는 사람이 있었다. 여기서 세간에는 비로소 물건을 만들어 내는 '수드라'라는 이름이 생겨났다.

바셋타여, 이렇게 해서 세간에 네 가지 종성이 있게 되었다.

다섯 번째는 '사문'이라는 이름이 있다. 바셋타여, 크샤트리아들 가운데 어느 때 어떤 사람이 스스로 자기의 법을 싫어해, 수염과 머리를 깎고 법의를 입고 도를 닦았다. 여기서 '사문'이라는 이름이 생겨났다. 브라만 · 바이샤 · 수드라 종성 가운데서도 어느 때 어떤 사람이 스스로 자기들의 법을 싫어해, 수염과 머리를 깎고 법의를 입고 도를 닦았다. 그들을 '사문'이라 이름 하였다.

바셋타여, 크샤트리아 종족 가운데 몸으로 선하지 않음을 행하고 입으로 선하지 않음을 행하는 자는 몸이 무너지고 목숨이 끝나면 반드시 괴로운 과보를 받는다. 브라만 · 바이샤 · 수드라 종성 가운데서도 몸으로 선하지 않음을 행하고 입으로 선하지 않음을 행하는 자는 몸이 무너지고 목숨이 끝나면 반드시 괴로운 과보를 받는다.

바셋타여, 크샤트리아 종족 가운데 몸의 행이 선하고 입과 뜻의 행이 선한 사람은 몸이 무너지고 목숨이 끝나면 반드시 즐거운 과보를 받는다. 브라만 · 바이샤 · 수드라 종성 가운데서도 몸의 행이 선하고 입과 뜻의 행이 선한 사람은 몸이 무너지고 목숨이 끝나면 반드시 즐거운 과보를 받는다.

바셋타여, 크샤트리아 종족 가운데 몸으로 선행과 악행 이 두 가지를 행하고 입과 뜻으로 이 두 가지를 행하는 사람은 몸이 무너지고 목숨이 끝나면 괴로움과 즐거움의 과보를 받는다. 브라만 · 바이샤 · 수드라 종성 가운데서도 몸으로 이 두 가지를 행하고 입과 뜻으로 이 두 가지를 행하는 사람은 몸이 무너지고 목숨이 끝나면 괴로움과 즐거움의 과보를 받는다.

바셋타여, 크샤트리아 종족 가운데 수염과 머리를 깎고 법의를 입고 도를 닦는 이가 칠각의(七覺意, 七覺支)를 닦으면, 오래지 않아 도를 이룰 것이다. 왜냐하면 그 가문의 아들은 법의를 입고 집을 떠나 위없는 범행을 닦아 현법에서 스스로 증득하여, 태어남과 죽음이 다하고 범행은 갖추었고 할 일은 마쳐, 다시는 다음 생을 받지 않기 때문이다.

브라만 · 바이샤 · 수드라 종성 가운데도 수염과 머리를 깎고 법의를 입고 도를 닦는 이가 칠각지를 닦으면, 오래지 않아 도를 이룰 것이다. 왜냐하면 그 가문의 아들은 법의를 입고 집을 떠나 위없는 범행을 닦아 현법에서 스스로 증득하여, 태어남과 죽음이 다하고 범행은 갖추었고 할 일은 마쳐, 다시는 다음 생을 받지 않기 때문이다.

바셋타여, 이 네 가지 종성 가운데 출가하여 명(明)에의 행을 완성하여 아라한이 된 사람을 다섯 가지 종[五種] 가운데서 가장 으뜸이라 한다."

부처님께서 바셋타에게 말씀하셨다.

"범천왕이 게송으로 말하였다.

중생 가운데서는 크샤트리아가 훌륭하나
능히 종성을 버리고 떠나
명예의 행을 완성한 사람이
세간에서는 가장 으뜸이다.

이 범천왕은 옳게 말하는 것이요, 옳지 않게 말하는 것이 아니다. 이 범천왕은 옳게 받아들인 것이요, 옳지 않게 받아들인 것이 아니다. 나는 그때 곧 그 말을 인가하였다. 왜냐하면 이제 나 여래 · 응공도 이 뜻을 말하기 때문이다."

중생 가운데서는 크샤트리아가 훌륭하나
능히 종성을 버리고 떠나
명예의 행을 완성한 사람이
세간에서는 가장 으뜸이다.

그때 세존께서 이 법을 설하시니, 바셋타와 바라드와자는 번뇌가 없어지고 마음이 해탈하여 부처님 말씀을 듣고 기뻐하며 받들어 행하였다.

3.3.12 파탈리야경[波羅牢經]

【중아함경 제4권 20경】

이와 같이 나는 들었다.

어느 때 부처님께서 콜리국에서 유행하실 때 비구 대중들과 함께 우타라 마을에 이르시어, 그 북쪽에 있는 싱사파 숲 속에 계셨다.

그때 파탈리야[波羅牢] 가미니는 다음과 같은 말을 들었다.

'사캬족의 아들 사문 고타마는 사캬족을 버리고 집을 떠나 도를 배우고, 콜리국에서 비구 대중과 함께 유행하시다가 우타라에 이르시어, 그 북쪽에 있는 싱사파 숲 속에 계신다. 그 사문 고타마에게는 큰 명호가 있어 시방[十方]에서 두루 들린다. 즉 그렇게 온·동등한·바르고 평등하게 깨달은·명에의 행을 완성한·잘 간·세간을 아는·더 이상 없는·사람을 길들이는·천신과 인간의 스승인·깨달은 어른이라 불린다. 그는 이 세상과 천신·마라·범천·사문·바라문 등 인간 세상에서 하늘에 이르기까지 스스로 알고 스스로 깨닫고 스스로 증득하여 성취하여 노니신다. 그가 만일 법을 설하면, 그 설법은 처음도 좋고 중간도 좋고 마지막도 좋으며, 이치도 있고 문채도 있으며, 청정함을 두루 갖추고 범행을 드러내신다. 만일 여래·무소착·등정각을 뵙고 존중하여 예배하고 공양하여 섬기면 확실하게 좋은 이익을 얻는다.'

파탈리야 가미니는, '나도 가서 사문 고타마를 뵙고 예배하고 공양을 올려야겠다'라고 생각하였다. 그는 우타라에서 나와 북쪽으로 가서 싱사파 숲에 이르러 세존을 뵙고 예로써 섬기고 공양하고자 하였다. 그가 멀리서 숲 속에 계시는 세존을 보니, 그 모습은 단정하고 아름다워 별들 가운데 달과 같았고, 밝고 환하게 빛나기는 금산과 같았다. 상호를 두루 갖추어 위신은 돋보였고, 모든 감각기관은 고요하고 가림이 없으며, 잘 다스려진 마음은 편안하고 고요하였다. 파탈리야 가미니는 멀리서 부처님을 바라본 뒤에 부처님 계신 곳으로 가서 서로 인사한 뒤에 물러나 한쪽에 앉아 세존께 여쭈었다.

"저는, '사문 고타마께서는 환(幻)을 환으로 아신다'라고 들었습니다. 고타마시여, 만일 이와 같이, '사문 고타마는 환을 환으로 아신다'라고 말한다면, 그는 사문 고타마를 비방한 것이 아닙니까? 아니면 그는 진실을 말한 것입니까? 그는 옳은 법을 말한 것입니까? 그는 법다운 법을 말한 것입니까? 그는 법다운 법에 대해서 허물이 없고 비난 받을 것이 없습니까?"

세존께서 말씀하셨다.

"가미니여, 만일 그와 같이, '사문 고타마는 환을 환으로 안다'라고 말한다면, 그는 사문 고타마를 비방한 것이 아니다. 그는 진실을 말했고, 옳은 법을 말했으며, 법다운 법을 말하였다. 그는 법에 대해서 허물도 없고 비난받을 것도 없다. 왜냐하면 가미니여, 나는 그 환을 알지만 나 자신이 환술사[幻人]는 아니기 때문이다."

"저 사문이나 바라문들이 말한 것이 진실이라 하시지만, 저는, '사문 고타마는 환을 환으로 안다'라는 것을 믿지 않습니다."

"가미니여, 만일 환을 안다고 해서 곧 그가 환술사인가?"

"그렇습니다, 세존이시여. 그렇습니다, 선서시여."

"가미니여, 그대는 나를 비방하는 잘못을 저지르지 마라. 만일 나를 비방하면 곧 스스로 허물을 짓는 것이다. 그렇게 말하면 다툼이 있고 범(犯)함이 있으며, 그것은 성현들이 싫어하는 것이며 큰 죄를 짓는 것이다. 왜냐하면 그것은 실로 그대가 말한 것과 같지 않기 때문이다. 가미니여, 그대는 콜리국에 군인이 있다는 말을 들었는가?"

"있다고 들었습니다."

"가미니여, 그대는 어떻게 생각하는가? 콜리국에서는 이 군인들을 무슨 일에 쓰는가?"

"고타마시여, 그들로 하여금 도적을 죽이게 합니다. 이 일을 위하여 콜리국에서는 군사를 기르는 것입니다."

"가미니여, 그대는 어떻게 생각하는가? 콜리국의 군인은 계(戒)를 지니는가, 계를 지니지 않는가?"

"고타마시여, 만일 세상에 계와 덕(德)을 지니지 않는 사람이 있다면, 콜리국의 군인보다 더한 자는 없을 것입니다. 왜냐하면 콜리국의 군인은 지켜야 할 계를 함부로 범하고 악한 법만 행하기 때문입니다."

"가미니여, 그대가 이렇게 보고 이렇게 안다면, 나는 그대에게 더는 묻지 않을 것이다. 만약 어떤 사람이, '콜리국의 군인이 지켜야 할 계를 함부로 범하고 악한 법만 행하는 것을 그대가 안다면, 이 일로 말미암아 파탈리야 가미니 또한 지켜야 할 계를 함부로 범하고 악한 법만 행하는 것이다'라고 말한다면, 그것을 진실이라고 하겠는가?"

"아닙니다, 고타마시여. 왜냐하면 콜리국의 군인과 저는 견해도 다르고 욕심도 다르며 원하는 것도 다릅니다. 콜리국의 군인들은 지켜야 할 계를 함부로 범하고 악한 법만을 행하지만, 저는 계를 잘 지키며 악한 법은 행하지 않습니다."

"가미니여, 그대는 콜리국의 군인이 지켜야 할 계를 함부로 범하고 악한 법만을 행하는 것을 안다. 그러나 이 일로 인하여 그대가 지켜야 할 계를 함부로 범하고 악한 법만을 행하는 것은 아니다.

그렇다면 어찌하여 여래는 환을 알지만 여래 자신은 환술사가 아니라고 말하는가. 왜냐하면 나는 환을 알고, 환술사를 알며, 환의 과보를 알고, 환을 끊을 줄 알기 때문이다. 가미니여, 나는 또 살생을 알고, 살생하는 사람을 알며, 살생의 과보를 알고, 살생을 끊을 줄 안다. 가미니여, 나는 또 주지 않는 것을 취하는 것을 알고, 주지 않는 것을 취하는 사람을 알며, 주지 않는 것을 취하는 과보를 알고, 주지 않는 것을 취하는 것을 끊을 줄 안다. 가미니여, 나는 또한 거짓말을 알고, 거짓말을 하는 사람을 알며, 거짓말의 과보를 알고, 거짓말을 끊을 줄 안다. 가미니여, 나는 이렇게 알고 이렇게 본다.

만일, '사문 고타마는 환을 안다. 그러므로 그는 환술사이다'라고 이렇게 말하는 사람이 있다면, 나는 그의 말이 끝나기도 전에 그의 마음 · 그의 욕망 · 그의 소원 · 그의 지식 · 그의 생각 · 그의 관찰을 알 수 있다. 그것은 마치 팔을 굽혔다 펴는 잠깐 사이의 일이니, 그는 목숨이 끝나면 지옥에 태어날 것이다.”

파탈리야 가미니는 이 말을 듣자 두려워 떨면서 털끝이 곤두섰다. 그는 자리에서 일어나 부처님 발에 예배한 뒤에 장궤합장하고 말씀드렸다.

“허물을 뉘우칩니다, 고타마시여. 죄를 고백합니다, 선서시여. 저는 바보처럼 어리석고 산만하고 착하지 못합니다. 왜냐하면 저는 근거 없이 사문 고타마를 환술사라고 말했기 때문입니다. 원컨대 고타마시여, 제가 허물을 뉘우치고 죄를 알아 드러내는 것을 받아주십시오. 저는 허물을 뉘우친 뒤에는 반드시 지켜서 다시는 짓지 않겠습니다.”

“그렇다. 가미니여, 그대는 실로 바보처럼 어리석고 산만하고 착하지 않다. 왜냐하면 그대는 여래 · 무소착 · 등정각에 대해서 근거 없이 환인이라고 말했기 때문이다. 그러나 그대는 허물을 뉘우치고 죄를 알고는 드러내며 반드시 지켜 다시는 짓지 않겠다고 말하였다. 이와 같이 가미니여, 만일 허물을 뉘우치고 죄를 알고는 드러내며 반드시 지켜 다시는 짓지 않는다면, 성인의 법을 길이 지켜 잃지 않을 것이다.”

이때 파탈리야 가미니는 부처님을 향해 합장하고 여쭈었다.

“고타마시여, 어떤 사문이나 바라문은 이렇게 보고 이렇게 말합니다. ‘만일 살생을 하면 그는 현재에 과보를 받고, 그것으로 말미암아 걱정과 괴로움이 생긴다. 만일 주지 않는 것을 취하고 거짓말을 하면 그는 현재에 과보를 받고, 그것으로 말미암아 걱정과 괴로움이 생긴다’라고. 사문 고타마시여, 어떻게 생각하십니까?”

“가미니여, 나는 이제 그대에게 묻겠으니, 아는 대로 대답하라. 가미니여, 그대는 어떻게 생각하는가? 만일 마을에 어떤 사람이 있어, 머리에는 화만(華鬘)을 쓰고 여러 가지 향을 몸에 바르고, 재주 부리고 노래하고 춤추며 오직 기생들만 데리고 즐기는 것이, 마치 왕과 같다고 하자. 어떤 사람이, '이 사람은 본래 어떤 일을 하였기에, 지금 머리에 화만을 쓰고 여러 가지 향을 몸에 바르고, 재주 부리고 노래하고 춤추며 오직 기생들만 데리고 즐기는 것이, 마치 왕과 같은 것이오?'라고 물었을 때, 다른 사람이, '이 사람은 왕을 위하여 원수를 죽였기에, 왕은 기뻐하여 곧 그에게 상을 주었소. 그래서 이 사람은 머리에 화만을 쓰고 여러 가지 향을 몸에 바르고, 재주 부리고 노래하고 춤추며 기생들만 데리고 즐기는 것이, 마치 왕과 같은 것이오'라고 대답하였다. 가미니여, 그대는 이런 일을 보고, 이런 일을 들은 적이 있는가?"

"본 적이 있습니다, 고타마시여. 이미 들었고 앞으로도 듣게 될 것입니다."

"가미니여, 왕이 죄인을 잡아서, 두 손을 뒤로 묶고 널리 알리기 위해 북을 치고 외치면서 남쪽 성문으로 나가 높은 나무 아래에 앉히고 그 머리를 베어 나무에 매다는 것을 보고, 어떤 사람이, '이 사람은 무슨 죄로 왕의 죽임을 당하는 것이오?'라고 물었을 때, 다른 사람이, '이 사람은 왕가의 죄 없는 사람을 억울하게 죽였기에, 왕은 이렇게 사형을 집행하는 것이오'라고 대답하였다. 가미니여, 그대는 이런 일을 보고, 이런 일을 들은 적이 있는가?"

"본 적이 있습니다, 고타마시여. 이미 들은 적이 있고, 앞으로도 듣게 될 것입니다."

"가미니여, 어떤 사문이나 바라문이, '만일 살생을 하면 그는 곧 현재에 과보를 받고, 그것으로 말미암아 걱정과 괴로움이 생긴다'라고 이렇게 보고 이렇게 말한다면, 그는 진실을 말한 것인가, 거짓을 말한 것인가?"

"거짓을 말한 것입니다, 고타마시여."

"만일 그가 거짓을 말하였다면 그대는 그것을 믿겠는가?"

"믿지 않겠습니다, 고타마시여."

세존께서 찬탄하며 말씀하셨다.

"착하고 착하다, 가미니여."

그리고 다시 가미니에게 물으셨다.

"그대는 어떻게 생각하는가? 만일 마을에 어떤 사람이 머리에 화만을 쓰고 여러 가지 향을 몸에 바르고, 재주를 부리고 노래하고 춤추며 기생들만 데리고 즐기는 것이, 마치 왕과 같다고 하자. 어떤 사람이, '이 사람은 본래 무슨 일을 하였기에, 지금 머리에는 화만을 쓰고 여러 가지 향을 몸에 바르고, 재주를 부리고 노래하고 춤추며 기생들만 데리고 즐기며 노는 것이, 마치 왕과 같은 것이오?'라고 물었을 때, 다른 사람이, '이 사람은 다른 나라에서 주지 않는 것을 취하였기에, 이 사람은 머리에 화만을 쓰고 여러 가지 향을 몸에 바르고, 재주를 부리고 노래하고 춤추며 오직 기생들만 데리고 즐기는 것이, 마치 왕과 같은 것이오'라고 대답하였다. 가미니여, 그대는 이런 일을 보고, 이런 일을 들은 적이 있는가?"

"본 적이 있습니다, 고타마시여. 이미 들었고 앞으로도 듣게 될 것입니다."

"가미니여, 왕이 죄인을 잡아서, 두 손을 뒤로 묶고 널리 알리기 위해 북을 치고 외치면서 남쪽 성문으로 나가 높은 나무 아래에 앉히고 그 목을 베어 나무에 매다는 것을 보고, 어떤 사람이, '이 사람은 무슨 죄로 왕에게 죽임을 당하는 것이오?'라고 물었을 때, 다른 사람이, '이 사람은 왕의 나라에서 주지 않는 것을 취하였기에, 왕은 이렇게 사형을 집행하게 한 것이오'라고 대답하였다. 가미니여, 그대는 이런 일을 보고, 이런 일을 들은 적이 있는가?"

"본 적이 있습니다, 고타마시여. 이미 들었고 앞으로도 듣게 될 것입니다."

"가미니여, 어떤 사문이나 바라문이, '만일 주지 않는 것을 취하면 그는 현재에 과보를 받고, 그것으로 말미암아 걱정과 괴로움이 생긴다'라고 이렇게 보고 이렇게 말한다면, 그는 진실을 말한 것인가, 거짓을 말한 것인가?"

"거짓을 말한 것입니다, 고타마시여."

"만일 그가 거짓을 말하였다면 그대는 그것을 믿겠는가?"

"믿지 않겠습니다, 고타마시여."

세존께서 찬탄해 말씀하셨다.

"착하고 착하다, 가미니여."

다시 가미니에게 물으셨다.

"그대는 어떻게 생각하는가? 만약 마을에 어떤 사람이 머리에 화만을 쓰고 여러 가지 향을 몸에 바르고, 재주를 부리고 노래하고 춤추며 기생들만 데리고 즐기는 것이 마치 왕과 같다고 하자. 어떤 사람이, '이 사람은 본래 무슨 일을 하였기에, 지금 머리에 화만을 쓰고 여러 가지 향을 몸에 바르고, 재주를 부리고 노래하고 춤추며 기생들만 데리고 즐기는 것이, 마치 왕과 같은 것이오?'라고 물었을 때, 다른 사람이, '이 사람이 기생을 데리고 희롱하며 즐겁게 웃는 것은, 그가 거짓말로 왕을 기쁘게 하였기에 왕이 기뻐하며 그에게 상을 준 것이오. 그래서 이 사람은 머리에 화만을 쓰고 여러 가지 향을 몸에 바르고, 재주를 부리고 노래하고 춤추며 기생들만 데리고 즐기는 것이, 마치 왕과 같은 것이오'라고 대답하였다. 가미니여, 그대는 이런 일을 보고, 이런 일을 들은 적이 있는가?"

"본 적이 있습니다, 고타마시여. 이미 들었고 앞으로도 듣게 될 것입니다."

"가미니여, 왕이 죄인을 잡아서, 몽둥이로 쳐서 죽이고 나무함에 담아 덮개 없는 수레에 싣고는 북쪽 성문으로 나가서 깊은 구덩이 속에 버리는 것을 보고, 어떤 사람이, '이 사람은 무슨 죄로 왕에게 죽임을 당하는 것이오?'라고 물었을 때, 다른 사람이, '이 사람은 왕 앞에서 거짓 증거를 대고 거짓말로 왕을 속였기에, 왕은 그를 잡아서 이렇게 벌하게 한 것이오'라고 대답하였다. 가미니여, 그대는 이런 일을 보고, 이런 일을 들은 적이 있는가?"

"본 적이 있습니다, 고타마시여. 이미 들었고 앞으로도 듣게 될 것입니다."

"가미니여, 그대는 어떻게 생각하는가? 어떤 사문이나 바라문이, '만일 거짓말을 하면 그는 곧 현재에 과보를 받고, 그것으로 말미암아 걱정과 괴로움이 생긴다'라고 이렇게 보고 이렇게 말한다면, 그는 진실을 말한 것인가, 거짓을 말한 것인가?"

"거짓을 말한 것입니다, 고타마시여."

"만일 그가 거짓을 말하였다면 그대는 그것을 믿겠는가?"

"믿지 않겠습니다, 고타마시여."

세존께서 찬탄해 말씀하셨다.

"착하고 착하다, 가미니여."

이에 파탈리야 가미니는 곧 자리에서 일어나 오른쪽 어깨가 드러나게 법의를 입고, 부처님을 향해 합장하고 말씀드렸다.

"참으로 훌륭하십니다. 고타마시여, 말씀하신 것은 지극히 미묘하고 훌륭한 비유이며 훌륭하게 증명하셨습니다.

고타마시여, 저는 우타라에 높은 집을 짓고 평상과 자리를 펴고 물그릇을 두고 큰 등불을 켰습니다. 만일 정진하는 사문이나 바라문이 와서 높은 집에서 자면, 저는 제 힘껏 그에게 필요한 것을 대어 주었습니다.

그때 네 명의 논사가 있었는데, 그들은 견해가 각각 다르고 서로 어긋났지만, 저의 높은 집으로 모였습니다. 그중의 한 논사는 이렇게 보고 이렇게 말하였습니다.

'보시도 없고 재(齋)도 없으며 주문[呪說]도 없다. 선과 악의 업도 없고, 선업과 악업의 과보도 없다. 이 세상과 저 세상도 없고, 아버지와 어머니도 없다. 이 세상에는 참된 사람이 좋은 곳으로 가는 일도 없다. 이 세상을 떠나서 저 세상으로 잘 가고 잘 향하는 일도 없다. 스스로 알고 스스로 깨닫는 일도 없고, 스스로 증득하여 성취하여 노니는 일도 없다.'

둘째 논사는 바른 견해를 가지고 있었습니다. 첫째 논사가 보는 것과 아는 것과는 반대로 그는 이렇게 보고 이렇게 말하였습니다.

'보시도 있고 재도 있으며 주문도 있다. 선과 악의 업도 있고, 선업과 악업의 과보도 있다. 이 세상과 저 세상도 있고, 아버지도 있고 어머니도 있다. 이 세상에는 참된 사람이 좋은 곳으로 가는 일도 있고, 이 세상을 떠나서 저 세상으로 잘 가고 잘 향하는 일도 있다. 스스로 알고 스스로 깨닫는 일도 있고, 스스로 증득하여 성취하여 노니는 일도 있다.'

셋째 논사는 이렇게 보고 이렇게 말하였습니다.

'스스로도 짓고 남도 짓게 하고, 스스로도 자르고 남도 자르게 하며, 스스로도 삶고 남도 삶게 한다. 시름하고 걱정하며 가슴을 치고 괴로워하며 소리 내어 운다. 어리석고 무지하여 살생하고, 주지 않는 것을 취하며, 사음하고, 거짓말하고, 술을 마신다. 담을 뚫고 창고를 열며, 남의 마을에 가서 겁탈한다. 마을을 해치고 고을을 부수며 성을 파괴하고 나라를 멸망시킨다. 이렇게 하는 자라도 악을 짓는 것이 아니다. 또 머리를 깎는 칼처럼 잘 드는 쇠바퀴로, 그가 이 땅의 일체 중생을 하루 동안 쪼개고 끊고 베고 토막 내고 벗기고 찢고 자르고 썰어서 조각내어 그것으로 한 무더기를 쌓더라도, 이것으로 인한 악한 업도 없고 악업의 과보도 없다.

강가강의 남쪽 언덕에서 죽여서 자르고 삶아서 가져가, 강가의 북쪽 언덕에서 보시하고 재를 지내며 주문을 외우고 오더라도, 이것으로 인한 죄도 없고 복도 없으며, 이것으로 인한 죄와 복의 과보도 없다. 물건을 보시하고, 마음을 잘 다스리고 잘 지키고 잘 지니며, 남을 칭찬하고 이롭게 하며, 은혜를 베풀고 좋은 말을 쓰며, 이롭게 해서 고루 이롭게 하더라도, 이것으로 인한 복도 없고, 이것으로 인한 복의 과보도 없다.'

넷째 논사는 바른 견해를 가지고 있었습니다. 셋째 논사가 아는 것과 보는 것과는 반대로 그는 이렇게 보고 이렇게 말했습니다.

'스스로도 짓고 남도 짓게 하며, 스스로도 자르고 남도 자르게 하며, 스스로도 삶고 남도 삶게 한다. 시름하고 걱정하며 가슴을 치고 괴로워하며 소리 내어 운다. 어리석고 무지하여 살생하고, 주지 않는 것을 취하며, 사음하고, 거짓말하고, 술을 마신다. 담을 뚫고 창고를 열며, 남의 마을에 가서 겁탈한다. 마을을 해치고 고을을 부수며 성을 파괴하고 나라를 멸망시킨다. 이렇게 하는 사람은 진실로 악을 짓는 것이다.

또 머리를 깎는 칼처럼 잘 드는 쇠바퀴로, 그가 이 땅의 일체 중생을 하루 동안에 쪼개고 끊고 베고 토막 내고 벗기고 찢고 자르고 썰어서 조각내어 그것으로 한 무더기를 쌓으면, 이것으로 인한 악업이 있고 이것으로 인한 악업의 과보가 있다.

강가강 남쪽 언덕에서 죽여서 자르고 삶고, 강가강의 북쪽 언덕에서 보시하고 재를 지내며 주문을 외우고 오면, 이것으로 인한 죄도 있고 복도 있으며, 이것으로 인한 죄와 복의 과보도 있다. 물건을 보시하고, 마음을 잘 다스리고 잘 지키고 잘 지니며, 남을 칭찬하고 이롭게 하며, 은혜를 베풀고 좋은 말을 쓰며, 이롭게 해서 고루 이롭게 하면, 이것으로 인하여 복이 있고, 이것으로 인하여 복의 과보도 있다.'

고타마시여, 저는 이들의 말을 듣고는 문득, '이 사문이나 바라문들은 누가 진실을 말하고, 누가 거짓을 말하는가'라는 의혹이 생겼습니다."

세존께서 가미니에게 말씀하셨다.

"가미니여, 그대는 의혹을 일으키지 마라. 왜냐하면 의혹이 있으면 곧 망설임이 있다. 가미니여, 그대는 스스로 청정한 지혜가 없으면서, 다음 세상이 있다고도 하고 다음 세상이 없다고도 한다. 가미니여, 그대는 또 청정한 지혜가 없으면서, 악을 짓는다 하고 선을 짓는다 한다.

가미니여, 삼매의 법이 있으니 '멀리 떠남'이라 한다. 그대는 이러한 삼매로 말미암아 바른 생각을 얻을 수 있고, 한마음을 얻을 수 있다. 이와 같이 그대는 현법에서 곧 의혹을 끊고 계속 위로 오를 수 있다."

이에 파탈리야 가미니는 다시 자리에서 일어나 오른쪽 어깨가 드러나게 법의를 입고, 부처님을 향해 합장하고 말씀드렸다.

"고타마시여, 어떤 삼매의 법을 '멀리 떠남'이라 합니까? 그것으로 인하여 제가 바른 생각을 얻고, 한마음을 얻을 수 있는지요? 이와 같이 제가 현법에서 의혹을 끊고 계속 위로 오를 수 있는지요?"

"가미니여, 많이 들어 아는 거룩한 제자는 살생을 떠나고 살생을 끊으며, 주지 않는 것을 취하는 것과 사음과 거짓말을 끊고, ……삿된 견해를 끊어 바른 견해를 얻는 데까지 이른다. 그는 낮에는 밭농사 짓는 것을 가르치고, 날이 저물어 쉴 때에는 방에 들어가 선정에 들었다가, 밤이 지나고 새벽이 되면 이렇게 생각한다. '나는 살생을 떠났고 살생을 끊었으며, 주지 않는 것을 취하는 것과 사음과 거짓말을 끊었고, ……삿된 견해를 끊어 바른 견해를 얻는 데까지 이르렀다.'

그는 곧 스스로, '나는 열 가지 악한 업을 끊고 열 가지 선한 업을 생각한다'라고 본다. 그는 스스로 열 가지 악한 업을 끊고 열 가지 선한 업을 생각하는 것을 본 뒤에는 즐거운 마음을 낸다. 즐거운 마음을 낸 뒤에는 기쁨을 내고, 기쁨을 낸 뒤에는 몸을 쉬며, 몸을 쉰 뒤에는 몸의 즐거움을 느끼며, 몸의 즐거움을 느낀 뒤에는 한마음을 얻게 된다.

가미니여, 많이 들어 아는 거룩한 제자는 한마음을 얻은 뒤에 그 마음은 자애[慈]와 함께하여 동쪽을 두루 채우고 노닌다. 이와 같이 서쪽 · 남쪽 · 북쪽과 사유와 상 · 하의 모든 곳을 두루 채우고 노닌다. 마음은 자애와 함께하므로, 맺음도 없고 원한도 없고 성냄도 없고 다툼도 없어 지극히 넓고 크며, 한량없이 잘 닦아 일체 세간을 두루 채우고 노닌다.

어떤 사문이나 바라문은 이렇게 보고 이렇게 말한다.

'보시도 없고 재도 없으며 주문도 없다. 선과 악의 업도 없고, 선업과 악업의 과보도 없다. 이 세상과 저 세상도 없고, 아버지도 없고 어머니도 없다. 이 세상에는 참된 사람이 좋은 곳으로 가는 일도 없다. 이 세상을 떠나서 저 세상으로 잘 가고 잘 향하는 일도 없다. 스스로 알고 스스로 깨닫는 일도 없고, 스스로 증득하여 성취하여 노니는 일도 없다.'

만일 그 사문이나 바라문이 말한 것이 진실하다 하더라도, '나는 세상의 두려움과 두렵지 않은 것을 범하지 않고, 항상 일체 세간을 사랑하고 가엾이 여길 것이다. 그래서 나의 마음은 중생과 더불어 다투지 않고 물들지 않고 즐거워할 것이다. 나는 이제 세간을 벗어나는 법을 얻어 계속 위로 올라가 안락하게 살 수 있다'라고 생각한다. 이른바 '멀리 떠남'이라는 삼매의 법이다.

그는 사문이 말한 것은 옳지도 않고 그르지도 않다고 한다. 옳지도 않고 그르지도 않다고 할 때, 이미 안으로 마음의 쉼을 얻는다.

가미니여, 이것이 바로 '멀리 떠남'이라는 삼매의 법이다. 그대는 이 삼매로 말미암아 바른 생각을 얻을 수 있고, 한마음을 얻을 수 있다. 이와 같이 그대는 현법에서 의혹을 끊고 계속 위로 오르게 될 것이다.

다시 가미니여, 많이 들어 아는 거룩한 제자는 살생을 멀리하고 살생을 끊으며, 주지 않는 것을 취하는 것과 사음과 거짓말을 끊고, ……삿된 견해를 끊어 바른 견해를 얻는 데까지 이른다. 그는 낮에는 밭농사 짓는 것을 가르치고, 날이 저물어 쉴 때에는 방에 들어가 선정에 들었다가, 밤이 지나고 새벽이 되면 이렇게 생각한다. '나는 살생을 멀리하고 살생을 끊었으며, 주지 않는 것을 취하는 것과 사음과 거짓말을 끊었고, ……삿된 견해를 끊어 바른 견해를 얻는 데까지 이르렀다.'

그는 곧 스스로, '나는 열 가지 악한 업을 끊고, 열 가지 선한 업을 생각한다'라고 본다. 그는 스스로 열 가지 악한 업을 끊고, 열 가지 선한 업을 생각하는 것을 본 뒤에는 즐거운 마음을 낸다. 즐거운 마음을 낸 뒤에는 기쁨을 내고, 기쁨을 낸 뒤에는 몸을 쉰다. 몸을 쉰 뒤에는 몸의 즐거움을 느끼고, 몸의 즐거움을 느낀 뒤에는 한마음을 얻게 된다.

가미니여, 많이 들어 아는 거룩한 제자는 한마음을 얻은 뒤에는 곧 그 마음은 연민[悲]과 함께하여 동쪽을 두루 채우고 노닌다. 이와 같이 서쪽 · 남쪽 · 북쪽과 사유와 상 · 하의 모든 곳을 두루 채우고 노닌다. 마음은 연민과 함께하므로, 맺음도 없고 원한도 없고 성냄도 없고 다툼도 없어 지극히 넓고 크며, 한량없이 잘 닦아 일체 세간을 두루 채우고 노닌다.

어떤 사문이나 바라문은 이렇게 보고 이렇게 말한다.

'보시도 있고 재도 있으며 주문도 있다. 선과 악의 업도 있고 선업과 악업의 과보도 있다. 이 세상도 있고 저 세상도 있으며, 아버지도 있고 어머니도 있다. 이 세상에는 참된 사람이 좋은 곳으로 가는 일도 있다. 이 세상을 떠나서 저 세상으로 잘 가고 잘 향하는 일도 있다. 스스로 알고 스스로 깨닫고 스스로 증득하여 성취하여 노니는 것도 있다.'

만일 그 사문이나 바라문이 말한 것이 진실하다 하더라도, '나는 세상의 두려움과 두렵지 않음을 범하지 않고 항상 일체 세간을 사랑하고 가엾이 여길 것이다. 그래서 나의 마음은 중생과 더불어 다투지 않고 물들지 않고 즐거워할 것이다. 나는 이제 세간을 벗어나는 법을 얻어 계속 위로 올라가 안락하게 살 수 있다'라고 생각한다. 이른바 '멀리 떠남'이라는 삼매의 법이다.

그는 사문이 말한 것은 옳지도 않고 그르지도 않다고 한다. 옳지도 않고 그르지도 않다고 할 때, 이미 안으로 마음의 쉼을 얻는다.

가미니여, 이것이 바로 '멀리 떠남'이라는 삼매의 법이다. 그대는 이 삼매로 인하여 바른 생각을 얻을 수 있고, 한마음을 얻을 수 있다. 이와 같이 그대는 현법에서 의혹을 끊고 계속 위로 오르게 될 것이다.

다시 가미니여, 많이 들어 아는 거룩한 제자는 살생을 떠나고 살생을 끊으며, 주지 않는 것을 취하는 것과 사음과 거짓말을 끊고, ……삿된 견해를 끊어 바른 견해를 얻는 데까지 이른다. 그는 낮에는 밭농사 짓는 것을 가르치고, 날이 저물어 쉴 때에는 방에 들어가 선정에 들었다가, 밤이 지나고 새벽이 되면 이렇게 생각한다. '나는 살생을 떠나고 살생을 끊었으며, 주지 않는 것을 취하는 것과 사음과 거짓말을 끊었고, ……삿된 견해를 끊어 바른 견해를 얻는 데까지 이르렀다.'

그는 곧 스스로, '나는 열 가지 악한 업을 끊고 열 가지 선한 업을 생각한다'라고 본다. 그가 스스로 열 가지 악한 업을 끊고 열 가지 선한 업을 생각하는 것을 본 뒤에는 즐거운 마음을 낸다. 즐거운 마음을 낸 뒤에는 기쁨을 내고, 기쁨을 낸 뒤에는 몸을 쉬며, 몸을 쉰 뒤에는 몸의 즐거움을 느끼고, 몸의 즐거움을 느낀 뒤에는 한마음을 얻게 된다.

가미니여, 많이 들어 아는 거룩한 제자는 한마음을 얻은 뒤에는, 그 마음은 기쁨[喜]과 함께하여 동쪽을 두루 채우고 노닌다. 이와 같이 서쪽 · 남쪽 · 북쪽과 사유와 상 · 하의 모든 곳을 두루 채우고 노닌다. 마음은 기쁨과 함께하므로, 맺음도 없고 원한도 없고 성냄도 없고 다툼도 없어 지극히 넓고 크며, 한량없이 잘 닦아 일체 세간을 두루 채우고 노닌다.

어떤 사문이나 바라문은 이렇게 보고 이렇게 말한다.

'스스로도 짓고 남도 짓게 하며, 스스로도 자르고 남도 자르게 하며, 스스로도 삶고 남도 삶게 한다. 시름하고 걱정하며 가슴을 치고 괴로워하며 소리를 내어 운다. 어리석고 무지하여 살생하고, 주지 않는 것을 취하고, 사음하고, 거짓말하고, 술을 마신다. 담을 뚫고 창고를 열며, 남의 마을에 가서 겁탈한다. 마을을 해치고 고을을 부수며 성을 파괴하고 나라를 멸망시킨다. 이렇게 하는 자라도 실로 악을 짓는 것이 아니다.

또 머리를 깎는 칼처럼 잘 드는 쇠바퀴로, 그가 이 땅의 일체 중생을 하루 동안에 쪼개고 끊고 베고 토막 내고 벗기고 찢고 자르고 썰어서 조각내어 그것으로 한 무더기를 쌓더라도, 이것으로 인한 악업은 없고 이것으로 인한 악업의 과보도 없다.

강가강 남쪽 언덕에서 죽여서 자르고 삶고, 강가강 북쪽 언덕에서 보시하고 재를 지내며 주문을 외우고 오더라도, 이것으로 인한 죄와 복도 없고 죄와 복의 과보도 없다. 물건을 보시하고, 마음을 잘 다스리고 잘 지키고 잘 지니며, 남을 칭찬하고 이롭게 하고, 은혜를 베풀고 좋은 말을 쓰며, 이롭게 해서 고루 이롭게 하더라도, 이것으로 인한 복도 없고 이것으로 인한 복의 과보도 없다.'

만일 그 사문이나 바라문이 말한 것이 진실하다 하더라도, '나는 세상의 두려움과 두렵지 않은 것을 범하지 않고, 항상 일체 세간을 사랑하고 가엾이 여길 것이다. 그래서 나의 마음은 중생과 더불어 다투지 않고 물들지 않고 즐거워할 것이다. 나는 이제 세간을 벗어나는 법을 얻어 계속 위로 올라가 안락하게 살 수 있다'라고 생각한다. 이른바 '멀리 떠남'이라는 삼매의 법이다.

그는 사문이 말한 것은 옳지도 않고 그르지도 않다고 한다. 옳지도 않고 그르지도 않다고 할 때, 이미 안으로 마음의 쉼을 얻는다.

가미니여, 이것이 바로 '멀리 떠남'이라는 삼매의 법이다. 그대는 이 삼매로 말미암아 바른 생각을 얻을 수 있고, 한마음을 얻을 수 있다. 이와 같이 그대는 현법에서 의혹을 끊고 계속 위로 오르게 될 것이다.

다시 가미니여, 많이 들어 아는 거룩한 제자는 살생을 멀리하고 살생을 끊으며, 주지 않는 것을 취하는 것과 사음과 거짓말을 끊고, …… 삿된 견해를 끊어 바른 견해를 얻는 데까지 이른다. 그는 낮에는 밭농사 짓는 것을 가르치고, 날이 저물어 쉴 때에는 방에 들어가서 선정에 들었다가, 밤이 지나고 새벽이 되면 이렇게 생각한다. '나는 살생을 떠나고 살생을 끊었으며, 주지 않는 것을 취하는 것과 사음과 거짓말을 끊었고, ……삿된 견해를 끊어 바른 견해를 얻는 데까지 이르렀다.'

그는 곧 스스로, '나는 열 가지 악한 업을 끊고 열 가지 선한 업을 생각한다'라고 본다. 그는 스스로 열 가지 악한 업을 끊고 열 가지 선한 업을 생각하는 것을 본 뒤에는 즐거운 마음을 낸다. 즐거운 마음을 낸 뒤에는 기쁨을 내고, 기쁨을 낸 뒤에는 몸을 쉰다. 몸을 쉰 뒤에는 몸의 즐거움을 느끼고, 몸의 즐거움을 느낀 뒤에는 한마음을 얻게 된다.

가미니여, 많이 들어 아는 거룩한 제자는 한마음을 얻은 뒤에는 곧 그 마음은 담담함[捨]과 함께하여 동쪽을 두루 채우고 노닌다. 이와 같이 서쪽 · 남쪽 · 북쪽과 사유와 상 · 하의 모든 곳을 두루 채우고 노닌다. 마음은 담담함과 함께하므로, 맺음도 없고 원한도 없고 성냄도 없고 다툼도 없어 지극히 넓고 크며, 한량없이 잘 닦아 일체 세간을 두루 채우고 노닌다.

어떤 사문이나 바라문은 이렇게 보고 이렇게 말한다.

'스스로도 짓고 남도 짓게 하며, 스스로도 자르고 남도 자르게 하며, 스스로도 삶고 남도 삶게 한다. 시름하고 걱정하며 가슴을 치고 괴로워하며 소리 내어 운다. 어리석고 무지하여 살생하고, 주지 않는 것을 취하고, 사음하고, 거짓말하고, 술을 마신다. 담을 뚫고 창고를 열며, 남의 마을에 가서 겁탈한다. 마을을 해치고 고을을 부수며 성을 파괴하고 나라를 멸망시킨다. 이렇게 하는 사람은 진실로 악을 짓는 것이다.

또 머리 깎는 칼처럼 잘 드는 쇠바퀴로, 그가 이 땅의 일체 중생을 하루 동안에 쪼개고 끊고 베고 토막 내고 벗기고 자르고 썰어서 조각내어 그것으로 한 무더기를 쌓으면, 이것으로 인한 악업이 있고 이것으로 인한 악업의 과보도 있다.

강가강 남쪽 언덕에서 죽여서 자르고 삶고, 강가의 북쪽 언덕에서 보시하고 재를 지내며 주문을 외우고 오면, 이것으로 인한 죄도 있고 복도 있으며, 이것으로 인한 죄와 복의 과보도 있다. 물건을 보시하고, 마음을 잘 다스리고 잘 지키고 잘 지니며, 남을 칭찬하고 이롭게 하며, 은혜를 베풀고 좋은 말을 쓰며, 이롭게 해서 고루 이롭게 하면, 이것으로 인한 복이 있고, 이것으로 인한 복의 과보도 있다.'

만일 사문이나 바라문이 말한 것이 진실하다 하더라도, '나는 세상의 두려움과 두렵지 않은 것을 범하지 않고 항상 일체 세간을 사랑하고 가엾이 여길 것이다. 그래서 나의 마음은 중생과 더불어 다투지 않고 물들지 않고 즐거워할 것이다. 나는 이제 위없는 사람의 법을 얻어 계속 위로 올라가 안락하게 살 수 있다'라고 생각한다. 이른바 '멀리 떠남'이라는 삼매의 법이다.

그는 사문이 말한 것은 옳지도 않고 그르지도 않다고 한다. 옳지도 않고 그르지도 않다고 하면, 이미 안으로 마음의 쉼을 얻는다.

가미니여, 이것이 바로 '멀리 떠남'이라는 삼매의 법이다. 그대는 이 삼매로 인하여 바른 생각을 얻을 수 있고, 한마음을 얻을 수 있다. 이와 같이 그대는 현법에서 의혹을 끊고 계속 위로 오르게 될 것이다."

이 법을 말씀하셨을 때, 파탈리야 가미니는 번뇌를 여의고, 모든 법에 대한 청정한 눈이 생겼다. 이에 가미니는 법을 보고 법을 얻고 청정한 법을 깨달았다. 의심을 끊고 미혹을 버려 다시는 다른 사람을 받들지 않고, 다시는 남을 따르지 않으며, 망설임이 없게 되었다. 이미 과를 증득하여 머물러, 세존의 법에서 두려움이 없게 되었다.

그는 곧 자리에서 일어나 부처님 발에 예배하고 말씀드렸다.

"세존이시여, 저는 이제 스스로 부처님과 법과 승가에 귀의합니다. 원컨대 세존께서는 저를 받아들여 청신사가 되게 하여 주십시오. 오늘부터 몸이 다하고 목숨을 마칠 때까지 귀의하겠습니다."

부처님께서 이렇게 말씀하시자, 파탈리야 가미니와 비구들은 부처님 말씀을 듣고 기뻐하며 받들어 행하였다.

3.3.13 바파경[婆破經]

【중아함경 제3권 12경】

이와 같이 나는 들었다.

어느 때 부처님께서 사캬족의 왕궁인 카필라밧투성에서 유행하실 때 니그로다 동산에 계셨다.

그때 마하목갈라나 존자는 비구들과 함께 점심을 먹은 뒤에 할 일이 있어 강당에 모여 앉았다. 이때 사캬족 출신으로 니간타의 제자인 바파[婆破]가 있었다.

그는 오후가 되자 천천히 거닐어 마하목갈라나 존자의 처소에 이르러 서로 인사한 뒤 한쪽으로 물러나 앉았다. 마하목갈라나 존자는 이러한 일을 물었다.

"바파여, 어떻게 생각합니까? 만일 어떤 비구가 몸과 입과 의지를 보호하더라도, 이것으로 인하여 선하지 않은 번뇌를 내어 다음 세상에까지 이르게 하는 것을 볼 수 있습니까?"

바파가 대답하였다.

"마하목갈라나여, 만일 어떤 비구가 몸과 입과 의지를 보호하더라도, 나는 이것으로 인하여 선하지 않은 번뇌를 내어 다음 세상에까지 이르게 하는 것을 봅니다. 마하목갈라나여, 만일 전생에서 선하지 않은 행을 했다면, 이것으로 인하여 선하지 않은 번뇌를 내어 다음 세상에까지 이르게 합니다."

그때 세존께서는 고요한 곳에 앉으셔서 보통 사람보다 뛰어난 '하늘의 귀'로써 마하목갈라나 존자와 니간타의 제자 바파가 함께 이러한 이야기를 하는 것을 들으셨다. 세존께서 들으신 다음 저녁때에 자리에서 일어나 강당으로 가시어 비구들 앞에 자리를 펴고 앉아 물으셨다.

"목갈라나여, 조금 전 니간타의 제자 바파와 함께 무슨 일을 의논했으며, 또 무슨 일로 강당에 모여 앉았는가?"

마하목갈라나 존자가 말씀드렸다.

"세존이시여, 저는 오늘 비구들과 함께 점심을 먹은 뒤에 할 일이 있어 강당에 모여 앉았습니다. 이때 니간타의 제자 바파가 오후에 천천히 거닐어 제가 있는 곳으로 와서 서로 인사한 뒤에 물러나 한쪽에 앉았습니다. 저는, '바파의 생각은 어떠합니까. 만일 어떤 비구가 몸과 입과 의지를 보호하더라도, 이것으로 인하여 선하지 않은 번뇌를 내어 다음 세상에까지 이르게 하는 것을 봅니까'라고 물었습니다.

니간타의 제자 바파는, '만일 어떤 비구가 몸과 입과 의지를 보호하더라도, 이것으로 인하여 선하지 않은 번뇌를 내어 다음 세상에까지 이르게 하는 것을 봅니다. 마하목갈라나여, 만일 전생에서 선하지 않은 행을 했다면, 이것으로 인하여 선하지 않은 번뇌를 내어 다음 세상에까지 이르게 합니다'라고 대답하였습니다.

세존이시여, 조금 전 니간타의 제자 바파와 함께 이야기한 것은 이와 같습니다. 이 일로 강당에 모여 앉았습니다."

이에 세존께서 니간타의 제자 바파에게 말씀하셨다.

"만일 내가 말하는 것이 옳거든 그대도 옳다고 하고, 만일 옳지 않거든 옳지 않다고 말하시오. 그리고 그대가 의심하는 것이 있거든 곧 나에게, '사문 고타마시여, 여기에 무슨 일이 있으며, 여기에 무슨 뜻이 있습니까?'라고 물으시오. 내가 말하는 것을 그대가 받아들인다면 나는 그대와 함께 이 일을 의논할 것입니다."

바파가 말씀드렸다.

"사문 고타마시여, 말씀하시는 것이 옳다면 저는 마땅히 옳다고 할 것이고, 옳지 않으면 옳지 않다고 말하겠습니다. 그리고 제가 의심하는 것이 있으면 고타마께, '고타마시여, 여기에는 무슨 일이 있으며, 여기에는 무슨 뜻이 있습니까?'라고 여쭙겠습니다. 그리고 저는 사문 고타마께서 말씀하시는 것을 받아 가지겠습니다. 사문 고타마시여, 다만 저와 함께 이 일을 의논해 주십시오."

세존께서 물으셨다.

"바파여, 그대는 어떻게 생각합니까? 어떤 비구가 선하지 않은 행으로 인하여 번뇌와 번열과 걱정과 근심이 있더라도, 그 후에 선하지 않은 몸의 행이 멸하여 다시는 새 업을 짓지 않고 묵은 업을 버리면, 곧 현세에서 문득 구경(究竟)을 얻어 번뇌가 없고 항상 변하지 않음에 머무릅니다. 이것은 거룩한 지혜로써 본 것이며, 거룩한 지혜로써 안 것입니다.

몸으로 선하지 않은 일을 하고, 입으로 선하지 않은 말을 하며, 의지로 선하지 않은 생각을 하여, 무명의 행과 번뇌와 번열과 걱정과 근심이 있더라도, 그 후에 선하지 않은 무명의 행이 멸하여 다시는 새 업을 짓지 않고 묵은 업을 버리면, 곧 현세에서 문득 구경을 얻어 번뇌가 없고 항상 변하지 않음에 머무릅니다. 이것은 거룩한 지혜로써 본 것이며, 거룩한 지혜로써 안 것입니다.

바파여, 이와 같이 비구가 몸과 입과 의지를 보호하더라도, 그대는 이것으로 인하여 선하지 않은 번뇌를 내어 다음 세상에까지 이르게 하는 것을 봅니까?"

"고타마시여, 만일 어떤 비구가 이와 같이 몸과 입과 의지를 보호한다면, 이것으로 인해 선하지 않은 번뇌를 내어 다음 세상에까지 이르게 하는 것을 저는 보지 못할 것입니다."

세존께서 찬탄하며 말씀하셨다.

"훌륭합니다. 바파여, 어떤 비구가 이미 무명이 다하고 명(明)이 생기면, 이미 무명이 다하고 명이 생기고는 다음 몸의 느낌을 내어 곧 다음 몸의 느낌을 낸 줄을 알며, 다음 목숨의 느낌을 내어 곧 다음 목숨의 느낌을 낸 줄을 압니다. 몸이 무너지고 목숨이 끝나 수명이 이미 다하면, 곧 현세에서 일체의 느낌이 문득 다 그치어 쉼으로써 마침내 차가움에 이름을 압니다.

바파여, 그것은 마치 나무로 인하여 그림자가 있는 것과 같습니다. 만일 어떤 사람이 예리한 도끼를 가지고 와서 그 나무뿌리를 베어 조각조각 끊어, 열 조각 혹은 백 조각으로 부수어서 불에 태워 재로 만들거나 큰 바람에 날리거나 물속에 넣는다면, 그대는 어떻게 생각합니까? 그림자는 나무로 인하여 있는 것이므로 그 그림자도 나무를 따라 이미 없어졌다면, 그림자도 그 인(因)이 멸함으로써 다시는 나지 않지 않겠습니까?"

"그렇습니다, 고타마시여."

"바파여, 비구도 또한 이와 같음을 아십시오. 이미 무명이 다하고 명(明)이 생기면, 이미 무명이 다하고 명이 생기고는 다음 몸의 느낌을 내어 곧 다음 몸의 느낌을 낸 줄을 알며, 다음 목숨의 느낌을 내어 곧 다음 목숨의 느낌을 낸 줄을 압니다. 몸이 무너지고 목숨이 끝나 수명이 이미 다하면, 곧 현세에서 일체의 느낌이 문득 다 그치어 쉼으로써 마침내 차가움에 이름을 압니다.

바파여, 비구는 이와 같이 바른 마음으로 해탈[正心解脫]하여 문득 '여섯 선주처[六善住處]'를 얻습니다.

어떤 것이 여섯인가. 바파여, 비구는 눈으로 색을 볼 때, 기뻐하지도 않고 걱정하지도 않으며 구하지도 않고 함이 없으면, 바른 생각과 바른 지혜를 얻습니다. 바파여, 비구는 이와 같이 바른 마음으로 해탈합니다. 이것을 첫째 선주처를 얻은 것이라 합니다. 이와 같이 귀 · 코 · 혀 · 몸도 그러하며, 의지로 법을 알아, 기뻐하지도 않고 걱정하지도 않으며 구하지도 않고 함이 없으면, 바른 생각과 바른 지혜를 얻습니다. 바파여, 비구는 이와 같이 바른 마음으로 해탈합니다. 이것을 여섯째 선주처를 얻은 것이라 합니다.

바파여, 비구는 이와 같이 바른 마음으로 해탈하여 이 여섯 선주처를 얻습니다."

"그렇습니다, 고타마시여. 많이 들어 아는 거룩한 제자들은 이와 같이 바른 마음으로 해탈하여 여섯 선주처를 얻습니다. 어떤 것이 여섯인가. 고타마시여, 많이 들어 아는 거룩한 제자들은 눈으로 색을 볼 때, 기뻐하지도 않고 걱정하지도 않으며 구하지도 않고 함이 없으면, 바른 생각과 바른 지혜를 얻습니다. 고타마시여, 많이 들어 아는 거룩한 제자들은 이와 같이 바른 마음으로 해탈합니다. 이것을 첫째 선주처를 얻은 것이라 합니다. 이와 같이 귀 · 코 · 혀 · 몸도 그러하며, 의지로 법을 알아 기뻐하지도 않고 걱정하지도 않으며 구하지도 않고 함이 없으면, 바른 생각과 바른 지혜를 얻습니다. 고타마시여, 많이 들어 아는 거룩한 제자들은 이와 같이 바른 마음으로 해탈합니다. 이것을 여섯째 선주처를 얻은 것이라 합니다. 이와 같이 고타마시여, 많이 들어 아는 거룩한 제자들은 바른 마음으로 해탈하여 이 여섯 선주처를 얻습니다."

바파는 계속하여 세존께 말씀드렸다.

"고타마시여, 저는 알았습니다. 선서시여, 저는 이해하였습니다. 고타마시어, 마치 눈 밝은 사람이 엎어진 사람을 일으켜 세우고, 덮인 것은 드러내며, 헤매는 자에게는 길을 보여 주고, 어둠 속에서는 등불을 비춰주는 것과 같습니다.

눈이 있는 사람은 색을 볼 수 있는 것처럼, 사문 고타마도 이와 같습니다. 저를 위하여 무량한 방편으로 법을 설명하시고 뜻을 나타내시어 매우 깊은 길을 따라가게 하셨습니다. 세존이시여, 저는 이제 스스로 부처님과 법과 비구 승가에 귀의합니다. 오직 바라건대, 세존이시여, 저를 받아들여 청신사가 되게 하여 주십시오. 저는 오늘부터 몸이 다하고 목숨을 마칠 때까지 귀의하겠습니다.

세존이시여, 마치 어떤 사람이 종자가 좋지 못한 말을 길러 그 이익을 바라지만 피로하기만 하고 이익을 거두지 못하는 것처럼, 세존이시여, 저 또한 그와 같았습니다. 저 어리석은 니간타는 밝게 깨닫지도 못하고 이해하지도 못하며, 좋은 밭을 알지도 못하고, 스스로 살피지도 않았습니다. 그런 사람을 저는 오랫동안 받들어 공경하고 공양하고 예로써 섬기면서 그 이익을 얻기 원하였으나, 괴롭기만 하고 이익은 없었습니다.

세존이시여, 저는 이제 다시 스스로 부처님과 법과 비구 승가에 귀의합니다. 원컨대, 세존이시여, 저를 받아들여 청신사가 되게 하여 주십시오. 저는 오늘부터 몸이 다하고 목숨을 마칠 때까지 귀의하겠습니다.

세존이시여, 저는 원래 무지하여 저 어리석은 니간타를 믿고 공경하였습니다. 그러나 오늘부터는 끊겠습니다. 왜냐하면 저를 속였기 때문입니다.

세존이시여, 저는 이제 세 번째 스스로 부처님과 법과 비구 승가에 귀의합니다. 원컨대 세존이시여, 저를 받아들여 청신사가 되게 하여 주십시오. 저는 오늘부터 몸이 다하고 목숨을 마칠 때까지 귀의하겠습니다."

부처님께서 이와 같이 말씀하시자, 바파와 모든 비구는 부처님 말씀을 듣고 기뻐하며 받들어 행하였다.

4. 육육법설(六六法說)

4. 1 육식(六識)

4.1.1 청정걸식주경(淸淨乞食住經)

【잡아함경 제9권 236경】

이와 같이 나는 들었다.

어느 때 부처님께서 사밧티성 제타숲 아나타핀디카동산에 계셨다.

그때 사리풋타 존자는 이른 아침에 가사를 입고 발우를 가지고 사밧티성에 들어가 걸식하였다.

걸식을 마치고 정사로 돌아와, 가사와 발우를 두고 발을 씻은 뒤에 자리깔개[尼師檀]를 가지고 숲 속에 들어가 낮 동안 좌선하였다.

사리풋타는 선정에서 깨어나, 부처님 계신 곳으로 가서 부처님 발에 예배하고 물러나 한쪽에 앉았다.

부처님께서 사리풋타에게 말씀하셨다.

"그대는 어디서 오는가?"

사리풋타가 대답하였다.

"세존이시여, 숲 속에서 낮 동안 좌선하고 왔습니다."

"그대는 어떤 선정에 들어 머물렀는가?"

"세존이시여, 저는 지금 숲 속에서 공삼매선(空三昧禪)에 들어 머물렀습니다."

"참으로 훌륭하구나. 사리풋타여, 그대는 상좌선(上座禪)에 들어 머무르면서 좌선하였구나. 만일 비구로서 상좌선에 들고자 하는 사람은 이와 같이 배워야 한다. 성으로 들어갈 때나 걸식할 때나 성에서 나올 때나, '나는 지금 눈으로 색을 볼 때, 욕심을 일으키고 사랑하며 그 사랑하는 생각에 집착하지 않는가?'라고 이와 같이 생각하여라.

사리풋타여, 만일 비구가 이렇게 관찰하며, 눈으로 색을 식별할 때 사랑하는 생각에 물들어 집착함이 있으면, 그 비구는 악하고 선하지 않음을 끊기 위하여 부지런히 방편을 잘 써서 생각을 잡아매는 공부를 하여야 한다. 마치 어떤 사람이 머리나 옷이 불에 탈 때 최선의 방편을 써서 그것을 끄기 위하여 노력하는 것과 같다. 그 비구도 그와 같아서, 부지런히 노력하여 생각을 잡아매는 공부를 하여야 한다.

만일 비구가 이렇게 관찰하며, 길이나 마을에서 걸식할 때나 마을에서 나올 때나 그 중간에, 눈으로 색을 식별할 때 사랑하는 생각에 물들어 집착함이 없으면, 그 비구는 기쁘고 즐거운 선근(善根)으로 밤낮으로 부지런히 정진하여 생각을 잡아매는 공부를 하여야 한다. 비구여, 이것을 다니거나 섰거나 앉거나 눕거나 청정한 걸식이라 하며, 이 경의 이름을 '청정걸식주(淸淨乞食住)'라 한다."

부처님께서 이 경을 말씀하시자, 사리풋타 존자는 부처님 말씀을 듣고 기뻐하며 받들어 행하였다.

4.1.2 장자소문경(長者所問經)

【잡아함경 제9권 237경】

이와 같이 나는 들었다.

어느 때 부처님께서 베살리의 원숭이못 옆에 있는 중각강당에 계셨다.

그때 욱가 장자는 부처님 계신 곳으로 가서 부처님 발에 예배하고 물러나 한쪽에 앉아 여쭈었다.

"세존이시여, 어찌하여 어떤 비구는 법을 보아 '반열반'하고, 어찌하여 어떤 비구는 법을 보아 '반열반'하지 못합니까?"

부처님께서 장자에게 말씀하셨다.

"만일 어떤 비구가 눈으로 색을 식별할 때 사랑하는 생각에 물들어 집착하면, 사랑하는 생각에 물들어 집착하기 때문에 항상 식별에 의지하여 결박되고 식별을 취하므로, 법을 보아 반열반하지 못하게 된다. 귀 · 코 · 혀 · 몸도 그러하며, 의지로 법을 식별할 때도 그와 같다.

만일 비구가 눈으로 색을 식별할 때 사랑함을 즐기는 것에 물들어 집착하지 않으면, 사랑함을 즐기는 것에 집착하지 않기 때문에 식별에 의지하지 않고 부딪치지 않고 집착하지 않고 취하지 않으므로, 이러한 비구들은 법을 보아 반열반하게 된다. 귀와 소리 · 코와 냄새 · 혀와 맛 · 몸과 촉감도 그러하며, 의지로 법을 식별할 때도 그와 같다.

그러므로 장자여, 어떤 비구는 법을 보아 반열반하게 되고, 어떤 비구는 법을 보아도 반열반하지 못하게 된다."

(장자의 물음과 같이, 아난의 물음에 대해서도 부처님께서 스스로 모든 비구를 위하여 말씀하신 경도 위에서 말씀하신 것과 같다.)

4.1.3 사품법경(四品法經)

【잡아함경 제9권 245경】

이와 같이 나는 들었다.

어느 때 부처님께서 쿠루국 캄마사담먀 마을에 계셨다. 그때 세존께서 모든 비구에게 말씀하셨다.

"나는 이제 그대들을 위하여 설법하겠다. 이것은 처음도 좋고 중간도 좋고 마지막도 좋으며, 좋은 뜻과 좋은 맛으로서 순일하고 원만하며 청정한 범행을 갖춘 것이다. 이른바 '사품법경(四品法經)'이니, 자세히 듣고 잘 생각하여라. 그대들을 위하여 설명하겠다.

어떤 것을 '사품법경'이라 하는가. 눈으로 색을 식별할 때 사랑하고 생각하고 즐기고 집착할 만한 것이 있으면, 비구는 그것을 보고는 기뻐하고 찬탄하고 즐기고 집착하며 굳게 머무른다.

눈으로 색을 식별할 때 사랑할 만하지 않고 생각할 만하지 않고 즐길 만하지 않고 집착할 만하지 않고 괴롭고 싫은 것이 있으면, 비구는 그것을 보고는 성을 내고 싫어한다. 이와 같은 비구는 마라에게서 자유롭지 못하며, 마침내 마라의 얽매임에서 벗어나지 못한다. 귀·코·혀·몸·의지에 대해서도 그와 같다.

눈으로 색을 식별할 때 사랑할 만하고 생각할 만하고 즐길 만하고 집착할 만한 것이 있더라도, 비구는 그것을 보고는 그런 줄 알고 기뻐하거나 찬탄하지 않고 즐기거나 집착하지 않는다.

눈으로 색을 식별할 때 사랑할 만하지 않고 생각할 만하지 않고 즐길 만하지 않고 집착할 만하지 않더라도, 비구는 그것을 보고는 성을 내거나 싫어하지 않는다. 이러한 비구는 마라를 따르지 않아 자재하여 마침내 마라의 얽매임에서 벗어난다. 귀·코·혀·몸·의지에 대해서도 그와 같다. 이것을 비구의 '사품법경'이라 한다."

4.1.4 질병경(疾病經)②

【잡아함경 제37권 1026경】

이와 같이 나는 들었다.

어느 때 부처님께서 사밧티성 제타숲 아나타핀디카동산에 계셨다. (앞에서 말한 것과 같으며, 다른 것은 다음과 같다.)

"자세히 듣고 잘 생각하여라. 그대들을 위하여 설명하겠다.

만일 그 비구가, '나는 이 식별 몸[識身]과 바깥 경계의 일체 모양[相]에 대하여, 〈나라는 견해〉와 〈내 것이라는 견해〉와 〈아만(我慢)〉에 매이어 집착하는 번뇌를 없애면, 마침내 심해탈(心解脫)과 혜해탈(慧解脫)을 얻어 현법에서 깨달음을 구족한 줄을 스스로 알고 머무른다.

그러므로 이 식별 몸과 바깥 경계의 일체 모양에 대하여, 나라는 견해와 내 것이라는 견해와 아만에 매이어 집착하는 번뇌를 없애고, 심해탈과 혜해탈을 얻어 현법에서 스스로 증득한 줄을 알고 머무르자'라고 생각하였다.

그래서 그 비구는 이 식별 몸과 바깥 경계의 일체 모양에 대하여, 나라는 견해와 내 것이라는 견해와 아만에 매이어 집착하는 번뇌를 없애고, 심해탈과 혜해탈을 얻어 현법에서 스스로 증득한 줄을 알고 머무른다.

이 식별 몸과 바깥 경계의 일체 모양에 대하여, 나라는 견해와 내 것이라는 견해와 아만에 매이어 집착하는 번뇌가 없기 때문에 심해탈과 혜해탈을 얻어 현법에서 스스로 증득한 줄을 알고 머무르고자 할 때, 만일 그 비구가 이 식별 몸과 바깥 경계의 일체 모양에 대하여, 나라는 견해와 내 것이라는 견해와 아만에 매이어 집착하는 번뇌가 없으면, 심해탈과 혜해탈을 얻어 현법에서 스스로 증득한 줄을 알고 머무를 수 있을 것이다.

이 식별 몸과 바깥 경계의 일체 모양에 대하여, 나라는 견해와 내 것이라는 견해와 아만에 매이어 집착하는 번뇌를 없애고 심해탈과 혜해탈을 얻어 현법에서 스스로 증득한 줄을 알고 머무를 수 있으면, 그것을 비구가 애욕을 끊고 모든 결박을 풀어서 교만을 완전히 멈추고 마침내 괴로움에서 벗어난 것이라 한다."

부처님께서 이 경을 말씀하시자, 모든 비구는 부처님 말씀을 듣고 기뻐하며 받들어 행하였다.

4.1.5 미가잘라경[鹿紐經] ①

【잡아함경 제13권 309경】

이와 같이 나는 들었다.

어느 때 부처님께서 참파국 가가라못 옆에 계셨다.

그때 미가잘라[鹿紐] 존자는 부처님 계신 곳으로 가서 부처님 발에 예배하고 물러나 한쪽에 앉아 여쭈었다.

"세존이시여, 세존께서 제2주(第二住)가 있고, 제1주(第一住)가 있다고 말씀하셨습니다. 어떤 것이 제2주이며, 어떤 것이 제1주입니까?"

부처님께서 미가잘라에게 말씀하셨다.

"착하고 착하다, 미가잘라여. 여래에게 그와 같은 이치를 묻는구나."

부처님께서 미가잘라에게 말씀하셨다.

"만일 눈으로 색을 식별할 때, 사랑할 만하고 즐길 만하고 생각할 만하고 마음에 든다 하여 욕심을 기르고 자라게 하면, 그 비구는 그것을 보고는 기뻐하며 즐기고 찬탄하며 매이고 집착하여 머무른다. 사랑하고 즐기고 찬탄하며 매이고 집착하여 머무른 뒤에는 환희하며, 환희한 뒤에는 깊이 즐기며, 깊이 즐긴 뒤에는 탐하고 사랑하며, 탐하고 사랑한 뒤에는 거기에 막히고 걸린다. 환희하고 깊이 즐기고 탐하고 사랑하다가 막히고 걸리면, 이것을 '제2주'라 한다. 귀 · 코 · 혀 · 몸 · 의지에 대해서도 그와 같다.

미가잘라여, 이와 같은 비구는 한적한 곳에 혼자 있더라도 오히려 '제2주'라 한다. 왜냐하면 사랑하고 기뻐함을 끊지 못하고 멸하지 못하였기 때문이다. 애욕을 끊지 못하고 알지 못하면, 모든 부처 · 여래는 그것을 '제2주'라 한다.

어떤 비구는 사랑할 만하고 즐길 만하고 생각할 만하고 마음에 든다 하여, 욕심을 내어 자라게 하는 색에 대해서 그것을 보고도 기뻐하지 않고,

즐기거나 찬탄하지 않으며, 매이거나 집착하여 머무르지 않는다. 기뻐하지 않고, 즐기거나 찬탄하지 않으며, 매이거나 집착하여 머무르지 않은 뒤에는 환희하지 않는다. 환희하지 않기 때문에 깊이 즐기지 않고, 깊이 즐기지 않기 때문에 탐하거나 사랑하지 않으며, 탐하거나 사랑하지 않기 때문에 막히거나 걸리지 않는다. 기뻐하지 않고 깊이 즐기거나 탐하거나 사랑하지 않으며 막히거나 걸리지 않으면, 이것을 '제1주'라 한다. 귀 · 코 · 혀 · 몸 · 의지에 대해서도 그와 같다.

미가잘라여, 이와 같은 비구는 높은 다락과 겹 누각에 있더라도 오히려 '제1주'의 사람이다. 왜냐하면 탐욕과 애욕을 이미 다하고 이미 알았기 때문이니, 탐욕과 애욕을 이미 다하고 이미 알면, 모든 부처 · 여래는 그것을 '제1주'라고 말한다."

그때 미가잘라 존자는 부처님 말씀을 듣고 기뻐하면서 예배하고 물러갔다.

4.1.6 경법경(經法經)

【잡아함경 제13권 313경】

이와 같이 나는 들었다.

어느 때 부처님께서 사밧티성 제타숲 아나타핀디카동산에 계셨다. 그때 세존께서 비구들에게 말씀하셨다.

"'경법(經法)'이 있다. 비구들이여, '경법'을 숭상하고 그리로 향함으로써 다른 믿음 · 다른 의욕 · 다른 들음 · 다른 행과 생각 · 다른 견해를 자세히 살펴서 진리를 깨달아 바르게 알면, '나의 생은 다하고 범행은 갖추었고 할 일은 마쳐, 다음 생을 받지 않을 줄을 스스로 안다'라고 말한다."

비구들은 부처님께 말씀드렸다.

"세존께서는 법의 근본이시고, 법의 눈이시며, 법의 의지처이십니다.

훌륭하십니다, 세존이시여. 오직 바라건대, 자세히 설명하여 주십시오. 모든 비구는 들은 뒤에는 받들어 행할 것입니다."

부처님께서 비구들에게 말씀하셨다.

"자세히 듣고 잘 생각하여라. 그대들을 위하여 설명하겠다. 비구들이여, 눈으로 색을 볼 때 색을 느끼고 알면서도 색에 대한 탐욕을 일으키지 않으면, '나는 전에는 눈으로 색을 식별할 때 탐욕이 있었는데, 지금은 눈으로 색을 식별할 때 탐욕이 없다'라고 여실히 안다.

만일 비구들이여, 눈으로 색을 볼 때, 색을 느끼고 알면서도 색에 대한 탐욕을 일으키지 않아서, '나는 전에는 눈으로 색을 식별할 때 탐욕이 있었는데, 지금은 눈으로 색을 식별하여도 탐욕이 없다'라고 말한다면, 그는 여실히 아는 사람이다.

비구들이여, 그대들은 어떻게 생각하는가? 그가 이것에 대하여 믿음이 있고 의욕이 있고 들음이 있고 행과 생각이 있고 살핌이 있으면, 진리를 깨달을 수 있는가?"

비구들은 대답하였다.

"그렇습니다, 세존이시여."

"이 법에 귀의하면 아는 것과 보는 것을 여실히 바르게 알 수 있는가?"

"그렇습니다, 세존이시여."

"귀 · 코 · 혀 · 몸 · 의지에 대해서도 그와 같이 말한다. 비구들이여, 이것을 '경법'이라고 한다. 비구가 이 '경법'을 숭상하여 그리로 향함으로써 다른 믿음 · 다른 의욕 · 다른 들음 · 다른 행과 생각 · 다른 견해를 자세히 살펴서 진리를 깨달아 바르게 알면, '나의 생은 다하고 범행은 갖추었고 할 일은 마쳐, 다음 생을 받지 않을 줄을 스스로 안다'라고 말한다."

부처님께서 이 경을 말씀하시자, 모든 비구는 부처님 말씀을 듣고 기뻐하며 받들어 행하였다.

4.1.7 포타파다경[布吒婆樓經]

【장아함경 제17권 제3분】

이와 같이 나는 들었다.

어느 때 부처님께서 사밧티국 제타숲 아나타핀디카동산에 천이백오십 명의 비구 대중과 함께 계셨다.

그때 세존께서는 이른 아침에 옷을 입으시고 발우를 가지고 사밧티성으로 들어가 걸식하셨다. 이때 세존께서, '오늘은 걸식하기에 때가 이르다. 차라리 포타파다[布吒婆樓] 범지의 숲 속으로 가서 구경하다가 때를 기다려 걸식해야겠다'라고 생각하시고, 범지의 숲 속으로 가셨다.

포타파다 범지는 멀리서 부처님께서 오시는 것을 보고 일어나 맞이하며 말하였다.

"잘 오셨습니다, 사문 고타마시여. 오랫동안 여기에 오시지 않으셨는데, 이제 무슨 인연으로 오신 것입니까? 자리에 앉으십시오."

세존께서 자리에 앉으신 뒤에 포타파다에게 말씀하셨다.

"그대들은 여기 모여 무슨 일을 하였고, 무엇을 강설했습니까?"

범지는 부처님께 말씀드렸다.

"세존이시여, 어제는 많은 범지와 사문과 바라문들이 이 바라문의 강당에 모여 이러한 일로 서로 논쟁하며 토론하였습니다. 고타마시여, 어떤 범지는 이렇게 말하였습니다.

'사람에게는 인(因)도 없고 연(緣)도 없이 상(想)이 생기고, 인도 없고 연도 없이 상이 멸한다. 상에는 오고감이 있으니, 오면 곧 상이 생기고, 가면 곧 상이 멸한다.'

고타마시여, 어떤 범지는 이렇게 말하였습니다.

'명(命)으로 인하여 상(想)이 생기고, 명으로 인하여 상이 멸한다. 상에는 오고감이 있으니, 오면 곧 상이 생기고, 가면 곧 상이 멸한다.'

고타마시여, 어떤 범지는 이렇게 말하였습니다.

'앞서 말한 것들은 옳지 않다. 큰 위력을 가진 귀신이 있다. 그 귀신이 상(想)을 가지고 가고, 그 귀신이 상을 가지고 온다. 그 귀신이 상을 가지고 가면 상이 멸하고, 상을 가지고 오면 상이 생긴다.'

그래서 저는, '사문 고타마께서는 이 뜻을 아실 것이다. 틀림없이 상수멸정[想知滅定, 想受滅定]을 잘 아실 것이다'라는 생각을 하게 되었습니다."

세존께서 범지에게 말씀하셨다.

"저 논자(論者)들에게는 다 허물이 있습니다. 어떤 이는, '인도 없고 연도 없이 상(想)이 생기고, 인도 없고 연도 없이 상(想)이 멸한다. 상에는 오고감이 있으니, 오면 상이 생기고, 가면 상이 멸한다'라고 말합니다.

어떤 이는, '명(命)으로 인하여 상(想)이 생기고, 명으로 인하여 상이 멸한다. 상에는 오고감이 있으니, 오면 곧 상이 생기고, 가면 곧 상이 멸한다'라고 말합니다.

또 어떤 이는, '그것은 옳지 않다. 큰 위력을 가진 귀신이 있다. 그 귀신이 상(想)을 가지고 오고, 상(想)을 가지고 간다. 그 귀신이 상을 가지고 오면 상이 생기고, 가지고 가면 상이 멸한다'라고 말합니다.

그러나 이와 같이 말하는 자들은 다 허물이 있습니다. 왜냐하면 범지여, 인연이 있어 상이 생기고 인연이 있어 상이 멸하기 때문입니다. 만일 여래가 응공·등정각 등의 십호를 갖추어 세상에 나타날 때에, 어떤 사람이 불법 안에서 출가하여 도를 행하여 마침내 마음을 덮는 다섯 가지 덮개[五蓋]를 멸하고 악하고 선하지 않은 법을 떠나, 아직은 거친 생각[覺]도 있고 미세한 생각[觀]도 있어 떠남에서 생기는 기쁨과 즐거움이 있는 초선에 들어갑니다.

즉 먼저 욕상(欲想)을 멸하고서 희락상[(喜樂想)을 내는 것입니다. 범지여, 그렇기 때문에 인연이 있어 상(想)이 생기고, 인연이 있어 상(想)이 멸하는 것임을 압니다.

다음에는 거친 생각과 미세한 생각이 멸하고 안으로 기쁨과 한마음이 생깁니다. 즉 거친 생각도 없고 미세한 생각도 없이 선정[定]에서 생기는 기쁨과 즐거움이 있는 제2선에 들어갑니다. 범지여, 초선의 상(想)이 멸하고 제2선의 상이 생깁니다. 그렇기 때문에 인연이 있어 상이 멸하고, 인연이 있어 상이 생기는 것임을 압니다.

다음에는 기쁨도 버리고 감각기관을 지키며 일심으로 전념하여 청정한 염(念)을 성취하면, 스스로 몸의 즐거움을 알게 되어 현자와 성인[賢聖]들이 구하는 제3선에 들어갑니다. 범지여, 제2선의 상(想)이 멸하고 제3선의 상이 생깁니다. 그렇기 때문에 인연이 있어 상이 멸하고, 인연이 있어 상이 생기는 것임을 압니다.

다음에는 괴로움도 버리고 즐거움도 버려 이전에 있었던 걱정과 기쁨도 멸하여 담담하고 마음이 청정한 제4선에 들어갑니다. 범지여, 제3선의 상(想)이 멸하고 제4선의 상이 생깁니다. 그렇기 때문에 인연이 있어 상이 멸하고, 인연이 있어 상이 생기는 것임을 압니다.

일체의 색의 상[色想]을 버리고 성내는 마음을 멸하여 다른 상(想)을 일으키지 않는 공처(空處)에 들어갑니다. 범지여 일체의 색의 상(色想)은 멸하고, 공처의 상이 생깁니다. 그렇기 때문에 인연이 있어 상이 멸하고, 인연이 있어 상이 생기는 것임을 압니다.

그리고 일체의 공처를 뛰어넘어 식별처[識處]에 들어갑니다. 범지여, 공처의 상은 멸하고, 식별처의 상이 생깁니다. 그렇기 때문에 인연이 있어 상이 멸하고, 인연이 있어 상이 생기는 것임을 압니다.

그리고 일체의 식별처를 뛰어넘어 무소유처[不用處, 無所有處]에 들어갑니다. 범지여, 식별처의 상은 멸하고, 무소유처의 상이 생깁니다. 그렇기 때문에 인연이 있어 상이 멸하고, 인연이 있어 상이 생기는 것임을 압니다.

그리고 무소유처를 버리고 비상비비상처[有想無想處, 非想非非想處]로 들어갑니다. 범지여, 무소유처의 상은 멸하고, 비상비비상처의 상이 생깁니다. 그렇기 때문에 인연이 있어 상이 멸하고, 인연이 있어 상이 생기는 것임을 압니다.

그리고 비상비비상처를 버리고 상수멸정[想知滅定, 想受滅定]에 들어갑니다. 범지여, 저 비상비비상처의 상은 멸하고, 상수멸정의 상이 생깁니다. 그렇기 때문에 인연이 있어 상이 생기고, 인연이 있어 상이 멸하는 것임을 압니다.

그는 이 상(想)을 얻은 뒤에 이렇게 생각합니다. '염(念)이 있는 것은 나쁜 것[惡]이고, 염이 없는 것은 좋은 것[善]이다.'

그가 이렇게 생각할 때, 그 미묘한 상(想)은 멸하지 않고 다시 거친 상이 생깁니다.

그는 또 생각합니다. '나는 이제 차라리 염행(念行)도 하지 않고, 사유(思惟)도 일으키지 않을 것이다.'

그가 염행도 하지 않고 사유도 일으키지 않을 때, 미묘한 상도 멸하고 거친 상도 생기지 않습니다. 그가 염행도 하지 않고 사유도 일으키지 않아 미묘한 상도 멸하고 거친 상도 생기지 않을 때, 곧 상수멸정에 들어갑니다.

어떻습니까, 범지여. 그대는 일찍이 차례로 상(想)을 멸하는 인연을 들은 적이 있습니까?"

"저는 일찍이 이와 같이 차례로 상을 멸하는 인연을 들은 적이 없습니다."

그는 이어서 부처님께 말씀드렸다.

"제가 지금 말씀을 기억해보면, '이것은 유상(有想)이다. 이것은 무상(無想)이다. 혹은 다시 유상이다.' 이러한 상을 낸 뒤에 그는 다시 이렇게 생각합니다. '염(念)이 있는 것은 나쁜 것이고, 염이 없는 것은 좋은 것이다.'

그가 이렇게 생각할 때, 그 미묘한 상은 멸하지 않고 다시 거친 상이 생깁니다. 그는 또 생각합니다. '나는 이제 차라리 염행(念行)도 하지 않고 사유(思惟)도 일으키지 않을 것이다.'

그가 염행도 하지 않고 사유도 일으키지 않을 때, 미묘한 상은 멸하고 거친 상도 생기지 않습니다. 그가 염행도 하지 않고 사유도 일으키지 않아 미묘한 상도 멸하고 거친 상도 생기지 않을 때, 곧 상수멸정에 들어갑니다."

부처님께서 범지에게 말씀하셨다.

"참으로 훌륭합니다. 이것이 바로 부처님 법[賢聖法] 가운데서 차례로 상이 멸하고 차례로 상이 생기는 선정[次第想滅想定]입니다."

범지가 다시 부처님께 여쭈었다.

"이 모든 상(想) 가운데 어느 것을 위없는 상이라고 하십니까?"

부처님께서 말씀하셨다.

"무소유처상이 위없는 것이 됩니다."

범지가 다시 부처님께 여쭈었다.

"모든 상 가운데 어느 것이 제일의 위없는 상입니까?"

부처님께서 말씀하셨다.

"유상[非非想]이라 하고 무상[非想]이라 하는 것들 가운데서 차례로 상수멸정을 얻으면, 이것이 제일의 위없는 상이 됩니다."

범지가 다시 여쭈었다.

"그것은 하나의 상입니까, 많은 상입니까?"

부처님께서 말씀하셨다.

"하나의 상으로, 많은 상이 있는 것이 아닙니다."

범지가 다시 여쭈었다.

"먼저 상(想)이 생긴 뒤에 지혜[智]가 있습니까, 먼저 지혜가 생긴 뒤에 상이 있습니까, 혹은 상과 지혜가 함께 생깁니까?"

부처님께서 말씀하셨다.

"먼저 상이 생긴 뒤에 지혜가 있습니다. 상으로 인하여 지혜가 있는 것입니다."

범지가 다시 여쭈었다.

"상(想)이 곧 '나'입니까?"

부처님께서 범지에게 말씀하셨다.

"그대는 어떤 사람을 '나'라고 말합니까?"

범지가 부처님께 말씀드렸다.

"저는, '사람이 곧 나다'라고 말하지 않습니다. 저는 스스로, '나의 몸[色身]은 사대(四大)와 육입(六入)으로 이루어졌으며, 부모가 낳아 젖을 먹여 기르고 옷으로 장엄한 것으로, 덧없이 마멸(磨滅)하는 것이다'라고 말하며, '이러한 사람이 바로 나다'라고 말합니다."

부처님께서 범지에게 말씀하셨다.

"그대는, '나의 몸은 사대와 육입으로 이루어졌으며, 부모가 낳아 젖을 먹여 기르고 옷으로 장엄한 것으로, 덧없이 마멸하는 것이다'라고 말하며, '이러한 사람이 바로 나다'라고 말하였습니다. 범지여, 잠시 이러한 '나'라는 말은 그만두십시오. 다만 사람이라는 상(想)이 생기고, 사람이라는 상이 멸하는 것입니다."

범지가 말씀드렸다.

"저는, '사람이 곧 나다'라고 말하지 않습니다. 저는, '욕계천(欲界天)

이 곧 나다'라고 말합니다."

부처님께서 말씀하셨다.

"'욕계천이 곧 나다'라는 말은 그만두십시오. 다만 사람이라는 상이 생기고, 사람이라는 상이 멸하는 것입니다."

범지가 말씀드렸다.

"저는, '사람이 곧 나다'라고 말하지 않습니다. 저는, '색계천(色界天)이 곧 나다'라고 말합니다."

부처님께서 말씀하셨다.

"'색계천이 곧 나다'라는 말은 그만두십시오. 다만 사람이라는 상이 생기고, 사람이라는 상이 멸하는 것입니다."

범지가 말씀드렸다.

"저는, '사람이 곧 나다'라고 말하지 않습니다. 저는 스스로, '공처 · 식별처 · 무소유처 · 비상비비상처의 무색계천(無色界天)이 곧 나다'라고 말합니다."

부처님께서 말씀하셨다.

"'공처 · 식별처 · 무소유처 · 비상비비상처의 무색계천이 곧 나다'라는 말은 그만두십시오. 다만 사람이라는 상이 생기고, 사람이라는 상이 멸하는 것입니다."

범지가 부처님께 여쭈었다.

"어떻습니까, 고타마시여. 제가 어떻게 사람이라는 상이 생기고, 사람이라는 상이 멸하는 것을 알 수 있습니까?"

부처님께서 말씀하셨다.

"그대는 사람이라는 상이 생기고 사람이라는 상이 멸하는 것을 알고자 해도 그것은 어렵고 매우 어렵습니다. 왜냐하면 그대는 다르게 보고, 다르게 익히고, 다르게 인식하고, 다르게 받아들이고, 다른 법을 의지하기 때문입니다."

범지가 부처님께 말씀드렸다.

"그렇습니다. 고타마시여, 저는 다르게 보고, 다르게 익히고, 다르게 인식하고, 다르게 받아들이고, 다른 법을 의지하기 때문에, 사람이라는 상이 생기고 사람이라는 상이 멸하는 것을 알고자 하여도 그것은 매우 어렵습니다.

왜냐하면 저는, '나와 세간은 영원하다. 이것은 진실하며 다른 것은 거짓이다. 나와 세간은 덧없다. 이것은 진실하며 다른 것은 거짓이다. 나와 세간은 영원하기도 하고 덧없기도 하다. 이것은 진실하며 다른 것은 거짓이다. 나와 세간은 영원하지도 않고 덧없지도 않다. 이것은 진실하며 다른 것은 거짓이다'라고 말합니다.

또한, 저는, '나와 세간은 유한하다. 이것은 진실하며 다른 것은 거짓이다. 나와 세간은 무한하다. 이것은 진실하며 다른 것은 거짓이다. 나와 세간은 유한하기도 하고 무한하기도 하다. 이것은 진실하며 다른 것은 거짓이다. 나와 세간은 유한하지도 않고 무한하지도 않다. 이것은 진실하며 다른 것은 거짓이다'라고도 말합니다.

또한, '영혼[命]과 육체는 같다. 이것은 진실하며 다른 것은 거짓이다. 영혼과 육체는 다르다. 이것은 진실하며 다른 것은 거짓이다. 영혼과 육체는 다른 것도 아니요 같은 것도 아니다. 이것은 진실하며 다른 것은 거짓이다. 영혼도 없고 육체도 없다. 이것은 진실하며 다른 것은 거짓이다'라고도 말합니다.

또한, '여래는 사후에 없다. 이것은 진실하며 다른 것은 거짓이다. 여래는 사후에 있다. 이것은 진실하며 다른 것은 거짓이다. 여래는 사후에 없기도 하고 있기도 하다, 이것은 진실하며 다른 것은 거짓이다. 여래는 사후에 없는 것도 아니요 있는 것도 아니다. 이것은 진실하며 다른 것은 거것이다'라고 하기 때문입니다."

부처님께서 범지에게 말씀하셨다.

"'세간은 영원하다. ……여래는 사후에 없는 것도 아니고 있는 것도 아니다'라는 것에 대하여 나는 말하지 않습니다."

범지가 부처님께 여쭈었다.

"고타마시여, 어찌하여 말씀해 주시지 않는지요? '세간은 영원하다. ……여래는 사후에 없는 것도 아니고 있는 것도 아니다'라는 것에 대하여 남김없이 말씀하시지 않는지요?"

부처님께서 말씀하셨다.

"그것은 이치에 맞지 않고, 법에도 맞지 않습니다. 그것은 범행이 아니고, 무욕(無欲)이 아니며, 무위(無爲)가 아닙니다. 적멸(寂滅)이 아니고, 지식(止息)이 아니며, 정각(正覺)이 아닙니다. 사문이 아니고, 열반이 아닙니다. 그러므로 나는 그것에 대하여 말하지 않습니다."

범지가 다시 여쭈었다.

"어떤 것이 이치에 맞고 법에 맞는 것이며, 어떤 것이 범행의 처음이고 무위이고 무욕입니까? 어떤 것이 적멸이고 지식이며 정각입니까? 어떤 것이 사문이고 열반이며, 어떤 것에 대하여 말씀하십니까?"

부처님께서 범지에게 말씀하셨다.

"나는 괴로움 · 괴로움의 집기 · 괴로움의 멸함 · 괴로움의 멸함에 이르는 길에 대하여 말합니다. 왜냐하면 이것은 법에도 맞고 이치에도 맞으며, 그것은 범행의 처음이며, 무욕 · 무위 · 적멸 · 지식 · 정각 · 사문 · 열반이기 때문에 말하는 것입니다."

그때 세존께서 범지를 위하여 설법하시고 가르쳐 보이시어 이롭고 기쁘게 하셨다. 그리고 곧 자리에서 일어나 떠나가셨다.

부처님께서 가신 지 오래지 않아 다른 범지들은 포타파다 범지에게 말하였다.

"그대는 왜 사문 고타마의 말을 듣고 고타마의 말을 받아들였는가? 고타마가, '〈나와 세간은 영원하다. ……여래는 사후에 없는 것도 아니고 있는 것도 아니다〉라는 말은 이치에 맞지 않기 때문에 나는 말하지 않는다'라고 하였는데, 그대는 왜 그 말을 받아들였는가? 우리는 사문 고타마의 이러한 말을 받아들일 수 없다."

포타파다가 범지들에게 대답하였다.

"사문 고타마께서 말씀하신, '〈나와 세간은 영원하다. ……여래는 사후에 없는 것도 아니고 있는 것도 아니다〉라는 말은 이치에 맞지 않기 때문에 나는 말하지 않는다'라는 이 말을 나도 역시 받아들이지 않는다. 다만 저 사문 고타마께서는 법에 의지하시고, 법에 머무르시고, 법으로써 말씀하시며, 법으로써 벗어나신다. 그런데 내가 어떻게 이 지혜로운 말씀을 거스르겠는가. 사문 고타마의 이러한 미묘한 법의 말씀은 거스를 수가 없는 것이다."

이때 포타파다 범지는 또 다른 때에 하띠사리풋타와 함께 세존께 가서 인사를 드린 뒤에 한쪽에 앉았다. 하띠사리풋타도 부처님께 예배하고 앉았다. 포타파다 범지가 부처님께 말씀드렸다.

"부처님께서 조금 전 제 곁에 계시다가 떠나신 지 오래지 않아 다른 범지들이 저에게, '그대는 왜 사문 고타마의 말을 듣고 말마다 받아들였는가? 고타마는 〈「나와 세간은 영원하다. ……여래는 사후에 없는 것도 아니고 있는 것도 아니다」라는 말은 이치에 맞지 않으므로 나는 말하지 않는다〉라고 했는데, 그대는 왜 이 말을 받아들였는가? 우리는 사문 고타마의 이런 말은 받아들이지 않는다'라고 말하였습니다.

저는 그들에게, '사문 고타마께서 말씀하신 〈「나와 세간은 영원하다. ……여래는 사후에 없는 것도 아니고 있는 것도 아니다」라는 말은 이치에 맞지 않기 때문에 말하지 않는다〉는 이 말을 나 또한 받아들이지 않는다. 다만 저 사문 고타마께서는 법에 의지하시고, 법에 머무르시고, 법으로써 말씀하시며, 법으로써 벗어나신다. 그런데 내가 어떻게 이 지혜로운 말씀을 거스르겠는가. 사문 고타마의 미묘한 법의 말씀은 거스를 수가 없다'라고 대답하였습니다."

부처님께서 범지에게 말씀하셨다.

"다른 범지들은, '그대는 왜 사문 고타마의 말을 듣고 그것을 받아들였는가'라고 말하였습니다. 이 말에는 허물이 있습니다. 왜냐하면 내가 말하는 법에는 분명하게 말하는 것[決定記]과 분명하게 말하지 않는 것[不決定記]이 있기 때문입니다.

어떤 것을 분명하게 말하지 않는가. '나와 세간은 영원하다. ……여래는 사후에 없는 것도 아니고 있는 것도 아니다'라는 말에 대하여 나는 분명하게 말하지 않습니다. 왜냐하면 이것은 이치에도 맞지 않고, 법에도 맞지 않으며, 범행의 처음도 아니고, 무욕도 아니며, 무위도 아니고, 적멸도 아니며, 번뇌의 그침도 아니고, 바른 깨달음도 아니며, 사문도 아니고, 열반도 아니기 때문입니다. 그러므로 범지여, 나는 이것에 대하여 분명하게 말하지 않습니다.

어떤 것을 분명하게 말하는가. 나는 괴로움 · 괴로움의 집기 · 괴로움의 멸함 · 괴로움의 멸함에 이르는 길에 대하여 분명하게 말합니다. 왜냐하면 그것은 법에도 맞고, 이치에도 맞으며, 범행의 처음이며, 무욕 · 무위 · 적멸 · 지식 · 정각 · 사문 · 열반이기 때문입니다. 그러므로 나는 이것에 대하여 분명하게 말합니다.

범지여, 어떤 사문이나 바라문은 어느 세간[一處世間]에 대하여 한결같이 즐거움만 말합니다. 그래서 나는 그에게 물었습니다.

'그대들은 어느 세간에 대하여 한결같이 즐거움만 말하는가?'

그는 나에게, '그렇다'라고 대답하였습니다.

나는 또 그에게 물었습니다.

'그대는 그 세간에는 한결같이 즐거움만 있는 것을 알고 보았는가?'

그는, '알지도 못하고 보지도 못하였다'라고 대답하였습니다.

나는 또 그에게 물었습니다.

'그 세간의 모든 천신은 한결같이 즐겁기만 한 것을 그대는 일찍이 보았는가?'

그는 나에게, '알지도 못하고 보지도 못하였다'라고 대답하였습니다.

나는 또 그에게 물었습니다.

'그 세간의 모든 천신과 그대는 함께 앉고 일어나고 서로 말하고 정진하여 선정(定)을 닦는가?'

그는, '아니다'라고 대답하였습니다.

나는 또 그에게 물었습니다.

'그 세간의 모든 하늘에서 한결같이 즐거워하는 이가 일찍이 그대에게 와서, 〈그대의 행은 순박하고 곧기 때문에 마땅히 저 한결같이 즐거움만 있는 하늘에 태어날 것이다〉라고 한 적이 있는가. 만일 그렇다면 나의 행도 순박하고 곧으니 그곳에 태어나 함께 즐거움을 받을 수 있겠는가?'

그는 나에게, '아니다'라고 대답하였습니다.

나는 또 그에게 물었습니다.

'그대는 능히 그대의 몸에서 생각을 일으켜 다른 사대(四大)로 이루어진 몸을 신통으로 만들어 내어 신체를 갖추고 모든 감각기관[根]을 빠짐없이 갖추게 할 수 있겠는가?'

그는 내게, '할 수 없다'라고 대답하였습니다.

어떻습니까, 범지여. 저 사문이나 바라문의 말은 진실하고 법에 맞다고 하겠습니까?"

범지가 부처님께 말씀드렸다.

"그것은 진실한 말이 아니고, 법다운 말도 아닙니다."

부처님께서 범지에게 말씀하셨다.

"가령 어떤 사람이, '나는 저 단정한 여인과 정을 통하였다'라고 하면서 그 음란한 여자를 칭찬한다고 합시다. 그때 다른 사람이, '그대는 그 여자를 아는가. 동쪽 · 서쪽 · 남쪽 · 북쪽 어디 있는가'라고 물으면, 그는 '모른다'라고 대답합니다. 또, '그대는 그 여자가 사는 곳이 성읍인지 촌락인지 아는가'라고 물어도, 그는 '모른다'라고 대답합니다. 또, '그대는 그 여자의 부모와 성명을 아는가'라고 물어도, 그는 '모른다'라고 대답합니다. 또, '그대는 그 여자가 크샤트리아 여자인지 브라만 · 바이샤 · 수드라 여자인지 아는가'라고 물어도, 그는 '모른다'라고 대답합니다. 또, '그대는 그 여자가 키가 큰지 작은지, 뚱뚱한지 날씬한지, 피부색은 검은지 흰지, 예쁜지 미운지를 아는가'라고 물어도, '모른다'라고 대답한다면, 범지여, 이 사람의 말은 진실한 것입니까?"

범지가 대답하였다.

"아닙니다."

부처님께서 범지에게 말씀하셨다.

"범지여, 저 사문이나 바라문 또한 그와 같아서, 진실하지 않습니다. 범지여, 그것은 마치 어떤 사람이 사다리를 빈 땅에 세우려 할 때, 다른 사람이, '사다리를 세워 무엇하려 하는가'라고 물으니, 그가, '나는 지붕 위에 올라가려고 한다'라고 대답하여, 다시, '그 집은 어디 있는가'라고 물으니, 그가 '모른다'라고 대답하는 것과 같습니다.

어떻습니까, 범지여. 이 사람이 사다리를 세우는 것은 허망하지 않겠습니까?"

범지가 대답하였다.

"그렇습니다. 그는 실로 허망합니다."

부처님께서 말씀하셨다.

"모든 사문이나 바라문도 그와 같아서, 허망하여 진실하지 않았습니다."

부처님께서 포타파다에게 말씀하셨다.

"그대는, '나의 몸은 사대와 육입으로 이루어졌으며, 부모가 낳아 젖을 먹여 기르고 의복으로 장엄한 것으로, 덧없이 마멸하는 것이다. 이것을 〈나〉라고 한다'라고 말하였습니다.

그러나 나는 이것을 염오(染汚)라 하고 청정(淸淨)이라 하며 득해(得解)라 합니다.

그러나 그대는, '염오의 법은 멸할 수 없고 청정의 법은 생기게 할 수 없어 항상 괴로움 가운데 있다'라고 생각할 것입니다. 그런 생각은 하지 마십시오. 왜냐하면 염오의 법은 멸하여 다할 수 있고, 청정의 법은 생기게 할 수 있습니다. 안락한 곳에 있으면서 환희하고 사랑하고 즐기며 일심으로 전념하면 지혜가 늘어나는 것입니다.

범지여, 나는 욕계천 · 색계천 · 공처 · 식별처 · 무소유처 · 비상비비상처천에 대하여 염오를 말하고 또한 청정을 말하고 또한 득해를 말하였습니다.

그러나 그대는 혹, '염오의 법은 멸할 수 없고 청정의 법은 생기게 할 수 없어 항상 괴로움 가운데 있다'라고 생각할 것입니다. 그런 생각은 하지 마십시오. 왜냐하면 염오의 법은 멸할 수 있고, 청정의 법은 생기게 할 수 있습니다. 안락한 곳에 있으면서 환희하고 사랑하고 즐기며 일심으로 전념하면 지혜가 늘어나는 것입니다."

그때 하띠사리풋타가 부처님께 여쭈었다.

"세존이시여, 사대와 육입으로 이루어진 욕계인의 몸으로 있을 때에 욕계천의 몸이나 색계천의 몸, 공처 · 식별처 · 무소유처 · 비상비비상처천의 몸도 동시에 있습니까?

세존이시여, 욕계천의 몸으로 있을 때에 욕계인의 몸이나 색계천의 몸, 공처 · 식별처 · 무소유처 · 비상비비상처천의 몸도 동시에 있습니까?

세존이시여, 색계천의 몸으로 있을 때에 욕계인의 몸이나 욕계천의 몸 · 공처 · 식별처 · 무소유처 · 비상비비상처천의 몸도 동시에 있습니까?

이와 같이 ……비상비비상처천의 몸으로 있을 때에 욕계인의 몸이나 욕계천의 몸 · 색계천의 몸 · 공처 · 식별처 · 무소유처천의 몸도 동시에 있습니까?"

부처님께서 하띠사리뭇타에게 말씀하셨다.

"만일 욕계인의 몸으로 있을 때는 욕계인의 몸만 있을 뿐이고, 욕계천의 몸이나 색계천의 몸이나 공처 · 식별처 · 무소유처 · 비상비비상처천의 몸은 있을 수 없습니다. 이와 같이 ……비상비비상처천의 몸으로 있을 때는 비상비비상처천의 몸만 있을 뿐이고, 욕계인의 몸이나 욕계천의 몸이나 색계천 · 공처 · 식별처 · 무소유처천의 몸은 있을 수 없습니다.

하띠사리뭇타여, 우유에 비유하자면, 젖은 변하여 낙(酪)이 되고, 낙은 생소(生酥)가 되고, 생소는 숙소(熟酥)가 되고, 숙소는 제호(醍醐)가 됩니다. 그 가운데 제호를 제일이라 합니다. 하띠사리뭇타여, 젖으로 있을 때는 다만 젖이라 하고. 낙(酪)이나 소(酥)나 제호라 하지 않습니다. 이와 같이 계속 변화하여 제호가 되면 다만 제호라 하지, 젖이나 낙이나 소라고는 하지 않습니다.

하띠사리뭇타여, 이것 또한 그와 같습니다. 만일 욕계인의 몸으로 있을 때는 욕계천의 몸 · 색계천의 몸, ……비상비비상처천의 몸은 있을 수 없습니다. 이와 같이 ……비상비비상처의 몸으로 있을 때는 오직 비상비비상처의 몸이 있을 뿐이고, 욕계인의 몸이나 욕계천의 몸 · 색계천의 몸,

…… 무소유처천의 몸은 있을 수 없습니다.

하띠사리풋타여, 그대는 어떻게 생각합니까? 만일 어떤 사람이 그대에게, '만일 과거의 몸으로 있을 때 미래와 현재의 몸도 동시에 있는가, 미래의 몸으로 있을 때 과거와 현재의 몸도 동시에 있는가, 현재의 몸으로 있을 때 과거와 미래의 몸도 동시에 있는가?'라고 묻는다면, 그대는 어떻게 대답할 것입니까?"

하띠사리풋타가 대답하였다.

"만일 그렇게 묻는 사람이 있으면 저는, '과거의 몸으로 있을 때는 다만 이 과거의 몸이 있을 뿐이고, 미래나 현재의 몸은 없다. 미래의 몸으로 있을 때는 다만 이 미래의 몸이 있을 뿐이고, 과거나 현재의 몸은 없다. 현재의 몸으로 있을 때는 다만 이 현재의 몸이 있을 뿐이고, 과거나 미래의 몸은 없다'라고 하겠습니다."

"하띠사리풋타여, 이것 또한 그와 같다. 욕계인의 몸으로 있을 때는 욕계천의 몸 · 색계천의 몸, ……비상비비상처천의 몸은 없습니다. 이와 같이 비상비비상처천의 몸으로 있을 때는 욕계인의 몸이나 욕계천의 몸 · 색계천의 몸, ……무소유처의 몸은 없습니다.

또 다시 하띠사리풋타여, 만일 어떤 사람이 그대에게, '당신은 일찍이 과거에 이미 멸하였는가, 미래에 마땅히 태어날 것인가, 현재에 지금 있는 것인가'라고 묻는다면, 그대는 어떻게 대답하겠습니까?"

하띠사리풋타가 부처님께 대답하였다.

"만일 그렇게 묻는다면, 저는, '나는 일찍이 과거에 이미 멸하였다, 없는 것이 아니다. 미래에 마땅히 태어날 것이다, 없는 것이 아니다. 현재에 지금 있다, 없는 것이 아니다'라고 대답하겠습니다."

부처님께서 말씀하셨다.

"하띠사리풋타여, 이것 또한 그와 같습니다. 욕계인의 몸으로 있을 때는 욕계천의 몸, ……비상비비상처천의 몸은 없습니다. 이와 같이 비상비비상처천의 몸으로 있을 때는 욕계인의 몸이나 욕계천의 몸, ……무소유처천의 몸은 없습니다."

그때 하띠사리뭇타가 부처님께 말씀드렸다.

"세존이시여, 저는 이제 부처님께 귀의하고 법에 귀의하고 승가에 귀의합니다. 제가 정법(正法) 안에서 청신사가 되는 것을 허락해 주십시오. 지금부터 목숨을 마칠 때까지 살생하지 않고 도둑질하지 않고 음행하지 않고 속이지 않으며 술을 마시지 않겠습니다."

이때 포타파다 범지가 부처님께 여쭈었다.

"저도 불법 안에서 출가하여 계를 받을 수 있겠습니까?"

부처님께서 범지에게 말씀하셨다.

"만일 이학(異學)으로서 나의 법 안에서 출가하여 도를 행하고자 하면, 우선 사 개월 동안 관찰하여 대중의 뜻에 맞춘 뒤에야 출가하여 계를 받을 수 있습니다. 비록 이런 법이 있기는 하지만 또한 사람을 보아 하는 것입니다."

범지가 부처님께 말씀드렸다.

"모든 이학으로서 불법 안에서 출가하여 계를 받고자 하면, 우선 사 개월 동안 관찰하여 대중의 뜻에 맞춘 뒤에야 출가하여 계를 받을 수 있다면, 저는 이제 불법 안에서 사 년 동안 관찰하여 대중의 뜻에 맞춘 뒤에 출가하여 계를 받고자 합니다."

부처님께서 말씀하셨다.

"나는 조금 전 그대에게 비록 그런 법이 있더라도 그 사람을 보아서 한다고 말하였습니다."

이때 그 범지는 곧 정법 안에서 출가하여 계를 받았다. 이와 같이 하여 그는 오래지 않아 견고한 믿음으로 범행을 깨끗이 닦아 현법에서 스스로 증득하여, 태어남과 죽음은 이미 다하고 할 일은 이미 마쳐, 다음 생을 받지 않아 곧 아라한이 되었다.

그때 포타파다 범지는 부처님의 말씀을 듣고 기뻐하며 받들어 행하였다.

4.1.8 인연경(因緣經)

【잡아함경 제9권 238경】

이와 같이 나는 들었다.

어느 때 부처님께서 베살리의 원숭이못 옆에 있는 중각강당에 계셨다.

그때 어떤 비구가 부처님 계신 곳으로 가서 부처님 발에 예배하고 물러나 한쪽에 앉아 여쭈었다.

"어떠한 인(因)과 어떠한 연(緣)으로써 눈의 식별[眼識]이 생기며, 어떠한 인과 어떠한 연으로써 귀 · 코 · 혀 · 몸 · 의지의 식별이 생깁니까?"

부처님께서 비구에게 말씀하셨다.

"눈과 색(色)이 인연하여 눈의 식별이 생긴다. 왜냐하면 만일 눈의 식별이 생기면 그 일체는 다 눈과 색이 인연하기 때문이다. 귀와 소리 · 코와 냄새 · 혀와 맛 · 몸과 촉감도 그와 같으며, 의지와 법이 인연하여 의지의 식별이 생긴다. 왜냐하면 모든 의지의 식별은 그 일체가 다 의지와 법이 인연하여 생기기 때문이다. 이것을 비구여, 눈의 식별은 인연으로 생기고 ……의지의 식별은 인연으로 생기는 것이라 한다."

그때 그 비구는 부처님 말씀을 듣고 기뻐하며 예배하고 물러갔다.

4.1.9 춘다경[純陀經]

【잡아함경 제9권 248경】

이와 같이 나는 들었다.

어느 때 부처님께서 파탈리풋타국 계림 동산[鷄林園]에 계셨다.

그때 아난 존자는 마하춘다[純陀] 존자가 있는 곳으로 가서 서로 인사한 뒤에 한쪽에 앉았다. 아난 존자가 춘다 존자에게 말하였다.

"묻고 싶은 것이 있습니다. 혹 한가하시면 대답해 주십시오."

"그대의 물음에 따라 아는 대로 대답하겠습니다."

아난 존자가 춘다 존자에게 물었다.

"세존 · 여래 · 응공 · 등정각께서 아시고 보시는 대로라면, 사대(四大)로 된 몸을 말씀하시며, 이 사대로 된 몸은 '나'가 아니라고 분명하게 말씀하십니다. 여래 · 응공 · 등정각께서 아시고 보시는 대로라면, 식별도 '나'가 아니라고 말씀하십니까?"

춘다 존자가 아난 존자에게 말하였다.

"당신은 가장 많이 들어 아는 분입니다. 내가 멀리서 당신을 찾아 온 것은 이 법을 묻기 위해서입니다. 존자여, 바라건대, 오늘 나를 위하여 그 뜻을 말씀해 주십시오."

아난 존자가 춘다 존자에게 말하였다.

"이제 존자에게 묻겠으니, 마음대로 대답하십시오. 춘다 존자여, 눈이 있고 색이 있고 눈의 식별이 있습니까?"

"있습니다."

아난 존자가 다시 물었다.

"눈과 색이 인연하여 눈의 식별이 생깁니까?"

"그렇습니다."

아난 존자가 다시 물었다.

"만일 눈과 색이 인연하여 눈의 식별이 생긴다면, 그 인과 그 연은 영원한 것입니까, 덧없는 것입니까?"

"덧없는 것입니다."

아난 존자가 다시 물었다.

"그 인과 그 연으로 눈의 식별이 생긴다면, 그 인과 그 연이 덧없이 변하고 바뀔 때에도 그 식별은 머물러 있습니까?"

"아닙니다, 아난 존자여."

아난 존자가 다시 물었다.

"당신은 어떻게 생각하십니까? 그 법이 생하고 멸하는 것을 안다면, 많이 들어 아는 거룩한 제자로서 그것에 대하여, '이것은 나다, 이것은 나와 다르다, 이것은 나와 함께 있다'라고 보겠습니까?"

"아닙니다, 아난 존자여."

아난 존자가 다시 물었다.

"귀 · 코 · 혀 · 몸 · 의지와 법에 대해서 당신은 어떻게 생각하십니까? 의지가 있고 법이 있으며 의지의 식별이 있습니까?"

"있습니다, 아난 존자여."

"의지와 법이 인연하여 의지의 식별이 생깁니까?"

"그렇습니다, 아난 존자여."

"만일 의지와 법이 인연하여 의지의 식별이 생긴다면, 그 인과 그 연은 영원한 것입니까, 덧없는 것입니까?"

"덧없는 것입니다, 아난 존자여."

"만약 인이나 연으로 의지의 식별이 생긴다면, 그 인과 그 연이 덧없이 변하고 바뀔 때에도 의지의 식별은 머물러 있습니까?"

"아닙니다, 아난 존자여."

아난 존자가 다시 물었다.

"당신은 어떻게 생각하십니까? 그 법이 생하고 멸하는 것을 안다면, 많이 들어 아는 거룩한 제자로서 그것에 대하여, '이것은 나다, 이것은 나와 다르다, 이것은 나와 함께 있다'라고 보겠습니까?"

"아닙니다, 아난 존자여."

아난 존자가 춘다 존자에게 말하였다.

"그러므로 존자여, 여래 · 응공 · 등정각께서 알고 보시는 바로는 식별도 덧없는 것이라고 말씀하십니다. 그것은 마치 장정이 도끼를 가지고 산에 들어가 파초나무를 보고는 재목으로 쓸 수 있다고 생각하여 단단한 알맹이를 찾기 위해 뿌리를 끊고 잎들을 자르고 껍질을 다 벗겨 보아도 단단한 곳은 어디에도 없는 것과 같습니다.

그와 같이 많이 들어 아는 거룩한 제자는 눈의 식별과 귀 · 코 · 혀 · 몸 · 의지의 식별을 바르게 관찰하고, 바르게 관찰하면 도무지 취할 만한 것이 없습니다. 취할 만한 것이 없기 때문에 집착할 것이 없고, 집착할 것이 없으므로 스스로 열반을 깨닫습니다. 그래서 나의 생은 다하고 범행은 갖추었고 할 일은 마쳐, 다시는 다음 생을 받지 않는다고 스스로 아는 것입니다."

아난 존자가 이 법을 말하자, 서로 기뻐하며 제각기 자신의 처소로 돌아갔다.

4. 2 십팔계(十八界)

4.2.1 안약환경(眼藥丸經)

【잡아함경 제16권 444경】

이와 같이 나는 들었다.

어느 때 부처님께서 사밧티성 제타숲 아나타핀디카동산에 계셨다. 그때 세존께서 비구들에게 말씀하셨다.

"깊이와 넓이가 일 유순(由旬)이나 되는 곳을 채울 만큼 환으로 된 안약이 많이 있다 하자. 만일 어떤 사람이 이 환약을 가지고 계층[界]마다 두어 빨리 그 계층을 다하게 하더라도 그 끝을 얻지 못하는 것처럼, 마땅히 알라. 모든 계층은 그 수가 한량이 없다. 그러므로 비구들이여, 마땅히 계층에 대하여 잘 배우고 갖가지 계층을 잘 따르라. 마땅히 이렇게 배워야 한다."

부처님께서 이 경을 말씀하시자, 모든 비구는 부처님 말씀을 듣고 기뻐하며 받들어 행하였다.

4.2.2 비심경(鄙心經)

【잡아함경 제16권 445경】

이와 같이 나는 들었다.

어느 때 부처님께서 사밧티성 제타숲 아나타핀디카동산에 계셨다. 그때 세존께서 비구들에게 말씀하셨다.

"중생은 언제나 계층과 함께하고 계층과 화합한다. 어떻게 중생이 언제나 계층과 함께하는가. 중생이 선하지 않은 마음일 때는 선하지 않은 계층과 함께하고, 선한 마음일 때는 선한 계층과 함께하며, 훌륭한 마음일 때는 훌륭한 계층과 함께하고, 더러운 마음일 때는 더러운 계층과 함께한다. 그러므로 비구들이여, 마땅히 갖가지 계층에 대하여 이와 같이 배워야 한다."

부처님께서 이 경을 말씀하시자, 모든 비구는 부처님 말씀을 듣고 기뻐하며 받들어 행하였다.

4.2.3 게경(偈經)

【잡아함경 제16권 446경】

이와 같이 나는 들었다.

어느 때 부처님께서 사밧티성 제타숲 아나타핀디카동산에 계셨다. 그때 세존께서 비구들에게 말씀하셨다.

(자세히 말씀하신 것은 위와 같다. 다만 다른 것은 게송으로 말씀하신

것이다.)

인연이 모이므로 언제나 생하고
인연이 흩어지면 남[生]은 곧 끊어지리.
마치 사람이 작은 나뭇조각을 잡고
저 큰 바다로 들어가면
사람과 나무가 함께 빠지듯이
게으름과 함께함도 그러하니
게으름과 어리석음을 떠나
정진으로 나아가리.

현인과 성인들은 게으르지 않고
멀리 떠남에서 편안히 머무르며
쉬지 않고 부지런히 정진하여 선정에 들어
생사의 흐름을 뛰어 건너네.

아교를 바를 때는 그 재목을 얻어야 하고
불은 바람을 만나 왕성하게 일어나며
마노 구슬은 우유와 같은 색이듯
중생들은 계층과 함께하여
비슷한 것들은 서로 화합하니
더하고 자라남도 그러하네.

4.2.4 행경(行經)

【잡아함경 제16권 447경】

이와 같이 나는 들었다.

어느 때 부처님께서 라자가하성 칼란다카 대나무 동산에 계셨다. 그때 세존께서 비구들에게 말씀하셨다.

"중생은 언제나 계층과 함께하고 계층과 화합한다. 어떻게 계층과 함께하는가. 이른바 중생이 선하지 않은 마음일 때는 선하지 않은 계층과 함께하고, 선한 마음일 때는 선한 계층과 함께하며, 더러운 마음일 때는 더러운 계층과 함께하고, 훌륭한 마음일 때는 훌륭한 계층과 함께한다."

그때 콘단냐 존자는 많은 비구와 함께 그 근처에서 거닐고 있었다. 그들은 모두 상좌(上座)이고 많이 아는 대덕(大德)으로서, 출가한 지 이미 오래되었고 범행을 닦아 갖추었다.

이때 마하카샤파 존자도 많은 비구와 함께 그 근처에서 거닐고 있었다. 그들은 모두 욕심이 적어 만족할 줄을 알고 두타(頭陀)의 고행을 하며 남은 것을 쌓아 두지 않았다.

이때 사리풋타 존자도 많은 비구와 함께 그 근처에서 거닐고 있었다. 그들은 모두 큰 지혜와 변재(辯才)가 있었다.

이때 마하목갈라나 존자도 많은 비구와 함께 그 근처를 거닐고 있었다. 그들은 모두 신통의 큰 힘이 있었다.

이때 아누룻다 존자도 많은 비구와 함께 그 근처를 거닐고 있었다. 그들은 모두 하늘의 눈을 얻었다.

이때 소나 존자도 많은 비구와 함께 그 근처를 거닐고 있었다. 그들은 모두 용맹정진하는 부지런한 수행자였다.

이때 타표 존자도 많은 비구와 함께 그 근처를 거닐고 있었다. 그들은 모두 대중들을 위하여 도구를 공급하며 수행에 힘쓰고 있었다.

이때 우파리 존자도 많은 비구와 함께 그 근처를 거닐고 있었다. 그들은 모두 율행(律行)에 통달하였다.

이때 푼나 존자도 많은 비구와 함께 그 근처를 거닐고 있었다. 그들은 모두 변재가 있어서 설법을 잘하는 사람들이었다.

이때 카챠야나 존자도 많은 비구와 함께 그 근처를 거닐고 있었다. 그들은 모두 모든 경(經)을 분별하고 법상(法相)을 잘 설명하였다.

이때 아난 존자도 많은 비구와 함께 그 근처를 거닐고 있었다. 그들은 모두 많이 들어 알고 있었다.

이때 라훌라 존자도 많은 비구와 함께 그 근처를 거닐고 있었다. 그들은 모두 율행(律行)을 잘 지니었다.

이때 데바닷타도 많은 비구와 함께 그 근처를 거닐고 있었다. 그들은 모두 온갖 악행을 익히고 있었다.

이것을 비구가 언제나 계층과 함께하고 계층과 화합하는 것이라 한다. 그러므로 비구들이여, 마땅히 갖가지 모든 계층을 잘 분별하여야 한다."

부처님께서 이 경을 말씀하시자, 모든 비구는 부처님 말씀을 듣고 기뻐하며 받들어 행하였다.

4.2.5 게경(偈經)

【잡아함경 제16권 448경】

이와 같이 나는 들었다.

어느 때 부처님께서 라자가하성 칼란다카 대나무 동산에 계셨다. 위와 같이 널리 말씀하신 뒤 곧 게송으로 말씀하셨다.

인연이 모이므로 언제나 생하고
인연이 흩어지면 남[生]은 곧 끊어지리.

마치 사람이 작은 나뭇조각을 잡고
저 큰 바다로 들어가면
사람과 나무가 함께 빠지듯이
게으름과 함께함도 그러하니
마땅히 게으름과 어리석음을 떠나
정진으로 나아가리.

현인과 성인들은 게으르지 않고
멀리 떠남에서 편안히 머무르며
쉬지 않고 부지런히 정진하여 선정에 들어
생사의 흐름을 뛰어 건너네.

아교를 바를 때는 그 재목을 얻어야 하고
불은 바람을 만나야 왕성하게 일어나며
마노 구슬은 우유와 같은 색이듯
중생들은 계층과 함께하여
비슷한 것들은 서로 화합하니
더하고 자라남도 그러하네.

4.2.6 계화합경(界和合經)①

【잡아함경 제16권 449경】

이와 같이 나는 들었다.

어느 때 부처님께서 사밧티성 제타숲 아나타핀디카동산에 계셨다. 그 때 세존께서 비구들에게 말씀하셨다.

"중생은 언제나 계층과 함께하고 계층과 화합한다. 이와 같이 ……훌륭한 마음이 생길 때는 훌륭한 계층과 함께하고, 더러운 마음이 생길 때는 더러운 계층과 함께하며, 살생할 때는 살생하는 계층과 함께하고, 도둑질·사음·거짓말·술 마시는 마음이 생길 때는 도둑질·사음·거짓말·술 마시는 계층과 함께한다.

살생하지 않을 때는 살생하지 않는 계층과 함께하고, 도둑질·사음·거짓말을 하지 않고 술을 마시지 않을 때는 도둑질·사음·거짓말을 하지 않고 술을 마시지 않는 계층과 함께한다. 그러므로 비구들이여, 마땅히 갖가지 계층을 잘 분별하여야 한다."

부처님께서 이 경을 말씀하시자, 모든 비구는 부처님 말씀을 듣고 기뻐하며 받들어 행하였다.

4.2.7 계화합경(界和合經)②

【잡아함경 제16권 450경】

이와 같이 나는 들었다.

어느 때 부처님께서 사밧티성 제타숲 아나타핀디카동산에 계셨다. 그때 세존께서 비구들에게 말씀하셨다.

"중생은 언제나 계층과 함께하고 계층과 화합한다. 믿지 않을 때는 믿지 않는 계층과 함께하고, 계를 범할 때는 계를 범하는 계층과 함께하며, 스스로의 부끄러움과 남에 대한 부끄러움이 없을 때는 스스로의 부끄러움과 남에 대한 부끄러움이 없는 계층과 함께한다.

믿는 마음일 때는 믿는 계층과 함께하고, 계를 지닐 때는 계를 지니는 계층과 함께하며, 스스로 부끄러워하고 남에 대해 부끄러워하는 마음일 때는 스스로 부끄러워하고 남에 대해 부끄러워하는 계층과 함께한다. 그러므로 비구들이여, 마땅히 갖가지 모든 계층을 잘 분별하여야 한다."

부처님께서 이 경을 말씀하시자, 모든 비구는 부처님 말씀을 듣고 기뻐

하며 받들어 행하였다.

(믿는 것과 믿지 않는 것처럼, 정진함과 정진하지 않음 · 생각을 잃음과 생각을 잃지 않음 · 바르게 받음과 바르게 받지 않음 · 많이 들음과 적게 들음 · 아낌과 베풂음 · 나쁜 헤아림과 좋은 헤아림 · 기르기 어려움과 기르기 쉬움 · 채우기 어려움과 채우기 쉬움 · 욕심 많음과 욕심 적음 · 만족함을 앎과 만족함을 알지 못함 · 거두어 받음과 거두어 받지 않는 계층과 함께하는 것도 위의 경처럼 자세히 말씀하셨다.)

4.2.8 계경(界經)

【잡아함경 제16권 451경】

이와 같이 나는 들었다.

어느 때 부처님께서 사밧티성 제타숲 아나타핀디카동산에 계셨다. 그때 세존께서 비구들에게 말씀하셨다.

"나는 이제 갖가지 모든 계층을 설명하리니, 자세히 듣고 잘 생각하여라. 그대들을 위하여 설명하겠다.

어떤 것을 갖가지 계층이라 하는가? 이른바 눈의 계층[眼界] · 색의 계층[色界] · 눈의 식별의 계층[眼識界]과 귀의 계층 · 소리의 계층 · 귀의 식별의 계층과 코의 계층 · 냄새의 계층 · 코의 식별의 계층과 혀의 계층 · 맛의 계층 · 혀의 식별의 계층과 몸의 계층 · 촉감의 계층 · 몸의 식별의 계층과 의지의 계층 · 법의 계층 · 의지의 식별의 계층이니, 이것을 갖가지 계층이라 한다."

부처님께서 이 경을 말씀하시자, 모든 비구는 부처님 말씀을 듣고 기뻐하며 받들어 행하였다.

4.2.9 촉경(觸經) ①

【잡아함경 제16권 452경】

이와 같이 나는 들었다.

어느 때 부처님께서 사밧티성 제타숲 아나타핀디카동산에 계셨다. 그때 세존께서 비구들에게 말씀하셨다.

"갖가지 계층을 연하여 갖가지 '부딪침[觸]'이 생기고, 갖가지 부딪침을 연하여 갖가지 '느낌[受]'이 생기며, 갖가지 느낌을 연하여 갖가지 '갈애[愛]'가 생긴다.

어떤 것이 갖가지 계층인가. 십팔계(十八界)로서, 눈의 계층 · 색의 계층 · 눈의 식별의 계층, ……의지의 계층 · 법의 계층 · 의지의 식별의 계층이니, 이것을 갖가지 계층이라 한다.

어떻게 갖가지 계층을 연하여 갖가지 부딪침이 생기고, ……갖가지 느낌을 연하여 갖가지 갈애가 생기는가?

이른바 눈의 계층을 연하여 눈의 부딪침[眼觸]이 생기고, 눈의 부딪침을 연하여 눈의 부딪침에서 생기는 느낌[眼觸生受]이 생기며, 눈의 부딪침에서 생기는 느낌을 연하여 눈의 부딪침에서 생기는 갈애[眼觸生愛]가 생긴다.

귀 · 코 · 혀 · 몸 · 의지의 계층을 연하여 의지의 부딪침이 생기고, 의지의 부딪침을 연하여 의지의 부딪침에서 생기는 느낌이 생기며, 의지의 부딪침에서 생기는 느낌을 연하여 의지의 부딪침에서 생기는 갈애가 생긴다.

비구들이여, 갖가지 갈애를 연하여 갖가지 느낌이 생기는 것이 아니고, 갖가지 느낌을 연하여 갖가지 부딪침이 생기는 것이 아니며, 갖가지 부딪침을 연하여 갖가지 계층이 생기는 것이 아니다.

반드시 갖가지 계층을 연하여 갖가지 부딪침이 생기고, 갖가지 부딪침을 연하여 갖가지 느낌이 생기며, 갖가지 느낌을 연하여 갖가지 갈애가 생기는 것이다. 이것을 비구들이여, 갖가지 계층을 연하여 갖가지 부딪침이 생기고, 갖가지 부딪침을 연하여 갖가지 느낌이 생기며, 갖가지 느낌을 연하여 갖가지 갈애가 생기는 것이라 한다."

부처님께서 이 경을 말씀하시자, 모든 비구는 부처님 말씀을 듣고 기뻐하며 받들어 행하였다.

4.2.10 촉경(觸經)②

【잡아함경 제16권 453경】

이와 같이 나는 들었다.

어느 때 부처님께서 사밧티성 제타숲 아나타핀디카동산에 계셨다. 그때 세존께서 비구들에게 말씀하셨다.

"갖가지 계층을 연하여 갖가지 부딪침이 생기고, 갖가지 부딪침을 연하여 갖가지 느낌이 생기며, 갖가지 느낌을 연하여 갖가지 갈애가 생긴다.

어떤 것이 갖가지 계층인가. 이른바 십팔계(十八界)이니 눈의 계층 · 색의 계층 · 눈의 식별의 계층, …… 의지의 계층 · 법의 계층 · 의지의 식별의 계층이다. 이것을 갖가지 계층이라 한다.

어떻게 갖가지 계층을 연하여 갖가지 부딪침이 생기고, 갖가지 부딪침을 연하여 갖가지 느낌이 생기며, 갖가지 느낌을 연하여 갖가지 갈애가 생기는가?

눈의 계층을 연하여 눈의 부딪침이 생긴다. 눈의 부딪침을 연하여 눈의 계층이 생기는 것이 아니다. 다만 눈의 계층을 연하여 눈의 부딪침이 생기는 것이다.

눈의 부딪침을 연하여 눈의 느낌이 생긴다. 눈의 느낌을 연하여 눈의 부딪침이 생기는 것이 아니다. 다만 눈의 부딪침을 연하여 눈의 느낌이 생기는 것이다.

눈의 느낌을 연하여 눈의 갈애가 생긴다. 눈의 갈애를 연하여 눈의 느낌이 생기는 것이 아니다. 다만 눈의 느낌을 연하여 눈의 갈애가 생기는 것이다.

이와 같이 귀 · 코 · 혀 · 몸의 계층도 그러하며, 의지의 계층을 연하여 의지의 부딪침이 생긴다. 의지의 부딪침을 연하여 의지의 계층이 생기는 것이 아니다. 다만 의지의 계층을 연하여 의지의 부딪침이 생기는 것이다.

의지의 부딪침을 연하여 의지의 느낌이 생긴다. 의지의 느낌을 연하여 의지의 부딪침이 생기는 것이 아니다. 다만 의지의 부딪침을 연하여 의지의 느낌이 생기는 것이다.

의지의 느낌을 연하여 의지의 갈애가 생긴다. 의지의 갈애를 연하여 의지의 느낌이 생기는 것이 아니다. 다만 의지의 느낌을 연하여 의지의 갈애가 생기는 것이다.

그러므로 비구들이여, 갖가지 갈애를 연하여 갖가지 느낌이 생기는 것이 아니다. 갖가지 느낌을 연하여 갖가지 부딪침이 생기는 것이 아니다. 갖가지 부딪침을 연하여 갖가지 계층이 생기는 것이 아니다. 다만 갖가지 계층을 연하여 갖가지 부딪침이 생기고, 갖가지 부딪침을 연하여 갖가지 느낌이 생기는 것이며, 갖가지 느낌을 연하여 갖가지 갈애가 생기는 것이다.

그러므로 비구들이여, 마땅히 갖가지 계층을 잘 분별하여야 한다."

부처님께서 이 경을 말씀하시자, 모든 비구는 부처님 말씀을 듣고 기뻐하며 받들어 행하였다.

4. 3 육수 · 육상 · 육사(六受 · 六想 · 六思)

4.3.1 이법경(二法經)

【잡아함경 제8권 214경】

이와 같이 나는 들었다.

어느 때 부처님께서 사밧티성 제타숲 아나타핀디카동산에 계셨다. 그 때 세존께서 비구들에게 말씀하셨다.

"두 가지 인연이 있어서 식별[識]이 생긴다. 어떤 것을 둘이라 하는가. 이른바 눈과 색 · 귀와 소리 · 코와 냄새 · 혀와 맛 · 몸과 촉감 · 의지와 법이다. 이와 같이 ……경계(境界)가 아니기 때문이다. 왜냐하면 눈과 색이 인연하여 눈의 식별이 생긴다. 그 눈은 덧없고 유위(有爲)의 마음을 연하여 생긴 것이고, 색과 눈의 식별도 덧없고 유위의 마음을 연하여 생긴 것이다. 이 세 가지 법이 화합하여 부딪침[觸]이 있고, 부딪침이 있은 뒤에는 느낌[受]이 있고, 느낌이 있은 뒤에는 생각[想]이 있고, 생각이 있은 뒤에는 의도[思]가 있다.

이러한 모든 법은 다 덧없고 유위의 마음을 연하여 생긴 것이니, 이른바 부딪침 · 생각 · 의도이다. 귀 · 코 · 혀 · 몸 · 의지에 대해서도 그와 같다."

부처님께서 이 경을 말씀하시자, 모든 비구는 부처님 말씀을 듣고 기뻐하며 받들어 행하였다.

4.3.2 수성유경(手聲喩經)

【잡아함경 제11권 273경】

이와 같이 나는 들었다.

어느 때 부처님께서 사밧티성 제타숲 아나타핀디카동산에 계셨다.

그때 어떤 비구는 혼자서 고요히 생각하였다. '어떤 것을 나라고 하는가, 나는 무엇을 하는가, 어떤 것이 나인가, 나는 어디에 머무르는가?'

그는 선정에서 깨어나 부처님 계신 곳으로 가서 부처님 발에 예배하고 물러나 한쪽에 앉아 말씀드렸다.

"세존이시여, 저는 혼자 고요한 곳에서, '어떤 것을 나라고 하는가, 나는 무엇을 하는가, 어떤 것이 나인가, 나는 어디에 머무르는가?'라고 생각하였습니다."

부처님께서 비구에게 말씀하셨다.

"나는 이제 그대를 위하여 두 법을 말할 것이니, 자세히 듣고 잘 생각하여라. 어떤 것이 둘인가. 눈과 색이 둘이고, 귀와 소리 · 코와 냄새 · 혀와 맛 · 몸과 촉감 · 의지와 법이 둘이다. 이것을 두 법이라 한다.

비구여, 혹 어떤 이가, '사문 고타마가 말하는 두 법은 둘이 아니다. 나는 이제 그것을 버리고 다시 두 법을 세울 것이다'라고 말한다면, 그것은 말만 있을 뿐 자꾸 물어도 알지 못하고 의혹만 더할 뿐이다. 그것은 경계가 아니기 때문이다. 왜냐하면 눈이 색을 연하여 눈의 식별이 생기는 것이기 때문이다.

비구여, 만약 그 눈이 살덩어리이고, 안에 있는 것이고, 인연이 되는 것이며, 단단한 것이고, 받아들이는 것이면, 이것을 눈이라는 살덩어리 안의 땅의 계층[地界]이라 한다.

비구여, 만약 그 눈이라는 살덩어리가 안에 있고, 인연이 되는 것이며, 촉촉하고 윤이 나는 것이고, 받아들이는 것이면, 이것을 눈의 살덩어리 안의 물의 계층[水界]이라 한다.

비구여, 만약 그 눈이라는 살덩어리가 안에 있고, 인연이 되는 것이며, 밝고 따뜻한 것이고, 받아들이는 것이면, 이것을 눈의 살덩어리 안의 불의 계층[火界]이라 한다.

비구여, 만약 그 눈이라는 살덩어리가 안에 있는 것이고. 인연이 되는 것이며, 가벼이 나부끼면서 흔들리는 것이고, 받아들이는 것이면, 이것을 눈의 살덩어리 안의 바람의 계층[風界]이라 한다.

비구여, 두 손이 화합하여 서로 마주쳐야 소리를 내는 것과 같이, 눈이 색을 연하여 눈의 식별이 생기는 것이다. 이 세 가지가 화합한 것이 부딪침이니, 부딪침에서 느낌 · 생각 · 의도가 함께 생긴다.

그러나 이러한 모든 법은 '나'가 아니고 영원하지 않으므로, 이것은 덧없는 '나'이고 영원한 것이 아니며 안온한 것이 아니고 변하고 바뀌는 '나'이다. 왜냐하면 비구여, 그것은 태어나고 늙고 죽고 마치는 태어나는 법을 받기 때문이다.

비구여, 모든 행(行)은 환(幻)과 같고 불꽃과 같아서 잠깐 동안에 다 사라지니, 진실로 오는 것도 아니고 진실로 가는 것도 아니다. 그러므로 비구여, '공(空)'의 모든 행에 대하여 마땅히 알라. '공'에서의 모든 행은 항상하고 머무르고 변하지 않음을 기뻐하고 생각하라. '공(空)'에서는 '나'도 없고 '나의 것'도 없기 때문이다.

그것은 마치 눈 밝은 사람이 손에 밝은 등불을 들고 빈방으로 들어가서 그 빈방을 관찰하는 것과 같다. 이와 같이 비구여, 일체의 행이 '공'한 상태에서 '공성'의 마음으로 관하면 기쁨이 일어난다. '공성'의 법에서 모든 행은 항상 머물러 있어, 변하고 바뀌는 법이 아니다. '나'와 '나의 것'이 없기 때문이다.

눈과 같이 귀 · 코 · 혀 · 몸도 그러하며, 의지가 법을 연하여 의지의 식별이 생긴다. 이 세 가지가 화합한 것이 부딪침이니, 부딪침에서 느낌 · 생각 · 의도가 함께 생긴다. 그러나 이 모든 법에는 '나'가 없고 덧없고, ……'공'에는 '나'와 '나의 것'이 없기 때문이다.

비구여, 그대는 어떻게 생각하는가? 눈은 영원한 것인가, 덧없는 것인가?"

"덧없는 것입니다, 세존이시여."

"만일 덧없는 것이라면 그것은 괴로운 것인가?"

"그것은 괴로운 것입니다, 세존이시여."

"만일 덧없고 괴로운 것이라면 그것은 변하거나 바뀌는 법이다. 그런데 많이 들어 아는 거룩한 제자로서 그것에 대하여 '나'와 '나와 다르다'와 '그 둘이 함께 있는 것'을 보겠는가?"

"아닙니다, 세존이시여."

"귀 · 코 · 혀 · 몸 · 의지에 대해서도 그와 같다. 그러므로 많이 들어 아는 거룩한 제자는 눈에 대하여 싫어하는 마음을 내고, 싫어하기 때문에 바라지 않으며, 바라지 않기 때문에 해탈하고, 해탈한 줄을 알고 본다. 그래서 나의 생은 다하고 범행은 갖추었고 할 일은 마쳐, 다시는 다음 생을 받지 않는다고 스스로 안다. 귀 · 코 · 혀 · 몸 · 의지에 대해서도 그와 같다."

이때 그 비구는 부처님께서 말씀하시는 '합수성비경(合手聲譬經)'의 가르침을 듣고 혼자 어느 고요한 곳에서 골똘히 생각하면서 방일(放逸)하지 않았다. 그리하여 마침내 다음 생을 받지 않는다고 스스로 알고 아라한이 되었다.

4.3.3 인경(人經)

【잡아함경 제13권 306경】

이와 같이 나는 들었다.

어느 때 부처님께서 사밧티성 제타숲 아나타핀디카동산에 계셨다.

그때 어떤 비구가 혼자 어느 고요한 곳에서 골똘히 생각하다가 이렇게 생각하였다. '비구는 어떻게 알고 어떻게 보아야 법을 볼 수 있을까?'

이렇게 생각한 뒤에 선정에서 깨어나 부처님 계신 곳으로 가서 부처님 발에 예배하고 물러나 한쪽에 앉아 말씀드렸다.

"세존이시여, 저는 혼자 어느 고요한 곳에서 골똘히 생각하다가, '비구는 어떻게 알고 어떻게 보아야 법을 볼 수 있는가'라고 생각하였습니다."

세존께서 그 비구에게 말씀하셨다.

"자세히 듣고 잘 생각하여라. 그대를 위하여 설명하겠다. 두 가지 법이 있다. 어떤 것이 두 가지인가. 눈과 색이다. …… 그것은 경계가 아니기 때문이다. 왜냐하면 눈이 색을 연하여 눈의 식별이 생기고, 이 세 가지가 화합한 것이 부딪침이니, 부딪침에서 느낌·생각·의도가 함께 생긴다. 이 넷은 색이 없는 근간이요, 눈은 색의 근간이다. 이러한 법을 사람이라 한다. 이러한 법에 대하여 사람이라는 생각을 지어 '중생·나라·마누사·마나바·사부·풋갈라·지바·잔투'라고 한다.

또 이와 같이 말한다. 즉, '나는 눈으로 색을 보고, 나는 귀로 소리를 들으며, 나는 코로 냄새를 맡고, 나는 혀로 맛을 보며, 나는 몸으로 촉감을 느끼고, 나는 의지로 법을 식별한다.'

그는 이와 같이 말하고 이와 같이 가르친다. 즉, '이 존자는 이러한 이름과 이러한 출신과 이러한 성이며, 이렇게 먹고, 이러한 괴로움과 즐거움을 받으며, 이렇게 오래 살고, 이렇게 오래 머무르며, 이렇게 목숨을 마쳤다.'

비구들이여, 이것을 곧 생각[想]이라 하고, 이것을 곧 마음의 기록이라 하며, 이것을 곧 말이라 한다. 이 모든 법은 덧없고 유위이며 마음의 바람[願]을 연하여 생긴 것이다.

만일 덧없고 유위이며 마음의 바람을 연하여 생긴 것이라면, 그것은 곧 괴로움이다. 그리고 그 괴로움은 다시 생기고 또한 머무르고 멸하고 자꾸 생기니, 일체가 다 괴로움이다.

그러나 만약 다시 그 괴로움을 남김없이 끊고 버려서 다하여 탐욕을 떠나 쉬어 마치면, 다른 괴로움이 다시 서로 이어지지 않고 생기지 않으니,

이것이 곧 적멸(寂滅)이고 이것이 곧 승묘(勝妙)이다. 이른바 일체의 남아 있는 것을 모두 버린다는 것은, 일체의 애욕이 다한 것이고 욕심이 없는 것이며 멸진이고 열반이다.

귀 · 코 · 혀도 그와 같으며, 몸이 촉감을 연하여 몸의 식별이 생기고, 이 세 가지가 화합한 것이 부딪침이다. 부딪침에서 느낌 · 생각 · 의도가 함께 생긴다. 이 네 가지는 색이 없는 근간이요, 몸은 색의 근간이다. 이것을 사람이라 하며, …… 멸진이고 열반이라 한다.

의지가 법을 연하여 의지의 식별이 생긴다. 이 세 가지가 화합한 것이 부딪침이다. 부딪침에서 느낌 · 생각 · 의도가 함께 생긴다. 이 네 가지의 색이 없는 근간과 사대(四大)는 우리가 의지하는 것으로 이러한 법을 사람이라 하며, (위에서 자세히 말한 것과 같고,) …… 멸진이고 열반이다.

만일 이 모든 법에 대하여 마음이 따라 들어가서 그것이 일으키는 결박과 집착에서 해탈하여 머무르고 퇴전하지 않으면. '나'가 없게 된다. 비구들이여, 이와 같이 알고 이와 같이 보면 곧 법을 보게 된다."

부처님께서 이 경을 말씀하시자, 모든 비구는 부처님 말씀을 듣고 기뻐하며 받들어 행하였다.

4.3.4 육육경(六六經)

【잡아함경 제13권 304경】

이와 같이 나는 들었다.

어느 때 부처님께서 쿠루국의 소치는 마을에 계셨다. 그때 세존께서 비구들에게 말씀하셨다.

"나는 이제 그대들을 위하여 법을 설하겠다. 그것은 처음도 좋고 중간도 좋고 마지막도 좋으며, 좋은 뜻과 좋은 맛으로써 순수하고 깨끗하여 범행이 청정하다. 자세히 듣고 잘 생각하여라.

육육법이 있다. 어떤 것을 육육법이라 하는가. 여섯 가지 내입처[六內入處] · 여섯 가지 외입처[六外入處] · 여섯 가지 식별[六識身] · 여섯 가지 부딪침[六觸身] · 여섯 가지 느낌[六受身] · 여섯 가지 갈애[六愛身]이다.

어떤 것을 여섯 가지 내입처라 하는가. 눈이라는 입처(入處)와 귀 · 코 · 혀 · 몸 · 의지라는 입처이다.

어떤 것을 여섯 가지 외입처라 하는가. 색이라는 인식 대상[入處]과 소리 · 냄새 · 맛 · 촉감 · 법이라는 인식 대상이다.

어떤 것을 여섯 가지 식별이라 하는가. 눈의 식별과 귀 · 코 · 혀 · 몸 · 의지의 식별이다.

어떤 것을 여섯 가지 부딪침이라 하는가. 눈의 부딪침과 귀 · 코 · 혀 · 몸 · 의지의 부딪침이다.

어떤 것을 여섯 가지 느낌이라 하는가. 눈의 부딪침에서 생기는 느낌과 귀 · 코 · 혀 · 몸 · 의지의 부딪침으로 생기는 느낌이다.

어떤 것을 여섯 가지 갈애라 하는가. 눈의 부딪침에서 생기는 갈애와 귀 · 코 · 혀 · 몸 · 의지의 부딪침으로 생기는 갈애이다.

만일 어떤 사람이, '눈이 곧 나다'라고 말한다면, 그것은 그렇지 않다. 왜냐하면 눈은 생하고 멸하는 것이기 때문이다. 눈이 곧 '나'라면 나는 태어남과 죽음을 받을 것이다. 그러므로, '눈이 곧 나다'라고 말한다면, 그것은 그렇지 않다.

이와 같이 색이나 눈의 식별 · 눈의 부딪침 · 눈의 부딪침으로 생기는 느낌에 대하여, '이것이 나다'라고 한다면, 그것은 그렇지 않다. 왜냐하면 눈의 부딪침으로 생기는 느낌은 생하고 멸하는 법이기 때문이다. 만일 눈의 부딪침으로 생기는 느낌이 곧 '나'라면, 나는 반드시 태어남과 죽음을 받을 것이다. 그러므로 눈의 부딪침으로 생기는 느낌에 대하여, '이것이 곧 나다'라고 말한다면, 그것은 그렇지 않다. 그러므로 눈의 부딪침으로 생기는 느낌은 '나'가 아니다.

이와 같이 귀 · 코 · 혀 · 몸 · 의지의 부딪침으로 생기는 느낌은 '나'가 아니다. 왜냐하면 의지의 부딪침으로 생기는 느낌은 생하고 멸하는 법이기 때문이다. 만일 그것이 곧 '나'라면 나는 반드시 태어남과 죽음을 받을 것이다. 그러므로 의지의 부딪침으로 생기는 느낌에 대하여, '이것이 곧 나다'라고 말한다면, 그것은 그렇지 않다. 그러므로 의지의 부딪침에서 생기는 느낌은 '나'가 아니다.

이와 같이 비구들이여, 마땅히 '눈의 작용'과 '지혜의 작용'과 '적멸의 작용'을 여실히 알아서, 신통을 얻어 마침내 바르게 열반으로 향하여야 한다. 어떻게 '눈의 작용' 등을 여실히 알고 보아 마침내 바르게 열반으로 향하는가.

비구들이여 그것은 이와 같다. '눈은 나가 아니다. 색이나 눈의 식별 · 눈의 부딪침 · 눈의 부딪침을 연하여 생기는 느낌, 즉 안으로 느끼는 괴로운 느낌 · 즐거운 느낌 · 괴롭지도 않고 즐겁지도 않은 느낌으로, 그것 또한 나가 아니다'라고 관하는 것이다. 귀 · 코 · 혀 · 몸 · 의지에 대해서도 그와 같다. 이것을 눈의 작용 등을 여실히 알고 보아 …… 바르게 열반으로 향하는 것이라 하며, 이것을 '육육법경'이라 한다."

부처님께서 이 경을 말씀하시자, 모든 비구는 부처님 말씀을 듣고 기뻐하며 받들어 행하였다.

4.3.5 라훌라경[羅睺羅經]

【잡아함경 제8권 198경】

이와 같이 나는 들었다.

어느 때 부처님께서 라자가하성 깃자쿠타산에 계셨다.

그때 라훌라[羅睺羅] 존자는 부처님 계신 곳으로 가서 부처님 발에 예배하고 한쪽으로 물러나 여쭈었다.

"세존이시여, 제 안의 식별 몸[內識身]과 바깥의 일체 모양에 대하여 어떻게 알고 어떻게 보아야 '나라는 견해'와 '내 것이라는 견해'와 '아만'에 매이어 집착하는 번뇌가 생기지 않게 하겠습니까?"

세존께서 라훌라에게 말씀하셨다.

"착하다. 라훌라여, 너는 여래에게 매우 깊은 이치를 묻는구나."

부처님께서 라훌라에게 말씀하셨다.

"눈에 대하여 과거나 미래나 현재나, 안이나 밖이나, 거칠거나 미세하거나, 아름답거나 추하거나, 멀거나 가깝거나, 그 일체는 '나'가 아니고, '나와 다른 것'도 아니며, '그 둘이 함께 있는 것'도 아니라고 여실히 알라. 귀 · 코 · 혀 · 몸 · 의지에 대해서도 그러하다.

라훌라여, 나의 이 식별 몸과 바깥의 일체 모양에 대하여 이렇게 알고 이렇게 보면, '나라는 견해'와 '내 것이라는 견해'와 '아만(我慢)'에 매이어 집착하는 번뇌가 생기지 않게 할 수 있다.

라훌라여, 이와 같이 '나라는 견해'와 '내 것이라는 견해'와 '아만'에 매이어 집착하는 번뇌가 생기지 않으면, 이것을 갈애의 잘못된 견해를 끊고 바르고 확실하게 알아 괴로움에서 완전히 벗어난 것이라 한다."

부처님께서 이 경을 말씀하시자, 라훌라 존자는 부처님 말씀을 듣고 기뻐하며 받들어 행하였다.

(내입처와 같이, 외입처, 색 · 소리 · 냄새 · 맛 · 촉감 · 법과 눈 · 귀 · 코 · 혀 · 몸 · 의지의 식별과 눈 · 귀 · 코 · 혀 · 몸 · 의지의 부딪침과 눈 · 귀 · 코 · 혀 · 몸 · 의지의 부딪침에서 생기는 느낌과 눈 · 귀 · 코 · 혀 · 몸 · 의지의 부딪침에서 생기는 생각과 눈 · 귀 · 코 · 혀 · 몸 · 의지의 부딪침에서 생기는 의도와 눈 · 귀 · 코 · 혀 · 몸 · 의지의 부딪침에서 생기는

갈애도 위에서 말씀한 것과 같다.)

4. 4 육촉 · 육수(六觸 · 六受)

4.4.1 일체유경(一切有經)

【잡아함경 제13권 320경】

이와 같이 나는 들었다.

어느 때 부처님께서 사밧티성 제타숲 아나타핀디카동산에 계셨다.

그때 자눗소니[生聞] 바라문이 부처님 계신 곳으로 가서 서로 인사한 뒤에 물러나 한쪽에 앉아 부처님께 여쭈었다.

"고타마시여, 일체가 있다는 것은 어떤 것을 일체가 있다고 하시는 것입니까?"

부처님께서 자눗소니 바라문에게 말씀하셨다.

"나는 이제 그대에게 물을 것이니, 아는 대로 대답하시오. 바라문이여, 그대는 어떻게 생각합니까? 눈은 있습니까?"

그가 대답하였다.

"있습니다, 사문 고타마여."

"색은 있습니까?"

"있습니다, 사문 고타마여."

"바라문이여, 색이 있고, 눈의 식별이 있고, 눈의 부딪침이 있고, 눈의 부딪침을 연하여 생기는 느낌, 즉 괴로운 느낌 · 즐거운 느낌 · 괴롭지도 않고 즐겁지도 않은 느낌도 있습니까?"

"있습니다, 사문 고타마여."

"귀 · 코 · 혀 · 몸 · 의지에 대해서도 그와 같이 말합니다. 이와 같이 …… 그것은 경계가 아니기 때문입니다."

부처님께서 이 경을 말씀하시자, 자눗소니 바라문은 부처님 말씀을 듣고 기뻐하며 자리에서 일어나 떠나갔다.

4.4.2 일체경(一切經)

【잡아함경 제10권 321경】

이와 같이 나는 들었다.

어느 때 부처님께서 사밧티성 제타숲 아나타핀디카동산에 계셨다.

그때 자눗소니 바라문이 부처님 계신 곳으로 가서 서로 인사한 뒤에 물러나 한쪽에 앉아 부처님께 여쭈었다.

"사문 고타마시여, 일체 법이란 어떤 것을 일체 법이라 하십니까?"

부처님께서 바라문에게 말씀하셨다.

"눈과 색과 눈의 식별과 눈의 부딪침과 눈의 부딪침을 연하여 생기는 느낌, 즉 괴로운 느낌 · 즐거운 느낌 · 괴롭지도 않고 즐겁지도 않은 느낌과 귀 · 코 · 혀 · 몸 · 의지와 소리 · 냄새 · 맛 · 촉감 · 법과 귀 · 코 · 혀 · 몸 · 의지의 식별과 귀 · 코 · 혀 · 몸 · 의지의 부딪침과 귀 · 코 · 혀 · 몸 · 의지의 부딪침으로 생기는 느낌, 즉 괴로운 느낌 · 즐거운 느낌 · 괴롭지도 않고 즐겁지도 않은 느낌을 '일체 법'이라 한다.

만일 다시 어떤 사람이, '이것은 일체 법이 아니다. 나는 이제 사문 고타마가 말하는 일체 법을 버리고 다시 일체 법을 세울 것이다'라고 말한다면, 그것은 다만 말만 있을 뿐 자꾸 물어도 알지 못하여 그 어리석음과 의혹만 더할 것이다. 왜냐하면 그것은 경계가 아니기 때문이다."

부처님께서 이 경을 말씀하시자, 자눗소니 바라문은 부처님 말씀을 듣고 기뻐하며 자리에서 일어나 떠나갔다.

(자눗소니 바라문이 물은 세 가지 경과 같이, 어떤 비구가 물은 세 가지 경, 아난 존자가 물은 세 가지 경, 세존은 법의 눈 · 법의 근본 · 법의 의지처의 세 가지 경도 위에서 말씀하신 것과 같다.)

4.4.3 무상경(無常經)①

【잡아함경 제8권 195경】

이와 같이 나는 들었다.

어느 때 부처님께서 사밧티성 제타숲 아나타핀디카동산에 계셨다. 그 때 세존께서 비구들에게 말씀하셨다.

“모든 것은 덧없다. 어떻게 모든 것은 덧없는가. 눈은 덧없는 것이고, 색과 눈의 식별과 눈의 부딪침과 눈의 부딪침을 연하여 생기는 느낌, 즉 괴로운 느낌 · 즐거운 느낌 · 괴롭지도 않고 즐겁지도 않은 느낌도 덧없는 것이다. 귀 · 코 · 혀 · 몸 · 의지에 대해서도 그와 같다.

그러므로 많이 들어 아는 거룩한 제자들로서 이렇게 관하는 사람은 눈에 대해서 싫어하는 마음을 내고, 색과 눈의 식별과 눈의 부딪침과 눈의 부딪침을 연하여 생기는 느낌, 즉 괴로운 느낌 · 즐거운 느낌 · 괴롭지도 않고 즐겁지도 않은 느낌에 대해서 싫어하는 마음을 낸다. 귀 · 코 · 혀 · 몸 · 의지와 소리 · 냄새 · 맛 · 촉감 · 법과 의지의 식별과 의지의 부딪침과 의지의 부딪침을 연하여 생기는 느낌, 즉 괴로운 느낌 · 즐거운 느낌 · 괴롭지도 않고 즐겁지도 않은 느낌에 대해서도 싫어하는 마음을 낸다.

싫어하기 때문에 바라지 않고, 바라지 않기 때문에 해탈하며, 해탈한 줄을 알고 본다. 그래서 나의 생은 다하고 범행은 갖추었고, 할 일은 마쳐, 다시는 다음 생을 받지 않는다는 것을 스스로 안다.”

부처님께서 이 경을 말씀하시자, 모든 비구는 부처님 말씀을 듣고 기뻐하며 받들어 행하였다.

[무상경(無常經)과 같이, 고(苦) · 공(空) · 무아(無我)에 대해서도 이와 같이 말씀하셨다.]

4.4.4 무상경(無常經)②

【잡아함경 제8권 196경】

이와 같이 나는 들었다.

어느 때 부처님께서 사밧티성 제타숲 아나타핀디카동산에 계셨다. 그때 세존께서 비구들에게 말씀하셨다.

"모든 것은 덧없다. 어떻게 모든 것은 덧없는가. 눈은 덧없는 것이고, 색과 눈의 식별과 눈의 부딪침과 눈의 부딪침을 연하여 생기는 느낌, 즉 괴로운 느낌·즐거운 느낌·괴롭지도 않고 즐겁지도 않은 느낌도 덧없는 것이다. 이와 같이 귀·코·혀·몸도 그러하며, 의지와 법과 의지의 식별과 의지의 부딪침과 의지의 부딪침을 연하여 생기는 느낌, 즉 괴로운 느낌·즐거운 느낌·괴롭지도 않고 즐겁지도 않은 느낌도 덧없는 것이다.

그러므로 많이 들어 아는 거룩한 제자로서 이와 같이 관하는 사람은 눈에서 해탈하고, 색과 눈의 식별과 눈의 부딪침과 눈의 부딪침을 연하여 생기는 느낌, 즉 괴로운 느낌·즐거운 느낌·괴롭지도 않고 즐겁지도 않은 느낌에서도 해탈한다.

귀·코·혀·몸도 그러하며, 의지와 법과 의지의 식별과 의지의 부딪침과 의지의 부딪침을 연하여 생기는 느낌, 즉 괴로운 느낌·즐거운 느낌·괴롭지도 않고 즐겁지도 않은 느낌에서도 해탈한다. 그리하여 '그는 태어남·늙음·병듦·죽음·근심·슬픔·번민·고통에서 해탈하였다'라고 나는 말한다.

부처님께서 이 경을 말씀하시자, 모든 비구는 부처님 말씀을 듣고 기뻐하며 받들어 행하였다.

[모든 것은 덧없다고 말씀하신 것과 같이, '모든 것은 괴롭고, 모든 것은 공(空)이며, 모든 것은 무아(無我)이다. 모든 것은 빈 업[虛業]의 법이며, 모든 것은 부서지는 법이다. 모든 것은 태어나는 법이며, 모든 것은 늙는 법이며, 모든 것은 병드는 법이며, 모든 것은 죽는 법이다. 모든 것은 근심

스러운 법이며, 모든 것은 번뇌의 법이다. 모든 것은 집기하는 법이며, 모든 것은 멸하는 법이다. 모든 것은 알아야 하는 법이며, 모든 것은 분별해야 하는 법이며, 모든 것은 끊어야 하는 법이다. 모든 것은 깨달아야 하는 법이며, 모든 것은 증득해야 하는 법이다. 모든 것은 마라이며, 모든 것은 마라의 세력이며, 모든 것은 마라의 그릇이다. 모든 것은 타고, 모든 것은 불꽃처럼 타며, 모든 것은 타서 사라진다'라는 것도 모두 위의 두 경에서 자세히 말씀하신 것과 같다.]

4.4.5 시현경(示現經)

【잡아함경 제8권 197경】

이와 같이 나는 들었다.

어느 때 부처님께서 가야에서 천 명의 비구들과 함께 계셨는데, 그들은 모두 옛날에는 머리를 땋아 올린 바라문이었다.

그때 세존께서는 천 명의 비구들에게 세 가지를 나타내 보임으로써 교화하셨다. 어떤 것이 셋인가? '신족 변화를 나타내 보임[神足示現]'과 '남의 마음을 나타내 보임[他心示現]'과 '가르침을 나타내 보임[教誡示現]'이다.

'신족 변화를 나타내 보임'이란 무엇인가? 세존께서 그 응하는 바에 따라 나타내 보이시는 것이다. 즉 선정에 드시어, 허공을 타고 동방으로 가시어, 다니고 머무르며 앉고 눕는 네 가지 위의를 지으신다. 또는 불 삼매에 드시어 파랑 · 노랑 · 빨강 · 하양과 밤색의 여러 가지 불빛을 내신다. 또는 물과 불을 함께 나타내는데, 몸 밑에서 불을 내고 몸 위에서 물을 내시며, 몸 위에서 불을 내고 몸 밑에서 물을 내시며, 사방에서도 이와 같이 하신다. 그때 세존께서 여러 가지 신통 변화를 나타내신 뒤에 대중 가운데 앉으시니, 이것을 '신족 변화를 나타내 보임'이라 한다.

'남의 마음을 나타내 보임'이란 무엇인가? 남의 마음[心] 그대로, 남의 의지[意] 그대로, 남의 식별[識] 그대로, '그는 반드시 이렇게 생각할 것이다. 그는 이렇게 생각하지 않을 것이다. 그는 반드시 이렇게 버릴 것이다. 그는 이렇게 몸으로 증득하여 머무를 것이다'라고 아시니, 이것을 '남의 마음을 나타내 보임'이라 한다.

'가르침을 나타내 보임'이란 무엇인가. 세존께서 말씀하시는 것과 같다. 즉, "비구들이여, 일체는 불타고 있다. 어떻게 일체는 불타고 있는가. 눈이 불타고 있고, 색과 눈의 식별과 눈의 부딪침과 눈의 부딪침을 연하여 생기는 느낌, 즉 괴로운 느낌 · 즐거운 느낌 · 괴롭지도 않고 즐겁지도 않은 느낌도 불타고 있다. 귀 · 코 · 혀 · 몸 · 의지도 그러하며, 이와 같이 법과 의지의 식별과 의지의 부딪침과 의지의 부딪침을 연하여 생기는 느낌, 즉 괴로운 느낌 · 즐거운 느낌 · 괴롭지도 않고 즐겁지도 않은 느낌 또한 불타고 있다. 무엇으로 불타고 있는가. 탐냄의 불로 불타고 있고, 성냄의 불로 불타고 있으며, 어리석음의 불로 불타고 있고, 태어남 · 늙음 · 병듦 · 죽음 · 근심 · 슬픔 · 번민 · 고통의 불로 불타고 있다."

그때 천 명의 비구들은 부처님의 말씀을 듣고 모든 번뇌를 일으키지 않고 마음의 해탈을 얻었다.

부처님께서 이 경을 말씀하시자, 모든 비구는 부처님 말씀을 듣고 기뻐하며 받들어 행하였다.

4.4.6 누진경(漏盡經)

【잡아함경 제10권 201경】

이와 같이 나는 들었다.

어느 때 부처님께서 사밧티성 제타숲 아나타핀디카동산에 계셨다.

그때 어떤 비구가 부처님 계신 곳으로 가서 부처님 발에 예배하고 한쪽으로 물러서서 여쭈었다.

"어떻게 알고 어떻게 보아야 차례로 빨리 번뇌가 다하게 되겠습니까?"

그때 세존께서 그 비구에게 말씀하셨다.

"덧없음을 바르게 보아야 한다. 어떤 법이 덧없는가? 눈은 덧없는 것이다. 색과 눈의 식별과 눈의 부딪침과 눈의 부딪침을 연하여 생기는 느낌, 즉 괴로운 느낌 · 즐거운 느낌 · 괴롭지도 않고 즐겁지도 않은 느낌도 덧없다고 관찰하여야 한다. 귀 · 코 · 혀 · 몸 · 의지도 그러하며, 이와 같이 법과 의지의 식별과 의지의 부딪침과 의지의 부딪침을 연하여 생기는 느낌, 즉 괴로운 느낌 · 즐거운 느낌 · 괴롭지도 않고 즐겁지도 않은 느낌도 덧없다고 관찰하여야 한다. 비구여, 이렇게 알고 이렇게 보면, 차례로 번뇌를 다하게 된다."

이때 그 비구는 부처님 말씀을 듣고 기뻐하며 예배하고 물러갔다.

비구가 말한 경은 이와 같다. 다른 것은 다음과 같다.

"어떻게 알고 어떻게 보아야 차례로 일체의 맺음을 다하고, 일체의 결박과 번뇌 · 상번뇌(上煩惱) · 맺음을 끊고, 모든 흐름을 끊으며, 모든 굴레와 집착 · 부딪침 · 덮개 · 얽매임 · 번뇌 · 갈애 · 의지를 끊으며, 삿된 견해는 끊고 바른 견해를 내며, 무명(無明)을 끊고 명(明)을 낼 수 있겠습니까?"

"비구여, 이와 같이 눈은 덧없는 것이라고 관찰하여라. …… 이렇게 알고 이렇게 보면, 차례로 무명(無明)은 끊어지고 명(明)이 생길 것이다."

이때 그 비구는 부처님 말씀을 듣고 기뻐하고, 기뻐한 뒤에는 예배하고 물러갔다.

4.4.7 우다나경[優陀那經]

【잡아함경 제8권 205경】

이와 같이 나는 들었다.

어느 때 부처님께서 베살리의 지바카 코마라바차의 암라 동산에 계셨다.

그때 세존께서 모든 우다나 게송을 읊으신 뒤에 아난 존자에게 말씀하셨다.

"눈은 덧없고 괴로우며 변하고 바뀌는 이분법(異分法)이다. 색과 눈의 식별과 눈의 부딪침과 눈의 부딪침을 연하여 생기는 느낌, 즉 괴로운 느낌 · 즐거운 느낌 · 괴롭지도 않고 즐겁지도 않은 느낌도 덧없고 괴로우며 변하고 바뀌는 이분법이다. 귀 · 코 · 혀 · 몸 · 의지도 그와 같다.

그러므로 많이 들어 아는 거룩한 제자들로서 이와 같이 관찰하는 사람은 눈에서 해탈을 얻고, 색과 눈의 식별과 눈의 부딪침과 눈의 부딪침을 연하여 생기는 느낌에서도 해탈한다. 귀 · 코 · 혀 · 몸도 그러하다. 이와 같이 의지와 법과 의지의 식별과 의지의 부딪침과 의지의 부딪침을 연하여 생기는 느낌, 즉 괴로운 느낌 · 즐거운 느낌 · 괴롭지도 않고 즐겁지도 않은 느낌에서도 해탈하니, '그는 태어남 · 늙음 · 병듦 · 죽음 · 근심 · 슬픔 · 번민 · 고통에서 해탈하였다'라고 나는 말한다."

부처님께서 이 경을 말씀하시자, 아난 존자는 부처님 말씀을 듣고 기뻐하며 받들어 행하였다.

4.4.8 여실지경(如實知經)

【잡아함경 제8권 206경】

이와 같이 나는 들었다.

어느 때 부처님께서 베살리의 지바카 코마라바차의 암라 동산에 계셨다. 그때 세존께서 비구들에게 말씀하셨다.

"마땅히 부지런히 정진하여 선정에 들어 안으로 그 마음을 고요히 하라. 왜냐하면 비구들이여, 선정에 들어 안으로 그 마음을 고요히 하면, 참다운 앎[如實知]이 나타나기 때문이다.

어떤 것에 대하여 참다운 앎이 나타나는가. 눈에 대하여 참다운 앎이 나타나고, 색과 눈의 식별과 눈의 부딪침과 눈의 부딪침을 연하여 생기는 느낌, 즉 괴로운 느낌·즐거운 느낌·괴롭지도 않고 즐겁지도 않은 느낌에 대해서도 참다운 앎이 나타난다. 귀·코·혀·몸·의지에 대해서도 이와 같다.

이러한 모든 법은 덧없는 것이고 함이 있는 것[有爲]임에 대해서도 참다운 앎이 나타난다."

부처님께서 이 경을 말씀하시자, 모든 비구는 부처님 말씀을 듣고 기뻐하며 받들어 행하였다.

4.4.9 육촉입처경(六觸入處經)

【잡아함경 제8권 209경】

어느 때 부처님께서 베살리의 지바카 코마라바차의 암라 동산에 계셨다. 그때 세존께서 비구들에게 말씀하셨다.

"여섯 가지 촉입처[六觸入處]가 있다. 어떤 것이 여섯인가. 눈의 촉입처, 귀·코·혀·몸·의지의 촉입처이다.

사문이나 바라문으로서 이 여섯 가지 촉입처의 집기[集]·멸함[滅]·맛[味]·근심[患]·떠남[離]에 대해서 여실히 알지 못하면, 그 사문이나 바라문은 나의 법과 율에서 멀기가 허공과 땅 사이의 거리와 같음을 마땅히 알라."

이때 한 비구가 자리에서 일어나 옷을 여미고 부처님께 예배한 뒤에 합장하고 부처님께 말씀드렸다.

"저는 그 여섯 가지 촉입처의 집기 · 멸함 · 맛 · 근심 · 떠남을 낱낱이 여실히 압니다."

부처님께서 비구에게 말씀하셨다.

"내가 이제 그대에게 물으리니, 그대는 묻는 대로 나에게 대답하여라. 비구여, 그대는 눈의 촉입처에 대하여, '이것이 바로 나다, 나와 다르다, 나와 함께 있다'라고 보는가?"

"아닙니다, 세존이시여."

"참으로 훌륭하구나. 이 눈의 촉입처에 대하여 '이것은 나가 아니다, 나와 다른 것도 아니다, 나와 함께 있는 것도 아니다'라고 여실히 알고 보는 사람은 모든 번뇌를 일으키지 않아 마음이 집착하지 않고 마음이 해탈하게 된다. 이것을 첫째의 촉입처를 이미 끊고 이미 알아서 그 근본을 끊는 것이라 한다. 마치 타알라 나무 밑동을 자른 것과 같이, 미래에는 불생법(不生法)을 성취한다. 눈으로 색을 식별할 때도 이와 같이 말씀하셨다

그대는 또한 귀 · 코 · 혀 · 몸 · 의지의 촉입처에 대하여, '이것이 바로 나다, 나와 다르다, 나와 함께 있는 것이다'라고 보느냐?"

"아닙니다, 세존이시여."

"참으로 훌륭하구나. 귀 · 코 · 혀 · 몸 · 의지의 촉입처에 대하여, '이것은 나가 아니다. 나와 다른 것도 아니다. 나와 함께 있는 것도 아니다'라고 알고 보는 사람은 모든 번뇌가 일어나지 않아 마음이 집착하지 않고 마음이 해탈하게 된다. 비구여, 이것을 '여섯 가지 촉입처를 이미 끊고 이미 알아서 그 근본을 끊는 것'이라 한다. 마치 타알라 나무 밑동을 자른 것과 같이, 미래에는 욕망이 다시는 일어나지 않는다."

의지로 법을 식별할 때도 이와 같이 말씀하셨다.

부처님께서 이 경을 말씀하시자, 모든 비구는 부처님 말씀을 듣고 기뻐

하며 받들어 행하였다.

4.4.10 법경(法經)

【잡아함경 제8권 213경】

이와 같이 나는 들었다.

어느 때 부처님께서 사밧티성 제타숲 아나타핀디카동산에 계셨다. 그때 세존께서 비구들에게 말씀하셨다.

"그대들을 위하여 두 가지 법을 설할 것이니, 자세히 듣고 잘 생각하여라. 어떤 것이 둘인가. 눈과 색이 둘이고, 귀와 소리 · 코와 냄새 · 혀와 맛 · 몸과 촉감 · 의지와 법이 둘이니, 이것을 두 가지 법이라 한다.

그러나 어떤 사문이나 바라문은, '이것은 둘이 아니다. 사문 고타마가 말한 두 가지 법은 둘이라 할 수 없다'라고 말한다. 그들이 마음대로 말하는 그 두 가지 법은 다만 말만 있을 뿐 물어보고도 알지 못하여 의혹만 더할 것이다. 그것은 경계가 아니기 때문이다.

왜냐하면 눈이 색을 연하여 눈의 식별이 생기고, 이 세 가지가 화합하여 부딪침[觸]이 있다. 부딪침을 연하여 괴로운 느낌 · 즐거운 느낌 · 괴롭지도 않고 즐겁지도 않은 느낌이 생한다.

만일 이 느낌의 집기 · 느낌의 멸함 · 느낌의 맛 · 느낌의 근심 · 느낌의 떠남을 여실히 알지 못하면, 탐욕신(貪欲身)의 부딪침을 심고, 진에신(瞋恚身)의 부딪침을 심으며, 계취신(戒取身)의 부딪침을 심고, 아견신(我見身)의 부딪침을 심으며, 모든 악하고 선하지 않은 법을 심어서 자라게 할 것이다. 이렇게 하여 아주 커다란 괴로움의 무더기는 다 집기하여 생한다. 귀 · 코 · 혀 · 몸도 이와 같으며, 의지가 법을 연하여 의지의 식별이 생기고, 이 세 가지가 화합하여 부딪침이 있다. (……위와 같이 자세히 말씀하셨다.)

다시 눈이 색을 연하여 눈의 식별이 생기고, 이 세 가지가 화합하여 부딪침이 있으며, 부딪침을 연하여 괴로운 느낌 · 즐거운 느낌 · 괴롭지도 않고 즐겁지도 않은 느낌이 생한다.

이 모든 느낌의 집기 · 멸함 · 맛 · 근심 · 떠남에 대해서 이렇게 알고, 이렇게 안 뒤에는 탐욕신의 부딪침을 심지 않고, 진에신의 부딪침을 심지 않으며, 계취신의 부딪침을 심지 않고, 아견신의 부딪침을 심지 않으며, 모든 악하고 선하지 않은 법을 심지 않는다. 이렇게 하여 모든 악하고 선하지 않은 법은 멸하여 아주 커다란 괴로움의 무더기가 멸한다. 귀와 소리 · 코와 냄새 · 혀와 맛 · 몸과 촉감 · 의지와 법에 대해서도 그와 같다."

부처님께서 이 경을 말씀하시자, 모든 비구는 부처님 말씀을 듣고 기뻐하며 받들어 행하였다.

4.4.11 단경(斷經) ①

【잡아함경 제8권 223경】

이와 같이 나는 들었다.

어느 때 부처님께서 사밧티성 제타숲 아나타핀디카동산에 계셨다. 그때 세존께서 비구들에게 말씀하셨다.

"나는 한 가지 법에 대해서 알지 못하고 분별하지 못하면 괴로움에서 완전히 벗어났다고 말하지 않는다. 어떤 법을 알지 못하고 분별하지 못하면 괴로움에서 완전히 벗어났다고 말하지 않는가.

눈에 대해서 알지 못하고 분별하지 못하면 괴로움에서 완전히 벗어났다고 말하지 않으며, 색과 눈의 식별과 눈의 부딪침과 눈의 부딪침을 연하여 생기는 느낌, 즉 괴로운 느낌 · 즐거운 느낌 · 괴롭지도 않고 즐겁지도 않은 느낌에 대해서 알지 못하고 분별하지 못하면 괴로움에서 완전히 벗어났다고 말하지 않는다. 귀 · 코 · 혀 · 몸 · 의지에 대해서도 그와 같다."

부처님께서 이 경을 말씀하시자, 모든 비구는 부처님 말씀을 듣고 기뻐하며 받들어 행하였다.

4.4.12 단경(斷經)②

【잡아함경 제8권 224경】

이와 같이 나는 들었다.

어느 때 부처님께서 사밧티성 제타숲 아나타핀디카동산에 계셨다. 그때 세존께서 비구들에게 말씀하셨다.

"일체 탐욕의 법은 끊어야 한다. 어떤 일체 탐욕의 법을 끊어야 하는가. 눈은 일체 탐욕의 법이니 끊어야 하고, 색과 눈의 식별과 눈의 부딪침과 눈의 부딪침을 연하여 생기는 느낌, 즉 괴로운 느낌 · 즐거운 느낌 · 괴롭지도 않고 즐겁지도 않은 느낌의 그 일체 탐욕의 법도 끊어야 한다. 귀 · 코 · 혀 · 몸 · 의지에 대해서도 그와 같다."

부처님께서 이 경을 말씀하시자, 모든 비구는 부처님 말씀을 듣고 기뻐하며 받들어 행하였다.

4.4.13 유루무루경(有漏無漏經)

【잡아함경 제8권 229경】

이와 같이 나는 들었다.

어느 때 부처님께서 사밧티성 제타숲 아나타핀디카동산에 계셨다. 그때 세존께서 비구들에게 말씀하셨다.

"나는 이제 '번뇌가 있는 법[有漏法]'과 '번뇌가 없는 법[無漏法]'을 말하겠다. 어떤 것이 '번뇌가 있는 법'인가. 눈과 색과 눈의 식별과 눈의 부딪침과 눈의 부딪침을 연하여 생기는 느낌, 즉 괴로운 느낌 · 즐거운 느낌 · 괴롭지도 않고 즐겁지도 않은 느낌이다. 귀 · 코 · 혀 · 몸도 이와 같다. 의지와 법과 의지의 식별과 의지의 부딪침과 의지의 부딪침을 연하여 생기는 느낌, 즉 괴로운 느낌 · 즐거운 느낌 · 괴롭지도 않고 즐겁지도 않은 느낌으로서 세간에 속하는 것을 '번뇌가 있는 법'이라 한다.

어떤 것이 '번뇌가 없는 법'인가. 이른바 세간을 벗어난 것이다. 의지와 법과 의지의 식별과 의지의 부딪침과 의지의 부딪침을 연하여 생기는 느낌, 즉 괴로운 느낌 · 즐거운 느낌 · 괴롭지도 않고 즐겁지도 않은 느낌으로서 세간을 벗어난 것을 '번뇌가 없는 법'이라 한다."

부처님께서 이 경을 말씀하시자, 모든 비구는 부처님 말씀을 듣고 기뻐하며 받들어 행하였다.

4.4.14 사밋디경[三彌離提經] ①

【잡아함경 제9권 230경】

이와 같이 나는 들었다.

어느 때 세존께서 사밧티성 제타숲 아나타핀디카동산에 계셨다.

그때 비구 사밋디[三彌離提]는 부처님 계신 곳으로 가서 부처님 발에 예배하고 물러나 한쪽에 앉아 여쭈었다.

"세존이시여, 세간이란 어떤 것을 세간이라 합니까?"

부처님께서 사밋디에게 말씀하셨다.

"눈과 색과 눈의 식별과 눈의 부딪침과 눈의 부딪침을 연하여 생기는 느낌, 즉 괴로운 느낌 · 즐거운 느낌 · 괴롭지도 않고 즐겁지도 않은 느낌이다. 귀 · 코 · 혀 · 몸도 이와 같다. 의지와 법과 의지의 식별과 의지의 부딪침과 의지의 부딪침을 연하여 생기는 느낌, 즉 괴로운 느낌 · 즐거운 느낌 · 괴롭지도 않고 즐겁지도 않은 느낌이다. 이것을 세간이라 한다. 왜냐하면 '여섯 가지 입처'가 집기하면 곧 부딪침이 집기하며, 이와 같이 ······ 아주 커다란 괴로움의 무더기가 집기하기 때문이다.

사밋디여, 만일 눈이 없으면 색이 없고, 눈의 식별이 없으며, 눈의 부딪침이 없고, 눈의 부딪침을 연하여 생기는 느낌, 즉 안으로 느끼는 괴로운 느낌 · 즐거운 느낌 · 괴롭지도 않고 즐겁지도 않은 느낌도 없다. 귀 · 코 · 혀 · 몸도 이와 같다. 의지와 법과 의지의 식별과 의지의 부딪침과 의지의 부딪침을 연하여 생기는 느낌, 즉 괴로운 느낌 · 즐거운 느낌 · 괴롭지도 않고 즐겁지도 않은 느낌도 없으면, 세간도 없고 세간을 가르치지도 못한다. 왜냐하면 여섯 가지 입처가 멸하면 곧 부딪침이 멸하고, 이와 같이 …… 아주 커다란 괴로움의 무더기가 멸하기 때문이다."

부처님께서 이 경을 말씀하시자, 모든 비구는 부처님 말씀을 듣고 기뻐하며 받들어 행하였다.

(세간과 같이 중생과 마라에 대해서도 이와 같이 말씀하셨다.)

4.4.15 사밋디경[三彌離提經] ②

【잡아함경 제9권 231경】

이와 같이 나는 들었다.

어느 때 부처님께서 사밧티성 제타숲 아나타핀디카동산에 계셨다.

그때 사밋디 비구는 부처님 계신 곳으로 가서 부처님 발에 예배하고 물러나 한쪽에 앉아 여쭈었다.

"세존이시여, 세간이란 어떤 것을 세간이라 하십니까?"

부처님께서 사밋디에게 말씀하셨다.

"위태롭고 약하며 부서지고 무너지는 것이니, 이것을 세간이라 한다. 어떤 것이 위태롭고 약하며 부서지고 무너지는 것인가. 사밋디여, 눈은 위태롭고 약하며 부서지고 무너지는 법이다. 색과 눈의 식별과 눈의 부딪침과 눈의 부딪침을 연하여 생기는 느낌, 즉 안으로 느끼는 괴로운 느낌 · 즐거운 느낌 · 괴롭지도 않고 즐겁지도 않은 느낌, 그 일체도 또한 위태롭고 약하며 부서지고 무너지는 것이다. 귀 · 코 · 혀 · 몸 · 의지도 이와 같다. 이것을 위태롭고 약하며 부서지고 무너지는 법이라 말하고, 세간이라 부른다."

부처님께서 이 경을 말씀하시자, 사밋디 비구는 부처님 말씀을 듣고 기뻐하며 받들어 행하였다.

4.4.16 공경(空經)

【잡아함경 제9권 232경】

이와 같이 나는 들었다.

어느 때 부처님께서 사밧티성 제타숲 아나타핀디카동산에 계셨다.

그때 사밋디 비구는 부처님 계신 곳으로 가서 부처님 발에 예배하고 물러나 한쪽에 앉아 여쭈었다.

"세존이시여, 세간은 '공(空)'이라 하시니, 어떤 것을 세간의 '공'이라 하십니까?"

부처님께서 사밋디에게 말씀하셨다.

"눈은 '공'이다. 영원하여 변하거나 바뀌지 않는다는 법도 '공'이며, 내 것이란 것도 '공'이다. 왜냐하면 그 성질이 스스로 그러하기 때문이다.

색과 눈의 식별과 눈의 부딪침과 눈의 부딪침을 연하여 생기는 느낌, 즉 괴로운 느낌 · 즐거운 느낌 · 괴롭지도 않고 즐겁지도 않은 느낌, 그것 또한 '공'이고, 영원하여 변하거나 바뀌지 않는다는 법도 '공'이며, 내 것도 '공'이다. 왜냐하면 그 성질이 스스로 그러하기 때문이다. 귀 · 코 · 혀 · 몸 · 의지에 대해서도 그와 같다. 이것을 '공'인 세간이라 한다."

부처님께서 이 경을 말씀하시자, 사밋디 비구는 부처님 말씀을 듣고 기뻐하며 받들어 행하였다.

4.4.17 선경(禪經)

【잡아함경 제17권 473경】

이와 같이 나는 들었다.

어느 때 부처님께서 라자가하성 칼란다카 대나무 동산에 계셨다.

그때 어떤 비구는 혼자 어느 고요한 곳에서 선정에 들어 이렇게 생각하였다. '세존께서는 세 가지 느낌, 즉 즐거운 느낌 · 괴로운 느낌 · 괴롭지도 즐겁지도 않은 느낌을 말씀하시고, 그 모든 느낌은 다 괴로움이라고 말씀하셨는데, 이것은 무슨 뜻일까?'

그 비구는 이렇게 생각한 뒤에 곧 선정에서 깨어나 부처님 계신 곳으로 가서 부처님 발에 예배하고 물러나 한쪽에 앉아 말씀드렸다.

"세존이시여, 저는 고요한 곳에서 선정에 들어, '세존께서는 세 가지 느낌, 즉 즐거운 느낌 · 괴로운 느낌 · 괴롭지도 즐겁지도 않은 느낌을 말씀하시고, 그 모든 느낌은 다 괴로움이라고 말씀하셨는데, 이것은 무슨 뜻일까?'라고 생각하였습니다."

부처님께서 비구에게 말씀하셨다.

"나는 일체의 행(行)은 덧없고, 일체의 행은 변하고 바뀌는 법이기 때문에 모든 느낌은 다 괴로움이라고 말하였다."

그때 세존께서 게송으로 말씀하셨다.

일체의 행은 덧없는 것이어서
변하고 바뀌는 법임을 아느니라.
그러므로 느낌은 다 괴롭다 말하니
바르게 깨친 이가 아는 것이니라.

비구여, 부지런히 노력하고

바른 지혜를 가져 흔들리지 마라.
이 일체의 느낌에 대하여
지혜로운 사람은 밝게 아나니

일체의 느낌을 다 알고 나면
현세에서 모든 번뇌 다하고
죽음의 경계에 떨어지지 않아서
영원히 반열반에 머물러 사느니라.

부처님께서 이 경을 말씀하시자, 모든 비구는 부처님 말씀을 듣고 기뻐하며 받들어 행하였다.

4.4.18 선지경(先智經)

【잡아함경 제17권 475경】

이와 같이 나는 들었다.

어느 때 부처님께서 라자가하성 칼란다카 대나무 동산에 계셨다. 그때 세존께서 비구들에게 말씀하셨다.

"비바시 여래는 아직 부처를 이루기 전에 혼자 어느 고요한 곳에서 선정에 들어 이와 같이 모든 느낌을 살펴보고 관찰하였다. 즉, '어떤 것이 느낌이고, 어떤 것이 느낌의 집기이며, 어떤 것이 느낌의 멸함인가. 어떤 것이 느낌의 집기에 이르는 길이며, 어떤 것이 느낌의 멸함에 이르는 길인가. 어떤 것이 느낌의 맛이며, 어떤 것이 느낌의 근심이며, 어떤 것이 느낌을 떠남인가'라고 살펴보았다.

그리고, '즐거운 느낌 · 괴로운 느낌 · 괴롭지도 않고 즐겁지도 않은 느낌의 세 가지 느낌이 있으며, 부딪침의 집기가 곧 느낌의 집기요, 부딪침의 멸함이 곧 느낌의 멸함이다. 만일 느낌을 사랑하고 즐기고 찬탄하며 물들고 집착하고 머무르면, 이것을 느낌의 집기에 이르는 길이라 한다. 만일 느낌을 사랑하거나 즐기거나 찬탄하지 않고 물들거나 집착하거나 머무르지 않으면, 이것을 느낌의 멸함에 이르는 길이라 한다. 만일 느낌을 연하여 즐거움과 기쁨이 생기면, 이것을 느낌의 맛이라 한다. 만일 느낌이 덧없어서 변하고 바뀌는 법이라면, 이것을 느낌의 근심이라 한다. 만일 느낌에 대하여 탐냄을 끊고 탐냄을 뛰어넘으면, 이것을 느낌을 떠남이라 한다'라고 관찰하였다."

부처님께서 이 경을 말씀하시자, 모든 비구는 부처님 말씀을 듣고 기뻐하며 받들어 행하였다.

(비바시 부처님과 같이 시키 부처님 · 벳사부 부처님 · 카쿠산다 부처님 · 코나가마나 부처님 · 카샤파 부처님과 나 사캬무니가 아직 부처를 이루기 전에 모든 느낌을 살펴보고 관한 것도 이와 같다.)

4.4.19 비구경(比丘經)

【잡아함경 제17권 478경】

이와 같이 나는 들었다.

어느 때 부처님께서 라자가하성 칼란다카 대나무 동산에 계셨다. 그때 세존께서 비구들에게 말씀하셨다.

"어떤 것이 느낌이고, 어떤 것이 느낌의 집기이며, 어떤 것이 느낌의 멸함이고, 어떤 것이 느낌의 집기에 이르는 길이며, 어떤 것이 느낌의 멸함에 이르는 길인가?"

모든 비구는 부처님께 말씀드렸다.

"세존께서는 법의 근본이시고, 법의 눈이시며, 법의 의지처이십니다. 훌륭하십니다. 세존이시여, 오직 바라건대, 자세히 말씀해 주십시오. 저희 비구들은 들은 뒤에는 받들어 행하겠습니다."

"자세히 듣고 잘 생각하여라. 그대들에게 설명하겠다."

부처님께서 비구들에게 말씀하셨다.

"세 가지 느낌이 있으니, 즐거운 느낌 · 괴로운 느낌 · 괴롭지도 즐겁지도 않은 느낌이다. 부딪침의 집기가 곧 느낌의 집기이며, 부딪침의 멸함이 곧 느낌의 멸함이다. 만일 느낌에 대하여 사랑하고 즐기고 찬탄하며 물들고 집착하고 머무르면, 이것을 느낌의 집기에 이르는 길이라 한다. 만일 느낌에 대하여 사랑하거나 즐기거나 찬탄하지 않으며 물들거나 집착하거나 머무르지 않으면, 이것을 느낌의 멸함에 이르는 길이라 한다.

만일 느낌을 연하여 기쁨과 즐거움이 생기면, 이것을 느낌의 맛이라 한다. 만일 느낌이 덧없어서 변하고 바뀌는 법이라면, 이것을 느낌의 근심이라 한다. 만일 느낌에 대하여 탐냄을 끊고 탐냄을 뛰어넘으면, 이것을 느낌을 떠남이라 한다."

부처님께서 이 경을 말씀하시자, 모든 비구는 부처님 말씀을 듣고 기뻐하며 받들어 행하였다.

4.4.20 해탈경(解脫經)

【잡아함경 제17권 479경】

이와 같이 나는 들었다.

어느 때 부처님께서 라자가하성 칼란다카 대나무 동산에 계셨다. 그때 세존께서 비구들에게 말씀하셨다.

"만일 내가 모든 느낌에 대하여 여실히 알지 못하고, 느낌의 집기 · 느낌의 멸함 · 느낌의 집기에 이르는 길 · 느낌의 멸함에 이르는 길 · 느낌의 맛 · 느낌의 근심 · 느낌을 떠남에 대해서 여실히 알지 못하였다면, 나는 마라 · 범천 · 사문 · 바라문 등 모든 천신과 인간에게서 벗어나거나 떠나지도 못하고, 모든 뒤바뀜에서 해탈하지도 못하고, 아뇩다라삼먁삼보리를 이루지도 못하였을 것이다.

나는 모든 느낌에 대하여 느낌의 집기 · 느낌의 멸함 · 느낌의 집기에 이르는 길 · 느낌의 멸함에 이르는 길 · 느낌의 맛 · 느낌의 근심 · 느낌을 떠남에 대해서 여실히 알았기 때문에 마라 · 범천 · 사문 · 바라문 등 모든 천신과 인간에게서 벗어나고 떠났으며, 모든 뒤바뀜에서 해탈하여 아뇩다라삼먁삼보리를 이루었다."

부처님께서 이 경을 말씀하시자, 모든 비구는 부처님 말씀을 듣고 기뻐하며 받들어 행하였다.

4. 5 육촉연생(六觸緣生)

4.5.1 취경(取經)

【잡아함경 제8권 221경 】

이와 같이 나는 들었다.

어느 때 부처님께서 사밧티성 제타숲 아나타핀디카동산에 계셨다. 그 때 세존께서 비구들에게 말씀하셨다.

"일체의 '취함(取)'으로 나아가는 길이 있다. 어떤 것이 일체의 취함으로 나아가는 길인가. 눈이 색을 연하여 눈의 식별이 생기고, 이 세 가지가 화합하여 부딪침이 있다. 부딪침을 연하여 느낌이 있고, 느낌을 연하여 갈애가 있으며, 갈애를 연하여 취함이 있으니, 취할 것을 취하기 때문이다. 귀 · 코 · 혀 · 몸 · 의지에 대해서도 그와 같으니, 취할 것을 취하기 때문이다. 이것을 일체의 취함으로 나아가는 길이라 한다.

어떤 것이 일체의 '취함'을 끊는 길인가. 눈이 색을 연하여 눈의 식별이 생기고, 이 세 가지가 화합하여 부딪침이 있다. 부딪침이 멸하면 곧 느낌이 멸하고, 느낌이 멸하면 곧 갈애가 멸하며, 갈애가 멸하면 곧 취함이 멸한다. 이와 같이 귀·코·혀·몸·의지에 대해서도 그와 같은 줄을 아는 것이다."

부처님께서 이 경을 말씀하시자, 모든 비구는 부처님 말씀을 듣고 기뻐하며 받들어 행하였다.

4.5.2 고집멸경(苦集滅經)

【잡아함경 제8권 218경】

이와 같이 나는 들었다.

어느 때 부처님께서 사밧티성 제타숲 아나타핀디카동산에 계셨다. 그때 세존께서 비구들에게 말씀하셨다.

"나는 이제 그대들을 위하여 '괴로움의 집기[集]에 이르는 길'과 '괴로움의 멸함에 이르는 길'을 말하리니, 자세히 듣고 잘 생각하여라. 그대들을 위하여 말하겠다.

어떤 것이 '괴로움의 집기에 이르는 길'인가. 눈이 색을 연하여 눈의 식별이 생기고, 이 세 가지가 화합하여 부딪침이 있다. 부딪침을 연하여 느낌이 있고, 느낌을 연하여 갈애가 있고, 갈애를 연하여 취함이 있으며, 취함을 연하여 존재가 있고, 존재를 연하여 태어남이 있으며, 태어남을 연하여 늙음·병듦·죽음·근심·슬픔·번민·고통이 모인다. 이와 같이 귀·코·혀·몸·의지에 대해서도 그와 같다. 이것을 '괴로움의 집기에 이르는 길'이라 한다.

어떤 것이 '괴로움의 멸함에 이르는 길'인가. 눈이 색을 연하여 눈의 식별이 생기고, 이 세 가지가 화합하여 부딪침이 있다. 부딪침이 멸하면 곧 느낌이 멸하고, 느낌이 멸하면 곧 갈애가 멸하며, 갈애가 멸하면 곧 취함이 멸하고, 취함이 멸하면 곧 존재가 멸하며, 존재가 멸하면 곧 태어남이 멸하고, 태어남이 멸하면 곧 늙음·병듦·죽음·근심·슬픔·번민·고통이 멸한다. 이렇게 하여 아주 커다란 괴로움의 무더기가 멸한다. 귀 · 코 · 혀 · 몸 · 의지에 대해서도 그와 같다. 이것을 '괴로움의 멸함에 이르는 길'이라 한다."

부처님께서 이 경을 말씀하시자, 모든 비구는 부처님 말씀을 듣고 기뻐하며 받들어 행하였다.

4.5.3 증장법경(增長法經)

【잡아함경 제8권 228경】

이와 같이 나는 들었다.

어느 때 부처님께서 사밧티성 제타숲 아나타핀디카동산에 계셨다. 그때 세존께서 비구들에게 말씀하셨다.

"나는 이제 '늘어나는 법[增長法]'과 '줄어드는 법[減法]'을 말하겠다. 어떤 것이 '늘어나는 법'인가. 눈이 색을 연하여 눈의 식별이 생기고, 이 세 가지가 화합하여 부딪침이 있다. 부딪침을 연하여 느낌이 있으며, ……아주 커다란 괴로움의 무더기가 집기한다. 이것을 '늘어나는 법'이라 한다. 귀 · 코 · 혀 · 몸 · 의지에 대해서도 그와 같다. 이것을 '늘어나는 법'이라 한다.

어떤 것이 '줄어드는 법'인가. 눈이 색을 연하여 눈의 식별이 생기고, 이 세 가지가 화합하여 부딪침이 있고, 부딪침이 멸하면 곧 느낌이 멸하고, ……아주 커다란 괴로움의 무더기가 멸한다. 귀 · 코 · 혀 · 몸 · 의지에 대해서도 또한 그와 같다. 이것을 '줄어드는 법'이라 한다."

부처님께서 이 경을 말씀하시자, 모든 비구는 부처님 말씀을 듣고 기뻐하며 받들어 행하였다.

(늘어나는 법과 줄어드는 법과 같이, 일어나는 법 · 세간[處]의 변하고 바뀌는 법 · 집기하는 법 · 멸하는 법에 대해서도 위에서 말씀하신 것과 같다.)

5. 오온(五蘊) · 사제설(四諦說)

☸

5. 1 육계(六界)

5.1.1 안내입처경(眼內入處經)

【잡아함경 제13권 322경】

이와 같이 나는 들었다.

어느 때 부처님께서 사밧티성 제타숲 아나타핀디카동산에 계셨다.

그때 한 비구가 부처님 계신 곳으로 가서 부처님 발에 예배하고 물러나 한쪽에 앉아 여쭈었다.

"세존이시여, 세존께서는 눈을 내입처(內入處, 감각기관)라고 간략히 말씀하시고 자세히 분별하시지는 않으셨습니다. 눈이 내입처라는 것은 무엇을 말합니까?"

부처님께서 그 비구에게 말씀하셨다.

"눈이 내입처라는 것은, 눈은 사대(四大)로 이루어진 미세한 색이어서 볼 수는 없지만, 대상이 있는 것이다. 귀 · 코 · 혀 · 몸 내입처도 그와 같이 말한다."

그는 다시 부처님께 여쭈었다.

"세존이시여, 세존께서는 의지를 내입처라 말씀하시고 자세히 분별하지는 않으셨습니다. 의지가 내입처라는 것은 무엇을 말합니까?"

부처님께서 비구에게 말씀하셨다.

"의지가 내입처라는 것은, 마음[心]과 뜻[意]과 식별[識]은 색이 아니어서 볼 수도 없고 대상도 없는 것이니, 의지를 내입처라 하는 것이다."

그는 다시 물었다.

"이와 같이 세존께서는 색을 외입처(外入處, 인식 대상)라고 간략히 말씀하시고 자세히 분별하시지는 않으셨습니다. 세존이시여, 색이 외입처라는 것은 무엇을 말합니까?"

부처님께서 비구에게 말씀하셨다.

"색이 외입처라는 것은, 색은 사대로 이루어진 것으로서, 볼 수도 있고 대상도 있는 것이므로, 색을 외입처라 한다."

"세존께서는 소리를 외입처라 말씀하시고 자세히 분별하시지는 않으셨습니다. 소리가 외입처라는 것은 무엇을 말합니까?"

"소리는 사대로 이루어진 것으로서, 볼 수는 없으나 대상은 있는 것이다. 소리와 같이 냄새와 맛도 또한 그와 같다."

"세존께서는 촉감을 외입처라 말씀하시고 자세히 분별하시지 않으셨습니다. 촉감이 외입처라는 것은 무엇을 말합니까?"

"촉감을 외입처라 하는 것은, 촉감은 사대와 사대로 된 색으로서, 볼 수는 없으나 대상은 있는 것이므로, 촉감을 외입처라 한다."

"세존께서는 법을 외입처라 말씀하시고 자세히 분별하시지 않으셨습니다. 법이 외입처라는 것은 무엇을 말합니까?"

"법을 외입처라 하는 것은, 법은 열한 가지 입처[十一入處]에는 속하지 않는 것으로서, 볼 수도 없고 대상도 없는 것이므로 법을 외입처라 한다."

부처님께서 이 경을 말씀하시자, 모든 비구는 부처님 말씀을 듣고 기뻐하며 받들어 행하였다.

5.1.2 다계경(多界經)

【중아함경 제47권 181경】

이와 같이 나는 들었다.

어느 때 부처님께서 사밧티성 제타숲 아나타핀디카동산에 계셨다.

그때 아난 존자는 혼자 고요한 곳에 앉아 깊이 생각하다가, '모든 두려움은 지혜에서 생기지 않고 어리석음에서 생긴다. 모든 사고와 재앙과 걱정과 슬픔은 지혜에서는 생기지 않고 어리석음에서 생긴다'라고 생각하였다.

이에 아난 존자는 해 질 녘에 조용히 좌선하고 일어나, 부처님께 가서 부처님 발에 예배하고 물러나 한쪽에 앉아 말씀드렸다.

"세존이시여, 저는 지금 고요한 곳에 홀로 앉아 깊이 생각하다가, '모든 두려움은 지혜에서는 생기지 않고 어리석음에서 생긴다. 모든 사고와 재앙과 걱정과 슬픔은 지혜에서는 생기지 않고 어리석음에서 생긴다'라고 생각하였습니다."

세존께서 말씀하셨다.

"그렇다, 아난아. 그렇다, 아난아. 모든 두려움은 지혜에서는 생기지 않고 어리석음에서 생긴다. 모든 사고와 재앙과 걱정과 슬픔은 지혜에서는 생기지 않고 어리석음에서 생기는 것이다.

아난아, 마치 갈대나 풀무더기에 불이 나서 누각과 집을 태우는 것처럼, 아난아, 모든 두려움은 지혜에서는 생기지 않고 어리석음에서 생긴다. 모든 사고와 재앙과 걱정과 슬픔도 지혜에서는 생기지 않고 어리석음에서 생기는 것이다.

아난아, 과거에 만일 두려움이 있었다면, 그것은 지혜에서 생긴 것이 아니고 어리석음에서 생긴 것이다. 모든 사고와 걱정과 슬픔이 있었다면, 그것은 지혜에서 생긴 것이 아니고 어리석음에서 생긴 것이다.

아난아, 미래에 만일 모든 두려움이 있다면, 그것은 지혜에서는 생기지 않고 어리석음에서 생길 것이다. 모든 사고와 재앙과 걱정과 슬픔이 있다면, 그것은 지혜에서는 생기지 않고 어리석음에서 생길 것이다.

아난아, 현재에 있는 모든 두려움도 지혜에서는 생기지 않고 어리석음에서 생긴다. 모든 사고와 재앙과 걱정과 슬픔도 지혜에서는 생기지 않고 어리석음에서 생긴다.

아난아, 이것을 어리석음에는 두려움이 있고 지혜에는 두려움이 없으며, 어리석음에는 사고와 재앙과 걱정과 슬픔이 있고 지혜에는 사고와 재앙과 걱정과 슬픔이 없다고 하는 것이다. 따라서 아난아, 모든 두려움 · 사고 · 재앙 · 걱정 · 슬픔은 어리석음에서는 있을 수 있지만 지혜에서는 있을 수 없다고 하는 것이다."

이에 아난 존자는 눈물을 흘리면서 부처님을 향해 합장하고 여쭈었다.

"세존이시여, 어떤 비구가 어리석어 지혜롭지 않습니까?"

"아난아, 만일 어떤 비구가 계층[界]을 알지 못하고, 포섭처[處]를 알지 못하며, 인연을 알지 못하고, 있을 수 있는 것과 있을 수 없는 것을 알지 못하면, 아난아, 이러한 비구는 어리석어 지혜롭지 않은 것이다."

"세존이시여, 그러한 비구는 어리석어 지혜롭지 않습니다. 세존이시여, 어떤 비구가 지혜로워 어리석지 않습니까?"

"아난아, 만일 어떤 비구가 계층을 알고, 포섭처[處]를 알며, 인연을 알고, 있을 수 있는 것과 있을 수 없는 것을 알면, 아난아, 이러한 비구는 지혜로워 어리석지 않은 것이다."

"세존이시여, 그러한 비구는 지혜로워 어리석지 않습니다. 세존이시여, 어떤 것이 비구가 계층을 아는 것입니까?"

"아난아, 어떤 비구는 열여덟 가지 계층[十八界]을 보아 여실히 안다. 곧 눈의 계층 · 색의 계층 · 눈의 식별 계층과 귀의 계층 · 소리의 계층 · 귀의 식별 계층과 코의 계층 · 냄새의 계층 · 코의 식별 계층과 혀의 계층 · 맛의 계층 · 혀의 식별 계층과 몸의 계층 · 촉감의 계층 · 몸의 식별 계층과 의지의 계층 · 법의 계층 · 의지의 식별 계층이다. 아난아, 이 열여덟 가지 계층을 보아 여실히 안다.

또한, 아난아, 여섯 가지 계층[六界]을 보아 여실히 안다. 곧 땅의 계층 · 물의 계층 · 불의 계층 · 바람의 계층 · 허공의 계층 · 식별의 계층이다. 아난아, 이 여섯 가지 계층을 보아 여실히 안다.

또한, 아난아, 여섯 가지 계층을 보아 여실히 안다. 곧 탐욕의 계층 · 성냄의 계층 · 해침의 계층 · 탐욕이 없는 계층 · 성냄이 없는 계층 · 해침이 없는 계층이다. 아난아, 이 여섯 가지 계층을 보아 여실히 안다.

또한, 아난아, 여섯 가지 계층을 보아 여실히 안다. 곧 즐거움의 계층 · 괴로움의 계층 · 기쁨의 계층 · 근심의 계층 · 담담함의 계층 · 무명의 계층이다. 아난아, 이 여섯 가지 계층을 보아 여실히 안다.

또한, 아난아, 네 가지 계층을 보아 여실히 안다. 곧 느낌[受]의 계층 · 생각[想]의 계층 · 결합[行]의 계층 · 식별[識]의 계층이다. 아난아, 이 네 가지 계층을 보아 여실히 안다.

또한, 아난아, 세 가지 계층을 보아 여실히 안다. 곧 애욕의 계층 · 색의 계층 · 색이 없는 계층이다. 아난아, 이 세 가지 계층을 보아 여실히 안다.

또한, 아난아, 세 가지 계층을 보아 여실히 안다. 곧 색의 계층 · 색이 없는 계층 · 멸함의 계층이다. 아난아, 이 세 가지 계층을 보아 여실히 안다.

또한, 아난아, 세 가지 계층을 보아 여실히 안다. 곧 과거의 계층 · 미래의 계층 · 현재의 계층이다. 아난아, 이 세 가지 계층을 보아 여실히 안다.

또한, 아난아, 세 가지 계층을 보아 여실히 안다. 곧 묘한 계층 · 묘하지 않은 계층 · 중간의 계층이다. 아난아, 이 세 가지 계층을 보아 여실히 안다.

또한, 아난아, 세 가지 계층을 보아 여실히 안다. 곧 선한 계층 · 선하지 않은 계층 · 무기(無記)의 계층이다. 아난아, 이 세 가지 계층을 보아 여실히 안다.

또한, 아난아, 세 가지 계층을 보아 여실히 안다. 곧 유학(有學)의 계층 · 무학(無學)의 계층 · 유학도 무학도 아닌 계층이다. 아난아, 이 세 가지 계층을 보아 여실히 안다.

또한, 아난아, 두 가지 계층을 보아 여실히 안다. 곧 번뇌가 있는 계층 · 번뇌가 없는 계층이다. 아난아, 이 두 가지 계층을 보아 여실히 안다.

또한, 아난아, 두 가지 계층을 보아 여실히 안다. 유위(有爲)의 계층과 무위(無爲)의 계층이다. 아난아, 이 두 가지 계층을 보아 여실히 안다.

아난아, 이상의 예순두 가지 계층[六十二界]을 보아 여실히 알면, 이러한 비구는 계층을 아는 비구이다."

아난 존자가 여쭈었다.

"세존이시여, 그러한 비구는 계층을 아는 비구입니다. 세존이시여, 어떤 비구가 포섭처[處]를 아는 것입니까?"

세존께서 대답하셨다.

"아난아, 어떤 비구는 열두 가지 포섭처[十二處]를 보아 여실히 안다. 곧 눈의 포섭처 · 색의 포섭처 · 귀의 포섭처 · 소리의 포섭처 · 코의 포섭처 · 냄새의 포섭처 · 혀의 포섭처 · 맛의 포섭처 · 몸의 포섭처 · 촉감의 포섭처 · 의지의 포섭처 · 법의 포섭처이다. 아난아, 이 열두 가지 포섭처를 보아 여실히 알면, 아난아, 이러한 비구가 포섭처를 아는 비구이다."

"세존이시여, 그러한 비구는 포섭처를 아는 비구입니다. 세존이시여, 어떤 비구가 인연을 아는 것입니까?"

"아난아, 어떤 비구는 인연과 인연을 따라 일어나는 것을 참답게 안다. 곧 이것을 인하여 저것이 있고, 이것이 없으면 저것이 없고, 이것이 생기면 저것이 생기고, 이것이 멸하면 저것이 멸한다. 즉 무명을 인하여 결합[行]이 있고, ……태어남을 연하여 늙음과 죽음이 있으며, 무명이 멸하면 곧 결합이 멸하고, ……태어남이 멸하면 곧 늙음과 죽음이 멸함을 보아 여실히 안다. 아난아, 이러한 비구는 연기를 아는 비구이다."

아난 존자가 여쭈었다.

"세존이시여, 그러한 비구는 연기를 아는 비구입니다. 어떤 비구가 있을 수 있는 것과 있을 수 없는 것을 아는 것입니까?"

세존께서 대답하셨다.

"아난아, 어떤 비구는 있을 수 있는 것은 있을 수 있다고 여실히 알고, 있을 수 없는 것은 있을 수 없다고 보아 여실히 안다.

아난아, 한 세상에 두 전륜성왕이 있어 함께 다스린다는 것은 있을 수 없다. 그러나 한 세상에서 한 전륜성왕이 다스린다는 것은 있을 수 있다.

아난아, 한 세상에 두 여래가 있다는 것은 있을 수 없다. 그러나 한 세상에 한 여래가 있는 것은 있을 수 있다.

아난아, 진리를 깨달은 사람이 일부러 부모를 해치고 아라한을 죽이고 성현들을 해치며, 악한 마음으로 부처님을 향하고, 여래에게 피를 흘리게 한다는 것은 있을 수 없다. 그러나 어리석은 자가 일부러 부모를 해치고 아라한을 죽이고 성현을 해치며, 악한 마음으로 부처님을 향하고, 여래에게 피를 흘리게 한다는 것은 있을 수 있다.

아난아, 만일 진리를 깨달은 사람이 일부러 계를 범하고 계를 버리며 도 닦기를 그만둔다는 것은 있을 수 없다. 그러나 어리석은 자가 일부러 계를 범하고 계를 버리며 도 닦기를 그만둔다는 것은 있을 수 있다.

만일 진리를 깨달은 사람이 이 마음을 버리고 밖을 향하여 높은 것을 구하고 복밭을 구한다는 것은 있을 수 없다. 그러나 어리석은 자가 이 마음을 버리고 밖을 향하여 높은 것을 구하고 복밭을 구한다는 것은 있을 수 있다.

아난아, 진리를 깨달은 사람이 다른 사문이나 바라문을 따르면서, '여러분, 보아야 할 것은 보고 알아야 할 것은 알라'라고 말하는 것은 있을 수 없다. 그러나 어리석은 자가 다른 사문이나 바라문을 따르면서, '여러분, 보아야 할 것은 보고, 알아야 할 것은 알라'라고 말하는 것은 있을 수 있다.

아난아, 진리를 깨달은 사람이 점을 믿어 길흉을 묻는 것은 있을 수 없다. 그러나 어리석은 자가 점을 믿어 길흉을 묻는 것은 있을 수 있다.

아난아, 진리를 깨달은 사람이 다른 사문이나 바라문을 따르면서 점을 믿어 길흉을 묻고는 그에 따라 괴로움이 있고 번뇌가 있는 것이라고 보아, 이것을 진실이라고 보는 것은 있을 수 없다. 그러나 어리석은 자가 다른 사문이나 바라문을 따르면서 점을 믿어 길흉을 묻고는 그에 따라 괴로움이 있고 번뇌가 있는 것이라고 보아, 이것을 진실이라고 보는 것은 있을 수 있다.

아난아, 진리를 깨달은 사람이 태어남은 매우 괴롭고 괴로운 것으로서 사랑할 만한 것도 아니고 즐길 만한 것도 아니며, 생각할 만한 것도 아니고 기억할 만한 것도 아니라고 하여 마침내 목숨을 끊으려 하면서, 이 마음을 버리고 밖을 향해 구한다는 것은 있을 수 없다. 또한, 어떤 사문이나 바라문의 한 구절의 주문 · 두 구절 · 세 구절 · 네 구절 · 많은 구절 · 백 천 구절의 주문으로써 자신을 괴로움에서 벗어나게 하려고 괴로움과 괴로움의 집기와 괴로움의 멸함과 괴로움의 멸함에 이르는 길을 구한다는 것은 있을 수 없다. 그러나 어리석은 자가 이 마음을 버리고 밖을 향해 구하거나, 어떤 사문이나 바라문의 한 구절의 주문 · 두 구절 · 세 구절 · 네 구절 · 많은 구절 · 백 천 구절의 주문으로써 자신을 괴로움에서 벗어나게 하려고 괴로움과 괴로움의 집기와 괴로움의 멸함과 괴로움의 멸함에 이르는 길을 구한다는 것은 있을 수 있다.

아난아, 진리를 깨달은 사람이 팔유(八有)[4]를 받는다는 것은 있을 수 없다. 그러나 어리석은 자가 팔유를 받는다는 것은 있을 수 있다.

아난아, 몸으로 악한 행을 하고 입과 뜻으로 악한 행을 하고서도, 이것을 인연하여 몸이 무너지고 목숨이 끝난 뒤에 좋은 곳으로 가서 하늘에 태어난다는 것은 있을 수 없다. 그러나 몸으로 악한 행을 하고 입과 뜻으로 악한 행을 하고서, 이것을 인연하여 몸이 무너지고 목숨이 끝난 뒤에 나쁜 곳으로 가서 지옥에 태어난다는 것은 있을 수 있다.

아난아, 몸으로 바른 행을 하고 입과 뜻으로 바른 행을 하고서도, 이것을 인연하여 몸이 무너지고 목숨이 끝난 뒤에 나쁜 곳으로 가서 지옥에 태어난다는 것은 있을 수 없다. 그러나 몸으로 바른 행을 하고 입과 뜻으로 바른 행을 하고서, 이것을 인연하여 몸이 무너지고 목숨이 끝난 뒤에 좋은 곳으로 가서 하늘에 태어난다는 것은 있을 수 있다.

아난아, 몸으로 악한 행을 하고 입과 뜻으로 악한 행을 하고서도 즐거움의 과보를 받는다는 것은 있을 수 없다. 그러나 아난아, 몸으로 악한 행을 하고 입과 뜻으로 악한 행을 하고서 괴로움의 과보를 받는다는 것은 있을 수 있다.

아난아, 몸으로 바른 행을 하고 입과 뜻으로 바른 행을 하고서도 괴로움의 과보를 받는다는 것은 있을 수 없다. 그러나 몸으로 바른 행을 하고 입과 뜻으로 바른 행을 하고서 즐거움의 과보를 받는다는 것은 있을 수 있다.

아난아, 마음을 더럽히고 지혜를 약하게 하는 다섯 가지 덮개[五蓋]를

---

4) 팔유(八有) : a hama-bhaba. 여덟 번째로 받는 생명. 불법에 들어와 처음 얻게 되는 과위(果位)인 수다원만 얻어도 일곱 번 하늘과 인간 사이를 왕래하고 다시는 생명을 받지 않는다. 따라서 진실하게 수행하는 자에게는 여덟 번째로 생명을 받는 일이 있을 수 없다.

끊지 않고서 마음에 사념처(四念處)를 바르게 세운다는 것은 있을 수 없다. 그러나 마음을 더럽히고 지혜를 약하게 하는 다섯 가지 덮개를 끊고서 마음에 사념처를 바르게 세운다는 것은 있을 수 있다.

아난아, 마음을 더럽히고 지혜를 약하게 하는 다섯 가지 덮개를 끊지 않고서, 또 마음에 사념처를 바르게 세우지 않고서 일곱 가지 깨달음 갈래[七覺意, 七覺支]를 닦는다는 것은 있을 수 없다. 그러나 마음을 더럽히고 지혜를 약하게 하는 다섯 가지 덮개를 끊은 뒤에 마음에 사념처를 바르게 세우고서, 일곱 가지 깨달음 갈래를 닦는다는 것은 있을 수 있다.

아난아, 마음을 더럽히고 지혜를 약하게 하는 다섯 가지 덮개를 끊지 않고서, 마음에 사념처를 바르게 세우지 않고서, 또 일곱 가지 깨달음 갈래를 닦지 않고서, 위없는 바른 깨달음[無上正盡覺]을 얻는다는 것은 있을 수 없다. 그러나 마음을 더럽히고 지혜를 약하게 하는 다섯 가지 덮개를 끊고서, 마음에 사념처를 바르게 세우고서, 또 일곱 가지 깨달음 갈래를 닦고서, 위없는 바른 깨달음을 얻으려고 한다는 것은 있을 수 있다.

아난아, 마음을 더럽히고 지혜를 약하게 하는 다섯 가지 덮개를 끊지 않고서, 마음에 사념처를 바르게 세우지 않고서, 일곱 가지 깨달음 갈래를 닦지 않고서, 또 위없는 바른 깨달음을 얻지 못하고서, 괴로움의 끝을 본다는 것은 있을 수 없다. 그러나 마음을 더럽히고 지혜를 약하게 하는 다섯 가지 덮개를 끊고서, 마음에 사념처를 바르게 세우고서, 일곱 가지 깨달음 갈래를 닦고서, 또 위없는 바른 깨달음을 얻고서, 괴로움의 끝을 본다는 것은 있을 수 있다.

아난아, 이러한 비구가 있을 수 있는 것과 있을 수 없는 것을 아는 비구이다."

아난 존자가 말씀드렸다.

"세존이시여, 그러한 비구는 있을 수 있는 것과 있을 수 없는 것을 아는 비구입니다."

이에 아난 존자는 부처님을 향해 합장하고 여쭈었다.

"세존이시여, 이 경을 무엇이라 이름하며, 어떻게 받들어 지녀야 합니까?"

세존께서 말씀하셨다.

"아난아, 많은 계층[多界]·법의 계층[法界]·감로의 계층[甘露界]과 다고(多鼓)·법고(法鼓)·감로고(甘露鼓)·법경(法鏡)의 사품(四品)을 받아 지녀야 한다. 그러므로 이 경의 이름을 다계경(多界經)이라 한다."

부처님께서 이렇게 말씀하시자, 아난 존자와 모든 비구는 부처님 말씀을 듣고 기뻐하며 받들어 행하였다.

5.1.3 착사경(着使經)

【잡아함경 제17권 465경】

이와 같이 나는 들었다.

어느 때 부처님께서 라자가하성 칼란다카 대나무 동산에 계셨다.

그때 라훌라 존자는 부처님 계신 곳으로 가서 부처님 발에 예배하고 물러나 한쪽에 앉아 여쭈었다.

"세존이시여, 어떻게 알고 어떻게 보아야 저의 이 식별 몸[識身]과 바깥 경계[外境界]의 일체 모양에 대하여, '나라는 견해'와 '나의 것이라는 견해'와 '아만(我慢)'에 매이어 집착하는 번뇌가 없게 되겠습니까?"

부처님께서 라훌라에게 말씀하셨다.

"자세히 듣고 잘 생각하여라. 너를 위하여 설명하겠다.

라훌라여, 비구는 모든 땅의 계층에 대하여 과거나 미래나 현재나, 안이나 밖이나, 거칠거나 미세하거나, 아름답거나 추하거나, 멀거나 가깝거나, 그 일체는 '나'가 아니고, '나와 다른 것'도 아니며, '나와 함께 있는 것'도 아니라고 여실히 안다. 물의 계층 · 불의 계층 · 바람의 계층 · 허공의 계층 · 식별의 계층에 대해서도 이와 같이 안다.

라훌라여, 비구가 이와 같이 알고 이와 같이 본다면, 식별 몸과 바깥 경계의 일체 모양에 대하여 '나라는 견해'와 '나의 것이라는 견해'와 '아만'에 매이어 집착하는 번뇌가 없게 될 것이다.

라훌라여, 비구가 나의 이 식별 몸과 바깥 경계의 일체 모양에 대하여 '나라는 견해'와 '내 것이라는 견해'와 '아만(我慢)'에 매이어 집착하는 번뇌가 없으면, 이것을 모든 애욕의 결박과 맺음을 끊었다 하고, 또한 모든 애욕과 교만을 끊고 밝게 알아서 괴로움을 완전히 벗어난 것이라 한다."

부처님께서 이 경을 말씀하시자, 라훌라 존자는 부처님 말씀을 듣고 기뻐하며 받들어 행하였다.

5.1.4 육내입처경(六內入處經)

【잡아함경 제31권 892경】

이와 같이 나는 들었다.

어느 때 부처님께서 사밧티성 제타숲 아나타핀디카동산에 계셨다. 그 때 세존께서 비구들에게 말씀하셨다.

"여섯 가지 내입처(內入處)가 있다. 어떤 것이 여섯인가.

즉 눈이라는 내입처와 귀 · 코 · 혀 · 몸 · 의지라는 내입처이다. 이 여섯 가지 법을 관하여 알면, 그것을 '신행(信行)'이라 한다. 그가 범부의 자리를 떠나 범부의 삶은 초월하였으나 아직 수다원과를 얻지 못하였다면, 목숨을 마치기 전에 수다원과를 얻어야 한다.

만일 이 모든 법을 더욱 관하여 알면, 그것을 '법행(法行)'이라 한다. 그가 범부의 자리를 떠나 범부의 삶은 초월하였으나 아직 수다원과를 얻지 못하였다면, 목숨을 마치기 전에 수다원과를 얻어야 한다.

만일 이 모든 법을 바른 지혜로 여실히 관하면, 몸이 있다는 견해 · 계율에 대한 집착 · 의심의 세 가지 결박[三結]이 이미 다한 줄을 아니, 이것이 수다원과이다. 그는 결코 나쁜 곳에 떨어지지 않고 반드시 삼보리를 얻어서 일곱 번 천상과 인간에 태어났다가 마침내 괴로움에서 벗어난다.

또한, 이 모든 법을 바른 지혜로 관하면, 모든 번뇌를 일으키지 않고 탐욕을 떠나 해탈하니, 이것을 아라한이라 한다. 그는 모든 번뇌를 다하고, 할 일은 마쳤으며, 무거운 짐을 내려놓아 스스로 편안함을 얻었고, 모든 존재의 결박을 끊고 바른 지혜로써 마음이 잘 해탈하였다."

부처님께서 이 경을 말씀하시자, 모든 비구는 부처님 말씀을 듣고 기뻐하며 받들어 행하였다.

5. 2 오온(五蘊)

5.2.1 음경(陰經)

【잡아함경 제2권 55경】

이와 같이 나는 들었다.

어느 때 부처님께서 바라나시의 선인들이 머물던 사슴 동산에 계셨다. 그때 세존께서 모든 비구에게 말씀하셨다.

"나는 이제 '근간[陰]'과 '취한 근간[受陰]'을 말하겠다. 어떤 것을 '근간'이라 하는가.

모든 색을 말함이니, 과거나 미래나 현재나, 안이나 밖이나, 거칠거나 미세하거나, 아름답거나 추하거나, 멀거나 가깝거나, 그 일체를 모두 색의 근간이라 한다. 모든 느낌[受] · 생각[想] · 결합[行] · 식별[識]도 그와 같아서, 그 일체를 모두 느낌 · 생각 · 결합 · 식별의 근간이라 하니, 이것들을 모두 근간(根幹)이라 한다.

어떤 것을 '취한 근간'이라 하는가. 만일 색에 대하여 번뇌가 있으면 그것을 취함이라 한다. 만일 그 색에 대하여 과거나 미래나 현재에 탐욕과 성냄과 어리석음이 생기면, 여러 가지 번뇌하는 마음의 법[心法]이 일어나게 된다. 느낌 · 생각 · 결합 · 식별도 그러하다. 이것을 '취한 근간'이라 한다."

부처님께서 이 경을 말씀하시자, 모든 비구는 부처님 말씀을 듣고 기뻐하며 받들어 행하였다.

5.2.2 누무루법경(漏無漏法經)

【잡아함경 제2권 56경】

이와 같이 나는 들었다.

어느 때 부처님께서 바라나시의 선인들이 머물던 사슴 동산에 계셨다. 그때 세존께서 모든 비구에게 말씀하셨다.

"나는 이제 '번뇌가 있는 법[有漏法]'과 '번뇌가 없는 법[無漏法]'을 말하겠다.

만일 색에 대하여 번뇌가 있어서 그것을 취하면, 그 색에 대하여 애착하고 성내는 마음이 일어난다. 이와 같이 느낌 · 생각 · 결합도 그러하며, 식별에 대하여 번뇌가 있어서 식별을 취하면, 식별에 대하여 애착하고 성내는 마음이 일어나니, 이것을 '번뇌가 있는 법'이라 한다.

어떤 것을 '번뇌가 없는 법'이라 하는가. 모든 색에 대하여 번뇌가 없어서 그것을 취하지 않으면, 그 색에 대하여 과거나 미래나 현재에도 애착하거나 성내는 마음이 일어나지 않는다. 이와 같이 느낌 · 생각 · 결합도 그러하며, 식별에 대하여 번뇌가 없어서 식별을 취하지 않으면, 식별에 대하여 과거나 미래나 현재에도 애착하거나 성내는 마음이 일어나지 않는다. 이것을 '번뇌가 없는 법'이라 한다."

부처님께서 이 경을 말씀하시자, 모든 비구는 부처님 말씀을 듣고 기뻐

하며 받들어 행하였다.

(두 가지 믿음과 두 가지 아난의 물음과 허물어지는 법과 울저가와 바라문과 세간과 번뇌를 제거하는 것과 누무루법에 대하여 말씀하셨다.)

5.2.3 분별경(分別經)①

【잡아함경 제10권 61경】

이와 같이 나는 들었다.

어느 때 부처님께서 사밧티성 제타숲 아나타핀디카동산에 계셨다. 그때 세존께서 비구들에게 말씀하셨다.

"다섯 가지 취한 근간[五受陰]이 있다. 어떤 것이 다섯인가. 색 취한 근간과 느낌 · 생각 · 결합 · 식별 취한 근간이다.

어떤 것이 '색 취한 근간[色受陰]'인가. 모든 색으로서 그 일체는 사대와 사대 요소로 이루어진 색이니, 이것을 '색 취한 근간'이라 한다. 또한, 그 색은 덧없고 괴로우며 변하고 바뀌는 법이니, 만일 그 '색 취한 근간'을 영원히 끊어서 남김없이 끝까지 버리어 떠나고 멸하여, 탐욕을 떠나 완전히 고요해지면, 다른 '색 취한 근간'은 다시 이어지지 못하고 일어나지도 않고 나오지도 않는다. 이것을 '묘함'이라 하고, '고요함'이라 하며, '버리고 떠남'이라 한다. 그래서 일체의 남아 있는 갈애가 다하고 탐욕이 없어지고 번뇌가 다 멸하여 열반을 얻는다.

어떤 것이 '느낌 취한 근간[受受陰]'인가. 여섯 가지 느낌[六受身]이니, 어떤 것이 여섯인가. 곧 눈의 부딪침에서 느낌이 생기고, 귀 · 코 · 혀 · 몸 · 의지의 부딪침에서 느낌이 생기니, 이것을 '느낌 취한 근간'이라 한다. 또한, 그 '느낌 취한 근간'은 다 덧없고 괴로우며 변하고 바뀌는 법이니, ……번뇌가 다 멸하여 열반을 얻는다.

어떤 것이 '생각 취한 근간[想受陰]'인가. 여섯 가지 생각[六想身]이니,

어떤 것이 여섯인가. 눈의 부딪침에서 생각이 생기고, …… 의지의 부딪침에서 생각이 생기니, 이것을 '생각 취한 근간'이라 한다. 또한, 그 '생각 취한 근간'은 덧없고 괴로우며 변하고 바뀌는 법이니, ……번뇌가 다 멸하여 열반을 얻는다.

어떤 것이 '결합 취한 근간[行受陰]'인가. 여섯 가지 의도[六思身]이니, 어떤 것이 여섯인가. 눈의 부딪침에서 의도가 생기고, ……의지의 부딪침에서 의도가 생기니, 이것을 '결합 취한 근간'이라 한다. 또한, 그 '결합 취한 근간'은 덧없고 괴로우며 변하고 바뀌는 법이니, ……번뇌가 다 멸하여 열반을 얻는다.

어떤 것이 '식별 취한 근간[識受陰]'인가. 여섯 가지 식별[六識身]이니, 어떤 것이 여섯인가. 곧 눈의 식별이고, ……의지의 식별이니, 이것을 '식별 취한 근간'이라 한다. 또한, 그 '식별 취한 근간'은 덧없고 괴로우며 변하고 바뀌는 법이니, ……번뇌가 다 멸하여 열반을 얻는다.

비구들이여, 만일 이 법에 대하여 지혜로써 생각하고 관찰하고 분별하여 알면, 이것을 믿음을 따라 행하는 것이라 한다. 그가 범부의 자리를 떠나 범부의 삶은 초월하였으나 아직 수다원과를 얻지 못하였다면, 목숨을 마치기 전에 수다원과를 얻어야 한다.

비구들이여, 만일 이 법에 대하여 더 수승한 지혜로써 깊이 생각하고 관하여 알면, 이것을 법을 따라 행한다고 한다. 그가 범부의 자리를 떠나 범부의 삶은 초월하였으나 아직 수다원과를 얻지 못하였다면, 목숨을 마치기 전에 수다원과를 얻어야 한다.

비구들이여, 이 법에 대하여 참다운 지혜로써 평등하게 보면, 나의 몸이 있다는 견해 · 계율에 대한 집착 · 의심의 '세 가지 결박'이 다 끊어진 줄을 알게 된다. 비구들이여, 이것을 수다원과라 한다. 그는 결코 나쁜 세계에 떨어지지 않고 반드시 삼보리로 바르게 나아가 일곱 번 천상과 인간에 태어난 뒤에는 완전히 괴로움에서 벗어난다.

비구들이여, 만일 이 법에 대하여 참다운 바른 지혜로써 평등하게 보아 마음에 번뇌를 일으키지 않으면, 그를 아라한이라 한다. 그는 모든 번뇌를 다하고, 할 일은 마쳤으며, 무거운 짐을 내려놓아 스스로 편안함을 얻었고, 모든 존재의 결박을 끊고 바른 지혜로써 마음이 잘 해탈하였다."

부처님께서 이 경을 말씀하시자, 모든 비구는 부처님 말씀을 듣고 기뻐하며 받들어 행하였다.

5.2.4 음근경(陰根經)

【잡아함경 제10권 58경】

이와 같이 나는 들었다.

어느 때 부처님께서 사밧티성 동쪽 동산에 있는 미가라마뚜 강당에 계셨다. 그때 세존께서는 해 질 녘에 선정에서 깨어나 모든 비구 앞에 자리를 펴고 앉아 그들에게 말씀하셨다.

"다섯 가지 취한 근간[五受陰]이 있으니, 어떤 것이 다섯인가. 색 취한 근간과 느낌 · 생각 · 결합 · 식별 취한 근간이다."

이때 어떤 비구가 자리에서 일어나 옷깃을 여미고 오른쪽 어깨가 드러나게 법의를 입고, 오른쪽 무릎을 땅에 댄 채 합장하고 부처님께 여쭈었다.

"세존이시여, 다섯 가지 취한 근간이란, 색 취한 근간과 느낌 · 생각 · 결합 · 식별 취한 근간입니까?"

부처님께서 그 비구에게 말씀하셨다.

"돌아가 앉아 물어라. 나는 그대를 위하여 설명하겠다."

이에 그 비구는 부처님께 예배하고 본래의 자리로 돌아가 부처님께 여쭈었다.

"세존이시여, 그 다섯 가지 취한 근간은 무엇을 근본으로 하고, 무엇이 원인이 되며, 무엇에서 생기고, 무엇으로써 부딪치는지요?"

부처님께서 그 비구에게 말씀하셨다.

"그 다섯 가지 취한 근간은 욕심이 근본이 되고, 욕심이 원인이 되며, 욕심에서 생기고, 욕심으로써 부딪친다."

이때 그 비구는 부처님 말씀을 듣고 크게 기뻐하며 부처님께 여쭈었다.

"세존께서는 '다섯 근간'은 곧 '취한 근간'이라고 말씀하시니, 그 말씀은 훌륭하십니다. 이제 다시 여쭙겠습니다. 세존이시여, 근간이 곧 취한 근간입니까? 아니면 다섯 근간은 취한 근간과 다릅니까?"

부처님께서 그 비구에게 말씀하셨다.

"다섯 근간이 곧 취한 근간도 아니며, 다섯 근간이 취한 근간과 다른 것도 아니다. 다만 거기에 탐욕이 있으면 그것이 곧 다섯 가지 취한 근간이다."

"훌륭하십니다, 세존이시여."

그 비구는 크게 기뻐하며 다시 여쭈었다.

"세존이시여, 두 근간은 서로 관계가 있습니까?"

"그렇다. 어떤 비구가, '나는 미래에 이러한 색과 이러한 느낌 · 이러한 생각 · 이러한 결합 · 이러한 식별을 얻을 것이다'라고 생각한다면, 이것을 근간과 취한 근간이 서로 관계가 있는 것이라 한다."

"그 말씀은 참으로 훌륭하십니다."

그 비구는 크게 기뻐하며 다시 여쭈었다.

"세존이시여, 어떤 것을 근간이라 합니까?"

부처님께서 비구에게 말씀하셨다.

"모든 색으로서, 과거나 미래나 현재나, 안이나 밖이나, 거칠거나 미세하거나, 아름답거나 추하거나, 멀거나 가깝거나, 그 일체를 모두 근간이라 하는 것이다. 느낌 · 생각 · 결합 · 식별 또한 그와 같다. 비구여, 이것을 근간이라 한다."

"그 말씀은 참으로 훌륭하십니다."

그 비구는 크게 기뻐하며 다시 여쭈었다.

"세존이시여, 무엇을 인과 연으로 한 것을 색의 근간이라 하시며, 무엇을 인과 연으로 한 것을 느낌 · 생각 · 결합 · 식별의 근간이라 하십니까?"

부처님께서 그 비구에게 말씀하셨다.

"사대를 인과 연으로 한 그것을 색의 근간이라 한다. 왜냐하면 모든 색의 근간은 다 사대이며, 사대를 연하여 이루어졌기 때문이다. 부딪침을 연하여 느낌 · 생각 · 결합이 생기니, 이것을 느낌 · 생각 · 결합의 근간이라 한다. 왜냐하면 모든 느낌 · 생각 · 결합은 모두 부딪침을 연하기 때문이다. 명색(名色)을 연하기 때문에 식별의 근간이라 한다. 왜냐하면 모든 식별은 다 명색을 연하기 때문이다."

"그 말씀은 참으로 훌륭하십니다."

그 비구는 크게 기뻐하며 다시 여쭈었다.

"어떤 것을 색의 맛이라 하고, 색의 근심이라 하며, 색을 떠남이라 합니까? 어떤 것을 느낌 · 생각 · 결합 · 식별의 맛이라 하고, 근심이라 하며, 떠남이라 합니까?

부처님께서 그 비구에게 말씀하셨다.

"색을 연하여 기쁨과 즐거움이 생기니, 이것을 '색의 맛'이라 한다. 만일 색이 덧없고 괴로우며 변하고 바뀌는 법이라면, 이것을 '색의 근심'이라 한다. 만일 색에 대해서 탐욕을 항복 받고 탐욕을 끊어 탐욕에서 벗어나면, 이것을 '색을 떠남'이라 한다.

만일 느낌 · 생각 · 결합 · 식별을 연하여 기쁨과 즐거움이 생기면, 이것을 느낌 · 생각 · 결합 · 식별의 맛이라 한다. 느낌 · 생각 · 결합 · 식별은 덧없고 괴로우며 변하고 바뀌는 법이니, 이것을 느낌 · 생각 · 결합 · 식별의 근심이라 한다. 느낌 · 생각 · 결합 · 식별에 대해서 탐욕을 항복 받고 탐욕을 끊어 탐욕에서 벗어나면, 이것을 느낌 · 생각 · 결합 · 식별을 떠남이라 한다."

"그 말씀은 참으로 훌륭하십니다."

그 비구는 크게 기뻐하며 다시 여쭈었다.

"세존이시여, 어떻게 아만(我慢)이 생깁니까?"

"어리석고 무지한 범부는 색에 대하여, '색이 바로 나다, 색은 나와 다르다, 색은 나와 함께 있다'라고 생각하고, 느낌 · 생각 · 결합 · 식별에 대하여, '그것이 바로 나다, 나와 다르다, 나와 함께 있다'라고 생각하니, 여기서 아만이 생긴다."

"그 말씀은 참으로 훌륭하십니다."

그 비구는 크게 기뻐하며 다시 여쭈었다.

"세존이시여, 어떻게 하면 아만이 없게 됩니까?"

"많이 들어 아는 거룩한 제자는 색에 대하여, '색이 바로 나다, 색은 나와 다르다, 색은 나와 함께 있다'라는 생각을 하지 않고, 느낌 · 생각 · 결합 · 식별에 대하여, '그것이 바로 나다, 나와 다르다, 나와 함께 있다'라고 생각하지 않는다."

"그 말씀은 참으로 훌륭하십니다."

그 비구는 다시 여쭈었다.

"어떻게 알고 어떻게 보아야 번뇌가 다하게 됩니까?"

"모든 색에 대하여 과거나 미래나 현재나, 안이나 밖이나, 거칠거나 미세하거나, 아름답거나 추하거나, 멀거나 가깝거나, '그 일체가 바로 나다, 나와 다르다, 나와 함께 있다'라고 생각하지 않고, 느낌 · 생각 · 결합 · 식별에 대해서도 이렇게 알고 이렇게 보면, 번뇌가 빨리 다하게 될 것이다."

그때 그 자리에는 어떤 어리석고 무지한 다른 비구가 있었다.

그는 무명에 쌓여 있어서 삿된 견해를 일으켜 이렇게 생각하였다. '만일 내가 없다면 내가 없이 업을 짓는 것인데, 미래 세상에서 누가 그 과보를 받을 것인가.'

그때 세존께서는 그 비구의 생각을 아시고 모든 비구에게 말씀하셨다.

"만일 이 대중 가운데 어리석은 사람이 있다면 지혜도 없고 밝지도 못하면서 이렇게 생각할 것이다. '만일 색에도 내가 없고 느낌 · 생각 · 결합 · 식별에도 내가 없다면 내가 없이 업을 짓는 것인데, 누가 그 과보를 받을 것인가?'

만일 그가 이렇게 의심한다면, 먼저 그 의심을 풀어주겠다. 어떤가, 비구들이여. 색은 영원한 것인가, 덧없는 것인가?"

비구들이 대답하였다.

"덧없는 것입니다, 세존이시여."

"만일 덧없는 것이라면 그것은 괴로운 것인가?"

"그것은 괴로운 것입니다, 세존이시여."

"만일 덧없고 괴로운 것이라면 그것은 변하고 바뀌는 법이다. 그런데도 많이 들어 아는 거룩한 제자로서 거기서 과연, '이것은 바로 나다, 나와 다르다, 나와 함께 있다'라고 보겠는가?"

"아닙니다, 세존이시여."

"느낌 · 생각 · 결합 · 식별에 대해서도 그러하다. 그러므로 비구들이여, 만일 모든 색에 대하여 과거나 미래나 현재나, 안이나 밖이나, 거칠거나 미세하거나, 아름답거나 추하거나, 멀거나 가깝거나, 그 일체는 나도 아니고 나의 것도 아니라고 이렇게 보면, 그것은 바른 견해이다. 느낌 · 생각 · 결합 · 식별에 대해서도 그러하다.

많이 들어 아는 거룩한 제자로서 이렇게 보는 사람은 곧 그것을 싫어하고, 싫어한 뒤에는 욕심을 떠나며, 욕심을 떠난 뒤에는 해탈하고, 해탈한 줄을 알고 본다. 그래서 나의 생은 다하고 범행은 갖추었고 할 일은 마쳐, 다시는 다음 생을 받지 않을 줄을 스스로 안다."

부처님께서 이 경을 말씀하시자, 많은 비구는 아무 번뇌도 일으키지 않고 마음의 해탈을 얻었다. 그리고 모든 비구는 부처님 말씀을 듣고 기뻐하며 받들어 행하였다.

[이 경은 근간의 근본[陰根]과 근간은 곧 취한 근간이라는 것과 두 근간은 서로 관계가 있다는 것과 근간이라 이름한 것과 근간이 인(因)이 되는 것과 두 맛과 아만이 생기는 것과 번뇌가 다하는 것에 대하여 설하신 것이다.]

5.2.5 분별경(分別經)②

【잡아함경 제10권 62경】

이와 같이 나는 들었다.

어느 때 부처님께서 사밧티성 제타숲 아나타핀디카동산에 계셨다. 그때 세존께서 비구들에게 말씀하셨다.

"다섯 가지 취한 근간이 있으니, 색 취한 근간과 느낌 · 생각 · 결합 · 식별 취한 근간이다. 어리석고 무지하여 들은 것이 없는 범부들은 지혜도 없고 밝음[明]도 없어서 다섯 가지 취한 근간에서, '나'라는 견해를 내어 거기에 집착하여 마음을 얽매고 탐욕을 일으킨다. 그러나 비구들이여, 많이 들어 아는 거룩한 제자들은 지혜도 있고 밝음도 있어서 그 다섯 가지 취한 근간을 '나'라고 보아 집착하여 마음을 얽매거나 탐욕을 일으키지 않는다.

어떻게 어리석고 무지한 범부들은 지혜도 없고 밝음도 없어서 다섯 가지 취한 근간을 '나'라고 보아 집착하여 마음을 얽매고 탐욕을 일으키는가.

비구들이여, 어리석고 무지한 범부들은 지혜도 없고 밝음도 없어서, '색이 바로 나다, 나와 다르다, 나와 함께 있다'라고 본다. 또한, '느낌 · 생각 · 결합 · 식별이 바로 나다, 나와 다르다, 나와 함께 있다'라고 본다. 이와 같이 어리석고 무지한 범부들은 지혜도 없고 밝음도 없어서 다섯 가지 취한 근간을 '나'라고 말하며 집착하여 마음을 얽매고 탐욕을 일으킨다.

비구들이여, 어떻게 거룩한 제자들은 지혜도 있고 밝음도 있어서 '나'라고 말하지도 않고 집착하지도 않아 마음을 얽매거나 탐욕을 일으키지 않는가. 거룩한 제자들은, '색이 바로 나다, 나와 다르다, 나와 함께 있다'라고 보지 않는다. 또한, '느낌 · 생각 · 결합 · 식별이 바로 나다, 나와 다르다, 나와 함께 있다'라고 보지 않는다.

이와 같이 많이 들어 아는 거룩한 제자들은 지혜도 있고 밝음도 있어서 다섯 가지 취한 근간을 '나'라고 보지도 않고 집착하지도 않아 마음을 얽매거나 탐욕을 내지 않는다. 그러므로 만일 모든 색에 대하여 과거나 미래나 현재나, 안이나 밖이나, 거칠거나 미세하거나, 아름답거나 추하거나, 멀거나 가깝거나, 그 일체를 바르게 관하면 그것은 다 덧없는 것이다.

이와 같이 느낌 · 생각 · 결합 · 식별에 대하여 과거나 미래나 현재나, 안이나 밖이나, 거칠거나 미세하거나, 아름답거나 추하거나, 멀거나 가깝거나, 그 일체를 바르게 관하면 그것은 다 덧없는 것이다."

부처님께서 이 경을 말씀하시자, 비구들은 부처님 말씀을 듣고 기뻐하며 받들어 행하였다.

5.2.6 분별경(分別經) ③

【잡아함경 제3권 63경】

이와 같이 나는 들었다.

어느 때 부처님께서 사밧티성 제타숲 아나타핀디카동산에 계셨다. 그때 세존께서 비구들에게 말씀하셨다.

"다섯 가지 취한 근간이 있으니, 색 취한 근간과 느낌 · 생각 · 결합 · 식별 취한 근간이다. 비구들이여, 만일 사문이나 바라문들이 '나'가 있다고 생각한다면, 그것은 모두 이 다섯 가지 취한 근간을 '나'라고 생각하는 것이다.

어떤 것이 다섯인가. 어떤 사문이나 바라문들은, '색이 바로 나다, 나와 다르다, 나와 함께 있다'라고 생각한다. 이와 같이, '느낌 · 생각 · 결합 · 식별이 바로 나다, 나와 다르다, 나와 함께 있다'라고 생각한다. 이와 같이 어리석고 무지한 범부들은 '나'가 있다고 생각하며 무명으로써 분별하여 이와 같이 관하며 '나의 것'이라는 생각을 떠나지 못한다. '나의 것'이라는 생각을 떠나지 못하면 모든 감각기관[根]에 들어가고, 모든 감각기관에 들어간 뒤에는 부딪침[觸]이 일어난다. 여섯 가지 부딪침[六觸]은 입처(入處)에서 부딪치는 것이다.

어리석고 무지한 범부들은 괴롭거나 즐거운 마음을 내고, 그것으로부터 여러 가지 마음을 낸다. 이른바 여섯 가지 부딪침이다. 어떤 것이 여섯인가. 눈의 촉입처(觸入處)와 귀 · 코 · 혀 · 몸 · 의지의 촉입처이다.

비구들이여, 의지의 계층[意界]과 법의 계층[法界]과 무명의 계층[無明界]이 있다. 무명의 부딪침에 부딪쳐 어리석고 무지한 범부들은 '나'가 있다고 말하기도 하고, 없다고 말하기도 하고, 있기도 하고 없기도 하다고 말하기도 하고, 있는 것도 아니고 없는 것도 아니라고 말한다. 그래서 '내가 가장 훌륭하다, 나는 그와 비슷하다, 나는 알고 나는 본다'라고 말한다.

그러나 비구들이여, 많이 들어 아는 거룩한 제자는 여섯 가지 촉입처[六觸入處]에 머무르면서도 무명계를 떠나서 명계[明]에 태어날 수 있다. 그는 무명계에서 탐욕을 떠나 명계에 태어난다. 그래서 그는, '나는 있는 것도 아니고 없는 것도 아니며, 있기도 하고 없기도 한 것도 아니며, 있는 것도 아니고 없는 것도 아닌 것이 아니다. 따라서 내가 훌륭한 것도 아니고, 내가 그보다 못한 것도 아니며, 내가 그와 비슷한 것도 아니고, 내가 아는 것도 아니며, 내가 보는 것도 아니다'라고 생각한다. 이와 같이 알고 이와 같이 본 뒤에는, 앞에 일어난 무명의 부딪침이 멸한 후 명(明)의 부딪침이 집기한다."

부처님께서 이 경을 말씀하시자, 모든 비구는 부처님 말씀을 듣고 기뻐하며 받들어 행하였다.

5.2.7 아경(我經)

【잡아함경 제2권 37경】

이와 같이 나는 들었다.

어느 때 부처님께서 사밧티성 제타숲 아나타핀디카동산에 계셨다. 그때 세존께서 비구들에게 말씀하셨다.

"나는 세상과 다투지 않는데 세상이 나와 다투는구나. 왜냐하면 비구들이여, 법답게 말하는 사람이라면 세상과 다투지 않기 때문이다. 세상의 지혜로운 사람이 진실이라고 말하는 것에 대하여 나 또한 그것은 진실이라고 말한다.

어떤 것을 '세상의 지혜로운 사람이 진실이라고 말하는 것에 대하여 나 또한 그것을 진실이라고 말한다'라고 하는가. 비구들이여, 색은 덧없고 괴로우며 변하고 바뀌는 법이다. 이것에 대하여 세상의 지혜로운 사람은 진실이라고 말하며, 나 또한 진실이라고 말한다. 이와 같이 느낌 · 생각 · 결합 · 식별은 덧없고 괴로우며 변하고 바뀌는 법이다. 이것에 대하여 세상의 지혜로운 사람은 진실이라고 말하며, 나 또한 진실이라고 말한다.

세상의 지혜로운 사람이 진실이 아니라고 말하는 것에 대하여 나 또한 그것은 진실이 아니라고 말한다. 즉 색은 영원하여 변하거나 바뀌지 않고 그대로 머무른다는 말에 대하여 세상의 지혜로운 사람은 진실이 아니라고 말하며, 나 또한 진실이 아니라고 말한다. 이와 같이 느낌 · 생각 · 결합 · 식별은 영원하여 변하거나 바뀌지 않고 그대로 머무른다는 말에 대하여 세상의 지혜로운 사람은 진실이 아니라고 말하고, 나 또한 진실이 아니라고 말한다. 이것이 세상의 지혜로운 사람이 진실이 아니라고 말하는 것에 대하여 나 또한 그것은 진실이 아니라고 말한다는 것이다.

비구들이여, 세간에는 세간법이 있다. 나는 그것을 스스로 알고 스스로 깨달아 사람들을 위하여 분별하고 연설하고 나타내 보이지만, 세간의 눈먼 이들은 그것을 알지도 못하고 보지도 못한다. 그러나 그것은 나의 허물이 아니다.

비구들이여, 어떤 것을 '세간의 세간법을 나는 스스로 알고 스스로 깨달아 사람들을 위하여 분별하고 연설하고 나타내 보이지만, 세간의 눈먼 이들은 그것을 알지도 못하고 보지도 못한다'라고 말하는가.

비구들이여, 색은 덧없고 괴로우며 변하고 바뀌는 법이니, 이것이 세간의 세간법이다. 이와 같이 느낌 · 생각 · 결합 · 식별도 덧없고 괴로운 것이니, 이것이 세간의 세간법이다.

비구들이여, 이 세간의 세간법을 나는 스스로 알고 스스로 깨달아 사람들을 위하여 분별하고 연설하고 나타내 보이지만, 세간의 눈먼 이들은 그것을 알지도 못하고 보지도 못한다. 그러나 그것을 알지도 못하고 보지도 못하는 저 눈먼 이들을 내가 어떻게 하겠는가."

부처님께서 이 경을 말씀하시자, 모든 비구는 부처님 말씀을 듣고 기뻐하며 받들어 행하였다.

5.2.8 미경(味經) ①

【잡아함경 제1권 13경】

이와 같이 나는 들었다.

어느 때 부처님께서 사밧티성 제타숲 아나타핀디카동산에 계셨다. 그때 세존께서 비구들에게 말씀하셨다.

"만일 중생들이 색에 맛 들이지 않으면 색에 물들지 않을 것이다. 그러나 중생들은 색에 맛 들이기 때문에 곧 색에 물들어 집착한다. 이와 같이 중생들이 느낌 · 생각 · 결합 · 식별에 맛 들이지 않으면 중생들은 느낌 · 생각 · 결합 · 식별에 물들지 않을 것이다. 그러나 중생들은 느낌 · 생각 · 결합 · 식별에 맛 들이기 때문에 중생들은 느낌 · 생각 · 결합 · 식별에 물들어 집착한다.

비구들이여, 또 만일 색이 중생들에게 근심이 되지 않으면 중생들은 색을 싫어하지 않는다. 그러나 색은 중생들에게 근심이 되기 때문에 중생들은 곧 색을 싫어하는 것이다. 이와 같이 느낌 · 생각 · 결합도 그러하며, 식별이 중생들에게 근심이 되지 않으면 중생들은 식별을 싫어하지 않는다. 그러나 식별은 중생들에게 근심이 되기 때문에 중생들은 식별을 싫어하는 것이다.

비구들이여, 또 만일 색이 중생들에게서 떠날 수 없는 것이라면 중생들은 색을 떠나지 못할 것이다. 그러나 색은 중생들에게서 떠날 수 있는 것이기 때문에 중생들은 색에서 떠날 수 있는 것이다. 이와 같이 느낌 · 생각 · 결합도 그러하며, 식별이 중생들에게서 떠날 수 없는 것이라면 중생들은 식별을 떠나지 못할 것이다. 그러나 식별은 중생들에게서 떠날 수 있는 것이기 때문에 중생들은 식별을 떠날 수 있는 것이다.

비구들이여, 만일 내가 이 다섯 가지 취한 근간에 대해서 맛은 맛이고, 근심은 근심이며, 떠남은 떠남이라고 여실히 알지 못하였다면, 나는 마라 · 범천 · 사문 · 바라문 등 모든 천신과 인간에게서 벗어나거나 떠나지도 못하고 영원히 뒤바뀜에 머물렀을 것이며, 또한 아뇩다라삼먁삼보리를 스스로 증득하지 못하였을 것이다.

비구들이여, 나는 이 다섯 가지 취한 근간에 대해서 맛은 맛이고, 근심은 근심이며, 떠남은 떠남이라고 여실히 알았다. 그래서 나는 마라 · 범천 · 사문 · 바라문 등 모든 천신과 인간 가운데서 스스로 증득하여 벗어나게 되었고 떠나게 되었고 결박에서 해탈하게 되어 영원히 뒤바뀜에 머무르지도 않고, 또한 능히 스스로 아뇩다라삼먁삼보리를 증득하였다."

그때 모든 비구는 부처님 말씀을 듣고 기뻐하며 받들어 행하였다.

5.2.9 생멸경(生滅經)

【잡아함경 제3권 59경】

이와 같이 나는 들었다.

어느 때 부처님께서 사밧티성 제타숲 아나타핀디카동산에 계셨다. 그때 세존께서 비구들에게 말씀하셨다.

"다섯 가지 취한 근간이 있다. 어떤 것이 다섯인가. 색 취한 근간과 느낌 · 생각 · 결합 · 식별 취한 근간이니, 이 다섯 가지 취한 근간은 모두 생하고 멸하는 법이라고 관하라.

즉, '이것은 색이고, 이것은 색의 집기이며, 이것은 색의 멸함이다. 느낌 · 생각 · 결합도 그러하다. 이와 같이 이것은 식별이고, 이것은 식별의 집기이며, 이것은 식별의 멸함이다'라고 관하라.

어떤 것이 색의 집기이며 어떤 것이 색의 멸함인가. 어떤 것이 느낌 · 생각 · 결합 · 식별의 집기이며, 어떤 것이 느낌 · 생각 · 결합 · 식별의 멸함인가.

갈애와 기쁨의 집기는 색의 집기이고, 갈애와 기쁨의 멸함은 색의 멸함이다. 부딪침의 집기가 느낌 · 생각 · 결합의 집기이고, 부딪침의 멸함이 느낌 · 생각 · 결합의 멸함이다. 명색의 집기는 식별의 집기이며, 명색의 멸함은 식별의 멸함이다.

비구들이여, 이와 같이 색이 집기하고 색이 멸하니, 이것을 색의 집기라 하고 색의 멸함이라 한다. 이와 같이 느낌 · 생각 · 결합 · 식별이 집기하고 느낌 · 생각 · 결합 · 식별이 멸하니, 이것을 느낌 · 생각 · 결합 · 식별의 집기라 하고, 느낌 · 생각 · 결합 · 식별의 멸함이라 한다."

부처님께서 이 경을 말씀하시자, 모든 비구는 부처님 말씀을 듣고 기뻐하며 받들어 행하였다.

5.2.10 오전경(五轉經)

【잡아함경 제2권 41경】

이와 같이 나는 들었다.

어느 때 부처님께서 사밧티성 제타숲 아나타핀디카동산에 계셨다. 그때 세존께서 비구들에게 말씀하셨다.

"다섯 가지 취한 근간이 있으니, 색 취한 근간과 느낌 · 생각 · 결합 · 식별 취한 근간이다. 나는 이 다섯 가지 취한 근간에 대해서 그 다섯 가지를 여실히 안다. 곧 색을 여실히 알고, 색의 집기와 색의 맛과 색의 근심과 색을 떠남을 여실히 안다. 느낌 · 생각 · 결합에 대해서도 그러하며, 이와 같이 식별을 여실히 알고, 식별의 집기와 식별의 맛과 식별의 근심과 식별을 떠남에 대해서 여실히 안다.

어떻게 색을 여실히 아는가. 모든 색은 사대와 사대로 이루어진 색으로서, 이것을 색이라 한다. 이와 같이 색을 여실히 안다.

어떻게 색의 집기를 여실히 아는가. 색에 대해서 기쁨과 갈애를 일으키는 것으로서, 이것을 색의 집기라 한다. 이와 같이 색의 집기를 여실히 안다.

어떻게 색의 맛을 여실히 아는가. 색을 연하여 기쁨과 즐거움이 생기는 것으로서, 이것을 색의 맛이라 한다. 이와 같이 색의 맛을 여실히 안다.

어떻게 색의 근심을 여실히 아는가. 만일 색이 덧없고 괴로우며 변하고 바뀌는 법이라면, 이것을 색의 근심이라 한다. 이와 같이 색의 근심을 여실히 안다.

어떻게 색을 떠남을 여실히 아는가. 만일 색에 대해서 탐욕을 항복 받고 탐욕을 끊어 탐욕에서 벗어나면, 이것을 색을 떠남이라 한다. 이와 같이 색을 떠남을 여실히 안다.

어떻게 느낌을 여실히 아는가. 여섯 가지 느낌[六受身]이 있으니, 눈의 부딪침에서 느낌이 생기고, 귀 · 코 · 혀 · 몸 · 의지의 부딪침에서 느낌이 생기는 것으로, 이것을 느낌이라 한다. 이와 같이 느낌을 여실히 안다.

어떻게 느낌의 집기를 여실히 아는가. 부딪침의 집기가 느낌의 집기이다. 이와 같이 느낌의 집기를 여실히 안다.

어떻게 느낌의 맛을 여실히 아는가. 여섯 가지 느낌을 연하여 기쁨과 즐거움이 생기는 것으로, 이것을 느낌의 맛이라 한다. 이와 같이 느낌의 맛을 여실히 안다.

어떻게 느낌의 근심을 여실히 아는가. 만일 느낌이 덧없고 괴로우며 변하고 바뀌는 법이라면, 이것을 느낌의 근심이라 한다. 이와 같이 느낌의 근심을 여실히 안다.

어떻게 느낌을 떠남에 대해서 여실히 아는가. 느낌에 대해서 탐욕을 항복받고 탐욕을 끊어 탐욕에서 벗어나면, 이것을 느낌을 떠남이라 한다. 이와 같이 느낌을 떠남에 대해서 여실히 안다.

어떻게 생각을 여실히 아는가. 여섯 가지 생각[六想身]이 있으니, 어떤 것이 여섯 인가. 눈의 부딪침에서 생각이 생기고, 귀 · 코 · 혀 · 몸 · 의지의 부딪침에서 생각이 생기는 것으로, 이것을 생각이라 한다. 이와 같이 생각을 여실히 안다.

어떻게 생각의 집기를 여실히 아는가. 부딪침의 집기가 생각의 집기이다. 이와 같이 생각의 집기를 여실히 안다.

어떻게 생각의 맛을 여실히 아는가. 생각을 연하여 기쁨과 즐거움이 생기는 것으로, 이것을 생각의 맛이라 한다. 이와 같이 생각의 맛을 여실히 안다.

어떻게 생각의 근심을 여실히 아는가. 생각은 덧없고 괴로우며 변하고 바뀌는 법으로, 이것을 생각의 근심이라 한다. 이와 같이 생각의 근심을 여실히 안다.

어떻게 생각을 떠남에 대해서 여실히 아는가. 만일 생각에 대해서 탐욕을 항복 받고 탐욕을 끊어 탐욕에서 벗어나면, 이것을 생각을 떠남이라 한다. 이와 같이 생각을 떠남에 대해서 여실히 안다.

어떻게 결합을 여실히 아는가. 여섯 가지 의도[六思身]가 있으니, 눈의 부딪침에서 의도가 생기고, 귀·코·혀·몸·의지의 부딪침에서 의도가 생기는 것으로, 이것을 결합이라 한다. 이와 같이 결합을 여실히 안다.

어떻게 결합의 집기를 여실히 아는가. 부딪침의 집기가 결합의 집기이다. 이와 같이 결합의 집기를 여실히 안다.

어떻게 결합의 맛을 여실히 아는가. 결합을 연하여 기쁨과 즐거움이 생기는 것으로, 이것을 결합의 맛이라 한다. 이와 같이 결합의 맛을 여실히 안다.

어떻게 결합의 근심을 여실히 아는가. 만일 결합이 덧없고 괴로우며 변하고 바뀌는 법이라면, 이것을 결합의 근심이라 한다. 이와 같이 결합의 근심을 여실히 안다.

어떻게 결합을 떠남을 여실히 아는가. 만일 결합에 대해서 탐욕을 항복 받고 탐욕을 끊어 탐욕에서 벗어나면, 이것을 결합을 떠남이라 한다. 이와 같이 결합을 떠남을 여실히 안다.

어떻게 식별을 여실히 아는가. 여섯 가지 식별[六識身]을 말하는 것이니, 눈의 식별·귀·코·혀·몸·의지의 식별로 이것을 식별이라 한다. 이와 같이 식별을 여실히 안다.

어떻게 식별의 집기를 여실히 아는가. 명색의 집기로서 이것을 식별의 집기라 한다. 이와 같이 식별의 집기를 여실히 안다.

어떻게 식별의 맛을 여실히 아는가. 식별을 연하여 기쁨과 즐거움이 생기는 것으로, 이것을 식별의 맛이라 한다. 이와 같이 식별의 맛을 여실히 안다.

어떻게 식별의 근심을 여실히 아는가. 만일 식별이 덧없고 괴로우며 변하고 바뀌는 법이라면, 이것을 식별의 근심이라 한다. 이와 같이 식별의 근심을 여실히 안다.

어떻게 식별을 떠남에 대해서 여실히 아는가. 식별에 대해서 탐욕을 항복 받고 탐욕을 끊어 탐욕에서 벗어나면, 이것을 식별을 떠남이라 한다. 이와 같이 식별을 떠남에 대해서 여실히 안다.

비구들이여, 만일 사문이나 바라문으로서 색에 대해서 이렇게 알고 이렇게 보고, 이렇게 알고 본 뒤에 탐욕으로 향하는 마음을 떠나면, 이것을 바르게 향하는 것이라 한다. 느낌 · 생각 · 결합 · 식별에 대해서도 그와 같다고 말한다.

만일 사문이나 바라문으로서 색에 대하여 여실히 알고 여실히 보면, 그는 색을 싫어하고 탐욕을 떠나 모든 번뇌를 일으키지 않고 마음의 해탈을 얻을 것이다. 마음의 해탈을 얻으면 순일(純一)하게 될 것이고, 순일하게 되면 범행이 이루어질 것이다. 범행이 이루어지면 다른 것을 떠나 자재하게 될 것이니, 이것을 괴로움의 끝이라 한다. 느낌 · 생각 · 결합 · 식별도 그와 같다."

부처님께서 이 경을 말씀하시자, 모든 비구는 부처님 말씀을 듣고 기뻐하며 받들어 행하였다.

5.2.11 생경(生經)

【잡아함경 제3권 66경】

이와 같이 나는 들었다.

어느 때 부처님께서 사밧티성 제타숲 아나타핀디카동산에 계셨다. 그때 세존께서 비구들에게 말씀하셨다.

"항상 선정을 닦아 익혀 안으로 그 마음을 고요히 하여야 한다. 왜냐하면 선정을 닦아 익혀 안으로 그 마음을 고요히 하면 여실히 관할 수 있기 때문이다.

어떻게 여실히 관하는가. '이것은 색이다. 이것은 색의 집기이다. 이것은 색의 멸함이다. 이것은 느낌 · 생각 · 결합 · 식별이다. 이것은 느낌 · 생각 · 결합 · 식별의 집기이고, 이것은 느낌 · 생각 · 결합 · 식별의 멸함이다'라고 여실히 관하는 것이다.

어떤 것이 색의 집기이며, 어떤 것이 느낌 · 생각 · 결합 · 식별의 집기인가. 비구들이여, 어리석고 무지한 범부들은 색의 집기와 색의 맛과 색의 근심과 색을 떠남을 여실히 관하지 못하기 때문에, 그 색을 즐기고 찬탄하고 애착하여 미래에 색이 다시 생겨난다. 느낌 · 생각 · 결합 · 식별에 대해서도 이와 같이 말한다. 그 색이 생기고 나면 색에서 해탈하지 못하고, 느낌 · 생각 · 결합 · 식별이 생기고 나면 느낌 · 생각 · 결합 · 식별에서 해탈하지 못하니, '그는 태어남 · 늙음 · 병듦 · 죽음 · 근심 · 슬픔 · 번민 · 고통인 아주 커다란 괴로움의 무더기에서 해탈하지 못한다'라고 나는 말한다. 이것을 색의 집기라 하며 느낌 · 생각 · 결합 · 식별의 집기라 한다.

어떤 것이 색의 멸함이며, 느낌 · 생각 · 결합 · 식별의 멸함인가. 많이 들어 아는 거룩한 제자들은 색의 집기와 색의 멸함과 색의 맛과 색의 근심과 색을 떠남을 여실히 관하고 여실히 안다. 여실히 알기 때문에 색을 즐기지 않고, 색을 찬탄하지 않으며, 색에 애착하지 않아서 미래에 색이 생기지 않는다. 느낌 · 생각 · 결합 · 식별에 대해서도 이와 같이 말한다.

색이 생기지 않고, 느낌 · 생각 · 결합 · 식별이 생기지 않기 때문에, 색에서 해탈할 수 있고 느낌 · 생각 · 결합 · 식별에서 해탈할 수 있으니, '그는 태어남 · 늙음 · 병듦 · 죽음 · 근심 · 슬픔 · 번민 · 고통인 아주 커다란 괴로움의 무더기에서 해탈하였다'라고 나는 말한다. 이것을 색의 멸함이라 하며, 느낌 · 생각 · 결합 · 식별의 멸함이라 한다.

그러므로 비구는 항상 선정을 닦아 익혀 안으로 그 마음을 고요히 하고 부지런히 정진하여 여실히 관하여야 한다."

부처님께서 이 경을 말씀하시자, 모든 비구는 부처님 말씀을 듣고 기뻐하며 받들어 행하였다.

(관하는 것과 같이 ……증득함[證]의 열두 경도 자세히 설명하셨다.)

5.2.12 낙경(樂經)

【잡아함경 제3권 67경】

이와 같이 나는 들었다.

어느 때 부처님께서 사밧티성 제타숲 아나타핀디카동산에 계셨다. 그때 세존께서 비구들에게 말씀하셨다.

"항상 선정을 닦아 익혀 안으로 그 마음을 고요히 하여야 한다. 왜냐하면 비구들이여, 선정을 닦아 익혀 안으로 그 마음을 고요히 하면 여실히 관할 수 있기 때문이다.

어떻게 여실히 관하는가. '이것은 색이다. 이것은 색의 집기다. 이것은 색의 멸함이다. 이것은 느낌 · 생각 · 결합 · 식별이다. 이것은 느낌 · 생각 · 결합 · 식별의 집기다. 이것은 느낌 · 생각 · 결합 · 식별의 멸함이다' 라고 관하는 것이다.

어떤 것이 색의 집기이며, 어떤 것이 느낌 · 생각 · 결합 · 식별의 집기인가. 어리석고 무지한 범부들은 색의 집기와 색의 멸함과 색의 맛과 색의 근심과 색을 떠남을 여실히 알지 못한다. 여실히 알지 못하기 때문에 그 색을 즐기고 집착하고 찬탄하며, 그 색을 즐기고 집착하고 찬탄하기 때문에 그것을 취한다. 취함을 연하여 존재가 있고, 존재를 연하여 태어남이 있으며, 태어남을 연하여 늙음 · 병듦 · 죽음 · 걱정 · 슬픔 · 번민 · 고통이 있다. 이리하여 아주 커다란 괴로움의 무더기가 생긴다. 이것을 색의 집기라 하고, 느낌 · 생각 · 결합 · 식별의 집기라 한다.

어떤 것이 색의 멸함이고, 느낌 · 생각 · 결합 · 식별의 멸함인가. 많이 들어 아는 거룩한 제자들은 색의 집기와 색의 멸함과 색의 맛과 색의 근심과 색을 떠남을 여실히 안다. 여실히 알기 때문에 색을 즐기지 않고 집착하지 않고 찬탄하지 않으며, 색을 즐기지 않고 집착하지 않고 찬탄하지 않기 때문에 갈애가 멸한다. 갈애가 멸하기 때문에 취함[取]이 멸하고, 취함이 멸하기 때문에 존재가 멸하며, 존재가 멸하기 때문에 태어남이 멸하고, 태어남이 멸하기 때문에 늙음 · 병듦 · 죽음 · 걱정 · 슬픔 · 번민 · 고통이 멸한다. 이리하여 아주 커다란 괴로움의 무더기가 멸한다.

어떻게 많이 들어 아는 거룩한 제자들은 느낌 · 생각 · 결합 · 식별과 느낌 · 생각 · 결합 · 식별의 집기와 느낌 · 생각 · 결합 · 식별의 멸함과 느낌 · 생각 · 결합 · 식별의 맛과 느낌 · 생각 · 결합 · 식별의 근심과 느낌 · 생각 · 결합 · 식별을 떠남을 여실히 아는가. 느낌 · 생각 · 결합 · 식별을 여실히 알기 때문에 느낌 · 생각 · 결합 · 식별을 즐기거나 집착하거나 찬탄하지 않으며, 느낌 · 생각 · 결합 · 식별을 즐기거나 집착하거나 찬탄하지 않기 때문에 갈애가 멸하고, 갈애가 멸하기 때문에 취함이 멸하며, 취함이 멸하기 때문에 존재가 멸하고, 존재가 멸하기 때문에 태어남이 멸하며, 태어남이 멸하기 때문에 늙음 · 병듦 · 죽음 · 걱정 · 슬픔 · 번민 · 고통이 멸한다. 이리하여 아주 커다란 괴로움의 무더기가 멸하니, 모두 멸하게 된다. 비구들이여, 이것을 색의 멸함과 느낌 · 생각 · 결합 · 식별의 멸함이라 한다.

그러므로 비구는 항상 선정을 닦아 익혀 안으로 그 마음을 고요히 하여야 한다."

부처님께서 이 경을 말씀하시자, 모든 비구는 부처님 말씀을 듣고 기뻐하며 받들어 행하였다.

(관하는 것과 같이 ……증득함의 열두 경도 이와 같이 자세히 말씀하셨다.)

5.2.13 육입처경(六入處經)

【잡아함경 제3권 68경】

이와 같이 나는 들었다.

어느 때 부처님께서 사밧티성 제타숲 아나타핀디카동산에 계셨다. 그때 세존께서 비구들에게 말씀하셨다.

"항상 선정을 닦아 익혀 안으로 그 마음을 고요히 하여 여실히 관하여야 한다. 어떻게 여실히 관하는가. '이것은 색이고, 이것은 색의 집기이며, 이것은 색의 멸함이다. 느낌 · 생각 · 결합도 그러하며, 이것은 식별이고, 이것은 식별의 집기이며, 이것은 식별의 멸함이다'라고 여실히 관하는 것이다.

어떤 것이 색의 집기이며, 어떤 것이 느낌 · 생각 · 결합 · 식별의 집기인가. 눈이 색을 연하여 눈의 식별이 생기고, 이 세 가지가 서로 화합하여 부딪침이 있다. 부딪침을 연하여 느낌이 생기고, 느낌을 연하여 갈애가 생긴다. 이와 같이 ……아주 커다란 괴로움의 무더기가 생긴다. 이것을 색의 집기라 한다. 귀·코·혀·몸이 소리·냄새·맛·촉감을 연하는 것도 그러하다. 이와 같이 의지가 법을 연하여 의지의 식별이 생기고, 이 세 가지가 서로 화합하여 부딪침이 있고, 부딪침을 연하여 느낌이 생기고, 느낌을 연하여 갈애가 생긴다. 이와 같이 ……아주 커다란 괴로움의 무더기가 생기게 된다. 이것을 색의 집기와 느낌·생각·결합·식별의 집기라 한다.

어떤 것이 색의 멸함이며, 느낌·생각·결합·식별의 멸함인가. 눈이 색을 연하여 눈의 식별이 생기고, 이 세 가지가 서로 화합하여 부딪침이 있다. 그러므로 부딪침이 멸하면 곧 느낌이 멸하니, ……아주 커다란 괴로움의 무더기가 멸하게 된다. 이와 같이 귀·코·혀·몸이 소리·냄새·맛·촉감을 연하는 것도 그러하며, 의지가 법을 연하여 의지의 식별이 생기고, 이 세 가지가 화합하여 부딪침이 있다. 부딪침이 멸하면 곧 느낌이 멸하니, ……아주 커다란 괴로움의 무더기가 멸하게 된다. 이것을 색의 멸함과 느낌·생각·결합·식별의 멸함이라 한다.

그러므로 비구는 항상 선정을 닦아 익혀 안으로 그 마음을 고요히 하여야 한다."

부처님께서 이 경을 말씀하시자 모든 비구는 부처님 말씀을 듣고 기뻐하며 받들어 행하였다.

(관하는 것과 같이 내지 증득함의 십이 경도 이와 같이 자세히 설명하셨다.)

5.2.14 기도경(其道經)=당설경(當說經)

【잡아함경 제3권 69경】

이와 같이 나는 들었다.

어느 때 부처님께서 사밧티성 제타숲 아나타핀디카동산에 계셨다. 그때 세존께서 비구들에게 말씀하셨다.

"나는 이제 '몸의 집기로 나아가는 길'과 또 '몸의 집기를 멸하는 길'을 말하겠다. 어떤 것이 '몸의 집기로 나아가는 길'인가.

어리석고 무지한 범부들은 그것을 보면서도 색의 집기와 색의 멸함과 색의 맛과 색의 근심과 색을 떠남을 여실히 알지 못한다. 여실히 알지 못하기 때문에 색을 즐기고 찬탄하고 색에 집착하고 머무른다. 색을 즐기고 찬탄하고 색에 집착하고 머무르기 때문에 갈애를 일으켜 그것을 즐기고 취한다. 취함을 연하여 존재가 있고, 존재를 연하여 태어남이 있으며, 태어남을 연하여 늙음 · 병듦 · 죽음 · 걱정 · 슬픔 · 번민 · 고통이 있다. 이리하여 아주 커다란 괴로움의 무더기가 생긴다. 느낌 · 생각 · 결합 · 식별에 대하여도 이와 같이 말한다. 이것을 '몸의 집기로 나아가는 길'이라 한다. 비구들이여, 몸의 집기로 나아가는 길은 곧 괴로움의 집기로 나아가는 길임을 알아야 한다.

어떤 것이 '몸의 집기를 멸하는 길'인가. 많이 들어 아는 거룩한 제자들은 색과 색의 집기와 색의 멸함과 색의 맛과 색의 근심과 색을 떠남을 여실히 안다. 여실히 알기 때문에 색을 즐기거나 찬탄하지 않고 집착하거나 머무르지 않는다. 즐기거나 찬탄하지 않고 집착하거나 머무르지 않기 때문에, 그 색에 대한 갈애가 멸한다. 갈애가 멸하면 곧 취함이 멸하고, 취함이 멸하면 곧 존재가 멸하며, 존재가 멸하면 곧 태어남이 멸하고, 태어남이 멸하면 곧 늙음 · 병듦 · 죽음 · 걱정 · 슬픔 · 번민 · 고통인 아주 커다란 괴로움의 무더기가 멸한다.

색과 같이 느낌 · 생각 · 결합 · 식별도 그와 같다. 이것을 '몸의 집기를 멸하는 길'이라 한다. 몸의 집기를 멸하는 길은 곧 괴로움을 멸하는 길이다. 그러므로 '몸의 집기를 멸하는 길'을 말한 것이다."

부처님께서 이 경을 말씀하시자, 모든 비구는 부처님 말씀을 듣고 기뻐하며 받들어 행하였다.

(마땅히 설명함과 같이 마땅히 알아야 할 것도 이와 같이 설명하셨다.)

5.2.15 실각경(實覺經)

【잡아함경 제3권 70경】

이와 같이 나는 들었다.

어느 때 부처님께서 사밧티성 제타숲 아나타핀디카동산에 계셨다. 그때 세존께서 비구들에게 말씀하셨다.

"나는 이제 '몸'과 '몸의 집기'와 '몸의 멸함'을 설명하리니, 자세히 듣고 잘 생각하여라. 마땅히 그대들을 위하여 설명하겠다. 어떤 것이 '몸'인가. 다섯 가지 취한 근간이니, 어떤 것이 다섯인가. 색 취한 근간과 느낌 · 생각 · 결합 · 식별 취한 근간이니, 이것을 '몸'이라 한다.

어떤 것이 '몸의 집기'인가. 미래의 존재를 받게 하는 갈애와 탐욕과 기쁨이 함께하여 이것저것에 대하여 즐기고 집착하는 것이다. 이것을 '몸의 집기'라 한다.

어떤 것이 '몸의 멸함'인가. 미래의 존재를 받게 하는 갈애와 탐욕과 기쁨이 함께하여 이것저것에 대하여 즐기고 집착하는 것을 남김없이 끊고 탐욕을 떠나 완전히 고요해지는 것이다. 이것을 '몸의 멸함'이라 한다. 그러므로 '몸'과 '몸의 집기'와 '몸의 멸함'을 설명한 것이다."

부처님께서 이 경을 말씀하시자 모든 비구는 부처님 말씀을 듣고 기뻐하며 받들어 행하였다.

(마땅히 설명함과 같이 마땅히 알아야 할 것도 이와 같이 설명하셨다.)

5.2.16 무지경(無知經)②

【잡아함경 제10권 267경】

이와 같이 나는 들었다.

어느 때 부처님께서 사밧티성 제타숲 아나타핀디카동산에 계셨다. 그때 세존께서 비구들에게 말씀하셨다.

"중생들은 시작도 없는 생사에서, 무명에 덮이고 애욕의 결박에 묶이어 긴 밤 동안 생사에 윤회하면서 괴로움의 끝을 알지 못한다.

비구들이여, 그것은 마치 개를 노끈으로 기둥에 매어 둔 것과 같다. 개는 묶인 것을 끊지 못하기 때문에, 기둥을 따라 구르기도 하고 서거나 눕기도 하며 기둥을 떠나지 못한다. 이와 같이 어리석은 중생들은 색에 대해서 탐욕을 떠나지 못하고, 갈애를 떠나지 못하며, 생각을 떠나지 못하고, 목마름을 떠나지 못한다. 그래서 색(色)의 주위를 돌며 색을 따라 구르거나 서거나 눕기도 하며 색을 떠나지 못한다. 이와 같이 느낌 · 생각 · 결합도 그러하며, 식별에 대해서도 식별을 따라 구르거나 서거나 눕기도 하며 식별을 떠나지 못한다.

비구들이여, 마음을 잘 생각하고 관찰하여라. 왜냐하면 긴 밤 동안 마음은 탐욕에 물들어 있고, 성냄과 어리석음에 물들어 있기 때문이다.

비구들이여, 마음이 번민하기 때문에 중생이 번민하고, 마음이 깨끗하기 때문에 중생이 깨끗하다.

비구들이여, 나는 한 종류이면서 여러 가지 빛깔인 것이 얼룩새만 한 것을 보지 못하였지만 마음은 그보다 더한 것이다. 왜냐하면 그 축생들은 마음이 갖가지이기 때문에 빛깔이 갖가지인 것이다. 그러므로 비구들이여, 마땅히 마음을 잘 생각하고 관찰하여야 한다.

비구들이여, 긴 밤 동안 마음은 탐욕에 물들어 있고 성냄과 어리석음에 물들어 있다. 마음이 번민하기 때문에 중생이 번민하고, 마음이 깨끗하기 때문에 중생이 깨끗하다.

비구들이여, 그대들은 차란나새의 갖가지 빛깔을 본 적이 있는가?"

"본 적이 있습니다, 세존이시여."

부처님께서 비구들에게 말씀하셨다.

"차란나새가 갖가지 빛깔인 것과 같이, 그 마음도 갖가지로 뒤섞인 것이 또한 그와 같다고 나는 말한다. 왜냐하면 그 차란나새는 마음이 갖가지이기 때문에 그 빛깔도 갖가지로 변하는 것이다. 그러므로 마음을 잘 생각하고 관찰하여야 한다. 긴 밤 동안 갖가지 탐욕 · 성냄 · 어리석음에 물들어 있다. 마음이 번민하기 때문에 중생이 번민하고, 마음이 깨끗하기 때문에 중생이 깨끗하다. 그것은 마치 화가나 그의 제자들이 본바탕을 잘 다루고 여러 가지 채색을 갖추어 마음대로 갖가지 모양을 그리는 것과 같다.

이와 같이 비구들이여, 어리석은 중생들은 색과 색의 집기 · 색의 멸함 · 색의 맛 · 색의 근심 · 색을 떠남을 여실히 알지 못한다. 색을 여실히 알지 못하기 때문에 색을 즐기고 집착하고, 색을 즐기고 집착하기 때문에 다시 미래에 모든 색이 생긴다.

이와 같이 어리석은 사람들은 느낌 · 생각 · 결합 · 식별과 식별의 집기 · 식별의 멸함 · 식별의 맛 · 식별의 근심 · 식별을 떠남을 여실히 알지 못한다. 여실히 알지 못하기 때문에 식별을 즐기고 집착하고, 식별을 즐기고 집착하기 때문에 다시 미래에 모든 식별이 생긴다. 미래의 색 · 느낌 · 생각 · 결합 · 식별을 내기 때문에 색에서 해탈하지 못하고, 느낌 · 생각 · 결합 · 식별에서 해탈하지 못하니, '그는 태어남 · 늙음 · 병듦 · 죽음 · 근심 · 슬픔 · 번민 · 고통에서 해탈하지 못하였다'라고 나는 말한다.

많이 들어 아는 거룩한 제자는 색과 색의 집기 · 색의 멸함 · 색의 맛 · 색의 근심 · 색을 떠남을 여실히 안다. 여실히 알기 때문에 색을 즐기거나 집착하지 않고, 즐기거나 집착하지 않기 때문에 미래에 색이 생기지 않는다. 또한, 느낌 · 생각 · 결합 · 식별과 식별의 집기 · 식별의 멸함 · 식별의 맛 · 식별의 근심 · 식별을 떠남을 여실히 안다. 여실히 알기 때문에 식별을 즐기거나 집착하지 않고, 즐기거나 집착하지 않기 때문에 미래에 모든 식별이 생기지 않는다. 색 · 느낌 · 생각 · 결합 · 식별을 즐기거나 집착하지 않기 때문에 색에서 해탈하게 되고 느낌 · 생각 · 결합 · 식별에서 해탈하게 되니, '그는 태어남 · 늙음 · 병듦 · 죽음 · 근심 · 슬픔 · 번민 · 고통에서 해탈하였다'라고 나는 말한다."

부처님께서 이 경을 말씀하시자, 모든 비구는 부처님 말씀을 듣고 기뻐하며 받들어 행하였다.

5.2.17 혈경(血經)

【잡아함경 제33권 937경】

이와 같이 나는 들었다.

어느 때 부처님께서 베살리 원숭이못 옆에 있는 중각강당에 계셨다.

그때 사십 명의 비구들이 파베야카 마을에 있었는데, 모두 아란야행을 닦으면서 누더기옷을 입고 걸식하며 배우는 이들이지만 아직 탐욕을 떠나지 못하였다. 그들은 부처님 계신 곳으로 가서 부처님 발에 예배하고 물러나 한쪽에 앉았다.

그때 세존께서는 이렇게 생각하셨다. '파베야카 마을에 사는 사십 명의 비구들은 모두 아란야행을 닦으면서 누더기옷을 입고 걸식하며 배우는 이들이지만 아직 탐욕을 떠나지 못하였다. 나는 이제 이들을 위하여 설법하여, 이들로 하여금 이생에서 모든 번뇌를 일으키지 않고 마음의 해탈을 얻게 하겠다.'

세존께서 사십 명의 비구들에게 말씀하셨다.

"중생들은 시작도 없는 생사에서 무명에 덮이고 애욕에 묶이어 긴 밤 동안 생사에 윤회하면서 괴로움의 끝을 알지 못한다. 비구들이여, 그대들은 어떻게 생각하는가? 강가강의 많은 물은 큰 바다로 흘러 들어가는데, 그동안에 흐른 물과 그대들이 긴 밤 동안 생사에 윤회하면서 몸을 부수어 흘린 피 중 어느 쪽이 더 많겠느냐?"

비구들이 말씀드렸다.

"저희가 부처님의 말씀하신 뜻을 이해하기로는, 저희가 긴 밤 동안 생사에 윤회하면서 몸을 부수어 흘린 피가 훨씬 많습니다. 그것은 강가강의 물보다 백천만 배나 많을 것입니다."

"강가강의 물은 말할 것도 없이 ……네 개의 큰 바다의 물과 그대들이 긴 밤 동안 생사에 윤회하면서 몸을 부수어 흘린 피 중에 어느 쪽이 더 많겠느냐?"

"저희가 세존의 말씀하신 뜻을 이해하기로는, 저희가 긴 밤 동안 생사에 윤회하면서 몸을 부수어 흘린 피가 훨씬 많아, 네 개의 큰 바닷물보다 많을 것입니다."

"참으로 훌륭하구나. 그대들이 오랜 세월 동안 생사에 윤회하면서 몸에서 흘린 피는 무수히 많아 저 강가강이나 네 개의 큰 바다의 물보다 훨씬 많다. 왜냐하면 그대들은 과거 오랫동안 일찍이 코끼리로 태어나 귀·코·머리·꼬리와 네 발을 끊기었으니, 그 피는 한량이 없다. 혹은 말의 몸이나 낙타·나귀·소·개나 여러 짐승의 몸을 받아 귀·코·머리·발과 온몸을 베이었으니, 그 피는 한량이 없다. 또 그대들은 과거 오랫동안 도적이나 남에게 해침을 당해 머리·발·귀·코를 베이고 온몸이 잘리었으니, 그 피는 한량이 없다. 그대들은 과거 오랫동안 몸이 허물어지고 목숨이 끝나 묘지에 버려졌으니, 고름과 흘린 피의 양은 한량이 없다. 혹은 지옥·축생·아귀에 떨어져 몸이 허물어지고 목숨이 끝나니, 그 흘린 피의 양도 한량없기 때문이다."

부처님께서 다시 말씀하셨다.

"색(色)은 영원한 것인가, 덧없는 것인가?"

비구들은 말씀드렸다.

"덧없는 것입니다, 세존이시여."

"만일 덧없는 것이라면 그것은 괴로운 것인가?"

"그것은 괴로운 것입니다, 세존이시여."

부처님께서 말씀하셨다.

"만일 덧없고 괴로운 것이라면 그것은 변하고 바뀌는 법이다. 그런데 성인의 제자로서 과연 거기서, '색이 바로 나다, 색은 나와 다르다, 색이 나와 함께 있다'라고 보겠는가?"

"아닙니다, 세존이시여. 느낌 · 생각 · 결합 · 식별에 대해서도 그렇습니다."

부처님께서 말씀하셨다.

"만일 모든 색에 대하여 과거나 미래나 현재나, 안이나 밖이나, 거칠거나 미세하거나, 아름답거나 추하거나, 멀거나 가깝거나, 그 일체는 다, '바로 나다, 나와 다르다, 나와 함께 있다'라는 것이 아님을 여실히 알라. 느낌 · 생각 · 결합 · 식별에 대해서도 그와 같다. 성인의 제자로서 이와 같이 관하는 사람은 색을 싫어하고, 느낌 · 생각 · 결합 · 식별을 싫어한다. 싫어하면 바라지 않고, 바라지 않으면 해탈하고, 해탈한 줄을 알고 본다. 그래서 나의 생은 다하고 범행은 갖추었고 할 일은 마쳐, 다시는 다음 생을 받지 않을 줄을 스스로 안다."

부처님께서 이 경을 말씀하시자, 그 사십 명의 비구들은 모든 번뇌를 일으키지 않고 마음의 해탈을 얻었다.

부처님께서 이 경을 말씀하시자, 모든 비구는 부처님 말씀을 듣고 기뻐

하며 받들어 행하였다.

5.2.18 법인경(法印經)

【잡아함경 제3권 80경】

이와 같이 나는 들었다.

어느 때 부처님께서 사밧티성 제타숲 아나타핀디카동산에 계셨다. 그때 세존께서 비구들에게 말씀하셨다.

"거룩한 법인(法印)과 지견의 청정함을 설명하리니, 자세히 듣고 잘 생각하여라. 만일 어떤 비구가, '나는 공삼매(空三昧)에서 아직 얻은 것이 없지만, 〈무상(無相)〉과 〈무소유(無所有)〉와 〈교만을 떠난 지견[離慢知見]〉을 일으킨다'라고 한다면, 그것은 옳지 않은 말이다. 왜냐하면 만일 '공삼매'에서 얻은 것이 없으면서, '나는 〈무상〉과 〈무소유〉와 〈교만을 떠난 지견〉을 얻었다'라고 말한다면, 그것은 이치에 맞지 않기 때문이다.

만일 어떤 비구가, '나는 공(空)을 성취하여 〈무상〉과 〈무소유〉와 〈교만을 떠난 지견〉을 일으킨다'라고 한다면 그것은 옳은 말이다. 왜냐하면 만일 공을 성취한 뒤에 〈무상〉과 〈무소유〉와 〈교만을 떠난 지견〉을 일으킨다면, 그것은 이치에 맞기 때문이다.

어떤 것을 '거룩한 제자'라 하고 '지견의 청정함'이라 하는가?"

비구들은 부처님께 말씀드렸다.

"부처님께서는 법의 근본이시고, 법의 눈이시며, 법의 의지처이십니다. 원컨대 말씀해 주십시오. 모든 비구는 부처님 설법을 들은 뒤에는 그 말씀대로 받들어 행하겠습니다."

부처님께서 비구들에게 말씀하셨다.

"만일 비구가 비고 한적한 곳이나 나무 아래에 앉아, '색은 덧없이 없어지는 것으로 그것에 대한 탐욕을 떠나야 할 법'이라 관하고, 이와 같이 '느낌 · 생각 · 결합 · 식별도 덧없이 없어지는 것으로 그것에 대한 탐욕을 떠나야 할 법'이라 관하고, 다시 그 '근간'은 덧없이 없어지고 단단하지 않으며 변하고 바뀌는 법이라 관하면, 마음은 청정한 해탈을 즐길 것이니, 이것을 '공(空)'이라 한다.

이와 같이 관하는 사람은 아직 교만을 떠나 지견이 청정해지지는 못하였지만, 다시 바른 생각의 삼매[正思惟三昧]가 있어서 색의 모양이 끊어지고 소리 · 냄새 · 맛 · 촉감 · 법의 모양이 끊어지는 것을 관하니, 이것을 '무상(無相)'이라 한다.

이와 같이 관하는 사람은 아직 교만을 떠나 지견이 청정해지지는 못하였지만, 다시 바른 생각의 삼매가 있어서 탐욕과 성냄과 어리석음이 끊어지는 것을 관하니, 이것을 '무소유(無所有)'라 한다.

이와 같이 관하는 사람은 아직 교만을 떠나 지견이 청정해지지는 못하였지만, 다시 바른 생각의 삼매가 있어서 나와 나의 것은 무엇에서 생기는가'라고 관한다. 다시 바른 생각의 삼매가 있어서, '나와 나의 것은 보거나 듣거나 냄새 맡거나 맛보거나 접촉하거나 식별하는 데서 생긴다'라고 관한다.

다시, '인(因)과 연(緣)이 있어서 식별이 생긴다면, 그 식별의 인과 연은 영원한 것인가, 덧없는 것인가'라고 관한다. 다시 인과 연이 있어서 식별이 생긴다면, 그 인과 그 연은 다 덧없는 것이라고 생각한다. 다시, '그 인과 그 연이 다 덧없는 것이라면, 거기서 생긴 식별이 어떻게 영원하겠는가. 덧없는 것은 유위의 행[有爲行]이다. 인연을 따라 일어난 것은 근심스러운 법이고, 멸하는 법이며, 탐욕을 떠나야 할 법이고, 앎[知]을 끊어야 할 법이다'라고 생각한다. 이것을 '거룩한 법인'과 '지견의 청정함'이라 한다.

이것이, '비구들이여, 거룩한 법인과 지견의 청정함을 설명하겠다'라고 한 것으로 이와 같이 자세히 설명하였다."

부처님께서 이 경을 말씀하시자, 모든 비구는 부처님 말씀을 듣고 기뻐하며 받들어 행하였다.

5.2.19 베살리경[毘舍離經]

【잡아함경 제3권 83경】

이와 같이 나는 들었다.

어느 때 부처님께서 베살리[毘舍離]의 원숭이못 옆에 있는 중각강당에 계셨다. 그때 세존께서 비구들에게 말씀하셨다.

"많이 들어 아는 거룩한 제자들은 어떤 곳에서, '이것은 바로 나다, 나와 다르다, 나와 함께 있다'라고 보지 않으며, 이와 같이 평등하고 바르게 관찰하여 여실히 알고 보는가?"

비구들이 부처님께 말씀드렸다.

"세존께서는 법의 근본이시고, 법의 눈이시며, 법의 의지처이십니다. 원컨대 말씀하여 주십시오. 모든 비구는 그 말씀을 들은 뒤에는 그 말씀대로 받들어 행하겠습니다."

부처님께서 비구들에게 말씀하셨다.

"자세히 듣고 잘 생각하여라. 그대들을 위하여 설명하겠다. 많이 들어 아는 거룩한 제자들은, '색이 바로 나다, 색은 나와 다르다, 색은 나와 함께 있다'라고 보지 않는다. 이것을 참다운 바른 관찰이라 하며, 느낌 · 생각 · 결합 · 식별에 대해서도 그와 같다."

부처님께서 비구들에게 말씀하셨다.

"색은 영원한 것인가, 덧없는 것인가?"

"덧없는 것입니다, 세존이시여."

"만일 덧없는 것이라면 그것은 괴로운 것인가?"

"그것은 괴로운 것입니다, 세존이시여."

"비구들이여, 만일 덧없고 괴로운 것이라면 그것은 변하고 바뀌는 법이다. 그런데 많이 들어 아는 거룩한 제자들로서 과연 거기서, '이것은 바로 나다, 나와 다르다, 나와 함께 있다'라고 보겠는가?"

"아닙니다, 세존이시여."

"느낌 · 생각 · 결합 · 식별에 대해서도 그와 같다. 그러므로 비구들이여, 모든 색에 대하여 과거나 미래나 현재나, 안이나 밖이나, 거칠거나 미세하거나, 아름답거나 추하거나, 멀거나 가깝거나, 그 일체는 다, '바로 나다, 나와 다르다, 나와 함께 있다'라고 보지 않는다. 이것을 참다운 바른 관찰이라 하며, 느낌 · 생각 · 결합 · 식별에 대해서도 그와 같다.

많이 들어 아는 거룩한 제자들은 이렇게 관하여 색에서 해탈하고, 느낌 · 생각 · 결합 · 식별에서 해탈하니, '그들은 태어남 · 늙음 · 병듦 · 죽음 · 걱정 · 슬픔 · 번민 · 고통인 아주 커다란 괴로움의 무더기에서 해탈하였다'라고 나는 말한다."

부처님께서 이 경을 말씀하시자, 모든 비구는 부처님 말씀을 듣고 기뻐하며 받들어 행하였다.

5.2.20 청정경(淸淨經)

【잡아함경 제3권 84경】

이와 같이 나는 들었다.

어느 때 부처님께서 사밧티성 제타숲 아나타핀디카동산에 계셨다. 그때 세존께서 비구들에게 말씀하셨다.

"색은 덧없는 것이다, 덧없는 것은 괴로운 것이다. 괴로운 것은 나가 아니다. 나가 아니면 그 일체는, '나도 아니고, 나와 다른 것도 아니고, 나와 함께 있는 것도 아니다'라고 여실히 아니, 이것을 바른 관찰이라 한다. 느낌 · 생각 · 결합 · 식별에 대해서도 그와 같다.

많이 들어 아는 거룩한 제자들은 이 다섯 가지 취한 근간[五取蘊]에 대하여 그것은 나가 아니고, 나의 것도 아니라고 관한다. 이렇게 관하면 모든 세간에서 전혀 취할 것이 없고, 취할 것이 없기 때문에 집착할 것이 없으며, 집착할 것이 없기 때문에 스스로 열반을 얻는다. 그래서 나의 생은 다하고 범행은 갖추었고 할 일은 마쳐, 다시는 다음 생을 받지 않을 줄을 스스로 안다."

부처님께서 이 경을 말씀하시자, 모든 비구는 부처님 말씀을 듣고 기뻐하며 받들어 행하였다.

5.2.21 무상경(無常經)

【잡아함경 제3권 86경】

이와 같이 나는 들었다.

어느 때 부처님께서 사밧티성 제타숲 아나타핀디카동산에 계셨다. 그때 세존께서 비구들에게 말씀하셨다.

"만일 덧없는 색이 영원하다면 당연히 그 색에는 병이 있거나 괴로움이 있을 수 없다. 또한, 그 색에 대하여 이렇게 되었으면 한다든가 이렇게 되지 않았으면 하고 바랄 수도 없다. 그러나 색은 덧없기 때문에 색에는 병이 있고 괴로움이 있으며, 또한 이렇게 되었으면 한다든가 이렇게 되지 않았으면 하고 바랄 수도 없는 것이다. 느낌 · 생각 · 결합 · 식별에 대해서도 그와 같다.

비구들이여, 그대들은 어떻게 생각하는가? 색은 영원한 것인가, 덧없는 것인가?"

비구들은 부처님께 말씀드렸다.

"덧없는 것입니다, 세존이시여."

"비구들이여, 덧없는 것은 괴로운 것인가?"

"그것은 괴로운 것입니다, 세존이시여."

"비구들이여, 만일 덧없고 괴로운 것이라면 그것은 변하고 바뀌는 법이다. 그런데 많이 들어 아는 거룩한 제자들로서 과연 거기서, '색이 바로 나다, 나와 다르다, 나와 함께 있다'라고 보겠는가?"

"아닙니다, 세존이시여."

"느낌 · 생각 · 결합 · 식별에 대해서도 그와 같다. 그러므로 비구들이여, 모든 색에 대하여 과거나 미래나 현재나, 안이나 밖이나, 거칠거나 미세하거나, 아름답거나 추하거나, 멀거나 가깝거나, 그 일체는, '나가 아니다. 나의 것도 아니다'라고 여실히 안다. 느낌 · 생각 · 결합 · 식별에 대해서도 그와 같다.

많이 들어 아는 거룩한 제자들은 색을 바르게 관하고, 바르게 관한 뒤에는 색에 대해서 싫어하는 마음을 내고, 탐욕을 떠나고 바라지 않아, 거기서 해탈한다. 느낌 · 생각 · 결합 · 식별에 대해서 싫어하는 마음을 내고 탐욕을 떠나고 바라지 않아 거기서 해탈한다. 그래서 나의 생은 다하고 범행은 갖추었고 할 일은 마쳐, 다시는 다음 생을 받지 않을 줄을 스스로 안다."

부처님께서 이 경을 말씀하시자, 모든 비구는 부처님 말씀을 듣고 기뻐하며 받들어 행하였다.

5.2.22 인연경(因緣經) ①

【잡아함경 제1권 11경】

이와 같이 나는 들었다.

어느 때 부처님께서 사밧티성 제타숲 아나타핀디카동산에 계셨다. 그때 세존께서 비구들에게 말씀하셨다.

"색은 덧없다. 인과 연으로 모든 색이 생기더라도 그것 또한 덧없다. 덧없는 인과 덧없는 연으로 생기는 모든 색이 영원할 수 있겠느냐. 이와 같이 느낌 · 생각 · 결합 · 식별도 덧없다. 인과 연으로 생긴 식별 또한 덧없다면, 덧없는 인과 연으로 생긴 식별이 어떻게 영원하겠느냐.

이와 같이 비구들이여, 색은 덧없고, 느낌 · 생각 · 결합 · 식별 또한 덧없다. 덧없는 것은 곧 괴로운 것이고, 괴로운 것은 곧 나가 아니며, 나가 아니면 또한 나의 것도 아니다. 거룩한 제자로서 이렇게 관하면 그는 곧 색을 싫어하고, 느낌 · 생각 · 결합 · 식별을 싫어한다. 싫어하면 바라지 않고, 바라지 않으면 해탈하며, 해탈한 줄을 알고 본다. 그러므로 나의 생은 다하고 범행은 갖추었고 할 일은 마쳐, 다시는 다음 생을 받지 않을 줄을 스스로 안다."

이때 모든 비구는 부처님 말씀을 듣고 기뻐하며 받들어 행하였다.

5.2.23 야마카경[焰摩經]

【잡아함경 제5권 104경】

이와 같이 나는 들었다.

어느 때 부처님께서 사밧티성 제타숲 아나타핀디카동산에 계셨다.

그때 야마카[焰摩] 비구는 잘못된 견해를 일으켜 이렇게 말하였다.

"내가 부처님께서 말씀하신 법을 이해하기로는, 번뇌가 다한 아라한은 몸이 무너지고 목숨이 끝난 뒤에는 다시는 아무것도 없다."

이때 많은 비구는 그 말을 듣고 그가 있는 곳으로 가서 말하였다.

"그대는 참으로, '내가 부처님께서 말씀하신 법을 이해하기로는, 번뇌가 다한 아라한은 몸이 무너지고 목숨이 끝난 뒤에는 다시는 아무것도 없다'라고 말하였소?"

"그렇습니다, 존자들이여."

이에 여러 비구는 야마카 비구에게 말하였다.

"세존을 비방하지 마시오. 세존을 비방하는 자는 좋지 못하오. 세존께서는 그런 말씀을 하지 않으셨소. 그대는 마땅히 그 잘못된 견해를 모두 버려야 하오."

여러 비구가 이렇게 말하였으나, 그때도 야마카 비구는 잘못된 견해만을 고집하며 이렇게 말하였다.

"존자들이여, 오직 이것만이 진실하고 다른 것은 다 허망한 것입니다."

이렇게 세 번이나 말하니, 비구들은 야마카 비구를 항복시킬 수 없음을 알고 곧 그에게서 떠나갔다. 그들은 사리풋타 존자가 있는 곳으로 가서 그에게 말하였다.

"존자여, 마땅히 아셔야 합니다. 저 야마카 비구는 이러한 잘못된 견해를 일으켜, '내가 부처님께서 말씀하신 법을 이해하기로는, 번뇌가 다한 아라한은 몸이 무너지고 목숨이 끝난 뒤에는 다시는 아무것도 없다'라고 말했습니다. 우리들은 그 말을 듣고 일부러 그에게 가서, '그대는 참으로 그러한 견해를 말하였소'라고 물었더니, 그는 우리에게, '존자들이여, 그렇습니다. 다른 말은 다 어리석은 말입니다'라고 대답하였습니다. 그래서 우리는 곧 그에게, '그대는 세존을 비방하지 마시오. 세존께서는 그렇게 말씀하시지 않았소. 그대는 그 잘못된 견해를 버려야만 하오'라고 거듭 말하였습니다. 그런데도 그는 자신의 잘못된 견해를 버리지 않았습니다. 그래서 우리는 지금 존자에게 온 것입니다. 원컨대 존자께서는 저 야마카를 가엾이 여겨 그로 하여금 잘못된 견해를 버리게 해 주십시오."

사리풋타 존자가 말하였다.

"내가 반드시 그가 자신의 잘못된 견해를 버리도록 하겠소."

그때 많은 비구는 사리풋타 존자의 말을 듣고 매우 기뻐하면서 자기 처소로 돌아갔다.

그때 사리풋타 존자는 이른 아침에 가사를 입고 발우를 가지고 사밧티성으로 들어가 걸식하였다. 걸식한 뒤에 성을 나와 다시 정사로 돌아와 가사와 발우를 가지고 야마카 비구가 있는 곳으로 갔다.

그때 야마카 비구는 멀리서 사리풋타 존자가 오는 것을 보자, 자리를 펴고 발을 씻고 발을 얹는 궤를 바르게 놓고 나가 맞이하였다. 그가 가사와 발우를 받고 자리에 앉기를 권하니, 사리풋타 존자는 자리로 가서 발을 씻은 뒤에 야마카 비구에게 말하였다.

"그대는 참으로, '내가 부처님께서 말씀하신 법을 이해하기로는, 번뇌가 다한 아라한은 몸이 무너지고 목숨이 끝난 뒤에는 다시는 아무것도 없다'라고 말하였는가?"

야마카 비구가 사리풋타 존자에게 말하였다.

"그렇습니다, 사리풋타 존자여."

사리풋타 존자가 말하였다.

"나는 이제 그대에게 물으리니, 그대의 뜻대로 대답하여라. 어떠한가, 야마카여. 색은 영원한 것인가, 덧없는 것인가?"

"사리풋타 존자여, 그것은 덧없는 것입니다."

"만일 덧없는 것이라면 그것은 괴로운 것인가?"

"그것은 괴로운 것입니다."

"만일 덧없고 괴로운 것이라면 그것은 변하고 바뀌는 법이다. 그런데도 많이 들어 아는 거룩한 제자들로서 과연 거기서, '색이 바로 나다, 색은 나와 다르다, 색이 나와 함께 있다'라고 보겠는가?"

"아닙니다, 사리풋타 존자여."

"느낌 · 생각 · 결합 · 식별도 그와 같다."

사리풋타 존자가 다시 물었다.

"어떠한가, 야마카여. 색이 여래인가?"

"아닙니다, 사리풋타 존자여."

"느낌 · 생각 · 결합 · 식별이 여래인가?"

"아닙니다, 사리풋타 존자여."

"어떠한가, 야마카여. 색을 떠나서 여래가 있는가, 느낌 · 생각 · 결합 · 식별을 떠나서 여래가 있는가?"

"아닙니다, 사리풋타 존자여."

다시 물었다.

"색 안에 여래가 있는가, 느낌 · 생각 · 결합 · 식별 안에 여래가 있는가?"

"아닙니다, 사리풋타 존자여."

"여래 안에 색이 있는가, 여래 안에 느낌 · 생각 · 결합 · 식별이 있는가?"

"아닙니다, 사리풋타 존자여."

"색 · 느낌 · 생각 · 결합 · 식별을 떠나서 여래가 있는가?"

"아닙니다, 사리풋타 존자여."

"그와 같이 야마카여, 여래께서 보신 법은 진실하다. 아무것도 얻을 것이 없는 데서 머무르는 것처럼, 무엇이 있어 주장하시는 것도 없다. 그런데 그대는 어떻게, '세존께서 말씀하신 것을 내가 이해하기로는, 번뇌가 다한 아라한은 몸이 무너지고 목숨이 끝난 뒤에는 다시는 아무것도 없다'라고 말하는가. 그것이 이치에 맞는 말이라 생각하는가?"

"아닙니다, 사리풋타 존자여."

"야마카여, 먼저는, '세존께서 말씀하신 것을 내가 이해하기로는, 번뇌가 다한 아라한은 몸이 무너지고 목숨이 끝난 뒤에는 아무것도 없다'라고 말하고 지금은 어째서 아니라고 말하는가?"

야마카 비구가 말하였다.

"사리풋타 존자여, 저는 먼저는 이해하지 못하고 밝은 지혜가 없어 그와 같은 잘못된 견해를 말하였습니다. 그러나 사리풋타 존자의 말씀을 듣고는 이해하게 되었고 무명이 모두 끊어졌습니다."

"야마카여, 만일, '비구여, 먼저는 그러한 잘못된 견해로 말하였는데, 지금은 무엇을 알고 무엇을 보았기에 그것을 다 멀리 떠날 수 있었느냐'라고 다시 묻는다면, 그대는 어떻게 대답하겠는가?"

야마카가 대답하였다.

"사리풋타 존자여, 만일 누가 와서 그렇게 묻는다면, '번뇌가 다한 아라한은 색은 덧없는 것이고, 덧없는 것은 괴로운 것인 줄을 안다. 그러므로 괴로운 것을 지극히 고요하고 맑게 하여 영원히 없어지게 한다. 느낌 · 생각 · 결합 · 식별에 대해서도 그와 같다'라고 대답하겠습니다."

사리풋타 존자가 말하였다.

"참으로 훌륭하구나. 야마카 비구여, 그대는 그렇게 대답하여야 한다. 왜냐하면 번뇌가 다한 아라한은 색은 덧없는 것이고, 덧없는 것은 괴로운 것이며, 덧없고 괴로운 것이라면 그것은 생하고 멸하는 법인 줄을 알기 때문이다. 느낌 · 생각 · 결합 · 식별에 대해서도 그와 같다."

사리풋타 존자가 이 법을 말하였을 때, 야마카 비구는 번뇌를 여의고 법의 눈이 청정하게 되었다.

사리풋타 존자가 야마카 비구에게 말하였다.

"지혜로운 사람은 비유로써 이해하게 되니, 이제 비유를 들어 말하겠다. 마치 어떤 장자의 아들과 같다. 그는 큰 부자로서 재물이 많아 널리 종을 구하여 재물을 잘 보호하게 하였다. 그때 그의 원수인 어떤 악한 사람이 거짓으로 와서 친하게 지내며 그의 종이 되어 언제나 그 기회를 노리고 있었다. 늦게 자고 일찍 일어나며 그 곁에서 모시면서 일에는 조심하고 말은 공손하여 그 주인의 마음을 기쁘게 하였다. 그래서 장자는 그를 친한 벗이라 생각하고 자식이라 생각하면서 굳게 믿고 의심하지 않아 자기 몸 지키기를 소홀히 하였다. 그 뒤에 그 종은 칼을 가지고 장자의 목숨을 끊었다. 야마카 비구여, 그대는 어떻게 생각하는가? 그 악한 원수는 처음부터 해칠 마음으로 방편으로 그의 친구가 되어 지금까지 그 기회를 노린 것이 아닌가? 그런데도 장자는 그것을 깨닫지 못하여 이제 와서 해침을 받은 것이 아닌가?"

"참으로 그렇습니다, 사리풋타 존자여."

"야마카 비구여, 그대는 어떻게 생각하는가? 그 장자가 처음부터 그 사람이 거짓으로 친하게 지내며 해치려고 하는 줄을 알고 스스로 잘 지켰더라면 해침을 받지 않지 않았겠는가?"

"그렇습니다, 사리풋타 존자여."

"그와 같이 야마카 비구여, 어리석고 무지한 범부들은 다섯 가지 취한 근간에 대해서 그것은 영원하고 안온하며 병들지 않고 '나'이며 '나의 것'이라 생각하여, 이 다섯 가지 취한 근간을 보호하고 아끼다가 마침내 원수의 해침을 받는 것이다. 마치 저 장자가 거짓으로 친하게 지내는 원수의 해침을 받을 때까지도 그것을 깨닫지 못한 것과 같다. 그러나 야마카여, 많이 들어 아는 거룩한 제자들은 이 다섯 가지 취한 근간에 대해서 그것은 병과 같고 종기와 같고 가시와 같고 죽음과 같으며, 덧없고 괴롭고 공(空)이며, '나'가 아니고 '나의 것'도 아니라고 관한다. 그래서 거기에 집착하지도 않고 그것을 받아들이지도 않는다. 받아들이지 않기 때문에 집착하지 않고, 집착하지 않기 때문에 스스로 열반을 얻는다. 그래서 나의 생은 다하고 범행은 갖추었고 할 일은 마쳐, 다시는 다음 생을 받지 않을 줄을 스스로 안다."

사리풋타 존자가 이 법을 말하자, 야마카 비구는 모든 번뇌를 일으키지 않고 마음의 해탈을 얻었다.

사리풋타 존자는 야마카 비구를 위하여 설법하여 가르치고 기쁘게 한 뒤에 자리에서 일어나 떠나갔다.

5. 3 사제(四諦)

5.3.1 사제경(四諦經) ①

【잡아함경 제15권 380경】

이와 같이 나는 들었다.

어느 때 부처님께서 바라나시의 선인들이 머물던 사슴 동산[鹿野苑]에 계셨다. 그때 세존께서 비구들에게 말씀하셨다.

"네 가지 거룩한 진리[四聖諦]가 있다. 어떤 것을 넷이라 하는가. 괴로움의 진리 · 괴로움의 집기의 진리 · 괴로움의 멸함의 진리 · 괴로움의 멸함에 이르는 길의 진리이다."

부처님께서 이 경을 말씀하시자, 모든 비구는 부처님 말씀을 듣고 기뻐하며 받들어 행하였다.

5.3.2 사제경(四諦經) ②

【잡아함경 제15권 381경】

이와 같이 나는 들었다.

어느 때 부처님께서 바라나시의 선인들이 머물던 사슴 동산에 계셨다. 그때 세존께서 비구들에게 말씀하셨다.

"네 가지 거룩한 진리가 있다. 어떤 것을 넷이라 하는가. 괴로움의 진리 · 괴로움의 집기의 진리 · 괴로움의 멸함의 진리 · 괴로움의 멸함에 이르는 길의 진리이다. 만일 비구들이여, 이 네 가지 거룩한 진리에 대하여 아직 밝게 깨닫지 못하였다면 마땅히 그것을 닦아야 한다. 그리하여 더욱

더 의욕을 일으켜서 정진하고 참고 견디어 바른 기억[正念]과 바른 앎[正知]으로 깨달아야 한다."

부처님께서 이 경을 말씀하시자, 모든 비구는 부처님 말씀을 듣고 기뻐하며 받들어 행하였다.

5.3.3 당지경(當知經)

【잡아함경 제15권 382경】

이와 같이 나는 들었다.

어느 때 부처님께서 바라나시의 선인들이 머물던 사슴 동산에 계셨다. 그때 세존께서 비구들에게 말씀하셨다.

"네 가지 거룩한 진리가 있다. 어떤 것을 넷이라 하는가. 괴로움의 진리 · 괴로움의 집기의 진리 · 괴로움의 멸함의 진리 · 괴로움의 멸함에 이르는 길의 진리이다. 비구들이여, 괴로움의 진리는 마땅히 알고 이해하여야 한다. 괴로움의 집기의 진리는 마땅히 알고 끊어야 한다. 괴로움의 멸함의 진리는 마땅히 알고 증득하여야 한다. 괴로움의 멸함에 이르는 길의 진리는 마땅히 알고 닦아야 한다."

부처님께서 이 경을 말씀하시자, 모든 비구는 부처님 말씀을 듣고 기뻐하며 받들어 행하였다.

5.3.4 이지경(已知經)

【잡아함경 제15권 383경】

이와 같이 나는 들었다.

어느 때 부처님께서 바라나시의 선인들이 머물던 사슴 동산에 계셨다. 그때 세존께서 비구들에게 말씀하셨다.

"네 가지 거룩한 진리가 있다. 어떤 것을 넷이라 하는가. 괴로움의 진리 · 괴로움의 집기의 진리 · 괴로움의 멸함의 진리 · 괴로움의 멸함에 이르는 길의 진리이다. 만일 비구로서 괴로움의 진리를 이미 알아 이해하고, 괴로움의 집기의 진리를 이미 알아 끊고, 괴로움의 멸함의 진리를 이미 알아 증득하고, 괴로움의 멸함에 이르는 길의 진리를 이미 알아 닦았으면, 그 비구는 곧 애욕을 끊고 교만과 무명 등에서 모든 얽매임을 풀고 괴로움에서 완전히 벗어난다."

부처님께서 이 경을 말씀하시자, 모든 비구는 부처님 말씀을 듣고 기뻐하며 받들어 행하였다.

5.3.5 누진경(漏盡經)

【잡아함경 제15권 384경】

이와 같이 나는 들었다.

어느 때 부처님께서 바라나시의 선인들이 머물던 사슴 동산에 계셨다. 그때 세존께서 비구들에게 말씀하셨다.

"네 가지 거룩한 진리가 있다. 어떤 것을 넷이라 하는가. 괴로움의 진리 · 괴로움의 집기의 진리 · 괴로움의 멸함의 진리 · 괴로움의 멸함에 이르는 길의 진리이다.

만일 비구로서 괴로움의 진리를 이미 알아 이해하고, 괴로움의 집기를 이미 알아 끊고, 괴로움의 멸함의 진리를 이미 알아 증득하고, 괴로움의 멸함에 이르는 길의 진리를 이미 알아 닦았으면, 이러한 비구를 아라한이라 부른다. 그는 모든 번뇌를 다하고, 할 일은 마쳤으며, 무거운 짐을 내려놓아 스스로 편안함을 얻었고, 모든 존재의 결박을 끊고 바른 지혜로써 마음이 잘 해탈하였다."

부처님께서 이 경을 말씀하시자, 비구들은 부처님 말씀을 듣고 기뻐하며 받들어 행하였다.

5.3.6 사제품(四諦品)

【증일아함경 제17권 25-①경】

이와 같이 나는 들었다.

어느 때 부처님께서 사밧티성 제타숲 아나타핀디카동산에 계셨다. 그때 세존께서 비구들에게 말씀하셨다.

"'네 가지 진리의 법[四諦]'을 닦아 행하라. 어떤 것이 네 가지인가. 첫째는 '괴로움의 진리'이니, 그 이치는 끝이 없어서 생각으로도 다할 수 없고 말로도 다할 수 없다.

둘째는 '괴로움의 집기의 진리'이니, 그 이치는 끝이 없어서 생각으로도 다할 수 없고 말로도 다할 수 없다.

셋째는 '괴로움의 멸함의 진리'이니, 그 이치는 끝이 없어서 생각으로도 다할 수 없고 말로도 다할 수 없다.

넷째는 '괴로움의 멸함에 이르는 길의 진리'이니, 그 이치는 끝이 없어서 생각으로도 다할 수 없고 말로도 다할 수 없다.

어떤 것이 '괴로움의 진리'인가. 괴로움의 진리란, 생 · 노 · 병 · 사의 괴로움과 근심 · 슬픔 · 번민의 괴로움, 싫어하는 것과 만나는 괴로움, 사랑하는 것과 이별하는 괴로움, 구하는 것을 얻지 못하는 괴로움이다. 간략히 말하면, 다섯 가지 취한 근간 그 자체가 괴로움이다. 이것을 '괴로움의 진리'라 한다.

어떤 것이 '괴로움의 집기의 진리'인가. 괴로움의 집기의 진리란, 갈애와 탐욕이 어울려 마음이 항상 집착하는 것이다. 이것을 '괴로움의 집기의 진리'라 한다.

어떤 것이 '괴로움의 멸함의 진리'인가. 괴로움의 멸함의 진리란, 탐욕과 갈애가 아주 없어져 남아 있는 것이 없어 다시는 새로 일어나지 않는 것이다. 이것을 '괴로움의 멸함의 진리'라 한다.

어떤 것이 '괴로움의 멸함에 이르는 길의 진리'인가. 괴로움의 멸함에 이르는 길의 진리란, 팔정도이니, 바른 견해 · 바른 생각 · 바른 말 · 바른 행동 · 바른 생활 · 바른 정진 · 바른 기억 · 바른 선정이다. 이것을 '괴로움의 멸함에 이르는 길의 진리'라 한다.

비구들이여, 이와 같이 이 네 가지 진리는 진실하여 허망하지 않으며, 세존께서는 진리를 말씀하신다. 두 발이나 세 발 또는 네 발을 가진 여러 중생과 애욕의 세계 · 색의 세계 · 색이 없는 세계 · 생각이 있기도 하고 없기도 한 세계의 여러 중생 가운데서 여래가 최상이신데, 여래가 이 네 가지 진리를 성취하셨기 때문에 '네 가지 진리[四諦]'라고 한다.

비구들이여, 이러한 네 가지 진리가 있으나, 이것을 깨닫지 못하면, 오래도록 나고 죽음 속에서 다섯 갈래의 길을 윤회하게 된다. 이제 나는 이 네 가지 진리를 얻었기 때문에 이 언덕에서 저 언덕으로 갔으며, 이 진리를 성취하였기 때문에 나고 죽음의 근본을 끊어 다시는 다음 생을 받지 않을 줄을 여실히 안다."

그때 세존께서 게송으로 말씀하셨다.

이제 이 네 가지 진리의 법
그것을 여실히 알지 못하면
나고 죽음 속에 윤회하면서
끝내는 해탈하지 못하리.

이제 이 네 가지 진리를
밝게 깨달아 환히 알았으니
나고 죽는 근본을 끊어
다시는 다음 생을 받지 않으리.

"만일 사부대중으로서 이 진리를 깨달아 알지 못하면 곧 다섯 갈래 윤회의 길에 떨어지게 될 것이다. 그러므로 비구들이여, 마땅히 부지런히 정진하여 이 네 가지 진리를 성취하도록 하라. 비구들이여, 이와 같이 배워 익혀야 한다."

그때 비구들은 부처님 말씀을 듣고 기뻐하며 받들어 행하였다.

5.3.7 분별성제경(分別聖諦經)

【중아함경 제7권 31경】

이와 같이 나는 들었다.

어느 때 부처님께서 사밧티성에서 유행하실 때 제타숲 아나타핀디카동산에 계셨다. 그때 세존께서 비구들에게 말씀하셨다.

"이것은 정행설법(正行說法)이니, 이른바 사성제(四聖諦, 네 가지 거룩한 진리)이다. 자세히 이해하고 두루 관찰하며, 분별하고 드러내며, 믿음을 열고 가르치며, 나타내 보이고 나아가게 하라.

과거의 모든 여래 · 무소착 · 등정각에게도 이 정행설법이 있었으니, 이른바 사성제이다. 자세히 이해하고 두루 관찰하며, 분별하고 드러내며, 믿음을 내고 가르치며, 나타내 보이고 나아가게 하셨다.

미래의 모든 여래 · 무소착 · 등정각에게도 이 정행설법이 있을 것이니, 이른바 사성제이다. 자세히 이해하고 두루 관찰하며, 분별하고 드러내며, 믿음을 열고 가르치며, 나타내 보이고 나아가게 할 것이다.

현재의 여래 · 무소착 · 등정각인 나에게도 이 정행설법이 있으니, 이른바 사성제이다. 자세히 이해하고 두루 관찰하며, 분별하고 드러내며, 믿음을 열고 가르치며, 나타내 보이고 나아가게 한다.

사리풋타 비구에게는 총명한 지혜 · 빠른 지혜 · 민첩한 지혜 · 예리한 지혜 · 넓은 지혜 · 깊은 지혜 · 도(道)로 나아가는 지혜 · 환히 아는 지혜 · 변재의 지혜가 있다.

사리풋타 비구는 진실한 지혜를 성취하였다. 왜냐하면 내가 이 사성제를 간략하게 말하면, 사리풋타 비구는 남을 위하여 자세히 가르치고 두루 관찰하며, 분별하고 드러내며, 믿음을 열고 가르치며, 나타내 보이고 나아가게 한다. 그가 이 사성제를 자세히 가르치고 두루 보이며, 분별하고 드러내며, 믿음을 열고 가르치며, 나타내 보이고 나아가게 할 때, 한량없는 사람들이 관찰할 수 있게 한다. 사리풋타 비구는 바른 견해로써 사람들을 인도하고, 목갈라나 비구는 사람들이 최상의 진제[最上眞際]를 얻도록 하니, 이른바 번뇌를 완전히 다하게 하는 것이다.

사리풋타 비구는 모든 범행을 생하게 하는 것이 마치 낳아준 어머니와 같고, 목갈라나 비구는 모든 범행을 자라게 하는 것이 마치 길러준 어머니와 같다. 그러므로 모든 수행자[梵行者]는 마땅히 사리풋타와 목갈라나 비구를 받들어 섬기고 공양하며 공경하고 예배하여야 한다. 왜냐하면 그 두 비구는 모든 수행자를 위하여 이치와 요익을 구하고, 안온과 즐거움을 구하기 때문이다."

세존께서는 이렇게 말씀하신 뒤에 곧 자리에서 일어나 방에 들어가시어 고요히 앉으셨다.

이에 사리풋타 존자가 비구들에게 말하였다.

"현자들이여, 세존께서는 우리들을 위하여 세상에 나오신 것이다. 다른 사람들을 위하여 이 '네 가지 거룩한 진리'를 자세히 가르치시고 두루 보이시며, 분별하고 드러내시며, 믿음을 열고 가르치시며, 나타내 보이고 나아가게 하신다.

어떤 것이 넷인가. 괴로움의 진리 · 괴로움의 집기의 진리 · 괴로움의 멸함의 진리 · 괴로움의 멸함에 이르는 길의 진리이다.

어떤 것이 괴로움의 진리인가. 생 · 노 · 병 · 사의 괴로움과 근심 · 슬픔 · 번민의 괴로움과 싫어하는 것과 만나는 괴로움, 사랑하는 것과 이별하는 괴로움, 구하는 것을 얻지 못하는 괴로움이다. 간략하게 말하면, 다섯 가지 취한 근간 그 자체가 괴로움이다.

현자들이여, '태어남'은 괴로움이라 말하는 것은 무엇 때문인가. 태어남이란, 또 무엇인가. 생하는 것은 생하고, 나오는 것은 나오며, 이루어지는 것은 이루어지는 저 모든 종류의 중생은 다섯 근간을 일으켜 명근(命根)을 얻는다. 이것을 '태어남'이라한다.

태어남의 괴로움이란 무엇인가. 중생이 태어날 때는 몸으로 괴로움을 받되 온몸으로 받고, 느끼되 온몸으로 느낀다. 마음으로 괴로움을 받되 온 마음으로 받고, 느끼되 온 마음으로 느낀다. 몸과 마음으로 괴로움을 받되 온몸과 온 마음으로 받고, 느끼되 온몸과 온 마음으로 느낀다.

몸으로 뜨거움을 받되 온몸으로 받고, 느끼되 온몸으로 느낀다. 마음으로 뜨거움을 받되 온 마음으로 받고, 느끼되 온 마음으로 느낀다. 몸과 마음으로 뜨거움을 받되 온몸과 온 마음으로 받고, 느끼되 온몸과 온 마음으로 느낀다. 몸으로 많은 뜨거움과 번뇌와 근심을 받되 온몸으로 받고, 느끼되 온몸으로 느낀다. 마음으로 많은 뜨거움과 번뇌와 근심을 받되 온 마음으로 받고, 느끼되 온 마음으로 느낀다. 몸과 마음으로 많은 뜨거움과 번뇌와 근심을 받되 온몸과 온 마음으로 받고, 느끼되 온몸과 온 마음으로 느낀다. 현자들이여, 태어남을 괴로움이라 말하는 것은 이렇기 때문에 말하는 것이다.

현자들이여, '늙음'은 괴로움이라고 말하는 것은 무엇 때문인가. 늙음이란 또 무엇인가. 저 모든 중생은 늙기 때문에 머리는 희고, 이는 빠지며, 젊음은 날로 쇠한다. 몸은 굽고 다리는 휘어지며, 몸은 무겁고, 숨은 차오르고, 지팡이를 짚고 다닌다. 살은 쭈그러들고, 피부는 늘어나며, 주름살은 삼베옷처럼 깊게 패이고, 모든 감각은 무뎌지고, 얼굴빛은 추악해진다. 이것을 '늙음'이라 한다.

늙음의 괴로움이란 무엇인가. 중생이 늙을 때는 몸으로 받는 괴로움을 받되 온몸으로 받고, 느끼되 온몸으로 느낀다. 마음으로 받는 괴로움을 받되 온 마음으로 받고, 느끼되 온 마음으로 느낀다. 몸과 마음으로 받는 괴로움을 받되 온몸과 온 마음으로 받고, 느끼되 온몸과 온 마음으로 느낀다. 몸으로 뜨거움을 받되 온몸으로 받고, 느끼되 온몸으로 느낀다. 마음으로 뜨거움을 받되 온 마음으로 받고, 느끼되 온 마음으로 느낀다. 몸과 마음으로 뜨거움을 받되 온몸과 온 마음으로 받고, 느끼되 온몸과 온 마음으로 느낀다. 몸으로 많은 뜨거움과 번뇌와 근심을 받되 온몸으로 받고, 느끼되 온몸으로 느낀다. 마음으로 많은 뜨거움과 번뇌와 근심을 받되 온 마음으로 받고, 느끼되 온 마음으로 느낀다. 몸과 마음으로 많은 뜨거움과 번뇌와 근심을 받되 온몸과 온 마음으로 받고, 느끼되 온몸과 온 마음으로 느낀다. 현자들이여, 늙음을 괴로움이라 말하는 것은 이렇기 때문에 말하는 것이다.

현자들이여, '병듦'은 괴로움이라고 말하는 것은 무엇 때문인가. 병이란 또 무엇인가. 이른바 두통 · 눈병 · 귓병 · 콧병 · 낯병 · 입술병 · 잇병 · 혓병 · 잇몸병 · 인후통 · 천식 · 기침 · 구토 · 후비 · 간질 · 등창 · 경일(經溢) · 피가래 · 열병 · 야윔병 · 치질 · 이질 등이다. 이러한 여러 가지 병이나 그 밖의 여러 가지 병이 접촉에서 생겨 마음에서 떠나지 않고 몸속에 있으면, 이것을 '병'이라 한다.

병듦의 괴로움이란 무엇인가. 중생이 병이 생길 때는 몸으로 받는 괴로움을 받되 온몸으로 받고, 느끼되 온몸으로 느낀다. 마음으로 받는 괴로움을 받되 온 마음으로 받고, 느끼되 온 마음으로 느낀다. 몸과 마음으로 받는 괴로움을 받되 온몸과 온 마음으로 받고, 느끼되 온몸과 온 마음으로 느낀다. 몸으로 뜨거움을 받되 온몸으로 받고, 느끼되 온몸으로 느낀다. 마음으로 뜨거움을 받되 온 마음으로 받고, 느끼되 온 마음으로 느낀다. 몸과 마음으로 뜨거움을 받되 온몸과 온 마음으로 받고, 느끼되 온몸과 온 마음으로 느낀다. 몸으로 많은 뜨거움과 번뇌와 근심을 받되 온몸으로 받고, 느끼되 온몸으로 느낀다. 마음으로 많은 뜨거움과 번뇌와 근심을 받되 온 마음으로 받고, 느끼되 온 마음으로 느낀다. 몸과 마음으로 많은 뜨거움과 번뇌와 근심을 받되 온몸과 온 마음으로 받고, 느끼되 온몸과 온 마음으로 느낀다. 현자들이여, 병듦의 괴로움을 말하는 것은 이렇기 때문에 말하는 것이다.

현자들이여, '죽음'은 괴로움이라고 말하는 것은 무엇 때문인가. 죽음이란, 또 무엇인가. 중생들의 목숨은 덧없는 것이어서 마침이 있는 것이니, 흩어져 멸하고 목숨이 다하면 부서져 명근(命根)이 닫힌다. 이것을 '죽음'이라 한다.

현자들이여, 죽음의 괴로움이란 무엇인가. 중생이 죽을 때는 몸으로 받는 괴로움을 받되 온몸으로 받고, 느끼되 온몸으로 느낀다. 마음으로 받는 괴로움을 받되 온 마음으로 받고, 느끼되 온 마음으로 느낀다. 몸과 마음으로 받는 괴로움을 받되 온몸과 온 마음으로 받고, 느끼되 온몸과 온 마음으로 느낀다. 몸이 많은 뜨거움과 번뇌와 근심을 받되 온몸으로 받고, 느끼되 온몸으로 느낀다. 마음이 많은 뜨거움과 번뇌와 근심을 받되 온 마음으로 받고, 느끼되 온 마음으로 느낀다. 몸과 마음이 많은 뜨거움과 번뇌와 근심을 받되 온몸과 온 마음으로 받고, 느끼되 온몸과 온 마음으로 느낀다. 현자들이여, 죽음의 괴로움을 말하는 것은 이렇기 때문에 말하는 것이다.

현자들이여, '싫어하는 것과의 만남'은 괴로움이라고 말하는 것은 무엇 때문인가. 싫어하는 것과의 만남이란, 또 무엇인가. 중생에게는 안의 여섯 가지 포섭처[內六處]가 있는데, 싫어하는 눈 · 귀 · 코 · 혀 · 몸 · 의지라는 포섭처[處]가 그것이다. 만약 그것들이 한곳에 모이면, 서로 끌어당기고 섞이고 함께 있게 되어서 모두 함께 고통이 된다. 이와 같이 밖의 인식 대상[外處]과 부딪침[更樂, 觸]·느낌[覺, 受]·생각[想]·의도[思]·갈애[愛]도 그와 같다. 현자들이여, 중생에게는 여섯 가지 계층[六界]이 있는데, 싫어하는 땅의 계층과 물·불·바람·허공·식별의 계층이다. 만약 그것들이 한곳에 모이면, 서로 끌어당기고 섞이고 함께 있게 되어서 모두 함께 고통이 된다. 이것을 '싫어하는 것과의 만남'이라 한다.

현자들이여, 싫어하는 것과의 만남이 괴로움이란 무엇인가. 이른바 중생이 싫어하는 것과 만날 때는 몸으로 받는 괴로움을 받되 온몸으로 받고, 느끼되 온몸으로 느낀다. 마음으로 받는 괴로움을 받되 온 마음으로 받고, 느끼되 온 마음으로 느낀다. 몸과 마음으로 받는 괴로움을 받되 온몸과 온 마음으로 받고, 느끼되 온몸과 온 마음으로 느낀다. 현자들이여, 싫어하는 것과의 만남을 괴로움이라고 말하는 것은 이렇기 때문에 말하는 것이다.

현자들이여, '사랑하는 것과의 이별'은 괴로움이라고 말하는 것은 무엇 때문인가. 사랑하는 것과의 이별이란 또 무엇인가. 중생에게는 안의 여섯 가지 포섭처[內六處]가 있으니, 사랑하는 눈의 포섭처[處]와 귀·코·혀·몸·의지의 포섭처가 그것이다. 만약 그것들이 서로 다른 곳으로 흩어지면 서로에게 가까이 갈 수 없고, 서로 떨어져 만나지 못하게 되어 괴로워한다. 이와 같이 밖의 인식 대상[外處]과 부딪침·느낌·생각·의도·갈애도 그와 같다. 이와 같이 중생에게는 여섯 가지 계층이 있으니, 사랑하는 땅의 계층과 물·불·바람·허공·식별의 계층이다. 만약 그것들이 서로 다른 곳으로 흩어지면 서로에게 가까이 갈 수 없고, 서로 떨어져 만나지 못하게 되어 괴로워한다. 이것을 '사랑하는 것과의 이별'이라 한다.

현자들이여, 사랑하는 것과의 이별이 괴로움이란 무엇인가. 중생이 사랑하는 것과 이별할 때는 몸으로 받는 괴로움을 받되 온몸으로 받고, 느끼되 온몸으로 느낀다. 마음으로 받는 괴로움을 받되 온 마음으로 받고, 느끼되 온 마음으로 느낀다. 몸과 마음으로 받는 괴로움을 받되 온몸과 온 마음으로 받고, 느끼되 온몸과 온 마음으로 느낀다. 현자들이여, 사랑하는 것과의 이별은 괴로움이라고 말하는 것은 이렇기 때문에 말하는 것이다.

현자들이여, 구하여도 얻지 못하는 것을 괴로움이라고 말하는 것은 무엇 때문인가. 중생은 태어나는 법으로서 태어나는 법을 떠나지 못한다. 스스로 태어나지 않게 하고자 해도 그것은 참으로 그렇게 될 수는 없다. 늙는 법 · 병드는 법 · 죽는 법도 그러하며, 근심하고 슬퍼하고 번민하는 법으로서 근심하고 슬퍼하고 번민하는 법을 떠나지 못한다. 스스로 걱정하고 슬퍼하지 않게 하고자 하여도 이 또한 그렇게 될 수는 없다.

중생에게 실제로 괴로움이 일어났을 때, 만일 그것이 즐거워할 만한 것도 아니고 사랑할 만한 것도 아니라면 그는 이렇게 생각한다. '나에게 괴로움이 일어났는데 그것은 즐거워할 만한 것도 아니고 사랑할 만한 것도 아니니, 이것을 돌려 사랑할 만한 것으로 만들자.' 그러나 이 또한 그렇게 될 수는 없다.

중생에게 실제로 즐거움이 일어났을 때, 만일 그것이 사랑할 만한 것이라면 그는 이렇게 생각한다. '나에게 즐거움이 일어났는데 그것은 사랑할 만한 것이니, 이것을 항상 오래 있게 하여 변하지 않는 것으로 만들자.' 그러나 이 또한 그렇게 될 수는 없다.

중생에게 실제로 생각이 일어났을 때, 만일 그것이 즐거워할 만한 것도 아니고 사랑할 만한 것도 아니라면 그는 이렇게 생각한다. '나에게 생각이 일어났는데 그것은 즐거워할 만한 것도 아니고 사랑할 것도 아니니,

이것을 돌려 사랑할 만한 것으로 만들자.' 그러나 이 또한 그렇게 될 수는 없다.

중생에게 실제로 생각이 일어났을 때, 만일 그것이 사랑할 만한 것이라면 그는 이렇게 생각한다. '나에게 생각이 일어났는데 그것은 사랑할 만한 것이니, 이것을 항상 오래 있게 하여 변하지 않는 법으로 만들자.' 그러나 이 또한 그렇게 될 수는 없다.

현자들이여, 구하여도 얻지 못하는 것을 괴로움이라고 말하는 것은 이렇기 때문에 말하는 것이다.

현자들이여, 간략하게 줄여 다섯 가지 취한 근간을 괴로움이라고 말하는 것은 무엇 때문인가. 색 취한 근간과 느낌 · 생각 · 결합 · 식별 취한 근간이니, 간략하게 줄여 다섯 가지 취한 근간을 괴로움이라고 말하는 것은 이렇기 때문에 말하는 것이다.

과거에도 이것은 괴로움의 거룩한 진리였고, 미래와 현재에도 이것은 괴로움의 거룩한 진리이다. 참된 진리로서 헛되지 않고 진여에서 벗어나지 않으며, 또한 뒤바뀜도 아니다. 참된 진리로서 분명하고 진실하여 진여의 진리와 부합한다. 성인이 지닌 것이고, 성인이 아는 것이며, 성인이 보는 것이고, 성인이 깨달은 것이며, 성인이 얻은 것이고, 성인이 바르게 두루 깨달은 것이다. 그러므로 괴로움의 거룩한 진리라고 말하는 것이다.

어떤 것이 갈애의 집기와 괴로움의 집기의 거룩한 진리인가. 중생에게는 참으로 사랑하는 안의 여섯 가지 포섭처[內六處]가 있다. 눈의 포섭처와 귀 · 코 · 혀 · 몸 · 의지의 포섭처가 그것이다. 그 가운데서 만일 갈애가 있고 더러움이 있으며 물듦이 있고 집착이 있으면, 이것을 집기라 한다.

현자들이여, 많이 들어 아는 거룩한 제자는 내가 이 법을 이렇게 알고, 이렇게 보며, 이렇게 환히 알고, 이렇게 자세히 보며, 이렇게 깨달았다는 것을 안다. 이것을 갈애의 집기와 괴로움의 집기의 거룩한 진리라 한다.

이렇게 안다는 것은 어떻게 아는 것인가. 만일 처자 · 노비 · 하인 · 권속 · 토지 · 가옥 · 가게 · 재물을 사랑하여 업을 짓고, 이것에 갈애가 있고 물듦이 있고 집착이 있으면, 이것을 집기라 한다. 그는 이것이 갈애의 집기와 괴로움의 집기의 거룩한 진리임을 안다. 이와 같이 밖의 인식 대상[外處]과 부딪침 · 느낌 · 생각 · 의도 · 갈애도 이와 같다. 중생에게는 참으로 사랑하는 여섯 가지 계층이 있으니, 땅의 계층과 물 · 불 · 바람 · 허공 · 식별의 계층이다. 그 가운데서 만일 갈애가 있고 물듦이 있고 집착이 있으면, 이것을 집기라 한다.

현자들이여, 많이 들어 아는 거룩한 제자는 내가 이 법을 이렇게 알고, 이렇게 보며, 이렇게 환히 알고, 이렇게 자세히 보며, 이렇게 깨달았다는 것을 안다. 이것을 갈애의 집기와 괴로움의 집기의 거룩한 진리라 한다.

이렇게 안다는 것은 어떻게 아는 것인가. 만일 처자 · 노비 · 하인 · 권속 · 토지 · 가옥 · 가게 · 재물을 사랑하여 업을 짓고, 이것에 갈애가 있고 물듦이 있고 집착이 있으면, 이것을 집기라 한다. 그는 이것이 갈애의 집기와 괴로움의 집기의 거룩한 진리임을 안다.

과거에도 이것은 갈애의 집기와 괴로움의 집기의 거룩한 진리였고, 미래와 현재에도 이것은 갈애의 집기와 괴로움의 집기의 거룩한 진리이다. 참된 진리로서 헛되지 않고 진여에서 벗어나지 않으며, 또한 뒤바뀜도 아니다. 참된 진리로서 분명하고 진실하여 진여의 진리와 부합한다. 성인이 지닌 것이고, 성인이 아는 것이며, 성인이 보는 것이고, 성인이 깨달은 것이며, 성인이 얻은 것이고, 성인이 바르게 두루 깨달은 것이다. 그러므로 갈애의 집기와 괴로움의 집기의 거룩한 진리를 말하는 것이다.

현자들이여, 어떤 것이 갈애의 멸함과 괴로움의 멸함의 거룩한 진리인가. 중생에게는 참으로 사랑하는 안의 여섯 가지 포섭처[內六處]가 있으니, 눈의 포섭처와 귀 · 코 · 혀 · 몸 · 의지의 포섭처가 그것이다. 그가 만일 해탈하여 물들지도 않고 집착하지도 않으며, 끊어 버리고 다 토해 내 탐욕을 아주 없애 버리면, 이것을 괴로움의 멸함이라 한다.

현자들이여, 많이 들어 아는 거룩한 제자가 이 법을 이렇게 알고, 이렇게 보며, 이렇게 환히 알고, 이렇게 자세히 보며, 이렇게 깨달았다는 것을 안다. 이것을 갈애의 멸함과 괴로움의 멸함의 거룩한 진리라 한다.

이렇게 안다는 것은 어떻게 아는 것인가. 만일 처자 · 노비 · 하인 · 권속 · 토지 · 가옥 · 가게 · 재물을 사랑하지 않아서 업을 짓지 않고, 해탈하여 물들지도 않고 집착하지도 않으며, 끊어 버리고 다 토해 내 탐욕을 아주 없애 버리면, 이것을 괴로움의 멸함이라 한다. 그는 이것이 갈애의 멸함과 괴로움의 멸함의 거룩한 진리임을 안다. 이와 같이 밖의 인식 대상[外處]과 부딪침 · 느낌 · 생각 · 의도 · 갈애 또한 그와 같다. 중생에게는 실로 사랑하는 여섯 가지 계층이 있으니, 땅의 계층과 물 · 불 · 바람 · 허공 · 식별의 계층이다. 그가 만일 해탈하여 물들지도 않고 집착하지도 않으며, 끊어 버리고 다 토해 내 탐욕을 아주 없애 버리면, 이것을 괴로움의 멸함이라 한다.

현자들이여, 많이 들어 아는 거룩한 제자는 내가 이 법을 이렇게 알고, 이렇게 보며, 이렇게 환히 알고, 이렇게 자세히 보며, 이렇게 깨달았다는 것을 안다. 이것을 갈애의 멸함과 괴로움의 멸함의 거룩한 진리라 한다.

이렇게 안다는 것은 어떻게 아는 것인가. 만일 처자 · 노비 · 하인 · 권속 · 토지 · 가옥 · 가게 · 재물을 사랑하지 않아서 업을 짓지 않고, 그가 만일 해탈하여 물들지도 않고 집착하지도 않으며 끊어 버리고 다 토해 내 탐욕을 아주 없애 버리면, 이것을 괴로움의 멸함이라 한다. 그는 이것이 갈애의 멸함과 괴로움의 멸함의 거룩한 진리임을 안다.

과거에도 이것은 갈애의 멸함과 괴로움의 멸함의 거룩한 진리였고, 미래와 현재에도 이것은 갈애의 멸함과 괴로움의 멸함의 거룩한 진리이다.

참된 진리로서 헛되지 않고 진여에서 벗어나지 않으며, 또한 뒤바뀜도 아니다. 참된 진리로서 분명하고 진실하여 진여의 진리와 부합한다. 성인이 지닌 것이고, 성인이 아는 것이며, 성인이 보는 것이고, 성인이 깨달은 것이며, 성인이 얻은 것이고, 성인이 바르게 두루 깨달은 것이다. 그러므로 갈애의 멸함과 괴로움의 멸함의 거룩한 진리를 말하는 것이다.

어떤 것이 괴로움의 멸함에 이르는 길의 거룩한 진리인가. 바른 견해 · 바른 생각 · 바른말 · 바른 행동 · 바른 생활 · 바른 정진 · 바른 기억 · 바른 선정이다.

어떤 것이 '바른 견해'인가. 거룩한 제자는 괴로움을 괴로움이라고 알아차릴 때, 혹은 집기를 집기 · 멸함을 멸함 · 길을 길이라고 알아차릴 때, 혹은 과거에 지은 것을 관찰할 때, 혹은 모든 행을 알아차리며 수행할 때, 혹은 모든 행을 근심거리로 볼 때, 혹은 번뇌가 그친 열반을 볼 때, 혹은 집착이 없이 알아차리고 관찰하여 마음이 잘 해탈할 때, 그중에서 가려내고 잘 가려내고 또 가려내면서 법을 결정한 뒤에 보고 두루 보고 관찰하여 명확히 아는 것이다. 이것을 '바른 견해'라 한다.

현자들이여, 어떤 것이 '바른 생각'인가. 거룩한 제자는 괴로움을 괴로움이라고 생각할 때, 혹은 집기를 집기 · 멸함을 멸함 · 길을 길이라고 생각할 때, 혹은 과거에 지은 것을 관찰할 때, 혹은 모든 행을 알아차리며 수행할 때, 혹은 모든 행을 근심거리로 볼 때, 혹은 번뇌가 그친 열반을 볼 때, 혹은 집착이 없이 알아차리고 관찰하여 마음이 잘 해탈할 때, 그중에서 마음으로 살피고 두루 자세히 살피고 그것을 따라 살피어, 기억할 만한 것이면 기억하고 바랄 만한 것이면 바란다. 이것을 '바른 생각'이라 한다.

어떤 것이 '바른 말'인가. 거룩한 제자는 괴로움을 괴로움이라고 생각할 때, 혹은 집기를 집기 · 멸함을 멸함 · 길을 길이라고 생각할 때, 혹은 과거에 지은 것을 관찰할 때, 혹은 모든 행을 알아차리며 수행할 때, 혹은 모든 행을 근심거리로 볼 때, 혹은 번뇌가 그친 열반을 볼 때, 혹은 집착이 없이 알아차리고 관찰하여 마음이 잘 해탈할 때, 그중에서 입의 네 가지 묘행을 제외한 모든 다른 악행은 멀리하고 끊어 없애어 행하지도 않고 짓지도 않으며 합하지도 않고 모으지도 않는다. 이것을 '바른 말'이라 한다.

어떤 것이 '바른 행동'인가. 거룩한 제자는 괴로움을 괴로움이라고 생각할 때, 혹은 집기를 집기 · 멸함을 멸함 · 길을 길이라고 생각할 때, 혹은 과거에 지은 것을 관찰할 때, 혹은 모든 행을 알아차리며 수행할 때, 혹은 모든 행을 근심거리로 볼 때, 혹은 번뇌가 그친 열반을 볼 때, 혹은 집착이 없이 알아차리고 관찰하여 마음이 잘 해탈할 때, 그중에서 몸의 세 가지 묘행을 제외한 모든 다른 악행은 멀리하고 끊어 없애어 행하지도 않고 짓지도 않으며 합하지도 않고 모으지도 않는다. 이것을 '바른 행동'이라 한다.

어떤 것이 '바른 생활'인가. 거룩한 제자는 괴로움을 괴로움이라고 생각할 때, 혹은 집기를 집기 · 멸함을 멸함 · 길을 길이라고 생각할 때, 혹은 과거에 지은 것을 관찰할 때, 혹은 모든 행을 알아차리며 수행할 때, 혹은 모든 행을 근심거리로 볼 때, 혹은 번뇌가 그친 열반을 볼 때, 혹은 집착이 없이 알아차리고 관찰하여 마음이 잘 해탈할 때, 그중에서 무리하게 구하지 않고 욕심이 적어 만족할 줄 알며, 온갖 기술과 주설의 삿된 직업으로써 생활하지 않고, 오직 법에 맞게 옷을 구하고 법이 아닌 방법으로 구하지 않으며, 또한 법에 맞게 음식과 자리를 구하고 법이 아닌 방법으로 구하지 않는다. 이것을 '바른 생활'이라 한다.

어떤 것이 '바른 정진'인가. 거룩한 제자는 괴로움을 괴로움이라고 생각할 할 때, 혹은 집기를 집기 · 멸함을 멸함 · 길을 길이라고 생각할 때, 혹은 과거에 지은 것을 관찰할 때, 혹은 모든 행을 알아차리며 수행할 때,

혹은 모든 행을 근심거리로 볼 때, 혹은 번뇌가 그친 열반을 볼 때, 혹은 집착이 없이 알아차리고 관찰하여 마음이 잘 해탈할 때, 그중에서 열심히 정진하고 한결같이 꾸준히 힘써 구하고 힘차게 나아가 오로지 전념하여 버리지 않으며 지쳐 물러나지도 않으면, 바르게 그 마음을 항복 받는다. 이것을 '바른 정진'이라 한다.

어떤 것이 '바른 기억'인가. 거룩한 제자는 괴로움을 괴로움이라고 생각할 때, 혹은 집기를 집기 · 멸함을 멸함 · 길을 길이라고 생각할 때, 혹은 과거에 지은 것을 관찰할 때, 혹은 모든 행을 알아차리며 수행할 때, 혹은 모든 행을 근심거리로 보거나 번뇌가 그친 열반을 볼 때, 혹은 집착이 없이 알아차리고 관찰하여 마음이 잘 해탈할 때, 그중에서 마음이 해탈로 가는 길을 따르면 기억하고, 거스르면 기억하지 않으며, 매 순간의 마음을 살피고 또 살피면서 기억할 것은 기억하여 마음에 응하는 것을 잊지 않는다. 이것을 '바른 기억'이라 한다.

어떤 것이 '바른 선정'인가. 거룩한 제자는 괴로움을 괴로움이라고 생각할 때, 혹은 집기를 집기 · 멸함을 멸함 · 길을 길이라고 생각할 때, 혹은 과거에 지은 것을 관찰할 때, 혹은 모든 행을 알아차리며 수행할 때, 혹은 모든 행을 근심거리로 볼 때, 혹은 번뇌가 그친 열반을 볼 때, 혹은 집착이 없이 알아차리고 관찰하여 마음이 잘 해탈할 때, 그중에서 마음이 머무를 때 선정에 머무르면, 그 마음이 자연스럽게 머물러 어지럽지 않고 흩어지지 않아 바른 선정에 들어 머무른다. 이것을 '바른 선정'이라 한다.

과거에도 이것은 괴로움의 멸함에 이르는 길의 거룩한 진리였고, 미래와 현재에도 이것은 괴로움의 멸함에 이르는 길의 거룩한 진리이다. 참된 진리로서 헛되지 않고 진여에서 벗어나지 않으며, 또한 뒤바뀜도 아니다. 참된 진리로서 분명하고 진실하여 진여의 진리와 부합한다. 성인이 지닌 것이고, 성인이 아는 것이며, 성인이 보는 것이고, 성인이 깨달은 것이며, 성인이 얻은 것이고, 성인이 바르게 두루 깨달은 것이다. 그러므로 괴로움의 멸함에 이르는 길의 거룩한 진리를 말하는 것이다. 이에 게송으로 말하였다.

부처님은 모든 법을 환히 알아
한량이 없는 선한 덕을 보시고
괴로움 · 집기 · 멸함 · 길의 네 가지 진리를
잘 분별하여 나타내시네.

사리풋타 존자가 이렇게 말하니, 모든 비구는 그의 말을 듣고 기뻐하며 받들어 행하였다.

5.3.8 전법륜경(轉法輪經)

【잡아함경 제16권 379경】

이와 같이 나는 들었다.

어느 때 부처님께서 바라나시의 선인들이 머물던 사슴 동산에 계셨다. 그때 세존께서 비구들에게 말씀하셨다.

"이것은 괴로움의 거룩한 진리이다. 본래부터 일찍이 듣지 못한 법이니, 마땅히 바르게 생각하라. 그때 눈 · 지혜 · 밝음[明] · 깨달음이 생길 것이다.

다음에는 괴로움의 집기 · 괴로움의 멸함 · 괴로움의 멸함에 이르는 길의 진리이다. 이것도 본래부터 일찍이 듣지 못한 법이니, 마땅히 바르게 생각하라. 그때 눈 · 지혜 · 밝음 · 깨달음이 생길 것이다.

다음에는 괴로움의 진리에 대한 지혜이다. 이것도 본래부터 일찍이 듣지 못한 법이니, 마땅히 바르게 생각하라. 그때 눈 · 지혜 · 밝음 · 깨달음이 생길 것이다.

다음에는 괴로움의 집기의 진리를 이미 알았으면, 마땅히 끊어야 한다. 이것도 본래부터 일찍이 듣지 못한 법이니, 바르게 생각하라. 그때 눈 · 지혜 · 밝음 · 깨달음이 생길 것이다.

다음에는 괴로움의 집기를 멸하는 것이니, 이 괴로움의 멸함의 진리를 이미 알았으면, 마땅히 증득하여야 한다. 이것도 본래부터 일찍이 듣지 못한 법이니, 마땅히 바르게 생각하라. 그때 눈 · 지혜 · 밝음 · 깨달음이 생길 것이다.

다음에는 이 괴로움의 멸함에 이르는 길의 진리를 이미 알았으면, 마땅히 닦아야 한다. 이것도 본래부터 일찍이 듣지 못한 법이니, 마땅히 바르게 생각하라. 그때 눈 · 지혜 · 밝음 · 깨달음이 생길 것이다.

다음에는 비구들이여, 이 괴로움의 진리를 이미 알았으면 벗어나서, 일찍이 듣지 못한 법을 마땅히 바르게 생각하라. 그때 눈 · 지혜 · 밝음 · 깨달음이 생길 것이다.

다음에는 이 괴로움의 집기의 진리를 이미 알고 이미 끊었으면 벗어나서, 일찍이 듣지 못한 법을 바르게 생각하라. 그때 눈 · 지혜 · 밝음 · 깨달음이 생길 것이다.

다음에는 이 괴로움의 멸함의 진리를 이미 알고 이미 증득하였으면 벗어나서, 일찍이 듣지 못한 법을 바르게 생각하라. 그때 눈 · 지혜 · 밝음 · 깨달음이 생길 것이다.

다음에는 이 괴로움의 멸함에 이르는 길의 진리를 이미 알고 이미 닦았으면 벗어나서, 일찍이 듣지 못한 법을 바르게 생각하여라. 그때 눈 · 지혜 · 밝음 · 깨달음이 생길 것이다.

비구들이여, 내가 이 네 가지 거룩한 진리의 삼전십이행(三轉十二行)에 대하여 눈 · 지혜 · 밝음 · 깨달음이 생기지 않았으면, 나는 끝내 모든 천신 · 마라 · 범천과 사문이나 바라문 등의 법을 듣는 대중 가운데서 해탈하고 나오고 떠나지 못하였을 것이다. 또한, 스스로 아뇩다라삼먁삼보리를 증득하지도 못하였을 것이다.

그러나 나는 이미 네 가지 진리의 삼전십이행에 대하여 눈 · 지혜 · 밝음 · 깨달음이 생겼기 때문에 모든 천신 · 마라 · 범천과 사문 · 바라문 등의 법을 듣는 대중 가운데서 해탈하고 나오고 벗어나게 되었으며, 스스로 아뇩다라삼먁삼보리를 증득하게 되었다."

그때 세존께서 이 법을 말씀하시자, 콘단냐 존자와 팔만의 모든 천신은 번뇌를 멀리 떠나 법의 눈이 깨끗하게 되었다.

그때 세존께서는 콘단냐 존자에게 말씀하셨다.

"법을 알았느냐?"

"알았습니다, 세존이시여."

다시 콘단냐 존자에게 물으셨다.

"법을 알았느냐?"

"알았습니다, 선서시여."

콘단냐 존자는 법을 알았기 때문에 이름을 안냐타(깨달은) 콘단냐라고 불리게 되었다. 안냐타 콘단냐 존자가 법을 깨닫자 지신(地神)들은 소리 높여 외쳤다.

"여러분, 세존께서는 바라나시의 선인들이 머물던 사슴 동산에서 네 가지 거룩한 진리의 법륜을 세 번 굴리셨습니다. 이것은 모든 사문 · 바라문이나 모든 천신 · 마라 · 범천이 일찍이 굴리지 못한 것입니다. 많이 이익되게 하시고 많이 안락하게 하실 것입니다. 세간을 가엾이 여기시어 이치로써 이롭게 하시고 천신과 인간들을 이롭고 편안하게 하시어, 천신들은 더욱 늘어나게 하시고 아수라들은 줄게 하셨습니다."

지신이 외치자 허공신천 · 사천왕천 · 삼십삼천 · 야마천 · 도솔타천 · 화락천 · 타화자재천까지 들리니, 서로 이어 외쳐서 잠깐 동안에 범천에게까지 들렸다. 범천도 그 소리를 받아 소리 높여 외쳤다.

"여러분, 세존께서는 바라나시의 선인들이 머물던 사슴 동산에서 네 가지 거룩한 진리의 법륜을 세 번 굴리셨습니다. 이것은 모든 사문 · 바라문이나 모든 천신 · 마라 · 범천이 일찍이 굴리지 못한 것입니다. 많이 이익되게 하시고 많이 안락하게 하실 것입니다. 세간을 가엾이 여기시어 이치로써 이롭게 하시고 천신과 인간들을 이롭고 편안하게 하시어, 천신들은 더욱 늘어나게 하시고 아수라들은 줄게 하셨습니다."

세존께서 바라나시의 선인들이 머물던 사슴 동산에서 법륜을 굴리셨기 때문에, 이 경의 이름을 '전법륜경(轉法輪經)'이라고 한다.

부처님께서 이 경을 말씀하시자, 비구들은 부처님 말씀을 듣고 기뻐하며 받들어 행하였다.

5.3.9 수닷타경[須達經]

【잡아함경 제16권 435경】

이와 같이 나는 들었다.

어느 때 부처님께서 사밧티성 제타숲 아나타핀디카동산에 계셨다.

그때 수닷타[須達] 장자는 부처님 계신 곳으로 가서 부처님 발에 예배하고 한쪽에 앉아 여쭈었다.

"세존이시여, 이 네 가지 거룩한 진리는 점차로 알게 됩니까, 한꺼번에 알게 됩니까?"

부처님께서 장자에게 말씀하셨다.

"이 네 가지 진리는 점차로 알게 되는 것으로 한꺼번에 알게 되는 것이 아니다."

부처님께서 장자에게 말씀하셨다.

"만일 어떤 사람이, '괴로움의 진리에 대하여 아직 밝게 알지 못하면서 저 괴로움의 집기의 진리 · 괴로움의 멸함의 진리 · 괴로움의 멸함에 이르는 길의 진리를 밝게 안다'라고 말한다면, 그 말은 맞지 않는다. 왜냐하면 만일 괴로움의 진리에 대하여 밝게 알지 못하면서 괴로움의 집기의 진리 · 괴로움의 멸함의 진리 · 괴로움의 멸함에 이르는 길의 진리를 밝게 알고자 하면, 그것은 이치에 맞지 않기 때문이다.

마치 어떤 사람이 작은 나뭇잎 두 개를 모아 붙여서 그릇을 만들어 물을 담아가려 한다면, 그렇게 될 수 없는 것과 같다. 이와 같이 괴로움의 진리에 대하여 밝게 알지 못하면서 괴로움의 집기의 진리 · 괴로움의 멸함의 진리 · 괴로움의 멸함에 이르는 길의 진리를 밝게 알고자 한다면, 그렇게 될 수는 없다.

그러나 마치 어떤 사람이 연잎을 따서 모아 붙여서 그릇을 만들어 물을 담아가려 한다면, 그렇게 될 수 있는 것과 같다. 이와 같이 장자여, 괴로움의 진리에 대하여 밝게 안 뒤에 괴로움의 집기의 진리 · 괴로움의 멸함의 진리 · 괴로움의 멸함에 이르는 길의 진리를 밝게 알고자 한다면, 그렇게 될 수 있는 것이다. 그러므로 장자여, 네 가지 진리에 대하여 아직 밝게 알지 못하였으면 마땅히 정진하여 더욱 의욕을 일으켜 공부하여야 한다."

부처님께서 이 경을 말씀하시자, 모든 비구는 부처님 말씀을 듣고 기뻐하며 받들어 행하였다.

5.3.10 전당경(殿堂經) ①

【잡아함경 제16권 436경】

(수닷타 장자의 물음과 같이 어떤 비구의 물음에도 또한 그와 같이 말씀하셨다. 다만 비유가 다를 뿐이다.)

"네 단계의 계단이 있는 전당(殿堂)에 오르는 것과 같다. 만일 어떤 사람이, '첫 계단을 오르지 않고도 둘째 · 셋째 · 넷째 계단을 올라 전당에 올랐다'라고 말한다면, 그렇게 될 수는 없다. 왜냐하면 반드시 첫 계단을 오른 뒤에라야 차례로 둘째 · 셋째 · 넷째 계단을 올라 전당에 오를 수 있기 때문이다. 이와 같이 비구여, 괴로움의 진리에 대하여 아직 밝게 알지 못하면서 괴로움의 집기의 진리 · 괴로움의 멸함의 진리 · 괴로움의 멸함에 이르는 길의 진리를 밝게 알고자 한다면, 그렇게 될 수는 없다.

비구여, 만일 어떤 사람이 네 단계의 계단이 있는 전당에 오르는데, '첫 계단을 오른 뒤에야 차례로 둘째 · 셋째 · 넷째 계단을 올라 전당에 올랐다'라고 말한다면, 응당 그렇게 말할 수 있다. 왜냐하면 반드시 첫 계단을 오른 뒤에 차례로 둘째 · 셋째 · 넷째 계단을 올라 전당에 오르는 것은 그렇게 될 수 있기 때문이다. 이와 같이 비구여, 괴로움의 진리에 대하여 밝게 안 뒤에 차례로 괴로움의 집기의 진리 · 괴로움의 멸함의 진리 · 괴로움의 멸함에 이르는 길의 진리에 대하여 밝게 안다고 말한다면, 응당 그렇게 말할 수 있다. 왜냐하면 괴로움의 진리에 대하여 밝게 안 뒤에 괴로움의 집기의 진리 · 괴로움의 멸함의 진리 · 괴로움의 멸함에 이르는 길의 진리에 대하여 밝게 안다는 것은 그렇게 될 수 있기 때문이다."

부처님께서 이 경을 말씀하시자, 모든 비구는 부처님 말씀을 듣고 기뻐하며 받들어 행하였다.

5.3.11 양의경(良醫經)

【잡아함경 제16권 389경】

이와 같이 나는 들었다.

어느 때 부처님께서 바라나시의 선인들이 머물던 사슴 동산에 계셨다. 그때 세존께서 비구들에게 말씀하셨다.

"네 가지 법이 있다. 그것을 성취하면 위대한 의왕(醫王)이라 불린다.

의왕이라면 갖추어야 할 본분이 있는데, 어떤 것이 넷인가. 첫째는 병을 잘 아는 것이고, 둘째는 병의 근원을 잘 아는 것이다. 셋째는 병을 잘 다스릴 줄 아는 것이고, 넷째는 병을 잘 다스릴 줄 알아 앞으로 재발하지 않게 하는 것이다.

어떤 것을 좋은 의사가 병을 잘 아는 것이라 하는가. 좋은 의사란 이러이러한 갖가지 병을 잘 아는 것이니, 이것을 좋은 의사가 병을 잘 아는 것이라 한다.

어떤 것을 좋은 의사가 병의 근원을 잘 아는 것이라 하는가. 좋은 의사는, '이 병은 바람으로 인해 생겼다. 습관으로 인해 생겼다. 가래로 인해 생겼다. 냉(冷)으로 인해 생겼다. 현재의 일로 인해 생겼다. 기후로 인해 생겼다'라고 아니, 이것을 좋은 의사가 병의 근원을 잘 아는 것이라 한다.

어떤 것을 좋은 의사가 병을 잘 다스릴 줄 아는 것이라 하는가. 좋은 의사는 갖가지 병에 대하여 약을 발라야 하는지, 토하게 해야 하는지, 설사를 시켜야 하는지, 코안을 씻어야 하는지, 뜸을 떠야 하는지, 땀을 내야 하는지를 잘 알아 그것에 따라 갖가지로 다스리니, 이것을 좋은 의사가 잘 다스릴 줄 아는 것이라 한다.

어떤 것을 좋은 의사가 병을 잘 다스릴 줄 알아 앞으로 재발하지 않게 하는 것이라 하는가. 좋은 의사는 갖가지 병을 잘 다스려 완전히 없애어 영원히 다시는 일어나지 않게 하니, 이것을 좋은 의사가 병을 잘 다스릴 줄 알아 재발하지 않게 하는 것이라 한다.

여래 · 응공 · 등정각은 위대한 의왕으로서 네 가지 덕을 성취하여 중생들의 병을 고치는 것 또한 이와 같다. 어떤 것을 넷이라 하는가. 여래가 아시는 것으로 괴로움의 진리를 여실히 알고, 괴로움의 집기의 진리를 여실히 알며, 괴로움의 멸함의 진리를 여실히 알고, 괴로움의 멸함에 이르는 길의 진리를 여실히 아는 것이다.

비구들이여, 세상의 좋은 의사라도 태어남의 근본을 다스리기를 여실히 알지는 못하고, 늙음 · 병듦 · 죽음 · 근심 · 슬픔 · 번민 · 고통의 근본을 다스리기를 여실히 알지는 못한다. 그러나 여래 · 응공 · 등정각은 위대한 의왕으로서 태어남의 근본을 알아 다스리기를 여실히 알고, 늙음 · 병듦 · 죽음 · 근심 · 슬픔 · 번민 · 고통의 근본을 다스리기를 여실히 아신다. 그러므로 여래 · 응공 · 등정각을 위대한 의왕이라 부르는 것이다."

부처님께서 이 경을 말씀하시자, 모든 비구는 부처님 말씀을 듣고 기뻐하며 받들어 행하였다.

5.3.12 사문바라문경(沙門婆羅門經)①

【잡아함경 제16권 390경】

이와 같이 나는 들었다.

어느 때 부처님께서 바라나시의 선인들이 머물던 사슴 동산에 계셨다. 그때 세존께서 비구들에게 말씀하셨다.

"만일 모든 사문이나 바라문으로서 괴로움의 진리를 여실히 알지 못하고, 괴로움의 집기의 진리를 여실히 알지 못하며, 괴로움의 멸함의 진리를 여실히 알지 못하고, 괴로움의 멸함에 이르는 길의 진리를 여실히 알지 못하면, 그는 사문이면서 사문이 아니고, 바라문이면서 바라문이 아니다. 그는 또한 사문의 도리나 바라문의 도리에서 법을 보아 스스로 알고 증득하여, '나의 생은 다하고 범행은 갖추었고 할 일은 마쳐, 후생의 몸을 받지 않는다'라고 스스로 알지 못한다.

만일 사문이나 바라문으로서 괴로움의 진리를 여실히 알고, 괴로움의 집기의 진리를 여실히 알며, 괴로움의 멸함의 진리를 여실히 알고, 괴로움의 멸함에 이르는 길의 진리를 여실히 알면, 그 사문이나 바라문은 사문 중의 사문이요, 바라문 중의 바라문이다. 또 사문의 도리나 바라문의 도리에서 법을 보아 스스로 알고 증득하여, '나의 생은 다하고 범행은 갖추었고 할 일은 마쳐, 다시는 다음 생을 받지 않는다'라고 스스로 안다.

그러므로 비구들이여, 네 가지 진리에 대하여 밝게 깨닫도록 더욱더 의욕을 일으켜 꾸준히 힘쓰고 참고 견디며 방편으로써 공부하여야 한다. 어떤 것이 넷인가. 괴로움의 진리 · 괴로움의 집기의 진리 · 괴로움의 멸함의 진리 · 괴로움의 멸함에 이르는 길의 진리이다."

부처님께서 이 경을 말씀하시자, 모든 비구는 부처님 말씀을 듣고 기뻐하며 받들어 행하였다.

5.3.13 평등정각경(平等正覺經)

【잡아함경 제16권 402경】

이와 같이 나는 들었다.

어느 때 부처님께서 바라나시의 선인들이 머물던 사슴 동산에 계셨다. 그때 세존께서 비구들에게 말씀하셨다.

"네 가지 진리에 대하여 평등하고 바르게 깨달은 이를 여래 · 응공 · 등정각이라 한다. 어떤 것이 넷인가. 괴로움의 진리 · 괴로움의 집기의 진리 · 괴로움의 멸함의 진리 · 괴로움의 멸함에 이르는 길의 진리이다. 이 네 가지 진리에 대하여 평등하고 바르게 깨달은 이를 여래 · 응공 · 등정각이라 한다. 그러므로 모든 비구여, 네 가지 진리에 대하여 아직 밝게 깨닫지 못하였으면, 부지런히 방편으로써 더욱더 의욕을 일으켜 밝게 깨닫도록 공부하여야 한다."

부처님께서 이 경을 말씀하시자, 모든 비구는 부처님 말씀을 듣고 기뻐하며 받들어 행하였다.

5.3.14 맹구경(盲龜經)

【잡아함경 제16권 406경】

이와 같이 나는 들었다.

어느 때 부처님께서 원숭이못 옆에 있는 중각강당에 계셨다. 그때 세존께서 비구들에게 말씀하셨다.

"이 큰 땅덩이가 모두 큰 바다였을 때, 수명이 한량없는 어떤 눈먼 거북[盲龜]이 있었다고 하자. 그 거북은 백년에 한 번씩 머리를 바다 위로 내민다. 바다에는 구멍이 뚫려 있는 나무 하나가 바람과 물결을 따라 동서로 떠다니고 있는데, 그 눈먼 거북이 백년에 한 번씩 바다 위로 머리를 내밀 때 그 구멍을 만날 수 있겠느냐?"

아난이 부처님께 말씀드렸다.

"그럴 수 없습니다, 세존이시여. 왜냐하면 이 눈먼 거북이 바다 동쪽으로 가면, 떠 있는 나무는 바람을 따라 바다 서쪽으로 갈 수도 있고, 남쪽과 북쪽과 사유(四維)를 두루 돌 수도 있는 것과 같습니다. 그래서 결코 서로 만나지는 못할 것입니다."

부처님께서 아난에게 말씀하셨다.

"눈먼 거북이와 떠 있는 나무는 비록 서로 다른 곳을 다니더라도 우연히 서로 마주 칠 수는 있을 것이다. 그러나 어리석고 무지한 범부가 다섯 갈래에 윤회하면서 잠깐이라도 사람 몸을 받기는 그것보다 더욱 어려울 것이다. 왜냐하면 그 모든 중생은 그 도리를 행하지 않고 법을 행하지 않으며, 선을 행하지 않고 진실을 행하지 않으며, 서로서로 죽이고 해치며, 강한 자는 약한 자를 업신여겨서 한량없는 악을 짓기 때문이다. 그러므로 비구들이여, 네 가지 진리에 대하여 아직 밝게 깨닫지 못하였으면, 부지런히 방편으로써 더욱더 의욕을 일으켜 밝게 깨닫도록 공부하여야 한다."

부처님께서 이 경을 말씀하시자, 모든 비구는 부처님 말씀을 듣고 기뻐하며 받들어 행하였다.

5.3.15 사유경(思惟經)②

【잡아함경 제16권 408경】

이와 같이 나는 들었다.

어느 때 부처님께서 라자가하성 칼란다카 대나무 동산에 계셨다.

그때 많은 비구는 식당에 모여 이렇게 토론하였다.

"세간은 영원하다. 세간은 덧없다. 세간은 영원하기도 하고 덧없기도 한 것이다. 세간은 영원한 것도 아니고 덧없는 것도 아니다. 세간은 유한하다. 세간은 무한하다. 세간은 유한한 것도 아니고 무한한 것도 아니다. 영혼과 육체는 하나다. 영혼과 육체는 둘이다. 여래는 사후에 있다. 여래는 사후에 없다. 여래는 사후에 있기도 하고 없기도 하다. 여래는 사후에 있는 것도 아니고 없는 것도 아니다."

그때 세존께서는 한 곳에서 좌선하시다가 하늘의 귀로써 여러 비구가 식당에 모여 토론하는 소리를 들으셨다. 그 소리를 들으신 뒤에 식당으로 가셔서 대중 앞에 자리를 펴고 앉아 비구들에게 말씀하셨다.

"그대 여러 비구는 모여서 무슨 일을 토론하고 있는가?"

비구들이 부처님께 말씀드렸다.

"세존이시여, 저희 비구들은 이 식당에 모여 이런 토론을 하였습니다. 세간은 영원하다 말하기도 하고, 혹은 덧없는 것이라고 말하기도 하며, 자세히 토론하고 있었습니다."

부처님께서 말씀하셨다.

"그대들은 그런 토론을 하지 마라. 왜냐하면 그와 같은 토론은 요익이 되는 이치도 아니고, 요익이 되는 법도 아니며, 요익이 되는 범행도 아니고, 지혜도 아니고, 바른 깨달음도 아니어서, 바르게 '열반'으로 향하는 것이 아니기 때문이다.

그대 비구들이여, 마땅히 이렇게 토론하라. '이것은 괴로움의 진리다. 이것은 괴로움의 집기의 진리다. 이것은 괴로움의 멸함의 진리다. 이것은 괴로움의 멸함에 이르는 길의 진리다.' 왜냐하면 이와 같은 토론은 요익이 되는 이치이고, 요익이 되는 법이며, 요익이 되는 범행이고, 바른 지혜이며, 바른 깨달음으로서, 바르게 '열반'으로 향하기 때문이다. 그러므로 비구들이여, 네 가지 진리에 대하여 아직 밝게 알지 못하였으면, 부지런히 방편으로써 더욱더 의욕을 일으켜 밝게 깨닫도록 공부하여야 한다."

부처님께서 이 경을 말씀하시자, 모든 비구는 부처님 말씀을 듣고 기뻐하며 받들어 행하였다.

5.3.16 수지경(受持經)

【잡아함경 제16권 418경】

이와 같이 나는 들었다.

어느 때 부처님께서 라자가하성 칼란다카 대나무 동산에 계셨다. 그때 세존께서 모든 비구에게 말씀하셨다.

"그대들은 내가 말한 네 가지 거룩한 진리를 지녔느냐?"

그때 어떤 비구가 자리에서 일어나 옷을 여미고 부처님께 예배한 뒤에 합장하고 말씀드렸다.

"그렇습니다, 세존이시여. 말씀하신 네 가지 거룩한 진리를 저는 다 지녔습니다. 네 가지 진리란 무엇인가. 세존께서 말씀하신 괴로움의 진리이니, 저는 그것을 다 지녔습니다. 괴로움의 집기의 진리 · 괴로움의 멸함의 진리 · 괴로움의 멸함에 이르는 길의 진리를 저는 다 지녔습니다."

부처님께서 그 비구에게 말씀하셨다.

“참으로 훌륭하구나. 내가 말한 것과 같은 네 가지 진리를 그대는 다 지녔구나. 비구들이여, 만일 사문이나 바라문이, ‘사문 고타마가 말한 것과 같은 괴로움의 진리를 나는 이제 버리고 따로 다른 괴로움의 진리를 세우겠다’라고 말한다면, 그것은 다만 말만 있을 뿐, 물어도 알지 못하고 그 의혹만 더할 뿐이니, 그것은 경계가 아니기 때문이다. ‘괴로움의 집기의 진리 · 괴로움의 멸함의 진리 · 괴로움의 멸함에 이르는 길의 진리를 나는 이제 버리고 따로 다른 네 가지 진리를 세우겠다’라고 한다면, 그것은 다만 말만 있을 뿐 물어도 알지 못하고 그 의혹만 더 할 뿐이니, 그것은 경계가 아니기 때문이다. 그러므로 비구들이여, 네 가지 진리에 대하여 아직 깨닫지 못하였으면, 부지런히 방편으로써 더욱더 의욕을 일으켜 밝게 깨닫도록 공부하여야 한다.”

부처님께서 이 경을 말씀하시자, 모든 비구는 부처님 말씀을 듣고 기뻐하며 받들어 행하였다.

5.3.17 선사경(禪思經)

【잡아함경 제16권 428경】

이와 같이 나는 들었다.

어느 때 부처님께서 라자가하성 칼란다카 대나무 동산에 계셨다. 그때 세존께서 모든 비구에게 말씀하셨다.

“부지런히 바른 방편으로 선정에 들어 안으로 그 마음을 고요히 하라. 왜냐하면 비구가 선정에 들어 안으로 그 마음이 고요함을 성취한 뒤에는 여실히 밝게 드러나기 때문이다.

어떤 것이 여실히 밝게 드러나는가. 괴로움의 진리가 밝게 드러나고, 괴로움의 집기의 진리 · 괴로움의 멸함의 진리 · 괴로움의 멸함에 이르는 길의 진리가 여실히 밝게 드러난다.”

부처님께서 이 경을 말씀하시자, 모든 비구는 부처님 말씀을 듣고 기뻐하며 받들어 행하였다.

5.3.18 오절륜경(五節輪經)

【잡아함경 제16권 432경】

이와 같이 나는 들었다.

어느 때 부처님께서 라자가하성 칼란다카 대나무 동산에 계셨다. 그때 세존께서 모든 비구에게 말씀하셨다.

"다섯 마디가 서로 이어진 바퀴를 힘센 사람이 빨리 돌리는 것처럼, 사문이나 바라문으로서 괴로움의 진리를 여실히 알지 못하고, 괴로움의 집기의 진리 · 괴로움의 멸함의 진리 · 괴로움의 멸함에 이르는 길의 진리를 여실히 알지 못하면, 다섯 갈래의 길에 윤회하면서 빠르게 돈다. 혹은 지옥에 떨어지거나 축생에 떨어지거나 아귀에 떨어지며, 혹은 사람이나 하늘에서 도로 나쁜 세계에 떨어져 긴 밤 동안 윤회하게 된다. 그러므로 비구들이여, 네 가지 진리에 대하여 밝게 깨닫지 못하였으면, 부지런히 방편으로써 더욱더 의욕을 일으켜 밝게 깨닫도록 공부하여야 한다."

부처님께서 이 경을 말씀하시자, 모든 비구는 부처님 말씀을 듣고 기뻐하며 받들어 행하였다.

5. 4 사과(四果)

5.4.1 사문법사문과경(沙門法沙門果經)

【잡아함경 제29권 797경】

이와 같이 나는 들었다.

어느 때 부처님께서 사밧티성 제타숲 아나타핀디카동산에 계셨다. 그때 세존께서 비구들에게 말씀하셨다.

"사문의 법[沙門法]'과 '사문의 과[沙門果]'가 있으니, 자세히 듣고 잘 생각하여라. 그대들을 위하여 설명하겠다.

어떤 것이 '사문의 법'인가. 이른바 팔정도이니, 바른 견해 ……바른 선정이다. 어떤 것이 '사문의 과'인가. 수다원과(須陀洹果, 예류과) · 사다함과(斯陀含果, 일래과) · 아나함과(阿那含果, 불환과) · 아라한과(阿羅漢果)이다. 어떤 것이 수다원과인가. 세 가지 결박[三結]이 끊어진 것이다. 어떤 것이 사다함과인가. 세 가지 결박이 끊어지고 탐욕 · 성냄 · 어리석음이 엷어진 것이다. 어떤 것이 아나함과인가. 다섯 가지 결박[五下分結]이 다한 것이다. 어떤 것이 아라한과인가. 탐욕 · 성냄 · 어리석음이 모두 다하고 일체의 번뇌가 모두 다한 것이다."

부처님께서 이 경을 말씀하시자, 모든 비구는 부처님 말씀을 듣고 기뻐하며 행하였다.

5.4.2 사문법사문의경(沙門法沙門義經)

【잡아함경 제29권 798경】

이와 같이 나는 들었다.

어느 때 부처님께서 사밧티성 제타숲 아나타핀디카동산에 계셨다. 그때 세존께서 비구들에게 말씀하셨다.

"'사문의 법'과 '사문'과 '사문의 도리[沙門義]'가 있으니, 자세히 듣고 잘 생각하여라. 그대들을 위하여 설명하겠다. 어떤 것이 '사문의 법'인가. 이른바 팔정도이니, 바른 견해 ……바른 선정이다. 어떤 사람이 '사문'인가. 이 법을 성취한 사람이다. 어떤 것이 '사문의 도리'인가. 탐욕을 끊고 성냄과 어리석음을 끊고 일체의 번뇌를 모두 끊는 것이다."

부처님께서 이 경을 말씀하시자, 모든 비구는 부처님 말씀을 듣고 기뻐하며 받들어 행하였다.

5.4.3 여실지경(如實知經)

【잡아함경 제15권 392경】

이와 같이 나는 들었다.

어느 때 부처님께서 바라나시의 선인들이 머물던 사슴 동산에 계셨다. 그때 세존께서 비구들에게 말씀하셨다.

"만일 사문이나 바라문으로서 괴로움의 진리를 여실히 알지 못하고, 괴로움의 집기의 진리를 여실히 알지 못하며, 괴로움의 멸함의 진리를 여실히 알지 못하고, 괴로움의 멸함에 이르는 길의 진리를 여실히 알지 못하면, 그 사문이나 바라문은 괴로움에서 벗어날 수가 없음을 마땅히 알라.

만일 사문이나 바라문으로서 괴로움의 진리를 여실히 알고, 괴로움의 집기의 진리를 여실히 알며, 괴로움의 멸함의 진리를 여실히 알고, 괴로움의 멸함에 이르는 길의 진리를 여실히 알면, 그 사문이나 바라문은 괴로움에서 벗어날 수 있음을 여실히 알라."

부처님께서 이 경을 말씀하시자, 모든 비구는 부처님 말씀을 듣고 기뻐하며 받들어 행하였다.

괴로움에서 벗어나지 못하는 것과 벗어나는 것처럼, 나쁜 세계에서 벗어나지 못하는 것과 벗어나는 것, 계를 지킬 수 있는 것과 지키지 못하는 것, 사람보다 뛰어난 법을 증득하게 되었다고 스스로 말하는 것과 스스로 말하지 못하는 것, 다른 곳에서 좋은 복밭을 구하는 것과 구하지 못하는 것, 다른 곳에서 위대한 스승을 구하는 것과 구하지 못하는 것, 괴로움에서 뛰어넘지 못하는 것과 뛰어넘을 수 있는 것, 괴로움에서 벗어날 수 없는 것과 벗어날 수 있는 것도 이와 같이 말씀하셨다.

이와 같이 위의 모든 경을 설하시고, 다시 게송으로 말씀하셨다.

만일 괴로움을 알지 못하고

온갖 괴로움의 원인과
일체의 모든 괴로움이 남김없이 멸함과
일체의 괴로움의 멸함에 이르는 길을
여실히 알지 못하면

괴로움에서 마음이 해탈하지 못하고
지혜의 해탈 또한 그와 같아서
그 많은 괴로움을 뛰어넘지 못하여
괴로움에서 완전히 벗어나지 못하리라.

만일 괴로움을 알고
온갖 괴로움의 원인과
일체의 모든 괴로움이 남김없이 멸함과
일체의 괴로움의 멸함에 이르는 길을
여실히 알면

마음의 해탈을 성취하고
지혜의 해탈 또한 그와 같아서
그 많은 괴로움을 능히 벗어나서
완전히 해탈을 얻게 되리라.

부처님께서 이 경을 말씀하시자, 모든 비구는 부처님 말씀을 듣고 기뻐하며 받들어 행하였다.

5.4.4 수유경(水喩經)

【중아함경 제1권 4경】

이와 같이 나는 들었다.

어느 때 부처님께서 사밧티성에서 유행하실 때 제타숲 아나타핀디카동산에 계셨다. 그때 세존께서 비구들에게 말씀하셨다.

"나는 그대들을 위하여 물에 비유한 일곱 사람을 말하리니, 자세히 듣고 잘 생각하여라."

이때 비구들은 그 가르침을 듣고 있었다.

"어떤 것을 일곱이라 하는가. 1)어떤 사람은 항상 물속에 누워 있다. 2)어떤 사람은 물에서 나왔다가 다시 빠진다. 3)어떤 사람은 물에서 나온 뒤에는 머물러 있다. 4)어떤 사람은 물에서 나온 뒤에는 머무르고, 머무른 뒤에는 살펴본다. 5)어떤 사람은 물에서 나온 뒤에는 머무르고, 머무른 뒤에는 살펴보고, 살펴본 뒤에는 건너간다. 6)어떤 사람은 물에서 나온 뒤에는 머무르고, 머무른 뒤에는 살펴보고, 살펴본 뒤에는 건너가고, 건너간 뒤에는 저쪽 언덕에 이른다. 7)어떤 사람은 물에서 나온 뒤에는 머무르고, 머무른 뒤에는 살펴보고, 살펴본 뒤에는 건너가고, 건너간 뒤에는 저쪽 언덕에 이르고, 저쪽 언덕에 이른 뒤에는 그를 언덕에 머무르는 사람이라 한다.

이와 같이 나는 다시 그대들을 위하여 물에 비유한 일곱 사람을 말하리니, 자세히 듣고 잘 생각하여라."

이때 비구들은 그 가르침을 듣고 있었다.

"어떤 것을 일곱이라 하는가. 어떤 사람은 항상 물속에 누워 있다. 어떤 사람은 물에서 나왔다가 다시 빠진다. 어떤 사람은 나온 뒤에는 머무른다. 어떤 사람은 나온 뒤에는 머무르고, 머무른 뒤에는 살펴본다. 어떤 사람은 나온 뒤에는 머무르고, 머무른 뒤에는 살펴보고, 살펴본 뒤에는 건너간다. 어떤 사람은 나온 뒤에는 머무르고, 머무른 뒤에는 살펴보고, 살펴본 뒤에는 건너가고, 건너간 뒤에는 저쪽 언덕에 이른다. 어떤 사람은 나온 뒤에는 머무르고, 머무른 뒤에는 살펴보고, 살펴본 뒤에는 건너가고, 건너간 뒤에는 저쪽 언덕에 이르고, 저쪽 언덕에 이른 뒤에는 그를 언덕에 머무르는 범지라고 한다.

물에 비유한 이러한 일곱 사람을 내가 간략히 말한 것은 위에서 말한 것과 같고 위에서 가르친 것과 같다. 그대들은 이것이 어떤 뜻인지, 어떻게 분별해야 하는지, 무슨 인연이 있는지를 아는가?"

비구들이 세존께 말씀드렸다.

"세존께서는 법의 근본이시고, 세존께서는 법의 주인이시며, 법은 세존으로부터 나옵니다. 원컨대 말씀해 주십시오. 저희는 들은 뒤에는 그 뜻을 자세히 알 수 있을 것입니다."

부처님께서 말씀하셨다.

"그대들은 자세히 듣고 잘 생각하여라. 나는 그대들을 위하여 그 뜻을 분별하겠다."

그때 모든 비구가 이 가르침을 듣고 있었다.

"어떤 것을, '사람이 항상 물속에 누워있다'라고 하는가. 그것은 어떤 사람은 선하지 않은 법에 덮여있고 더러움에 물들어 있어 악의 과보를 받고 생사의 근본을 짓는다. 이것을, '어떤 사람은 항상 물속에 누워 있다'라고 한다. 마치 사람이 물에 빠져 물속에 누워있는 것처럼, 내가 그 사람을 말하는 것도 그와 같다. 이것을 첫 번째의 물에 비유한 사람이라 하며, 세상 이치도 그러하다.

어떤 것을, '사람이 물에서 나왔다가 다시 빠진다'라고 하는가. 어떤 사람은 믿음의 선법(善法)을 얻고, 지계·보시·다문(多聞)·지혜의 선법을 닦아 익힌다. 그러나 그는 훗날에 믿음이 견고하지 않아 잃어버렸고,

지계 · 보시 · 다문 · 지혜도 견고하지 않아 잃어버렸다. 이것을, '어떤 사람은 물에서 나왔다가 다시 빠진다'라고 한다. 마치 사람이 물에 빠졌다가 이미 나왔으나 다시 빠지는 것처럼, 내가 그 사람을 말하는 것도 그와 같다. 이것을 두 번째의 물에 비유한 사람이라 하며, 세상 이치도 그러하다.

어떤 것을, '사람이 나온 뒤에 머무른다'라고 하는가. 어떤 사람은 믿음의 선법을 얻고, 지계 · 보시 · 다문 · 지혜의 선법을 닦아 익힌다. 그는 훗날에 가서도 믿음이 굳어 잃지 않고, 지계 · 보시 · 다문 · 지혜도 견고하여 잃지 않는다. 이것을, '어떤 사람은 물에서 이미 나와 머무른다'라고 한다. 마치 어떤 사람이 물에 빠졌다가 나온 뒤에 머무르는 것처럼, 내가 그 사람을 말하는 것도 이와 같다. 이것을 세 번째의 물에 비유한 사람이라 하며, 세상 이치도 그러하다.

어떤 것을, '사람이 나온 뒤에는 머무르고, 머무른 뒤에는 살펴본다'라고 하는가. 어떤 사람은 믿음의 선법을 얻고 지계 · 보시 · 다문 · 지혜의 선법을 닦아 익힌다. 그는 훗날에 가서도 믿음이 견고해 잃지 않고, 지계 · 보시 · 다문 · 지혜도 견고하여 잃지 않으며, 선법에 머무르면서 괴로움을 여실히 알고, 괴로움의 집기를 알며, 괴로움의 멸함을 알고, 괴로움의 멸함에 이르는 길을 안다. 그는 이와 같이 알고 이와 같이 보았으므로 세 가지 결박[三結]이 곧 다한다. '세 가지 결박'이란, 몸이 있다는 견해와 계율에 대한 집착과 의심이다. 세 가지 결박이 이미 다하면 수다원을 얻어 악법에 떨어지지 않고, 반드시 바른 깨달음으로 나아간다. 그래서 일곱 생을 받아 천상과 인간에 일곱 번을 오간 뒤에는 괴로움을 끊어 다한다. 이것을, '어떤 사람은 나온 뒤에는 머무르고, 머무른 뒤에 살펴본다'라고 하는 것이다. 마치 어떤 사람이 물에 빠졌다가 나온 뒤에 머무르고 머무른 뒤에는 살펴보는 것처럼, 내가 그 사람을 말하는 것도 그와 같다.

이것을 네 번째의 물에 비유한 사람이라 하며, 세상 이치도 그러하다.

어떤 것을, '사람이 나온 뒤에는 머무르고, 머무른 뒤에는 살펴보며, 살펴본 뒤에는 건넌다'라고 하는가. 어떤 사람은 믿음의 선법을 얻고 지계 · 보시 · 다문 · 지혜의 선법을 닦아 익힌다. 그는 훗날에 가서도 믿음이 견고해 잃지 않고, 지계 · 보시 · 다문 · 지혜도 견고하여 잃지 않으며, 선법에 머무르면서 괴로움을 참답게 알고, 괴로움의 집기를 알며, 괴로움의 멸함을 알고, 괴로움을 멸함에 이르는 길을 안다. 그는 이와 같이 알고 이와 같이 보았으므로 세 가지 결박은 곧 다한다. '세 가지 결박'이란, 몸이 있다는 견해와 계율에 대한 집착과 의심이다. 세 가지 결박이 이미 다하면 탐욕과 성냄과 어리석음이 엷어지고 천상과 인간에 한 번 오고 가게 된다. 한 번 오고 간 뒤에는 곧 괴로움을 끊어 다한다. 이것을, '어떤 사람은 나온 뒤에는 머무르고, 머무른 뒤에는 살펴보며, 살펴본 뒤에는 건너간다'라고 한다. 마치 사람이 물에 빠졌다가 나온 뒤에는 머무르고, 머무른 뒤에는 살펴보며, 살펴본 뒤에는 건너가는 것처럼, 내가 그 사람을 말하는 것도 그와 같다. 이것을 다섯 번째의 물에 비유한 사람이라 하며, 세상 이치도 그러하다.

어떤 것을, '사람이 나온 뒤에는 머무르고, 머무른 뒤에는 살펴보며, 살펴본 뒤에는 건너가고, 건너간 뒤에는 저쪽 언덕에 이른다'라고 하는가. 어떤 사람은 믿음의 선법을 얻고 지계 · 보시 · 다문 · 지혜의 선법을 닦아 익힌다. 그는 훗날에 가서도 믿음이 견고하여 그것을 잃지 않고, 지계 · 보시 · 다문 · 지혜도 견고하여 잃지 않는다. 그리하여 선법에 머무르면서 괴로움을 참답게 알고, 괴로움의 집기를 알며, 괴로움의 멸함을 알고, 괴로움의 멸함에 이르는 길을 안다. 그는 이와 같이 알고 이와 같이 보았으므로 다섯 가지 결박[五下分結]이 다한다. '다섯 가지 결박'이란, 탐욕 · 성냄 · 몸이 있다는 견해 · 계율에 대한 집착 · 의심이다. 다섯 가지 결박이 이미 다하면 그는 천상에 태어나서 곧 '반열반'하여 물러나지 않는 법을 얻어 이 세상에 돌아오지 않는다. 이것을, '어떤 사람은 나온 뒤에는 머무르고, 머무른 뒤에는 살펴보며, 살펴본 뒤에는 건너가고, 건너간 뒤에는 저쪽 언덕에 이른다'라고 한다. 마치 어떤 사람이 물에 빠졌다가 나온 뒤에는 머무르고, 머무른 뒤에는 살펴보며, 살펴본 뒤에는 건너가고, 건너간 뒤에는 저쪽 언덕에 이르는 것처럼, 내가 저 사람을 말하는 것도 그와 같다. 이것을 여섯 번째의 물에 비유한 사람이라 하며, 세상 이치도 그러하다.

어떤 것을, '사람이 나온 뒤에는 머무르고, 머무른 뒤에는 살펴보며, 살펴본 뒤에는 건너가고, 건너간 뒤에는 저쪽 언덕에 이르며, 저쪽 언덕에 이른 뒤에는 그를 언덕에 머무르는 범지'라고 하는가. 어떤 사람은 믿음의 선법을 얻고 지계 · 보시 · 다문 · 지혜의 선법을 닦아 익힌다. 그는 훗날에 가서도 믿음이 견고하여 잃지 않고, 지계 · 보시 · 다문 · 지혜도 견고하여 잃지 않는다. 그리하여 선법에 머무르면서 괴로움의 진리를 알고, 괴로움의 집기를 알며, 괴로움의 멸함을 알고, 괴로움의 멸함에 이르는 길을 안다. 그는 이와 같이 알고 이와 같이 보았으므로 탐욕의 번뇌에서 마음이 해탈하고, 존재의 번뇌와 무명의 번뇌에서 마음이 해탈하며, 해탈한 줄을 알고 본다. 그래서 나의 생은 다하고 범행은 갖추었고 할 일은 마쳐, 다시는 다음 생을 받지 않는다는 참뜻을 안다. 이것을, '어떤 사람이 나온 뒤에는 머무르고, 머무른 뒤에는 살펴보고, 살펴본 뒤에는 건너가고, 건너간 뒤에는 저쪽 언덕에 이르며, 저쪽 언덕에 이른 뒤에는 그를 언덕에 머무르는 범지'라고 한다. 마치 '어떤 사람이 물에 빠졌다가 나온 뒤에는 머무르고, 머무른 뒤에는 살펴보며, 살펴본 뒤에는 건너가고, 건너간 뒤에는 저쪽 언덕에 이르며, 저쪽 언덕에 이른 뒤에는 그를 언덕에 머무르는 범지'라고 하는 것처럼, 내가 그 사람을 말하는 것도 그와 같다.

이것을 일곱 번째의 물에 비유한 사람이라 하며, 세상 이치도 그러하다.

내가 아까, '그대들을 위하여 물에 비유한 일곱 사람을 말하겠다'라고 한 것은 이 때문이다."

부처님께서 이렇게 말씀하시니, 모든 비구는 부처님 말씀을 듣고 기뻐하며 받들어 행하였다.

6. 조도품 · 선정설(助道品 · 禪定說)

○ 십력경 (十力經)

【잡아함경 제26권 684경】

이와 같이 나는 들었다.

어느 때 부처님께서 사밧티성 제타숲 아나타핀디카동산에 계셨다. 그 때 세존께서 비구들에게 말씀하셨다.

"만일 비구가 색에 대하여 싫어하는 마음을 일으켜 욕심을 떠나 다 없애어 일으키지 않고 해탈하면, 이것을 아라하 삼먁삼붓다라 한다. 느낌 · 생각 · 결합 · 식별에 대해서도 그러하다.

만일 비구가 색에 대하여 싫어하는 마음을 일으켜 욕심을 떠나 일으키지 않고 해탈하면 이것을 아라한의 혜해탈(慧解脫)이라 한다. 느낌 · 생각 · 결합 · 식별에 대해서도 그러하다. 비구들이여, '여래 · 응공 · 등정각'과 '혜해탈한 아라한'은 어떠한 여러 가지 차별이 있는가?"

비구들은 부처님께 말씀드렸다.

"세존께서는 법의 근본이시고, 법의 눈이시며, 법의 의지처이십니다. 원컨대 저희를 위하여 말씀해 주십시오. 저희 비구들은 그것을 듣고 받들어 행하겠습니다."

부처님께서 비구들에게 말씀하셨다.

"자세히 듣고 잘 생각하여라. 그대들을 위하여 설명하겠다. 여래·응공·등정각은 일찍이 듣지 못한 법을 스스로 깨달아 알고, 현재에 법을 스스로 알아 삼보리를 얻으며, 미래에도 바른 법을 설하여 모든 성문(聲聞)을 깨우쳐 줄 것이다. 즉 사념처(四念處)·사정단(四正斷)·사여의족(四如意足)·오근(五根)·오력(五力)·칠각지(七覺支)·팔정도(八正道)이다. 이것이 여래가 깨달은 것이다. 즉 일찍이 얻지 못한 법을 얻었고, 이루지 못한 범행을 이루었으며, 길을 잘 알고 길을 잘 설명하여 사람들을 이끈다. 그러면 성문들은 그 법과 그 길을 따라 성취하고, 스승의 훈계와 가르침을 즐거이 받들어 바른 법을 잘 행한다. 이것을 '여래·응공·등정각'과 '혜해탈한 아라한'의 여러 가지 차별이라 한다.

또 다섯 가지 배우는 힘과 여래의 열 가지 힘이 있다. 어떤 것을 배우는 힘이라 하는가. 믿음의 힘·정진의 힘·기억의 힘·선정의 힘·지혜의 힘이다.

어떤 것이 여래의 열 가지 힘인가. 여래는 바른 도리와 그렇지 않은 도리를 분별하는 것을 여실히 안다. 이것이 여래의 첫째 힘이다. 여래·응공·등정각은 이 힘을 성취하여 과거 부처님의 가장 훌륭한 지혜를 얻고, 청정한 법의 바퀴를 굴려 대중 가운데서 사자후로 설하신다.

또 여래는 과거·미래·현재의 업에 따라 받는 과보를 여실히 안다. 이것이 여래의 둘째 힘이다. 여래·응공·등정각은 이 힘을 성취하여 과거 부처님의 가장 훌륭한 지혜를 얻고, 청정한 법의 바퀴를 굴려 대중 가운데서 사자후로 설하신다.

또 여래·응공·등정각은 선정·해탈·삼매에 바르게 들어, 물들어 더러움과 청정하여 깨끗함을 여실히 안다. 이것이 여래의 셋째 힘이다. 여래·응공·등정각은 이 힘을 성취하여 과거 부처님의 가장 훌륭한 지혜를 얻고, 청정한 법의 바퀴를 굴려 대중 가운데에서 사자후로 설하신다.

또 여래는 중생들의 갖가지 능력의 차별을 안다. 이것이 여래의 넷째 힘이다. 여래 · 응공 · 등정각은 이 힘을 성취하여 과거 부처님의 가장 훌륭한 지혜를 얻고, 청정한 법의 바퀴를 굴려 대중 가운데서 사자후로 설하신다.

또 여래는 중생들의 갖가지 성품을 여실히 안다. 이것이 여래의 다섯째 힘이다. 여래 · 응공 · 등정각은 이 힘을 성취하여 과거 부처님의 가장 훌륭한 지혜를 얻고, 청정한 법의 바퀴를 굴려 대중 가운데서 사자후로 설하신다.

또 여래는 세간 중생들의 갖가지 경계를 여실히 안다. 이것이 여래의 여섯째 힘이다. 여래 · 응공 · 등정각은 이 힘을 성취하여 과거 부처님의 가장 훌륭한 지혜를 얻고, 청정한 법의 바퀴를 굴려 대중 가운데서 사자후로 설하신다.

또 여래는 일체의 수행에 의해서 도달하는 각각의 경지를 여실히 안다. 이것이 여래의 일곱째 힘이다. 여래 · 응공 · 등정각은 이 힘을 성취하여 과거 부처님의 가장 훌륭한 지혜를 얻고, 청정한 법바퀴를 굴려 대중 가운데에서 사자후로 설하신다.

또 여래는 과거 세상의 갖가지 일을 기억한다. 한 생에서 백 생 · 천 생, 한 겁에서 백 겁 · 천 겁에 이르기까지, '나는 그때 그곳에 태어나서, 어떤 종족 · 어떤 성 · 어떤 이름이었고, 어떤 음식을 먹었고, 어떤 괴로움과 즐거움을 받았으며, 얼마나 오래 살았고, 얼마나 오래 머물렀고, 어떤 신분으로 살았으며, 이러한 행과 이러한 인(因)과 이러한 방식으로 그곳에서 죽어 이곳에 태어났고, 여기에 태어나서 저기서 죽었다'라는 과거의 일을 다 여실히 안다. 이것이 여래의 여덟째 힘이다. 여래 · 응공 · 등정각은 이 힘을 성취하여 과거 부처님의 가장 훌륭한 지혜를 얻고, 청정한 법의 바퀴를 굴려 대중 가운데서 사자후로 설하신다.

또 여래는 사람 눈보다 뛰어난 청정한 하늘의 눈으로 중생들이 태어나는 때와 죽는 때 · 아름다운 모습과 추한 모습 · 천한 몸과 귀한 몸 · 좋은 곳에 태어남과 나쁜 곳에 태어남은 다 그 업에 따라 받는 것임을 여실히 안다. 즉, '이 중생은 몸으로 나쁜 행을 하고, 말과 뜻으로 나쁜 행을 하고, 성현을 비방하였기에 삿된 견해의 업을 받는다. 그 인연으로 몸이 무너지고 목숨이 끝난 뒤에는 나쁜 곳에 떨어져 지옥에 태어난다. 그러나 이 중생은 몸으로 선한 행을 하고, 말과 뜻으로 선한 행을 하고, 성현을 비방하지 않았기에 바른 견해의 업을 받는다. 그 인연으로 몸이 무너지고 목숨이 끝난 뒤에는 천상의 좋은 곳에 태어난다'라는 것을 모두 여실히 안다. 이것이 여래의 아홉째 힘이다. 여래 · 응공 · 등정각은 이 힘을 성취하여 과거 부처님의 훌륭한 지혜를 얻고, 청정한 법의 바퀴를 굴려 대중 가운데서 사자후로 설하신다.

또 여래는 모든 번뇌가 이미 다하여 번뇌가 없는 심해탈(心解脫)과 혜해탈(慧解脫)을 얻어 현법에서 증득한 줄을 스스로 알아, 나의 생은 다하고 범행은 갖추었고 할 일은 마쳐, 다시는 다음 생을 받지 않을 줄을 스스로 안다. 이것이 여래의 열째 힘이다. 여래 · 응공 · 등정각은 이 힘을 성취하여 과거 부처님의 가장 훌륭한 지혜를 얻고, 청정한 법의 바퀴를 굴려 대중 가운데서 사자후로 설하신다.

이러한 열 가지 힘은 오직 여래만이 성취하는 것이니, 이것을 여래와 성문의 여러 가지 차별이라 한다."

부처님께서 이 경을 말씀하시자, 모든 비구는 부처님 말씀을 듣고 기뻐하며 받들어 행하였다.

6. 1 사념처(四念處)

6.1.1 염처경(念處經)②

【잡아함경 제24권 606경】

이와 같이 나는 들었다.

어느 때 부처님께서 사밧티성 제타숲 아나타핀디카동산에 계셨다. 그 때 세존께서 비구들에게 말씀하셨다.

"사념처가 있으니 어떤 것이 넷인가. 몸을 몸으로 관하는 염처[身念處] · 느낌을 느낌으로 관하는 염처[受念處] · 마음을 마음으로 관하는 염처[心念處] · 법을 법으로 관하는 염처[法念處]이다. 이와 같이 비구들이여, 이 사념처를 닦아 익혀 성취하고, 방편으로 꾸준히 힘써 바른 생각과 바른 지혜로 공부하여야 한다."

부처님께서 이 경을 말씀하시자, 모든 비구는 부처님 말씀을 듣고 기뻐하며 받들어 행하였다.

6.1.2 정경(淨經)

【잡아함경 제24권 607경】

이와 같이 나는 들었다.

어느 때 부처님께서 사밧티성 제타숲 아나타핀디카동산에 계셨다. 그 때 세존께서 비구들에게 말씀하셨다.

"일승(一乘)의 길이 있어 모든 중생을 깨끗하게 하여 근심과 슬픔을 건너고 번민과 고통을 없애어 참다운 법을 얻게 한다. 이른바 사념처이니, 어떤 것이 넷인가. 몸을 몸으로 관하는 염처와 느낌을 느낌으로, 마음을 마음으로, 법을 법으로 관하는 염처이다."

부처님께서 이 경을 말씀하시자, 모든 비구는 부처님 말씀을 듣고 기뻐하며 받들어 행하였다.

6.1.3 감로경(甘露經)

【잡아함경 제24권 608경】

이와 같이 나는 들었다.

어느 때 부처님께서 사밧티성 제타숲 아나타핀디카동산에 계셨다. 그때 세존께서 비구들에게 말씀하셨다.

"만일 비구가 사념처를 떠나면 참다운 성인의 법을 떠나게 되고, 참다운 성인의 법을 떠나면 성인의 도를 떠나게 되고, 성인의 도를 떠나면 감로법을 떠나게 되며, 감로법을 떠나면 태어남·늙음·병듦·죽음·근심·슬픔·번민·고통에서 벗어나지 못하리니, '그는 온갖 괴로움에서 벗어나지 못했다'라고 나는 말한다.

만일 비구가 사념처를 떠나지 않으면 성인의 참다운 법을 떠나지 않게 되고, 성인의 참다운 법을 떠나지 않으면 성인의 도를 떠나지 않게 되며, 성인의 도를 떠나지 않으면 감로법을 떠나지 않게 되고, 감로법을 떠나지 않으면 태어남·늙음·병듦·죽음·근심·슬픔·번민·고통에서 벗어나게 될 것이니, '그는 온갖 괴로움에서 벗어났다'라고 나는 말한다."

부처님께 이 경을 말씀하시자, 모든 비구는 부처님 말씀을 듣고 기뻐하며 받들어 행하였다.

6.1.4 집경(集經)

【잡아함경 제24권 609경】

이와 같이 나는 들었다.

어느 때 부처님께서 사밧티성 제타숲 아나타핀디카동산에 계셨다. 그때 세존께서 비구들에게 말씀하셨다.

"나는 지금 사념처의 집기와 사념처의 없어짐을 말하리니 자세히 듣고 잘 생각하여라. 어떤 것이 사념처의 집기이고 없어짐인가.

음식이 집기하면 몸이 집기하고, 음식이 없어지면 몸이 없어진다. 이와 같이 몸을 따라 집기의 관(觀)에 머무르고, 몸을 따라 없어짐의 관에 머무르며, 몸을 따라 집기와 없어짐의 관에 머무르면, 의지할 것 없이 머무르게 되어 모든 세간에 대하여 전혀 취할 것이 없어진다.

이와 같이 부딪침이 집기하면 느낌이 집기하고, 부딪침이 없어지면 느낌이 없어진다. 이와 같이 집기하는 법을 따라 느낌을 관하여 머무르고, 없어지는 법을 따라 느낌을 관하여 머무르며, 집기하고 없어지는 법을 따라 느낌을 관하여 머무르면, 의지할 것이 없이 머무르게 되어 모든 세간에 대하여 전혀 취할 것이 없어진다.

명색(名色)이 집기하면 마음이 집기하고, 명색이 없어지면 마음이 없어진다. 집기하는 법을 따라 마음을 관하여 머무르고, 없어지는 법을 따라 마음을 관하여 머무르며, 집기하고 없어지는 법을 따라 마음을 관하여 머무르면, 의지할 것이 없이 머무르게 되어 모든 세간에 대하여 취할 것이 없어진다.

기억이 집기하면 법이 집기하고, 기억이 없어지면 법이 없어진다. 집기하는 법을 따라 법을 관하여 머무르고, 없어지는 법을 따라 법을 관하여 머무르며, 집기하고 없어지는 법을 따라 법을 관하여 머무르면, 의지할 것이 없이 머무르게 되어 모든 세간에 대하여 전혀 취할 것이 없어진다.

이것을 사념처의 집기와 사념처의 없어짐이라 한다."

부처님께서 이 경을 말씀하시자, 모든 비구는 부처님 말씀을 듣고 기뻐하며 받들어 행하였다.

6.1.5 정념경(正念經)

【잡아함경 제24권 610경】

이와 같이 나는 들었다.

어느 때 부처님께서 사밧티성 제타숲 아나타핀디카동산에 계셨다. 그때 세존께서 비구들에게 말씀하셨다.

"나는 '사념처를 닦는 것'에 대하여 말하리니, 자세히 듣고 잘 생각하여라. 어떤 것이 사념처를 닦는 것인가.

안 몸을 안 몸으로 관하는 기억에 머물러 방편으로 꾸준히 힘써 바른 지혜[正智]와 바른 기억[正念]으로 세간의 근심과 슬픔을 조복 받고, 바깥 몸을 바깥 몸으로, 안팎 몸을 안팎 몸으로 관하여 머물러 방편으로 꾸준히 힘써 바른 기억과 바른 지혜로 세간의 근심과 슬픔을 조복 받는다. 이와 같이 느낌과 마음에 대해서도 그러하며, 법의 안 법과 바깥 법과 안팎 법을 법으로 관하는 기억에 머물러 방편으로 꾸준히 힘써 바른 기억과 바른 지혜로 세간의 근심과 슬픔을 조복 받는다. 이것을 비구가 사념처를 닦는 것이라 한다."

부처님께서 이 경을 말씀하시자, 모든 비구는 부처님 말씀을 듣고 기뻐하며 받들어 행하였다.

(과거와 미래에 사념처를 닦는 것도 이와 같다고 말씀하셨다.)

6.1.6 선취경(善聚經)

【잡아함경 제24권 611경】

이와 같이 나는 들었다.

어느 때 부처님께서 사밧티성 제타숲 아나타핀디카동산에 계셨다. 그때 세존께서 비구들에게 말씀하셨다.

"선한 법 무더기와 선하지 않은 법 무더기가 있다. 무엇이 선한 법 무더기인가. 사념처이니, 이것은 옳은 말이다. 왜냐하면 순일하고 원만하여 청정한 무더기란 사념처이기 때문이다.

무엇이 넷인가. 몸을 몸으로 관하는 염처와 느낌을 느낌으로, 마음을 마음으로, 법을 법으로 관하는 염처이다.

무엇이 선하지 않은 법 무더기인가. 다섯 가지 덮개[五蓋]이니, 이것은 옳은 말이다. 왜냐하면 순일하지 않고 원만하지 못하여 선하지 않은 무더기는 다섯 가지 덮개이기 때문이다.

무엇이 다섯인가. 탐욕 · 성냄 · 수면 · 들뜸 · 의심의 덮개이다."

부처님께서 이 경을 말씀하시자, 모든 비구는 부처님 말씀을 듣고 기뻐하며 받들어 행하였다.

6.1.7 궁경(弓經)

【잡아함경 제24권 612경】

이와 같이 나는 들었다.

어느 때 부처님께서 사밧티성 제타숲 아나타핀디카동산에 계셨다. 그때 세존께서 비구들에게 말씀하셨다.

"마치 어떤 사람이 네 가지 튼튼한 활을 가지고 강한 힘으로 타알라 나무의 그림자를 쏘면 빠르게 지나가 걸림이 없는 것처럼, 여래의 네 부류의 성문(聲聞)도 수승한 방편과 뛰어난 능력과 지혜로 백 년의 목숨을 마칠 때까지 여래에게서 백 년 동안의 설법과 가르침을 받는다. 이때 다만 밥을 먹고 쉬고 옷을 수선하고 잠잘 때만 제외하고는 항상 말하고 항상 들으며, 지혜는 밝고 뛰어나 여래의 말씀을 깊이 받아 지녀서 막힘이 없으며, 여래에게 두 번 묻지 않는다.

또 여래의 설법은 끝이 없다. 백 년의 목숨이 다하도록 법을 들어 목숨이 다하더라도 여래의 설법은 다할 수 없으니, 마땅히 알라. 여래의 설법은 한량이 없고 끝이 없으며, 경의 이름과 구절과 의미도 한량없고 끝이 없다. 즉 사념처이니, 어떤 것을 넷이라 하는가. 몸의 염처와 느낌 · 마음 · 법의 염처이다."

부처님께서 이 경을 말씀하시자, 모든 비구는 부처님 말씀을 듣고 기뻐하며 받들어 행하였다.

(일체의 사념처경은 이 모든 구절로써 다하니, 그러므로 비구는 이 사념처를 닦아 익히고, 왕성한 의욕을 일으켜 방편으로 꾸준히 힘써, 바른 기억과 바른 지혜로 공부하여야 한다.)

6.1.8 광택경(光澤經)

【잡아함경 제24권 635경】

이와 같이 나는 들었다.

어느 때 부처님께서 파탈리풋타 마을의 계림정사(鷄林精舍)에 계셨다. 그때 세존께서 비구들에게 말씀하셨다.

"만일 비구가 사념처를 닦아 익히기를 많이 하면 아직 청정하지 않은 중생은 청정해지고, 이미 청정한 중생은 더욱 빛나게 된다. 무엇이 넷인가. 몸을 몸으로 관하는 기억에 머무르고, 느낌을 느낌으로, 마음을 마음으로, 법을 법으로 관하는 기억에 머무르는 것이다."

부처님께서 이 경을 말씀하시자, 모든 비구는 부처님 말씀을 듣고 기뻐하며 받들어 행하였다.

(중생을 청정하게 하는 것과 같이, 피안의 세계로 건너가지 못한 이를 건너게 하고, 아라한을 얻고, 벽지불을 얻고, 아뇩다라삼먁삼보리를 얻는데 있어서도 위에서와 같이 말씀하셨다.)

6.1.9 비구경(比丘經)

【잡아함경 제24권 636경】

이와 같이 나는 들었다.

어느 때 부처님께서 파탈리풋타 마을의 계림정사에 계셨다. 그때 세존께서 비구들에게 말씀하셨다.

"그대들에게 사념처를 닦는 것을 말하겠다. 사념처를 닦는 것이란 무엇인가. 비구들이여, 그렇게 온 · 동등한 · 바르고 평등하게 깨달은 · 명에의 행을 완성한 · 잘 간 · 세간을 아는 · 더 이상 없는 · 사람을 길들이는 · 천신과 인간의 스승인 · 깨달은 어른께서 세상에 나와 바른 법을 설할 때, 처음 말도 좋고 중간 말도 좋고 마지막 말도 좋으며, 좋은 이치와 좋은 뜻이 순일하고 원만하고 깨끗하여 범행을 나타내 보이신다.

만일 훌륭한 가문의 아들과 딸들이 부처님을 따라 법을 듣고는 깨끗한 믿음의 마음을 얻어 이와 같이 공부하고자 할 때, 집에서는 욕락의 허물과 번뇌의 결박이 화합하는 것을 보게 되니, 비고 한적한 곳에 살기를 즐겨 집을 떠나 도를 배워야 한다. 또한, 집을 좋아하지 않아 집 없이 살면서 한결같이 청정하고자 하여, 목숨이 다할 때까지 순일하고 원만하고 깨끗하여 범행이 맑고 깨끗하게 될 것이다.

그리하여, '나는 수염과 머리를 깎고 가사를 입고 바른 믿음으로 집을 떠나 집 없이 도를 배울 것이다'라고 생각하고는, 곧 재물과 친족을 버리고 수염과 머리를 깎고 가사를 입고, 바른 믿음으로 집을 떠나 집 없이 도를 배운다. 몸의 행을 바르게 하고, 입의 네 가지 허물을 단속하고, 청정한 바른 생활을 한다. 그리하여 성현의 계율을 익히고 모든 감각기관의 문을 지키어 마음을 단속하고 기억을 바르게 하여, 눈으로 색을 볼 때에도 그 형상을 취하지 않는다.

만일 눈이 계율답지 않은 것에 머무르면 세간의 탐욕과 근심과 악하고 선하지 않은 법이 항상 마음에서 새어 나온다. 그러나 그는 이제 눈에서 바른 계율을 일으킨다. 귀 · 코 · 혀 · 몸 · 의지에서 바른 계율을 일으키는 것도 그와 같다.

그는 성현의 바른 계율을 성취함으로써 감각기관의 문을 잘 다스려, 오거나 갈 때, 돌아다니거나 좌우를 살펴볼 때, 굽히거나 펼 때, 앉거나 누울 때, 자거나 깰 때, 말하거나 침묵할 때에 바른 지혜로 머무르게 된다. 그는 이러한 성인의 계율을 성취하여, 감각기관을 지켜 단속하고 바른 지혜와 바른 기억으로 고요히 세간을 멀리 떠나, 빈 곳이나 나무 아래나 고요한 방에 홀로 앉아, 몸을 바로 하고 바른 기억으로 마음을 다잡아 편안히 머무른다. 그는 세간의 탐욕과 근심을 끊고, 탐욕을 떠나 탐욕을 깨끗이 버리며, 세간의 성냄과 수면과 들뜸과 의심을 끊고, 성냄과 수면과 들뜸과 의심을 떠나 성냄과 수면과 들뜸과 의심을 깨끗이 버린다.

그리하여 다섯 가지 덮개[五蓋]의 번뇌, 즉 마음과 지혜와 힘을 약하게 하는 모든 장애이자 열반으로 나아가지 못하게 하는 것을 끊는다. 그러므로 안 몸을 안 몸으로 관하는 기억에 머물러 방편으로 꾸준히 힘써, 바른 지혜와 바른 기억으로 세간의 탐욕과 근심을 조복 받는다. 이와 같이 바깥 몸을 바깥 몸으로, 안팎 몸을 안팎 몸으로, 느낌을 느낌으로, 마음을 마음으로, 법을 법으로 관하는 기억에 머무르는 것도 그러하다. 이것을 비구가 '사념처를 닦는 것'이라 한다."

부처님께서 이 경을 말씀하시자, 모든 비구는 부처님 말씀을 듣고 기뻐하며 받들어 행하였다.

6.1.10 독일경(獨一經)①

【잡아함경 제19권 535경】

이와 같이 나는 들었다.

어느 때 부처님께서 사밧티성 제타숲 아나타핀디카동산에 계셨다.

그때 아누룻다 존자는 송림정사(松林精舍)에 있었고, 마하목갈라나 존자는 밧지 마을 숨수마라산의 베사칼라 숲에 있었다.

때에 아누룻다 존자는 혼자 고요한 곳에서 선정에 들어 이렇게 생각하였다. '일승(一乘)의 도가 있어 중생을 청정하게 하고, 근심 · 슬픔 · 번민 · 고통을 떠나 진여법을 얻게 하니, 즉 네 가지 염처[四念處]이다.

무엇이 넷인가. 몸을 몸으로 관하는 염처와 느낌을 느낌으로, 마음을 마음으로, 법을 법으로 관하는 염처이다.

만일 네 가지 염처를 멀리 떠나면 성현의 법을 멀리 떠나게 되고, 성현의 법을 멀리 떠나면 성스러운 도를 멀리 떠나게 되며, 성스러운 도를 멀리 떠나면 감로법을 멀리 떠나게 되고, 감로법을 멀리 떠나면 태어남 · 늙음 · 병듦 · 죽음 · 근심 · 슬픔 · 번민 · 고통에서 벗어나지 못하게 된다.

만일 네 가지 염처를 믿고 즐기면 성현의 법을 믿고 즐기게 되고, 성현의 법을 믿고 즐기면 성스러운 도를 믿고 즐기게 되며, 성스러운 도를 믿고 즐기면 감로법을 믿고 즐기게 되고, 감로법을 믿고 즐기면 태어남 · 늙음 · 병듦 · 죽음과 근심 · 슬픔 · 번민 · 고통에서 벗어나게 될 것이다.'

그때 마하목갈라나 존자는 아누룻다 존자의 생각을 알고, 마치 힘센 장사가 팔을 굽혔다 펴는 것과 같은 잠깐 동안에, 신통력으로 밧지 마을 숨수마라산의 베사칼라 숲의 짐승 사는 곳에서 사라져 사밧티성의 송림정사에 이르러 아누룻다 존자 앞에 나타나 그에게 말하였다.

"그대는 혼자 고요한 곳에서 선정에 들어, '일승의 도가 있어 중생을 청정하게 하고, 태어남 · 늙음 · 병듦 · 죽음 · 근심 · 슬픔 · 번민 · 고통을 떠나 진여법을 얻게 하니, 즉 네 가지 염처이다.

무엇이 넷인가. 몸을 몸으로 관하는 염처와 느낌을 느낌으로, 마음을 마음으로, 법을 법으로 관하는 염처이다.

만일 네 가지 염처를 즐기지 않으면 성현의 법을 즐기지 않게 되고, 성현의 법을 즐기지 않으면 성스러운 도를 즐기지 않게 되며, 성스러운 도를 즐기지 않으면 감로법을 즐기지 않게 되고, 감로법을 즐기지 않으면 태어남 · 늙음 · 병듦 · 죽음 · 근심 · 슬픔 · 번민 · 고통에서 벗어나지 못하게 된다.

만일 네 가지 염처를 믿고 즐기면, 성현의 법을 즐기게 되고, 성현의 법을 즐기면 성스러운 도를 즐기게 되며, 성스러운 도를 즐기면 감로법을 즐기게 되고, 감로법을 즐기면 태어남 · 늙음 · 병듦 · 죽음 · 근심 · 슬픔 · 번민 · 고통에서 벗어나게 된다'라고 생각하였습니까?"

아누룻다 존자가 마하목갈라나 존자에게 말하였다.

"그렇습니다, 존자여."

마하목갈라나 존자가 아누룻다 존자에게 말하였다.

"무엇이 네 가지 염처를 즐기는 것입니까?"

"만일 비구가 몸을 몸으로 관하는 염처에서, 마음이 몸을 연하더라도 바른 기억에 머물러 조복 받고, 그치고 쉬고 고요하여 한마음으로 더욱 나아갑니다. 이와 같이 느낌과 마음과 법의 염처에서 바른 기억에 머물러 조복 받고, 그치고 쉬고 고요하여 한마음으로 더욱 나아가게 됩니다. 마하 목갈라나 존자여, 이것을 비구가 네 가지 염처를 즐기는 것이라 합니다."

이때 마하목갈라나 존자는 곧 여기상(如其像)삼매에 바로 들어, 사밧티성의 송림정사 문을 나가 밧지 마을 숨수마라산의 베사칼라 숲의 짐승 사는 곳으로 돌아갔다.

6. 2 사정단(四正斷)

6.2.1 사정단경(四正斷經)①

【잡아함경 제31권 875경】

이와 같이 나는 들었다.

어느 때 부처님께서 사밧티성 제타숲 아나타핀디카동산에 계셨다. 그때 세존께서 비구들에게 말씀하셨다.

"네 가지 바른 끊음[四正斷]이 있다. 무엇이 넷인가. 첫째는 끊음으로써 끊음[斷斷]이고, 둘째는 계율로써 끊음[律儀斷]이며, 셋째는 지켜서 끊음[隨護斷]이고, 넷째는 닦아서 끊음[修斷]이다."

부처님께서 이 경을 말씀하시자, 모든 비구는 부처님 말씀을 듣고 기뻐하며 받들어 행하였다.

6.2.2 사정단경(四正斷經) ③

【잡아함경 제31권 877경】

이와 같이 나는 들었다.

어느 때 부처님께서 사밧티성 제타숲 아나타핀디카동산에 계셨다. 그때 세존께서 비구들에게 말씀하셨다.

"네 가지 바른 끊음이 있다. 무엇이 넷인가. 첫째는 끊음으로써 끊음이고, 둘째는 계율로써 끊음이며, 셋째는 지켜서 끊음이고, 넷째는 닦아서 끊음이다.

무엇이 '끊음으로써 끊음'인가. 비구가 이미 일어난 악하고 선하지 않은 법을 끊으려는 의욕을 내어 방편으로 꾸준히 힘써 마음을 보호하면, 이것을 '끊음으로써 끊음'이라 한다.

무엇이 '계율로써 끊음'인가. 아직 일어나지 않은 악하고 선하지 않은 법을 일어나지 않게 하려는 의욕을 내어 방편으로 꾸준히 힘써 보호하면, 이것을 '계율로써 끊음'이라 한다.

무엇이 '지켜서 끊음'인가. 아직 일어나지 않은 선한 법을 일어나게 하려는 의욕을 내어 방편으로 꾸준히 힘써 보호하면, 이것을 '지켜서 끊음'이라 한다.

무엇이 '닦아서 끊음'인가. 이미 일어난 선한 법을 더욱 닦아 익히려는 의욕을 내어 방편으로 꾸준히 힘써 보호하면, 이것을 '닦아서 끊음'이라

한다.”

부처님께서 이 경을 말씀하시자, 모든 비구는 부처님 말씀을 듣고 기뻐하며 받들어 행하였다.

6.2.3 사정단경(四正斷經)⑤

【잡아함경 제31권 879경】

이와 같이 나는 들었다.

어느 때 부처님께서 사밧티성 제타숲 아나타핀디카동산에 계셨다. 그때 세존께서 비구들에게 말씀하셨다.

“네 가지 바른 끊음이 있다. 무엇이 넷인가. 첫째는 끊음으로써 끊음이고, 둘째는 계율로써 끊음이며, 셋째는 지켜서 끊음이고, 넷째는 닦아서 끊음이다.

무엇이 ‘끊음으로써 끊음’인가. 만일 비구가 이미 일어난 악하고 선하지 않은 법을 끊으려는 의욕을 내어 방편으로 꾸준히 힘써 보호하고, 아직 일어나지 않은 악하고 선하지 않은 법을 일어나지 않게 하려는 의욕을 내어 방편으로 꾸준히 힘써 보호하며, 아직 생기지 않은 선한 법은 일어나게 하려는 의욕을 내어 방편으로 꾸준히 힘써 보호하고, 이미 생긴 선한 법은 더욱 닦아 익히려는 의욕을 내어 방편으로 꾸준히 힘써 보호하면, 이것을 ‘끊음으로써 끊음’이라 한다.

무엇이 ‘계율로써 끊음’인가. 비구가 눈을 잘 단속하고 빈틈없이 조복시켜 나아가는 것이다. 이와 같이 귀·코·혀·몸·의지를 잘 단속하고 빈틈없이 조복시켜 나아가면, 이것을 ‘계율로써 끊음’이라 한다.

무엇이 ‘지켜서 끊음’인가. 비구가 여러 진실한 삼매의 상(相)을 잘 보호해 가지는 것이다. 즉 멍들어 푸른 모양·퉁퉁 부어오른 모양·곪은 모양·문드러진 모양·음식을 끊임없이 먹는 모양을 닦아 익히고 보호해 가져서 물러가거나 사라지지 않게 하면, 이것을 '지켜서 끊음'이라 한다.

무엇이 '닦아서 끊음'인가. 만일 비구가 네 가지 염처를 닦으면, 이것을 '닦아서 끊음'이라 한다."

그때 세존께서 곧 게송으로 말씀하셨다.

끊음으로써 끊음 · 계율로써 끊음
지켜서 끊음 · 닦아서 끊음
이 네 가지 바른 끊음은
바르게 깨달은 이의 말씀이니
비구가 방편으로 힘써 행하면
모든 번뇌를 없앨 수 있으리라.

부처님께서 이 경을 말씀하시자, 모든 비구는 부처님 말씀을 듣고 기뻐하며 받들어 행하였다.

(네 가지 염처와 같이 네 가지 바른 끊음 · 네 가지 여의족 · 다섯 가지 기능 · 다섯 가지 힘 · 일곱 가지 깨달음 갈래 · 여덟 가지 거룩한 길 · 네 가지 길 · 네 가지 법구(法句)의 바른 관찰과 닦아 익히는 것에 대해서도 이와 같이 말씀하셨다.)

6. 3 사여의족(四如意足)

6.3.1 바라문경(婆羅門經)

【잡아함경 제21권 561경】

이와 같이 나는 들었다.

어느 때 부처님께서 코삼비국 고시타 동산에 계셨는데, 아난 존자도 그곳에 있었다. 이때 어떤 바라문이 아난 존자에게 가서 서로 인사하고 안부를 물은 뒤 한쪽에 앉아 아난 존자에게 물었다.
"무엇 때문에 사문 고타마 밑에서 범행을 닦습니까?"
아난 존자가 바라문에게 말하였다.
"끊기 위해서입니다."
"존자는 무엇을 끊으려 합니까?"
"갈애를 끊으려 합니다."
"아난 존자여, 무엇을 의지해 갈애를 끊을 수 있습니까?"
"바라문이여, 의욕을 의지해 갈애를 끊습니다."
"아난 존자여, 그러면 끝이 없는 것이 아닙니까?"
"바라문이여, 끝이 없는 것이 아닙니다. 이와 같이 끝이 있고, 끝이 없는 것이 아닙니다."
"아난 존자여, 무슨 이유로 끝이 있고, 끝이 없는 것이 아니라고 합니까?"
"바라문이여, 나는 이제 그대에게 물으리니, 뜻대로 대답하십시오. 바라문이여, 그대는 어떻게 생각합니까? 그대는 지금 의욕이 있어서 이 정사(精舍)에 온 것이 아닌지요?"
"그렇습니다, 아난이여."
"그렇다면 바라문이여, 이미 이 정사에 왔으니 그 의욕은 쉬지 않습니까?"
"그렇습니다. 아난 존자여, 나는 노력하고 준비하고 계획해서 이 정사에 온 것입니다."
아난이 다시 물었다.
"이미 이 정사에 왔으면 그 노력과 준비와 계획은 쉬지 않습니까?"
"그렇습니다."
아난 존자가 바라문에게 말하였다.

"그와 같이 바라문이여, 여래 · 응공 · 등정각께서는 알고 보시니, 네 가지 여의족을 말씀하시어, 일승(一乘)의 도로써 중생을 깨끗하게 하고 괴로움과 번민을 없애고 근심과 슬픔을 끊어주십니다. 무엇이 넷인가. 욕정(欲定)을 닦아 행(行)을 끊어 여의족을 성취하고, 정진정(精進定) · 심정(心定) · 사유정(思惟定)을 닦아 행(行)을 끊어 여의족을 성취합니다. 그러므로 거룩한 제자는 욕정(欲定)을 닦아 행을 끊어 여의족을 성취하고, 떠남 · 욕심 없음 · 생사를 벗어남 · 멸함에 의지하여 끊어버림[捨]으로 향하여 마침내 갈애를 끊게 됩니다. 갈애가 끊어진 뒤에는 그 의욕도 쉬게 됩니다. 정진정 · 심정 · 사유정을 닦아 결합을 끊어 여의족을 성취하고, 떠남 · 욕심 없음 · 생사를 벗어남 · 멸함에 의지하여 끊어버림으로 향하여 마침내 갈애가 다하게 됩니다. 갈애가 이미 다하면 사유(思惟)가 곧 쉬게 됩니다. 바라문이여, 그대는 어떻게 생각합니까? 이것이 끝이 아닌지요?"

바라문이 말하였다.

"아난 존자여, 그것은 끝이요, 끝이 없는 것이 아닙니다."

바라문은 아난 존자의 말을 듣고 매우 기뻐하며 자리에서 일어나 떠나갔다.

6. 4 오근(五根)

6.4.1 정경(淨經)

【잡아함경 제26권 643경】

이와 같이 나는 들었다.

어느 때 부처님께서 사밧티성 제타숲 아나타핀디카동산에 계셨다. 그때 세존께서 비구들에게 말씀하셨다.

"다섯 가지 기능[五根]이 있다. 무엇이 다섯인가. 믿음의 기능[信根] · 정진의 기능[精進根] · 기억의 기능[念根] · 선정의 기능[定根] · 지혜의 기능[慧根]이다."

부처님께서 이 경을 말씀하시자, 모든 비구는 부처님 말씀을 듣고 기뻐하며 받들어 행하였다.

6.4.2 혜근경(慧根經)⑥

【잡아함경 제26권 659경】

이와 같이 나는 들었다.

어느 때 부처님께서 사밧티성 제타숲 아나타핀디카동산에 계셨다. 그때 세존께서 비구들에게 말씀하셨다.

"다섯 가지 기능이 있다. 무엇이 다섯인가. 믿음의 기능 · 정진의 기능 · 기억의 기능 · 선정의 기능 · 지혜의 기능이다.

무엇이 믿음의 기능인가. 거룩한 제자가 여래에 대하여 보리심을 내어 얻는 깨끗한 믿음의 마음, 이것을 믿음의 기능이라 한다.

무엇이 정진의 기능인가. 여래에 대하여 보리심을 내어 일으키는 정진과 방편, 이것을 정진의 기능이라 한다.

무엇이 기억의 기능인가. 여래에 대하여 처음으로 보리심을 내어 일으키는 기억, 이것을 기억의 기능이라 한다.

무엇이 선정의 기능인가. 여래에 대하여 처음으로 보리심을 내어 일으키는 삼매, 이것을 선정의 기능이라 한다.

무엇이 지혜의 기능인가. 여래에 대하여 처음으로 보리심을 내어 일으키는 지혜, 이것을 지혜의 기능이라 한다."

(집과 누각의 비유는 위에서 말한 것과 같다.)

부처님께서 이 경을 말씀하시자, 모든 비구는 부처님 말씀을 듣고 기뻐하며 받들어 행하였다.

6.4.3 당지경(當知經)

【잡아함경 제26권 646경】

이와 같이 나는 들었다.

어느 때 부처님께서 사밧티성 제타숲 아나타핀디카동산에 계셨다. 그 때 세존께서 비구들에게 말씀하셨다.

"다섯 가지 기능이 있다. 무엇이 다섯인가. 믿음의 기능 · 정진의 기능 · 기억의 기능 · 선정의 기능 · 지혜의 기능이다.

믿음의 기능이란, '네 가지 무너지지 않는 깨끗한 믿음[四不壞淨]'을 아는 것이다.

정진의 기능이란, '네 가지 바른 끊음[四正斷]'을 아는 것이다.

기억의 기능이란, '네 가지 염처[四念處]'를 아는 것이다.

선정의 기능이란, '네 단계의 선정[四禪]'을 아는 것이다.

지혜의 기능이란, '네 가지 거룩한 진리[四聖諦]'를 아는 것이다."

부처님께서 이 경을 말씀하시자, 모든 비구는 부처님 말씀을 듣고 기뻐하며 받들어 행하였다.

6.4.4 분별경(分別經)

【잡아함경 제26권 647경】

이와 같이 나는 들었다.

어느 때 부처님께서 사밧티성 제타숲 아나타핀디카동산에 계셨다. 그 때 세존께서 비구들에게 말씀하셨다.

"다섯 가지 기능이 있다. 무엇이 다섯인가. 믿음의 기능 · 정진의 기능 · 기억의 기능 · 선정의 기능 · 지혜의 기능이다.

무엇이 '믿음의 기능'인가. 만일 비구가 여래에 대하여 깨끗한 믿음의 마음을 일으켜 그 근본이 견고하여 모든 천신 · 마라 · 범천 · 사문 · 바라문 및 그 밖의 세상 사람들로도 그 마음을 무너뜨릴 수 없으면, 이것을 '믿음의 기능'이라 한다.

무엇이 '정진의 기능'인가. 이미 생긴 악하고 선하지 않은 법은 끊도록 의욕을 내고 방편을 써서 마음을 다스려 더욱 나아가며, 아직 생기지 않은 악하고 선하지 않은 법은 일어나지 않도록 의욕을 내고 방편을 써서 마음을 다스려 더욱 나아가며, 아직 생기지 않은 선한 법은 일어나도록 의욕을 내고 방편을 써서 마음을 다스려 더욱 나아가며, 이미 생긴 선한 법은 잊어버리지 않고 닦고 익히어 넓어지도록 의욕을 내고 방편을 써서 마음을 다스려 더욱 나아간다면, 이것을 '정진의 기능'이라 한다.

무엇이 '기억의 기능'인가. 만일 비구가 안 몸을 안 몸으로 관하여 머무르되, 쉼 없이 방편을 써서 바른 기억과 바른 지혜로 세상의 탐욕과 근심을 조복 받는다. 바깥 몸을 바깥 몸으로, 안팎 몸을 안팎 몸으로, 느낌을 느낌으로, 마음을 마음으로, 법을 법으로 관하는 기억에 머무르는 것도 그러하다. 이것을 '기억의 기능'이라 한다.

무엇이 '선정의 기능'인가. 비구가 탐욕을 떠나고 악하고 선하지 않은 법을 떠나면, 거친 생각[覺]이 있고 미세한 생각[觀]이 있게 된다. 그리고 욕계를 떠남에서 생기는 기쁨과 즐거움이 있는 초선에 머무른다. 초선에서 제4선에 이르기까지 완전히 갖추어 머무르면, 이것을 '선정의 기능'이라 한다.

무엇이 '지혜의 기능'인가. 만일 비구가 괴로움의 진리를 여실히 알고, 괴로움의 집기의 진리 · 괴로움의 멸함의 진리 · 괴로움의 멸함에 이르는 길의 진리를 여실히 알면, 이것을 '지혜의 기능'이라 한다."

부처님께서 이 경을 말씀하시자, 모든 비구는 부처님 말씀을 듣고 기뻐하며 받들어 행하였다.

6.4.5 혜근경(慧根經)①

【잡아함경 제26권 654경】

이와 같이 나는 들었다.

어느 때 부처님께서 사밧티성 제타숲 아나타핀디카동산에 계셨다. 그때 세존께서 비구들에게 말씀하셨다.

"다섯 가지의 기능이 있다. 무엇이 다섯인가. 믿음의 기능 · 정진의 기능 · 기억의 기능 · 선정의 기능 · 지혜의 기능이다. 이 다섯 가지의 기능은 모두 지혜의 기능에 포섭된다.

마치 집과 누각의 여러 재목은 용마루를 우두머리로 하는 것과 같으니, 그것들은 모두 용마루를 의지하기 때문이다. 이와 같이 다섯 가지의 기능은 지혜를 우두머리로 하니, 지혜로써 그것들을 포섭하여 지키기 때문이다."

부처님께서 이 경을 말씀하시자, 모든 비구는 부처님 말씀을 듣고 기뻐하며 받들어 행하였다.

6.4.6 수다원경[須陀洹經]

【잡아함경 제26권 644경】

이와 같이 나는 들었다.

어느 때 부처님께서 사밧티성 제타숲 아나타핀디카동산에 계셨다. 그때 세존께서 비구들에게 말씀하셨다.

"다섯 가지 기능이 있다. 무엇이 다섯인가. 믿음의 기능 · 정진의 기능 · 기억의 기능 · 선정의 기능 · 지혜의 기능이다.

만일 비구가 이 다섯 가지의 기능을 여실히 잘 관하면, 몸이 있다는 견해[身見] · 계율에 대한 집착[戒取] · 의심[疑]의 세 가지 결박[三結]을 끊은 줄 알 것이다. 이것을 '수다원'이라 하니, 나쁜 곳으로 가는 법에 떨어지지 않고 반드시 바른 깨달음으로 향하여, 천상과 인간에 일곱 번 태어난 뒤에는 괴로움에서 완전히 벗어난다."

부처님께서 이 경을 말씀하시자, 모든 비구는 부처님 말씀을 듣고 기뻐하며 받들어 행하였다.

6.4.7 아라한경(阿羅漢經)

【잡아함경 제26권 645경】

이와 같이 나는 들었다.

어느 때 부처님께서 사밧티성 제타숲 아나타핀디카동산에 계셨다. 그때 세존께서 비구들에게 말씀하셨다.

"이 다섯 가지의 기능을 여실히 관하는 사람은 모든 번뇌를 일으키지 않고 마음이 욕계를 떠나 해탈을 얻는다. 이것을 '아라한'이라 한다. 그는 모든 번뇌를 다하고, 할 일을 마쳤으며, 모든 무거운 짐을 내려놓아 스스로 편안함을 얻었고, 모든 존재의 결박을 끊고 바른 지혜로써 마음이 잘 해탈하였다."

부처님께서 이 경을 말씀하시자, 모든 비구는 부처님 말씀을 듣고 기뻐하며 받들어 행하였다.

6.4.8 사문바라문경(沙門婆羅門經)①

【잡아함경 제26권 650경】

이와 같이 나는 들었다.

어느 때 부처님께서 사밧티성 제타숲 아나타핀디카동산에 계셨다. 그때 세존께서 비구들에게 말씀하셨다.

(위에서 말씀하신 것과 같다. 다른 것은 다음과 같다.)

"비구들이여, 만일 내가 이 믿음의 기능, 믿음의 기능의 집기, 믿음의 기능의 멸함, 믿음의 기능의 멸함에 이르는 길을 여실히 알지 못하였다면, 나는 모든 천신 · 마라 · 범천 · 사문 · 바라문에게서 벗어나거나 떠나지도 못하며, 마음의 뒤바뀜에서 해탈하지도 못하고, 아뇩다라삼먁삼보리를 이루지도 못하였을 것이다.

믿음의 기능에서와 같이 정진의 기능 · 기억의 기능 · 선정의 기능 · 지혜의 기능에 대해서도 그러하다.

비구들이여, 나는 이 믿음의 기능을 바른 지혜로 여실히 관하고, 믿음의 기능의 집기, 믿음의 기능의 멸함, 믿음의 기능의 멸함에 이르는 길을 바른 지혜로 여실히 관하였으므로, 모든 천신 · 마라 · 범천 · 사문 · 바라문에게서 벗어나고 떠났으며, 마음의 뒤바뀜에서 해탈하여 아뇩다라삼먁삼보리를 이루었다. 믿음의 기능에서와 같이 정진 · 기억 · 선정 · 지혜의 기능에 대해서도 그러하다."

부처님께서 이렇게 말씀하시자, 모든 비구는 부처님 말씀을 듣고 기뻐하며 받들어 행하였다.

6. 5 오력(五力)

6.5.1 오력경(五力經)

【잡아함경 제26권 673경】

이와 같이 나는 들었다.

어느 때 부처님께서 사밧티성 제타숲 아나타핀디카동산에 계셨다. 그때 세존께서 비구들에게 말씀하셨다.

"다섯 가지 힘이 있다. 어떤 것이 다섯인가. 믿음의 힘[信力] · 정진의 힘[精進力] · 기억의 힘[念力] · 선정의 힘[定力] · 지혜의 힘[慧力]이다."

부처님께서 이 경을 말씀하시자, 모든 비구는 부처님 말씀을 듣고 기뻐하며 받들어 행하였다.

6.5.2 당지오력경(當知五力經)

【잡아함경 제26권 675경】

이와 같이 나는 들었다.

어느 때 부처님께서 사밧티성 제타숲 아나타핀디카동산에 계셨다. 그때 세존께서 비구들에게 말씀하셨다.

(위에서 말씀하신 것과 같다. 다른 것은 다음과 같다.)

"믿음의 힘이란, 네 가지 무너지지 않는 깨끗한 믿음[四不壞定]을 아는 것이다. 정진의 힘이란, 네 가지 바른 끊음[四正斷]을 아는 것이다. 기억의 힘이란, 네 가지 염처[四念處]를 아는 것이다. 선정의 힘이란, 네 단계의 선정[四禪]을 아는 것이다. 지혜의 힘이란, 네 가지 거룩한 진리[四聖諦]를 아는 것이다."

부처님께서 이 경을 말씀하시자, 모든 비구는 부처님 말씀을 듣고 기뻐하며 받들어 행하였다.

6. 6 칠각지(七覺支)

6.6.1 설경(說經)

【잡아함경 제27권 728경】

이와 같이 나는 들었다.

어느 때 부처님께서 사밧티성 제타숲 아나타핀디카동산에 계셨다. 그때 세존께서 비구들에게 말씀하셨다.

"일곱 가지 깨달음 갈래[七覺分, 七覺支]가 있다. 무엇이 일곱인가. 살핌[念]의 깨달음 갈래와 법 선택[擇法]의 깨달음 갈래 · 정진(精進)의 깨달음 갈래 · 기쁨[喜]의 깨달음 갈래 · 쉼[輕安]의 깨달음 갈래 · 선정[定]의 깨달음 갈래 · 담담함[捨]의 깨달음 갈래이다."

부처님께서 이 경을 말씀하시자, 비구들은 부처님 말씀을 듣고 기뻐하며 받들어 행하였다.

6.6.2 멸경(滅經)

【잡아함경 제27권 729경】

이와 같이 나는 들었다.

어느 때 부처님께서 사밧티성 제타숲 아나타핀디카동산에 계셨다. 그때 세존께서 비구들에게 말씀하셨다.

"일곱 가지 깨달음 갈래를 닦아야 한다. 무엇이 일곱인가. 기억의 깨달음 갈래와 ……담담함의 깨달음 갈래이다. 만일 비구가 살핌의 깨달음 갈래를 닦으면, 멀리 떠남 · 욕심 없음 · 멸함에 의지하여 끊어버림으로 나아간다. 이와 같이 법 선택 · 정진 · 기쁨 · 쉼 · 선정 · 담담함의 깨달음 갈래를 닦으면, 멀리 떠남 · 욕심 없음 · 멸함에 의지하여 끊어버림으로 나아간다."

부처님께서 이 경을 말씀하시자, 비구들은 부처님 말씀을 듣고 기뻐하며 받들어 행하였다.

6.6.3 아누룻다경(阿那律經)

【잡아함경 제27권 720경】

이와 같이 나는 들었다.

어느 때 부처님께서 사밧티성 제타숲 아나타핀디카동산에 계셨다. 그때 아누룻다[阿那律] 존자는 송림정사에 있었다.

이때 많은 비구는 아누룻다 존자에게 가서 서로 인사하고 안부를 물은 뒤에 물러나 한쪽에 앉아 아누룻다 존자에게 여쭈었다.

"존자는 방편으로 일곱 가지 깨달음 갈래를 닦을 때에 즐거움에 머무르는 줄 아십니까?"

아누룻다 존자가 비구들에게 말하였다.

"나는 비구들이 방편으로 일곱 가지 깨달음 갈래를 닦을 때에 즐거움에 머무르는 줄을 압니다."

비구들은 아누룻다 존자에게 여쭈었다.

"비구가 방편으로 일곱 가지 깨달음 갈래를 닦을 때에 즐거움에 머무르는 줄을 어떻게 아십니까?"

아누룻다 존자가 비구들에게 말하였다.

"비구는 방편으로 살핌의 깨달음 갈래를 닦고 잘 기억하여, '나는 마음이 잘 해탈하였고 잠[睡眠]을 잘 물리쳤으며 들뜸을 잘 조복 받았다'라고 안다. 이와 같이 살핌의 깨달음 갈래에 머무르는 법을 사유한 뒤에 방편으로 꾸준히 힘쓰면, 마음이 게으르지 않고 몸이 편히 쉬어 분주하지 않으며, 마음을 다잡아 머무르게 하여 어지러운 생각을 일으키지 않고, 한마음으로 고요하게 된다. 이와 같이 법 선택 · 정진 · 기쁨 · 쉼 · 선정 · 담담함의 깨달음 갈래에 대해서도 그러하다. 이것을 비구가 방편으로 일곱 가지 깨달음 갈래를 닦을 때에 즐거움에 머무는 것을 아는 것이라 한다."

이때 많은 비구는 아누룻다 존자의 말을 듣고 함께 기뻐하며 자리에서 일어나 떠나갔다.

6.6.4 칠도품경(七道品經)

【잡아함경 제27권 733경】

이와 같이 나는 들었다.

어느 때 부처님께서 사밧티성 제타숲 아나타핀디카동산에 계셨다. 그때 어떤 비구가 부처님 계신 곳으로 가서 부처님 발에 예배하고 물러나 한쪽에 앉아 여쭈었다

"세존께서는 깨달음 갈래를 말씀하시는데, 세존이시여, 어떤 것을 깨달

음 갈래라 하십니까?"

부처님께서 그 비구에게 말씀하셨다.

"깨달음 갈래란, 일곱 가지 도의 법[七道品法]을 말한다. 비구들이여, 일곱 가지 깨달음 갈래를 차례로 일으켜 그것을 닦아 성취하게 된다."

그때 다른 비구가 부처님께 여쭈었다.

"세존이시여, 깨달음 갈래를 차례로 일으켜 그것을 닦아 성취하게 된다는 것은 무엇입니까?"

부처님께서 그 비구에게 말씀하셨다.

"만일 비구가 안 몸을 안 몸으로 관하여 머무르면, 그가 안 몸을 안 몸으로 관하여 머무를 때는 마음을 다스려 기억을 매어 두어 잊지 않는다. 그때 그는 '살핌의 깨달음 갈래'를 방편으로 닦아 익히고, 그것을 방편으로 닦아 익힌 뒤에는 성취하게 된다.

살핌의 깨달음 갈래를 성취하게 되면, 법을 선택하여 분별하고 헤아린다. 그때는 '법 선택의 깨달음 갈래'를 방편으로 닦고, 방편으로 닦아 익힌 뒤에는 성취하게 된다.

이와 같이 차례로 '담담함의 깨달음 갈래'까지 닦아 익혀 성취하게 된다.

안 몸을 안 몸으로 관하는 기억에 머무르는 것과 같이, 바깥 몸을 바깥 몸으로, 안팎 몸을 안팎 몸으로, 느낌을 느낌으로, 마음을 마음으로, 법을 법으로 관하는 기억에 머무르면, 그때는 오로지 한마음으로 기억을 매어 두어 잊지 않으니, 나아가서는 '담담함의 깨달음 갈래'에 대해서도 그와 같다.

이와 같이 머무르면, 차례로 깨달음 갈래가 일어나는데, 차례로 일어난 뒤에 그것을 닦아 성취하게 되는 것이다."

부처님께서 이 경을 말씀하시자, 모든 비구는 부처님 말씀을 듣고 기뻐하며 받들어 행하였다.

6.6.5 전륜왕경(轉輪王經)

【잡아함경 제27권 721경】

이와 같이 나는 들었다.

어느 때 부처님께서 사밧티성 제타숲 아나타핀디카동산에 계셨다. 그때 세존께서 비구들에게 말씀하셨다.

"전륜성왕이 세상에 나올 때는 일곱 가지 보배가 세상에 나타난다. 즉 금륜보(金輪寶)·상보(象寶)·마보(馬寶)·신주보(神珠寶)·옥녀보(玉女寶)·주장신보(主藏臣寶)·주병신보(主兵臣寶)다.

이와 같이 여래가 세상에 나오면 일곱 가지 깨달음 갈래 보배가 나타난다.

왕이 재계(齋戒)하고 궁전 위에서 대신들에게 둘러싸여 있으면 동방에서 금륜보가 나타나는데, 바퀴에는 천 개의 바퀴살이 있고, 가지런한 바퀴통과 둥근 겉바퀴는 바퀴 모양을 완전히 갖추고 있다. 왕은, '이러한 상서로움이 있음은 반드시 전륜성왕이 있다는 것이다. 이제 내가 반드시 전륜성왕이 될 것이다'라고 생각하고는 두 손으로 금륜보를 받들어 왼손에 잡고 오른손으로 돌리면서 이렇게 말한다.

'만일 이것이 전륜성왕의 금륜보라면 다시 옛 전륜성왕이 다니던 길로 가자.'

이에 금륜보는 곧 출발하여 왕 앞에서 동방의 허공을 타고 옛 성왕이 다니던 똑같은 길로 곧장 나아가는데, 왕은 그 윤보(輪寶)를 따르고 네 종류의 군사도 그 뒤를 따른다. 그리고 어디서나 윤보가 머무르면 왕도 그곳에 머무르고 네 종류의 군사도 그곳에 머무른다. 동방의 여러 작은 나라의 왕들은 전륜성왕이 오는 것을 보고는 모두 와서 항복한다.

여래가 세상에 나오면 '일곱 가지 깨달음 갈래'가 세상에 나타난다. 이른바 살핌의 깨달음 갈래와 법 선택·정진·기쁨·쉼·선정·담담함의 깨달음 갈래이다."

부처님께서 이 경을 말씀하시자, 모든 비구는 부처님 말씀을 듣고 기뻐하며 받들어 행하였다.

6. 7 팔정도(八正道)

6.7.1 팔성도분경(八聖道分經)

【잡아함경 제28권 763경】

이와 같이 나는 들었다.

어느 때 부처님께서 사밧티성 제타숲 아나타핀디카동산에 계셨다. 그때 세존께서 비구들에게 말씀하셨다.

"내 이제 팔정도[八聖道]를 말하겠다. 무엇이 여덟인가. 바른 견해[正見] · 바른 생각[正志] · 바른 말[正語] · 바른 행동[正業] · 바른 생활[正命] · 바른 정진[正方便] · 바른 기억[正念] · 바른 선정[正定]이다."

부처님께서 이 경을 말씀하시자, 모든 비구는 부처님 말씀을 듣고 기뻐하며 받들어 행하였다.

6.7.2 사정경(邪正經)

【잡아함경 제28권 784경】

이와 같이 나는 들었다.

어느 때 부처님께서 사밧티성 제타숲 아나타핀디카동산에 계셨다. 그때 세존께서 비구들에게 말씀하셨다.

"삿됨과 바름이 있으니 자세히 듣고 잘 생각하여라. 그대들을 위하여 설명하겠다.

어떤 것이 삿됨인가. 삿된 견해 · 삿된 생각 · 삿된 말 · 삿된 행동 · 삿된 생활 · 삿된 정진 · 삿된 기억 · 삿된 선정이다.

어떤 것이 바름인가. 바른 견해 · 바른 생각 · 바른 말 · 바른 행동 · 바른 생활 · 바른 정진 · 바른 기억 · 바른 선정이다.

무엇이 바른 견해인가. 보시 · 가르침 · 재계[齋]가 있다고 말하는 것이다. 선행과 악행도 있고 선행과 악행의 과보도 있다고 말하는 것이다. 이 세상도 있고 다른 세상도 있다고 말하는 것이다. 부모도 있다고 말하는 것이다. 중생으로서 살아가는 것도 있고, 사향사과(四向四果)를 성취한 아라한도 있다고 말하는 것이다. '나의 생은 다하고 범행은 갖추었고 할 일은 마쳐, 다음 생을 받지 않는다'라는 것을 스스로 알고 깨달음을 두루 갖추어서 이 세상과 다른 세상에 머무는 것도 있다고 말하는 것이다.

어떤 것이 바른 생각인가. 탐욕이 없는 생각 · 성냄이 없는 생각 · 해침이 없는 생각이다.

어떤 것이 바른 말인가. 거짓말 · 두말 · 나쁜 말 · 꾸밈말을 떠난 것이다.

어떤 것이 바른 행동인가. 살생 · 도둑질 · 사음을 떠난 것이다.

어떤 것이 바른 생활인가. 의복 · 음식 · 침구 · 의약품을 법에 맞게 구하는 것이다.

어떤 것이 바른 정진인가. 의욕과 노력과 방편으로 번뇌를 떠나고 부지런히 나아가며 항상 물러나지 않도록 행하는 것이다.

어떤 것이 바른 기억인가. 기억을 따라 잊지 않으며 헛되지 않게 하는 것이다.

어떤 것이 바른 선정인가. 마음을 어지럽지 않게 하여 머물고 잘 다스려 굳게 지켜서 고요한 삼매에 들어 한마음이 되는 것이다."

부처님께서 이 경을 말씀하시자, 모든 비구는 부처님 말씀을 듣고 기뻐하며 받들어 행하였다.

6.7.3 권청품(勸請品)

【증일아함경 제10권 19-②경】

이와 같이 나는 들었다.

어느 때 부처님께서 바라나시의 선인들이 머물던 사슴 동산에 계셨다. 그때 세존께서 비구들에게 말씀하셨다.

"두 가지 일이 있다. 도를 배우는 사람은 그것을 가까이 하지 마라. 무엇이 두 가지인가. 욕심에 탐착하는 것과 즐거움에 탐착하는 것이다. 그것은 세속의 법으로서 온갖 괴로움의 원인이 된다.

이것이 이른바, '두 가지 일이 있으니 도를 배우는 사람은 그것을 가까이 하지 마라'라고 하는 것이다. 그러므로 나는 이 두 가지 일을 버리고 탐착을 벗어나는 도를 지녀 바른 깨달음을 성취하여, 눈이 생기고 지혜가 생겨 마음의 휴식을 얻고 온갖 신통을 얻으며 사문의 과보를 성취해 열반에 이르게 되었다.

어떤 탐착을 벗어나는 도를 지녀, 바른 깨달음을 성취하여, 눈이 생기고 지혜가 생겨 마음의 휴식을 얻고 온갖 신통을 얻으며 사문의 과보를 성취해 열반에 이르게 되었는가. 이른바 팔정도가 그것이다.

팔정도란, 바른 견해 · 바른 생각 · 바른 말 · 바른 행동 · 바른 생활 · 바른 정진 · 바른 기억 · 바른 선정이니, 이것을 탐착을 벗어나는 도라 한다.

나는 이것으로써 바른 깨달음을 성취하여, 눈이 생기고 지혜가 생겨 마음의 휴식을 얻고 온갖 신통을 얻으며 사문의 과보를 성취해 열반에 이르렀다. 그러므로 비구들이여, 위의 두 가지 일을 버리고 탐착을 벗어나는 도를 닦아라. 비구들이여, 이와 같이 공부하여야 한다."

그때 비구들은 부처님 말씀을 듣고 기뻐하며 받들어 행하였다.

6.7.4 사견정견경(邪見正見經) ②

【잡아함경 제28권 788경】

이와 같이 나는 들었다.

어느 때 부처님께서 사밧티성 제타숲 아나타핀디카동산에 계셨다. 그때 세존께서 비구들에게 말씀하셨다.

"삿됨으로 향하면 법에 어긋나고 법을 즐기지 않을 것이고, 바름으로 향하면 법을 즐기고 법에 어긋나지 않을 것이다.

무엇이 삿됨으로 향하면 법에 어긋나고 법을 즐기지 않는다는 것인가. 만일 삿된 견해를 가진 사람이 몸으로 짓는 업이나 입으로 짓는 업이 삿된 견해와 같아서, 기억하고 바라고 행하는 것이 다 삿된 견해를 따르면, 좋지 않은 결과와 기억할 만하지도 않고 마음에 들지도 않는 결과만을 얻는다. 왜냐하면 나쁜 견해란 삿된 견해를 말하며, 삿된 견해는 삿된 생각 · 삿된 말 · 삿된 행동 · 삿된 생활 · 삿된 정진 · 삿된 기억 · 삿된 선정을 일으키기 때문이다.

그것은 마치 쓴 종자를 땅에 심고 때에 맞춰 물을 주어 그것이 땅 맛 · 물 맛 · 불 맛 · 바람 맛을 얻더라도, 모두 쓴 것과 같다. 왜냐하면 종자가 쓰기 때문이다.

이와 같이 삿된 견해를 가진 사람은 몸으로 짓는 업이나 입으로 짓는 업이 그 견해와 같아서, 기억하고 바라고 행하는 것이 다 삿된 견해를 따르며, 좋아할 만하지 않고 기억할 만하지도 않고 마음에 들지도 않는 결과만을 얻는다. 왜냐하면 나쁜 견해란 삿된 견해를 말하며, 삿된 견해는 삿된 생각과 ……삿된 선정을 일으키기 때문이다. 이것이 이른바 삿됨으로 향하면 법에 어긋나고 법을 즐기지 않는다는 것이다.

무엇이 바름으로 향하면 법을 즐기고 법에 어긋나지 않는다는 것인가. 만일 바른 견해를 가진 사람이 몸으로 짓는 업이나 입으로 짓는 업이 그 견해와 같아서, 기억하고 바라고 행하는 것이 바른 견해를 따르면, 좋아할 만하고 기억할 만하며 마음에 드는 결과만을 얻는다. 왜냐하면 좋은 견해란 바른 견해를 말하며, 바른 견해는 바른 생각과 ……바른 선정을 일으키기 때문이다.

그것은 마치 감자나 벼 · 보리 · 포도 종자를 땅에 심고 때에 맞춰 물을 주어 땅 맛 · 물 맛 · 불 맛 · 바람 맛을 얻으면, 그 맛은 모두 단 것과 같다. 왜냐하면 종자가 달기 때문이다.

이와 같이 바른 견해를 가진 사람은 몸으로 짓는 업이나 입으로 짓는 업이 그 견해와 같아서, 기억하고 바라고 행하는 것이 다 바른 견해를 따르며, 좋아할 만하고 기억할 만하고 마음에 드는 결과만을 얻는다. 왜냐하면 좋은 견해란 바른 견해를 말하며, 바른 견해는 바른 생각과 ……바른 선정을 일으키기 때문이다. 이것이 바름으로 향하면 법을 즐기고 법에 어긋나지 않는다는 것이다."

부처님께서 이 경을 말씀하시자, 비구들은 부처님 말씀을 듣고 기뻐하며 받들어 행하였다.

(세간과 출세간에 대해서도 위의 세 경과 같이 말씀하셨으며, 모두 게송으로 말씀하셨다.)

더러운 법은 가까이 하지 말고
방일(放逸)하지 않으며
세간에서 삿된 견해 익히어
늘어나게 하지도 마라.

비록 이 세간에 살고 있어도
바른 견해를 더 많이 가지면

백 번 천 번 태어난다 하더라도
끝내 나쁜 세계에는 떨어지지 않으리라.

부처님께서 이 경을 말씀하시자, 모든 비구는 부처님 말씀을 듣고 기뻐하며 받들어 행하였다.

6.7.5 무명경(無明經) ①

【잡아함경 제28권 749경】

이와 같이 나는 들었다.

어느 때 부처님께서 사밧티성 제타숲 아나타핀디카동산에 계셨다. 그때 세존께서 비구들에게 말씀하셨다.

"무명(無明)의 상(相)이 먼저 일어나면 온갖 악하고 선하지 않은 법이 생기고, 그에 따라 부끄러워할 줄 모르며, 부끄러워할 줄 모르면 삿된 견해가 생기고, 삿된 견해가 생기면 삿된 생각 · 삿된 말 · 삿된 행동 · 삿된 생활 · 삿된 정진 · 삿된 기억 · 삿된 선정을 일으킨다.

만일 명(明)의 상(相)이 일어나면, 온갖 선한 법이 생기고, 그에 따라 부끄러움이 생기게 되며, 부끄러움이 생기면 바른 견해가 생기고, 바른 견해가 생기면 바른 생각 · 바른 말 · 바른 행동 · 바른 생활 · 바른 정진 · 바른 기억 · 바른 선정이 차례로 일어난다. 바른 선정이 생기게 되면 성인의 제자는 탐욕 · 성냄 · 어리석음에서 바르게 해탈한다.

이와 같이 성인의 제자가 바르게 해탈하면 바른 지견을 얻어, 나의 생은 다하고 범행은 갖추었고 할 일은 마쳐, 다시는 다음 생을 받지 않을 줄을 스스로 안다."

부처님께서 이 경을 말씀하시자, 모든 비구는 부처님 말씀을 듣고 기뻐하며 받들어 행하였다.

6.7.6 가마경(迦摩經)

【잡아함경 제28권 752경】

이와 같이 나는 들었다.

어느 때 부처님께서 사밧티성 제타숲 아나타핀디카동산에 계셨다.

그때 가마 비구가 부처님께 가서 부처님 발에 예배하고 물러나 한쪽에 앉아 여쭈었다.

"세존이시여, 탐욕이란 어떤 것입니까?"

부처님께서 가마 비구에게 말씀하셨다.

"탐욕이란, 다섯 가지 욕심을 자라게 하는 것이다. 무엇이 다섯인가. 눈으로 색을 식별할 때, 사랑할 만하고 마음에 들 만하고 기억할 만하다 하여 욕심을 내어 더욱 자라게 한다. 이와 같이 귀 · 코 · 혀 · 몸이 소리 · 냄새 · 맛 · 촉감을 식별할 때, 사랑할 만하고 마음에 들 만하고 기억할 만하다고 해서 욕심을 내어 자라게 하면, 이것을 탐욕이라 한다. 그러므로 그 자체는 탐욕이 아니다. 그것을 탐하고 집착하면 그것을 탐욕이라 한다."

그때 세존께서는 곧 게송으로 말씀하셨다.

세간의 다섯 인식 대상
그것을 애욕이라 하지 않는다.
그것을 탐하고 생각하는 것
그것이 곧 사람의 탐욕이니라.

온갖 색 언제나 세상에 있으니
수행자는 탐욕 끊어야 하리.

가마 비구는 부처님께 여쭈었다.

"세존이시여, 애욕을 끊는 데는 어떤 길이 있습니까?"

부처님께서 비구에게 말씀하셨다.

"애욕을 끊는 데는 팔정도가 있으니, 이른바 바른 견해 · 바른 생각 · 바른 말 · 바른 행동 · 바른 생활 · 바른 정진 · 바른 기억 · 바른 선정이다."

부처님께서 이 경을 말씀하시자, 모든 비구는 부처님 말씀을 듣고 기뻐하며 받들어 행하였다.

6.7.7 수경(受經)

【잡아함경 제28권 759경】

이와 같이 나는 들었다.

어느 때 부처님께서 사밧티성 제타숲 아나타핀디카동산에 계셨다. 그때 세존께서 비구들에게 말씀하셨다.

"세 가지 느낌이 있으니, 그것은 덧없고 유위(有爲)의 마음을 연하여 생기는 것이다. 무엇이 셋인가. 즐거운 느낌, 괴로운 느낌, 괴롭지도 않고 즐겁지도 않은 느낌이다."

비구들은 부처님께 여쭈었다.

"세존이시여, 어떤 길을 많이 닦아 익혀야 이 세 가지 느낌을 끊을 수 있습니까?"

부처님께서 비구들에게 말씀하셨다.

"닦아 익히고 많이 닦아 익히면, 이 세 가지 느낌을 끊을 수 있는 길이 있다."

"어떤 길을 많이 닦아 익히면 이 세 가지 느낌을 끊을 수 있습니까?"

부처님께서 비구들에게 말씀하셨다.

"팔정도이니, 즉 바른 견해 · 바른 생각 · 바른 말 · 바른 행동 · 바른 생활 · 바른 정진 · 바른 기억 · 바른 선정이다."

부처님께서 이 경을 말씀하시자, 모든 비구는 부처님 말씀을 듣고 기뻐하며 받들어 행하였다.

6.7.8 취경(聚經)

【잡아함경 제28권 767경】

이와 같이 나는 들었다.

어느 때 부처님께서 사밧티성 제타숲 아나타핀디카동산에 계셨다. 그때 세존께서 비구들에게 말씀하셨다.

"선하지 않은 무더기란 다섯 가지 덮개를 말하는 것이니, 이것은 옳은 말이다. 왜냐하면 순일하지 않고 선하지 않은 무더기란 다섯 가지 덮개를 말하기 때문이다. 무엇이 다섯인가. 탐욕 · 성냄 · 수면 · 들뜸 · 의심의 덮개이다.

선한 법 무더기란 팔정도를 말하는 것이니, 이것은 옳은 말이다. 왜냐하면 순일하고 원만하고 깨끗하고 선한 무더기란 팔정도를 말하기 때문이다. 무엇이 여덟인가. 바른 견해 · 바른 생각 · 바른 말 · 바른 행동 · 바른 생활 · 바른 정진 · 바른 기억 · 바른 선정이다."

부처님께서 이 경을 말씀하시자, 모든 비구는 부처님 말씀을 듣고 기뻐하며 받들어 행하였다.

6.7.9 피안경(彼岸經)

【잡아함경 제28권 771경】

이와 같이 나는 들었다.

어느 때 부처님께서 사밧티성 제타숲 아나타핀디카동산에 계셨다.

그때 자눗소니 바라문이 부처님께 가서 문안드린 뒤에 한쪽에 앉아 여쭈었다.

"세존이시여, 무엇이 피안의 세계[彼岸]가 아니며, 무엇이 피안의 세계입니까?"

부처님께서 바라문에게 말씀하셨다.

"삿된 견해는 피안이 아니고, 바른 견해가 피안이다. 삿된 생각 · 삿된 말 · 삿된 행동 · 삿된 생활 · 삿된 정진 · 삿된 기억 · 삿된 선정은 피안이 아니고, 바른 견해 · 바른 생각 · 바른 말 · 바른 행동 · 바른 생활 · 바른 정진 · 바른 기억 · 바른 선정이 피안이다."

그때 세존께서 게송으로 말씀하셨다.

많은 사람 가운데서
피안으로 건넌 이 매우 드물고
대부분의 세상 사람들은
세간에서 배회하고 있네.

우리의 바른 법과 율을
능히 잘 따라 행하는 사람
그는 생사를 건너서
피안으로 가느니라.

그때 자눗소니 바라문은 부처님 말씀을 듣고, 따라 기뻐하면서 자리에서 일어나 떠나갔다.

6.7.10 정부정사유경(正不正思惟經) ③

【잡아함경 제28권 777경】

이와 같이 나는 들었다.

어느 때 부처님께서 사밧티성 제타숲 아나타핀디카동산에 계셨다. 그때 세존께서 비구들에게 말씀하셨다.

"안에서 일어나는 법 가운데서, 아직 생기지 않은 악하고 선하지 않은 법은 생기게 하고, 이미 생긴 악하고 선하지 않은 법은 거듭 내어 더욱 많아지게 하며, 아직 생기지 않은 선한 법은 생기지 못하게 하고, 이미 생긴 선한 법은 사라지게 하는 것만큼 바르지 않은 생각을 나는 보지 못하였다.

비구들이여, 바르지 않은 생각은 아직 생기지 않은 삿된 견해를 생기게 하고, 이미 생긴 삿된 견해를 거듭 내어 더욱 많아지게 하며, 아직 생기지 않은 바른 견해는 생기지 못하게 하고, 이미 생긴 바른 견해는 사라지게 한다. 이와 같이 바르지 않은 생각은 아직 생기지 않은 삿된 생각 · 삿된 말 · 삿된 행동 · 삿된 생활 · 삿된 정진 · 삿된 기억 · 삿된 선정은 생기게 하고, 이미 생긴 것들은 거듭 내어 더욱 많아지게 하며, 아직 생기지 않은 바른 생각 · 바른 말 · 바른 행동 · 바른 생활 · 바른 정진 · 바른 기억 · 바른 선정은 생기지 못하게 하고, 이미 생긴 것들은 사라지게 한다.

비구들이여, 안에서 일어나는 법 가운데서, 아직 생기지 않은 악하고 선하지 않은 법은 생기지 못하게 하고, 이미 생긴 악하고 선하지 않은 법은 사라지게 하며, 아직 생기지 않은 선한 법은 생기게 하고, 이미 생긴 선한 법은 거듭 내어 더욱 많아지게 하는 것만큼 바른 생각[正思惟]을 나는 보지 못하였다.

비구들이여, 바른 생각은 아직 생기지 않은 삿된 견해는 생기지 못하게 하고, 이미 생긴 삿된 견해는 사라지게 하며, 아직 생기지 않은 바른 견해는 생기게 하고, 이미 생긴 바른 견해는 거듭 내어 더욱 많아지게 한다. 이와 같이 바른 생각은 아직 생기지 않은 삿된 생각 · 삿된 말 · 삿된 행동 · 삿된 생활 · 삿된 정진 · 삿된 기억 · 삿된 선정은 생기지 못하게 하고, 이미 생긴 것들은 사라지게 하며, 아직 생기지 않은 바른 생각 · 바른 말 · 바른 행동 · 바른 생활 · 바른 정진 · 바른 기억 · 바른 선정은 생기게 하고, 이미 생긴 것들은 거듭 내어 더욱 많아지게 한다."

부처님께서 이 경을 말씀하시자, 모든 비구는 부처님 말씀을 듣고 기뻐하며 받들어 행하였다.

6.7.11 왕정경(王頂經)

【잡아함경 제32권 912경】

이와 같이 나는 들었다.

어느 때 부처님께서 참파국 가가라 연못가에 계셨다.

그때 라시야 촌장은 부처님 계신 곳으로 가서 부처님 발에 예배하고 물러나 한쪽에 앉았다. 세존께서 라시야 촌장에게 말씀하셨다.

"요즘 중생들은 두 극단에 의지하고 있다. 무엇이 둘인가. 첫째는 범부들이 즐기는 오욕(五欲)을 즐기고 집착하는 것이고, 둘째는 스스로를 괴롭히면서 바르지도 않고 이익도 없는 고행을 하는 것이다.

촌장이여, 범부들이 욕락을 누리는 데에도 세 가지가 있고, 스스로를 괴롭히면서 바르지도 않고 이익도 없는 고행을 하는 데에도 세 가지가 있다.

촌장이여, 범부들이 욕락을 누리는 데에도 세 가지가 있다는 것은 무엇을 말하는가. 욕락을 누리는 어떤 사람은 법에 맞지 않게 함부로 취하여 스스로도 안락하지 않고, 부모에게 공양하지도 않고, 형제나 처자 · 노비 · 권속 · 벗이나 아는 이를 돌보지도 않으며, 또는 때에 따라 사문이나 바라문에게 공양하지도 않음으로써 훌륭한 곳의 안락한 과보, 즉 미래에 천상에 태어나기를 구하지도 않는다. 이것이 첫 번째 세간의 욕락을 누리는 것이다.

그리고 촌장이여, 욕락을 누리는 어떤 사람은 법에 맞게 또는 법에 맞지 않게 함부로 재물을 취하여, 스스로도 즐거워하고 부모에게도 공양하며 형제나 처자 · 노비 · 권속 · 벗이나 아는 이를 돌보지만, 때에 따라 사문이나 바라문에게 공양하지 않음으로써 훌륭한 곳의 안락한 과보, 즉 미래에 천상에 태어나기를 구하지 않는다. 이것이 두 번째 세간의 욕락을 누리는 것이다.

그리고 존장이여, 욕락을 누리는 어떤 사람은 법에 맞게 재물을 구하여 함부로 취하지 않아, 스스로도 즐거워하고 부모에게도 공양하며 형제나 처자 · 노비 · 권속 · 벗이나 아는 이를 돌보며, 또 때에 따라 사문이나 바라문에게 공양함으로써 훌륭한 곳의 안락한 과보, 즉 미래에 천상에 태어나기를 구한다. 이것이 세 번째 세간의 욕락을 누리는 것이다.

존장이여, 나는 욕락을 누리는 것이 다 똑같다고 한결같이 말하지는 않는다. 나는 다만 하천한 사람이 누리는 욕락과 그 중간 사람이 누리는 욕락과 훌륭한 사람이 누리는 욕락을 말한다.

하천한 사람이 누리는 욕락이란 무엇인가. 법에 맞지 않게 함부로 취하고, ……훌륭한 곳의 안락한 과보, 즉 미래에 천상에 태어나기를 구하지 않는 것이니, 이것을 하천한 사람이 누리는 욕락이라고 나는 말한다.

중간 사람이 누리는 욕락이란 무엇인가. 그는 법에 맞게 또는 법에 맞지 않게 재물을 구하고, ……미래에 천상에 태어나기를 구하지 않으니, 이것을 두 번째 중간 사람이 누리는 욕락이라고 나는 말한다.

훌륭한 사람이 누리는 욕락이란 무엇인가. 그는 법에 맞게 재물을 구하고, ……미래에 천상에 태어나기를 구하니, 이것을 세 번째 훌륭한 사람이 누리는 욕락이라고 나는 말한다.

어떤 것이 스스로를 괴롭히면서 법에 맞지도 않고 바르지도 않으며 이익도 없는 세 가지 고행인가.

어떤 사람은 스스로를 괴롭히는 고행을 하며 바짝 여위어 살아가는데,

그는 처음부터 계율을 범하고 계율을 더럽히며 온갖 고행을 하며 부지런히 노력하여 머무를 곳에 머무른다. 그러나 그는 현법에서 불타는 번뇌를 벗어나지 못하고, 세간의 법을 뛰어넘지 못하며, 승묘(勝妙)한 지견을 얻어 안락하게 머무르지도 못한다. 존장이여, 이것이 첫 번째 스스로를 괴롭히는 고행을 하며 바짝 여위어 살아가는 것이다.

그리고 어떤 사람은 스스로를 괴롭히는 고행을 하며 바짝 여위어 살아가는데, 그가 지금부터 계율을 범하거나 더럽히지 않으며 갖가지 고행을 닦더라도, 그 역시 이로 인하여 현법에서 불타는 번뇌를 벗어나지 못하고, 세간법을 뛰어넘지 못하며, 승묘한 지견을 얻어 안락하게 머무르지도 못한다. 이것이 두 번째 스스로를 괴롭히는 고행을 하며 바짝 여위어 살아가는 것이다.

그리고 어떤 사람은 스스로를 괴롭히는 고행을 하며 바짝 여위어 살아가는데, 그가 처음부터 계율을 범하거나 더럽히지 않으며 온갖 고행을 닦더라도, 그 역시 현법에서 불타는 번뇌를 벗어나지 못한다. 그러나 세간법을 뛰어넘고, 승묘한 지견을 얻어 안락하게 머무른다. 이것이 세 번째 스스로를 괴롭히는 고행을 하며 바짝 여위어 살아가는 것이다.

존장이여, 나는 스스로를 괴롭히는 고행을 하며 바짝 여위어 살아가는 모든 사람이 다 똑같다고 말하지는 않는다. 스스로를 괴롭히는 고행을 하는 사람 중에서 모자라는 사람과 중간 사람과 훌륭한 사람이 있음을 말한다.

어떤 사람이 스스로를 괴롭히는 고행을 하는 사람 중에서 모자라는 사람인가. 처음부터 계율을 범하거나 더럽히며 스스로를 괴롭히는 온갖 고행을 닦더라도, 나아가 승묘한 지견을 얻어 안락하게 머무르지 못하면, 그가 바로 스스로를 괴롭히는 고행을 하는 사람 중에서 모자라는 사람이라고 나는 말한다.

어떤 사람이 스스로를 괴롭히는 고행을 하는 사람 중에서 중간 사람인가. 지금부터 계율을 범하거나 더럽히지 않으며 스스로를 괴롭히는 고행을 하더라도, 나아가 승묘한 지견을 얻어 안락하게 머무르지 못하면, 그가 바로 스스로를 괴롭히는 고행을 하는 사람 중에서 중간 사람이라고 나는 말한다.

어떤 사람이 스스로를 괴롭히는 고행을 하는 사람 중에서 훌륭한 사람인가. 처음부터 계율을 범하거나 더럽히지 않으며 스스로를 괴롭히는 고행을 하며 바짝 여위어 살아가더라도, 나아가 승묘한 지견을 얻어 안락하게 머무르면, 그가 바로 스스로를 괴롭히는 고행을 하는 사람 중에서 훌륭한 사람이라고 나는 말한다.

촌장이여, 이것이 스스로를 괴롭히면서도 바르지도 않고 이익도 없는 세 가지 고행이다.

촌장이여, 길(道)이 있고 그 길의 자취가 있다. 그것은 범부들이 세 가지 탐욕을 좇지 않는 것이다. 또 그것은 세 가지 스스로를 괴롭히는 고행을 하지 않는 것이다. 그 고행은 법에 맞지 않고 바르지도 않으며 이익도 없다.

촌장이여, 어떤 길과 어떤 자취가 세 가지 욕락을 좇지 않는 것이고, 세 가지 스스로를 괴롭히는 고행을 하지 않는 것인가. 촌장이여, 탐욕이 장애가 되어 스스로를 해치거나 남을 해치려 하거나 자기와 남을 함께 해치려 하면, 현세와 후세에서 그 죄의 과보를 받아 마음은 근심하고 괴로워한다. 또 성냄과 어리석음이 장애가 되어 스스로를 해치거나 남을 해치려 하거나 자기와 남을 함께 해치려 하면, 현세와 후세에서 그 죄의 과보를 받아 마음은 근심하고 괴로워한다.

만일 탐욕의 장애를 떠나 방편을 써서 스스로를 해치지 않고 남을 해치려 하지 않고 또는 자기와 남을 함께 해치려 하지 않으면, 현세나 후세에서 그 죄의 과보를 받지 않아 마음은 항상 기뻐하고 즐거워한다. 이와 같이 성냄과 어리석음의 장애를 떠나 스스로를 해치지 않고 남을 해치려 하지 않고 또는 자기와 남을 함께 해치려 하지 않으면, 현세나 후세에서 그 죄의 과보를 받지 않고 마음은 항상 편안하고 즐거워한다.

그리고 현법에서 불타는 번뇌를 떠나 시절을 기다리지 않고 열반을 증득하여, 곧 현세에서 그 몸으로 스스로 깨달아 알게 된다.

촌장이여, 이와 같이 현법에서 불타는 번뇌를 영원히 떠나 시절을 기다리지 않고 열반을 증득하여, 곧 현세에서 그 몸으로 스스로 깨달아 안다는 것은 팔정도를 말하는 것이다. 즉 바른 견해 ……바른 선정이다."

세존께서 이 법을 말씀하실 때, 라시야 촌장은 번뇌를 멀리 여의고 법의 눈이 청정하게 되었다. 그래서 그는 법을 보아 법을 얻고 법을 알아 법에 깊이 들어가, 의심을 뛰어넘어 남을 의지하지 않고 바른 법과 율에서 두려움이 없게 되었다. 그는 곧 자리에서 일어나 옷을 단정히 하고는 합장하고 부처님께 말씀드렸다.

"저는 이제 제도 되었습니다. 세존이시여, 지금부터 청신사가 되어 목숨이 다할 때까지 부처님과 불법과 승가에 귀의하겠습니다."

이때 그는 부처님 말씀을 듣고 기뻐하며 예배하고 물러갔다.

6. 8 선정(禪定)

6.8.1 초선경(初禪經)

【잡아함경 제31권 864경】

이와 같이 나는 들었다.

어느 때 부처님께서 사밧티성 제타숲 아나타핀디카동산에 계셨다. 그때 세존께서 비구들에게 말씀하셨다.

"만일 비구가 행(行)이나 형태[形]나 모양[相]으로 탐욕을 떠나고 악하고 선하지 않은 법을 떠나면, 거친 생각이 있고 미세한 생각이 있게 된다. 그리고 욕계를 떠남에서 생기는 기쁨과 즐거움[離生喜樂]이 있는 초선을 성취하여 머무르면, 그와 같은 행과 형태와 모양을 기억하지 않는다. 그리고 그는 색 · 느낌 · 생각 · 결합 · 식별의 법에 대하여 병 · 종기 · 가시 · 살기와 같다고 보아, 그것은 덧없고 괴로우며 공(空)이고 '나'가 아니라고 생각한다. 그리하여 그 법들을 싫어하고 두려워하여 지키고 보호한다. 싫어하고 두려워하여 지키고 보호한 뒤에는 감로문(甘露門)으로써 스스로를 요익되게 한다. 이것이 적정(寂靜)이고 승묘(勝妙)이다. 이른바 결박에서 벗어난 것이며, 애욕이 다 사라진 것이며, 탐욕이 없는 것이며, 멸진이며, 열반이다."

부처님께서 이 경을 말씀하시자, 모든 비구는 부처님 말씀을 듣고 기뻐하며 받들어 행하였다.

6.8.2 해탈경(解脫經)

【잡아함경 제31권 865경】

이와 같이 나는 들었다.

어느 때 부처님께서 사밧티성 제타숲 아나타핀디카동산에 계셨다. 그때 세존께서 비구들에게 말씀하셨다.

(위에서 말씀하신 것과 같다. 다른 것은 다음과 같다.)

"이와 같이 알고 보면, 애욕의 번뇌에서 마음이 해탈하고, 존재의 번뇌와 무명의 번뇌에서 마음이 해탈하고, 해탈한 줄을 알고 본다. 그러므로 나의 생은 다하고 범행은 갖추었고 할 일은 마쳐, 다시는 다음 생을 받지 않을 줄을 스스로 안다."

부처님께서 이 경을 말씀하시자, 모든 비구는 부처님 말씀을 듣고 기뻐하며 받들어 행하였다.

6.8.3 중반열반경(中般涅槃經)

【잡아함경 제31권 866경】

이와 같이 나는 들었다.

어느 때 부처님께서 사밧티성 제타숲 아나타핀디카동산에 계셨다. 그 때 세존께서 비구들에게 말씀하셨다.

(위에서 말씀하신 것과 같다. 다른 것은 다음과 같다.)

"만일 해탈을 얻지 못하면 법을 원하고 법을 기억하며 법을 즐기기 때문에 중반열반(中般涅槃)을 취한다. 만일 그렇게 되지 않으면 생반열반(生般涅槃)을 취하고, 또 그렇게 되지 않으면 유행반열반(有行般涅槃), 다시 무행반열반(無行般涅槃), 다시 상류반열반(上流般涅槃)을 취한다. 그래도 또 그렇게 되지 않으면, 이 법을 원하고 기억하며 즐기는 공덕으로 대범천에 태어나거나, 범보천에 태어나거나, 범중천에 태어난다."

부처님께서 이 경을 말씀하시자, 모든 비구는 부처님 말씀을 듣고 기뻐하며 받들어 행하였다.

6.8.4 제이선경(第二禪經)

【잡아함경 제31권 867경】

이와 같이 나는 들었다.

어느 때 부처님께서 사밧티성 제타숲 아나타핀디카동산에 계셨다. 그 때 세존께서 비구들에게 말씀하셨다.

"만일 비구가 그러한 행과 형태와 모양으로 거친 생각과 미세한 생각이 쉬면, 내면이 고요해지고 일심의 경지를 성취한다. 거친 생각도 없어지고 미세한 생각도 없이 선정에서 생기는 기쁨과 즐거움[定生喜樂]이 있는 제2선을 성취하여 머무르면, 그러한 행과 형태나 모양은 기억하지 않는다. 그리고 색 · 느낌 · 생각 · 결합 · 식별의 법에 대해서 병 · 종기 · 가시 ·

살기와 같다고 보아, 그것은 덧없고 괴로우며 공(空)이고 '나'가 아니라고 생각한다.

그리하여 그 법들을 싫어하고 두려워하여 지키고 보호한다. 싫어하고 두려워하여 지키고 보호한 뒤에는 감로문으로써 스스로를 요익되게 한다. 이것이 적정이고 승묘이다. 이른바 결박에서 벗어난 것이며, 애욕이 다 사라진 것이며, 탐욕이 없는 것이며, 멸진이며, 열반이다."

부처님께서 이 경을 말씀하시자, 모든 비구는 부처님 말씀을 듣고 기뻐하며 받들어 행하였다.

6.8.5 해탈경(解脫經)

【잡아함경 제31권 868경】

이와 같이 나는 들었다.

어느 때 부처님께서 사밧티성 제타숲 아나타핀디카동산에 계셨다. 그때 세존께서 비구들에게 말씀하셨다.

(위에서 말씀하신 것과 같다. 다른 것은 다음과 같다.)

"그가 이와 같이 알고 보면 애욕의 번뇌에서 마음이 해탈하고, 존재의 번뇌와 무명의 번뇌에서 마음이 해탈하고, 해탈한 줄을 알고 본다. 그러므로 나의 생은 다하고 범행은 갖추었고 할 일은 마쳐, 다시는 다음 생을 받지 않을 줄을 스스로 안다.

그러나 만일 해탈하지 못하면 법을 원하고 기억하고 즐기기 때문에 중반열반을 취하고, 만일 그렇게 되지 않으면 생반열반을 취한다. 또 그렇게 되지 않으면 유행반열반을, 또 무행반열반을, 또 상류반열반을 취한다.

그래도 그렇게 되지 않으면 그는 법을 원하고 기억하고 즐기기 때문에 자성광음천(自性光音天)에 태어나고, 그렇게 되지 않으면 무량광천(無量光天), 또 그렇게 되지 않으면 소광천(少光天)에 태어난다."

부처님께서 이 경을 말씀하시자, 모든 비구는 부처님 말씀을 듣고 기뻐하며 받들어 행하였다.

6.8.6 제삼선경(第三禪經)

【잡아함경 제31권 869경】

이와 같이 나는 들었다.

어느 때 부처님께서 사밧티성 제타숲 아나타핀디카동산에 계셨다. 그때 세존께서 비구들에게 말씀하셨다.

"만일 비구가 그러한 행과 형태와 모양으로 탐욕과 기쁨을 떠나 담담하게 머무르면, 바른 기억과 바른 지혜로써 몸의 즐거움을 느끼게 된다. 이른바 성인이 말씀하신, '생각을 내려놓고 몸의 즐거움을 느끼는[捨念樂]' 제3선을 성취하여 머무르는 것이다. 만일 그러한 행과 형태와 모양으로 그렇게 되지 않으면, 색 · 느낌 · 생각 · 결합 · 식별의 법에 대하여 병 · 종기 · 가시 · 살기와 같다고 생각하고, ……상류반열반을 취한다. 만일 그렇게 되지 않으면, 그는 법을 원하고 기억하고 즐기기 때문에 변정천(遍淨天)에 태어나고, 또 그렇게 되지 않으면 무량정천(無量淨天), 그래도 그렇게 되지 않으면 소정천(少淨天)에 태어난다."

부처님께서 이 경을 말씀하시자, 모든 비구는 부처님 말씀을 듣고 기뻐하며 받들어 행하였다.

6.8.7 제사선경(第四禪經)

【잡아함경 제31권 870경】

이와 같이 나는 들었다.

어느 때 부처님께서 사밧티성 제타숲 아나타핀디카동산에 계셨다. 그때 세존께서 비구들에게 말씀하셨다.

"만일 비구가 그러한 행과 형태와 모양으로 괴로움도 떠나고 즐거움도 쉬고, 먼저의 근심과 기쁨이 사라지면, 괴롭지도 않고 즐겁지도 않은 담담함으로써 모든 생각을 내려놓고 일심이 되는[淨念一心] 제4선을 성취하여 머무른다. 혹 그렇게는 되지 못하더라도, 색 · 느낌 · 생각 · 결합 · 식별에 대해서 그것은 병 · 종기 · 가시 · 살기와 같다고 보아, ……상류반열반(上流般涅槃)을 취한다. 만일 그렇게 되지 않으면 광과천[果實天, 廣果天]에 나고, 또 그렇게 되지 않으면 복생천(福生天)에, 그래도 그렇게 되지 않으면 무운천[少福天, 無雲天]에 태어난다."

부처님께서 이 경을 말씀하시자, 모든 비구는 부처님 말씀을 듣고 기뻐하며 받들어 행하였다.

(네 단계의 선정과 같이 무색정에 대해서도 그와 같이 말씀하셨다.)

6.8.8 의행경(意行經)

【중아함경 제43권 168경】

이와 같이 나는 들었다.

어느 때 부처님께서 사밧티성에서 유행하실 때 제타숲 아나타핀디카동산에 계셨다. 그때 세존께서 모든 비구에게 말씀하셨다.

"나는 이제 그대들을 위하여 설법하겠다. 이 법은 처음도 묘하고 중간도 묘하며 마지막도 묘하다. 뜻도 있고 문채도 있으며, 청정함을 두루 갖추어 범행을 드러낸다. 이른바, '마음에서 행하는 대로 태어난다'라고 의행(意行)을 분별하는 경이다. 자세히 듣고 잘 기억하여라."

그때 모든 비구는 말씀을 받들어 잘 듣고 있었다.

부처님께서 말씀하셨다.

"어떻게 마음에서 행하는 대로 태어나는가. 어떤 비구가 탐욕을 떠나고 악하고 선하지 않은 법을 떠나면, 거친 생각이 있고 미세한 생각이 있게 된다. 그리고 욕계를 떠남에서 생기는 기쁨과 즐거움이 있는 초선을 성취하여 노닌다. 비구는 이 초선정을 즐기며 그곳에 머무르고자 한다. 그가 이 선정을 즐기며 그곳에 머무른 뒤에는 반드시 이와 같이 된다. 즉 비구는 그곳에 머무르면서 선정을 즐기다가 목숨을 마치고는 '범신천(梵身天)'에 태어난다.

모든 범신천의 신도 그곳에 태어나 그곳에 머무르면서 욕계를 떠남에서 생기는 기쁨과 즐거움을 누렸다. 그리고 비구들도 초선에 들어가 그곳에 머무르면서 욕계를 떠남에서 생기는 기쁨과 즐거움을 누릴 것이다. 이 두 가지로 누리는 '욕계를 떠남에서 생기는 기쁨과 즐거움'은 차별이 없고 똑같은 것이다. 왜냐하면 범신천의 신들도 과거에 이 선정을 닦은 뒤에 범신천에 태어났고, 비구들도 이와 같이 닦아 익히고 이와 같이 널리 펴서 범신천에 태어날 것이기 때문이다. 이와 같은 것을, '마음에서 행하는 대로 태어난다'라고 하는 것이다.

그리고 비구가 거친 생각과 미세한 생각을 쉬면, 내면이 고요해지고 일심(一心)의 경지를 성취한다. 거친 생각도 없고 미세한 생각도 없이 선정에서 생기는 기쁨과 즐거움이 있는 제2선을 성취하여 노닌다. 비구는 이 선정을 즐기며 그곳에 머무르고자 한다. 그가 이 선정을 즐기며 그곳에 머무른 뒤에는 반드시 이와 같이 된다. 즉 비구는 그곳에 머무르면서 선정을 즐기다가 목숨을 마치고는 '광음천[晃昱天]'에 태어난다.

광음천의 신들도 그곳에 태어나 그곳에 머무르면서 선정에서 생기는 기쁨과 즐거움을 누렸다. 그리고 비구들도 제2선에 들어가 그곳에 머무르면서 선정에서 생기는 기쁨과 즐거움을 누릴 것이다. 이 두 가지로 누리는 '선정에서 생기는 기쁨과 즐거움'은 차별이 없고 똑같은 것이다. 왜냐하면 광음천의 신들도 과거에 이 선정을 닦은 뒤에 그곳에 태어났고, 비구들도 이 선정을 이와 같이 닦아 익히고 이와 같이 널리 펴서 광음천에 태어날 것이기 때문이다. 이와 같은 것을, '마음에서 행한 대로 태어난다'라고 하는 것이다.

그리고 비구가 기쁨을 누리고자 하는 마음을 떠나 바라는 것이 없이 담담하게 노닐면, 바른 기억과 바른 지혜를 갖추게 되고 몸으로 즐거움을 느끼는 제3선을 성취하여 노닌다. 이것이 바로 '모든 기억을 담담히 바라보며 몸으로 느끼는 즐거움에만 머무는 거룩한 경지'라고 성인들이 말씀하신 것이다. 비구는 이 선정을 즐기면서 그곳에 머무르고자 한다. 그가 이 선정을 즐기고 그곳에 머무른 뒤에는 반드시 이와 같이 된다. 즉 비구는 그곳에 머무르면서 선정을 즐기다가 목숨을 마치고는 '변정천(遍淨天)'에 태어난다.

모든 변정천의 신도 그곳에 태어나 그곳에 머무르면서 기쁨도 없고 즐거움도 없게 되었다. 그리고 비구들도 제3선에 들어가 그곳에 머무르면서 기쁨을 떠나서 몸의 즐거움을 누릴 것이다. 이 두 가지로 누리는 '기쁨을 떠나 몸으로 느끼는 즐거움'은 차별이 없고 똑같은 것이다. 왜냐하면 변정천의 신들도 과거에 이 선정을 닦은 뒤에 그곳에 태어났고, 비구들도 이 선정을 이와 같이 닦아 익히고 이와 같이 널리 펴서 변정천에 태어날 것이기 때문이다. 이와 같은 것을, '마음에서 행한 대로 태어난다'라고 하는 것이다.

그리고 비구가 제4선을 성취하여 머물면, 즐거움도 멸하고 괴로움도 멸하고 기쁨과 근심의 근본도 멸하여 괴롭지도 않고 즐겁지도 않아서 모든 생각을 내려놓아 마음이 청정해진다. 비구는 이 선정을 즐기고 그곳에 머무르고자 한다. 그가 이 선정을 즐기고 그곳에 머무른 뒤에는 반드시 이와 같이 된다. 즉 그는 그곳에 머무르면서 선정을 즐기다가 목숨을 마치고는 '광과천'에 태어난다.

모든 광과천의 신도 그곳에 태어나 그곳에 머무르면서 모든 생각을 내려놓아 마음이 청정해졌다. 그리고 비구들도 제4선에 들어가 그곳에 머무르면서 모든 생각을 내려놓고 청정함을 누릴 것이다. 이 두 가지로 누리는 '모든 생각을 내려놓은 청정함'은 차별이 없고 똑같은 것이다. 왜냐하면 모든 광과천의 신도 과거에 이 선정을 닦은 뒤에 그곳에 태어났고, 비구들도 이 선정을 이와 같이 닦아 익히고 이와 같이 널리 펴서 과실천에 태어날 것이기 때문이다. 이와 같은 것을, '마음에서 행한 대로 태어나게 된다'라고 하는 것이다.

그리고 비구가 일체의 색에 대한 생각[色想]을 떠나면, 대상이 있다는 생각이 사라지고 어떠한 생각도 일으키지 않게 되며 끝없는 허공[無量空]만을 인식하게 된다. 이것이 바로 '공무변처'[無量空處, 空無邊處]'를 성취하여 노니는 것이다. 비구는 이 선정을 즐기면서 그곳에 머무르고자 한다. 그가 이 선정을 즐기며 그곳에 머무른 뒤에는 반드시 이와 같이 된다. 즉 그는 그곳에 머무르면서 선정을 즐기다가 목숨을 마치고는 '공무변처천[無量空處天]'에 태어난다.

공무변처의 천신들도 그곳에 태어나 그곳에 머무르면서 끝없는 공처라는 생각을 일으켰다. 그리고 비구들도 그곳에 머무르면서 끝없는 공처라는 생각을 일으킬 것이다. 이 두 가지 '끝없는 공처라는 생각'은 차별이 없고 똑같은 것이다. 왜냐하면 공무변처의 천신들도 과거에 이 선정을 닦은 뒤에 그곳에 태어났고, 비구들도 이 선정을 이와 같이 닦아 익히고 이와 같이 널리 펴서 공무변처천에 태어날 것이기 때문이다. 이와 같은 것을, '마음에서 행한 대로 태어나게 된다'라고 하는 것이다.

그리고 공무변처를 지나면 식무변처[無量識處, 識無邊處]가 있다. 비구는 이 선정을 즐기고 그곳에 머무르고자 하여 식무변처를 성취하여 노닌다. 그는 이 선정을 즐기며 그곳에 머무르고자 한다. 그가 이 선정을 즐기며 그곳에 머무른 뒤에는 반드시 이와 같이 된다. 즉 그는 그곳에 머무르면서 선정을 즐기다가 목숨을 마치고는 '식무변처천[無量識處天]'에 태어난다.

모든 식무변처의 천신도 그곳에 태어나 그곳에 머무르면서 끝없는 식무변처라는 생각을 일으켰다. 그리고 비구들도 그곳에 머무르면서 끝없는 식무변처라는 생각을 일으킬 것이다. 이 두 가지 끝없는 식무변처라는 생각은 차별이 없고 똑같은 것이다. 왜냐하면 식무변처의 천신들도 과거에 이 선정을 닦은 뒤에 그곳에 태어났고, 비구들도 이 선정을 이와 같이 닦아 익히고 이와 같이 펴서 식무변처천에 태어날 것이기 때문이다. 이와 같은 것을, '마음에서 행한 대로 태어나게 된다'라고 하는 것이다.

그리고 식무변처를 지나면 어떤 것도 아닌 것인 무소유처(無所有處)가 있다. 비구는 이 선정을 즐기고 그곳에 머무르고자 하여 무소유처를 성취하여 노닌다. 그가 이 선정을 즐기고 그곳에 머무른 뒤에는 반드시 이와 같이 된다. 즉 그는 그곳에 머무르면서 선정을 즐기다가 목숨을 마치고는 '무소유처천(無所有處天)'에 태어난다.

모든 무소유처의 천신도 그곳에 태어나 그곳에 머무르면서 무소유처라는 생각을 일으켰다. 그리고 비구들도 그곳에 머무르면서 무소유처라는 생각을 일으킬 것이다. 이 두 가지 무소유처라는 생각은 차별이 없고 똑같은 것이다. 왜냐하면 모든 무소유처의 천신도 과거에 이 선정을 닦은 뒤에 그곳에 태어났고, 비구들도 이 선정을 이와 같이 닦아 익히고 이와 같이 널리 펴서 무소유처천에 태어날 것이기 때문이다. 이와 같은 것을, '마음에서 행하는 대로 태어나게 된다'라고 하는 것이다.

그리고 일체의 무소유처라는 생각을 지나면, 하나라고도 볼 수 없고 둘이라고도 볼 수 없는 비유상비무상처(非有想非無想處)가 있다. 비구는 이 선정을 즐기고 그곳에 머무르고자 하여 비유상비무상처를 성취하여 노닌다. 그가 이 선정을 즐기고 그곳에 머무른 뒤에는 반드시 이와 같이 된다. 즉 그는 그곳에 머무르면서 선정을 즐기다가 목숨을 마치고는 '비유상비무상처천(非有想非無想處天)'에 태어난다.

모든 비유상비무상처의 천신도 그곳에 태어나 그곳에 머무르면서 비유상비무상처라는 생각을 일으켰다. 그리고 비구들도 그곳에 머무르면서 비유상비무상처라는 생각을 일으킬 것이다. 이 두 가지 생각은 차별이 없고 똑같은 것이다. 왜냐하면 비유상비무상처의 천신들도 먼저 이 선정을 행한 뒤에 그곳에 태어났고, 비구들도 이와 같이 닦아 익히고 이와 같이 널리 펴서 비유상비무상처천에 태어날 것이기 때문이다. 이와 같은 것을, '마음에서 행하는 대로 태어나게 된다'라고 하는 것이다.

그리고 일체의 비유상비무상처를 지나면 상수멸(想受滅)이 있다. 비구는 상수[身觸, 想受]가 멸함을 성취하여 노닌다. 그는 지혜로써 보고 모든 번뇌가 다하였음을 안다. 그는 모든 선정 가운데 이 선정이 제일이고 으뜸이며 가장 위되고 가장 훌륭하며 가장 묘하다고 말한다.

마치 소로 인해 우유가 있고 우유로 인해 낙(酪)이 있으며, 낙으로 인해 생소가 있고, 생소로 인해 숙소가 있으며, 숙소로 인해 제호가 있는데, 그 가운데 제호가 제일이고 가장 크며 가장 위되고 가장 훌륭하며 가장 묘하다고 말하는 것과 같다.

이와 같이 모든 선정 가운데 이 선정이 제일이고 으뜸이며 가장 위되고 가장 훌륭하며 가장 묘하다. 이 선정을 얻어 이 선정에 의지하고 이 선정에 머무른 뒤에는 다시는 생·노·병·사의 괴로움을 받지 않으니, 이것을 괴로움의 끝이라 한다."

부처님께서 이렇게 말씀하시자, 모든 비구는 부처님 말씀을 듣고 기뻐하며 받들어 행하였다.

6.8.9 지식경(止息經)

【잡아함경 제17권 474경】

이와 같이 나는 들었다.

어느 때 부처님께서 라자가하성 칼란다카 대나무 동산에 계셨다.

그때 아난 존자는 혼자 한 고요한 곳에서 선정에 들어, '세존께서는 세 가지 느낌, 즉 즐거운 느낌 · 괴로운 느낌 · 괴롭지도 즐겁지도 않은 느낌을 말씀하시고, 그 모든 느낌은 다 괴로움이라고 말씀하셨는데, 그것은 무슨 뜻일까?'라고 생각하였다.

이렇게 생각한 뒤에 곧 선정에서 깨어나 세존께서 계신 곳으로 가서 세존의 발에 예배하고 물러나 한쪽에 앉아 말씀드렸다.

"세존이시여, 저는 혼자 고요한 곳에서 선정에 들어, '세존께서는 세 가지 느낌, 즉 즐거운 느낌 · 괴로운 느낌 · 괴롭지도 않고 즐겁지도 않은 느낌을 말씀하시고, 그 모든 느낌은 다 괴로움이라고 말씀하셨는데, 이것은 무슨 뜻일까?'라고 생각하였습니다."

부처님께서 아난에게 말씀하셨다.

"나는 일체의 결합[行]은 덧없고 일체의 결합은 변하거나 바뀌는 법이기 때문에 모든 느낌은 다 괴로움이라고 말한다. 또한, 아난이여, 나는 모든 결합은 점차로 고요히 멸하고, 모든 결합은 점차로 그치기 때문에, 일체의 모든 느낌은 다 괴로움이라고 말한다."

아난이 부처님께 여쭈었다.

"세존이시여, 모든 느낌이 어떻게 점차로 고요히 멸하기 때문이라고 말씀하십니까?"

"초선에 바르게 들면 언어가 고요히 멸하고, 제2선에 바르게 들면 거친 생각과 미세한 생각이 고요히 멸한다. 제3선에 바르게 들면 기뻐하는 마음이 고요히 멸하고, 제4선에 바르게 들면 호흡이 고요히 멸한다. 공입처

(空入處)에 바르게 들면 색에 대한 생각이 고요히 멸하고, 식입처(識入處)에 바르게 들면 공입처라는 생각이 고요히 멸한다. 무소유입처(無所有入處)에 들면 식입처라는 생각이 고요히 멸하고, 비상비비상입처(非想非非想入處)에 바르게 들면 무소유입처라는 생각이 고요히 멸한다. 상수멸(想受滅)에 바르게 들면 생각[想]과 느낌[受]이 고요히 멸한다. 이것을 '점차로 모든 결합[行]이 고요히 멸하는 것'이라 한다."

아난이 부처님께 여쭈었다.

"세존이시여, 어떻게 점차로 모든 결합이 그칩니까?"

"초선에 바르게 들면 언어가 그치고, 제2선에 바르게 들면 거친 생각과 미세한 생각이 그치며, 제3선에 바르게 들면 기쁜 마음이 그치고, 제4선에 바르게 들면 호흡이 그친다. 공입처에 바르게 들면 색에 대한 생각이 그치고, 식입처에 바르게 들면 공입처라는 생각이 그치며, 무소유입처에 바르게 들면 식입처라는 생각이 그치고, 비상비비상입처에 바르게 들면 무소유입처라는 생각이 그친다. 상수멸에 바르게 들면 생각과 느낌이라는 생각이 그치니, 이것을 점차로 모든 결합이 그치는 것이라 한다."

"세존께서는 이것이 점차로 모든 결합이 그치는 것이라 하십니다."

부처님께서 아난에게 말씀하셨다.

"또한, 훌륭한 그침·뛰어난 그침·위되는 그침·위없는 그침이 있으니, 이보다 더 위되는 다른 그침은 없다."

아난이 부처님께 여쭈었다.

"어떤 것이 훌륭한 그침·뛰어난 그침·위되는 그침·위없는 그침이어서, 이보다 더 위되는 다른 그침은 없다고 하십니까?"

"탐욕의 마음을 즐기지 않아 해탈하고, 성내고 어리석은 마음을 즐기지 않아 해탈하면, 이것이 훌륭한 그침·뛰어난 그침·위되는 그침·위없는 그침이어서, 이보다 더 위되는 어떠한 다른 그침도 없는 것이다."

부처님께서 이 경을 말씀하시자, 아난 존자는 부처님 말씀을 듣고 기뻐하며 받들어 행하였다.

6.8.10 우다이경(優陀夷經)

【잡아함경 제17권 485경】

이와 같이 나는 들었다.

어느 때 부처님께서 라자가하성 칼란다카 대나무 동산에 계셨다.

그때 빔비사라 왕은 우다이 존자가 있는 곳으로 가서 머리 숙여 절하고 물러나 한쪽에 앉았다. 빔비사라 왕은 우다이 존자에게 말하였다.

"세존께서는 모든 느낌을 어떻게 말씀하십니까?"

우다이가 말하였다.

"대왕이여, 세존께서는 세 가지 느낌을 말씀하십니다. 즐거운 느낌 · 괴로운 느낌 · 괴롭지도 즐겁지도 않은 느낌입니다."

빔비사라 왕이 우다이 존자에게 말하였다.

"'세존께서는 세 가지 느낌, 즉 즐거운 느낌 · 괴로운 느낌 · 괴롭지도 않고 즐겁지도 않은 느낌을 말씀하신다'라고 하지 마십시오. 바로 두 가지 느낌, 즉 즐거운 느낌과 괴로운 느낌이 있을 뿐입니다. 만일 괴롭지도 않고 즐겁지도 않다면 그것은 곧 적멸(寂滅)일 것입니다."

이와 같이 세 번 말하니, 우다이 존자는 왕을 위하여 세 가지 느낌이 있다는 주장을 증명할 수가 없었고, 왕도 두 가지 느낌이 있다는 주장을 증명할 수가 없었다. 그래서 그들은 함께 부처님 계신 곳으로 가서 부처님 발에 예배하고 물러나 한쪽에 섰다.

우다이 존자는 앞서 한 말을 자세히 세존께 말씀드렸다.

"저도 세 가지 느낌이 있다는 주장을 증명할 수가 없었고, 왕도 두 가지 느낌이 있다는 주장을 증명할 수가 없었기에, 이렇게 함께 와서 세존께 그 뜻을 여쭙니다. 몇 가지 느낌이 있습니까?"

부처님께서 우다이 존자에게 말씀하셨다.

"나는 때로는 한 가지 느낌을 말하고, 때로는 두 가지 느낌을 말하며, 혹은 셋 · 넷 · 다섯 · 여섯 · 열여덟 · 서른여섯 ……백팔 느낌을 말하고, 때로는 한량없는 느낌을 말한다. 어떻게 나는 한 가지 느낌을 말하는가. 모든 느낌은 다 괴로움이라고 말하는 것이니, 이것을 내가 한 가지 느낌을 말하는 것이라 한다.

어떻게 두 가지 느낌을 말하는가. 몸의 느낌과 마음의 느낌을 말하는 것이니, 이것을 두 가지 느낌이라 한다.

어떻게 세 가지 느낌을 말하는가. 즐거운 느낌 · 괴로운 느낌 · 괴롭지도 즐겁지도 않은 느낌이다.

어떻게 네 가지 느낌을 말하는가. 욕계(欲界)에 매이는 느낌 · 색계(色界)에 매이는 느낌 · 무색계(無色界)에 매이는 느낌과 매이지 않는 느낌이다.

어떻게 다섯 가지 느낌을 말하는가. 감각기관에서 일어나는 즐거운 느낌 · 기쁜 느낌 · 괴로운 느낌 · 근심하는 느낌 · 담담한 느낌이니, 이것이 다섯 가지 느낌이다.

어떻게 여섯 가지 느낌을 말하는가. 이른바 눈의 부딪침에서 생기는 느낌, 귀 · 코 · 혀 · 몸 · 의지의 부딪침에서 생기는 느낌이다.

어떻게 열여덟 가지의 느낌을 말하는가. 여섯 가지 기뻐하는 행[六喜行]을 따르는 느낌과 여섯 가지 근심하는 행[六憂行]을 따르는 느낌과 여섯 가지 담담한 행[六捨行]을 따르는 느낌이니, 이것이 열여덟 가지 느낌이다.

어떻게 서른여섯 가지 느낌을 말하는가. 여섯 가지 탐착(貪着)의 기쁨 · 여섯 가지 탐착의 기쁨을 벗어남 · 여섯 가지 탐착의 근심 · 여섯 가지 탐착의 근심을 벗어남 · 여섯 가지 탐착을 내려놓음 · 여섯 가지 탐착을 내려놓음에서 벗어남에서 생기는 느낌이니, 이것이 서른여섯 가지 느낌이다.

어떻게 백팔 가지 느낌을 말하는가. 과거의 서른여섯 가지 느낌과 미래의 서른여섯 가지 느낌과 현재의 서른여섯 가지 느낌이니, 이것이 백팔 가지 느낌이다.

어떻게 한량이 없는 느낌을 말하는가. 이 느낌 · 저 느낌 등과 같이 말하는 것이다. 비구여, 이와 같은 것이 한량없음이며, 이것이 한량없는 느낌이다.

우다이여, 나는 이와 같이 여러 가지 설로 느낌의 의미를 여실하게 말하지만, 세간 사람들은 그것을 이해하지 못한다. 따라서 서로 논쟁하고 서로 반대하면서 마침내는 나의 법과 율의 진실한 뜻을 알지 못한다. 그래서 스스로 그침[止息]을 얻지 못하게 된다. 우다이여, 만일 내가 말하는 이 갖가지 느낌의 뜻을 여실히 이해하여 안다면 논쟁을 일으키거나 서로에게 반대하지 않고, 논쟁이 일어날 것 같으면 일어나기 전에 능히 이 법과 율로써 그것을 그치게 할 것이다.

그런데 우다이여, 두 가지 느낌이 있으니, 욕계의 느낌과 욕계를 떠난 느낌이다. 무엇이 욕계의 느낌인가. 오욕의 즐거움으로 생기는 느낌이다. 이것을 욕계의 느낌이라 한다.

무엇이 욕계를 떠난 느낌인가. 비구가 욕계의 악하고 선하지 않은 법을 떠나면, 거친 생각이 있고 미세한 생각이 있고 욕계를 떠나는 데서 생기는 기쁨과 즐거움이 있는 초선을 성취하여 머무른다. 이것을 욕계를 떠난 느낌이라고 한다.

만일 어떤 이가, '중생은 이 초선만 의지해야 하며, 이것만을 즐겨야 하고, 다른 선정을 즐겨서는 안 된다'라고 말한다면, 그것은 옳지 않다. 왜냐하면 이보다 더 수승한 즐거움이 있기 때문이다. 그것은 무엇인가. 비구가 거친 생각과 미세한 생각을 떠나 내면이 청정해지면, 선정에서 생기는 기쁨과 즐거움이 있는 제2선을 성취하여 머무른다. 이것이 더 수승한 즐거움이다. 이와 같이 ……비상비비상입처(非想非非想入處)에 이르기까지 계속하여 더 수승한 즐거움이 있다고 말한다.

만일 어떤 이가, '초선 내지 비상비비상처의 선정 가운데 어느 하나만이 가장 즐겁고 다른 선정을 즐겨서는 안 된다'라고 말한다면, 그것 또한 옳지 않다. 왜냐하면 이보다 더 훌륭한 즐거움이 있기 때문이다. 그것은 무엇인가. 비구가 일체의 비상비비상입처를 지나면 상수멸(想受滅)이 있는데, 비구는 그것을 스스로 증득하고 성취하여 머무른다. 이것이 비상비비상입처보다 더 수승한 즐거움이다.

만일 어떤 외도의 출가자가, '사문 사캬 종족의 제자는 오직 생각과 느낌이 멸[想受滅]한 것만이 지극한 즐거움이라고 말한다'라고 주장한다면, 그것도 옳지 않다. 왜냐하면, '이와 같이 세존께서는 한 가지 즐거움만 말씀하신 것은 아니다. 세존께서 말씀하신 즐거움의 느낌은 우다이에게 말해 준 네 종류의 즐거움이다. 어떤 것이 넷인가. 이른바 욕계를 떠난 즐거움 · 멀리 떠난 즐거움 · 적멸(寂滅)의 즐거움 · 보리(菩提)의 즐거움이 있다'라고 말해야 하기 때문이다."

부처님께서 이 경을 말씀하시자, 우다이 존자와 빔비사라 왕은 부처님 말씀을 듣고 기뻐하며 받들어 행하였다.

6.8.11 제일득경(第一得經)

【중아함경 제59권 215경】

이와 같이 나는 들었다.

어느 때 부처님께서 사밧티성을 유행하시면서 제타숲 아나타핀디카동산에 계셨다. 그때 부처님께서 모든 비구에게 말씀하셨다.

"가령 코살라국 파세나디 왕의 명령이 미치는 영토 안에서는 파세나디 왕을 제일이라 한다. 그러나 코살라국 파세나디 왕도 변하고 달라진다. 많이 들어 아는 거룩한 제자가 이와 같이 관하면 곧 그것을 싫어하게 될 것이다. 그것을 싫어하게 되면 제일 높은 자리조차 바라지 않는데, 하물며 하천한 것을 바라겠는가.

해와 달의 광명이 비추는 세계, 즉 일천 세계가 있다. 이 일천 세계에는 일천의 해와 달, 일천의 푸바데하주 · 잠부디파주 · 아파라고나주 · 우타라쿠루주와 일천의 수미산이 있고, 일천의 사천왕천과 사천왕천신, 일천의 도리천과 제석천신, 일천의 야마천과 야마천신, 일천의 도솔천과 도솔천신, 일천의 화락천과 화락천신, 일천의 타화자재천과 타화자재천신, 일천의 범천세계와 일천의 범천신이 있다.

그 가운데 한 대범천신이 있어 존우로서 존경받고 중생의 아버지로 받들어진다. 과거에도 그랬고, 미래에도 그럴 것이다. 그러나 그러한 대범천신이라 하더라도, 변하고 달라질 것이다.

많이 들어 아는 거룩한 제자가 이와 같이 관한다면, 곧 그것을 싫어하게 될 것이다. 그것을 싫어하게 되면 제일 높은 자리까지도 바라지 않는데, 하물며 하천한 것을 바라겠는가.

훗날에 이 세간은 무너져 없어진다. 이 세계가 무너져 없어지면 중생들은 광음천에 태어나는데, 그곳에서 몸을 받을 때 마음에서 행한 대로 일체를 구족하게 된다. 따라서 팔 다리는 줄어들지 않고 모든 근(根)은 무너지지 않는다. 그들은 기쁨을 음식으로 삼고, 형색은 청정하여 몸에서 광명이 나오고, 허공을 타고 날아다니면서 오래도록 그곳에서 산다. 그러나 그러한 광음천의 신들 또한 변하고 달라질 것이다. 만일 많이 들어 아는 거룩한 제자가 이와 같이 관하면 그것을 싫어하게 될 것이다. 그것을 싫어하면 그 제일 높은 자리까지도 바라지 않는데, 하물며 하천한 것을 바라겠는가.

또한, 비구에게는 작다는 생각 · 크다는 생각 · 한량없다는 생각 · 아무것도 없다는 생각의 네 가지 생각이 있다. 중생들은 이러한 즐거운 생각을 마음으로 느낀다 하더라도, 그것 또한 변하고 달라지는 것이다. 만일 많이 들어 아는 거룩한 제자가 이와 같이 관하면 곧 그것을 싫어하게 될 것이다. 그것을 싫어하면 제일 높은 자리까지도 바라지 않는데, 하물며 하천한 것을 바라겠는가.

또한, '여덟 가지 버림의 수행[八除處]'이 있다. 무엇이 여덟인가. 비구는 안으로 색에 대한 생각을 가지고 밖으로 색을 관할 때, 조금이라도 좋아하거나 싫어하는 색이라도 그것은 버려야 하는 것이라고 알고, 그것은 버려야 하는 것이라고 본다. 이와 같이 생각하는 것이 첫째의 버림의 수행이다.

그리고 비구는 안으로 색에 대한 생각을 가지고 밖으로 색을 관할 때, 한없이 좋아하거나 싫어하는 색이라도 그것은 버려야 하는 것이라고 알고, 그것을 버려야 하는 것이라고 본다. 이와 같이 생각하는 것이 둘째의 버림의 수행이다.

그리고 비구는 안으로 색에 대한 생각이 없이 밖으로 색을 관할 때, 조금이라도 좋아하거나 싫어하는 색이라도 그것은 버려야 하는 것이라고 알고, 그것은 버려야 하는 것이라고 본다. 이와 같이 생각하는 것이 셋째의 버림의 수행이다.

그리고 비구는 안으로 색에 대한 생각이 없이 밖으로 색을 관할 때, 한없이 좋아하거나 싫어하는 색이라도 그것은 버려야 하는 것이라고 알고, 그것은 버려야 하는 것이라고 본다. 이와 같이 생각하는 것이 넷째의 버림의 수행이다.

그리고 비구여, 안으로 색에 대한 생각이 없이 밖으로 색을 관할 때, 푸른 것은 푸른색이라 알 뿐이고 푸른 것은 푸른빛으로 보일 뿐이다. 마치 푸른 연꽃이 푸른 것은 푸른색이라 알 뿐이고 푸른 것은 푸른빛으로 보이는 것과 같다. 마치 잘 만들어진 바라나의 비단옷을 잘 두드리고 잘 다듬어 색이 곱고 윤택해졌을 때, 푸른 것은 푸른색이라 알 뿐이고 푸른 것은 푸른빛으로 보일 뿐이라고 생각하는 것과 같다. 이와 같이 비구여, 안으로 색에 대한 생각이 없이 밖으로 색을 관할 때, 푸른 것은 푸른색이라 알 뿐이고 푸른 것은 푸른빛으로 보일 뿐이다. 그러므로 한량없고 한량없이 나의 마음을 청정함으로 물들인다. 마음의 즐거움만 있고 조금의 싫어함도 없다. 그러나 저 색은 버려야 할 것이라고 알고, 저 색은 버려야 할 것이라고 본다. 이와 같이 생각하는 것이 다섯째의 버림의 수행이다.

그리고 비구여, 안으로 색에 대한 생각이 없이 밖으로 색을 관할 때, 노란 것은 노란색이라 알 뿐이고 노란 것은 노란빛으로 보일 뿐이다. 마치 반두지봐카꽃이 노란 것은 노란색이라 알 뿐이고 노란 것은 노란빛으로 보일 뿐인 것과 같다. 마치 잘 만들어진 바라나의 비단옷을 잘 두드리고 잘 다듬어 색이 곱고 윤택해졌을 때, 노란 것은 노란색이라 알 뿐이고 노란 것은 노란빛으로 보일 뿐이라고 생각하는 것과 같다. 이와 같이 비구는 안으로 색에 대한 생각이 없이 밖으로 색을 관할 때, 노란 것은 노란색이라 알 뿐이고 노란 것은 노란빛으로 보일 뿐이다. 그러므로 한량없고 한량없이 나의 마음을 청정함으로 물들인다. 마음의 즐거움만 있고 조금의 싫어함도 없다. 그러나 저 색은 버려야 할 것이라고 본다. 이와 같이 생각하는 것이 여섯째의 버림의 수행이다.

그리고 비구여, 안으로 색에 대한 생각이 없이 밖으로 색을 관할 때, 붉은 것은 붉은 색이라 알 뿐이고 붉은 것은 붉은빛으로 보일 뿐이다. 마치 카니카라꽃이 붉은 것은 붉은색이라 알 뿐이고 붉은 것은 붉은빛으로 보일 뿐인 것과 같다. 마치 잘 만들어진 바라나의 비단옷을 잘 두드리고 잘 다듬어 색이 곱고 윤택해졌을 때, 붉은 것은 붉은색이라 알 뿐이고 붉은 것은 붉은빛으로 보일 뿐이라고 생각하는 것과 같다. 이와 같이 비구는 안으로 색에 대한 생각이 없이 밖으로 색을 관할 때, 붉은 것은 붉은색이라 알 뿐이고 붉은 것은 붉은빛으로 보일 뿐이다. 그러므로 한량없고 한량없이 나의 마음을 청정함으로 물들인다. 마음의 즐거움만 있고 조금의 싫어함도 없다. 그러나 저 색은 버려야 하는 것이라고 본다. 이것이 일곱째의 버림의 수행이다.

그리고 비구여, 안으로 색에 대한 생각이 없이 밖으로 색을 관할 때, 흰 것은 흰색이라 알 뿐이고 흰 것은 흰빛으로 보일 뿐이다. 마치 샛별이 흰 것은 흰색이라 알 뿐이고 흰 것은 흰빛으로 보일 뿐인 것과 같다. 마치 잘 만들어진 바라나의 비단옷을 잘 두드리고 잘 다듬어 색이 곱고 윤택해졌을 때, 흰 것은 흰색이라 알 뿐이고 흰 것은 흰빛으로 보일 뿐이라고 생각하는 것과 같다. 이와 같이 비구는 안으로 색에 대한 생각이 없이 밖으로 색을 관할 때, 흰 것은 흰색이라 알 뿐이고 흰 것은 흰빛으로 보일 뿐이다. 그러므로 한량없고 한량없이 나의 마음을 청정함으로 물들인다. 마음의 즐거움만 있고 싫어함은 없다. 그러나 저 색은 버려야 하는 것이라고 본다. 이것이 여덟째의 버림의 수행이다.

중생들이 이렇게 버림의 수행을 즐기고 마음으로 느낀다 하더라도, 그것 또한 변하고 달라지는 것이다. 만일 많이 들어 아는 거룩한 제자가 이와 같이 관하면 곧 그것들을 싫어하게 될 것이다. 그것들을 싫어하면 제일 높은 자리까지도 바라지 않는 것인데, 하물며 하천한 것을 바라겠는가.

그리고 '열 가지 채움의 수행[十一切處]'이 있다. 무엇이 열인가. 어떤 비구는 상·하와 모든 방위에 구별 없이 한량없는 땅으로 가득 채우는 생각을 한결같이 닦는다. 또한, 한량없는 물·불·바람·푸른색·노란색·

붉은색 · 흰색 · 허공 · 식별 등이 상 · 하와 모든 방위에 구별 없이 한량없는 물 · 불 ……등으로 가득 채우는 생각을 한결같이 닦는다. 중생들이 이와 같이 '채움의 수행'을 즐기고 마음으로 느낀다 하더라도, 그것도 변하고 바뀌는 것이다. 만일 많이 들어 아는 거룩한 제자가 이와 같이 관하면, 곧 그것을 싫어하게 될 것이다. 그것을 싫어하면 제일 높은 자리까지도 바라지 않을 것인데, 하물며 하천한 것을 바라겠는가. 이것을 가장 청정한 법이라고 말한다.

이른바 나도 없고 내 것도 없다고 말하는 것으로, 그것을 깨닫도록 하기 위하여 도를 가르치는 것이다. 그것을 깨달으면 일체의 색에 대한 생각에서 벗어나 마침내 비유상비무상처를 성취하여 노닐게 된다.

이것이 제일의 견처(見處)이며, 최상의 견처이다. 이것이 설해진 법 가운데서 열반에 도달하기에 가장 뛰어난 것이며, 열반을 가장 잘 설명한 것이다. 여섯 가지 입처에서 촉[六更樂處]이 일어날 때의 생함[生] · 멸함[滅] · 맛 들임[味] · 떠남[離]을 지혜로써 진실하게 보아 증득할 수 있도록 도(道)를 가르치는 것이다.

그리고 '네 가지 끊음[四斷]'이 있다. 무엇이 넷인가. 즐거움을 천천히 끊는 것 · 즐거움을 빨리 끊는 것 · 괴로움을 천천히 끊는 것 · 괴로움을 빨리 끊는 것이다. 그 가운데서 만일 즐거움을 천천히 끊으면 그 즐거움을 천천히 끊기 때문에 하천하다 말한다.

그 가운데 어떤 사람이 즐거움의 탐욕을 끊고자 하면, …… 만일 이 사람이 이 법을 익히면 조금도 그것을 싫어하지 않는다. 만일 어떤 사람이 술 마시기를 익히면 조금도 그것을 싫어하지 않는다. 만일 어떤 사람이 잠자기를 익히면 조금도 그것을 싫어하지 않는다.

이것이 비구들이여, 어떤 사람이 이 세 가지 법을 익혀서 조금도 그것을 싫어하지 않으면 멸진처에 이를 수 없다고 하는 까닭이다. 그러므로 모든 비구는 언제나 이 세 가지 법을 멀리해야 하고 가까이 해서는 안 된다. 모든 비구는 마땅히 이렇게 배워야 한다."

그때 모든 비구는 부처님 말씀을 듣고 기뻐하며 받들어 행하였다.

세 가지를 선근이라 공양하면
세 가지 고통과 세 가지 번뇌가 드러나네.
세 가지 상법[相法三]을 깨닫지 못하여
애착하고 공경하여 싫어할 줄 모르네.

6.8.12 삼계경(三界經) ①

【잡아함경 제17권 461경】

이와 같이 나는 들었다.

어느 때 부처님께서 코삼비국 고시타 동산에 계셨다.

그때 고시타 장자는 아난 존자가 있는 곳으로 가서 그 발에 예배하고 물러나 한쪽에 앉아 아난 존자에게 여쭈었다.

"말씀하시는 갖가지 계(界)란 무엇입니까?"

아난 존자가 고시타 장자에게 말하였다.

"삼계(三界)가 있습니다. 무엇이 셋인가. 욕계(欲界) · 색계(色界) · 무색계(無色界)입니다."

아난 존자가 곧 게송으로 말하였다.

욕계를 환하게 깨달아 알고
색계도 그러하니
남아 있는 번뇌 다 버리고
번뇌 없는 적멸(寂滅)을 얻으셨네.

삼계에 계합하는 몸에 대하여
남김없이 깨달으신
삼먁삼붓다께서는
근심과 번뇌 없는 가르침 주시네.

아난 존자가 이 경을 말하자, 고시타 장자는 기뻐하며 예배하고 떠나갔다.

6.8.13 삼계경(三界經)②

【잡아함경 제17권 462경】

이와 같이 나는 들었다.
어느 때 부처님께서 코삼비국 고시타 동산에 계셨다.
그때 고시타 장자는 아난 존자가 있는 곳으로 가서 그 발에 예배하고 물러나 한쪽에 앉아 아난 존자에게 물었다.
"갖가지 계란 무엇을 말합니까?"
아난 존자가 고시타 장자에게 말하였다.
"삼계(三界)가 있습니다. 색계 · 무색계 · 멸계(滅界)로서 이것을 삼계라 합니다."
아난 존자가 곧 게송으로 말하였다.

만일 색계의 중생으로서
무색계에 머무르면서
멸계를 알지 못하는 사람은
돌아와 다시 모든 몸을 받느니라.

만일 저 색계를 끊고
무색계에도 머무르지 않으며
멸계에서 마음이 해탈하면
영원히 생사에서 벗어나리.

아난 존자가 이 경을 말하자, 고시타 장자는 기뻐하며 예배하고 떠나갔다.

6.8.14 삼계경(三界經)③

【잡아함경 제17권 463경】

이와 같이 나는 들었다.

어느 때 부처님께서 코삼비국 고시타 동산에 계셨다.

그때 고시타 장자는 아난 존자가 있는 곳으로 가서 그 발에 예배한 뒤에 물러나 한쪽에 앉아 아난 존자에게 물었다.

"갖가지 계란 무엇을 말합니까?"

아난 존자가 고시타 장자에게 대답하였다.

"세 가지 출리의 세계[出界]이니, 무엇이 세 가지인가. 욕계에서 벗어나 색계로 가고, 색계에서 벗어나 무색계로 가며, 무색계에서 벗어나 일체의 모든 행과 일체의 생각이 멸한 멸계로 가는 것입니다. 이것을 '세 가지 출리의 세계'라 합니다."

곧 게송으로 말하였다.

욕계에서 벗어나고
색계를 뛰어넘으면
일체의 행이 고요히 멸함을 알아서
부지런히 바른 방편으로 닦아야 하리.

모든 애착을 끊어 버리고
일체의 행이 멸하면
남아 있는 번뇌가 다시는 일어나지 않고
존재로 다시는 돌아오지 않음을 알게 되리.

아난 존자가 경을 마치자, 고시타 장자는 기뻐하며 예배하고 떠나갔다.

6.8.15 동법경(同法經)

【잡아함경 제17권 464경】

이와 같이 나는 들었다.

어느 때 부처님께서 코삼비국 고시타 동산에 계셨다.

그때 아난 존자는 상좌(上座)들이 있는 곳으로 갔다. 아난 존자는 상좌에게 가서 공손하게 인사하고 물러나 한쪽에 앉아 상좌들에게 물었다.

"만일 비구가 빈 곳이나 나무 아래나 고요한 방에서 생각하려고 한다면, 어떤 법으로써 골똘히 생각하여야 합니까?"

상좌가 대답하였다.

"아난 존자여, 빈 곳이나 나무 아래나 고요한 방에서 생각하려는 사람은 두 가지 법으로써 골똘히 생각하여야 합니다. 즉 지(止)와 관(觀)입니다."

아난 존자가 다시 상좌에게 물었다.

"지(止)를 닦아 익히고 많이 닦아 익힌 뒤에는 무엇이 이루어집니까? 관(觀)을 닦아 익히고 많이 닦아 익힌 뒤에는 무엇이 이루어집니까?"

상좌가 대답하였다.

"아난 존자여, 지(止)를 닦아 익히면 마지막에는 관(觀)이 이루어집니다. 관(觀)을 닦아 익힌 뒤에도 역시 지(止)가 이루어집니다. 거룩한 제자는 지와 관을 함께 닦아 모든 해탈의 세계를 증득하는 것입니다."

아난이 다시 상좌에게 물었다.

"무엇이 해탈의 세계입니까?"

상좌가 대답하였다.

"아난 존자여, 끊음의 세계[斷界] · 욕심 없음의 세계[無欲界] · 멸함의 세계[滅界]를 성취하면, 이것을 모든 해탈의 세계라 합니다."

아난 존자가 다시 상좌에게 물었다.

"무엇이 끊음의 세계이고, 욕심 없음의 세계이며, 멸함의 세계입니까?"

상좌가 대답하였다.

"아난 존자여, 일체의 결합을 끊으면 이것을 끊음의 세계라 하고, 애욕을 끊어 없애면 이것을 욕심 없음의 세계라 하며, 일체의 결합이 멸하면 이것을 멸함의 세계라 합니다."

이때 아난 존자는 상좌의 말을 듣고 매우 기뻐하였다.

아난 존자는 다시 오백 명의 비구들이 있는 곳으로 가서 공손하게 인사한 뒤에 물러나 한쪽에 앉아 오백 명의 비구들에게 물었다.

"만일 비구가 빈 곳이나 나무 밑이나 고요한 방에서 생각하려 할 때는 마땅히 어떤 법으로써 골똘히 생각하여야 합니까?"

이때 오백 명의 비구들이 아난 존자에게 대답하였다.

"두 가지 법으로써 골똘히 생각하여 상좌가 말한 것과 같이 마침내 멸계에 도달하여야 합니다."

이때 아난 존자는 오백 명의 비구의 말을 듣고 매우 기뻐하였다.

다시 부처님 계신 곳으로 가서 부처님 발에 예배한 뒤에 물러나 한쪽에 앉아 부처님께 여쭈었다.

"세존이시여, 만일 비구가 빈 곳이나 나무 아래나 고요한 방에서 생각하려고 한다면, 어떤 법으로써 골똘히 생각하여야 합니까?"

부처님께서 아난에게 말씀하셨다.

"만일 비구가 빈 곳이나 나무 아래나 고요한 방에서 생각하려고 한다면, 두 가지 법으로써 골똘히 생각하여 오백 명의 비구가 말한 것과 같이 마침내 멸계에 도달하여야 한다."

이때 아난 존자가 부처님께 말씀드렸다.

"기이합니다. 세존이시여, 스승님과 모든 제자는 모두 같은 내용 · 같은 표현 · 같은 의미 · 같은 감흥입니다. 제가 지금 상좌들에게 가서 이와 같이 물었더니, 또한 이와 같은 의미 · 이와 같은 표현 · 이와 같은 감흥으로 제게 대답하였는데 세존께서 말씀하신 것과 같았습니다. 저는 다시 오백 명의 비구에게 가서 또한 이와 같은 의미 · 이와 같은 표현 · 이와 같은 감흥으로 물었더니, 그 오백 명의 비구도 이와 같은 의미 · 이와 같은 표현 · 이와 같은 감흥으로 지금 세존께서 말씀하신 것과 같이 대답하였습니다. 그러므로 스승과 제자는 모두가 같은 내용 · 같은 의미 · 같은 표현 · 같은 감흥인 것을 알겠습니다."

부처님께서 아난에게 말씀하셨다.

"그대는 그 상좌가 어떤 비구인 줄 아느냐?"

아난이 부처님께 대답하였다.

"알지 못합니다, 세존이시여."

부처님께서 아난에게 말씀하셨다.

"그 상좌는 아라한으로서, 모든 번뇌가 이미 다하고 짐을 이미 내려놓았으며 바른 지혜로 마음이 잘 해탈하였다. 그 오백 명의 비구도 그와 같다."

부처님께서 이 경을 말씀하시자, 아난 존자는 부처님의 말씀을 듣고 기뻐하며 받들어 행하였다.

6.8.16 소공경(小空經)

【중아함경 제49권 190경】

이와 같이 나는 들었다.

어느 때 부처님께서 사밧티성에 유행하시면서 미가라마뚜 강당에 계셨다.

그때 아난 존자는 해 질 녘이 되어 조용히 좌선하고 일어나 부처님께 가서 부처님 발에 예배하고 물러나 한쪽에 앉아 여쭈었다.

"세존께서 석도읍이라는 사캬족의 성에서 유행하셨을 때, 저는 세존께서, '아난아, 나는 공(空)을 많이 행한다'라고 이와 같은 이치를 말씀하시는 것을 들었습니다. 제가 세존의 말씀을 잘 알아듣고 잘 받아 지니고 있는 것인지요?"

세존께서 말씀하셨다.

"그때 내가 했던 말을 너는 진실로 잘 알고 잘 받아 지니고 있다. 왜냐하면 나는 그때부터 지금에 이르기까지 '공'을 많이 행하고 있기 때문이다. 아난아, 이 미가라마뚜 강당은 텅 비어 있어서 코끼리 · 말 · 소 · 염소 · 재물 · 곡식 · 종 들이 없다. 그러나 비어있지 않은 것이 있으니, 오직 비구들만은 실제로 있다. 아난아, 만일 그 가운데 어떠한 것도 없다면, 그 때문에 나는 이것을 '공'이라 볼 것이다. 그러나 만일 여기에 다른 것이 있다면, 나는 진실로 있다고 볼 것이다. 아난아, 이것을 진실로 '공'을 행하여 전도되지 않았다고 하는 것이다.

아난아, 비구가 '공'을 많이 행하려고 한다면, 그 비구는 마을이란 생각을 떠올리지 말고, 사람이란 생각을 떠올리지 말아야 한다 그러나 비고 한적한 숲이라는 생각[無事想][5]만은 자꾸 떠올려야 한다. 그는 이와 같

5) 팔리본에서는 한림상(閑林想, P.arannasanna)으로 되어 있다. 즉 한적한 숲 속에서의 생활에 대한 생각을 말한다.

이 알아 마을이란 생각을 비우고, 사람이란 생각을 비운다. 그러나 비고 한적한 숲이라는 한 가지 생각만은 비우지 않는다.

마을이란 생각이 있으면 고뇌[疲勞]가 있겠지만, 내게는 그것이 없다. 사람이란 생각이 있으면 고뇌가 있겠지만, 내게는 그것이 없다. 오직 비고 한적한 숲이라는 생각으로 인하여 생기는 고뇌는 있다. 만일 그곳에 어떠한 것도 없다면, 나는 그것을 '공'이라 볼 것이다. 그러나 만일 그곳에 다른 것이 있다면, 진실로 있다고 볼 것이다. 아난아, 이것을 진실로 '공'을 행하여 전도되지 않았다고 하는 것이다.

그리고 아난아, 비구가 '공'을 많이 행하려고 한다면, 그 비구는 사람이란 생각도 떠올리지 말고, 비고 한적한 숲이라는 생각도 떠올리지 말아야 한다. 그러나 땅이라는 한 가지 생각만은 자꾸 떠올려야 한다. 그 비구는 이 땅에는 높고 낮음이 있고, 뱀떼가 있으며, 가시덤불이 있고, 모래가 있으며, 험한 돌산과 깊은 물이 있는 것을 보더라도, 그것을 생각하지 말아야 한다. 만일 이 땅은 편평하기가 손바닥 같고 바라보는 곳이 좋은 것을 보거든 그것을 자꾸 생각하여라.

아난아, 마치 소가죽을 백 개의 못으로 평평하게 펼치면 주름살도 없고 오그라들지도 않는 것과 같다. 만일 이 땅은 높고 낮음이 있고, 뱀떼가 있으며, 가시덤불이 있고, 모래가 있으며, 험한 돌산과 깊은 물이 있는 것을 보더라도, 그것은 생각하지 말아야 한다. 만일 이 땅은 편평하기가 손바닥 같고, 바라보는 곳이 좋은 것을 보거든 그것을 자꾸 떠올려야 한다. 그는 이와 같이 알아 사람이란 생각도 비우고 비고 한적한 숲이라는 생각도 비운다. 그러나 오직 땅이라는 한 가지 생각만은 비우지 않는다.

사람이란 생각이 있다면 고뇌가 있겠지만, 내게는 그것이 없다. 비고 한적한 숲이라는 생각이 있다면 고뇌가 있겠지만, 내게는 그것이 없다. 오직 땅이라는 한 가지 생각으로 인하여 생기는 고뇌는 있다. 만일 그곳에 어떠한 것도 없다면, 나는 그것을 '공'이라고 볼 것이다. 그러나 만일 그곳에 다른 것이 있다면, 진실로 있다고 볼 것이다. 아난아, 이것을 진실로 '공'을 행하여 전도되지 않았다고 하는 것이다.

그리고 아난아, 비구가 '공'을 많이 행하려고 한다면, 그 비구는 비고 한적한 숲이라는 생각도 떠올리지 말고, 땅이라는 생각도 떠올리지 말아야 한다. 그러나 오직 '한량없는 허공[空無邊處]'이라는 생각만은 자꾸 떠올려야 한다. 그는 이와 같이 알아 비고 한적한 숲이라는 생각도 비우고 땅이라는 생각도 비운다. 그러나 오직 '한량없는 허공'이라는 한 가지 생각만은 비우지 않는다.

비고 한적한 숲이라는 생각이 있으면 고뇌가 있겠지만, 내게는 그것이 없다. 땅이라는 생각이 있으면 고뇌가 있겠지만, 내게는 그것이 없다. 오직 한량없는 허공이라는 한 가지 생각으로 인하여 생기는 고뇌는 있다. 만일 그곳에 아무것도 없으면, 그것을 '공'이라 볼 것이다. 그러나 만일 그곳에 다른 것이 있다면, 진실로 있다고 볼 것이다. 아난아, 이것을 진실로 '공'을 행하여 전도되지 않았다고 하는 것이다.

그리고 아난아, 비구가 '공'을 많이 행하려고 한다면, 그 비구는 땅이라는 생각도 떠올리지 말고, 한량없는 허공이라는 생각도 떠올리지 말아야 한다. 그러나 오직 '한량없는 식별[識無邊處]'이라는 생각만은 떠올려야 한다. 그는 이와 같이 알아 땅이라는 생각도 비우고, 한량없는 허공이라는 생각도 비운다. 그러나 오직 '한량없는 식별'이라는 한 가지 생각만은 비우지 않는다.

땅이라는 생각이 있으면 고뇌가 있겠지만, 내게는 그것이 없다. 한량없는 허공이라는 생각이 있으면 고뇌가 있겠지만, 내게는 그것이 없다. 오직 한량없는 식별이라는 한 가지 생각으로 인해 생기는 고뇌는 있다. 만일 그곳에 아무것도 없으면, 그것을 '공'이라 볼 것이다. 그러나 만일 그곳에 다른 것이 있다면, 진실로 있다고 볼 것이다. 아난아, 이것을 진실로 '공'을 행하여 전도되지 않았다고 하는 것이다.

그리고 아난아, 비구가 '공'을 많이 행하려고 한다면, 그 비구는 한량없는 허공이라는 생각도 떠올리지 말고, 한량없는 식별이라는 생각도 떠올리지 말아야 한다. 그러나 오직 어떤 것도 아니라는 생각[無所有處想]만은 자꾸 떠올려야 한다. 그는 이와 같이 알아 한량없는 허공이라는 생각도 비우고, 한량없는 식별이라는 생각도 비운다. 그러나 오직 어떤 것도 아니라는 한 가지 생각만은 비우지 않는다.

한량없는 허공이라는 생각이 있으면 고뇌가 있겠지만, 내게는 그것이 없다. 한량없는 식별이라는 생각이 있으면 고뇌가 있겠지만, 내게는 그것이 없다. 오직 어떤 것도 아니라는 한 가지 생각으로 인해 생기는 고뇌는 있다. 만일 그곳에 아무것도 없으면, 그것을 '공'이라 볼 것이다. 그러나 만일 그곳에 다른 것이 있다면 진실로 있다고 볼 것이다. 아난아, 이것을 진실로 '공'을 행하여 전도되지 않았다고 하는 것이다.

그리고 아난아, 비구가 '공'을 많이 행하려고 한다면, 그 비구는 한량없는 식별이라는 생각을 떠올리지 말고, 어떤 것도 아니라는 생각도 떠올리지 말아야 한다. 그러나 오직 무상심정(無想心定)만은 자꾸 떠올려야 한다. 그는 이와 같이 알아 한량없는 식별이라는 생각을 비우고, 어떤 것도 아니라는 생각도 비운다. 그러나 오직 무상심정만은 비우지 않는다.

한량없는 식별이라는 생각이 있으면 고뇌가 있겠지만, 내게는 그것이 없다. 어떤 것도 아니라는 생각이 있으면 고뇌가 있겠지만, 내게는 그것이 없다. 오직 무상심정으로 인해 생기는 고뇌는 있다. 만일 그곳에 아무것도 없으면, 그것을 '공'이라고 볼 것이다. 그러나 만일 그곳에 다른 것이 있으면, 진실로 있다고 볼 것이다. 아난아, 이것을 진실로 '공'을 행하여 전도되지 않았다고 하는 것이다.

그는 이와 같이 생각한다. '나는 무상심정을 본래부터 행하였고 본래부터 생각하였다. 본래부터 행하고 본래부터 생각한 것이라면, 나는 그것을 즐길 것도 없고 그것을 찾을 것도 없으며, 그곳에 머무를 것도 없다.'

그는 이와 같이 알고 이와 같이 보아 애욕의 번뇌에서 마음이 해탈하고, 존재의 번뇌에서 마음이 해탈하고, 무명의 번뇌에서 마음이 해탈한다. 해탈한 뒤에는 곧 해탈한 줄을 알아, 나의 생은 다하고 범행은 갖추었고 할 일은 마쳐, 다시는 다음 생을 받지 않을 것을 여실히 안다.

그는 이와 같이 알아 애욕의 번뇌를 비우고, 존재의 번뇌를 비우고, 무명의 번뇌를 비운다. 그러나 비우지 않는 것이 있으니, 오직 나의 몸에 있는 여섯 가지 포섭처[六處]의 작용이다.

애욕의 번뇌가 있으면 고뇌가 있겠지만, 내게는 그것이 없다. 존재의 번뇌가 있으면 고뇌가 있겠지만, 내게는 그것이 없다. 오직 나의 몸에 있는 여섯 가지 포섭처의 작용으로 인해 생기는 고뇌는 있다. 만일 그곳에 아무 것도 없다면 그것을 '공'이라 볼 것이다. 그러나 만일 그곳에 다른 것이 있다면, 진실로 있다고 볼 것이다. 아난아, 이것을 진실로 '공'을 행하여 전도되지 않았다고 하는 것이다. 왜냐하면 번뇌가 다하여 고뇌가 없어지고, 무위(無爲)의 마음으로 해탈하였기 때문이다.

아난아, 과거의 모든 여래·무소착·등정각도 모두 이 진실로 '공'을 행하여 전도되지 않았다. 왜냐하면 번뇌가 다하여 번뇌가 없어지고, 무위의 마음으로 해탈하였기 때문이다. 아난아, 미래의 모든 여래·무소착·등정각도 모두 진실로 '공'을 행하여 전도되지 않을 것이다. 왜냐하면 번뇌가 다해 번뇌가 없어지고, 무위의 마음으로 해탈할 것이기 때문이다. 아난아, 현재의 나, 여래·무소착·등정각 또한 진실로 공을 행하여 전도되지 않는다. 왜냐하면 번뇌가 다해 번뇌가 없어지고, 무위의 마음으로 해탈하였기 때문이다. 아난아, 그대는 마땅히 이와 같이 배워야 한다. 나 또한 진실로 '공'을 행하여 전도되지 않았으니, 왜냐하면 번뇌가 다해 번뇌가 없어지고, 무위의 마음으로 해탈하였기 때문이다. 그러므로 아난아, 너도 마땅히 이와 같이 배워야 한다."

부처님께서 이와 같이 말씀하시자, 아난 존자와 모든 비구는 부처님 말씀을 듣고 기뻐하며 받들어 행하였다.

6.8.17 고수경(枯樹經)

【잡아함경 제18권 494경】

이와 같이 나는 들었다.

어느 때 부처님께서 라자가하성 칼란다카 대나무 동산에 계셨다.

그때 사리풋타 존자는 깃자쿠타산에 있었다. 그는 이른 아침에 가사를 입고 발우를 가지고 깃자쿠타산에서 내려와 라자가하성으로 들어가 걸식하였다. 그는 길가의 큰 마른 나무를 보고는 곧 그 나무 아래에 자리를 펴고 몸을 세우고 바르게 앉아 비구들에게 말하였다.

"만일 어떤 비구가 선정을 닦아 익혀 신통력을 얻고 마음이 자재하게 되어 이 마른 나무를 땅으로 만들려고 하면, 곧 땅으로 만들 수 있을 것이다. 왜냐하면 이 마른 나무속에는 땅의 요소가 있기 때문이다. 그러므로 비구가 신통력을 얻어 마음에 땅이라는 생각을 일으키면, 틀림없이 땅으로 만들 수 있을 것이다.

만일 어떤 비구가 신통력을 얻어 뜻대로 자재하게 되어 이 나무를 물 · 불 · 바람이나 금 · 은 등의 물건으로 만들려고 하면, 다 틀림없이 성취할 수 있을 것이다. 왜냐하면 이 마른 나무에는 물 · 불 · 바람 · 금 · 은 등의 요소가 있기 때문이다. 그러므로 비구가 선정을 닦아 익혀 신통력을 얻어 뜻대로 자재하게 되어 마른 나무를 금으로 만들려고 하면, 틀림없이 금으로 만들 수 있을 것이다. 그 밖의 여러 가지 물건도 틀림없이 다 만들 수 있을 것이다. 왜냐하면 그 마른 나무에는 갖가지 요소가 있기 때문이다. 그러므로 비구가 선정을 닦아 신통력을 얻어 뜻대로 자재하게 되면, 갖가지 물건을 틀림없이 다 그렇게 만들 수 있을 것이다.

비구들이여, 비구가 선정을 닦아 얻은 신통의 경계는 생각으로도 헤아리기 어렵다는 것을 알아야 한다. 그러므로 비구들이여, 마땅히 부지런히 선정을 닦아 모든 신통을 배워야 한다.

사리풋타가 이 경을 말하자, 모든 비구는 사리풋타의 말을 듣고 기뻐하며 받들어 행하였다.

6.8.18 성묵연경(聖默然經)

【잡아함경 제18권 501경】

이와 같이 나는 들었다.

어느 때 부처님께서 라자가하성 칼란다카 대나무 동산에 계셨다.

그때 마하목갈라나 존자는 라자가하의 깃자쿠타산에 있었다. 그때 마하 목갈라나 존자가 비구들에게 말하였다.

"어느 때 세존께서는 라자가하의 칼란다카 대나무 동산에 계셨고, 나는 이 깃자쿠타산에 머물러 있었습니다. 나는 혼자 어느 고요한 곳에서 이와 같이 생각하였습니다. '어떤 것을 거룩한 침묵이라고 하는가?'

그리고 다시 이와 같이 생각하였습니다. '만일 어떤 비구가 거친 생각이 쉬고 미세한 생각도 쉬면, 내면이 고요해지고 일심의 경지를 성취한다. 거친 생각이 없어지고 미세한 생각도 없어지면, 삼매에서 생기는 기쁨과 즐거움이 있는 제2선을 성취하여 머무른다. 이것을 거룩한 침묵이라고 한다.'

그리고 다시 이와 같이 생각하였습니다. '나도 이제 거룩한 침묵에 들자.'

그리하여 거친 생각과 미세한 생각을 쉬고 안으로 마음을 고요히 하여 일심의 경지를 성취하였습니다. 그리고 거친 생각도 없어지고 미세한 생각도 없이 삼매에서 생기는 기쁨과 즐거움을 성취하여 오랫동안 머물렀습니다. 오랫동안 머무른 뒤에 다시 거친 생각과 미세한 생각이 있는 마음이 일어났습니다.

그때 세존께서는 나의 생각을 아시고 죽원정사(竹園精舍)에서 사라져 깃자쿠타산에 있는 내 앞에 나타나시어 나에게 말씀하셨습니다.

'목갈라나여, 그대는 거룩한 침묵을 지켜라. 방일하지 마라.'

나는 세존의 말씀을 듣고는 곧 다시 거친 생각과 미세한 생각을 떠나 안으로 마음을 고요히 하고 일심의 경지를 성취하였습니다. 그리고 거친 생각과 미세한 생각도 없이 삼매에서 생기는 기쁨과 즐거움이 있는 제2선을 성취하여 머물렀습니다. 나는 이와 같이 하기를 두 번 세 번 하였고, 부처님께서도, '그대는 마땅히 거룩한 침묵을 지켜라. 방일하지 마라'라고 내게 두 번 세 번 가르치셨습니다.

나는 곧 다시 거친 생각과 미세한 생각을 쉬고 안으로 마음을 고요히 하고 일심의 경지를 성취하였습니다. 그리고 거친 생각도 없고 미세한 생각도 없이 삼매에서 생기는 기쁨과 즐거움을 쉬고 제3선을 성취하여 머물렀습니다.

바르게 말하자면, 부처님의 제자는 부처님의 입으로부터 태어나며, 법의 교화로부터 태어납니다. 부처님 법의 한 부분을 얻은 사람이 있다면 내가 바로 그 사람입니다. 왜냐하면 나는 부처님의 제자로서 부처님의 입으로부터 태어났고, 법의 가르침으로부터 태어났으며, 부처님 법의 한 부분을 얻었고, 몇 가지 방편과 선정으로 해탈을 얻어 삼매에 들었기 때문입니다.

그것은 마치 전륜성왕의 태자는 아직 관정(灌頂)을 받지 않았더라도,

이미 왕의 법을 얻었고, 부지런히 방편을 쓰지 않더라도, 능히 오욕(五欲)의 즐거움을 얻는 것과 같습니다. 나도 그와 같아서 부처님의 제자가 되었고, 부지런히 방편을 쓰지 않더라도, 선정으로 해탈을 얻어 삼매에 들었습니다. 하루 동안에 세존께서 신통력으로써 세 번이나 내게 오셔서 세 번 나를 가르치셨으며, 대인의 자리에 나를 세우셨습니다."

마하목갈라나 존자가 이 경을 말하자, 모든 비구는 그 말을 듣고 기뻐하며 받들어 행하였다.

6.8.19 적멸경(寂滅經)

【잡아함경 제18권 503경】

이와 같이 나는 들었다.

어느 때 부처님께서 사밧티성 제타숲 아나타핀디카동산에 계셨다.

그때 사리풋타 존자와 마하목갈라나 존자와 아난 존자는 라자가하성의 칼란다카 대나무 동산에서 한 방에 머물고 있었다.

그때 사리풋타 존자는 새벽에 목갈라나 존자에게 말하였다.

"기이합니다, 목갈라나 존자여. 당신은 오늘 밤 적멸의 삼매[正受]에 머물러 있습니다."

목갈라나 존자는 사리풋타 존자의 말을 들었다.

사리풋타 존자가 다시 말하였다.

"나는 전혀 당신의 숨소리를 듣지 못하겠습니다."

목갈라나 존자가 말하였다.

"이것은 적멸의 삼매가 아닙니다. 거친 삼매에 머물러 있을 뿐입니다. 사리풋타여, 나는 오늘 밤에 세존과 함께 대화하였습니다."

사리풋타 존자가 말하였다.

"목갈라나여, 세존께서는 사밧티성 제타숲 아나타핀디카동산에 계십니다. 여기서 아주 먼데 어떻게 서로 말할 수 있습니까? 당신은 지금 대나무 동산에 있는데 어떻게 서로 말할 수 있습니까? 당신이 신통력으로 세존이 계신 곳으로 간 것입니까, 아니면 세존께서 신통력으로 당신이 있는 곳으로 오신 것입니까?"

목갈라나 존자가 사리풋타 존자에게 말하였다.

"내가 신통력으로 세존이 계신 곳으로 간 것도 아니고, 세존께서 신통력으로 내가 있는 곳으로 오신 것도 아닙니다. 그러나 세존과 나는 다 하늘의 눈과 하늘의 귀를 얻었기 때문에 나는 사밧티성과 라자가하성의 중간에서 들은 것입니다. 곧 나는 세존께 여쭈었습니다.

'어떤 것을 쉼 없는 정진이라고 합니까?'

세존께서 나에게 말씀하셨습니다.

'목갈라나여, 만일 비구가 낮에는 거닐거나 앉아 있거나 장애되지 않는 법으로 스스로 그 마음을 깨끗하게 한다. 초저녁에도 앉아 있거나 거닐거나 장애되지 않는 법으로 스스로 그 마음을 깨끗하게 한다. 밤중에는 방밖으로 나가 발을 씻고 다시 방으로 들어와 오른쪽으로 누워 두발을 포개고 명상(明相)에 생각을 두고 바른 생각과 바른 지혜로 생각을 일으킨다. 새벽이 되면 천천히 깨고 천천히 일어나서, 앉아 있거나 거닐거나 장애되지 않는 법으로 스스로 그 마음을 깨끗하게 한다. 목갈라나여, 이것을 비구의 〈쉼 없는 정진〉이라 한다'라고 내게 대답하셨습니다."

사리풋타 존자가 목갈라나 존자에게 말하였다.

"그대 마하목갈라나는 참으로 큰 신통력과 큰 공덕을 얻어서 편한 자리에 앉았습니다. 나 또한 큰 힘이 있으니 당신과 함께 할 수 있습니다. 그것은 마치 어떤 사람이 한 개의 작은 돌을 가지고 큰 산에 던지면, 큰 산의 빛깔과 성질이 모두 같아지는 것과 같습니다. 나도 그와 같아서, 존자와 같은 큰 힘과 큰 덕을 얻어서 같은 자리에 앉을 것입니다.

또한, 세간의 곱고 깨끗하고 좋은 것은 사람들이 다 떠받드는 것처럼, 그와 같이 목갈라나 존자의 큰 덕과 큰 힘은 모든 수행자가 떠받들 것입니다. 그리고 목갈라나 존자를 만나 교류하면서 공경하고 공양할 수 있는 사람들은 좋은 이익을 많이 얻을 것입니다. 이제 나 또한 마하목갈라나 존자와 교류하고 있으니 좋은 이익을 많이 얻습니다."

마하목갈라나 존자가 사리풋타 존자에게 말하였다.

"나도 이제 큰 지혜와 큰 덕이 있는 사리풋타 존자와 함께 같은 자리에 앉았습니다. 마치 작은 돌을 큰 산에 던지면 그 빛깔이 같아지는 것처럼, 나도 그와 같아서, 큰 지혜가 있는 사리풋타 존자와 같은 자리에 앉아서 도반이 되었습니다."

이때 두 존자는 서로 대화를 마치고 각각 자리에서 일어나 떠나갔다.

6.8.20 마하코티카경[大拘絺羅經]

【중아함경 제58권 211경】

이와 같이 나는 들었다.

어느 때 부처님께서 라자가하성을 유행하실 때 칼란다카 대나무 동산에 계셨다.

그때 사리풋타 존자는 해 질 녘에 조용히 좌선하고 일어나 마하코티카[大拘絺羅] 존자가 있는 곳으로 가서 서로 인사하고 안부를 물은 뒤 물러나 한쪽에 앉았다.

사리풋타 존자가 코티카 존자에게 말하였다.

"현자 코티카여, 묻고 싶은 일이 있는데 들어 주시겠습니까?"

"사리풋타 존자여, 마음대로 물으시오. 나는 들은 뒤에 생각해 보겠습니다."

사리풋타 존자가 물었다.

"현자 코티카여, 선하지 않은 것은 선하지 않다고 말하고, 선하지 않은 뿌리는 선하지 않은 뿌리라고 말하는데, 무엇이 선하지 않은 것이며, 무엇이 선하지 않은 뿌리인지요?"

"몸의 악한 행과 입과 뜻의 악한 행은 선하지 않은 것이고, 탐욕과 성냄과 어리석음은 선하지 않은 뿌리입니다. 이것을 선하지 않은 것이라 하고 이것을 선하지 않은 뿌리라 합니다."

사리풋타 존자는 이 말을 듣고 찬탄하며 말하였다.

"참으로 훌륭하십니다, 현자 코티카여."

사리풋타 존자는 이렇게 찬탄한 뒤에 기뻐하며 받들어 행하였다. 그리고 그는 다시 물었다.

"현자 코티카여, 선한 것은 선하다 말하고, 선한 뿌리는 선한 뿌리라 말하는데, 무엇이 선한 것이며, 무엇이 선한 뿌리입니까?"

"몸의 바른 행과 입과 뜻의 바른 행은 선한 것이고, 탐욕과 성냄과 어리석음이 없는 것이 선한 뿌리입니다. 이것을 선한 것이라 하고, 이것을 선한 뿌리라 합니다."

"참으로 훌륭하십니다, 현자 코티카여."

사리풋타 존자는 이렇게 찬탄한 뒤에 기뻐하며 받들어 행하였다. 그리고 그는 다시 물었다.

"현자 코티카여, 사람들이 지혜라고 말하는데, 무엇이 지혜입니까?"

"이러한 것을 알기 때문에 지혜라 합니다. 어떤 것을 아는 것인가. 괴로움의 진리를 알고, 괴로움의 집기를 알며, 괴로움의 멸함을 알고, 괴로움의 멸함에 이르는 길을 아는 것이니, 이러한 것을 알기 때문에 지혜라 합니다."

"참으로 훌륭하십니다, 현자 코티카여."

사리풋타 존자는 이렇게 찬탄한 뒤에 기뻐하며 받들어 행하였다. 그리

고 그는 다시 물었다.

"현자 코티카여, 사람들이 식별이라고 말하는데, 무엇이 식별입니까?"

코티카 존자가 대답하였다.

"식별이란, 대상을 식별하기 때문에 식별이라고 말합니다. 어떤 것을 식별하는가. 색을 식별하고, 소리를 식별하고, 냄새를 식별하고, 맛을 식별하고, 촉감을 식별하고, 법을 식별하는 것입니다. 식별은 대상을 식별하기 때문에 식별이라 하는 것입니다."

"참으로 훌륭하십니다, 현자 코티카여."

사리풋타 존자는 이렇게 찬탄한 뒤에 기뻐하며 받들어 행하였다. 그리고 그는 다시 물었다.

"현자 코티카여, 지혜와 식별의 이 두 법은 구별할 수 있는 것입니까, 구별할 수 없는 것입니까? 또는 이 두 법은 구별하여 말할 수 있는 것입니까?"

"이 두 법은 구별할 수 없는 것이고, 또 이 두 법은 구별하여 말할 수 없는 것입니다. 왜냐하면 지혜로써 아는 것은 즉 식별로써 다르다는 것을 아는 것이기 때문입니다. 그러므로 이 두 법은 구별할 수 없으며, 구별하여 말할 수도 없습니다."

"참으로 훌륭하십니다, 현자 코티카여."

사리풋타 존자는 이렇게 찬탄한 뒤에 기뻐하며 받들어 행하였다. 그리고 그는 다시 물었다.

"현자 코티카여, 그대가 '안다'라고 말하는 것은 무엇으로써 아는 것입니까?"

"내가 '안다'라고 말하는 것은 지혜로써 아는 것입니다."

"참으로 훌륭하십니다, 현자 코티카여."

사리풋타 존자는 이렇게 찬탄한 뒤에 기뻐하며 받들어 행하였다. 그리

고 그는 다시 물었다.

"현자 코티카여, 지혜에는 어떤 의미가 있고, 어떤 수승함이 있으며, 어떤 공덕이 있습니까?"

"지혜에는 싫어한다는 뜻이 있고, 욕심이 없다는 뜻이 있으며, 있는 그대로 본다는 뜻이 있습니다."

"참으로 훌륭하십니다, 현자 코티카여."

사리풋타 존자는 이렇게 찬탄한 뒤에 기뻐하며 받들어 행하였다. 그리고 그는 다시 물었다.

"현자 코티카여, 무엇이 바른 견해입니까?"

"괴로움의 진리를 알고, 괴로움의 집기를 알며, 괴로움의 멸함을 알고, 괴로움의 멸함에 이르는 길을 알면, 이것을 바른 견해라 합니다."

"참으로 훌륭하십니다, 현자 코티카여."

사리풋타 존자는 이렇게 찬탄한 뒤에 기뻐하며 받들어 행하였다. 그리고 그는 다시 물었다.

"현자 코티카여, 몇 가지 인연으로 바른 견해가 생깁니까?"

"두 가지 인연으로 바른 견해가 생깁니다. 무엇이 둘인가. 첫째는 남에게서 듣는 것이고, 둘째는 스스로 사유하는 것입니다. 이것을 두 가지 인연으로 바른 견해가 생기는 것이라 합니다."

"참으로 훌륭하십니다, 현자 코티카여."

사리풋타 존자는 이렇게 찬탄한 뒤에 기뻐하며 받들어 행하였다. 그리고 그는 다시 물었다.

"현자 코티카여, 바른 견해를 얻는 방법에는 몇 가지가 있습니까? 어떻게 하면 심해탈의 과[心解脫果]와 혜해탈의 과[慧解脫果]를 얻고 심해탈의 공덕과 혜해탈의 공덕을 얻는지요?"

"바른 견해를 얻는 방법에는 다섯 가지가 있습니다. 그것으로써 심해탈의 과와 혜해탈의 과를 얻고, 심해탈의 공덕과 혜해탈의 공덕을 얻습니다.

무엇이 다섯인가. 첫째는 사성제로써 얻는 것이고, 둘째는 계율로써 얻는 것이며, 셋째는 널리 들음으로써 얻는 것이고, 넷째는 지(止)로써 얻는 것이며, 다섯째는 관(觀)으로써 바른 견해를 얻는 것입니다. 이것이 바른 견해를 얻는 다섯 가지 방법입니다. 이것들이 심해탈의 과와 혜해탈의 과를 얻게 하고, 심해탈의 공덕과 혜해탈의 공덕을 얻게 합니다."

"참으로 훌륭하십니다, 현자 코티카여."

사리풋타 존자는 이렇게 찬탄한 뒤에 기뻐하며 받들어 행하였다. 그리고 그는 다시 물었다.

"현자 코티카여, 어떻게 미래의 존재[有]가 생깁니까?"

"어리석은 범부는 무지하고 많이 듣지 못하여 무명에 덮히고, 애정에 얽매이며, 선한 벗을 만나지 못하고, 거룩한 법을 알지 못하며, 거룩한 법을 모시지도 못합니다. 이것을 가리켜 미래의 존재가 생기는 것이라 합니다."

"참으로 훌륭하십니다, 현자 코티카여."

사리풋타 존자는 이렇게 찬탄한 뒤에 기뻐하며 받들어 행하였다. 그리고 그는 다시 물었다.

"현자 코티카여, 어떻게 미래의 존재가 생기지 않는지요?"

"만일 무명이 이미 다하여 명이 생기면 반드시 괴로움이 다할 것입니다. 이것을 가리켜 미래의 존재가 생기지 않는다고 합니다."

"참으로 훌륭하십니다, 현자 코티카여."

사리풋타 존자는 이렇게 찬탄한 뒤에 기뻐하며 받들어 행하였다. 그리고 그는 다시 물었다.

"현자 코티카여, 몇 가지 느낌이 있는지요?"

"세 가지 느낌이 있습니다. 곧 즐거운 느낌과 괴로운 느낌과 괴롭지도 않고 즐겁지도 않은 느낌입니다. 이것들은 무엇에 의지하여 있느냐 하면 부딪침을 의지하여 있습니다."

"참으로 훌륭하십니다, 현자 코티카여."

사리풋타 존자는 이렇게 찬탄한 뒤에 기뻐하며 받들어 행하였다. 그리고 그는 다시 물었다.

"현자 코티카여, 느낌[受]과 생각[想]과 의도[思]의 이 세 가지 법은 구별할 수 있는 것입니까? 또 이 세 가지 법은 분리하여 말할 수 있습니까?"

코티카 존자가 대답하였다.

"느낌과 생각과 의도의 이 세 가지 법은 분리할 수 없습니다. 이 세 가지 법은 분리하여 말할 수 없는 것입니다. 왜냐하면 존재한다는 느낌이 일어나면 곧 붙인 것으로 보려 하고, 이어서 붙이겠다는 의도가 일어나는 것입니다. 그러므로 이 세 가지 법은 구별할 수 없으며, 이 세 가지 법은 분리해서 말할 수 없는 것입니다."

사리풋타 존자는 듣고 기뻐하며 말하였다.

"참으로 훌륭하십니다, 현자 코티카여."

사리풋타 존자는 이렇게 찬탄한 뒤에 기뻐하며 받들어 행하였다. 그리고 그는 다시 물었다.

"현자 코티카여, 멸(滅)이라는 것은 대상이 있습니까?"

코티카 존자는 대답하였다.

"멸이라고 하는 것은 대상이 없습니다."

"참으로 훌륭하십니다, 현자 코티카여."

사리풋타 존자는 이렇게 찬탄한 뒤에 기뻐하며 받들어 행하였다. 그리고 그는 다시 물었다.

"현자 코티카여, 다섯 가지 감각기관[五根]은 제각기 다른 작용과 다른 경계가 있어서 각각 자신의 경계를 받아들입니다. 곧 눈 · 귀 · 코 · 혀 · 몸, 이 다섯 가지 감각기관은 제각기 다른 작용과 다른 경계가 있어서 각각 자신의 경계를 받아들이는데, 무엇이 그 경계를 받아들이며, 무엇이 그것들의 의지처가 됩니까?"

"다섯 가지 감각기관은 제각기 다른 작용과 다른 경계가 있어서 각각 자신의 경계를 받아들입니다. 곧 눈 · 귀 · 코 · 혀 · 몸의 다섯 가지 감각기관은 제각기 다른 작용과 다른 경계가 있어서 각각 자신의 경계를 받아들입니다. 의지가 그 경계를 다 받아들이며, 의지가 그것들의 의지처가 되는 것입니다."

"참으로 훌륭하십니다, 현자 코티카여."

사리풋타 존자는 이렇게 찬탄한 뒤에 기뻐하며 받들어 행하였다. 그리고 그는 다시 물었다.

"현자 코티카여, 의지는 무엇을 의지하여 머무릅니까?"

"의지는 목숨을 의지하고, 목숨을 의지하여 머무릅니다."

"참으로 훌륭하십니다, 현자 코티카여."

사리풋타 존자는 이렇게 찬탄한 뒤에 기뻐하며 받들어 행하였다. 그리고 그는 다시 물었다.

"현자 코티카여, 목숨은 무엇을 의지하여 머무릅니까?"

"목숨은 따뜻한 기운을 의지하여 머무릅니다."

"참으로 훌륭하십니다, 현자 코티카여."

사리풋타 존자는 이렇게 찬탄한 뒤에 기뻐하며 받들어 행하였다. 그리고 그는 다시 물었다.

"현자 코티카여, 목숨과 더운 기운, 이 두 법은 구별할 수 있습니까? 또 이 두 법은 구별하여 말할 수 있는 것입니까?"

"목숨과 더운 기운, 이 두 법은 구별할 수 없으며, 또 이 두 법은 구별하여 말할 수 없는 것입니다. 왜냐하면 목숨으로 인하여 더운 기운이 있고, 더운 기운으로 인하여 목숨이 있습니다. 만일 목숨이 없으면 더운 기운이 없고, 더운 기운이 없으면 목숨이 없기 때문입니다. 마치 기름과 심지로 인하여 등불을 켤 수 있는 것과 같습니다. 그곳에 불꽃으로 인하여 빛이 있고, 빛으로 인하여 불꽃이 있습니다. 만일 불꽃이 없으면 빛이 없고, 빛이 없으면 불꽃이 없습니다. 이와 같이 목숨으로 인하여 더운 기운이 있고, 더운 기운으로 인하여 목숨이 있습니다.

만일 목숨이 없으면 더운 기운이 없고, 더운 기운이 없으면 목숨이 없습니다. 그러므로 이 두 법은 구별할 수 없으며, 또 이 두 법은 구별하여 말할 수 없는 것입니다."

"참으로 훌륭하십니다, 현자 코티카여."

사리풋타 존자는 이렇게 찬탄한 뒤에 기뻐하며 받들어 행하였다. 그리고 그는 다시 물었다.

"현자 코티카여, 몇 가지 법이 있어 살아 있는 몸이 죽어서는 무덤 사이에 버려져 나무처럼 무정물이 되는 것입니까?"

"세 가지 법이 있어 살아 있는 몸이 죽어서는 무덤 사이에 버려져 나무처럼 무정물이 되는 것입니다.

무엇이 셋인가. 첫째는 목숨, 둘째는 더운 기운, 셋째는 식별입니다. 이 세 가지 법이 있어, 살아 있는 몸이 죽어서는 무덤 사이에 버려져 나무처럼 무정물이 되는 것입니다."

"참으로 훌륭하십니다, 현자 코티카여."

사리풋타 존자는 이렇게 찬탄한 뒤에 기뻐하며 받들어 행하였다. 그리고 그는 다시 물었다.

"현자 코티카여, 죽음과 멸진정(滅盡定)에 드는 것에는 어떤 차별이 있습니까?"

"죽음이라는 것은 목숨이 끝난 것이고, 더운 기운이 사라진 것이며, 모든 감각기관이 무너진 것입니다. 그러나 비구가 멸진정에 든 것은 목숨이 끝난 것이 아니고, 더운 기운이 사라진 것이 아니며, 모든 감각기관이 무너진 것이 아닙니다. 죽음과 멸진정에 드는 것에는 이러한 차별이 있습니다."

"참으로 훌륭하십니다, 현자 코티카여."

사리풋타 존자는 이렇게 찬탄한 뒤에 기뻐하며 받들어 행하였다. 그리고 그는 다시 물었다.

"현자 코티카여, 멸진정(滅盡定)에 든 것과 무상정(無想定)에 든 것과는 어떤 차별이 있습니까?"

"비구가 멸진정에 들면 생각과 느낌이 멸합니다. 그러나 비구가 무상정에 들면 생각과 느낌이 멸하지 않습니다. 멸진정에 든 것과 무상정에 든 것에는 이러한 차별이 있습니다."

"참으로 훌륭하십니다, 현자 코티카여."

사리풋타 존자는 이렇게 찬탄한 뒤에 기뻐하며 받들어 행하였다. 그리고 그는 다시 물었다.

"현자 코티카여, 멸진정에서 깨어나는 것과 무상정에서 깨어나는 것에는 어떤 차별이 있습니까?"

"비구가 멸진정에서 깨어날 때는, '나는 멸진정에서 깨어난다'라고 생각하지 않습니다. 그러나 비구가 무상정에서 깨어날 때는, '나에게 생각이 있다고 해야 할까, 나에게 생각이 없다고 해야 할까?'라고 이렇게 생각합니다. 멸진정에서 깨어나는 것과 무상정에서 깨어나는 것과는 이러한 차별이 있습니다."

"참으로 훌륭하십니다, 현자 코티카여."

사리풋타 존자는 이렇게 찬탄한 뒤에 기뻐하며 받들어 행하였다. 그리

고 그는 다시 물었다.

"현자 코티카여, 비구가 멸진정에 들어갈 때는 몸의 행과 입의 행과 뜻의 행 가운데 어느 법이 먼저 멸합니까?"

"비구가 멸진정에 들어갈 때는 먼저 몸의 행이 멸하고, 다음에 입의 행이 멸하고, 나중에 뜻의 행이 멸합니다."

"참으로 훌륭하십니다, 현자 코티카여."

사리풋타 존자는 이렇게 찬탄한 뒤에 기뻐하며 받들어 행하였다. 그리고 그는 다시 물었다.

"현자 코티카여, 비구가 멸진정에서 깨어날 때는 몸의 행과 입의 행과 뜻의 행 가운데 어느 법이 먼저 생깁니까?"

"비구가 멸진정에서 깨어날 때는 먼저 뜻의 행이 생기고, 다음에 입의 행이 생기고, 나중에 몸의 행이 생깁니다."

"참으로 훌륭하십니다, 현자 코티카여."

사리풋타 존자는 이렇게 찬탄한 뒤에 기뻐하며 받들어 행하였다. 그리고 그는 다시 물었다.

"현자 코티카여, 비구가 멸진정에서 깨어날 때는 몇 가지 부딪침에 부딪칩니까?"

"비구가 멸진정에서 깨어날 때는 세 가지 부딪침에 부딪칩니다. 무엇이 셋인가. 첫째는 움직이지 않는 부딪침[不移動觸]이고, 둘째는 소유가 없는 부딪침[無所有觸]이며, 셋째는 모양이 없는 부딪침[無相觸]입니다. 비구가 멸진정에서 깨어날 때는 이 세 가지 부딪침에 부딪치는 것입니다."

"참으로 훌륭하십니다, 현자 코티카여."

사리풋타 존자는 이렇게 찬탄한 뒤에 기뻐하며 받들어 행하였다. 그리고 그는 다시 물었다.

"현자 코티카여, 공(空) · 무원(無願) · 무상(無相), 이 세 법은 뜻도 다르고 말도 다릅니까, 혹은 뜻은 하나인데 말이 다른 것입니까?"

"공 · 무원 · 무상의 이 세 가지 법은 뜻도 다르고 말도 다릅니다."

"참으로 훌륭하십니다, 현자 코티카여."

사리풋타 존자는 이렇게 찬탄한 뒤에 기뻐하며 받들어 행하였다. 그리고 그는 다시 물었다.

"현자 코티카여, 몇 가지 인연이 있어 '움직이지 않는 정[不移動定]'이 생깁니까?"

"네 가지 인연이 있어 '움직이지 않는 정'이 생깁니다. 무엇이 넷인가. 만일 비구가 탐욕을 떠나고, 악하고 선하지 않은 법을 떠나, ……제4선을 성취하여 노닐면, 이것을 네 가지 인연이 있어 움직이지 않는 정이 생기는 것이라 합니다."

"참으로 훌륭하십니다, 현자 코티카여."

사리풋타 존자는 이렇게 찬탄한 뒤에 기뻐하며 받들어 행하였다. 그리고 그는 다시 물었다.

"현자 코티카여, 몇 가지 인연이 있어 무소유정(無所有定)이 생깁니까?"

"세 가지 인연이 있어 무소유정이 생깁니다. 무엇이 셋인가. 만일 비구가 일체의 색이라는 생각을 지나 ……무소유처(無所有處)를 성취하여 노닐면, 이것을 세 가지 인연이 있어 무소유정이 생기는 것이라 합니다."

"참으로 훌륭하십니다. 현자 코티카여."

사리풋타 존자는 이렇게 찬탄한 뒤에 기뻐하며 받들어 행하였다. 그리고 그는 다시 물었다.

"현자 코티카여, 몇 가지 인연이 있어 무상정(無想定)이 생깁니까?"

코티카가 말하였다.

"두 가지 인연이 있어 무상정이 생깁니다. 무엇이 둘인가. 첫째는 일체의 생각을 떠올리지 않는 것이고, 둘째는 무상계(無想界)를 떠올리는 것입니다. 이것을 두 가지 인연이 있어 무상정이 생기는 것이라 합니다."

"참으로 훌륭하십니다, 현자 코티카여."

사리풋타 존자는 이렇게 찬탄한 뒤에 기뻐하며 받들어 행하였다. 그리고 그는 다시 물었다.

"현자 코티카여, 몇 가지 인연이 있어 무상정에 머무릅니까?"

"두 가지 인연이 있어 무상정에 머무릅니다. 무엇이 둘인가. 첫째는 일체의 생각을 떠올리지 않는 것입니다. 둘째는 무상계(無想界)를 떠올리는 것입니다. 이것을 두 가지 인연이 있어 무상정에 머무르는 것이라 합니다."

"참으로 훌륭하십니다, 현자 코티카여."

사리풋타 존자는 이렇게 찬탄한 뒤에 기뻐하며 받들어 행하였다. 그리고 그는 다시 물었다.

"현자 코티카여, 몇 가지 인연이 있어 무상정에서 깨어납니까?"

"세 가지 인연이 있어 무상정에서 깨어납니다. 무엇이 셋인가. 첫째는 일체의 생각을 떠올리는 것입니다. 둘째는 무상계(無想界)를 떠올리지 않는 것입니다. 셋째는 이 몸과 여섯 가지 포섭처[六處]를 인(因)으로 하고, 목숨[命根]을 연(緣)으로 하는 것입니다. 이것을 세 가지 인연이 있어 무상정에서 깨어나는 것이라 합니다."

이와 같이 두 존자는 서로를, '훌륭하고 훌륭하다'라고 찬탄하고 서로의 말에 기뻐하며 받들어 행한 뒤에 자리에서 일어나 떠나갔다.

6. 9 삼명(三明)

6.9.1 무학삼명경(無學三明經) ①

【잡아함경 제31권 884경】

이와 같이 나는 들었다.

어느 때 부처님께서 사밧티성 제타숲 아나타핀디카동산에 계셨다. 그 때 세존께서 비구들에게 말씀하셨다.

"다 배운 이[無學]의 세 가지 명[三明]이 있다. 무엇이 셋인가. 다 배운 이의 전생을 아는 지혜의 신통[宿命明] · 생사를 아는 지혜의 신통[天眼明] · 번뇌가 다한 지혜의 신통[漏盡明]이다."

세존께서 곧 게송으로 말씀하셨다.

자세히 관찰하여 전생 일 알고
하늘이나 나쁜 곳에 태어나는 것 보고
나고 죽는 온갖 번뇌 다하면
그것이 곧 성인의 명(明)이니라.

저 일체의 탐욕과 갈애에서
그 마음 완전히 해탈을 얻어
세 가지를 모두 다 통달했으니
그러므로 세 가지 명이라 한다.

부처님께서 이 경을 말씀하시자, 모든 비구는 부처님 말씀을 듣고 기뻐하며 받들어 행하였다.

6.9.2 무학삼명경(無學三明經) ②

【잡아함경 제31권 885경】

이와 같이 나는 들었다.

어느 때 부처님께서 사밧티성 제타숲 아나타핀디카동산에 계셨다. 그때 세존께서 비구들에게 말씀하셨다.

"다 배운 이의 세 가지 명(明)이 있다. 무엇이 셋인가. 다 배운 이의 전생을 아는 지혜의 신통 · 생사를 아는 지혜의 신통 · 번뇌가 다한 지혜의 신통이다.

무엇이 다 배운 이의 '전생을 아는 지혜의 신통'인가. 성인의 제자는 갖가지 전생 일을 안다. 즉 일생에서 백 생 · 천 생 · 만 생 · 억 생에 이르기까지 ……이루어지고 무너진 겁의 수와, 자기와 중생들이 지나온 과거에 어떤 이름 · 어떤 삶 · 어떤 성(性)이었고, 어떤 음식을 먹고 어떤 괴로움과 즐거움을 받았으며, 얼마나 오래 살았고 얼마나 오래 머물렀으며, 어떤 신분으로 살았는지를 다 안다. 또 자기와 중생들이 여기서 죽어 다른 곳에 태어나고, 다른 곳에서 죽어 여기에 태어난 것과 어떤 행(行) · 어떤 인(因) · 어떤 믿음으로 갖가지 전생 일을 받았던가를 다 밝게 안다. 이것이 '전생을 아는 지혜의 신통[宿命智證明]'이다.

무엇이 '생사를 아는 지혜의 신통'인가. 성인의 제자는 사람의 눈보다 뛰어난 하늘의 눈으로 모든 중생의 죽는 때와 태어나는 때 · 아름다운 모습과 추한 모습 · 귀한 몸과 천한 몸을 보고 업에 따라 나쁜 곳에 태어나는 것을 본다. 가령 어떤 중생은 몸으로 나쁜 행을 하고 입과 뜻으로 나쁜 행을 하며 성인을 비방하고 삿된 견해로 삿된 법의 인연을 받았으므로, 몸이 무너지고 목숨이 끝난 뒤에는 지옥과 같은 나쁜 곳에 태어난다고 여실히 안다. 또한, 어떤 중생은 몸과 입과 뜻으로 선한 행을 하고 성인을 비방하지 않으며 바른 견해를 성취하였으므로, 몸이 무너지고 목숨이 끝난 뒤에는 천상이나 인간과 같은 좋은 곳에 태어난다고 여실히 안다. 이것이 '생사를 아는 지혜의 신통[生死智證明]'이다.

무엇이 '번뇌가 다한 지혜의 신통'인가. 성인의 제자는 이것은 괴로움이라고 여실히 알고, 이것은 괴로움의 집기 · 괴로움의 멸함 · 괴로움의 멸함에 이르는 길이라고 여실히 안다. 그는 이렇게 알고 이렇게 보아 애욕의 번뇌에서 마음이 해탈하고, 존재와 무명의 번뇌에서 마음이 해탈하고, 해탈한 줄을 알고 보아, 나의 생은 다하고 범행은 갖추었고 할 일은 마쳐, 다시는 다음 생을 받지 않을 줄을 스스로 안다. 이것이 '번뇌가 다한 지혜의 신통[漏盡智證明]'이다."

세존께서 곧 게송으로 말씀하셨다.

자세히 관하여 전생 일 알고
하늘이나 나쁜 곳에 태어나는 것 보고
생사의 온갖 번뇌 다하면
그것이 성인의 신통이니라.

저 일체의 탐욕과 갈애에서
그 마음 완전히 해탈을 얻어
세 가지 모두 다 통달하였으니
그러므로 세 가지 명이라 한다.

부처님께서 이 경을 말씀하시자, 모든 비구는 부처님 말씀을 듣고 기뻐하며 받들어 행하였다.

6.9.3 삼명경(三明經)

【잡아함경 제31권 886경】

이와 같이 나는 들었다.

어느 때 부처님께서 사밧티성 제타숲 아나타핀디카동산에 계셨다.

그때 어떤 바라문은 부처님께 가서 문안드린 뒤에 물러나 한쪽에 앉아 이렇게 말하였다.

"이것이 바라문의 세 가지 명[三明]입니다. 이것이 바라문의 세 가지 명입니다."

세존께서 바라문에게 말씀하셨다.

"무엇이 바라문의 세 가지 명인가?"

바라문이 부처님께 말씀드렸다.

"고타마시여, 바라문의 부모는 원만한 모양에 아무 흠이 없었고, 칠 대를 내려오면서 비방을 받지 않았으며, 대대로 스승이 되었습니다. 또 변재를 두루 갖추어 모든 경전을 외우고, 물건들의 이름 · 만물의 차별 · 문자(文字)의 분류 · 역사의 처음과 끝, 이 다섯 가지 일을 다 통달하였으며, 얼굴 또한 단정하였습니다. 고타마시여, 이것이 바라문의 세 가지 명입니다."

부처님께서 바라문에게 말씀하셨다.

"나는 문자나 말을 가리켜 세 가지 명이라 하지 않는다. 성현의 법문(法門)에서는 알차고 진실한 세 가지 명을 말한다. 즉 성현은 성현의 법과 계율에서 말하는 진실한 세 가지 명을 알고 본다."

"고타마시여, 성현은 어떻게 성현의 법과 계율에서 말하는 세 가지 명을 알고 봅니까?"

부처님께서 바라문에게 말씀하셨다.

"다 배운 이의 세 가지 명(明)이 있다. 무엇이 셋인가. 전생 일을 아는 지혜의 신통 · 나고 죽음을 아는 지혜의 신통 · 번뇌가 다한 지혜의 신통이다."

(위의 경에서 자세히 말씀하신 것과 같다.)

세존께서 곧 게송으로 말씀하셨다.

일체의 법은 덧없는 것이어라.
계 지킴과 고요한 선정으로
일체의 전생 일 알고
하늘이나 나쁜 곳에 태어난 줄 알며
그 생(生)을 끊고 번뇌를 다했나니
이것이 성인의 신통이니라.

모든 탐욕과 성냄과 어리석음에서
마음이 해탈한 줄 안다면
나는 말하노라 이것이 세 가지 명이니
그것은 말로 설명할 수 있는 것이 아니니라.

"바라문이여, 이것이 성인의 법과 계율에서 말하는 세 가지 명이다."
바라문은 부처님께 말씀드렸다.
"고타마시여, 그것이야말로 진실한 세 가지 명입니다."
그때 바라문은 부처님 말씀을 듣고 기뻐하며 자리에서 일어나 떠나갔다.

7. 십이연기설(十二緣起說)

7.1 십이지미비형(十二支未備型)

7.1.1 불박경(佛縛經)

【잡아함경 제12권 285경】

이와 같이 나는 들었다.

어느 때 부처님께서 사밧티성 제타숲 아나타핀디카동산에 계셨다. 그때 세존께서 비구들에게 말씀하셨다.

"나는 기억하고 있다. 과거에 내가 아직 바른 깨달음을 이루지 못하였을 때, 혼자 어느 고요한 곳에서 골똘히 선정을 닦다가 이렇게 생각하였다. '이 세상은 고난 속에 빠져 있다. 말하자면, 태어나고 늙고 병들고 죽고 윤회하여 다시 태어남을 받는다. 그런데도 모든 중생은 생·노·병·사가 왜 일어나는지 그 이유를 여실히 알지 못한다.'

나는 다시 이렇게 생각하였다. '어떤 법이 있기 때문에 태어남이 있으며, 어떤 법을 연(緣)하기 때문에 태어남이 있는가?' 곧 바르게 사유하니 참다운 지혜가 일어나, '존재[有]가 있기 때문에 태어남이 있고, 존재를 연하기 때문에 태어남이 있다'라고 알게 되었다.

나는 다시 이렇게 생각하였다. '어떤 법이 있기 때문에 존재가 있으며, 어떤 법을 연하기 때문에 존재가 있는가?' 곧 바르게 사유하니 참다운 지혜가 일어나, '취함이 있기 때문에 존재가 있으며, 취함을 연하기 때문에 존재가 있다'라고 알게 되었다.

나는 다시 이렇게 생각하였다. '취함에는 또 어떤 연과 어떤 법이 있기 때문에 취함이 있으며, 어떤 법을 연하기 때문에 취함이 있는가?' 곧 바르게 사유하니 참다운 지혜가 일어나, '법을 취해 맛 들여 집착하고 마음으로 돌아보고 기억하여 마음이 묶이면 갈애와 탐욕이 더하고 자란다. 그 갈애가 있기 때문에 취함이 있고, 갈애를 연하기 때문에 취함이 있다. 취함을 연하여 존재가 있고, 존재를 연하여 태어남이 있으며, 태어남을 연하여 늙음 · 병듦 · 죽음 · 근심 · 슬픔 · 번민 · 고통이 있다. 이렇게 하여 아주 커다란 괴로움의 무더기가 생긴다'라고 알게 되었다.

비구들이여, 그대들은 어떻게 생각하는가? 그것은 마치 기름과 심지를 연하여 등불이 켜지는 것과 같으니, 만일 자주자주 기름과 심지를 더해주면 그 등불은 오래 가지 않겠는가?"

비구들이 대답하였다.

"그렇습니다, 세존이시여."

"그와 같이 비구들이여, 색을 취해 맛 들여 집착하고 돌아보고 기억하면 갈애의 결박은 더욱 늘어난다. 그 갈애를 연하기 때문에 취함이 있고, 취함을 연하기 때문에 존재가 있으며, 존재를 연하기 때문에 태어남이 있고, 태어남을 연하기 때문에 늙음 · 병듦 · 죽음 · 근심 · 슬픔 · 번민 · 고통이 있다. 이렇게 하여 아주 커다란 괴로움의 무더기가 생긴다.

그때 나는 다시 이렇게 생각하였다. '어떤 법이 없기 때문에 늙음 · 병듦 · 죽음이 없으며, 어떤 법이 멸하기 때문에 늙음 · 병듦 · 죽음이 멸하는가?' 곧 바르게 사유하니, '태어남이 없으면 늙음 · 병듦 · 죽음이 없고, 태어남이 멸하면 곧 늙음 · 병듦 · 죽음이 멸한다'라는 참다운 지혜가 일어났다.

나는 다시 이렇게 생각하였다. '어떤 법이 없기 때문에 태어남이 없으며, 어떤 법이 멸하기 때문에 태어남이 멸하는가?' 곧 바르게 사유하니, '존재가 없기 때문에 태어남이 없고, 존재가 멸하기 때문에 태어남이 멸한다'라는 참다운 지혜가 일어났다.

나는 다시 이렇게 생각하였다. '어떤 법이 없기 때문에 존재가 없으며, 어떤 법이 멸하기 때문에 존재가 멸하는가?' 곧 바르게 사유하니 참다운 지혜가 일어나, '취함이 없기 때문에 존재가 없으며, 취함이 멸하기 때문에 존재가 멸한다'라고 관하게 되었다.

나는 다시 이렇게 생각하였다. '어떤 법이 없기 때문에 취함이 없으며, 어떤 법이 멸하기 때문에 취함이 멸하는가?' 곧 바르게 사유하니 참다운 지혜가 일어나, '취한 법은 덧없는 것이고 생하고 멸하는 것이라고 관하여, 탐욕을 떠나 모두 멸하여야 한다. 버리고 떠나 마음으로 돌아보거나 기억하지 않아 마음이 묶이어 집착하지 않으면 갈애가 곧 멸한다'라고 알게 되었다.

갈애가 멸하기 때문에 취함이 멸하고, 취함이 멸하기 때문에 존재가 멸하며, 존재가 멸하기 때문에 태어남이 멸하고, 태어남이 멸하기 때문에 늙음 · 병듦 · 죽음 · 근심 · 슬픔 · 번민 · 고통이 멸한다. 이렇게 하여 아주 커다란 괴로움의 무더기가 멸한다.

비구들이여, 그대들은 어떻게 생각하는가? 그것은 마치 기름과 심지로 등불을 켜는 것과 같으니, 만일 기름을 더하고 심지를 돋우지 않으면 그 등불은 앞으로 다 닳아 없어지지 않겠는가?"

비구들이 부처님께 말씀드렸다.

"그렇습니다, 세존이시여."

"이와 같이 비구들이여, 취한 법은 덧없는 것이고 생하고 멸하는 것이라고 관하여 탐욕을 떠나 모두 멸하여야 한다. 버리고 떠나 마음으로 돌아보거나 기억하지 않아 마음이 묶이어 집착하지 않으면 갈애가 곧 멸하니, 갈애가 멸하면 곧 취함이 멸하고, ……아주 커다란 괴로움의 무더기가 멸한다."

부처님께서 이 경을 말씀하시자, 모든 비구는 부처님 말씀을 듣고 기뻐하여 받들어 행하였다.

7.1.2 비바시경(毘婆尸經)

【잡아함경 제15권 366경】

이와 같이 나는 들었다.

어느 때 부처님께서 사밧티성 제타숲 아나타핀디카동산에 계셨다. 그때 세존께서 비구들에게 말씀하셨다.

"비바시 부처님께서 아직 바른 깨달음을 이루기 전에 혼자 어느 고요한 곳에서 골똘히 선사하다가 이렇게 생각하였다. '일체 세간은 다 생사의 고난에 빠져 있다. 스스로 태어나고, 스스로 성숙하며, 스스로 멸하고, 스스로 없어진다. 그런데도 중생들은 늙음과 죽음에서 벗어나 세간을 뛰어넘는 길을 여실히 알지 못한다. 무엇을 연하여 늙음과 죽음이 있는가를 스스로 관하자.'

이와 같이 바르게 사유하고 관하니 참다운 지혜가 일어나, '태어남이 있기 때문에 늙음과 죽음이 있고, 태어남을 연하기 때문에 늙음과 죽음이 있다'라고 알게 되었다.

나는 다시, '무엇을 연하기 때문에 태어남이 있는가'라고 생각하다가, 이내 다시 바르게 사유하니 참다운 지혜가 일어나, '존재를 연하기 때문에 태어남이 있다'라고 알게 되었다.

나는 다시, '무엇을 연하기 때문에 존재가 있는가'라고 생각하다가, 이내 다시 바르게 사유하니 참다운 지혜가 일어나, '취함이 있기 때문에 존재가 있다'라고 알게 되었다.

나는 다시, '무엇을 연하기 때문에 취함이 있는가'라고 생각하다가, 이내 다시 바르게 사유하니 참다운 지혜가 일어나, '취한 법에 맛 들이고 집착하며 마음으로 돌아보아 기억하면, 부딪침을 연하여 갈애가 더하고 자란다'라고 관하게 되었다.

마땅히 알라. 갈애를 연하여 취함이 있고, 취함을 연하여 존재가 있으며, 존재를 연하여 태어남이 있고, 태어남을 연하여 늙음·병듦·죽음·근심·슬픔·번민·고통이 있다. 이렇게 하여 아주 커다란 괴로움의 무더기가 생긴다.

그것은 마치 기름과 심지를 연하여 등불을 켤 때, 자주 기름을 더하고 심지를 돋우면 그 등불은 언제나 밝게 타올라 쉬지 않는 것과 같다."

앞에서와 같이 비유를 들어 찬탄하시고 성(城)의 비유로 자세히 말씀하셨다. 부처님께서 이 경을 말씀하시자, 모든 비구는 부처님 말씀을 듣고 기뻐하며 받들어 행하였다.

(비바시 부처님과 같이 시키 부처님과 벳사부 부처님, 카쿠산다 부처님, 코나가모니 부처님과 카샤파 부처님도 모두 이와 같이 말씀하셨다.)

7.1.3 사문바라문경(沙門婆羅門經) ①

【잡아함경 제14권 352경】

이와 같이 나는 들었다.

어느 때 부처님께서 사밧티성 제타숲 아나타핀디카동산에 계셨다. 그때 세존께서 비구들에게 말씀하셨다.

"만일 사문과 바라문들이 법을 여실히 알지 못하고 법의 집기·법의 멸함·법의 멸함에 이르는 길을 여실히 알지 못하면, 그들은 사문이지만 사문에 속하지 못하고, 바라문이지만 바라문에 속하지 못한다. 그것은 또한 사문의 도리와 바라문의 도리대로 법을 보아, 스스로 알고 증득하여 나의 생은 다하고 범행은 갖추었고 할 일은 마쳐, 다시는 다음 생을 받지 않을 줄을 스스로 아는 것도 아니니다.

무엇이 법을 여실히 알지 못하는 것이고, 무엇이 법의 집기를 여실히 알지 못하는 것이며, 무엇이 법의 멸함을 여실히 알지 못하는 것이고, 무엇이 법의 멸함에 이르는 길을 여실히 알지 못하는 것인가. 이른바 늙음과 죽음 · 늙음과 죽음의 집기 · 늙음과 죽음의 멸함 · 늙음과 죽음의 멸함에 이르는 길을 여실히 알지 못하는 것이다. 이와 같이 태어남 · 존재 · 취함 · 갈애 · 느낌 · 부딪침과 여섯 가지 입처[六入處]를 여실히 알지 못하고, 여섯 가지 입처의 집기 · 여섯 가지 입처의 멸함 · 여섯 가지 입처의 멸함에 이르는 길을 여실히 알지 못하는 것이다. 이리하여 모든 법을 여실히 알지 못하고, 법의 집기 · 법의 멸함 · 법의 멸함에 이르는 길을 여실히 알지 못한다.

만일 사문과 바라문들이 법을 여실히 알고, 법의 집기 · 법의 멸함 · 법의 멸함에 이르는 길을 여실히 안다면, 그 사문과 바라문들이야말로 사문이면서 사문에 속하고 바라문이면서 바라문에 속함을 알라. 또한, 그것은 사문의 도리와 바라문의 도리대로 법을 보아 증득한 줄을 스스로 알아, 나의 생은 다하고 범행은 갖추었고 할 일은 마쳐, 다시는 다음 생을 받지 않을 줄을 스스로 안다.

무엇이 법을 여실히 아는 것이고, 무엇이 법의 집기 · 법의 멸함 · 법의 멸함에 이르는 길을 여실히 아는 것인가. 늙음과 죽음의 법을 여실히 알고, 늙음과 죽음의 집기 · 늙음과 죽음의 멸함 · 늙음과 죽음의 멸함에 이르는 길을 여실히 아는 것이다. 이와 같이 태어남 · 존재 · 취함 · 갈애 · 느낌 · 부딪침과 여섯 가지 입처를 여실히 알며, 여섯 가지 입처의 집기 · 여섯 가지 입처의 멸함 · 여섯 가지 입처의 멸함에 이르는 길을 여실히 아는 것이다. 이리하여 모든 법을 여실히 알고, 법의 집기 · 법의 멸함 · 법의 멸함에 이르는 길을 여실히 아는 것이다."

부처님께서 이 경을 말씀하시자, 모든 비구는 부처님 말씀을 듣고 기뻐하며 받들어 행하였다.

7.1.4 파구나경(頗求那經)

【잡아함경 제15권 372경】

이와 같이 나는 들었다.

어느 때 부처님께서 사밧티성 제타숲 아나타핀디카동산에 계셨다. 그때 세존께서 비구들에게 말씀하셨다.

"중생들을 살리는 네 가지 음식이 있다. 그것은 중생이 세상에 머물 수 있게 하며, 그것을 먹으면 자랄 수 있게 한다. 어떤 것이 네 가지인가. 첫째는 물질 음식[麤摶食], 둘째는 부딪침 음식[細觸食], 셋째는 의도 음식[意思食], 넷째는 식별 음식[識食]이다."

그때 비구 파구나가 있었는데, 그는 부처님 뒤에서 부채를 부치면서 부처님께 여쭈었다.

"세존이시여, 누가 이 식별을 먹습니까?"

부처님께서 파구나에게 말씀하셨다.

"나는 식별을 먹는 사람이 있다고 말하지 않았다. 만일 내가 식별을 먹는 사람이 있다고 말하였다면, 그대는 그렇게 물어 마땅하다. 그러나 나는 '식별은 곧 음식'이라고 말하였으니, 그대는, '무엇을 인연하여 식별의 음식이 있습니까?'라고 이렇게 물어야 했다. 그러면 나는, '미래의 존재를 불러 서로 잇달아 태어나게 하고, 존재가 있기 때문에 여섯 가지 입처[六入處]가 있으며, 여섯 가지 입처를 연하여 부딪침이 있다'라고 대답했을 것이다."

"누가 부딪칩니까?"

"나는 부딪치는 사람이 있다고 말하지 않았다. 내가 만일 부딪치는 사람이 있다고 말하였다면, 그대는, '누가 부딪칩니까?'라고 물어 마땅하다. 그러나 그대는, '무엇을 인연하여 부딪침이 있습니까?'라고 물어야 했다. 그러면 나는, '여섯 가지 입처를 연하여 부딪침이 있고, 부딪침을 연하여 느낌이 있다'라고 대답했을 것이다."

"누가 느낍니까?"

"나는 느끼는 사람이 있다고 말하지 않았다. 만일 내가 느끼는 사람이 있다고 말하였다면, 그대는, '누가 느낍니까?'라고 물어 마땅하다. 그러나 그대는, '무엇을 인연하여 느낌이 있습니까?'라고 물어야 했다. 그러면 나는, '부딪침을 연하여 느낌이 있고, 느낌을 연하여 갈애가 있다'라고 대답했을 것이다."

"세존이시여, 누가 애착합니까?"

"나는 애착하는 사람이 있다고 말하지 않았다. 만일 내가 애착하는 사람이 있다고 말하였다면, 그대는, '누가 애착합니까?'라고 물어 마땅하다. 그러나 그대는, '무엇을 연하여 갈애가 있습니까?'라고 물어야 했다. 그러면 나는, '느낌을 연하기 때문에 갈애가 있고, 갈애를 연하여 취함이 있다'라고 대답했을 것이다."

"세존이시여, 누가 취합니까?"

"나는 취하는 사람이 있다고 말하지 않았다. 만일 내가 취하는 사람이 있다고 말하였다면 그대는, '누가 취합니까?'라고 물어 마땅하다. 그러나 그대는, '무엇을 인연하여 취함이 있습니까?'라고 물어야 했다. 그러면 나는, '갈애를 연하여 취함이 있고, 취함을 연하여 존재가 있다'라고 대답했을 것이다."

"세존이시여, 누가 존재합니까?"

"나는 존재하는 사람이 있다고 말하지 않았다. 만일 내가 존재하는 사람이 있다고 말하였다면 그대는, '누가 존재합니까?'라고 물어 마땅하다. 그러나 그대는 이제, '무엇을 연하여 존재가 있습니까?'라고 물어야 한다. 그러면 나는, '취함을 연하기 때문에 존재가 있고, 능히 미래의 존재를 부르는 부딪침이 생긴다. 이것을 존재라고 한다'라고 대답할 것이다.

여섯 가지 입처가 있다. 여섯 가지 입처를 연하여 부딪침이 있고, 부딪침을 연하여 느낌이 있으며, 느낌을 연하여 갈애가 있고, 갈애를 연하여 취함이 있으며, 취함을 연하여 존재가 있고, 존재를 연하여 태어남이 있으며, 태어남을 연하여 늙음·병듦·죽음·근심·슬픔·번민·고통이 있다. 이렇게 하여 아주 커다란 괴로움의 무더기가 집기한다.

여섯 가지 입처가 멸하면 곧 부딪침이 멸하고, 부딪침이 멸하면 곧 느낌이 멸하며, 느낌이 멸하면 곧 갈애가 멸하고, 갈애가 멸하면 곧 취함이 멸하며, 취함이 멸하면 곧 존재가 멸하고, 존재가 멸하면 곧 태어남이 멸하며, 태어남이 멸하면 곧 늙음·병듦·죽음·근심·슬픔·번민·고통이 멸한다. 이렇게 하여 아주 커다란 괴로움의 무더기가 멸한다."

부처님께서 이 경을 말씀하시자, 모든 비구는 부처님 말씀을 듣고 기뻐하며 받들어 행하였다.

7.1.5 사량경(思量經)②

【잡아함경 제14권 360경】

이와 같이 나는 들었다.

어느 때 부처님께서 사밧티성 제타숲 아나타핀디카동산에 계셨다. 그때 세존께서 비구들에게 말씀하셨다.

"사량(思量)하거나 망상하면 번뇌가 있고, 그것을 연하여 식별의 머무름이 있다. 식별의 머무름이 있기 때문에 명색(名色)에 들어가고, 명색에 들어가기 때문에 미래 세상의 태어남 · 늙음 · 병듦 · 죽음 · 근심 · 슬픔 · 번민 · 고통이 있다. 이렇게 하여 아주 커다란 괴로움의 무더기가 집기한다. 사랑하지 않거나 망상하지 않으면 번뇌가 없고, 번뇌를 연하여 식별의 머무름도 없다. 번뇌를 연하여 식별의 머무름이 없기 때문에 명색에 들어가지 않고, 명색에 들어가지 않기 때문에 태어남 · 늙음 · 병듦 · 죽음 · 근심 · 슬픔 · 번민 · 고통이 멸하니, 이렇게 하여 아주 커다란 괴로움의 무더기가 멸한다."

부처님께서 이 경을 말씀하시자, 모든 비구는 부처님 말씀을 듣고 기뻐하여 받들어 행하였다.

7.1.6 유탐경(有貪經)①

【잡아함경 제15권 374경】

이와 같이 나는 들었다.

어느 때 부처님께서 사밧티성 제타숲 아나타핀디카동산에 계셨다. 그때 세존께서 비구들에게 말씀하셨다.

"네 가지 음식이 있어서 중생들을 먹여 이익을 주고, 세상에 살면서 그것을 두루 받아들여 자라게 한다. 어떤 것을 네 가지라고 하는가. 첫째는 물질 음식, 둘째는 부딪침 음식, 셋째는 의도 음식, 넷째는 식별 음식이다.

만일 비구가 이 네 가지 음식에 대하여 탐욕이 있고 기쁨이 있으면, 식별이 머물러 더하고 자란다. 식별이 머물러 더하고 자라기 때문에 명색[6]에 들어가고, 명색에 들어가기 때문에 모든 결합[行][7]이 더하고 자라며, 결합이 더하고 자라기 때문에 미래의 존재가 더하고 자라며, 미래의 존

---

6) 명색(名色, nāma-rūpa) : 명은 비물질적인 것, 색은 물질적인 것을 뜻한다.

7) 행(行, Samskāra) : 결합하는(Sam) 작용(kāra)을 뜻한다.

재가 더하고 자라기 때문에 태어남 · 늙음 · 병듦 · 죽음 · 근심 · 슬픔 · 번민 · 고통이 집기한다. 이렇게 하여 아주 커다란 괴로움의 무더기가 집기한다.

만일 이 네 가지 음식에 대하여 탐욕이 없고 기쁨이 없으면, 탐욕이 없고 기쁨이 없기 때문에 식별이 머무르지 않고 더하고 자라지 않으며, 이 식별이 머무르지 않고 더하고 자라지 않기 때문에 명색에 들어가지 않으며, 명색에 들어가지 않기 때문에 결합이 더하고 자라지 않으며, 결합이 더하고 자라지 않기 때문에 미래의 존재가 태어나지도 않고 자라지도 않으며, 미래의 존재가 태어나지도 않고 자라지도 않기 때문에 미래 세상의 태어남 · 늙음 · 병듦 · 죽음 · 근심 · 슬픔 · 번민 · 고통이 일어나지 않는다. 이렇게 하여 아주 커다란 괴로움의 무더기가 멸한다."

부처님께서 이 경을 말씀하시자, 모든 비구는 부처님 말씀을 듣고 기뻐하여 받들어 행하였다.

7.1.7 대수경(大樹經)

【잡아함경 제12권 284경】

이와 같이 나는 들었다.

어느 때 부처님께서 사밧티성 제타숲 아나타핀디카동산에 계셨다. 그 때 세존께서 비구들에게 말씀하셨다.

"만일 법을 취해 맛 들이고 집착하며 마음으로 돌아보고 기억하여 마음이 묶이면, 그 마음이 명색을 좇아서 내달린다. 명색을 연하여 여섯 가지 입처가 있고, 여섯 가지 입처를 연하여 부딪침이 있으며, 부딪침을 연하여 느낌이 있고, 느낌을 연하여 갈애가 있으며, 갈애를 연하여 취함이 있고, 취함을 연하여 태어남이 있고, 태어남을 연하여 늙음 · 병듦 · 죽음 · 근심 · 슬픔 · 번민 · 고통이 있다. 이렇게 하여 아주 커다란 괴로움의 무더기가 집기한다.

그것은 마치 큰 나무에 뿌리 · 줄기 · 가지 · 잎 · 꽃 · 열매가 있는데, 그 뿌리가 깊고 단단하게 내릴 수 있도록 기름진 흙으로 북돋아 주고 물을 주면, 그 나무는 굳고 튼튼하여 영원히 썩지 않는다.

이와 같이 비구들이여, 법을 취해 맛 들이고 집착하며 마음으로 돌아보고 기억하여 마음이 묶이면, 그 마음은 명색을 좇아서 내달린다.

명색을 연하여 여섯 가지 입처가 있고, 여섯 가지 입처를 연하여 부딪침이 있으며, 부딪침을 연하여 느낌이 있고, 느낌을 연하여 갈애가 있고, 갈애를 연하여 존재가 있으며, 존재를 연하여 태어남이 있고, 태어남을 연하여 늙음 · 병듦 · 죽음 · 근심 · 슬픔 · 번민 · 고통이 있다. 이렇게 하여 아주 커다란 괴로움의 무더기가 집기한다.

만일 취한 법은 덧없다고 관하고, 생멸한다고 관하며, 욕심을 낼 것이 없다고 관하고, 멸하는 것이라고 관하고, 싫어해야 할 것이라고 관해야 한다. 마음으로 돌아보거나 기억하지 않아 마음이 묶이어 집착하지 않으면, 식별은 명색을 좇아서 내달리지 않아 명색은 곧 멸한다.

명색이 멸하면 곧 여섯 가지 입처가 멸하고, 여섯 가지 입처가 멸하면 곧 부딪침이 멸하며, 부딪침이 멸하면 곧 느낌이 멸하고, 느낌이 멸하면 곧 갈애가 멸하고, 갈애가 멸하면 곧 취함이 멸하고, 취함이 멸하면 곧 존재가 멸하며, 존재가 멸하면 곧 태어남이 멸하고, 태어남이 멸하면 곧 늙음 · 병듦 · 죽음 · 근심 · 슬픔 · 번민 · 고통이 멸한다. 이렇게 하여 아주 커다란 괴로움의 무더기가 멸한다.

마치 나무를 심을 때에 자주 사랑하고 보호하지도 않고, 편안하게 하지도 않으며, 기름진 흙으로 북돋아 주지도 않고, 때에 맞추어 물을 주지도 않으며, 차고 따스함을 맞추어 주지도 않으면 나무가 자라지 못하는 것과 같다.

만일 다시 뿌리를 끊고 가지를 꺾어 잘게 잘라 썰어서 바람에 말리고 햇볕에 쪼이며 태우고 불살라 가루를 만들어 빠른 바람에 날리거나 흐르는 물에 뿌리면, 비구들이여, 그대들은 어떻게 생각하는가? 그 나무를 뿌리째 끊고 마침내 불태워 없애면, 앞으로는 더 이상 자라지 않지 않겠는가?"

비구들이 대답하였다.

"그렇습니다, 세존이시여."

"그와 같이 비구들이여, 취한 법은 덧없다고 관하고, 생멸한다고 관하며, 욕심을 낼 것이 없다고 관하고, 멸해야 할 것이라고 관하고, 버려야 할 것이라고 관해야 한다.

마음으로 돌아보거나 기억하지 않아 마음이 묶이어 집착하지 않으면, 식별은 명색을 좇아서 내달리지 않아 명색은 곧 멸한다.

명색이 멸하면 곧 여섯 가지 입처가 멸하고, 여섯 가지 입처가 멸하면 곧 부딪침이 멸하며, 부딪침이 멸하면 곧 느낌이 멸하고, 느낌이 멸하면 곧 갈애가 멸하며, 갈애가 멸하면 곧 취함이 멸하고, 취함이 멸하면 곧 존재가 멸하며, 존재가 멸하면 곧 태어남이 멸하고, 태어남이 멸하면 곧 늙음·병듦·죽음·근심·슬픔·번민·고통이 멸한다. 이렇게 하여 아주 커다란 괴로움의 무더기가 멸한다."

부처님께서 이 경을 말씀하시자, 모든 비구는 부처님 말씀을 듣고 기뻐하며 받들어 행하였다.

7.1.8 성읍경(城邑經)

【잡아함경 제12권 287경】

이와 같이 나는 들었다.

어느 때 부처님께서 사밧티성 제타숲 아나타핀디카동산에 계셨다. 그때 세존께서 비구들에게 말씀하셨다.

"나는 기억한다. 과거에 내가 아직 바른 깨달음을 이루지 못하였을 때, 혼자 어느 고요한 곳에서 골똘히 선정을 닦다가 이렇게 생각하였다. '어떤 법이 있기 때문에 늙음과 죽음이 있으며, 어떤 법을 연하기 때문에 늙음과 죽음이 있는가'라고. 곧 바르게 사유하니, '태어남이 있기 때문에 늙음과 죽음이 있고, 태어남을 연하기 때문에 늙음과 죽음이 있다'라는 참다운 지혜가 일어났다.

존재 · 취함 · 갈애 · 느낌 · 부딪침 · 여섯 가지 입처와 명색에 대해서도 이와 같이 생각하였다. 즉, '어떤 법이 있기 때문에 명색이 있으며, 어떤 법을 연하기 때문에 명색이 있는가'라고. 곧 바르게 사유하니, '식별이 있기 때문에 명색이 있으며, 식별을 연하기 때문에 명색이 있다'라는 참다운 지혜가 일어났다.

내가 이렇게 사유하였을 때에 식별까지 가서 되돌아오고 그것을 넘어설 수가 없었다. 이른바 식별을 연하여 명색이 있고, 명색을 연하여 여섯 가지 입처가 있으며, 여섯 가지 입처를 연하여 부딪침이 있다. 부딪침을 연하여 느낌이 있으며, 느낌을 연하여 갈애가 있고, 갈애를 연하여 취함이 있으며, 취함을 연하여 존재가 있고, 존재를 연하여 태어남이 있으며, 태어남을 연하여 늙음 · 병듦 · 죽음 · 근심 · 슬픔 · 번민 · 고통이 있다. 이렇게 하여 아주 커다란 괴로움의 무더기가 집기한다.

그때 나는 이렇게 생각하였다. '어떤 법이 없기 때문에 늙고 죽음이 없으며, 어떤 법이 멸하기 때문에 늙고 죽음이 멸하는가'라고. 곧 바르게 사유하니, '태어남이 없기 때문에 늙음 · 죽음이 없고, 태어남이 멸하기 때문에 늙음 · 죽음이 멸한다'라는 참다운 지혜가 일어났다.

(이와 같이 ……태어남 · 존재 · 취함 · 갈애 · 느낌 · 부딪침 · 여섯 가지 입처 · 명색 · 식별 · 결합을 자세히 말씀하셨다.)

나는 다시 이와 같이 생각하였다. '어떤 법이 없기 때문에 결합[行]이 없으며, 어떤 법이 멸하기 때문에 결합이 멸하는가.' 곧 바르게 사유하니, '무명이 없기 때문에 결합이 없고, 무명이 멸하기 때문에 결합이 멸하며, 결합이 멸하기 때문에 식별이 멸하고, 식별이 멸하기 때문에 명색이 멸하며, 명색이 멸하기 때문에 여섯 가지 입처가 멸하고, 여섯 가지 입처가 멸하기 때문에 부딪침이 멸한다. 부딪침이 멸하기 때문에 느낌이 멸하고, 느낌이 멸하기 때문에 갈애가 멸하며, 갈애가 멸하기 때문에 취함이 멸하고, 취함이 멸하기 때문에 존재가 멸하며, 존재가 멸하기 때문에 태어남이 멸하고, 태어남이 멸하기 때문에 늙음 · 병듦 · 죽음 · 근심 · 슬픔 · 번민 · 고통이 멸한다. 이렇게 하여 아주 커다란 괴로움이 무더기가 멸한다' 라는 참다운 지혜가 일어났다.

그때 나는 이렇게 생각하였다. '나는 옛 선인의 길과 옛 선인의 지름길과 옛 선인의 길의 자취를 얻었다. 옛 선인은 이 자취를 좇아갔으니 나도 이제 따라가자.'

예를 들어, 어떤 사람이 광야에서 헤매며 폐허를 헤치고 길을 찾다가 문득 옛 사람이 다니던 길을 만났다 하자. 그는 곧 그 길을 따라 점점 앞으로 나아가다가 옛 성읍과 옛 왕궁 · 동산 · 목욕못 · 수풀의 청정한 모습을 발견하게 되었다. 그는, '왕에게 가서 알려야겠다'라고 생각하고는 곧 왕에게 가서 말씀드렸다.

'대왕께 아뢰니다. 저는 광야에서 헤매며 폐허를 헤치고 길을 찾다가 문득 옛 사람이 다니던 길을 만났습니다. 곧 그 길을 따라가니, 옛 성읍과 옛 왕궁 · 동산 · 목욕못 · 수풀 · 물의 청정한 모습을 발견하게 되었습니다. 대왕께서는 그곳으로 가셔서 지내십시오.'

왕이 곧 그곳으로 가서 사니, 풍요롭고 즐겁고 안온하여 백성들이 불꽃처럼 번성하였다. 이제 나도 그와 같이 옛 선인의 길 · 옛 선인의 지름길 · 옛 선인의 자취 · 옛 선인이 다니던 길을 만나서 그것을 따라가게 되었다.

이른바 팔정도이니, 바른 견해 · 바른 생각 · 바른 말 · 바른 행동 · 바른 생활 · 바른 정진 · 바른 기억 · 바른 선정이다.

나는 그 길을 따라 늙음 · 병듦 · 죽음과 늙음 · 병듦 · 죽음의 집기와 늙음 · 병듦 · 죽음의 멸함과 늙음 · 병듦 · 죽음의 멸함에 이르는 길을 보았다. 태어남 · 존재 · 취함 · 갈애 · 느낌 · 부딪침 · 여섯 가지 입처 · 명색 · 식별도 그러하며, 결합과 결합의 집기 · 결합의 멸함 · 결합의 멸함에 이르는 길을 보았다.

나는 이 법을 스스로 알고 스스로 깨달아 등정각을 이루었고, 비구 · 비구니 · 청신사 · 청신녀와 다른 외도의 사문 · 바라문과 재가자와 출가자들을 위하여 설법하였다. 그 여러 사부대중들은 법을 듣고 바르게 향하며 믿고 즐기면서 법의 요익을 알았다. 그래서 범행이 더해지고 넓어져 요익되는 것이 많음을 열어 보이고 나타내어 드날렸다."

부처님께서 이 경을 말씀하시자, 모든 비구는 부처님 말씀을 듣고 기뻐하며 받들어 행하였다.

7. 2 십이지완비형(十二支完備型)

7.2.1 십이인연경(十二因緣經)①

【잡아함경 제15권 369경】

이와 같이 나는 들었다.

어느 때 부처님께서 사밧티성 제타숲 아나타핀디카동산에 계셨다. 그 때 세존께서 비구들에게 말씀하셨다.

"옛날 비바시 부처님께서 아직 바른 깨달음을 이루시기 전에, 보리수 아래에 계시다가 오래지 않아 부처님이 되셨다.

보리수 아래로 가서 풀을 깔아 자리로 삼고 가부좌를 맺고 앉으셨다. 단정히 앉아 바른 생각으로 한 자리에서 칠 일 동안 십이연기에 대하여

역(逆)으로 순(順)으로 관하셨다.

'이것이 있기 때문에 저것이 있고, 이것이 일어나기 때문에 저것이 일어난다.' 즉, '무명을 연하여 결합이 있고, ……태어남을 연하여 늙음과 죽음이 있으며, ……아주 커다란 괴로움의 무더기가 생기고, 아주 커다란 괴로움의 무더기가 멸한다.'

비바시 부처님께서 바르게 앉으신 지 칠 일 뒤에 삼매에서 깨어나 이 게송을 말씀하셨다."

이렇게 하여 모든 법은 생기나니
범지는 부지런히 선사(禪思)하여
모든 의심과 미혹을 영원히 떠나
인과 연으로 생하는 법을 아네.

괴로움이 생하는 인을 알고
모든 느낌이 다 멸함을 알며
인연의 법이 다함을 알면
곧 모든 번뇌가 다함을 아네.

이렇게 하여 모든 법은 생기나니
범지는 부지런히 선사하여
모든 의심과 미혹을 영원히 떠나
인이 있어 괴로움 생김을 아네.

이렇게 하여 모든 법은 생기나니
범지는 부지런히 선사하여

모든 의심과 미혹을 영원히 떠나
모든 느낌이 멸하여 다함을 아네.

이렇게 하여 모든 법은 생기나니
범지는 부지런히 선사하여
모든 의심과 미혹을 영원히 떠나
인과 연의 법이 다함을 아네.

이렇게 하여 모든 법은 생기나니
범지는 부지런히 선사하여
모든 의심과 미혹을 영원히 떠나
그 모든 번뇌의 다함을 아네.

이렇게 하여 모든 법은 생기나니
범지는 부지런히 선사하여
두루 모든 세간을 비추니
마치 해가 허공에 머무르는 것 같고
모든 마라의 군사를 부숴 물리쳐
번뇌에서 깨어나 해탈하리라.

부처님께서 이 경을 말씀하시자, 모든 비구는 부처님 말씀을 듣고 기뻐하며 받들어 행하였다.

(비바시 부처님과 같이 시키 부처님 · 벳사부 부처님 · 카쿠산다 부처님 · 코나가마나 부처님 · 카샤파 부처님도 이와 같이 말씀하셨다.)

7.2.2 십이인연경(十二因緣經) ②

【잡아함경 제15권 370경】

이와 같이 나는 들었다.

어느 때 부처님께서 우루벨라의 나이란자나강가에 있는 큰 깨달음을 이루실 곳에 머무셨다.

보리수 아래로 가셔서 풀을 깔아 자리로 삼고 가부좌를 맺고 앉으셨다. 몸을 바로 하고 바른 생각으로 ……(앞에서 자세히 말씀하신 것과 같다.)

7.2.3 사량경(思量經)

【잡아함경 제12권 292경】

이와 같이 나는 들었다.

어느 때 부처님께서 라자가하성 칼란다카 대나무 동산에 계셨다. 그때 세존께서 모든 비구에게 말씀하셨다.

"어떻게 사량(思量)하고 관하여야 바르게 괴로움을 다하고 괴로움에서 완전히 벗어날 수 있는가. 이때, '중생들에게 있는 갖가지로 차별되는 그 모든 괴로움은 무엇이 인(因)이 되고, 무엇이 연(緣)이 되며, 무엇에 의해 생겨나고, 무엇에 의해 집기하는가'를 생각하여 헤아려, '그 모든 괴로움은 취함이 인이고, 취함이 연이 되며, 취함으로 인하여 생겨나고, 취함으로 인하여 집기한다'라고 사량하여야 한다.

만일 취함이 남김없이 멸하면 곧 모든 괴로움이 멸하니, 괴로움의 멸함에 이르는 길을 여실히 알아 수행하여 그 다음 법으로 향하면, 이것을 비구가 바르게 괴로움을 다하고 괴로움에서 완전히 벗어나는 곳으로 향하는 것이라 한다. 이것을 취함의 멸함이라 한다.

또한, 비구들이여, 바르게 괴로움을 다하고 괴로움에서 완전히 벗어나기를 사량하고 관하라. 이때, '그 취함은 무엇이 인이 되고, 무엇이 연이 되며, 무엇에 의해 생겨나고, 무엇에 의해 집기하는가'를 생각하여 헤아려, '취함은 갈애가 인이 되고, 갈애가 연이 되며, 갈애로 인하여 생겨나고, 갈애로 인하여 집기한다'라고 사량하여야 한다.

만일 갈애가 남김없이 멸하면 곧 취함이 멸하니, 취함의 멸함에 이르는 길을 여실히 알아 수행하여 그 다음 법으로 향하면, 이것을 비구가 바르게 괴로움을 다하고 괴로움에서 완전히 벗어나는 곳으로 향하는 것이라고 한다. 이른바 갈애의 멸함이다.

또한, 비구들이여, 바르게 괴로움을 다하고 괴로움에서 완전히 벗어나기를 사량하고 관하라. 이때, '그 갈애는 무엇이 인이 되고, 무엇이 연이 되며, 무엇에 의해 생겨나고, 무엇에 의해 집기하는가'를 생각하여 헤아려, '그 갈애는 느낌이 인이고, 느낌이 연이 되며, 느낌으로 인하여 생겨나고, 느낌으로 인하여 집기한다'라고 알아야 한다.

만일 느낌이 남김없이 멸하면 곧 갈애가 멸하니, 갈애의 멸함에 이르는 길을 여실히 알아 수행하여 그 다음 법으로 향하면, 이것을 비구가 바르게 괴로움을 다하고 괴로움에서 완전히 벗어나는 곳으로 향하는 것이라 한다. 이른바 느낌의 멸함이다.

또한, 비구들이여, 바르게 괴로움을 다하고 괴로움에서 완전히 벗어나기를 사량하고 관하라. 이때, '그 느낌은 무엇이 인이 되고, 무엇이 연이 되며, 무엇에 의해 생겨나고, 무엇에 의해 집기하는가'를 생각하고 헤아려, '그 느낌은 부딪침이 인이 되고, 부딪침이 연이 되며, 부딪침으로 인하여 생겨나고, 부딪침으로 인하여 집기한다'라고 알아야 한다.

만일 부딪침이 아주 멸하여 다하면 곧 느낌이 멸하니, 부딪침의 멸함에 이르는 길을 여실히 알아 수행하여 그 다음 법으로 향하면, 이것을 비구가 바르게 괴로움을 다하고 괴로움에서 완전히 벗어나는 곳으로 향하는 것이라 한다.

또한, 비구들이여, 바르게 괴로움을 다하고 괴로움에서 완전히 벗어나기를 사량하고 관하라. 이때, '그 부딪침은 무엇이 인이 되고, 무엇이 연이 되며, 무엇에 의해 생겨나고, 무엇에 의해 집기하는가'를 생각하고 헤아려, '그 부딪침은 여섯 가지 입처[六入處]가 인이 되고, 여섯 가지 입처가 연이 되며, 여섯 가지 입처로 인하여 생겨나고, 여섯 가지 입처로 인하여 집기한다'라고 알아야 한다.

만일 여섯 가지 입처가 멸하여 남아 있지 않으면 곧 부딪침도 멸하니, 여섯 가지 입처의 멸함에 이르는 길을 여실히 알아 수행하여 그 다음 법으로 향하면, 이것을 비구가 바르게 괴로움을 다하고 괴로움에서 완전히 벗어나는 곳으로 향하는 것이라 한다.

또한, 비구들이여, 바르게 괴로움을 다하고 괴로움에서 완전히 벗어나기를 사량하고 관하라. 이때 '그 여섯 가지 입처는 무엇이 인이 되고, 무엇이 연이 되며, 무엇에 의해 생겨나고, 무엇에 의해 집기하는가'를 생각하고 헤아려, '여섯 가지 입처는 명색이 인이 되고, 명색이 연이 되며, 명색으로 인하여 생겨나고, 명색으로 인하여 집기한다'라고 알아야 한다.

만일 명색이 멸하여 남아 있지 않으면 곧 여섯 가지 입처도 멸하니, 명색의 멸함에 이르는 길을 여실히 알아 수행하여 그 다음 법으로 향하면, 이것을 비구가 바르게 괴로움을 다하고 괴로움에서 완전히 벗어나는 곳으로 향하는 것이라 한다. 이른바 명색의 멸함이다.

또한, 비구들이여, 바르게 괴로움을 다하고 괴로움에서 완전히 벗어나기를 사량하고 관하여라. 이때, '그 명색은 무엇이 인이 되고, 무엇이 연이 되며, 무엇에 의해 생겨나고, 무엇에 의해 집기하는가'를 생각하고 헤아려, '명색은 식별이 인이 되고, 식별이 연이 되며, 식별로 인하여 생겨나고, 식별로 인하여 집기한다'라고 알아야 한다.

만일 식별을 남김없이 멸하면 곧 명색도 멸하니, 식별의 멸함에 이르는 길을 여실히 알아 수행하여 그 다음 법으로 향하면, 이것을 비구가 바르게 괴로움을 다하고 괴로움에서 완전히 벗어나는 곳으로 향하는 것이라 한다. 이른바 식별의 멸함이다.

또한, 비구들이여, 바르게 괴로움을 다하고 괴로움에서 완전히 벗어나기를 사량하고 관하라. 이때, '그 식별은 무엇이 인이 되고, 무엇이 연이 되며, 무엇에 의해 생겨나고, 무엇에 의해 집기하는가'를 생각하고 헤아려, '그 식별은 결합[行]이 인이 되고, 결합이 연이 되며, 결합으로 인하여 생겨나고, 결합으로 인하여 집기한다. 복되는 행을 지으면 선한 식별이 생기고, 복되지도 않고 선하지도 않은 행을 지으면 선하지 않은 식별이 생기며, 무소유의 행을 지으면 무소유의 식별이 생긴다. 그러므로 식별은 결합이 인이 되고, 결합이 연이 되며, 결합으로 인하여 생겨나고, 결합으로 인하여 집기한다'라고 알아야 한다.

만일 결합을 남김없이 멸하면 곧 식별도 멸하니, 결합의 멸함에 이르는 길을 여실히 알아 수행하여 그 다음 법으로 향하면, 이것을 비구가 바르게 괴로움을 다하고 괴로움에서 완전히 벗어나는 것이라 한다. 이른바 결합의 멸함이다.

또한, 비구들이여, 바르게 괴로움을 다하고 괴로움에서 완전히 벗어나기를 사량하고 관하라. 이때, '그 결합은 무엇이 인이 되고, 무엇이 연이 되며, 무엇에 의해 생겨나고, 무엇에 의해 집기하는가'를 생각하고 헤아려, '결합은 무명이 인이 되고, 무명이 연이 되며, 무명으로 인하여 생겨나고, 무명으로 인하여 집기한다. 복되는 결합도 무명에서 비롯되고, 복되지 않은 결합도 무명에서 비롯되며, 복도 아니고 복되지도 않은 결합도 무명에서 비롯된다. 그러므로 결합은 무명이 인이 되고, 무명이 연이 되며, 무명으로 인하여 생겨나고, 무명으로 인하여 집기한다'라고 알아야 한다.

만일 무명이 아주 멸하여 남아 있지 않으면 곧 결합도 멸하니, 무명의 멸함에 이르는 길을 여실히 알아 수행하여 그 다음 법으로 향하면, 이것을 비구가 바르게 괴로움을 다하고 괴로움에서 완전히 벗어난 곳으로 향하는 것이라 한다. 이른바 무명의 멸함이다.”

부처님께서 비구들에게 말씀하셨다.

“그대들은 어떻게 생각하는가? 만일 무명을 즐기지 않아 명(明)이 생기면, 다시 그 무명에 의지하여 복되는 결합과 복되지 않은 결합과 아무것도 없는 결합을 짓겠느냐?”

비구들은 부처님께 말씀드렸다.

“아닙니다. 세존이시여, 왜냐하면 많이 들어 아는 거룩한 제자는 무명을 즐기지 않아 명을 일으키기 때문입니다. 무명이 멸하면 곧 결합이 멸하고, 결합이 멸하면 곧 식별이 멸하며, ……태어남 · 늙음 · 병듦 · 죽음 · 근심 · 슬픔 · 번민 · 고통이 멸합니다. 이렇게 하여 아주 커다란 괴로움의 무더기가 멸합니다.”

부처님께서 말씀하셨다.

“참으로 훌륭하구나, 비구들이여. 나도 그와 같이 말하였고, 그대들 또한, ‘이러저러한 법에서 이러저러한 법이 일어나고 이러저러한 법이 생기며 이러저러한 법을 멸하면, 이러저러한 법이 멸하고 그치어 맑고 시원하며 쉬고 마친다’라는 것을 알고 있구나.

만일 많이 들어 아는 거룩한 제자가 무명에서 탐욕을 떠나 명(明)이 생기면, 몸에서 일어나는 느낌을 그대로 받아들이게 된다. 몸에서 일어나는 느낌을 그대로 받아들일 때, 그것을 여실히 안다. 그리고 호흡에서 일어나는 느낌을 그대로 받아들이게 된다. 호흡에서 일어나는 느낌을 그대로 받아들일 때, 그것을 여실히 안다.

그래서 몸이 무너지고 목숨이 끝나면 일체의 느낌은 남김없이 멸하게 된다. 그것은 마치 힘센 사람이 갓 구운 질그릇을 들었는데 뜨거워서 땅에 떨어뜨리면, 잠깐 동안의 뜨거운 기운은 다 흩어지고 없어져 버리는 것과 같다.

이와 같이 비구들이여, 무명에서 탐욕을 떠나 명(明)이 생기면, 몸에서 일어나는 느낌을 그대로 받아들여 그것을 여실히 알고, 호흡에서 일어나는 느낌을 그대로 받아들여 그것을 여실히 안다. 그래서 몸이 무너지고 목숨이 끝나면 일체의 느낌이 남김없이 멸한다."

부처님께서 이 경을 말씀하시자, 모든 비구는 부처님 말씀을 듣고 기뻐하여 받들어 행하였다.

7.2.4 법설의설경(法說義說經)

【잡아함경 제12권 298경】

이와 같이 나는 들었다.

어느 때 부처님께서 쿠루국의 소치는 마을에 계셨다. 그때 세존께서 비구들에게 말씀하셨다.

"나는 이제 연기법의 법설(法說)과 의설(義說)을 설하리니, 자세히 듣고 잘 생각하여라. 그대들을 위하여 설명하겠다.

어떤 것이 연기법의 법설인가. '이것이 있기 때문에 저것이 있고, 이것이 일어나기 때문에 저것이 일어난다'라는 것이니, 즉 무명을 연하여 결합이 있고, ……아주 커다란 괴로움의 무더기가 집기한다.' 이것을 연기법의 법설(法說)이라 한다.

어떤 것이 의설인가. '무명을 연하여 결합이 있다' 할 때, 어떤 것을 무명이라 하는가. 만일 과거를 알지 못하고 미래를 알지 못하고 과거와 미래를 알지 못하며, 안을 알지 못하고 밖을 알지 못하고 안팎을 알지 못하며, 업을 알지 못하고 과보를 알지 못하고 업과 과보를 알지 못하며, 부처를 알지 못하고 법을 알지 못하고 승가를 알지 못하며, 괴로움을 알지 못하고 괴로움의 집기를 알지 못하고 괴로움의 멸함을 알지 못하고 괴로움의 멸함에 이르는 길을 알지 못하며, 인(因)을 알지 못하고 인을 일으키는 법을 알지 못하며, 선함과 선하지 않음 · 죄가 있음과 죄가 없음 · 익힘과 익히지 않음 · 열등함과 뛰어남 · 더러움과 깨끗함 · 분별과 연기를 모두 알지 못하며, 여섯 가지 입처를 여실히 깨달아 알지 못하며, 이러저러한 것을 알지 못하고 보지도 못하며, 참다운 지혜가 없어 어리석고 컴컴하며, 명이 없고 아주 어두우면, 이것을 무명이라 한다.

무명(無明)을 연하여 결합이 있다 할 때, 어떤 것을 결합이라 하는가. 결합에 세 가지가 있으니, 몸의 행 · 입의 행 · 의지의 행이다.

결합[行]을 연하여 식별이 있다 할 때, 어떤 것을 식별이라 하는가. 여섯 가지 식별이니, 눈의 식별 · 귀의 식별 · 코의 식별 · 혀의 식별 · 몸의 식별 · 의지의 식별이다.

식별[識]을 연하여 명색이 있다 할 때, 어떤 것을 명(名)이라 하는가. 네 가지 무색음(無色陰)이니, 느낌 · 생각 · 결합 · 식별이다. 어떤 것을 색(色)이라 하는가. 사대(四大)와 사대로 이루어진 색이다. 이 색과 앞에서 말한 명을 명색이라 한다.

명색(名色)을 연하여 여섯 가지 입처가 있다 할 때, 어떤 것을 여섯 가지 입처라 하는가. 여섯 가지 내입처(內入處)이니, 눈 · 귀 · 코 · 혀 · 몸 · 의지의 내입처이다.

여섯 가지 입처[六入處]를 연하여 부딪침이 있다 할 때, 어떤 것을 부딪침이라 하는가. 여섯 가지 부딪침[觸身]이니, 눈의 부딪침 · 귀의 부딪침 · 코의 부딪침 · 혀의 부딪침 · 몸의 부딪침 · 의지의 부딪침이다.

부딪침[觸]을 연하여 느낌이 있다 할 때, 어떤 것을 느낌이라 하는가. 세 가지 느낌이니, 괴로운 느낌 · 즐거운 느낌 · 괴롭지도 않고 즐겁지도 않은 느낌이다.

느낌[受]을 연하여 갈애가 있다 할 때, 어떤 것을 갈애라 하는가. 세 가지 갈애이니, 욕애(欲愛) · 유애(有愛) · 무유애(無有愛)이다.

갈애[愛]를 연하여 취함이 있다 할 때, 어떤 것을 취함이라 하는가. 네 가지 취함이니, 탐욕의 취함[欲取] · 견해의 취함[見取] · 계율의 취함[戒取] · '나'의 취함[我取]이다.

취함[取]을 연하여 존재가 있다 할 때, 어떤 것을 존재라 하는가. 세 가지 존재이니, 욕계의 존재 · 색계의 존재 · 무색계의 존재이다.

존재[有]를 연하여 태어남이 있다 할 때, 어떤 것을 태어남이라 하는가. 만일 이러저러한 중생이 이러저러한 종류의 몸으로 하나의 생명체로 완전하게 화합하여 태어나서, 존재의 근간[陰]을 얻고 계(界)를 얻고 감각기관[入處]을 얻고 목숨을 얻으니, 이것을 '태어남'이라 한다.

태어남[生]을 연하여 늙음과 죽음이 있다 할 때, 어떤 것을 늙음이라 하는가. 머리카락은 희어지고 정수리는 드러나며, 피부는 늘어지고 감각기관은 물러지며, 사지는 약해지고 등은 굽으며, 머리를 떨어뜨리고 신음하며, 숨길은 짧아 헐떡이고, 앞으로 쏠리어 지팡이를 짚고 다니며, 몸은 검누렇고 저승꽃이 피며, 정신은 희미해지고 행동하기도 어렵도록 쇠약해지면, 이것을 '늙음'이라 한다.

어떤 것을 죽음[死]이라 하는가. 이러저러한 중생이 이러저러한 종류로 사라지고 옮겨가되, 몸이 무너지고 수명이 다하여 더운 기운이 떠나고 목숨이 멸하여 근간[陰]을 버릴 때에 이르면 이것을 죽음이라 한다. 이 죽음과 앞에서 말한 늙음을 '늙음과 죽음'이라 한다. 이것을 연기법의 의설(義說)이라 한다."

부처님께서 이 경을 말씀하시자, 모든 비구는 부처님 말씀을 듣고 기뻐하며 받들어 행하였다.

7.2.5 목우품(牧牛品)①

【증일아함경 제46권 49-⑤경】

이와 같이 나는 들었다.

어느 때 부처님께서 사밧티성 제타숲 아나타핀디카동산에 계셨다. 그때 세존께서 비구들에게 말씀하셨다.

"이제 인연법(因緣法)을 설하겠다. 잘 기억하고 그 행을 닦아 익혀라."

비구들이 말씀드렸다.

"그렇게 하겠습니다, 세존이시여."

비구들이 부처님 분부를 따르니, 세존께서 말씀하셨다.

"인연법이란 무엇인가. 무명을 연하여 결합이 있고, 결합을 연하여 식별이 있으며, 식별을 연하여 명색이 있고, 명색을 연하여 육입(六入, 여섯 가지 입처)이 있으며, 육입을 연하여 부딪침이 있고, 부딪침을 연하여 느낌이 있으며, 느낌을 연하여 갈애가 있고, 갈애를 연하여 취함이 있으며, 취함을 연하여 존재가 있고, 존재를 연하여 태어남이 있으며, 태어남을 연하여 헤아릴 수 없는 늙음·병듦·죽음·근심·슬픔·고통·번민이 있다. 이렇게 하여 다섯 근간의 몸을 이룬다.

무명(無明)이란 무엇인가. 괴로움을 모르고 괴로움의 집기·괴로움의 멸함·괴로움의 멸함에 이르는 길을 모르는 것이다. 이것을 '무명'이라 한다.

결합[行]이란 무엇인가. 세 가지 결합이니, 어떤 것이 세 가지인가. 몸의 행·입의 행·의지의 행이다. 이것을 '결합'이라 한다.

식별[識]이란 무엇인가. 여섯 가지 식별[識身]이니, 어떤 것이 여섯 가지인가. 눈·귀·코·혀·몸·의지의 식별이다. 이것을 '식별'이라 한다.

명(名)이란 무엇인가. 느낌[痛, 受]·생각[想]·의도[念, 思]·부딪침[更樂, 觸]·작의[思惟, 作意]이니, 이것을 명이라 한다. 색(色)이란 무엇인

가. 이른바 사대와 사대로 이루어진 것이다. 이것을 '색'이라 한다. 색과 명은 각각 다르므로 '명색'이라 한다.

육입(六入)이란 무엇인가. 여섯 가지 내입처[內六入]이니, 눈 · 귀 · 코 · 혀 · 몸 · 의지이다. 이것을 '육입'이라 한다.

부딪침[更樂]이란 무엇인가. 여섯 가지 부딪침이니, 어떤 것이 여섯 가지인가. 눈 · 귀 · 코 · 혀 · 몸 · 의지의 부딪침이다. 이것을 '부딪침'이라 한다.

느낌[痛]이란 무엇인가. 세 가지 느낌이니, 어떤 것이 세 가지인가. 즐거운 느낌 · 괴로운 느낌 · 괴롭지도 않고 즐겁지도 않은 느낌이다. 이것을 '느낌'이라 한다.

갈애[愛]란 무엇인가. 세 가지 갈애이니, 욕애(欲愛) · 유애(有愛) · 무유애(無有愛)이다.

취함[受]이란 무엇인가. 네 가지 취함이니, 어떤 것이 네 가지인가. 탐욕의 취함 · 견해의 취함 · 계율의 취함 · '나'의 취함이다. 이것을 네 가지 '취함'이라 한다.

존재[有]란 무엇인가. 세 가지 존재이니, 어떤 것이 세 가지인가. 욕계의 존재 · 색계의 존재 · 무색계의 존재이다. 이것을 '존재'라 한다.

태어남[生]이란 무엇인가. 태어남이란, 갖가지 존재를 받아 다섯 근간을 얻고, 모든 감각기관을 받아 어느 가문에 들어가는 것이니, 이것을 '태어남'이라 한다.

늙음[老]이란 무엇인가. 중생들의 몸에서 이는 빠지고 머리카락은 희어지며, 기력은 쇠하고 모든 감각기관은 물러지며, 수명은 날로 줄어들어 본래의 정신이 흐려지는 것이니, 이것을 '늙음'이라 한다.

죽음[死]이란 무엇인가. 중생들이 받은 몸의 온기가 없어지면서 덧없이 변하여 다섯 가지가 각기 흩어지며 다섯 근간의 몸을 버리고 목숨이 끊어지는 것이니, 이것을 '죽음'이라 한다.

비구들이여, 이것을 늙고 병들고 죽는 것이라 함을 마땅히 알라.

이것이 인연법의 이치를 자세히 설명한 것이다. 모든 부처 · 여래가 큰 자비를 일으켜 베풀어야 할 일을 나는 이제 마쳤다. 그대들은 나무 아래나 한데나 무덤 사이에서 이것을 생각하고 좌선하면서 두려움을 갖지 마라. 지금 부지런히 힘쓰지 않으면 나중에는 후회만 있고 이익은 없을 것이다."

아난이 말씀드렸다.

"여래께서는 비구들을 위하여 매우 깊은 인연법을 설명하셨습니다. 그러나 제가 관해보니 그다지 깊은 이치가 없습니다."

세존께서 말씀하셨다.

"그만두어라, 그만두어라. 그런 생각을 하지마라. 왜냐하면 이 '십이인연법'은 매우 깊고 깊어 보통 사람들로서는 밝게 깨달을 수 없는 것이다. 나도 옛날에 이 인연법을 깨닫기 전에는 생사에 흘러 다니면서 벗어날 기약이 없었다.

그리고 아난아, 이 인연법이 그다지 깊지 않다고 말하는 사람이 비단 오늘의 너만이 아니다. 옛날에도 그렇게 말한 사람이 있었으니 그 일을 말해 주겠다.

지나간 세상에 '수염(須焰)'이라는 아수라왕은 가만히 생각하였다. '저 바다 밖으로 나가 해와 달을 잡고 싶다.'

그래서 몸을 매우 크게 변화시키니 바닷물이 허리에 찼다. 그때 그 아수라왕의 아들 구나라가 아버지에게 말씀드렸다.

'저도 지금 바닷물에 목욕하고 싶습니다.'

수염이 말하였다.

'바다에 들어가 목욕하려고 하지 마라. 왜냐하면 바닷물은 매우 깊고도

넓어 결코 거기서 목욕할 수 없기 때문이다.'

구나라가 여쭈었다.

'제가 지금 보니 그 물은 대왕의 허리에 차는데 왜 매우 깊다고 하십니까?'

그래서 아수라왕은 아들을 붙잡아 바다에 넣었다. 아들은 발이 물 밑에 닿지 않자 매우 겁이 났다. 그러자 수염이 아들에게 말하였다.

'나는 아까 바닷물이 매우 깊다고 너를 타일렀으나 너는 두려울 것 없다고 말하였다. 오직 나만이 바다에서 목욕할 수 있을 뿐 네가 할 수 있는 일이 아니다.'

그때의 수염 아수라가 어찌 다른 사람이겠느냐. 그가 곧 나였고, 그때의 아들이 바로 너다. 그때 내가 바닷물이 매우 깊다고 할 때 너는 두려울 것 없다고 말하더니, 지금 또 다시 매우 깊은 '십이인연법(十二因緣法)'에 대하여 너는 그다지 깊은 것이 아니라고 말하는구나.

중생들은 '십이인연법'을 알지 못하여 생사에 헤매면서 그곳에서 벗어날 기약이 없다. 모두 행의 근본을 알지 못하여 이승에서 저승으로 가고 저승에서 이승으로 오면서 영원히 다섯 가지 번뇌 속에 있으면서 벗어나기를 구하지만 그것은 매우 어려운 일이다.

나도 처음에 불도를 이룰 때 십이인연을 깊이 사유하였기 때문에, 마라의 권속들을 항복시키고 무명을 없애어 밝은 지혜를 얻어 온갖 어둠이 아주 없어지고 번뇌가 없어졌다.

또 아난아, 나는 인연의 근본이 되는 '십이연기설(十二緣起說)'을 세 번 굴려서 깨달음을 성취하였다. 이렇기 때문에 '십이인연법'은 매우 깊고 깊은 것이며, 보통 사람으로서는 능히 밝혀 펼칠 수 없는 것임을 알 수 있다. 그러므로 아난아, 매우 깊은 이 '십이인연법'을 생각하여 받들어 행하고 그와 같이 공부하여야 한다."

그때 아난은 부처님 말씀을 듣고 기뻐하며 받들어 행하였다.

7.2.6 인연경(因緣經)

【잡아함경 제12권 296경】

이와 같이 나는 들었다.

어느 때 부처님께서 라자가하성 칼란다카 대나무 동산에 계셨다. 그때 세존께서 비구들에게 말씀하셨다.

"나는 이제 인연법(因緣法)과 연생법(緣生法)을 말하겠다. 어떤 것을 인연법이라 하는가? 이것이 있기 때문에 저것이 있는 것이니, 즉 무명을 연하여 결합[行]이 있고, 결합을 연하여 식별이 있으며, ……이렇게 하여 아주 커다란 괴로움의 무더기가 집기하는 것이다.

어떤 것을 연생법이라 하는가? 이른바 무명 · 결합 ……이니, 부처님이 세상에 나오시거나 세상에 나오시지 않거나 이 법은 항상 법계에 머무른다. 여래는 이 법을 스스로 깨닫고 알아 등정각(等正覺)을 이루어 사람들을 위하여 설하고 가르치고 드러내시니, 즉 무명을 연하여 결합이 있고, ……태어남을 연하여 늙음과 죽음이 있는 것이다.

부처님이 세상에 나오시거나 세상에 나오시지 않거나 이 법은 항상 법계에 머무른다. 여래는 이 법을 스스로 깨닫고 알아 등정각을 이루어 사람들을 위하여 설하고 가르치고 드러내신다. 즉 '태어남을 연하여 늙음 · 병듦 · 죽음 · 근심 · 슬픔 · 번민 · 고통이 있다'라는 것이다. 이러한 모든 법은 법주(法住) · 법공(法空) · 법여(法如) · 법이(法爾)이다. 법은 '진여[如]'를 떠나지 않고 법은 '진여'와 다르지 않다. 바르고 진실한 법은 전도됨이 없다고 알아야 한다.

이와 같이 차례로 연기하는 것을 연생법이라 한다. 이른바 무명 · 결합 · 식별 · 명색 · 여섯 가지 입처 · 부딪침 · 느낌 · 갈애 · 취함 · 존재 · 태어남 · 늙음 · 병듦 · 죽음 · 근심 · 슬픔 · 번민 · 고통이니, 이것을 연생법이라 한다.

많이 들어 아는 거룩한 제자는 이 인연법과 연생법을 바르게 알고 잘 보아서, '나의 과거 세상은 있었던가 없었던가, 나의 과거 세상은 어떤 부류였던가, 나의 과거 세상은 어떠하였던가'라며 과거를 돌아보지 않는다. 또한, '나의 미래 세상은 있을 것인가 없을 것인가, 어떤 종류일까, 어떠할까'라며 궁금해 하지도 않는다. 또한, '이것은 어떤 부류인가, 이것은 과거에 무엇이었던가, 미래에 이것은 무엇이 될 것인가, 이 중생들은 어디서 왔는가, 여기서 사라지면 어디로 갈 것인가'라며 궁금해 하지도 않는다.

어떤 사문이나 바라문은 세속적인 견해를 일으켜 거기에 얽매인다. 즉 나라는 견해 · 중생이라는 견해 · 수명이라는 견해를 말하여 그것에 얽매인다. '나쁘다거나 좋다'라는 견해를 말하여 그것에 얽매인다. 그러나 거룩한 제자는 그것들을 다 끊고 다 알아 그 근본을 끊기를 마치 타알라 나무의 밑동을 자르는 것과 같이하여 미래에 불생법(不生法)을 성취한다. 이것을, '많이 들어 아는 거룩한 제자가 인연법과 연생법에 대하여 여실히 바르게 알아, 잘 보고 잘 깨닫고 잘 닦고 잘 들어간다'라고 하는 것이다."

부처님께서 이 경을 말씀하시자, 모든 비구는 부처님 말씀을 듣고 기뻐하며 받들어 행하였다.

7.2.7 연기법경(緣起法經)

【잡아함경 제12권 299경】

이와 같이 나는 들었다.

어느 때 부처님께서 쿠루국의 소치는 마을에 계셨다.

그때 어떤 비구가 부처님 계신 곳으로 가서 부처님 발에 예배하고 물러나 한쪽에 앉아 여쭈었다.

"세존이시여, 연기법은 세존께서 만드신 것입니까, 다른 사람이 만든 것입니까?"

부처님께서 비구에게 말씀하셨다.

"연기법은 내가 만든 것도 아니고, 다른 사람이 만든 것도 아니다. 이 법은 여래가 세상에 나오거나 세상에 나오지 않거나 항상 법계(法界)에 머무른다. 여래는 이 법을 스스로 깨달아 등정각을 이룬 뒤에 모든 중생을 위하여 분별해 설하고 드러내 보인다. 즉, '이것이 있기 때문에 저것이 있고, 이것이 일어나기 때문에 저것이 일어난다. 즉 무명을 연하여 결합[行]이 있고, ……아주 커다란 괴로움의 무더기가 집기하며, 무명이 멸하기 때문에 결합이 멸하고, ……아주 커다란 괴로움의 무더기가 멸한다'라고."

부처님께서 이 경을 말씀하시자, 그 비구는 부처님 말씀을 듣고 기뻐하며 받들어 행하였다.

7.2.8 십력경(十力經)

【잡아함경 제14권 348경】

이와 같이 나는 들었다.

어느 때 부처님께서 라자가하성 칼란다카 대나무 동산에 계셨다. 그때 세존께서 모든 비구에게 말씀하셨다.

"여래는 열 가지 힘[十力]을 성취하고, 네 가지 두려움 없음[四無畏]을 얻고, 예전 부처님이 살던 곳을 알고, 법륜을 굴리면서 대중 가운데서 사자후로 말씀하신다.

'이것이 있기 때문에 저것이 있고, 이것이 일어나기 때문에 저것이 일어난다. 즉 무명을 연하여 결합이 있고, ……아주 커다란 괴로움의 무더기가 집기하며, 아주 커다란 괴로움의 무더기가 멸한다'라고.

비구들이여, 이것은 진실한 가르침의 법을 드러낸 것이니, 생사의 흐름을 끊고 마침내 사람들에게 여실히 잘 밝혀준다. 이와 같이 진실한 가르침의 법을 드러내는 것은 생사(生死)의 흐름을 끊는다는 것이니, 선남자로 하여금 바른 믿음으로 출가하도록 하기에 족하다. 그러므로 방편을 써서 닦아 익히며 게으르지 않고 머무르며, 바른 법과 계율로 정진하고 고행하여야 한다.

그리하여 피부와 힘줄과 뼈는 드러나고 피와 살은 말랐지만 그 얻어야 할 바를 얻지 못하였다면, 그것을 버리지 말고 간절하고 꾸준하게 정진하며 방편으로써 굳게 참아야 한다. 왜냐하면 게으름은 괴로움에 머무르게 하고 갖가지 악하고 선하지 않은 법을 내며, 미래의 존재에 대한 번뇌가 불꽃처럼 일어나서 미래 세상의 태어남 · 늙음 · 병듦 · 죽음을 더하고 자라게 하며 그 큰 뜻에서 물러나게 하기 때문이다.

그러나 정진하며 홀로 머무르기를 즐기는 이는 갖가지 악하고 선하지 않은 법과 미래의 존재에 대한 번뇌가 불꽃처럼 일어나는 괴로움의 과보를 받지 않는다. 미래 세상의 생 · 노 · 병 · 사를 더하고 자라게 하지 않는다. 그리고 큰 뜻을 성취하고 으뜸이 되는 법[第一教法]의 가르침을 얻을 것이다. 이른바 큰 스승 앞에서 친히 설법을 듣고, '적멸의 열반'을 얻어서 보리(菩提)로 바르게 향하여 잘 가서 바른 깨달음을 얻게 될 것이다.

그러므로 비구들이여, 자기를 이롭게 하고 남을 이롭게 하며, 자기와 남을 함께 이롭게 할 것을 관하며 수행하고 정진하여야 한다. 즉, '나는 이제 집을 나와 어리석지도 않고 미혹하지도 않아서 큰 과보가 있고 즐거움이 있을 것이다. 의복 · 음식 · 침구 · 의약품 등 모든 것을 공양한 사람들도 큰 과보와 큰 복덕과 큰 이익을 얻을 것이다'라고 이와 같이 배워야 한다."

부처님께서 이 경을 말씀하시자, 모든 비구는 부처님 말씀을 듣고 기뻐하여 받들어 행하였다.

7.2.9 성처경(聖處經)

【잡아함경 제14권 349경】

이와 같이 나는 들었다.

어느 때 부처님께서 라자가하성 칼란다카 대나무 동산에 계셨다. 그때 세존께서 모든 비구에게 말씀하셨다.

"잘 왔다, 비구들이여. 출가하여 스스로 이로움을 얻으면 오랜 세상 동안 항상 거룩한 곳에 태어나게 되고, 모든 근(根)은 완전하게 갖추어질 것이다. 또한, 어리석지 않아서 손을 써서 말하지 않더라도, 좋은 말이나 나쁜 말이나 그 뜻을 이해할 수 있을 것이다.

나는 이제 이 세상에서 부처가 되었으니, 그렇게 온 · 동등한 · 바르고 평등하게 깨달은 · 명에의 행을 완성한 · 잘 간 · 세간을 아는 · 더 이상 없는 · 사람을 길들이는 · 천신과 인간의 스승인 · 깨달은 어른이라 불린다. 나는 적멸의 법 · 열반의 법 · 보리로 바르게 향하는 법 · 피안으로 가는 법 · 등정각을 얻는 법을 설한다.

이른바, '이것이 있기 때문에 저것이 있고, 이것이 일어나기 때문에 저것이 일어난다. 즉 무명을 연하여 결합이 있고, 결합을 연하여 식별이 있으며, ……아주 커다란 괴로움의 무더기가 생한다. 무명이 멸하면 곧 결합이 멸하고, ……아주 커다란 괴로움의 무더기가 멸한다.'

비구들이여, 얻기 어려운 곳을 이미 얻고 거룩한 곳에 태어나서 모든 근이 완전하게 갖추어지고, ……아주 커다란 괴로움의 무더기가 생하고, 아주 커다란 괴로움의 무더기가 멸한다. 그러므로 비구들이여, '스스로도 이롭고 남도 이롭게 하며 자기와 남을 함께 이롭게 하자'라고 배워야 한다. 이와 같이 출가하여 어리석은 행을 하지 않으면 과보가 있고 즐거움이 있고 즐거움의 과보가 있을 것이다. 의복 · 음식 · 침구 · 의약품을 공양한 사람들도 다 큰 과보와 큰 복과 큰 이익을 얻을 것이다. 그러므로 비구들이여, 이와 같이 배워야 한다."

부처님께서 이 경을 말씀하시자, 모든 비구는 부처님 말씀을 듣고 기뻐하며 받들어 행하였다.

7.2.10 일입도품(一入道品)

【증일아함경 제5권 12-⑥경】

이와 같이 나는 들었다.

어느 때 부처님께서 라자가하성 칼란다카 대나무 동산에서 오백 명의 비구 대중과 함께 계셨다.

그때 마하카샤파 존자는 아란야에 머물면서, 때가 되어 걸식할 적에는 빈부를 가리지 않았고, 한곳에 한번 앉으면 끝내 옮기지 않았으며, 나무 아래나 한데나 비고 한적한 곳에 앉았다. 다섯 가지 누더기 옷을 입거나 혹은 세 가지 옷을 갖고 무덤 사이에 머물면서 하루 한 끼를 먹되 한낮에만 먹으며 두타행을 하는데, 나이는 가장 많았다.

그때 마하카샤파 존자는 식후에 나무 아래로 가서 선정에 들었다. 선정에서 다시 일어나 옷을 여미고 세존이 계신 곳으로 갔다. 세존께서는 카샤파 존자가 오는 것을 보고 말씀하셨다.

"어서 오시오, 가섭이여."

카샤파 존자는 세존이 계신 곳에 이르러 부처님 발에 예배하고 한쪽에 앉았다.

세존께서 말씀하셨다.

"카샤파여, 그대는 나이가 많고 노쇠하여 기력이 없소. 그대는 지금부터 걸식과 온갖 두타행을 그만두고 장자들의 공양과 그들이 주는 옷을 받도록 하시오."

카샤파가 말씀드렸다.

"저는 여래의 분부를 따를 수 없습니다. 왜냐하면 여래께서 위없는 바르고 참된 도를 이루지 못하셨을 때, 저는 벽지불이었습니다. 그런데 그 벽지불은 아란야행을 하여, 때가 되어 걸식할 적에는 빈부를 가리지 않고, 한곳에 한번 앉으면 끝내 옮기지 않으며, 나무 아래나 한데나 비고 한적한 곳에 앉습니다. 다섯 가지 누더기 옷을 입거나 혹은 세 가지 옷을 갖고 무덤 사이에 머물며, 하루 한 끼를 먹되 한낮에만 먹으며 두타행을 합니다. 이제 와서 본래 익힌 것을 버리고 다시 다른 행을 닦을 수는 없습니다."

세존께서 말씀하셨다.

"참으로 훌륭하오, 카샤파여. 그대는 많은 이익을 주어 한량없는 사람을 건지고 널리 모든 천상과 인간을 제도할 것이오. 왜냐하면 카샤파여, 두타행이 세상에 있으면 나의 법도 이 세상에 오래 머물 수 있기 때문이오. 만약 법이 세상에 머물면 천상에 태어나는 중생은 더욱 늘어나고, 삼악도에 태어나는 중생은 더욱 줄어들 것이오. 그리고 수다원 · 사다함 · 아나함의 삼승의 도를 성취하는 것도 모두 세상에 있게 될 것이오.

그러므로 모든 비구는 카샤파가 익힌 것처럼 배워야 한다. 비구들이여, 이와 같이 공부하여야 한다."

그때 비구들은 부처님 말씀을 듣고 기뻐하며 받들어 행하였다.

7.2.11 역품(力品)②

【증일아함경 제32권 38-⑦경】

이와 같이 나는 들었다.

어느 때 부처님께서 라자가하성 깃자쿠타산에서 오백 명의 비구 대중과 함께 계셨다. 그때 세존께서 비구들에게 말씀하셨다.

"그대들은 이 영취산(靈鷲山, 깃자쿠타산)을 보느냐?"

비구들이 말씀드렸다.

"예, 봅니다."

"그대들은 알라. 먼 옛날 과거에 이 산은 또 다른 이름이 있었다. 그대들은 저 광보산(廣普山)을 보느냐?"

"예, 봅니다."

"그대들은 알라. 먼 옛날 과거에 이 산은 또 다른 이름이 있어서 지금과 같지 않았다. 그대들은 저 백선산(白善山)을 보느냐?"

"예, 봅니다."

"먼 옛날 과거에 이 산은 또 다른 이름이 있어서 지금과 같지 않았다. 그대들은 저 부중산(負重山)을 보느냐?"

"예, 봅니다."

"그대들은 저 선인굴산(仙人掘山)을 보느냐?"

"예, 봅니다."

"저 산은 먼 과거 세상에도 지금의 이름과 같아서, 다른 이름이 없었다. 왜냐하면 저 선인굴산에는 언제나 신통이 있는 보살과 도를 얻은 아라한과 여러 선인이 살고 있었다. 또 벽지불도 저 산에서 노닐고 있었다. 나는 지금 그 벽지불의 이름을 말할 것이니, 자세히 듣고 잘 기억하여라.

그 벽지불들의 이름은 아리타 벽지불, 우파리타 · 심제중 · 선관 · 구경 · 총명 · 무구 · 제사념관 · 무멸무형승 · 최승극대극뇌전광명 벽지불이었다. 비구들이여, 부처님이 세상에 나오기 전에는 이러한 오백 명의 벽지불이 저 선인굴산에 살고 있었다. 여래가 도솔천에서 이 세상에 내려오려 할 때에 저 정거천자(淨居天子)는 이 세상에 먼저 내려와, '이 부처 세계를 깨끗이 하라. 지금부터 이 년 뒤에 여래께서 세상에 나오실 것이다' 라고 두루 알렸다. 벽지불들은 이 말을 듣고 모두 허공으로 올라가 게송으로 말하였다.

모든 부처 세상에 나오기 전
성현들 여기서 살고 있었네.
스스로 깨달은 벽지불들
언제나 이 산중에 살고 있었네.

이 산 이름은 선인굴산
벽지불이 살던 곳
여러 선인과 아라한이 있어
이 산은 빈 적이 없었네.

그때 모든 벽지불은 곧 공중에서 몸을 불태워 반열반에 들었다. 왜냐하면 세상에는 두 부처의 이름이 있을 수 없기 때문에 열반에 든 것이다. 한 무리의 상인들 중에는 두 길잡이가 있을 수 없고, 한 나라에는 두 임금이 있을 수 없으며, 한 부처 세계에는 두 부처의 이름이 있을 수는 없다.

먼 옛날 이 라자가하성 안에 희익(喜益)이라는 왕이 있었다. 그는 늘 지옥의 고통을 생각하고 아귀와 축생의 고통을 생각하였다. 그때 그는 생각하였다. '나는 항상 지옥·아귀·축생의 고통을 기억한다. 그러므로 나는 다시는 이 삼악도(三惡道)에는 들어가지 않을 것이다. 그러기 위해서는 왕위와 처자와 종들을 모두 버리고 견고한 믿음으로 집을 떠나 도를 배워야 한다.'

그래서 대왕은 그 지독한 괴로움이 싫어, 곧 왕위를 버리고 수염과 머리를 깎고 세 가지 법복을 입고 출가하여 도를 배웠다.

그는 한적한 곳에서 스스로 자기를 다스리면서 '다섯 가지 근간'을 관하고 그것의 덧없음을 분명하게 관하였다.

'이것은 색이다. 이것은 색의 집기[習]이다. 이것은 색의 사라짐이다. 느낌 · 생각 · 결합 · 식별도 그와 같아서, 모두 덧없는 것이다.'

이렇게 다섯 가지 근간을 관할 때에, '모든 집기한 법은 곧 멸하는 법'이라고 관하고, 이 법을 관하고는 곧 벽지불의 도를 성취하였다. 그때 벽지불이 된 희익은 곧 다음 게송을 읊었다.

> 나는 저 지옥과 축생 등
> 다섯 세계의 고통을 기억하고는
> 그것을 버리고 도를 배워
> 지금은 홀로 가면서도 근심이 없네.

그때 그 벽지불도 저 선인굴산에 살았다. 비구들이여, 그렇기 때문에 저 선인굴산에는 언제나 신통을 얻은 보살과 도를 얻은 아라한들이 살았다는 것을 알아야 한다. 선인의 도를 배우는 사람이 그곳에 살았기 때문에 이름을 선인굴산이라 하였기에 다시는 다른 이름이 없는 것이다.

여래가 아직 세상에 나오기 전에는 여러 천신이 늘 이 선인굴산에 내려와서 공경하였다. 왜냐하면 이 산에는 오직 아라한만이 살았고 다른 사람은 없었기 때문이다.

그리고 이 다음에 미륵 부처님이 세상에 나오실 때에도 다른 산들은 제각기 딴 이름이 있겠지만, 이 선인굴산만은 다른 이름이 없을 것이다. 또 이 현겁 동안에도 이 산 이름만은 달라지지 않을 것이다.

그러므로 그대 비구들이 이 산을 가까이하고 받들어 섬기며 공경하면 온갖 공덕이 더욱 늘어날 것이다. 비구들이여, 이와 같이 공부하여야 한다."

그때 비구들은 부처님 말씀을 듣고 기뻐하며 받들어 행하였다.

7.2.12 무명증경(無明增經) ②

【잡아함경 제14권 358경】

이와 같이 나는 들었다.

어느 때 부처님께서 사밧티성 제타숲 아나타핀디카동산에 계셨다. 그때 세존께서 비구들에게 말씀하셨다.

"늘어나는 법과 줄어드는 법이 있다. 자세히 듣고 잘 생각하여라. 그대들을 위하여 설명하겠다.

어떤 것이 '늘어나는 법'인가. '이것이 있기 때문에 저것이 있고, 이것이 일어나기 때문에 저것이 일어난다'라는 것이다. 즉 무명을 연하여 결합이 있고, 결합을 연하여 식별이 있으며, ……아주 커다란 괴로움의 무더기가 집기하니, 이것을 '늘어나는 법'이라 한다.

어떤 것이 '줄어드는 법'인가. '이것이 없기 때문에 저것이 없고, 이것이 멸하기 때문에 저것이 멸한다'라는 것이다. 무명이 멸하면 곧 결합이 멸하고, ……아주 커다란 괴로움의 무더기가 멸하니, 이것을 '줄어드는 법'이라 한다."

부처님께서 이 경을 말씀하시자, 모든 비구는 부처님 말씀을 듣고 기뻐하여 받들어 행하였다.

(늘어나는 법과 줄어드는 법과 같이, 태어나는 법 · 변하고 바뀌는 법 · 모이는 법 · 멸하는 법도 위에서와 같이 말씀하셨다. 마땅히 설한다는 세 가지 경과 같이 응당 알아야 한다는 세 경[三經]도 위에서와 같이 말씀하셨다.)

7.2.13 설법경(說法經)

【잡아함경 제14권 364경】

이와 같이 나는 들었다.

어느 때 부처님께서 사밧티성 제타숲 아나타핀디카동산에 계셨다. 그때 세존께서 비구들에게 말씀하셨다.

“법을 따르고 법으로 향하는 것이 있다. 비구들이여, 어떤 것을 법을 따르고 법으로 향하는 것이라 하는가?”

비구들이 부처님께 말씀드렸다.

“세존께서는 법의 근본이시고, 법의 눈이시며, 법의 의지처이십니다. 오직 바라건대, 말씀하여 주십시오. 저희 비구들은 들은 뒤에는 받들어 행할 것입니다.”

부처님께서 비구들에게 말씀하셨다.

“만일 비구가 늙음 · 병듦 · 죽음에 대하여 싫어하고 욕심을 떠나 멸해 다하는 곳으로 향하면, 이것을 ‘법을 따르고 법으로 향하는 것’이라 한다. 이와 같이 태어남 ……결합에 대하여 싫어하고 욕심을 떠나 멸해 다하는 곳으로 향하면, 비구들이여, 이것을 ‘여래가 설하는 법을 따르고 법으로 향하는 것’이라고 한다.”

부처님께서 이 경을 말씀하시자, 모든 비구는 부처님 말씀을 듣고 기뻐하며 받들어 행하였다.

7.2.14 사티경(嗏帝經)

【중아함경 제54권 201경】

이와 같이 나는 들었다.

어느 때 부처님께서 사밧티성에서 유행하실 때 제타숲 아나타핀디카동산에 계셨다.

그때 어부의 아들 사티[嗏帝] 비구는 이러한 나쁜 견해를 내었다. '세존께서 〈지금의 이 식별[識]은 저 세상에 가더라도 달라지지 않는다〉라고 설법하신 것으로 나는 안다.'

비구들은 이 말을 듣고 사티 비구가 있는 곳으로 가서 물었다.

"사티여, 그대는 참으로, '세존께서 〈지금의 이 식별[識]은 저 세상에 가더라도 달라지지 않는다〉라고 설법하신 것으로 나는 안다'라고 말하였는가?"

사티 비구가 대답하였다.

"여러분, 나는 참으로, '지금의 이 식별은 저 세상에 가더라도 달라지지 않는다'라고 세존께서 이렇게 설법하신 것으로 압니다."

그때 모든 비구가 사티 비구를 꾸짖으며 말하였다.

"그대는 그런 말을 하지 마라. 세존을 모함하고 비방하지 마라. 세존을 모함하고 비방하는 것은 좋지 못하다. 세존께서는 그렇게 말씀하시지 않았다. 사티 비구여, 지금의 이 식별은 연(緣)이 있기 때문에 일어난다. 세존께서는 한량없는 방편으로, '식별은 연이 있기 때문에 일어난다. 식별은 연이 있으면 일어나고, 연이 없으면 멸한다'라고 말씀하셨다. 사티 비구여, 빨리 그런 나쁜 견해를 버려야 한다."

사티 비구는 비구들의 꾸짖음을 받고도 여전히 그 나쁜 견해를 굳게 고집하며, '이것은 진실하고 다른 것은 허망하다'라고 거듭 되풀이하여 말하였다. 많은 비구는 사티 비구의 이러한 나쁜 견해를 버리게 하지 못하자 곧 자리에서 일어나 떠나갔다. 그들은 부처님 계신 곳으로 가서 부처님 발에 예배하고 물러나 한쪽에 앉아 말씀드렸다.

"세존이시여, 사티 비구는 이와 같은 나쁜 견해를 가지고, '세존께서 〈지금의 이 식별은 저 세상에 가더라도 달라지지 않는다〉라고 설하신 것으로 나는 안다'라고 말합니다.

세존이시여, 저희들은 그 말을 듣고 사티 비구에게 가서 물었습니다.

'사티 비구여, 그대는 참으로 〈세존께서 지금의 이 식별은 저 세상에 가더라도 달라지지 않는다고 설하신 것으로 안다〉라고 말하였는가?'

사티 비구는 저희에게, '여러분, 나는 참으로 〈지금의 이 식별은 저 세상에 가더라도 달라지지 않는다〉라고 세존께서 설하신 것으로 안다'라고 대답하였습니다.

세존이시여, 그래서 저희는 그를 꾸짖어, '사티여, 그대는 그런 말을 하지 마라. 세존을 모함하고 비방하지 마라. 세존을 모함하고 비방하는 것은 좋지 못하다. 세존께서는 그렇게 말씀하시지 않았다. 사티 비구여, 지금의 이 식별은 연이 있기 때문에 일어난다. 세존께서는 한량이 없는 방편으로, 〈식별은 연이 있기 때문에 일어난다. 식별은 연이 있으면 생기고, 연이 없으면 멸한다〉라고 말씀하셨다. 사티 비구여, 그대는 빨리 그 나쁜 견해를 버려야 한다'라고 말하였습니다. 저희가 이렇게 꾸짖었으나 그는 여전히 그 나쁜 견해를 굳게 고집하며, '이것이 진실이고, 다른 것은 허망하다'라고 거듭 되풀이하여 말하였습니다. 세존이시여, 저희는 사티 비구의 그 나쁜 견해를 버리게 하지 못하고 곧 자리에서 일어나 떠나왔습니다."

세존께서 이 말을 들으시고 한 비구에게 분부하셨다.

"그대는 사티 비구에게 가서, '세존께서 그대를 부르신다'라고 말하여라."

이에 한 비구는 세존의 분부를 받고 곧 자리에서 일어나 부처님 발에 예배하고 세 번 돌고 떠나갔다.

그는 사티 비구에게 가서 '세존께서 그대를 부르신다'라고 말하였다. 이에 사티 비구는 곧 부처님께 가서 부처님 발에 예배하고 물러나 한쪽에 앉았다.

세존께서 물으셨다.

“그대는 참으로, ‘〈지금의 이 식별은 저 세상에 가더라도 달라지지 않는다〉라고 세존께서 설하신 것으로 안다’라고 말하였는가?”

“세존이시여, 저는 참으로 ‘지금의 이 식별은 저 세상에 가더라도 달라지지 않는다’라고 세존께서 설하신 것으로 알고 있습니다.”

세존께서 물으셨다.

“식별이란 무엇인가?”

“세존이시여, 식별이란, 느끼며, 스스로 짓거나 남에게 짓게 하는 것으로서, 그것은 선하거나 악한 업을 지어 그 과보를 받는 것입니다.”

세존께서 꾸짖어 말씀하셨다.

“사티 비구여, 그대는 누구에게서 내가 그렇게 설법한다고 들었느냐. 어리석은 사람아, 나는 전혀 그런 말을 하지 않았는데 그대는 한결같이 그런 말을 하는구나. 그대는 참 어리석은 사람이구나. 비구들에게 꾸짖음을 들었으면 그대는 그때 법에 맞게 대답했어야 했다. 나는 이제 비구들에게 물어보겠다.”

세존께서 비구들에게 물으셨다.

“비구들이여, 그대들도 내가, ‘지금의 이 식별은 저 세상에 가더라도 달라지지 않는다’라고 설법한 것으로 아는가?”

“아닙니다, 세존이시여.”

“그대들은 내가 어떻게 설법한다고 알고 있는가?”

비구들은 부처님께 말씀드렸다.

“저희는 세존께서, ‘식별은 연이 있기 때문에 일어난다’라고 설법하시는 것으로 압니다. 세존께서는 한량이 없는 방편으로, ‘식별은 연이 있기 때문에 일어나며, 식별은 연이 있으면 생기고 연이 없으면 멸한다’라고 말씀하셨습니다. 저희는 세존께서 이렇게 설법하신 것으로 압니다.”

세존께서 찬탄하시어 말씀하셨다.

"참으로 훌륭하구나, 비구들이여. 그대들은 내가 이와 같이 법을 설한 것을 알고 있구나. 왜냐하면 나는, '식별은 연이 있기 때문에 일어난다'라고 설법하였기 때문이다. 나는, '식별은 연이 있기 때문에 일어난다. 식별은 연이 있으면 생기고 연이 없으면 멸한다'라고 말한다. 식별은 연이 있기 때문에 생기는데, 그 연이란, 눈이 색을 연하여 식별이 생기는 것을 말하며, 식별이 생긴 뒤에는 '눈의 식별[眼識]'이라고 말한다. 이와 같이 귀 · 코 · 혀 · 몸에 대해서도 그러하며, 의지와 법을 연하여 식별이 생기고, 식별이 생긴 뒤에는 '의지의 식별'이라고 말한다.

그것은 마치 불은 연이 있기 때문에 생기는 것과 같다. 그 연이란, 나무로 인하여 불이 생기는 것을 말하며, 불이 생긴 뒤에는 나무의 불이라고 말한다. 또 풀이나 마른 똥을 연하여 생긴 불은 풀의 불 · 마른 똥의 불이라고 말한다.

이와 같이 식별은 연이 있기 때문에 생기는데, 그 연이란, 눈이 색을 연하여 식별이 생기는 것을 말하며, 식별이 생긴 뒤에는 '눈의 식별'이라고 말한다.

이와 같이 귀 · 코 · 혀 · 몸에 대해서도 그러하며, 의지와 법을 연하여 식별이 생기고, 식별이 생긴 뒤에는 의지의 식별이라 한다."

세존께서 다시 찬탄하시어 말씀하셨다.

"참으로 훌륭하구나. 그대들은 내가 이렇게 법을 설한 것을 알고 있구나. 그런데 저 사티 비구는 어리석음에 빠져서 그 뜻과 글을 거꾸로 이해하였다. 그는 제멋대로 거꾸로 이해하였기 때문에 나를 모함하고 비방하고 스스로 자신을 해쳤으며, 계를 범하고 죄를 지었으며, 모든 지혜로운 수행자를 기쁘게 하지 않아 큰 죄를 지었다. 어리석은 사람아, 그대는 이러한 말이 악하고 선하지 않은 것임을 아느냐?"

이에 사티 비구는 세존에게서 직접 꾸지람을 듣고는 마음에 근심과 슬픔을 품고 머리를 숙인 채 아무 말 없이 조용히 있었으나, 무엇인가 물을 것이 있는 것 같았다.

이에 세존께서 사티 비구를 직접 꾸짖으신 뒤에 모든 비구에게 말씀하셨다.

"나는 그대들을 위하여 궁극의 법을 설하겠다. 그것은 번뇌의 뜨거움이 없으며, 항상 존재하고 변함이 없는 것이다. 모든 지혜로운 이는 이와 같이 관하여야 한다. 잘 듣고 잘 들어서 이것을 잘 생각해 기억하도록 하여라."

비구들은 가르침을 받고 잘 들었다. 부처님께서 말씀하셨다.

"참된 말을 보느냐?"

"그렇습니다, 세존이시여."

"여래의 참된 말을 보느냐?"

"그렇습니다, 세존이시여."

"여래가 멸한 뒤에는 그 참된 말도 멸하는 법이라고 보느냐?"

"그렇습니다, 세존이시여."

"참된 말을 이미 보았느냐?"

"그렇습니다, 세존이시여."

"여래의 참된 말을 이미 보았느냐?"

"그렇습니다, 세존이시여."

"여래가 멸한 뒤에는 여래의 참된 말도 멸하는 법이라고 이미 보았느냐?

"그렇습니다, 세존이시여."

"참된 말에 의혹이 없느냐?"

"없습니다, 세존이시여."

"여래의 참된 말에 의혹이 없느냐?"

"없습니다, 세존이시여."

"여래가 멸한 뒤에는 여래의 참된 말도 멸하는 법이라는 것에 의혹이 없느냐?"

"없습니다, 세존이시여."

"참된 말은 이러하다고 지혜로써 여실히 보면 모든 의혹도 멸하느냐?"

"그렇습니다, 세존이시여."

"여래의 참된 말은 이러하다고 지혜로써 보아 참답게 알면 모든 의혹도 멸하느냐?"

"그렇습니다, 세존이시여."

"여래가 멸한 뒤에는 여래의 참된 말도 멸하는 법이라고 이렇게 지혜로써 보면 그가 가진 의혹도 멸하느냐?"

"그렇습니다, 세존이시여."

"참된 말에 대해서 이미 의혹이 없느냐?"

"그렇습니다, 세존이시여."

"여래의 참된 말에 대해서 이미 의혹이 없느냐?"

"그렇습니다, 세존이시여."

"여래가 멸하면 여래의 참된 말도 멸하는 법이라는 것에 이미 의혹이 없느냐?"

"그렇습니다, 세존이시여."

세존께서 찬탄하시어 말씀하셨다.

"참으로 훌륭하구나. 만일 그대들이 그렇게 알고 그렇게 보아 나의 이 견해가 이렇게 청정하다 하여 그것에 집착하고 그것을 아끼며 그것을 지키고 버리려고 하지 않는다면, 그대들은 내가 긴 밤 동안 뗏목의 비유를 설한 뜻을 알고, 안 뒤에는 막힌 것이 트이겠느냐?"

"아닙니다, 세존이시여."

세존께서 찬탄하시어 말씀하셨다.

"참으로 훌륭하구나. 만일 그대들이 이렇게 알고 이렇게 보아, 나의 이 견해가 이렇게 청정하다고 하더라도, 그것에 집착하지 않고 그것을 아끼지 않으며 그것을 지키지 않고 그것을 버리려고 한다면, 그대들은 내가 긴 밤 동안 뗏목의 비유를 설한 뜻을 알고, 안 뒤에는 막힌 것이 트이겠느냐?"

"그렇습니다, 세존이시여."

세존께서 찬탄하시어 말씀하셨다.

"참으로 훌륭하구나. 만일 어떤 이교도들이 와서 그대들에게, '여러분, 그대들이 만일 그러한 청정한 견해를 갖고 있다면, 그것에는 무슨 뜻이 있고 무엇을 위한 것이며 무슨 공덕이 있는가?'라고 묻는다면, 그대들은 어떻게 대답하겠는가?"

"세존이시여, 만일 어떤 이교도들이 와서 저희에게, '여러분, 그대들이 만일 그러한 청정한 견해를 갖고 있다면, 그것에는 무슨 뜻이 있고 무엇을 위한 것이며 무슨 공덕이 있는가?'라고 묻는다면, 저희는, '여러분, 그것은 싫어함을 위한 것이고, 욕심 없음을 위한 것이며, 진실을 보고 진실을 알기 위한 것이다'라고 대답하겠습니다. 세존이시여, 만일 어떤 이교도들이 와서 저희에게 묻는다면, 저희는 이와 같이 대답하겠습니다."

세존께서 찬탄하시어 말씀하셨다.

"참으로 훌륭하구나. 만일 이교도들이 와서 그대들에게 묻거든, 그대들은 그렇게 대답해야 한다. 왜냐하면 여기에서 말한 대로 관해야 하기 때문이다.

첫째는 거칠고 미세한 물질 음식이고, 둘째는 부딪침 음식, 셋째는 의도 음식, 넷째는 식별 음식이다. 이 네 가지 음식은 무엇을 말미암고, 무엇에서 집기하며, 어디서 생겨나고, 무엇 때문에 있는가. 이 네 가지 음식은 갈애를 말미암고, 갈애에서 집기하며, 갈애에서 생겨나고, 갈애 때문에 있다.

갈애는 무엇을 말미암고, 무엇에서 집기하며, 어디서 생겨나고, 무엇 때문에 있는가. 갈애는 느낌을 말미암고, 느낌에서 집기하며, 느낌에서 생겨나고, 느낌 때문에 있다.

느낌은 무엇을 말미암고, 무엇에서 집기하며, 어디서 생겨나고, 무엇 때문에 있는가. 느낌은 부딪침을 말미암고, 부딪침에서 집기하며, 부딪침에서 생겨나고, 부딪침 때문에 있다.

부딪침은 무엇을 말미암고, 무엇에서 집기하며, 어디서 생겨나고, 무엇 때문에 있는가. 부딪침은 여섯 가지 입처[六處]를 말미암고, 여섯 가지 입처에서 집기하며, 여섯 가지 입처에서 생겨나고, 여섯 가지 입처 때문에 있다.

여섯 가지 입처는 무엇을 말미암고, 무엇에서 집기하며, 어디서 생겨나고, 무엇 때문에 있는가. 여섯 가지 입처는 명색을 말미암고, 명색에서 집기하며, 명색에서 생겨나고, 명색 때문에 있다.

명색은 무엇을 말미암고, 무엇에서 집기하며, 어디서 생겨나고, 무엇 때문에 있는가. 명색은 식별을 말미암고, 식별에서 집기하며, 식별에서 생겨나고, 식별 때문에 있다.

식별은 무엇을 말미암고, 무엇에서 집기하며, 어디서 생겨나고, 무엇 때문에 있는가. 식별은 결합을 말미암고, 결합에서 집기하며, 결합에서 생겨나고, 결합 때문에 있다.

결합은 무엇을 말미암고, 무엇에서 집기하며, 어디서 생겨나고, 무엇 때문에 있는가. 결합은 무명을 말미암고, 무명에서 집기하며, 무명에서 생겨나고, 무명 때문에 있다.

이것을 무명을 연하여 결합이 있고, 결합을 연하여 식별이 있으며, 식별을 연하여 명색이 있고, 명색을 연하여 여섯 가지 입처[六處]가 있으며,

여섯 가지 입처를 연하여 부딪침이 있고, 부딪침을 연하여 느낌이 있으며, 느낌을 연하여 갈애가 있고, 갈애를 연하여 취함이 있으며, 취함을 연하여 존재가 있고, 존재를 연하여 태어남이 있으며, 태어남을 연하여 늙음과 죽음 · 시름 · 슬픔 · 울음 · 걱정 · 고통 · 번민이 있다. 이렇게 하여 커다란 괴로움의 무더기가 생긴다.

태어남을 연하여 늙음과 죽음이 있으니, 이것을 태어남을 연하여 늙음과 죽음이 있다고 말한다. 비구들이여, 그대들은 어떻게 생각하는가?"

비구들이 말씀드렸다.

"세존이시여, 태어남을 연하여 늙음과 죽음이 있다는 것은 저희 뜻에도 그렇습니다. 왜냐하면 태어남을 연하여 늙음과 죽음이 있기 때문입니다."

"존재를 연하여 태어남이 있으니, 이것을 존재를 연하여 태어남이 있다고 하는 것이다. 그대들은 어떻게 생각하는가?"

"세존이시여, 존재를 연하여 태어남이 있다는 것은 저희 뜻에도 그렇습니다. 왜냐하면 존재를 연하여 태어남이 있기 때문입니다."

"취함을 연하여 존재가 있으니, 이것을 취함을 연하여 존재가 있다고 하는 것이다. 그대들은 어떻게 생각하는가?"

"세존이시여, 취함을 연하여 존재가 있다는 것은 저희 뜻에도 그렇습니다. 왜냐하면 취함을 연하여 존재가 있기 때문입니다."

"갈애를 연하여 취함이 있으니, 이것을 갈애를 연하여 취함이 있다고 하는 것이다. 그대들은 어떻게 생각하는가?"

"세존이시여, 갈애를 연하여 취함이 있다는 것은 저희 뜻에도 그렇습니다. 왜냐하면 갈애를 연하여 취함이 있기 때문입니다."

"느낌을 연하여 갈애가 있으니, 이것을 느낌을 연하여 갈애가 있다고 하는 것이다. 그대들은 어떻게 생각하는가?"

"세존이시여, 느낌을 연하여 갈애가 있다는 것은 저희 뜻에도 그렇습니다. 왜냐하면 느낌을 연하여 갈애가 있기 때문입니다."

"부딪침을 연하여 느낌이 있으니, 이것을 부딪침을 연하여 느낌이 있다고 하는 것이다. 그대들은 어떻게 생각하는가?"

"세존이시여, 부딪침을 연하여 느낌이 있다는 것은 저희 뜻에도 그렇습니다. 왜냐하면 부딪침을 연하여 느낌이 있기 때문입니다."

"여섯 가지 입처[六處]를 연하여 부딪침이 있으니, 이것을 여섯 가지 입처를 연하여 부딪침이 있다고 하는 것이다. 그대들은 어떻게 생각하는가?"

"세존이시여, 여섯 가지 입처를 연하여 부딪침이 있다는 것은 저희 뜻에도 그렇습니다. 왜냐하면 여섯 가지 입처를 연하여 부딪침이 있기 때문입니다."

"명색을 연하여 여섯 가지 입처가 있으니, 이것을 명색을 연하여 여섯 가지 입처가 있다고 하는 것이다. 그대들은 어떻게 생각하는가?"

"세존이시여, 명색을 연하여 여섯 가지 입처가 있다는 것은 저희 뜻에도 그렇습니다. 왜냐하면 명색을 연하여 여섯 가지 입처가 있기 때문입니다."

"식별을 연하여 명색이 있으니, 이것을 식별을 연하여 명색이 있다고 하는 것이다. 그대들은 어떻게 생각하는가?"

"세존이시여, 식별을 연하여 명색이 있다는 것은 저희 뜻에도 그렇습니다. 왜냐하면 식별을 연하여 명색이 있기 때문입니다."

"결합을 연하여 식별이 있으니, 이것을 결합을 연하여 식별이 있다고 하는 것이다. 그대들은 어떻게 생각하는가?"

"세존이시여, 결합을 연하여 식별이 있다는 것은 저희 뜻에도 그렇습니다. 왜냐하면 결합을 연하여 식별이 있기 때문입니다."

"무명을 연하여 결합이 있으니, 이것을 무명을 연하여 결합이 있다고 하는 것이다. 그대들은 어떻게 생각하는가?"

"세존이시여, 무명을 연하여 결합이 있다는 것은 저희 뜻에도 그렇습니다. 왜냐하면 무명을 연하여 결합이 있기 때문입니다.

이것을 무명을 연하여 결합이 있고, 결합을 연하여 식별이 있으며, 식별을 연하여 명색이 있고, 명색을 연하여 여섯 가지 입처[六處]가 있으며, 여섯 가지 입처를 연하여 부딪침이 있고, 부딪침을 연하여 느낌이 있으며, 느낌을 연하여 갈애가 있고, 갈애를 연하여 취함이 있으며, 취함을 연하여 존재가 있고, 존재를 연하여 태어남이 있으며, 태어남을 연하여 늙음과 죽음이 있고, 시름 · 슬픔 · 울음 · 근심 · 고통 · 번민이 생기게 되는 것이라 합니다. 이렇게 하여 커다란 괴로움의 무더기가 생기게 됩니다."

세존께서 찬탄하시어 말씀하셨다.

"참으로 훌륭하구나. 비구들이여, 그대들의 말은 옳다. 왜냐하면 나 또한 그렇게 말하기 때문이다. 즉 무명을 연하여 결합이 있고, 결합을 연하여 식별이 있으며, 식별을 연하여 명색이 있고, 명색을 연하여 여섯 가지 입처[六處]가 있으며, 여섯 가지 입처를 연하여 부딪침이 있고, 부딪침을 연하여 느낌이 있으며, 느낌을 연하여 갈애가 있고, 갈애를 연하여 취함이 있으며, 취함을 연하여 존재가 있고, 존재를 연하여 태어남이 있으며, 태어남을 연하여 늙음과 죽음이 있고, 시름 · 슬픔 · 울음 · 근심 · 고통 · 번민이 있다. 이렇게 하여 커다란 괴로움의 무더기가 생기게 된다.

태어남이 멸하면 곧 늙음과 죽음이 멸하니, 이것을 태어남이 멸하면 늙음과 죽음이 멸한다고 한다. 그대들은 어떻게 생각하는가?"

"세존이시여, 태어남이 멸하면 늙음과 죽음이 멸한다는 것은 저희 뜻에도 그렇습니다. 왜냐하면 태어남이 멸하면 곧 늙음과 죽음이 멸하기 때문입니다."

“존재가 멸하면 곧 태어남이 멸하니, 이것을 존재가 멸하면 태어남이 멸한다고 말한다. 그대들은 어떻게 생각하는가?”

“세존이시여, 존재가 멸하면 태어남이 멸한다는 것은 저희 뜻에도 그렇습니다. 왜냐하면 존재가 멸하면 곧 태어남이 멸하기 때문입니다.”

“취함이 멸하면 곧 존재가 멸하니, 이것을 취함이 멸하면 존재가 멸한다고 말한다. 그대들은 어떻게 생각하는가?”

“세존이시여, 취함이 멸하면 존재가 멸한다는 것은 저희 뜻에도 그렇습니다. 왜냐하면 취함이 멸하면 곧 존재가 멸하기 때문입니다.”

“갈애가 멸하면 곧 취함이 멸하니, 이것을 갈애가 멸하면 취함이 멸한다고 말한다. 그대들은 어떻게 생각하는가?”

“세존이시여, 갈애가 멸하면 취함이 멸한다는 것은 저희 뜻에도 그렇습니다. 왜냐하면 갈애가 멸하면 곧 취함이 멸하기 때문입니다.”

“느낌이 멸하면 곧 갈애가 멸하니, 이것을 느낌이 멸하면 갈애가 멸한다고 말한다. 그대들은 어떻게 생각하는가?”

“세존이시여, 느낌이 멸하면 갈애가 멸한다는 것은 저희 뜻에도 그렇습니다. 왜냐하면 느낌이 멸하면 곧 갈애가 멸하기 때문입니다.”

“부딪침이 멸하면 곧 느낌이 멸하니, 이것을 부딪침이 멸하면 느낌이 멸한다고 말한다. 그대들은 어떻게 생각하는가?”

“세존이시여, 부딪침이 멸하면 느낌이 멸한다는 것은 저희 뜻에도 그렇습니다. 왜냐하면 부딪침이 멸하면 곧 느낌이 멸하기 때문입니다.”

“여섯 가지 입처[立處]가 멸하면 곧 부딪침이 멸하니, 이것을 여섯 가지 입처가 멸하면 부딪침이 멸한다고 말한다. 그대들은 어떻게 생각하는가?”

“세존이시여, 여섯 가지 입처가 멸하면 부딪침이 멸한다는 것은 저희 뜻에도 그렇습니다. 왜냐하면 여섯 가지 입처가 멸하면 곧 부딪침이 멸하기 때문입니다."

"명색이 멸하면 곧 여섯 가지 입처가 멸하니, 이것을 명색이 멸하면 여섯 가지 입처가 멸한다고 말한다. 그대들은 어떻게 생각하는가?"

"세존이시여, 명색이 멸하면 여섯 가지 입처가 멸한다는 것은 저희 뜻에도 그렇습니다. 왜냐하면 명색이 멸하면 곧 여섯 가지 입처가 멸하기 때문입니다."

"식별이 멸하면 곧 명색이 멸하니, 이것을 식별이 멸하면 명색이 멸한다고 말한다. 그대들은 어떻게 생각하는가?"

"세존이시여, 식별이 멸하면 명색이 멸한다는 것은 저희 뜻에도 그렇습니다. 왜냐하면 식별이 멸하면 곧 명색이 멸하기 때문입니다."

"결합이 멸하면 곧 식별이 멸하니, 이것을 결합이 멸하면 식별이 멸한다고 말한다. 그대들은 어떻게 생각하는가?"

"세존이시여, 결합이 멸하면 식별이 멸한다는 것은 저희 뜻에도 그렇습니다. 왜냐하면 결합이 멸하면 곧 식별이 멸하기 때문입니다."

"무명이 멸하면 곧 결합이 멸하니, 이것을 무명이 멸하면 결합이 멸한다고 말한다. 그대들은 어떻게 생각하는가?"

"세존이시여, 무명이 멸하면 결합이 멸한다는 것은 저희 뜻에도 그렇습니다. 왜냐하면 무명이 멸하면 곧 결합이 멸하기 때문입니다.

이것을 무명이 멸하면 곧 결합이 멸하고, 결합이 멸하면 곧 식별이 멸하며, 식별이 멸하면 곧 명색이 멸하고, 명색이 멸하면 곧 여섯 가지 입처가 멸하며, 여섯 가지 입처가 멸하면 곧 부딪침이 멸하고, 부딪침이 멸하면 곧 느낌이 멸하며, 느낌이 멸하면 곧 갈애가 멸하고, 갈애가 멸하면 곧 취함이 멸하고, 취함이 멸하면 곧 존재가 멸하고, 존재가 멸하면 곧 태어남이 멸하며, 태어남이 멸하면 곧 늙음과 죽음이 멸하고, 시름·슬픔·울음·근심·고통·번민을 멸하게 되는 것이라 합니다. 이렇게 하여 커다란 괴로움의 무더기가 멸하게 됩니다."

세존께서 찬탄하시어 말씀하셨다.

"참으로 훌륭하구나. 비구들이여, 그대들의 말은 옳다. 왜냐하면 나 또한 그렇게 말하기 때문이다. 즉 무명이 멸하면 곧 결합이 멸하고, 결합이 멸하면 곧 식별이 멸하며, 식별이 멸하면 곧 명색이 멸하고, 명색이 멸하면 곧 여섯 가지 입처가 멸하며, 여섯 가지 입처가 멸하면 곧 부딪침이 멸하고, 부딪침이 멸하면 곧 느낌이 멸하며, 느낌이 멸하면 곧 갈애가 멸하고, 갈애가 멸하면 곧 취함이 멸하며, 취함이 멸하면 곧 존재가 멸하고, 존재가 멸하면 곧 태어남이 멸하며, 태어남이 멸하면 곧 늙음과 죽음이 멸하고, 시름·슬픔·울음·근심·고통·번민을 멸하게 된다. 이렇게 하여 커다란 괴로움의 무더기가 멸하게 된다."

세존께서 찬탄하시어 말씀하셨다.

"참으로 훌륭하구나. 만일 그대들이 그렇게 알고 그렇게 본다면, 그대들은 과거에 대해서, '나는 과거에 있었던가, 과거에 없었던가, 어떻게 과거에 있었으며, 무엇으로 말미암아 과거에 있었던가'라고 생각하겠는가?"

"아닙니다, 세존이시여."

"참으로 훌륭하구나. 만일 그대들이 그렇게 알고 그렇게 본다면, 그대들은 미래에 대해서, '나는 미래에 있을 것인가, 나는 미래에 없을 것인가, 어떻게 미래에 있을 것이며, 무엇으로 말미암아 미래에 있을 것인가'라고 생각하겠는가?"

"아닙니다, 세존이시여."

"참으로 훌륭하구나. 만일 그대들이 그렇게 알고 그렇게 본다면, 그대들은 마음에 대해서, '이것은 어떠하고, 이것은 무엇인가. 이 중생은 어디서 왔으며, 어디로 가는가. 무엇으로 인하여 이미 있었고, 무엇으로 인하여 미래에 있을 것인가'라는 이러한 의혹이 있겠는가?"

"아닙니다, 세존이시여."

"참으로 훌륭하구나. 만일 그대들이 그렇게 알고 그렇게 본다면, 그대들은 일부러 부모를 죽이고, 부처님의 제자인 아라한을 해치며, 대중의 화합을 깨뜨리고, 나쁜 뜻으로 부처님을 대하며, 여래의 몸에서 피를 내겠는가?"

"아닙니다, 세존이시여."

"참으로 훌륭하구나. 만일 그대들이 그렇게 알고 그렇게 본다면, 그대들은 일부러 계(戒)를 범하고, 계를 버리며, 도를 닦다가 그만두겠는가?"

"아닙니다, 세존이시여."

"참으로 훌륭하구나. 만일 그대들이 그렇게 알고 그렇게 본다면, 그대들은 이것을 버리고 다시 다른 높은 이와 다른 복밭을 구하겠는가?"

"아닙니다, 세존이시여."

"참으로 훌륭하구나. 만일 그대들이 그렇게 알고 그렇게 본다면, 그대들은 사문이나 바라문에게, '여러분이야말로 알 수 있는 것은 알고, 볼 수 있는 것은 본다'라고 이렇게 말하겠는가?"

"아닙니다, 세존이시여."

"참으로 훌륭하구나. 만일 그대들이 그렇게 알고 그렇게 본다면, 그대들은 길상(吉祥)을 점치는 일을 청정하다고 생각하겠는가?"

"아닙니다, 세존이시여."

"참으로 훌륭하구나. 만일 그대들이 그렇게 알고 그렇게 본다면, 그대들이 모든 사문이나 바라문과 함께 길상을 점치며, 모든 견해에 고통을 섞고 독을 섞으며 번열(煩熱)을 섞고 번민을 섞는 것이 진실한 일이겠는가?"

"아닙니다, 세존이시여."

"참으로 훌륭하구나. 만일 그대들이 그렇게 알고 그렇게 본다면, 그대들은 몸에 홍역이 나서 몹시 고통스럽거나 목숨이 끊어지려 할 때, 어떤 사문이나 바라문이 한 구절의 주문이나 둘 · 셋 · 넷 · 백 · 천 · 만 등 많은 구절의 주문을 가지고 그 고통을 없애주겠다고 하여 여래의 법을 버리고 다른 것을 구한다면, 이것이 괴로움의 원인을 없애고 괴로움을 멸진하는 길이라 하겠는가?"

"아닙니다, 세존이시여."

"참으로 훌륭하구나. 만일 그대들이 그렇게 알고 그렇게 본다면, 그대들은 팔유(八有)를 받겠는가?"

"아닙니다, 세존이시여."

"참으로 훌륭하구나. 만일 그대들이 그렇게 알고 그렇게 본다면, 그대들은, '우리는 사문을 공경하고 사문을 존중하며 사문 고타마가 우리의 스승이다'라고 이렇게 말하겠는가?"

"아닙니다, 세존이시여."

"참으로 훌륭하구나. 만일 그대들이 스스로 알고 스스로 보고 스스로 깨달아 가장 높고 바른 깨달음을 얻는다면, 그대들은 물음에 따라 대답할 수 있겠는가?"

"그렇습니다, 세존이시여."

세존께서 찬탄하시어 말씀하셨다.

"참으로 훌륭하구나. 나는 그대들을 바르게 이끌어서 건네주는데 끝까지 괴로워하거나 흥분함이 없이, 영원하여 변하거나 바뀌지 않는 법에 대해서 바른 지혜로 알고 바른 지혜로 보며 바른 지혜로 깨닫게 한다. 이런 까닭으로 조금 전에, '나는 그대들을 위하여 법을 설하여 끝까지 괴로워하거나 흥분함이 없이, 영원하여 변하거나 바뀌지 않는 법에 대해서 바른 지혜로 알고 바른 지혜로 보며 바른 지혜로 깨닫게 할 것이다'라고 말한 것이다.

다시 세 가지가 모여 비로소 어머니 태에 들어간다. 아버지와 어머니가 한곳에 모이고 어머니가 가득한 정을 참고 견디면 향음(香陰)이 이르게 된다. 이 세 가지가 모여서 어머니 태에 들어가며, 어머니는 태속에 아홉 달이나 열 달 동안 품고 있다가 낳게 된다. 낳은 뒤에는 피로써 기르는데, 피란 이 거룩한 법에서는 어머니 젖을 말한다. 그 다음에 모든 감각기관이 갈수록 커지고 성취되어, 밥이나 보릿가루를 먹게 되고 소유(蘇油)를 몸에 바른다.

그는 눈으로 색을 볼 때 좋은 색은 즐기며 집착하고, 나쁜 색은 싫어하며, 몸을 바르게 하지 않고 못된 마음만 생각하여 심해탈(心解脫)과 혜해탈(慧解脫)을 참답게 알지 못한다. 그래서 생겨난 선하지 않은 나쁜 법을 남김없이 멸하지도 못하고 남김없이 부수지도 못한다. 이와 같이 귀·코·혀·몸에 대해서도 그러하며, 의지로 법을 알아 좋은 법은 즐기며 집착하고, 나쁜 법은 싫어하며 몸을 바르게 하지 않고 못된 마음만 생각하여, 심해탈과 혜해탈을 참답게 알지 못한다. 그래서 생겨난 선하지 않은 나쁜 법을 남김없이 멸하지도 못하고, 남김없이 부수지도 못한다.

그는 이와 같이 싫어하는 느낌과 싫어하지 않는 느낌에 따라 혹은 즐거워하고, 혹은 괴로워하고, 혹은 괴로워하지도 즐거워하지도 않는다. 그는 그 느낌을 즐기고 구하고 집착해서 그 느낌을 받아들이고, 그 느낌을 즐기고 구하고 집착해서 그 느낌을 받아들인 뒤에 만일 즐거움을 느끼면, 이것을 취함이라 한다. 그래서 취함을 연하여 존재가 있고, 존재를 연하여 태어남이 있으며, 태어남을 연하여 늙음과 죽음·시름·슬픔·울음·걱정·고통·번민이 생기게 된다. 이렇게 하여 커다란 괴로움의 무더기가 생기게 된다. 비구들이여, 이와 같이 갈애에 완전히 얽매어 서로 이어지는 것이 저 어부의 아들 사티 비구와 같지 않은가?"

"그렇습니다. 세존이시여, 갈애에 완전히 얽매어 서로 이어지는 것이 저 어부의 아들 사티 비구와 같습니다."

"비구들이여, 여래가 세상에 나오면, 동등한 · 바르고 평등하게 깨달은 · 명에의 행을 완성한 · 잘 간 · 세간을 아는 · 더 이상 없는 · 사람을 길들이는 · 천신과 인간의 스승인 · 깨달은 어른이라 불린다. 그는 눈으로 색을 볼 때 좋은 색에 대해서도 즐기거나 집착하지 않고, 추한 색에 대해서도 싫어하지 않으며, 몸을 바로 하고 한량없는 마음을 생각하여, 심해탈과 혜해탈을 참답게 안다. 그래서 선하지 않은 나쁜 법이 생기면 남김없이 멸하고 남김없이 부순다. 이와 같이 귀 · 코 · 혀 · 몸에 대해서도 그러하며, 의지가 법을 알아 좋은 법도 즐기거나 집착하지 않고, 나쁜 법이라도 싫어하지 않으며, 몸을 바로 하고 한량없는 마음을 생각하여 심해탈과 혜해탈을 참답게 안다. 그래서 선하지 않은 나쁜 법이 생기면 남김없이 멸하고 남김없이 부순다.

그는 이렇게 싫어하는 느낌과 싫어하지 않는 느낌을 없애어 혹은 즐거워하고, 혹은 괴로워하며, 혹은 괴로워하지도 즐거워하지도 않는다. 그 느낌을 즐기지 않고 구하지도 않고 집착하지도 않아서 그 느낌을 받아들이지 않는다. 그가 느낌을 즐기지 않고 구하지 않고 집착하지 않아서 받아들이지 않은 뒤에는, 즐거움을 느끼더라도 그는 곧 그것을 없애 버린다. 그래서 즐거움이 멸하면 곧 취함이 멸하고, 취함이 멸하면 곧 존재가 멸하며, 존재가 멸하면 곧 태어남이 멸하고, 태어남이 멸하면 곧 늙음과 죽음이 멸하며, 시름과 슬픔 · 울음 · 걱정 · 고통 · 번민이 멸한다. 이렇게 하여 아주 커다란 괴로움의 무더기가 멸하게 된다.

비구들이여, 바로 이것이 '갈애가 다한 해탈'을 이룬 것이 아니겠는가?"

"그렇습니다, 세존이시여. 그것은 '갈애가 다한 해탈'을 이룬 것입니다."

이 법을 말씀하실 때 삼천대천세계가 세 번에 걸쳐 진동하였다. 움직이고 모두 움직이고, 흔들리고 모두 흔들리고, 울리고 모두 울렸다. 그러므로 이 경을 '갈애가 다한 해탈'이라 부르는 것이다.

부처님께서 이렇게 말씀하시자, 모든 비구는 부처님 말씀을 듣고 기뻐하며 받들어 행하였다.

7.2.15 마하코티카경[大拘絺羅經]

【중아함경 제7권 29경】

이와 같이 나는 들었다.

어느 때 부처님께서 라자가하성에서 유행하실 때 칼란다카 대나무 동산에 계셨다.

그때 사리풋타 존자는 해 질 녘에 조용히 좌선하고 일어나, 마하코티카 존자에게 가서 서로 인사하고 안부를 물은 뒤에 물러나 한쪽에 앉았다.

사리풋타 존자가 마하코티카 존자에게 말하였다.

"묻고 싶은 것이 있는데, 들어주시겠습니까?"

"사리풋타 존자여, 묻고 싶은 것이 있으면 마음대로 물어보십시오. 들은 뒤에 생각해 보겠습니다."

"현자 마하코티카여, 어떤 법이 있어 그 법으로 인하여 비구가 지견을 성취하여 바른 견해를 얻고, 법에 대하여 무너지지 않는 믿음을 얻어 바른 법에 들어갈 수 있습니까?"

"있습니다, 사리풋타 존자여. 어떤 비구는 선하지 않음을 알고 선하지 않은 뿌리를 압니다. 어떤 것을, '선하지 않음을 안다'라고 하는가. 몸의 악행은 선하지 않고, 입과 뜻의 악행은 선하지 않음을 아는 것입니다. 이것이 선하지 않음을 아는 것입니다. 어떤 것을, '선하지 않은 뿌리를 안다'라고 하는가. 탐욕은 선하지 않은 뿌리이고, 성냄과 어리석음은 선하지 않은 뿌리임을 아는 것입니다. 이것을, '선하지 않은 뿌리를 안다'라고 하는 것입니다.

사리풋타 존자여, 만일 어떤 비구가 이렇게 선하지 않음과 선하지 않은 뿌리를 알면, 이것이 바로, '비구가 지견을 성취하여 바른 견해를 얻고, 법에 대하여 무너지지 않는 믿음을 얻어 바른 법에 들어간다'라고 하는 것입니다."

사리풋타 존자는 이 말을 듣고 찬탄하여 말하였다.

"참으로 그렇습니다, 마하코티카여."

사리풋타 존자는 찬탄한 뒤에 기뻐하며 받들어 행하였다.

사리풋타가 다시 물었다.

"현자 마하코티카여, 다시 어떤 법으로 인하여 비구는 지견을 성취하여 바른 견해를 얻고, 법에 대하여 무너지지 않는 믿음을 얻어 바른 법에 들어갈 수 있습니까?"

"있습니다, 사리풋타 존자여. 어떤 비구는 선함을 알고 선한 뿌리를 압니다. 어떤 것을, '선함을 안다'라고 하는가. 몸의 바른 행은 선함이고, 입과 뜻의 바른 행은 선함을 아는 것입니다. 이것을, '선함을 안다'라고 하는 것입니다. 어떤 것을, '선한 뿌리임을 안다'라고 하는가. 탐욕이 없는 것은 선한 뿌리이고, 성냄과 어리석음이 없는 것은 선한 뿌리라고 아는 것입니다. 이것을, '선한 뿌리를 안다'라고 하는 것입니다.

사리풋타 존자여, 어떤 비구가 이와 같이 선함을 알고 선한 뿌리를 알면, 이것이 바로, '비구가 지견을 성취하여 바른 견해를 얻고, 법에 대하여 무너지지 않는 믿음을 얻어 바른 법에 들어간다'라고 하는 것입니다."

"참으로 훌륭하십니다, 현자 마하코티카여."

사리풋타 존자는 찬탄한 뒤에 기뻐하며 받들어 행하였다.

사리풋타 존자가 다시 물었다.

“현자 마하코티카여, 다시 어떤 법으로 인하여 비구가 지견을 성취하여 바른 견해를 얻고, 법에 대하여 무너지지 않는 믿음을 얻어 바른 법에 들어갈 수 있습니까?”

“있습니다, 사리풋타 존자여. 어떤 비구는 음식을 참답게 알고 음식의 집기를 알며, 음식의 멸함을 알고, 음식의 멸함에 이르는 길을 참답게 압니다.

어떤 것을, ‘음식을 참답게 안다’라고 하는가. 네 가지 음식이 있는데, 첫째, 거칠고 맛있는 물질 음식, 둘째, 부딪침 음식, 셋째, 의도 음식, 넷째, 식별 음식이라고 아는 것입니다. 이것을, ‘음식을 참답게 안다’라고 하는 것입니다.

어떤 것을, ‘음식의 집기임을 참답게 안다’라고 하는가. 갈애가 인이 되어 음식이 있음을 아는 것입니다. 이것을, ‘음식의 집기를 참답게 안다’라고 하는 것입니다.

어떤 것을, ‘음식의 멸함을 참답게 안다’라고 하는가. 갈애가 멸하면 음식이 곧 멸한다고 아는 것입니다. 이것을, ‘음식의 멸함을 참답게 안다’라고 하는 것입니다.

어떤 것을, ‘음식의 멸함에 이르는 길을 참답게 안다’라고 하는가. 이른바 팔정도이니, 바른 견해 · 바른 생각 · 바른 말 · 바른 행동 · 바른 생활 · 바른 정진 · 바른 기억 · 바른 선정, 이 여덟 가지를 아는 것입니다. 이것을, ‘음식의 멸함에 이르는 길을 참답게 안다’라고 하는 것입니다.

사리풋타 존자여, 어떤 비구가 음식을 참답게 알고, 음식의 집기를 알며, 음식의 멸함을 알고, 음식의 멸함에 이르는 길을 참답게 알면, 이것이 바로, ‘비구가 지견을 성취하여 바른 견해를 얻고, 법에 대한 무너지지 않는 믿음을 얻어 바른 법에 들어간다’라고 하는 것입니다.”

“참으로 훌륭하십니다, 현자 마하코티카여.”

사리풋타 존자는 찬탄한 뒤에 기뻐하며 받들어 행하였다.

사리풋타 존자가 다시 물었다.

"현자 마하코티카여, 다시 어떤 법으로 인하여 비구가 지견을 성취하여 바른 견해를 얻고, 법에 대하여 무너지지 않는 믿음을 얻어 바른 법에 들어갈 수 있습니까?"

"있습니다, 사리풋타 존자여. 어떤 비구는 번뇌를 참답게 알고 번뇌의 집기를 알며, 번뇌의 멸함을 알고, 번뇌의 멸함에 이르는 길을 참답게 압니다.

어떤 것을, '번뇌를 참답게 안다'라고 하는가. 세 가지가 있습니다. 애욕의 번뇌 · 존재의 번뇌 · 무명의 번뇌입니다. 이것을, '번뇌를 참답게 안다'라고 하는 것입니다.

어떤 것을, '번뇌의 집기를 참답게 안다'라고 하는가. 무명으로 인하여 번뇌가 있다고 아는 것입니다. 이것을, '번뇌의 집기를 참답게 안다'라고 하는 것입니다.

어떤 것을, '번뇌의 멸함을 참답게 안다'라고 하는가. 무명이 멸하면 번뇌가 곧 멸한다고 아는 것입니다. 이것을, '번뇌의 멸함을 참답게 안다'라고 하는 것입니다.

어떤 것을, '번뇌의 멸함에 이르는 길을 참답게 안다'라고 하는가. 팔정도이니, 바른 견해 · 바른 생각 · 바른 말 · 바른 행동 · 바른 생활 · 바른 정진 · 바른 기억 · 바른 선정, 이 여덟 가지를 아는 것입니다. 이것을, '번뇌의 멸함에 이르는 길을 참답게 안다'라고 하는 것입니다.

사리풋타 존자여, 만일 어떤 비구가 이렇게 번뇌를 참답게 알고, 번뇌의 집기를 알며, 번뇌의 멸함을 알고, 번뇌의 멸함에 이르는 길을 참답게 알면, 이것이 바로, '비구가 지견을 성취하여 바른 견해를 얻고, 법에 대하여 무너지지 않는 믿음을 얻어 바른 법에 들어간다'라고 하는 것입니다."

"참으로 훌륭하십니다, 현자 마하코티카여."

사리풋타 존자는 찬탄한 뒤에 기뻐하며 받들어 행하였다. 사리풋타 존자가 다시 물었다.

"현자 마하코티카여, 다시 어떤 법으로 인하여 비구가 지견을 성취하여 바른 견해를 얻고, 법에 대하여 무너지지 않는 믿음을 얻어 바른 법에 들어갈 수 있습니까?"

"있습니다, 사리풋타 존자여. 어떤 비구는 괴로움을 참답게 알고, 괴로움의 집기를 알며, 괴로움의 멸함을 알고, 괴로움의 멸함에 이르는 길을 참답게 압니다.

어떤 것을, '괴로움을 참답게 안다'라고 하는가. 태어남은 괴로움이고, 늙음은 괴로움이며, 병듦은 괴로움이고, 죽음은 괴로움이며, 싫어하는 것과의 만남이 괴로움이고, 사랑하는 것과의 이별이 괴로움이며, 구하여도 얻지 못하는 것이 괴로움입니다. 간단히 말해, 다섯 가지 취한 근간을 괴로움이라고 아는 것입니다. 이것을, '괴로움을 참답게 안다'라고 하는 것입니다.

어떤 것을, '괴로움의 집기를 참답게 안다'라고 하는가. 늙음과 죽음으로 인하여 괴로움이 있다고 아는 것입니다. 이것을, '괴로움의 집기를 참답게 안다'라고 하는 것입니다.

어떤 것을, '괴로움의 멸함을 참답게 안다'라고 하는가. 늙음과 죽음이 멸하면 괴로움이 곧 멸한다고 아는 것입니다. 이것을, '괴로움의 멸함을 참답게 안다'라고 하는 것입니다.

어떤 것을, '괴로움의 멸함에 이르는 길을 참답게 안다'라고 하는가. 이른바 팔정도이니, 바른 견해 · 바른 생각 · 바른 말 · 바른 행동 · 바른 생활 · 바른 정진 · 바른 기억 · 바른 선정, 이 그 여덟 가지를 아는 것입니다. 이것을, '괴로움의 멸함에 이르는 길을 참답게 안다'라고 하는 것입니다.

사리풋타 존자여, 어떤 비구가 이와 같이 괴로움을 참답게 알고, 괴로움의 집기를 알며, 괴로움의 멸함을 알고, 괴로움의 멸함에 이르는 길을 참답게 알면, 이것이 바로, '비구가 지견을 성취하여 바른 견해를 얻고, 법에 대하여 무너지지 않는 믿음을 얻어 바른 법에 들어간다'고 하는 것입니다."

"참으로 훌륭하십니다, 현자 마하코티카여."

사리풋타 존자는 찬탄한 뒤에 기뻐하며 받들어 행하였다.

사리풋타 존자가 다시 물었다.

"현자 마하코티카여, 다시 어떤 법으로 인하여 비구가 지견을 성취하여 바른 견해를 얻고, 법에 대하여 무너지지 않는 믿음을 얻어 바른 법에 들어갈 수 있습니까?"

"있습니다, 사리풋타 존자여. 어떤 비구는 늙음과 죽음을 참답게 알고, 늙음과 죽음의 집기를 알며, 늙음과 죽음의 멸함을 알고, 늙음과 죽음의 멸함에 이르는 길을 참답게 압니다.

어떤 것을, '늙음을 안다'라고 하는가. 사람은 늙으면 머리는 희고, 이는 빠지고, 젊음은 날로 노쇠해 가며, 허리는 굽고, 다리는 휘어집니다. 몸은 무겁고 숨은 가쁘며 지팡이를 짚고 다닙니다. 살은 쭈그러들고 피부는 늘어나 주름살은 삼베옷처럼 깊게 패이고 모든 감각은 무뎌지고 얼굴빛은 추해집니다. 이것을 '늙음'이라 합니다.

어떤 것을, '죽음을 안다'라고 하는가. 중생들의 목숨은 덧없는 것이어서 마침이 있는 것이니, 죽으면 흩어져 멸하고 수명이 다하면 부서져 명근이 닫힙니다. 이것을 '죽음'이라 합니다.

여기서 말한 죽음과 앞에서 말한 늙음을 죽음과 늙음이라고 아는 것입니다. 이것을, '늙음과 죽음을 참답게 안다'라고 하는 것입니다.

어떤 것을, '늙음과 죽음의 집기를 참답게 안다'라고 하는가. 태어남으로 인하여 늙음과 죽음이 있다고 아는 것입니다. 이것을, '늙음과 죽음의 집기를 참답게 안다'라고 하는 것입니다.

어떤 것을, '늙음과 죽음의 멸함을 참답게 안다'라고 하는가. 태어남이 멸하면 늙음과 죽음이 곧 멸한다고 아는 것입니다. 이것을, '늙음과 죽음의 멸함을 참답게 안다'라고 하는 것입니다.

어떤 것을, '늙음과 죽음의 멸함에 이르는 길을 참답게 안다'라고 하는가. 이른바 팔정도이니, 바른 견해 · 바른 생각 · 바른 말 · 바른 행동 · 바른 생활 · 바른 정진 · 바른 기억 · 바른 선정, 이 여덟 가지를 아는 것입니다. 이것을, '늙음과 죽음의 멸함에 이르는 길을 참답게 안다'라고 하는 것입니다.

사리풋타 존자여, 어떤 비구가 이와 같이 늙음과 죽음을 참답게 알고, 늙음과 죽음의 집기를 알며, 늙음과 죽음의 멸함을 알고, 늙음과 죽음의 멸함에 이르는 길을 참답게 알면, 이것이 바로, '비구가 지견을 성취하여 바른 견해를 얻고, 법에 대하여 무너지지 않는 믿음을 얻어 바른 법에 들어간다'라고 하는 것입니다."

"참으로 훌륭하십니다, 현자 마하코티카여."

사리풋타 존자는 찬탄한 뒤에 기뻐하며 받들어 행하였다.

사리풋타 존자가 다시 물었다.

"현자 마하코티카여, 다시 어떤 법으로 인하여 비구가 지견을 성취하여 바른 견해를 얻고, 법에 대하여 무너지지 않는 믿음을 얻어 바른 법에 들어갈 수 있습니까?"

"있습니다, 사리풋타 존자여. 어떤 비구는 태어남을 참답게 알고, 태어남의 집기를 알며, 태어남의 멸함을 알고, 태어남의 멸함에 이르는 길을 참답게 압니다.

어떤 것을, '태어남을 참답게 안다'라고 하는가. 생하는 것은 생하고, 나오는 것은 나오며, 이루어지는 것은 이루어지는, 저 모든 종류의 중생은 다섯 근간을 일으켜 명근(命根)을 얻습니다. 이것을, '태어남을 참답게 안다'라고 하는 것입니다.

어떤 것을, '태어남의 집기를 참답게 안다'라고 하는가. 존재로 인하여 태어남이 있다고 아는 것입니다. 이것을, '태어남의 집기를 참답게 안다'라고 하는 것입니다.

어떤 것을, '태어남의 멸함을 참답게 안다'라고 하는가. 존재가 멸하면 태어남이 곧 멸한다고 아는 것입니다. 이것을, '태어남의 멸함을 참답게 안다'라고 하는 것입니다.

어떤 것을, '태어남의 멸함에 이르는 길을 참답게 안다'라고 하는가. 이른바 팔정도이니, 바른 견해 · 바른 생각 · 바른 말 · 바른 행동 · 바른 생활 · 바른 정진 · 바른 기억 · 바른 선정, 이 여덟 가지를 아는 것입니다. 이것을, '태어남의 멸함에 이르는 길을 참답게 안다'라고 하는 것입니다.

사리풋타 존자여, 어떤 비구가 이와 같이 태어남을 참답게 알고, 태어남의 집기를 알며, 태어남의 멸함을 알고, 태어남의 멸함에 이르는 길을 참답게 알면, 이것이 바로, '비구가 지견을 성취하여 바른 견해를 얻고, 법에 대하여 무너지지 않는 믿음을 얻어 바른 법에 들어간다'라고 하는 것입니다."

"참으로 훌륭하십니다, 현자 마하코티카여."

사리풋타 존자는 찬탄한 뒤에 기뻐하며 받들어 행하였다.

사리풋타 존자가 다시 물었다.

"현자 마하코티카여, 다시 어떤 법이 있어 그 법으로 인하여 비구가 지견을 성취하여 바른 견해를 얻고, 법에 대하여 무너지지 않는 믿음을 얻어 바른 법에 들어갈 수 있습니까?"

"있습니다, 사리풋타 존자여. 어떤 비구는 존재를 참답게 알고, 존재의 집기를 알며, 존재의 멸함을 알고, 존재의 멸함에 이르는 길을 참답게 압니다.

어떤 것을 '존재를 참답게 안다'라고 하는가. 이른바 세 가지 존재[三有]가 있으니, 욕계의 존재 · 색계의 존재 · 무색계의 존재를 아는 것입니다. 이것을, '존재를 참답게 안다'라고 하는 것입니다.

어떤 것을, '존재의 집기를 참답게 안다'라고 하는가. 취함으로 인하여 존재가 있다고 아는 것입니다. 이것을, '존재의 집기를 참답게 안다'라고 하는 것입니다.

어떤 것을, '존재의 멸함을 참답게 안다'라고 하는 것인가. 취함이 멸하면 존재가 곧 멸한다고 아는 것입니다. 이것을, '존재의 멸함을 참답게 안다'라고 하는 것입니다.

어떤 것을, '존재의 멸함에 이르는 길을 참답게 안다'고 하는 것인가. 이른바 팔정도이니, 바른 견해 · 바른 생각 · 바른 말 · 바른 행동 · 바른 생활 · 바른 정진 · 바른 기억 · 바른 선정, 이 여덟 가지를 아는 것입니다. 이것을, '존재의 멸함에 이르는 길을 참답게 안다'라고 하는 것입니다.

사리풋타 존자여, 어떤 비구가 이와 같이 존재를 참답게 알고, 존재의 집기를 알고, 존재의 멸함을 알고, 존재의 멸함에 이르는 길을 참답게 알면, 이것이 바로, '비구가 지견을 성취하여 바른 견해를 얻고, 법에 대하여 무너지지 않는 믿음을 얻어 바른 법에 들어간다'고 하는 것입니다."

"참으로 훌륭하십니다, 현자 마하코티카여."

사리풋타 존자는 찬탄한 뒤에 기뻐하며 받들어 행하였다.

사리풋타 존자가 다시 물었다.

"현자 마하코티카여, 다시 어떤 법으로 인하여 비구가 지견을 성취하여 바른 견해를 얻고, 법에 대하여 무너지지 않는 믿음을 얻어 바른 법에 들어갈 수 있습니까?"

"있습니다, 사리풋타 존자여. 어떤 비구는 취함을 참답게 알고, 취함의 집기를 알며, 취함의 멸함을 알고, 취함의 멸함에 이르는 길을 참답게 압니다.

어떤 것을, '취함을 참답게 안다'라고 하는가. 네 가지 취함[四取]이 있으니, 욕심의 취함 · 계의 취함 · 견해의 취함 · '나'의 취함이라고 아는 것입니다. 이것을, '취함을 참답게 안다'라고 하는 것입니다.

어떤 것을, '취함의 집기를 참답게 안다'라고 하는가. 갈애로 인하여 취함이 있다고 아는 것입니다. 이것을, '취함의 집기를 참답게 안다'라고 하는 것입니다.

어떤 것을, '취함의 멸함을 참답게 안다'라고 하는가. 이른바 갈애가 멸하면 취함이 곧 멸한다고 아는 것입니다. 이것을, '취함의 멸함을 참답게 안다'라고 하는 것입니다.

어떤 것을, '취함의 멸함에 이르는 길을 참답게 안다'라고 하는가. 이른바 팔정도이니, 바른 견해 · 바른 생각 · 바른 말 · 바른 행동 · 바른 생활 · 바른 정진 · 바른 기억 · 바른 선정, 이 여덟 가지를 아는 것입니다. 이것을, '취함의 멸함에 이르는 길을 참답게 안다'라고 하는 것입니다.

사리풋타 존자여, 어떤 비구가 이렇게 취함을 참답게 알고, 취함의 집기를 알며, 취함의 멸함을 알고, 취함의 멸함에 이르는 길을 참답게 알면, 이것이 바로, '비구가 지견을 성취하여 바른 견해를 얻고, 법에 대하여 무너지지 않는 믿음을 얻어 바른 법에 들어간다'라고 하는 것입니다."

"참으로 훌륭하십니다, 현자 마하코티카여."

사리풋타 존자는 찬탄한 뒤에 기뻐하며 받들어 행하였다.

사리풋타 존자가 다시 물었다.

"현자 마하코티카여, 다시 어떤 법으로 인하여 비구가 지견을 성취하여 바른 견해를 얻고, 법에 대하여 무너지지 않는 믿음을 얻어 바른 법에 들어갈 수 있습니까?"

"있습니다, 사리풋타 존자여. 어떤 비구는 갈애를 참답게 알고, 갈애의 집기를 알며, 갈애의 멸함을 알고, 갈애의 멸함에 이르는 길을 참답게 압니다.

어떤 것을, '갈애를 참답게 안다'라고 하는가. 세 가지 갈애가 있으니, 애욕의 갈애 · 색의 갈애 · 색이 없는 갈애라고 아는 것입니다. 이것을, '갈애를 참답게 안다'라고 하는 것입니다.

어떤 것을, '갈애의 집기를 참답게 안다'라고 하는가. 느낌으로 인하여 갈애가 있다고 아는 것입니다. 이것을, '갈애의 집기를 참답게 안다'라고 하는 것입니다.

어떤 것을, '갈애의 멸함을 참답게 안다'라고 하는가. 느낌이 멸하면 갈애가 곧 멸한다고 아는 것입니다. 이것을, '갈애의 멸함을 참답게 안다'라고 하는 것입니다.

어떤 것을, '갈애의 멸함에 이르는 길을 참답게 안다'라고 하는가. 이른바 팔정도이니, 바른 견해 · 바른 생각 · 바른 말 · 바른 행동 · 바른 생활 · 바른 정진 · 바른 기억 · 바른 선정, 이 여덟 가지를 아는 것입니다. 이것을, '갈애의 멸함에 이르는 길을 참답게 안다'라고 하는 것입니다.

사리풋타 존자여, 어떤 비구가 이와 같이 갈애를 참답게 알고 갈애의 집기를 알며, 갈애의 멸함을 알고, 갈애의 멸함에 이르는 길을 참답게 알면, 이것이 바로, '비구가 지견을 성취하여 바른 견해를 얻고, 법에 대하여 무너지지 않는 믿음을 얻어 바른 법에 들어간다'라고 하는 것입니다."

"참으로 훌륭하십니다, 현자 마하코티카여."

사리풋타 존자는 찬탄한 뒤에 기뻐하며 받들어 행하였다.

사리풋타 존자가 다시 물었다.

"현자 마하코티카여, 다시 어떤 법으로 인하여 비구가 지견을 성취하여 바른 견해를 얻고, 법에 대하여 무너지지 않는 믿음을 얻어 바른 법에 들어갈 수 있습니까?"

"있습니다, 사리풋타 존자여. 어떤 비구는 느낌을 참답게 알고, 느낌의 집기를 알며, 느낌의 멸함을 알고, 느낌의 멸함에 이르는 길을 참답게 압니다.

어떤 것을, '느낌을 참답게 안다'라고 하는가. 세 가지 느낌이 있으니, 즐거운 느낌 · 괴로운 느낌 · 즐겁지도 괴롭지도 않은 느낌이라고 아는 것입니다. 이것을, '느낌을 참답게 안다'라고 하는 것입니다.

어떤 것을, '느낌의 집기를 참답게 안다'라고 하는가. '부딪침'으로 인하여 곧 느낌이 있다고 아는 것입니다. 이것을, '느낌의 집기를 참답게 안다'라고 하는 것입니다.

어떤 것을, '느낌의 멸함을 참답게 안다'라고 하는가. 부딪침이 멸하면 느낌이 곧 멸한다고 아는 것입니다. 이것을, '느낌의 멸함을 참답게 안다'라고 하는 것입니다.

어떤 것을, '느낌의 멸함에 이르는 길을 참답게 안다'라고 하는가. 이른바 팔정도이니, 바른 견해 · 바른 생각 · 바른 말 · 바른 행동 · 바른 생활 · 바른 정진 · 바른 기억 · 바른 선정, 이 여덟 가지를 아는 것입니다. 이것을, '느낌의 멸함에 이르는 길을 참답게 안다'라고 하는 것입니다.

사리풋타 존자여, 어떤 비구가 이와 같이 느낌을 참답게 알고, 느낌의 집기를 알며, 느낌의 멸함을 알고, 느낌의 멸함에 이르는 길을 참답게 알면, 이것이 바로, '비구가 지견을 성취하여 바른 견해를 얻고, 법에 대하여 무너지지 않는 믿음을 얻어 바른 법에 들어간다'고 하는 것입니다."

"참으로 훌륭하십니다, 현자 마하코티카여."

사리풋타 존자는 찬탄한 뒤에 기뻐하며 받들어 행하였다.

사리풋타 존자가 다시 물었다.

"현자 마하코티카여, 다시 어떤 법으로 인하여 비구가 지견을 성취하여 바른 견해를 얻고, 법에 대하여 무너지지 않는 믿음을 얻어 바른 법에 들어갈 수 있습니까?"

"있습니다, 사리풋타 존자여. 어떤 비구는 부딪침을 참답게 알고, 부딪침의 집기를 알며, 부딪침의 멸함을 알고, 부딪침의 멸함에 이르는 길을 참답게 압니다.

어떤 것을, '부딪침을 참답게 안다'라고 하는가. 세 가지 부딪침이 있으니, 즐거운 부딪침 · 괴로운 부딪침 · 괴롭지도 즐겁지도 않은 부딪침이라고 아는 것입니다. 이것을, '부딪침을 참답게 안다'라고 하는 것입니다.

어떤 것을, '부딪침의 집기를 참답게 안다'라고 하는가. 여섯 가지 입처[六處]로 인하여 곧 부딪침이 있다고 아는 것입니다. 이것을, '부딪침의 집기를 참답게 안다'라고 하는 것입니다.

어떤 것을, '부딪침의 멸함을 참답게 안다'라고 하는가. 여섯 가지 입처가 멸하면 부딪침이 곧 멸한다고 아는 것입니다. 이것을, '부딪침의 멸함을 참답게 안다'라고 하는 것입니다.

어떤 것을, '부딪침의 멸함에 이르는 길을 참답게 안다'라고 하는가. 이른바 팔정도이니, 바른 견해 · 바른 생각 · 바른 말 · 바른 행동 · 바른 생활 · 바른 정진 · 바른 기억 · 바른 선정, 이 여덟 가지를 아는 것입니다. 이것을, '부딪침의 멸함에 이르는 길을 참답게 안다'라고 하는 것입니다.

사리풋타 존자여, 어떤 비구가 이와 같이 부딪침을 참답게 알고, 부딪침의 집기를 알며, 부딪침의 멸함에 이르는 길을 참답게 알면, 이것이 바로, '비구가 지견을 성취하여 바른 견해를 얻고, 법에 대하여 무너지지 않는 믿음을 얻어 바른 법에 들어간다'라고 하는 것입니다."

"참으로 훌륭하십니다, 현자 마하코티카여."

사리풋타 존자는 찬탄한 뒤에 기뻐하며 받들어 행하였다.

사리풋타 존자가 다시 물었다.

“현자 마하코티카여, 다시 어떤 법으로 인하여 비구가 지견을 성취하여 바른 견해를 얻고, 법에 대하여 무너지지 않는 믿음을 얻어 바른 법에 들어갈 수 있습니까?”

“있습니다, 사리풋타 존자여. 어떤 비구는 여섯 가지 입처[六處]를 참답게 알고, 여섯 가지 입처의 집기를 알며, 여섯 가지 입처의 멸함을 알고, 여섯 가지 입처의 멸함에 이르는 길을 참답게 압니다.

어떤 것을, ‘여섯 가지 입처를 참답게 안다’라고 하는가. 눈의 포섭처와 귀 · 코 · 혀 · 몸 · 의지의 입처라고 아는 것입니다. 이것을, ‘여섯 가지 입처를 참답게 안다’라고 하는 것입니다.

어떤 것을, ‘여섯 가지 입처의 집기를 참답게 안다’라고 하는가. ‘명색’으로 인하여 곧 여섯 가지 입처가 있다고 아는 것입니다. 이것을, ‘여섯 가지 입처의 집기를 참답게 안다’라고 하는 것입니다.

어떤 것을, ‘여섯 가지 입처의 멸함을 참답게 안다’라고 하는가. ‘명색’이 멸하면 여섯 가지 입처가 곧 멸한다고 아는 것입니다. 이것을, ‘여섯 가지 입처의 멸함을 참답게 안다’라고 하는 것입니다.

어떤 것을, ‘여섯 가지 입처의 멸함에 이르는 길을 참답게 안다’라고 하는가. 이른바 팔정도이니, 바른 견해 · 바른 생각 · 바른 말 · 바른 행동 · 바른 생활 · 바른 정진 · 바른 기억 · 바른 선정, 이 여덟 가지를 아는 것입니다. 이것을, ‘여섯 가지 입처의 멸함에 이르는 길을 참답게 안다’라고 하는 것입니다.

사리풋타 존자여, 어떤 비구가 이와 같이 여섯 가지 입처를 참답게 알고, 여섯 가지 입처의 집기를 알며, 여섯 가지 입처의 멸함을 알고, 여섯 가지 입처의 멸함에 이르는 길을 참답게 알면, 이것이 바로, ‘비구가 지견을 성취하여 바른 견해를 얻고, 법에 대하여 무너지지 않는 믿음을 얻어 바른 법에 들어간다’라고 하는 것입니다.”

"참으로 훌륭하십니다, 현자 마하코티카여."

사리풋타 존자는 찬탄한 뒤에 기뻐하며 받들어 행하였다.

사리풋타 존자가 다시 물었다.

"현자 마하코티카여, 다시 어떤 법으로 인하여 비구가 지견을 성취하여 바른 견해를 얻고, 법에 대하여 무너지지 않는 믿음을 얻어 바른 법에 들어갈 수 있습니까?"

"있습니다, 사리풋타 존자여. 어떤 비구는 명색을 참답게 알고, 명색의 집기를 알며, 명색의 멸함을 알고, 명색의 멸함에 이르는 길을 참답게 압니다.

어떤 것을, '명(名)을 안다'라고 하는가. 색이 없는 네 가지 근간[四無色陰]을 명이라 한다고 아는 것입니다.

어떤 것을, '색을 안다'라고 하는가. 사대(四大)와 사대로 이루어진 색을 아는 것입니다. 이것을, '명색을 참답게 안다'라고 하는 것입니다.

어떤 것을, '명색의 집기를 참답게 안다'라고 하는가. 식별을 인하여 명색이 있다고 아는 것입니다. 이것을, '명색의 집기를 참답게 안다'라고 하는 것입니다.

어떤 것을, '명색의 멸함을 참답게 안다'라고 하는가. 식별이 멸하면 명색이 곧 멸한다고 아는 것입니다. 이것을, '명색의 멸함을 참답게 안다'라고 하는 것입니다.

어떤 것을, '명색의 멸함에 이르는 길을 참답게 안다'라고 하는가. 이른바 팔정도이니, 바른 견해 · 바른 생각 · 바른 말 · 바른 행동 · 바른 생활 · 바른 정진 · 바른 기억 · 바른 선정, 이 여덟 가지를 아는 것입니다. 이것을, '명색의 멸함에 이르는 길을 참답게 안다'라고 하는 것입니다.

사리풋타 존자여, 어떤 비구가 이와 같이 명색을 참답게 알고, 명색의 집기를 알며, 명색의 멸함을 알고, 명색의 멸함에 이르는 길을 참답게 알면, 이것이 바로, '비구가 지견을 성취하여 바른 견해를 얻고, 법에 대한 무너지지 않는 믿음을 얻어 바른 법에 들어간다'라고 하는 것입니다."

"참으로 훌륭하십니다, 현자 마하코티카여."

사리풋타 존자는 찬탄한 뒤에 기뻐하며 받들어 행하였다.

사리풋타 존자가 다시 물었다.

"현자 마하코티카여, 다시 어떤 법으로 인하여 비구가 지견을 성취하여 바른 견해를 얻고, 법에 대한 무너지지 않는 믿음을 얻어 바른 법에 들어갈 수 있습니까?"

"있습니다, 사리풋타 존자여. 어떤 비구는 식별을 참답게 알고, 식별의 집기를 알며, 식별의 멸함을 알고, 식별의 멸함에 이르는 길을 참답게 압니다.

어떤 것을, '식별을 참답게 안다'라고 하는가. 여섯 가지 식별이 있으니, 눈의 식별과 귀 · 코 · 혀 · 몸 · 의지의 식별이라고 아는 것입니다. 이것을, '식별을 참답게 안다'라고 하는 것입니다.

어떤 것을, '식별의 집기를 참답게 안다'라고 하는가. 결합으로 인하여 곧 식별이 있다고 아는 것입니다. 이것을, '식별의 집기를 참답게 안다'라고 하는 것입니다.

어떤 것을, '식별의 멸함을 참답게 안다'라고 하는가. 결합이 멸하면 식별이 곧 멸한다고 아는 것입니다. 이것을, '식별의 멸함을 참답게 안다'라고 하는 것입니다.

어떤 것을, '식별의 멸함에 이르는 길을 참답게 안다'라고 하는가. 이른바 팔정도이니, 바른 견해 · 바른 생각 · 바른 말 · 바른 행동 · 바른 생활 · 바른 정진 · 바른 기억 · 바른 선정, 이 여덟 가지를 아는 것입니다. 이것을, '식별의 멸함에 이르는 길을 참답게 안다'라고 하는 것입니다.

사리풋타 존자여, 어떤 비구가 이와 같이 식별을 참답게 알고, 식별의 집기를 알며, 식별의 멸함을 알고, 식별의 멸함에 이르는 길을 참답게 알면, 이것이 바로, '비구가 지견을 성취하여 바른 견해를 얻고, 법에 대하여 무너지지 않는 믿음을 얻어 바른 법에 들어간다'라고 하는 것입니다."

"참으로 훌륭하십니다, 현자 마하코티카여."

사리풋타 존자는 찬탄한 뒤에 기뻐하며 받들어 행하였다.

사리풋타 존자가 다시 물었다.

"현자 마하코티카여, 다시 어떤 법으로 인하여 비구가 지견을 성취하여 바른 견해를 얻고, 법에 대한 무너지지 않는 믿음을 얻어 바른 법에 들어갈 수 있습니까?"

"있습니다, 사리풋타 존자여. 어떤 비구는 결합을 참답게 알고, 결합의 집기를 알고, 결합의 멸함을 알고, 결합의 멸함에 이르는 길을 참답게 압니다.

어떤 것을, '결합을 참답게 안다'라고 하는가. 세 가지 결합이 있으니, 몸의 행 · 입의 행 · 의지의 행이라고 아는 것입니다. 이것을, '결합을 참답게 안다'라고 하는 것입니다.

어떤 것을, '결합의 집기를 참답게 안다'라고 하는가. 무명으로 인하여 곧 결합이 있다고 아는 것입니다. 이것을, '결합의 집기를 참답게 안다'라고 하는 것입니다.

어떤 것을, '결합의 멸함을 참답게 안다'라고 하는가. '무명'이 멸하면 결합이 곧 멸한다고 아는 것입니다. 이것을, '결합의 멸함을 참답게 안다'라고 하는 것입니다.

어떤 것을, '결합의 멸함에 이르는 길을 참답게 안다'라고 하는가. 이른바 팔정도이니, 바른 견해 · 바른 생각 · 바른 말 · 바른 행동 · 바른 생활 · 바른 정진 · 바른 기억 · 바른 선정, 이 여덟 가지를 아는 것입니다. 이것을, '결합의 멸함에 이르는 길을 참답게 안다'라고 하는 것입니다.

사리풋타 존자여, 어떤 비구가 이와 같이 결합을 참답게 알고, 결합의 집기를 알며, 결합의 멸함을 알고, 결합의 멸함에 이르는 길을 참답게 알면, 이것이 바로, '비구가 지견을 성취하여 바른 견해를 얻고, 법에 대하여 무너지지 않는 믿음을 얻어 바른 법에 들어간다'라고 하는 것입니다."

"참으로 훌륭하십니다, 현자 마하코티카여."

사리풋타 존자는 찬탄한 뒤에 기뻐하며 받들어 행하였다.

사리풋타 존자가 다시 물었다.

"현자 마하코티카여, 만일 어떤 비구가 무명이 이미 다해 명(明)이 생기면, 다시 어떤 일을 해야 합니까?"

"사리풋타 존자여, 만일 어떤 비구가 무명이 이미 다해 명이 생기면, 다시 할 것이 없습니다."

사리풋타 존자는 이 말을 듣고 찬탄하여 말하였다.

"참으로 훌륭하십니다, 현자 마하코티카여."

이와 같이 두 존자는 서로 이치를 이야기하고, 저마다 기뻐하며 받들어 행하고 자리에서 일어나 떠나갔다.

7.2.16 예경(例經)

【중아함경 제60권 222경】

이와 같이 나는 들었다.

어느 때 부처님께서 사밧티국에서 유행하실 때 제타숲 아나타핀디카동산에 계셨다. 그때 부처님께서 모든 비구에게 말씀하셨다.

"비구들이여, 무명을 끊고자 하면 사념처(四念處)를 닦아야 한다. '무명을 끊고자 하면 사념처를 닦아야 한다'라는 것이란 무엇인가. 여래가 세상에 나오면, 동등한 · 바르고 평등하게 깨달은 · 명에의 행을 완성한 · 잘 간 · 세간을 아는 · 더 이상 없는 · 사람을 길들이는 · 천신과 인간의 스승인 · 깨달은 어른이라 불린다. 여래는 마음을 더럽히고 지혜를 약하게 하는 다섯 가지 덮개를 끊고서 안 몸을 몸으로 관하고, ……느낌을 느낌으로, 마음을 마음으로, 법을 법으로 관한다. 이것을, '무명을 끊고자 하면 사념처를 닦아야 한다'라고 하는 것이다.

이와 같이 무명을 거듭 끊어 무명에서 해탈하고, 무명을 뛰어넘고, 무명을 뽑아내고, 무명을 멸하고자 하며, 무명을 전체적으로 알고자 하거나 무명을 각각 알고자 할 때도 또한 그러하다.

무명을 각각 알고자 하면 사념처를 닦아야 한다. '무명을 각각 알고자 하면 사념처를 닦아야 한다'라는 것이란 무엇인가. 여래가 세상에 나오면, 동등한 · 바르고 평등하게 깨달은 · 명에의 행을 완성한 · 잘 간 · 세간을 아는 · 더 이상 없는 · 사람을 길들이는 · 천신과 인간의 스승인 · 깨달은 어른이라 불린다. 여래는 마음을 더럽히고 지혜를 약하게 하는 다섯 가지 덮개를 끊고서, 안 몸을 몸으로 관하고, ……느낌을 느낌으로, 마음을 마음으로, 법을 법으로 관한다. 이것을, '무명을 각각 알고자 하면 사념처를 닦아야 한다'라고 하는 것이다.

무명을 끊고자 하면 네 가지 바른 끊음[四正斷]을 닦아야 한다. '무명을 끊고자 하면 네 가지 바른 끊음을 닦아야 한다'라는 것이란 무엇인가. 여래가 세상에 나오면, 동등한 · 바르고 평등하게 깨달은 · 명에의 행을 완성한 · 잘 간 · 세간을 아는 · 더 이상 없는 · 사람을 길들이는 · 천신과 인간의 스승인 · 깨달은 어른이라 불린다. 여래는 마음을 더럽히고 지혜를 약하게 하는 다섯 가지 덮개를 끊고서, 이미 생긴 악하고 선하지 않은 법을 끊기 위하여 의욕을 내어 방편을 구하고 꾸준히 노력하여 마음을 다해 끊고, 아직 생기지 않은 악하고 선하지 않은 법은 생기지 않게 하기 위하여 의욕을 내어 방편을 구하고 꾸준히 노력하여 마음을 다해 끊으며, 아직 생기지 않은 선한 법은 생기게 하기 위하여 의욕을 내어 방편을 구하고 꾸준히 노력하여 마음을 다해 끊고, 이미 생긴 선한 법은 오래 머물러 잊지 않고 물러나지 않으며 더하고 자라게 하고 넓고 크게 하며 닦아 익히고 완전히 성취하기 위하여 의욕을 내어 방편을 구하고 꾸준히 노력하여 마음을 다해 끊는다. 이것을, '무명을 끊고자 하면 네 가지 바른 끊음을 닦아야 한다'라고 하는 것이다.

이와 같이 무명을 거듭 끊어 무명에서 해탈하고, 무명을 뛰어넘고, 무명을 뽑아내고, 무명을 멸하고자 하며, 무명을 전체적으로 알고자 하거나 무명을 각각 알고자 할 때도 그러하다.

무명을 각각 알고자 하면 네 가지 바른 끊음을 닦아야 한다. '무명을 각각 알고자 하면 네 가지 바른 끊음을 닦아야 한다'라는 것이란 무엇인가. 여래가 세상에 나오면, 동등한 · 바르고 평등하게 깨달은 · 명에의 행을 완성한 · 잘 간 · 세간을 아는 · 더 이상 없는 · 사람을 길들이는 · 천신과 인간의 스승인 · 깨달은 어른이라 불린다. 여래는 마음을 더럽히고 지혜를 약하게 하는 다섯 가지 덮개를 끊고, 이미 생긴 악하고 선하지 않은 법을 끊기 위하여 의욕을 내어 방편을 구하고 꾸준히 노력하여 마음을 다해 끊고, 아직 생기지 않은 악하고 선하지 않은 법은 생기지 않게 하기 위하여 의욕을 내어 방편을 구하고 꾸준히 노력하여 마음을 다해 끊으며, 아직 생기지 않은 선한 법은 생기게 하기 위하여 의욕을 내어 방편을 구하고 꾸준히 노력하여 마음을 다해 끊고, 이미 생긴 선한 법은 오래 머물러 잊지 않고 물러나지 않으며 더하고 자라게 하고 넓고 크게 하며 닦아 익히고 성취하기 위하여 의욕을 내어 방편을 구하고 꾸준히 노력하여 마음을 다해 끊는다. 이것을, '무명을 각각 알고자 하면 네 가지 바른 끊음을 닦아야 한다'라고 하는 것이다.

무명을 끊고자 하면 네 가지 여의족[四如意足]을 닦아야 한다. '무명을 끊고자 하면 네 가지 여의족을 닦아야 한다'라는 것이란 무엇인가. 여래가 세상에 나오면, 동등한 · 바르고 평등하게 깨달은 · 명에의 행을 완성한 · 잘 간 · 세간을 아는 · 더 이상 없는 · 사람을 길들이는 · 천신과 인간의 스승인 · 깨달은 어른이라 불린다. 여래는 마음을 더럽히고 지혜를 약하게 하는 다섯 가지 덮개를 끊고, 욕정(欲定)을 닦음으로써 여의족을 성취한다. 떠남 · 욕심 없음 · 멸함에 의지하여 행(行)을 끊었기 때문에 더 이상 생겨나지 않는다. 이와 같이 정진정(精進定)과 심정(心定)을 닦는 것도 그러하며, 사유정(思惟定)을 닦음으로써 여의족을 성취한다. 떠남 · 욕심 없음 · 멸함에 의지하여 행을 끊었기 때문에 더 이상 생겨나지 않는다. 이것을, '무명을 끊고자 하면 네 가지 여의족을 닦아야 한다'라고 하는 것이다.

이와 같이 무명을 거듭 끊어 무명에서 해탈하고, 무명을 뛰어넘고, 무명을 뽑아내고, 무명을 멸하고자 하며, 무명을 전체적으로 알고자 하거나 무명을 각각 알고자 할 때도 또한 그러하다.

무명을 각각 알고자 하면 네 가지 여의족을 닦아야 한다. '무명을 각각 알고자 하면 네 가지 여의족을 닦아야 한다'라는 것이란 무엇인가. 여래가 세상에 나오면, 동등한 · 바르고 평등하게 깨달은 · 명에의 행을 완성한 · 잘 간 · 세간을 아는 · 더 이상 없는 · 사람을 길들이는 · 천신과 인간의 스승인 · 깨달은 어른이라 불린다. 여래는 마음을 더럽히고 지혜를 약하게 하는 다섯 가지 덮개를 끊고, 욕정(欲定)을 닦음으로써 여의족을 성취한다. 떠남 · 욕심 없음 · 멸함에 의지하여 행(行)을 끊었기 때문에 더 이상 생겨나지 않는다. 이와 같이 정진정(精進定)과 심정(心定)을 닦는 것도 그러하며, 사유정(思惟定)을 닦음으로써 여의족을 성취한다. 떠남 · 욕심 없음 · 멸함에 의지하여 행을 끊었기 때문에 더 이상 생겨나지 않는다. 이것을, '무명을 각각 알고자 하면 네 가지 여의족을 닦아야 한다'라고 하는 것이다.

무명을 끊고자 하면 네 단계의 선정[四禪]을 닦아야 한다. '무명을 끊고자 하면 네 단계의 선정을 닦아야 한다'라는 것이란 무엇인가. 여래가 세상에 나오면, 동등한 · 바르고 평등하게 깨달은 · 명예의 행을 완성한 · 잘 간 · 세간을 아는 · 더 이상 없는 · 사람을 길들이는 · 천신과 인간의 스승인 · 깨달은 어른이라 불린다. 여래는 마음을 더럽히고 지혜를 약하게 하는 다섯 가지 덮개를 끊고, 탐욕을 떠나고, 악하고 선하지 않은 법을 여의어 ……제4선을 얻어 성취하여 노닌다. 이것을, '무명을 끊고자 하면 네 단계의 선정을 닦아야 한다'라고 하는 것이다.

이와 같이 무명을 거듭 끊어 무명에서 해탈하고, 무명을 뛰어넘고, 무명을 뽑아내고, 무명을 멸하고자 하며, 무명을 전체적으로 알고자 하거나 무명을 각각 알고자 할 때도 그러하다.

무명을 각각 알고자 하면 네 단계의 선정을 닦아야 한다. '무명을 각각 알고자 하면 네 단계의 선정을 닦아야 한다'라는 것이란 무엇인가. 여래가 세상에 나오면, 동등한 · 바르고 평등하게 깨달은 · 명예의 행을 완성한 · 잘 간 · 세간을 아는 · 더 이상 없는 · 사람을 길들이는 · 천신과 인간의 스승인 · 깨달은 어른이라 불린다. 여래는 마음을 더럽히고 지혜를 약하게 하는 다섯 가지 덮개를 끊고, 탐욕을 떠나고, 악하고 선하지 않은 법을 여의어 ……제4선을 성취하여 노닌다. 이것을, '무명을 각각 알고자 하면 네 단계의 선정을 닦아야 한다'라고 하는 것이다.

무명을 끊고자 하면 다섯 가지 기능[五根]을 닦아야 한다. '무명을 끊고자 하면 다섯 가지 기능을 닦아야 한다'라는 것이란 무엇인가. 여래가 세상에 나오면, 동등한 · 바르고 평등하게 깨달은 · 명예의 행을 완성한 · 잘 간 · 세간을 아는 · 더 이상 없는 · 사람을 길들이는 · 천신과 인간의 스승인 · 깨달은 어른이라 불린다. 여래는 마음을 더럽히고 지혜를 약하게 하는 다섯 가지 덮개를 끊고, 믿음의 기능 · 정진의 기능 · 기억의 기능 · 선정의 기능 · 지혜의 기능을 닦는다. 이것을, '무명을 끊고자 하면 다섯 가지 기능을 닦아야 한다'라고 하는 것이다.

이와 같이 무명을 거듭 끊어 무명에서 해탈하고, 무명을 뛰어넘고, 무명을 뽑아내고, 무명을 멸하고자 하며, 무명을 전체적으로 알고자 하거나 무명을 각각 알고자 할 때도 또한 그러하다.

무명을 각각 알고자 하면 다섯 가지 기능을 닦아야 한다. '무명을 각각 알고자 하면 다섯 가지 기능을 닦아야 한다'라는 것이란 무엇인가. 여래가 세상에 나오면, 동등한 · 바르고 평등하게 깨달은 · 명에의 행을 완성한 · 잘 간 · 세간을 아는 · 더 이상 없는 · 사람을 길들이는 · 천신과 인간의 스승인 · 깨달은 어른이라 불린다. 여래는 마음을 더럽히고 지혜를 약하게 하는 다섯 가지 덮개를 끊고, 믿음의 기능 · 정진의 기능 · 기억의 기능 · 선정의 기능 · 지혜의 기능을 닦는다. 이것을, '무명을 각각 알고자 하면 마땅히 다섯 가지 기능을 닦아야 한다'라고 하는 것이다.

무명을 끊고자 하면 다섯 가지 힘[五力]을 닦아야 한다. '무명을 끊고자 하면 다섯 가지 힘을 닦아야 한다'라는 것이란 무엇인가. 여래가 세상에 나오면, 동등한 · 바르고 평등하게 깨달은 · 명에의 행을 완성한 · 잘 간 · 세상을 아는 · 더 이상 없는 · 사람을 길들이는 · 천신과 인간의 스승인 · 깨달은 어른이라 불린다. 여래는 마음을 더럽히고 지혜를 약하게 하는 다섯 가지 덮개를 끊고, 믿음의 힘 · 정진의 힘 · 기억의 힘 · 선정의 힘 · 지혜의 힘을 닦는다. 이것을, '무명을 끊고자 하면 다섯 가지 힘을 닦아야 한다'라고 하는 것이다.

이와 같이 무명을 거듭 끊어 무명에서 해탈하고, 무명을 뛰어넘고, 무명을 뽑아내고, 무명을 멸하고자 하며, 무명을 전체적으로 알고자 하거나 무명을 각각 알고자 할 때도 또한 그러하다.

무명을 각각 알고자 하면 다섯 가지 힘을 닦아야 한다. '무명을 각각 알고자 하면 다섯 가지 힘을 닦아야 한다'라는 것이란 무엇인가. 여래가 세상에 나오면, 동등한 · 바르고 평등하게 깨달은 · 명에의 행을 완성한 · 잘 간 · 세간을 아는 · 더 이상 없는 · 사람을 길들이는 · 천신과 인간의 스승인 · 깨달은 어른이라 불린다. 여래는 마음을 더럽히고 지혜를 약하게 하는 다섯 가지 덮개를 끊고, 믿음의 힘 · 정진의 힘 · 기억의 힘 · 선정의 힘 · 지혜의 힘을 닦는다. 이것을, '무명을 각각 알고자 하면 마땅히 다섯 가지 힘을 닦아야 한다'라고 하는 것이다.

무명을 끊고자 하면 일곱 가지 깨달음 갈래[七覺支]를 닦아야 한다. '무명을 끊고자 하면 일곱 가지 깨달음 갈래를 닦아야 한다'라는 것이란 무엇인가. 여래가 세상에 나오면, 동등한 · 바르고 평등하게 깨달은 · 명에의 행을 완성한 · 잘 간 · 세간을 아는 · 더 이상 없는 · 사람을 길들이는 · 천신과 인간의 스승인 · 깨달은 어른이라 불린다. 여래는 마음을 더럽히고 지혜를 약하게 하는 다섯 가지 덮개를 끊고, 살핌의 깨달음 갈래를 닦아 떠남 · 욕심 없음 · 멸함에 의지하여 끊어버림으로 나아간다. 이와 같이 법 선택의 깨달음 갈래 · 정진의 깨달음 갈래 · 기쁨의 깨달음 갈래 · 쉼의 깨달음 갈래 · 선정의 깨달음 갈래를 닦는 데에도 그러하며, 담담함의 깨달음 갈래를 닦아 떠남과 욕심 없음과 멸함에 의지하여 끊어버림으로 나아간다. 이것을, '무명을 끊고자 하면 일곱 가지 깨달음 갈래를 닦아야 한다'라고 하는 것이다.

이와 같이 무명을 거듭 끊어 무명에서 해탈하고, 무명을 뛰어넘고, 무명을 뽑아내고, 무명을 멸하고자 하며, 무명을 전체적으로 알고자 하거나 무명을 각각 알고자 할 때도 또한 그러하다.

무명을 각각 알고자 하면 일곱 가지 깨달음 갈래를 닦아야 한다. '무명을 각각 알고자 하면 일곱 가지 깨달음 갈래를 닦아야 한다'라는 것이란 무엇인가. 여래가 세상에 나오면, 동등한 · 바르고 평등하게 깨달은 ·

명에의 행을 완성한 · 잘 간 · 세간을 아는 · 더 이상 없는 · 사람을 길들이는 · 천신과 인간의 스승인 · 깨달은 어른이라 불린다. 여래는 마음을 더럽히고 지혜를 약하게 하는 다섯 가지 덮개를 끊고, 살핌의 깨달음 갈래를 닦아 떠남과 욕심 없음과 멸함에 의지하여 끊어버림으로 나아간다. 이와 같이 법 선택의 깨달음 갈래 · 정진의 깨달음 갈래 · 기쁨의 깨달음 갈래 · 쉼의 깨달음 갈래 · 선정의 깨달음 갈래를 닦는 데에도 그러하며, 담담함의 깨달음 갈래를 닦아 떠남과 욕심 없음과 멸함에 의지하여 끊어버림으로 나아간다. 이것을, '무명을 각각 알고자 하면 마땅히 일곱 가지 깨달음 갈래를 닦아야 한다'라고 하는 것이다.

무명을 끊고자 하면 팔정도[八支聖道]를 닦아야 한다. '무명을 끊고자 하면 팔정도를 닦아야 한다'라는 것이란 무엇인가. 여래가 세상에 나오면 동등한 · 바르고 평등하게 깨달은 · 명에의 행을 완성한 · 잘 간 · 세간을 아는 · 더 이상 없는 · 사람을 길들이는 · 천신과 인간의 스승인 · 깨달은 어른이라 불린다. 여래는 마음을 더럽히고 지혜를 약하게 하는 다섯 가지 덮개를 끊고, 바른 견해 · 바른 생각 · 바른 말 · 바른 행동 · 바른 생활 · 바른 정진 · 바른 기억 · 바른 선정의 여덟 가지를 닦는다. 이것을, '무명을 각각 알고자 하면 팔정도를 닦아야 한다'라고 하는 것이다.

이와 같이 무명을 거듭 끊어 무명에서 해탈하고, 무명을 뛰어넘고, 무명을 뽑아내고, 무명을 멸하고자 하며, 무명을 전체적으로 알고자 하거나 무명을 각각 알고자 할 때도 또한 그러하다.

무명을 각각 알고자 하면 팔정도를 닦아야 한다. '무명을 각각 알고자 하면 마땅히 팔정도를 닦아야 한다'라는 것은 무엇인가. 여래가 세상에 나오면, 동등한 · 바르고 평등하게 깨달은 · 명에의 행을 완성한 · 잘 간 · 세간을 아는 · 더 이상 없는 · 사람을 길들이는 · 천신과 인간의 스승인 · 깨달은 어른이라 불린다. 여래는 마음을 더럽히고 지혜를 약하게 하는 다섯 가지 덮개를 끊고, 바른 견해를 닦고, ……바른 선정의 여덟 가지를 닦는다. 이것을, '무명을 각각 알고자 하면 팔정도를 닦아야 한다'라고 하는 것이다.

무명을 끊고자 하면 열 가지 일체 경계[十一切處]를 닦아야 한다. '무명을 끊고자 하면 열 가지 일체 경계를 닦아야 한다'라는 것이란 무엇인가. 여래가 세상에 나오면, 동등한 · 바르고 평등하게 깨달은 · 명에의 행을 완성한 · 잘 간 · 세간을 아는 · 더 이상 없는 · 사람을 길들이는 · 천신과 인간의 스승인 · 깨달은 어른이라 불린다. 여래는 마음을 더럽히고 지혜를 약하게 하는 다섯 가지 덮개를 끊고, 첫 번째의 땅의 일체 경계, 즉 사유(四維)와 상 · 하가 둘이 아닌 한량없는 땅의 일체 경계를 닦는다. 이와 같이 물의 일체 경계 · 불의 일체 경계 · 바람의 일체 경계 · 파랑의 일체 경계 · 노랑의 일체 경계 · 빨강의 일체 경계 · 하양의 일체 경계 · 한량이 없는 허공의 일체 경계와 열 번째의 한량이 없는 식별의 일체 경계, 즉 사유와 상 · 하가 둘이 아닌 한량이 없는 일체 경계를 닦는다. 이것을, '무명을 끊고자 하면 열 가지 일체 경계를 닦는다'라고 하는 것이다.

이와 같이 무명을 거듭 끊어 무명에서 해탈하고, 무명을 뛰어넘고, 무명을 뽑아내고, 무명을 멸하고자 하며, 무명을 전체적으로 알고자 하거나 무명을 각각 알고자 할 때도 그러하다.

무명을 각각 알고자 하면 열 가지 일체 경계를 닦아야 한다. '무명을 각각 알고자 하면 열 가지 일체 경계를 닦아야 한다'라는 것이란 무엇인가. 여래가 세상에 나오면, 동등한 · 바르고 평등하게 깨달은 · 명에의 행을 완성한 · 잘 간 · 세간을 아는 · 더 이상 없는 · 사람을 길들이는 · 천신과 인간의 스승인 · 깨달은 어른이라 불린다. 여래는 마음을 더럽히고 지혜를 약하게 하는 다섯 가지 덮개를 끊고, 첫 번째의 땅의 일체 경계, 즉 사유와 상 · 하가 둘이 아닌 한량없는 일체 경계를 닦는다. 이와 같이 물의 일체 경계 · 불의 일체 경계 · 바람의 일체 경계 · 파랑의 일체 경계 · 노랑의 일체 경계 · 빨강의 일체 경계 · 하양의 일체 경계 · 한량이 없는 허공의 일체 경계와 열 번째의 한량없는 식별의 일체 경계, 즉 사유와 상 · 하가 둘이 아닌 한량없는 일체 경계를 닦는다. 이것을, '무명을 각각 알고자 하면 마땅히 열 가지 일체 경계를 닦아야 한다'라고 하는 것이다.

무명을 끊고자 하면 열 가지 무학법[十無學法]을 닦아야 한다. '무명을 끊고자 하면 열 가지 무학법을 닦아야 한다'라는 것이란 무엇인가. 여래가 세상에 나오면, 동등한 · 바르고 평등하게 깨달은 · 명에의 행을 완성한 · 잘 간 · 세간을 아는 · 더 이상 없는 · 사람을 길들이는 · 천신과 인간의 스승인 · 깨달은 어른이라 불린다. 여래는 마음을 더럽히고 지혜를 약하게 하는 다섯 가지 덮개를 끊고, 다 배운 이의 바른 견해를 닦고, ⋯⋯ 다 배운 이의 바른 지혜를 닦는다. 이것을, '무명을 끊고자 하면 열 가지 무학법을 닦아야 한다'라고 하는 것이다.

이와 같이 무명을 거듭 끊어 무명에서 해탈하고, 무명을 뛰어넘고, 무명을 뽑아내고, 무명을 멸하고자 하며, 무명을 전체적으로 알고자 하거나 무명을 각각 알고자 할 때도 그러하다.

무명을 각각 알고자 하면 열 가지 무학법을 닦아야 한다. '무명을 각각 알고자 하면 열 가지 무학법을 닦아야 한다'라는 것이란 무엇인가.

여래가 세상에 나오면, 동등한 · 바르고 평등하게 깨달은 · 명에의 행을 완성한 · 잘 간 · 세간을 아는 · 더 이상 없는 · 사람을 길들이는 · 천신과 인간의 스승인 · 깨달은 어른이라 불린다. 여래는 마음을 더럽히고 지혜를 약하게 하는 다섯 가지 덮개를 끊고, 다 배운 이의 바른 견해를 닦고, ⋯⋯다 배운 이의 바른 지혜를 닦는다. 이것을, '무명을 각각 알고자 하면 열 가지 무학법을 닦아야 한다'라고 하는 것이다.

무명과 같이 결합[行]도 그러하고, 결합과 같이 식별도 그러하며, 식별과 같이 명색도 그러하고, 명색과 같이 여섯 가지 입처[六處]도 그러하며, 여섯 가지 입처와 같이 부딪침도 그러하고, 부딪침과 같이 느낌도 그러하며, 느낌과 같이 갈애도 그러하고, 갈애와 같이 취함도 그러하며, 취함과 같이 존재도 그러하고, 존재와 같이 태어남도 그러하다.

늙음과 죽음을 끊고자 하면 사념처(四念處)를 닦아야 한다. '늙음과 죽음을 끊고자 하면 마땅히 사념처를 닦아야 한다'라는 것이란 무엇인가. 여래가 세상에 나오면, 동등한 · 바르고 평등하게 깨달은 · 명예의 행을 완성한 · 잘 간 · 세간을 아는 · 더 이상 없는 · 사람을 길들이는 · 천신과 인간의 스승인 · 깨달은 어른이라 불린다. 여래는 마음을 더럽히고 지혜를 약하게 하는 다섯 가지 덮개를 끊고, 안 몸을 몸으로 관하고, ……느낌과 마음과 법을 느낌과 마음과 법으로 관한다. 이것을, '늙음과 죽음을 끊고자 하면 마땅히 사념처를 닦아야 한다'라고 하는 것이다.

이와 같이 늙음과 죽음을 거듭 끊어 늙음과 죽음에서 해탈하고, 늙음과 죽음을 뛰어넘고, 늙음과 죽음을 뽑아내고, 늙음과 죽음을 멸하고 그치게 하며, 늙음과 죽음을 전체적으로 알고자 하거나 각각 알고자 할 때도 또한 그러하다.

늙음과 죽음을 각각 알고자 하면 사념처를 닦아야 한다. '늙음과 죽음을 각각 알고자 하면 사념처를 닦아야 한다'라는 것이란 무엇인가. 여래가 세상에 나오면, 동등한 · 바르고 평등하게 깨달은 · 명예의 행을 완성한 · 잘 간 · 세간을 아는 · 더 이상 없는 · 사람을 길들이는 · 천신과 인간의 스승인 · 깨달은 어른이라 불린다. 여래는 마음을 더럽히고 지혜를 약하게 하는 다섯 가지 덮개를 끊고, 안 몸을 몸으로 관하고, ……느낌과 마음과 법을 느낌과 마음과 법으로 관한다. 이것을, '늙음과 죽음을 각각 알고자 하면 사념처를 닦아야 한다'라고 하는 것이다.

늙음과 죽음을 끊고자 하면 네 가지 바른 끊음[四正斷]을 닦아야 한다.

'늙음과 죽음을 끊고자 하면 네 가지 바른 끊음을 닦아야 한다'라는 것이란 무엇인가. 여래가 세상에 나오면, 동등한·바르고 평등하게 깨달은·명에의 행을 완성한·잘 간·세간을 아는·더 이상 없는·사람을 길들이는·천신과 인간의 스승인·깨달은 어른이라 불린다. 여래는 마음을 더럽히고 지혜를 약하게 하는 다섯 가지 덮개를 끊고, 이미 생긴 악하고 선하지 않은 법을 끊기 위하여 의욕을 내어 방편을 구하고 꾸준히 노력하여 마음을 다해 끊고, 아직 생기지 않은 악하고 선하지 않은 법은 생기지 않게 하기 위하여 의욕을 내어 방편을 구하고 꾸준히 노력하여 마음을 다해 늙음과 죽음을 끊으며, 아직 생기지 않은 선한 법은 생기게 하기 위하여 의욕을 내어 방편을 구하고 꾸준히 노력하여 마음을 다해 늙음과 죽음을 끊는다. 이미 생긴 선한 법은 오래 머물러 잊지 않고 물러나지 않으며, 더하고 자라게 하고 넓고 크게 하며 닦아 익히고 성취하기 위하여 의욕을 내어 방편을 구하고 꾸준히 노력하여 마음을 다해 늙음과 죽음을 끊는다. 이것을, '늙음과 죽음을 끊고자 하면 마땅히 네 가지 바른 끊음을 닦아야 한다'라고 하는 것이다.

이와 같이 늙음과 죽음을 거듭 끊어 늙음과 죽음을 해탈하고, 늙음과 죽음을 뛰어넘고, 늙음과 죽음을 뽑아내고, 늙음과 죽음을 멸하고 그치게 하며, 늙음과 죽음을 전체적으로 알고자 하거나 각각 알고자 할 때도 또한 그러하다.

늙음과 죽음을 각각 알고자 하면 네 가지 바른 끊음을 닦아야 한다. '늙음과 죽음을 각각 알고자 하면 네 가지 바른 끊음을 닦아야 한다'라는 것이란 무엇인가. 여래가 세상에 나오면, 동등한 · 바르고 평등하게 깨달은 · 명에의 행을 완성한 · 잘 간 · 세간을 아는 · 더 이상 없는 · 사람을 길들이는 · 천신과 인간의 스승인 · 깨달은 어른이라 불린다. 여래는 마음을 더럽히고 지혜를 약하게 하는 다섯 가지 덮개를 끊고, 이미 생긴 악하고 선하지 않은 법을 끊기 위하여 의욕을 내어 방편을 구하고 꾸준히 노력하여 마음을 다해 늙음과 죽음을 끊고, 아직 생기지 않은 악하고 선하지 않은 법은 생기지 않게 하기 위하여 의욕을 내어 방편을 구하고 꾸준히 노력하여 마음을 다해 늙음과 죽음을 끊으며, 아직 생기지 않은 선한 법은 생기게 하기 위하여 의욕을 내어 방편을 구하고 꾸준히 노력하여 마음을 다해 늙음과 죽음을 끊고, 이미 생긴 선한 법은 오래 머물러 잊지 않으며 물러나지 않고 더하고 자라게 하며 넓고 크게 하며, 닦아 익히고 성취하기 위하여 의욕을 내어 방편을 구하고 꾸준히 노력하여 마음을 다해 늙음과 죽음을 끊는다. 이것을, '늙음과 죽음을 각각 알고자 하면 네 가지 바른 끊음을 닦아야 한다'라고 하는 것이다.

늙음과 죽음을 끊고자 하면 네 가지 여의족을 닦아야 한다. '늙음과 죽음을 끊고자 하면 네 가지 여의족을 닦아야 한다'라는 것이란 무엇인가. 만일 여래가 세상에 나오면, 동등한 · 바르고 평등하게 깨달은 · 명에의 행을 완성한 · 잘 간 · 세간을 아는 · 더 이상 없는 · 사람을 길들이는 · 천신과 인간의 스승인 · 깨달은 어른이라 불린다. 여래는 마음을 더럽히고 지혜를 약하게 하는 다섯 가지 덮개를 끊고, 욕정(欲定)을 닦음으로써 여의족을 성취한다. 떠남 · 욕심 없음 · 멸함에 의지하여 행(行)을 끊었기 때문에 더 이상 생겨나지 않는다. 이와 같이 정진정(精進定)과 심정(心定)을 닦는 것도 그러하며, 사유정(思惟定)을 닦음으로써 여의족을 성취한다. 떠남 · 욕심 없음 · 멸함에 의지하여 행을 끊었기 때문에 더 이상 생겨나지 않는다. 이것을, '늙음과 죽음을 끊고자 하면 네 가지 여의족을 닦아야 한다'라고 하는 것이다.

이와 같이 늙음과 죽음을 거듭 끊어 늙음과 죽음을 해탈하고, 늙음과 죽음을 뛰어넘고, 늙음과 죽음을 뽑아내고, 늙음과 죽음을 멸하고 그치게 하며, 늙음과 죽음을 전체적으로 알고자 하거나 각각 알고자 할 때도 그러하다.

늙음과 죽음을 각각 알고자 하면 네 가지 여의족을 닦아야 한다. '늙음과 죽음을 각각 알고자 하면 네 가지 여의족을 닦아야 한다'라는 것이란 무엇인가. 여래가 세상에 나오면, 동등한 · 바르고 평등하게 깨달은 · 명에의 행을 완성한 · 잘 간 · 세간을 아는 · 더 이상 없는 · 사람을 길들이는 · 천신과 인간의 스승인 · 깨달은 어른이라 불린다. 여래는 마음을 더럽히고 지혜를 약하게 하는 다섯 가지 덮개를 끊고, 욕정(欲定)을 닦음으로써 여의족을 성취한다. 떠남 · 욕심 없음 · 멸함에 의지하여 행(行)을 끊었기 때문에 더 이상 생겨나지 않는다. 이와 같이 정진정(精進定)과 심정(心定)을 닦는 것도 그러하며, 사유정(思惟定)을 닦음으로써 여의족을 성취한다. 떠남 · 욕심 없음 · 멸함에 의지하여 행을 끊었기 때문에 더 이상 생겨나지 않는다. 이것을, '늙음과 죽음을 각각 알고자 하면 마땅히 네 가지 여의족을 닦아야 한다'라고 하는 것이다.

늙음과 죽음을 끊고자 하면 네 단계의 선정을 닦아야 한다. '늙음과 죽음을 끊고자 하면 네 단계의 선정을 닦아야 한다'라는 것이란 무엇인가. 여래가 세상에 나오면, 동등한 · 바르고 평등하게 깨달은 · 명에의 행을 완성한 · 잘 간 · 세간을 아는 · 더 이상 없는 · 사람을 길들이는 · 천신과 인간의 스승인 · 깨달은 어른이라 불린다. 여래는 마음을 더럽히고 지혜를 약하게 하는 다섯 가지 덮개를 끊고, 탐욕을 떠나고, 악하고 선하지 않은 법을 여의어 ……제4선을 성취하여 노닌다. 이것을, '늙음과 죽음을 끊고자 하면 네 단계의 선정을 닦아야 한다'라고 하는 것이다.

이와 같이 늙음과 죽음을 거듭 끊어 늙음과 죽음을 해탈하고, 늙음과 죽음을 뛰어넘고, 늙음과 죽음을 뽑아내고, 늙음과 죽음을 멸하고 그치게 하며, 늙음과 죽음을 전체적으로 알고자 하거나 각각 알고자 할 때도 또한 그러하다.

늙음과 죽음을 각각 알고자 하면 네 단계의 선정을 닦아야 한다. '늙음과 죽음을 각각 알고자 하면 네 단계의 선정을 닦아야 한다'라는 것이란 무엇인가. 여래가 세상에 나오면, 동등한 · 바르고 평등하게 깨달은 · 명에의 행을 완성한 · 잘 간 · 세간을 아는 · 더 이상 없는 · 사람을 길들이는 · 천신과 인간의 스승인 · 깨달은 어른이라 불린다. 여래는 마음을 더럽히고 지혜를 약하게 하는 다섯 가지 덮개를 끊고, 탐욕을 여의고, 악하고 선하지 않은 법을 여의어 ……제4선을 얻어 성취하여 노닌다. 이것을, '늙음과 죽음을 각각 알고자 하면 네 단계의 선정을 닦아야 한다'라고 하는 것이다.

늙음과 죽음을 끊고자 하면 다섯 가지 기능을 닦아야 한다. '늙음과 죽음을 끊고자 하면 다섯 가지 기능을 닦아야 한다'라는 것이란 무엇인가. 여래가 세상에 나오면, 동등한 · 바르고 평등하게 깨달은 · 명에의 행을 완성한 · 잘 간 · 세간을 아는 · 더 이상 없는 · 사람을 길들이는 · 천신과 인간의 스승인 · 깨달은 어른이라 불린다. 여래는 마음을 더럽히고 지혜를 약하게 하는 다섯 가지 덮개를 끊고, 믿음의 기능 · 정진의 기능 · 기억의 기능 · 선정의 기능 · 지혜의 기능을 닦는다. 이것을, '늙음과 죽음을 끊고자 하면 다섯 가지 기능을 닦아야 한다'라고 하는 것이다.

이와 같이 늙음과 죽음을 거듭 끊어 늙음과 죽음을 해탈하고, 늙음과 죽음을 뛰어넘고, 늙음과 죽음을 뽑아내고, 늙음과 죽음을 멸하고 그치게 하며, 늙음과 죽음을 전체적으로 알고자 하거나 각각 알고자 할 때도 또한 그러하다.

늙음과 죽음을 각각 알고자 하면 다섯 가지 기능을 닦아야 한다. '늙음과 죽음을 알고자 하면 다섯 가지 기능을 닦아야 한다'라는 것이란 무엇인가. 여래가 세상에 나오면, 동등한 · 바르고 평등하게 깨달은 · 명에의 행을 완성한 · 잘 간 · 세간을 아는 · 더 이상 없는 · 사람을 길들이는 · 천신과 인간의 스승인 · 깨달은 어른이라 불린다. 여래는 마음을 더럽히고 지혜를 약하게 하는 다섯 가지 덮개를 끊고, 믿음의 기능 · 정진의 기능 · 기억의 기능 · 선정의 기능 · 지혜의 기능을 닦는다. 이것을, '늙음과 죽음을 각각 알고자 하면 다섯 가지 기능을 닦아야 한다'라고 하는 것이다.

늙음과 죽음을 끊고자 하면 다섯 가지 힘을 닦아야 한다. '늙음과 죽음을 끊고자 하면 다섯 가지 힘을 닦아야 한다'라는 것이란 무엇인가. 여래가 세상에 나오면, 동등한 · 바르고 평등하게 깨달은 · 명에의 행을 완성한 · 잘 간 · 세간을 아는 · 더 이상 없는 · 사람을 길들이는 · 천신과 인간의 스승인 · 깨달은 어른이라 불린다. 여래는 마음을 더럽히고 지혜를 약하게 하는 다섯 가지 덮개를 끊고, 믿음의 힘 · 정진의 힘 · 기억의 힘 · 선정의 힘 · 지혜의 힘을 닦는다. 이것을, '늙음과 죽음을 끊고자 하면 다섯 가지 힘을 닦아야 한다'라고 하는 것이다.

이와 같이 늙음과 죽음을 거듭 끊어 늙음과 죽음을 해탈하고, 늙음과 죽음을 뛰어넘고, 늙음과 죽음을 뽑아내고, 늙음과 죽음을 멸하고 그치게 하며, 늙음과 죽음을 전체적으로 알고자 하거나 각각 알고자 할 때도 또한 그러하다.

늙음과 죽음을 각각 알고자 하면 다섯 가지 힘을 닦아야 한다. '늙음과 죽음을 각각 알고자 하면 다섯 가지 힘을 닦아야 한다'라는 것이란 무엇인가. 여래가 세상에 나오면, 동등한 · 바르고 평등하게 깨달은 · 명에의 행을 완성한 · 잘 간 · 세간을 아는 · 더 이상 없는 · 사람을 길들이는 · 천신과 인간의 스승인 · 깨달은 어른이라 불린다. 여래는 마음을 더럽히고 지혜를 약하게 하는 다섯 가지 덮개를 끊고, 믿음의 힘 · 정진의 힘 · 기억의 힘 · 선정의 힘 · 지혜의 힘을 닦는다. 이것을, '늙음과 죽음을 각각 알고자 하면 다섯 가지 힘을 닦아야 한다'라고 하는 것이다.

늙음과 죽음을 끊고자 하면 일곱 가지 깨달음 갈래를 닦아야 한다. '늙음과 죽음을 끊고자 하면 일곱 가지 깨달음 갈래를 닦아야 한다'라는 것이란 무엇인가. 여래가 세상에 나오면, 동등한 · 바르고 평등하게 깨달은 · 명에의 행을 완성한 · 잘 간 · 세간을 아는 · 더 이상 없는 · 사람을 길들이는 · 천신과 인간의 스승인 · 깨달은 어른이라 불린다. 여래는 마음을 더럽히고 지혜를 약하게 하는 다섯 가지 덮개를 끊고, 살핌의 깨달음 갈래를 닦아 떠남과 욕심 없음과 멸함에 의지하여 끊어버림으로 나아간다. 이와 같이 법 선택의 깨달음 갈래 · 정진의 깨달음 갈래 · 기쁨의 깨달음 갈래 · 쉼의 깨달음 갈래 · 선정의 깨달음 갈래를 닦는 데에도 그러하며, 담담함의 깨달음 갈래를 닦아 떠남과 욕심 없음과 멸함에 의지하여 끊어버림으로 나아간다. 이것을, '늙음과 죽음을 끊고자 하면 일곱 가지 깨달음 갈래를 닦아야 한다'라고 하는 것이다.

이와 같이 늙음과 죽음을 거듭 끊어 늙음과 죽음을 해탈하고, 늙음과 죽음을 뛰어넘고, 늙음과 죽음을 뽑아내고, 늙음과 죽음을 멸하고 그치게 하며, 늙음과 죽음을 전체적으로 알고자 하거나 각각 알고자 할 때도 또한 그러하다.

늙음과 죽음을 각각 알고자 하면 일곱 가지 깨달음 갈래를 닦아야 한다. '늙음과 죽음을 각각 알고자 하면 일곱 가지 깨달음 갈래를 닦아야 한다'라는 것이란 무엇인가. 여래가 세상에 나오면, 동등한 · 바르고 평등하게 깨달은 · 명에의 행을 완성한 · 잘 간 · 세간을 아는 · 더 이상 없는 · 사람을 길들이는 · 천신과 인간의 스승인 · 깨달은 어른이라 불린다. 여래는 마음을 더럽히고 지혜를 약하게 하는 다섯 가지 덮개를 끊고, 살핌의 깨달음 갈래를 닦아 떠남과 욕심 없음과 멸함에 의지하여 끊어 버림으로 나아간다.

이와 같이 법 선택의 깨달음 갈래 · 정진의 깨달음 갈래 · 기쁨의 깨달음 갈래 · 쉼의 깨달음 갈래 · 선정의 깨달음 갈래를 닦는 데에도 그러하며,

담담함의 깨달음 갈래를 닦아 떠남과 욕심 없음과 멸함에 의지하여 끊어 버림으로 나아간다. 이것을, '늙음과 죽음을 각각 알고자 하면 일곱 가지 깨달음 갈래를 닦아야 한다'라고 하는 것이다.

늙음과 죽음을 끊고자 하면 팔정도를 닦아야 한다. '늙음과 죽음을 끊고자 하면 팔정도를 닦아야 한다'라는 것이란 무엇인가. 여래가 세상에 나오면, 동등한 · 바르고 평등하게 깨달은 · 명에의 행을 완성한 · 잘 간 · 세간을 아는 · 더 이상 없는 · 사람을 길들이는 · 천신과 인간의 스승인 · 깨달은 어른이라 불린다. 여래는 마음을 더럽히고 지혜를 약하게 하는 다섯 가지 덮개를 끊고, 바른 견해 ……바른 선정의 여덟 가지를 닦는다. 이것을, '늙음과 죽음을 끊고자 하면 팔정도를 닦아야 한다'라고 하는 것이다.

이와 같이 늙음과 죽음을 거듭 끊어 늙음과 죽음을 해탈하고, 늙음과 죽음을 뛰어넘고, 늙음과 죽음을 뽑아내고, 늙음과 죽음을 멸하고 그치게 하며, 늙음과 죽음을 전체적으로 알고자 하거나 각각 알고자 할 때도 또한 그러하다.

늙음과 죽음을 각각 알고자 하면 팔정도를 닦아야 한다. '늙음과 죽음을 각각 알고자 하면 팔정도를 닦아야 한다'라는 것이란 무엇인가. 여래가 세상에 나오면, 동등한 · 바르고 평등하게 깨달은 · 명에의 행을 완성한 · 잘 간 · 세간을 아는 · 더 이상 없는 · 사람을 길들이는 · 천신과 인간의 스승인 · 깨달은 어른이라 불린다. 여래는 마음을 더럽히고 지혜를 약하게 하는 다섯 가지 덮개를 끊고, 바른 견해 ……바른 선정의 여덟 가지를 닦는다. 이것을, '늙음과 죽음을 각각 알고자 하면 팔정도를 닦아야 한다'라고 하는 것이다.

늙음과 죽음을 끊고자 하면 열 가지 일체 경계[十一切處]를 닦아야 한다. '늙음과 죽음을 끊고자 하면 열 가지 일체 경계를 닦아야 한다'라는 것이란 무엇인가. 여래가 세상에 나오면, 동등한 · 바르고 평등하게 깨달은 · 명에의 행을 완성한 · 잘 간 · 세간을 아는 · 더 이상 없는 · 사람을 길들이는 · 천신과 인간의 스승인 · 깨달은 어른이라 불린다. 여래는 마음을 더럽히고 지혜를 약하게 하는 다섯 가지 덮개를 끊고, 첫 번째의 땅의 일체 경계, 즉 사유(四維)와 상 · 하가 둘이 아닌 한량없는 땅의 일체 경계를 닦는다. 이와 같이 물의 일체 경계 · 불의 일체 경계 · 바람의 일체 경계 · 파랑의 일체 경계 · 노랑의 일체 경계 · 빨강의 일체 경계 · 하양의 일체 경계와 한량없는 허공의 일체 경계와 열 번째의 한량없는 식별의 일체 경계, 즉 사유와 상 · 하가 둘이 아닌 한량없는 일체 경계를 닦는다. 이것을, '늙음과 죽음을 끊고자 하면 열 가지 일체 경계를 닦아야 한다'라고 하는 것이다.

이와 같이 늙음과 죽음을 거듭 끊어 늙음과 죽음을 해탈하고, 늙음과 죽음을 뛰어넘고, 늙음과 죽음을 뽑아내고, 늙음과 죽음을 멸하고 그치게 하며, 늙음과 죽음을 전체적으로 알고자 하거나 각각 알고자 할 때도 또한 그러하다.

늙음과 죽음을 각각 알고자 하면 열 가지 일체 경계를 닦아야 한다. '늙음과 죽음을 각각 알고자 하면 열 가지 일체 경계를 닦아야 한다'라는 것이란 무엇인가. 여래가 세상에 나오면, 동등한 · 바르고 평등하게 깨달은 · 명에의 행을 완성한 · 잘 간 · 세간을 아는 · 더 이상 없는 · 사람을 길들이는 · 천신과 인간의 스승인 · 깨달은 어른이라 불린다. 여래는 마음을 더럽히고 지혜를 약하게 하는 다섯 가지 덮개를 끊고, 첫 번째의 땅의 일체 경계, 즉 사유와 상 · 하가 둘이 아닌 한량이 없는 땅의 일체 경계를 닦는다. 이와 같이 물의 일체 경계 · 불의 일체 경계 · 바람의 일체 경계 · 파랑의 일체 경계 · 노랑의 일체 경계 · 빨강의 일체 경계 · 하양의 일체 경계 · 한량없는 허공의 일체 경계와 열 번째의 한량없는 식별의 일체 경계,

즉 사유와 상·하가 둘이 아닌 한량없는 일체 경계를 닦는다. 이것을, '늙음과 죽음을 각각 알고자 하면 열 가지 일체 경계를 닦아야 한다'라고 하는 것이다.

늙음과 죽음을 끊고자 하면 열 가지 무학법(無學法)을 닦아야 한다. '늙음과 죽음을 끊고자 하면 열 가지 무학법을 닦아야 한다'라는 것이란 무엇인가. 여래가 세상에 나오면, 동등한·바르고 평등하게 깨달은·명에의 행을 완성한·잘 간·세간을 아는·더 이상 없는·사람을 길들이는·천신과 인간의 스승인·깨달은 어른이라 불린다. 여래는 마음을 더럽히고 지혜를 약하게 하는 다섯 가지 덮개를 끊고, 다 배운 이의 바른 견해와 ……다 배운 이의 바른 지혜를 닦는다. 이것을, '늙음과 죽음을 끊고자 하면 무학법을 닦아야 한다'라고 하는 것이다.

이와 같이 늙음과 죽음을 거듭 끊어 늙음과 죽음을 해탈하고, 늙음과 죽음을 뛰어넘고, 늙음과 죽음을 뽑아내고, 늙음과 죽음을 멸하고 그치게 하며, 늙음과 죽음을 전체적으로 알고자 하거나 각각 알고자 할 때도 또한 그러하다.

늙음과 죽음을 각각 알고자 하면 열 가지 무학법을 닦아야 한다. '늙음과 죽음을 각각 알고자 하면 열 가지 무학법을 닦아야 한다'라는 것이란 무엇인가. 여래가 세상에 나오면, 동등한·바르고 평등하게 깨달은·명에의 행을 완성한·잘 간·세간을 아는·더 이상 없는·사람을 길들이는·천신과 인간의 스승인·깨달은 어른이라 불린다. 여래는 마음을 더럽히고 지혜를 약하게 하는 다섯 가지 덮개를 끊고, 다 배운 이의 바른 견해와 ……다 배운 이의 바른 지혜를 닦는다. 이것을, '늙음과 죽음을 각각 알고자 하면 열 가지 무학법을 닦아야 한다'라고 하는 것이다."

부처님께서 이렇게 말씀하시자, 모든 비구는 부처님 말씀을 듣고 기뻐하여 받들어 행하였다.

7. 3 공의(空義)

7.3.1 심심경(甚深經)

【잡아함경 제12권 293경】

이와 같이 나는 들었다.

어느 때 부처님께서 라자가하성 칼란다카 대나무 동산에 계셨다. 그때 세존께서 어떤 비구에게 말씀하셨다.

"나는 이미 의혹을 끊었고 망설임에서 떠났으며 삿된 견해의 가시를 빼내어 다시는 물러나거나 넘어지지 않을 것이다. 마음에 집착하는 바가 없으니 어느 곳에 '나'가 있겠느냐. 나는 저 비구들을 위하여 법을 설할 것이다. 저 비구들을 위하여 현자와 성인이 세상에 나와 공(空)과 상응하는 연기수순법(緣起隨順法)을 말씀하신 것이다. 이른바, '이것이 있기 때문에 저것이 있고, 이것이 일어나기 때문에 저것이 일어난다. 즉 무명을 연하여 결합이 있고, 결합을 연하여 식별이 있으며, 식별을 연하여 명색이 있고, 명색을 연하여 여섯 가지 입처[六入處]가 있으며, 여섯 가지 입처를 연하여 부딪침이 있고, 부딪침을 연하여 느낌이 있으며, 느낌을 연하여 갈애가 있고, 갈애를 연하여 취함이 있으며, 취함을 연하여 존재가 있고, 존재를 연하여 태어남이 있으며, 태어남을 연하여 늙음 · 죽음 · 근심 · 슬픔 · 번민 · 고통이 있다. 이렇게 하여 아주 커다란 괴로움의 무더기가 생하며, ……이와 같이 아주 커다란 괴로움의 무더기가 멸한다.'

이와 같이 설법하였건만 그래도 저 비구들은 아직도 의혹과 망설임이 있어, 일찍이 알지 못한 것을 알았다 생각하고, 얻지 못한 것을 얻었다 생각하며, 증득하지 못한 것을 증득하였다고 생각한다. 그래서 지금 법을 듣고서도 마음에 근심 · 고통 · 후회 · 원망 · 어리석음 · 장애가 생겼다. 왜냐하면 이 깊고 깊은 경지는 저 연기(緣起)보다 배나 더 깊어 알기 어렵기 때문이다. 그것은 일체의 취함을 떠나 갈애가 다하고 탐욕이 없는 '적멸의 열반'을 말한다."

두 법이 있으니, 유위(有爲)와 무위(無爲)이다. 유위란 생함[生]이 있고, 머무름[住]이 있고, 달라짐[異]이 있고, 멸함[滅]이 있는 것이다. 무위란 생함도 없고, 머무름도 없고, 달라짐도 없고, 멸함도 없는 것이다. 비구들이여, 이것을 일체의 괴로움이 사라진 열반이라고 한다.

원인(因)이 생기면 괴로움이 생기고, 원인이 멸하면 괴로움이 멸한다. 모든 생함으로 가는 길을 끊고 상속을 멸한다. 상속을 멸한 것을 열반이라 하니, 이것이 괴로움의 끝이다.

비구여, 어떤 것을 멸하는가. 남아 있는 괴로움을 멸한다. 만일 그것이 멸하고 맑고 시원해지며 사라지면, 일체의 취함이 멸하여 갈애가 다하고 탐욕이 없는 적멸의 열반이다.

부처님께서 이 경을 말씀하시자, 모든 비구는 부처님 말씀을 듣고 기뻐하며 받들어 행하였다.

7.3.2 제일의공경(第一義空經)

【잡아함경 제13권 335경】

이와 같이 나는 들었다.

어느 때 부처님께서 쿠루국의 소치는 마을에 계셨다. 그때 세존께서 비구들에게 말씀하셨다.

"나는 이제 그대들을 위하여 설법하겠다. 이것은 처음도 좋고 중간도 좋고 마지막도 좋으며, 좋은 뜻과 좋은 맛으로서 순일하고 원만하며 깨끗하여 범행이 청정하다. 이른바, '제일의공경(第一義空經)'이니, 자세히 듣고 잘 생각하여라. 그대들을 위하여 설법하겠다.

어떤 것을, '제일의공경(第一義空經)'이라 하는가. 비구들이여, 눈은 생길 때에도 오는 곳이 없고, 멸할 때에도 가는 곳이 없다. 이와 같이 눈은 실체가 없이 생기고, 생겼다가는 모두 멸하니, 업보(業報)는 있지만 지은 자는 없다. 이 근간[陰]이 멸하고 나면 다른 근간이 이어받으니, 세간에서 이해하는 것과는 다르다. 귀 · 코 · 혀 · 몸 · 의지에 대해서도 이와 같이 말하니, …… 세간에서 이해하는 것과는 다르다.

세속의 법이란, '이것이 있기 때문에 저것이 있고, 이것이 일어나기 때문에 저것이 일어난다'라는 것이니, 즉 무명을 연하여 결합이 있고, 결합을 연하여 식별이 있으며, ……아주 커다란 괴로움의 무더기가 집기한다. 또한, '이것이 없기 때문에 저것이 없고, 이것이 멸하기 때문에 저것이 멸한다'라는 것이니, 무명이 멸하기 때문에 결합이 멸하고, 결합이 멸하기 때문에 식별이 멸하며, ……아주 커다란 괴로움의 무더기가 멸한다.

비구들이여, 이것을 '제일의공법경(第一義空法經)'이라 한다."

부처님께서 이 경을 말씀하시자, 모든 비구는 부처님 말씀을 듣고 기뻐하며 받들어 행하였다.

7.3.3 육중품(六重品)②

【증일아함경 제30권 37-⑦경】

이와 같이 나는 들었다.

어느 때 부처님께서 사밧티성 제타숲 아나타핀디카동산에 계셨다. 그때 세존께서 비구들에게 말씀하셨다.

"나는 지금 '제일의공법(第一義空法)'을 설명하리니, 그대들은 잘 생각하고 기억하여라."

"그렇게 하겠습니다, 세존이시여."

비구들은 부처님의 가르침을 듣고 있었다.

세존께서 말씀하셨다.

"어떤 것이 '제일의공법'인가. 만일 눈이 생길 때는 생기지만 그 오는 곳을 보지 못하고, 멸할 때는 멸하지만 그 멸하는 곳을 보지 못한다. 다만 붙여진 이름과 인연법은 제외한다.

어떤 것이 붙여진 이름이며 인연인가. 이른바 이것이 있으면 곧 있고, 이것이 생기면 곧 생기는 것이다. 즉 무명을 연하여 결합이 있고, 결합을 연하여 식별이 있으며, 식별을 연하여 명색이 있고, 명색을 연하여 육입(六入)이 있으며, 육입을 연하여 부딪침이 있고, 부딪침을 연하여 느낌이 있으며, 느낌을 연하여 갈애가 있고, 갈애를 연하여 취함이 있으며, 취함을 연하여 존재가 있고, 존재를 연하여 태어남이 있으며, 태어남을 연하여 죽음이 있고, 죽음을 연하여 헤아릴 수 없는 근심 · 걱정 · 고통 · 번민이 있다. 이와 같이 괴로움의 근간은 이러한 인연으로 이루어진 것이다.

이것이 없으면 곧 없어지고, 이것이 멸하면 곧 멸한다. 즉 무명이 멸하면 곧 결합[行]이 멸하고, 결합이 멸하면 곧 식별이 멸하며, 식별이 멸하면 곧 명색이 멸하고, 명색이 멸하면 곧 육입이 멸하며, 육입이 멸하면 곧 부딪침이 멸하고, 부딪침이 멸하면 곧 느낌이 멸하며, 느낌이 멸하면 곧 갈애가 멸하고, 갈애가 멸하면 곧 취함이 멸하며, 취함이 멸하면 곧 존재가 멸하고, 존재가 멸하면 곧 태어남이 멸하며, 태어남이 멸하면 곧 죽음이 멸하고, 죽음이 멸하면 곧 근심 · 걱정 · 고통 · 번민이 모두 멸한다. 다만 붙여진 이름의 법은 제외한다.

귀 · 코 · 혀 · 몸 · 의지에 대해서도 그와 같다. 즉 생길 때는 곧 생기지만 그 오는 곳을 알 수 없고, 멸할 때는 곧 멸하지만 멸하는 곳을 알 수 없다. 다만 붙여진 이름의 법은 제외한다.

붙여진 이름의 법이란, 이것이 생기면 곧 생기고, 이것이 멸하면 곧 멸하는 것을 말한다. 그러므로 이 육입이나 명색도 지은 사람이 없다. 다만 부모로 말미암아 태가 있지만 지은 사람이 없다. 인연으로 있는 것이니, 이 또한 붙여진 이름이다. 그러므로 그것도 앞의 대상이 있어야 비로소 있는 것이다. 마치 나무를 비벼 불을 피울 때 앞의 대상이 있은 뒤에야 불이 생기는 것과 같다. 그러나 불은 나무에서 나온 것도 아니고, 나무를 떠나 있는 것도 아니다. 어떤 사람이 나무를 쪼개어 불을 찾아보려 하여도 불을 얻지 못한다. 그것은 모두 인연이 모인 뒤에라야 불이 있기 때문이다.

이 육정(六情)이 병을 일으키는 것도 그와 같아서, 연(緣)이 모임으로 말미암아 그 가운데서 병을 일으킨다. 이 육입(六入)은 생길 때는 곧 생기지만 그 오는 곳을 보지 못하고, 멸할 때는 곧 멸하지만 그 멸하는 곳을 보지 못한다. 다만 붙여진 이름의 법은 제외하며 그것은 부모가 합해짐으로 말미암아 있는 것이다."

세존께서 곧 다음 게송으로 말씀하셨다.

처음에는 어머니 태안에 들고
다음에는 차츰 얼린 연유와 같으며
드디어는 살덩이 같다가
다음에는 어떤 형상을 갖춘다.

머리와 목이 먼저 생기고
다음에는 손 · 발이 생기며
온갖 뼈마디가 각각 생기고
터럭과 손톱 · 발톱 · 이빨이 생긴다.

어머니가 온갖 음식과
갖가지 요리를 먹으면
그 정기로써 살아가나니

태를 받은 목숨의 근본이니라.

그로써 형체는 이루어지고
모든 감각기관을 완전히 갖추어
어머니로 말미암아 태어나게 되나니
태를 받는 괴로움이 이러하니라.

"비구들이여, 인연이 모여 이 몸이 있음을 알아야 한다.

또 비구들이여, 한 사람 몸에는 삼백육십 개의 뼈와 구만 구천 개의 털구멍 · 오백 개의 핏줄 · 오백 개의 힘줄 · 팔만 종류의 벌레가 있다. 비구들이여, 육입(六入)으로 된 이 몸에는 이러한 재앙이 있음을 알아야 한다. 비구들은 이러한 재앙에 대하여, '누가 이 뼈를 만들었는가, 누가 이 힘줄과 핏줄을 모았는가. 누가 이 팔만 종류의 벌레를 만들었는가'라고 생각해야 한다. 그 비구가 이렇게 생각하면 그는 곧 아나함이나 아라한의 과위(果位)를 얻는다."

그때 세존께서 곧 다음 게송으로 말씀하셨다.

삼백육십 개의 뼈가
사람의 몸속에 있다고
과거 부처님이 말씀하신 것
나도 이제 그것을 말한다.

힘줄은 오백 개
핏줄도 오백 개
벌레는 팔만 종류

구만 구천의 털구멍

비구여, 이 몸을 이와 같이 관하여
부지런히 힘써 정진하면
아라한 도를 재빨리 얻어
열반의 세계에 이르게 되리라.

이런 법은 모두 비고 고요하건만
어리석은 사람은 그것 탐내고
지혜로운 사람은 즐거운 마음으로
그 공한 법의 근본을 듣는다.

비구들이여, 이것을 '제일의공법'이라 한다. 나는 그대들을 위하여 여래가 말씀하신 법을 설명하였다. 나는 이제 사랑하고 가엾이 여기는 마음으로 할 일을 다 마쳤다. 그대들은 그 법을 항상 기억하면서 수행하고, 한적한 곳에 있으면서 좌선하기를 게을리하지 마라. 지금 수행하지 않으면 뒤에 후회해야 이익이 없을 것이다. 비구들이여, 이것이 나의 교훈이며, 이와 같이 공부하여야 한다."

그때 비구들은 부처님 말씀을 듣고 기뻐하며 받들어 행하였다.

7. 4 중도설(中道說)

7.4.1 캇차야나경(迦旃延經)

【잡아함경 제13권 301경】

이와 같이 나는 들었다.

어느 때 부처님께서 나알리 마을 깊은 숲 속의 '손님을 모시는 집'에 계셨다.

그때 마하캇차야나[迦旃延] 존자는 부처님 계신 곳으로 가서 부처님 발에 예배하고 물러나 한쪽에 앉아 여쭈었다.

"세존이시여, 세존께서 말씀하시는 바른 견해란 어떤 것입니까? 세존이시여, 어떻게 바른 견해를 가르치십니까?"

부처님께서 캇차야나 존자에게 말씀하셨다.

"세간에는 두 가지 의지함이 있으니, 유(有)와 무(無)이다. '부딪침으로 인하여 취함이 있고, 부딪침으로 인하여 취함이 있기 때문에 유(有)에 의지하거나 무(無)에 의지한다.

만일 이 '취함'이 없으면 마음이 경계에 매이더라도 취하지 않고 머무르지 않으며 헤아리지 않게 되어, 나에게 괴로움이 생기면 생기는 대로 두고, 괴로움이 멸하면 멸하는 대로 두어, 그것에 대하여 의심하지 않고 미혹하지 않으며 다른 것을 의지하지 않고 스스로 안다. 이것을 바른 견해라 하며, 이것을 여래가 가르치신 바른 견해라 한다. 왜냐하면 세간의 집기를 여실히 바르게 알고 보면, '세간이 없다'라고 하는 사람은 있을 수 없으며, 세간의 멸함을 여실히 바르게 알고 보면, '세간이 있다'라고 하는 사람은 있을 수 없다. 이것을 두 극단을 떠나 중도(中道)를 말하는 것이라고 하니, '이것이 있기 때문에 저것이 있고, 이것이 일어나기 때문에 저것이 일어난다'라고 하는 것이다.

즉 무명을 연하여 결합[行]이 있고, ……아주 커다란 괴로움의 무더기가 생하며, 무명이 멸하기 때문에 결합이 멸하고, ……아주 커다란 괴로움의 무더기가 멸한다."

부처님께서 이 경을 말씀하시자, 마하캇차야나 존자는 부처님의 말씀을 듣고 모든 번뇌를 끊고 마음의 해탈을 얻어 아라한이 되었다.

7.4.2 찬나경[闡陀經]

【잡아함경 제10권 262경】

이와 같이 나는 들었다.

어느 때 많은 상좌(上座) 비구는 바라나시의 선인들이 머물던 사슴 동산[鹿野園]에 있었다. 부처님께서 반열반하신지 오래되지 않았을 때였다.

그때 찬나[闡陀] 장로는 이른 아침에 가사를 입고 발우를 들고 바라나시성으로 들어가 걸식을 하였다. 걸식을 마치고 돌아와 가사와 발우를 거두고 발을 씻은 뒤에 자물쇠[戶鉤]를 가지고, 이 숲에서 저 숲으로, 이 방에서 저 방으로, 이 길에서 저 길로 다니면서 모든 비구에게 설법해줄 것을 청하며 말하였다.

"저를 가르치고 저를 위하여 설법하여, 저로 하여금 법을 알고 법을 보게 해 주십시오. 저는 마땅히 법답게 알고 법답게 관할 것입니다."

모든 비구가 찬나에게 말하였다.

"색은 덧없는 것이고, 느낌 · 생각 · 결합 · 식별도 덧없는 것이다. 일체의 결합은 덧없는 것이고, 모든 법은 '나'가 없으며, 열반은 고요한 것입니다."

찬나가 모든 비구에게 말하였다.

"저도 이미 색은 덧없는 것이고, 느낌 · 생각 · 결합 · 식별도 덧없는 것이며, 일체의 결합은 덧없는 것이고, 모든 법은 '나'가 없으며, 열반은 고요한 것인 줄을 압니다."

찬나가 다시 말하였다.

"그러므로 저는, '일체의 행은 비고 고요하여 얻을 수 없고, 갈애가 다하고 욕심을 떠난 것이 열반이다'라는 말을 듣고 싶은 것이 아닙니다. 그곳에 어떻게 '나'가 있어서, '이렇게 알고 이렇게 보는 것이 법을 보는 것'이라고 하는지 알고 싶은 것입니다.

찬나는 두 번 세 번 이렇게 말한 뒤에 다시 생각하였다.

"이 가운데서 누가 능력이 있어서 나를 위하여 설법하여 법을 알고 법을 보게 할 수 있을까?"

그는 다시 이렇게 생각하였다. '아난 존자는 지금 코삼비국의 고시타 동산에 있다. 그는 일찍이 세존을 공양하고 친히 뵈었으며, 부처님께서 그를 찬탄하신 것은 모든 수행자가 다 아는 일이다. 그는 반드시 나를 위하여 설법하여 나로 하여금 법을 알고 법을 보게 할 수 있을 것이다.'

찬나는 그 밤을 지내고 이른 아침에 가사를 입고 발우를 가지고 바라나시성으로 들어가 걸식하였다. 밥을 먹고는 돌아와 침구를 챙겼다. 침구를 챙긴 뒤에 가사와 발우를 가지고 코삼비국으로 떠났다. 계속 나아가 코삼비국에 이르러 가사와 발우를 챙기고 발을 씻은 뒤에 아난 존자가 있는 곳으로 가서 안부를 물은 뒤에 물러나 한쪽에 앉았다.

찬나가 아난 존자에게 말하였다.

"어느 때 모든 상좌 비구는 바라나시의 선인들이 머물던 사슴 동산에 있었습니다. 그때 나는 이른 아침에 가사를 입고 발우를 가지고 바라나시성으로 들어가 걸식을 하였습니다. 밥을 먹고는 돌아와 가사와 발우를 거두고 발을 씻은 뒤에 자물쇠를 가지고, 이 숲에서 저 숲으로, 이 방에서 저 방으로, 이 길에서 저 길로 다니면서 모든 비구에게 청하였습니다. '저를 가르치고 저를 위하여 설법하여, 저로 하여금 법을 알고 법을 보게 해 주십시오.'

그때 모든 비구는 저를 위하여 설법하기를, '색은 덧없는 것이고, 느낌 · 생각 · 결합 · 식별도 덧없는 것이다. 일체의 결합은 덧없는 것이고, 일체의 법은 〈나〉가 없으며, 열반은 고요한 것입니다'라고 하였습니다.

나는 그때 모든 비구에게 말하였습니다. '저는 이미 색은 덧없는 것이고, 느낌 · 생각 · 결합 · 식별도 덧없는 것이다. 모든 결합은 덧없는 것이고, 모든 법은 〈나〉가 없으며, 열반은 고요한 것임을 알고 있습니다. 그러므로 저는 모든 결합은 비고 고요하여 얻을 수 없고, 갈애가 다하고 욕심을 떠난 것을 열반이라 한다는 말을 듣고 싶은 것이 아닙니다. 그곳에 어떻게 〈나〉가 있어서 이렇게 알고 이렇게 보는 것이 법을 보는 것인지 알고 싶은 것입니다.'

그때 저는 이렇게 생각하였습니다. '이 가운데서 누가 능력이 있어서 나를 위하여 설법하여 나로 하여금 법을 알고 법을 보게 할 수 있을까?'

저는 다시 생각하였습니다. '아난 존자는 지금 코삼비국의 고시타 동산에 있다. 그는 일찍이 부처님을 공양하고 친히 뵈었으며, 부처님께서 찬탄하신 것은 모든 수행자가 다 아는 일이다. 그는 반드시 나를 위하여 설법하여 나로 하여금 법을 알고 법을 보게 할 것이다.'

참으로 훌륭하신 아난 존자여, 이제 저를 위하여 설법하여 저로 하여금 법을 알고 법을 보게 해 주십시오."

아난 존자가 찬나에게 말하였다.

"훌륭합니다, 찬나여. 나의 마음은 매우 기쁩니다. 나는 그대가 능히 모든 수행자들 앞에서 감추는 것 없이 거짓의 가시를 부숴 버린 것을 기뻐합니다. 찬나여, 어리석은 범부들은, '색은 덧없는 것이고, 느낌 · 생각 · 결합 · 식별도 덧없는 것이다. 모든 결합은 덧없는 것이고, 모든 법은 '나'가 없고, 열반은 고요한 것이다'라는 것을 이해하지 못합니다. 그러나 당신은 지금 그 훌륭하고 묘한 법을 받을 수 있습니다. 그대는 자세히 들으십시오. 나는 그대를 위하여 설명하겠습니다."

그때 찬나는 이렇게 생각하였다. '나는 지금 훌륭하고 묘한 마음을 얻었고, 뛸 듯이 기쁜 마음을 얻었다. 나는 이제 훌륭하고 묘한 법을 받을 수 있게 되었다.'

그때 아난이 찬나에게 말하였다.

"나는 부처님께서 마하캇차야나에게 가르치시는 말씀을 직접 들었습니다.

즉, '세상 사람들은 있다, 없다라는 두 극단에 의해서 뒤바뀌어 있다. 세상 사람들은 모든 경계를 취하기 때문에 마음이 곧 분별해 집착한다. 캇차야나여, 만일 받아들이지 않고 취하지 않으며 머무르지 않고 〈나〉를 헤아리지 않으면, 이 괴로움은 생길 때는 생기지만 멸할 때는 멸할 것이다.

캇차야나여, 이것에 대하여 의심하지 않고 미혹하지 않으며 다른 견해에 의지하지 않고 능히 스스로 알면, 이것을 바른 견해라고 여래는 말한다. 왜냐하면 캇차야나여, 세간의 집기를 여실히 바르게 관찰하면 세간은 없다는 견해가 생기지 않을 것이고, 세간의 멸함을 여실히 바르게 관찰하면 세간은 있다는 견해가 생기지 않을 것이기 때문이다.

캇차야나여, 여래는 두 극단을 떠나 중도를 말한다. 이른바 이것이 있기 때문에 저것이 있고, 이것이 일어나기 때문에 저것이 일어난다. 즉 무명을 연하여 결합이 있고, ……태어남 · 늙음 · 병듦 · 죽음 · 근심 · 슬픔 · 번민 · 고통이 집기한다. 또한, 이것이 없기 때문에 저것이 없고, 이것이 멸하기 때문에 저것이 멸한다. 즉 무명이 멸하면 곧 결합이 멸하고, ……태어남 · 늙음 · 병듦 · 죽음 · 근심 · 슬픔 · 번민 · 고통이 곧 멸한다' 라고 하셨습니다."

아난 존자가 이 법을 말해 주자, 찬나 비구는 번뇌를 멀리 떠나 법의 눈이 청정하게 되었다. 그때 찬나 비구는 법을 보고 법을 얻고, 법을 알고 법을 일으켜 의심을 뛰어넘었다. 그래서 다른 견해에 의지하지 않고 큰 스승께서 가르치는 법에서 두려움이 없게 되었다.

그는 공손히 합장하고 아난 존자에게 말하였다.

"바로 그렇습니다. 그것은 지혜롭고 범행을 갖춘 선지식(善知識)들이 가르치고 훈계하여 설하는 법입니다. 나는 이제 아난 존자에게서 이러한 법을 듣고, '모든 결합은 다 비고 모두 고요하여 얻을 수 없으며, 갈애가 다하고 욕심을 떠나 멸한 것이 열반이다'라는 것에 대해서 마음이 즐거이 바르게 머물러 해탈하여 다시는 돌아오지 않을 것입니다. 또한, 나를 보지 않고 오직 바른 법만을 볼 것입니다."

아난 존자가 찬나에게 말하였다.

"당신은 이제 매우 좋은 이익을 얻었고 매우 깊은 불법 안에서 거룩한 지혜의 눈을 얻었습니다."

두 존자는 함께 기뻐하며 자리에서 일어나 각자 본래의 처소로 돌아갔다.

7.4.3 유아경(有我經)

【잡아함경 제34권 961경】

이와 같이 나는 들었다.

어느 때 부처님께서 라자가하성 칼란다카 대나무 동산에 계셨다.

그때 어떤 출가한 바차 종족이 부처님께 와서 합장하고 문안을 드린 뒤에 물러나 한쪽에 앉아 여쭈었다.

"세존이시여, '나'라고 하는 것이 있습니까?"

이때 세존께서는 대답하지 않으시고 조용히 계셨다. 그래서 이렇게 세 번이나 다시 여쭈었으나 세존께서는 여전히 대답하지 않으셨다.

그때 바차는 생각하였다. '내가 세 번이나 물었으나 사문 고타마는 대답하지 않으신다. 나는 그만 돌아가야겠다.'

그때 아난 존자는 부처님 뒤에서 부채를 부쳐 드리고 있다가 여쭈었다.

"세존이시여, 저 바차가 세 번이나 물었는데 세존께서는 왜 대답하지 않으시는지요. 그것은 저 바차로 하여금, '사문은 내가 묻는 것에 대답하지 못한다'라는 잘못된 생각을 더하게 되지 않겠는지요?"

부처님께서 아난에게 말씀하셨다.

"내가 만일 '나'가 있다고 대답한다면, 그가 가진 삿된 견해를 더하게 할 것이고, 만일 내가 '나'는 없다고 대답한다면, 그가 가진 의혹이 더욱 더해지지 않겠느냐. 본래부터 '나'가 있었는데 지금 끊어졌다고 말해야겠느냐. 만일 본래부터 '나'가 있었다고 한다면, 그것은 곧 상견(常見)이고, 지금부터 끊어졌다고 한다면, 그것은 곧 단견(斷見)인 것이다.

여래는 그 두 극단을 떠나 중도(中道)에서 설법한다. 이른바 '이것이 있기 때문에 저것이 있고, 이것이 일어나기 때문에 저것이 일어난다.' 즉 무명을 연하여 결합이 있고, ……태어남 · 늙음 · 병듦 · 죽음 · 근심 · 슬픔 · 번민 · 고통이 멸한다."

부처님께서 이 경을 말씀하시자, 아난 존자는 부처님 말씀을 듣고 기뻐하며 받들어 행하였다.

7.4.4 노경(蘆經)

【잡아함경 제12권 288경】

이와 같이 나는 들었다.

어느 때 부처님께서 라자가하성 칼란다카 대나무 동산에 계셨다.

그때 사리풋타 존자와 마하코티카 존자는 깃자쿠타산에 있었다.

사리풋타 존자는 해 질 녘에 선정에서 깨어나 마하코티카 존자가 있는 곳으로 가서 서로 인사하고 안부를 물은 뒤에 한쪽에 앉아 마하코티카 존자에게 말하였다.

"묻고 싶은 것이 있습니다. 혹 한가하시면 대답해 주시겠습니까?"

마하코티카 존자가 사리풋타 존자에게 말하였다.

"우선 물어보십시오. 아는 대로 대답하겠습니다."

사리풋타 존자가 마하코티카 존자에게 물었다.

"마하코티카 존자여, 늙음이 있습니까?"

코티카 존자가 대답하였다.
"있습니다.
사리풋타 존자가 다시 물었다.
"죽음이 있습니까?"
"있습니다."
"늙음과 죽음은 자기가 지은 것입니까? 남이 지은 것입니까? 아니면 자기와 남이 함께 지은 것입니까? 혹은 자기와 남이 지은 것도 아닌, 인(因)이 없이 지어진 것입니까?"
코티카 존자가 대답하였다.
"사리풋타 존자여, 늙음과 죽음은 자기가 지은 것이 아닙니다. 남이 지은 것도 아닙니다. 자기와 남이 지은 것도 아닙니다. 또한, 자기와 남이 지은 것도 아닌, 인이 없이 지어진 것도 아닙니다. 늙음과 죽음은 태어남을 연하여 있는 것입니다."
"그와 같다면, 태어남 · 존재 · 취함 · 갈애 · 느낌 · 부딪침 · 육입 · 명색은 자기가 지은 것입니까? 남이 지은 것입니까? 아니면 자기와 남이 지은 것입니까? 또는 자기와 남이 지은 것도 아닌, 인이 없이 지어진 것입니까?"
"사리풋타 존자여, 명색은 자기가 지은 것이 아닙니다. 남이 지은 것도 아닙니다. 자기와 남이 지은 것도 아닙니다. 또한, 자기와 남이 지은 것도 아닌, 인이 없이 지어진 것도 아닙니다. 명색은 식별을 연하여 생기는 것입니다."
"그러면 그 식별은 자기가 지은 것입니까? 남이 지은 것입니까? 아니면 자기와 남이 지은 것입니까? 혹은 자기와 남이 지은 것도 아닌, 인이 없이 지어진 것입니까?"
"사리풋타 존자여, 그 식별은 자기가 지은 것이 아닙니다. 남이 지은 것도 아닙니다. 자기와 남이 지은 것도 아닙니다. 또한, 자기와 남이 지은 것도 아닌, 인이 없이 지어진 것도 아닙니다. 식별은 명색을 연하여 생기는 것입니다."

사리풋타 존자가 다시 물었다.

"마하코티카 존자여, 아까는 말하기를, '명색은 자기가 지은 것이 아닙니다. 남이 지은 것도 아닙니다. 자기와 남이 지은 것도 아닙니다. 또한, 자기와 남이 지은 것도 아닌, 인이 없이 지어진 것도 아닙니다. 명색은 식별을 연하여 생합니다'라고 하였습니다. 그런데 이제는 다시 식별은 명색을 연하여 생긴다니, 이것은 무슨 뜻입니까?"

마하코티카 존자가 대답하였다.

"지혜로운 사람은 비유로써 이해하게 되니, 이제 비유를 들어 말하겠습니다. 그것은 마치 세 개의 갈대(蘆)가 빈 땅에 서려고 할 때, 서로에게 의지해야만 설 수 있는 것과 같습니다. 만일 그 하나를 버린다면 둘은 서지 못하고, 둘을 버려도 하나는 서지 못하니, 서로에게 의지해야만 설 수 있습니다. 식별이 명색을 연하는 것도 이와 같아서, 서로에게 의지하여 생겨나는 것입니다."

사리풋타 존자가 말하였다.

"참으로 훌륭하십니다, 마하코티카 존자여. 세존의 성문(聲聞) 제자들 가운데서 지혜와 명(明)에 통달하고 잘 다루어 두려움이 없으며, 감로법을 보고 감로법을 두루 갖추어 몸으로 증득한 사람이 곧 마하코티카 존자입니다. 그렇기에 이와 같이 매우 깊은 이치의 변론이 있어서 갖가지 어려운 물음에 모두 대답하시니, 가치를 따질 수 없는 보배구슬을 세상이 받들 듯이 저도 이제 마하코티카 존자를 그와 같이 받들겠습니다. 저는 이제 존자에게서 즉시 좋은 이익을 얻었습니다. 다른 모든 수행자도 자주 존자에게 오면 그들 또한 좋은 이익을 얻을 것입니다. 그것은 존자께서 설법을 잘 하시기 때문입니다.

저는 이제 마하코티카 존자께서 말씀하신 법으로써 서른 가지로 찬탄하고 높이 일컫고 함께 기뻐하겠습니다. 마하코티카 존자께서는 늙음과 죽음을 싫어하고 근심하며 욕심을 떠나고 멸할 것을 말씀하셨으니, 이러한 이를 법사(法師)라고 합니다. 태어남 · 존재 · 취함 · 갈애 · 느낌 · 부딪침 · 육입 · 명색 · 식별을 싫어하고 근심하며 욕심을 떠나고 멸할 것을 말씀하셨으니, 이러한 이를 법사라고 합니다.

만일 비구로서 늙음과 죽음을 싫어하고 근심하며 욕심을 떠나고 멸하는 데로 향하면, 이러한 이를 법사라고 합니다. ……식별에 대해서 싫어하고 근심하며 욕심을 떠나고 멸하여 모든 번뇌를 일으키지 않고 마음이 잘 해탈하면, 이러한 이를 법사라고 합니다."

마하코티카 존자가 사리풋타 존자에게 말하였다.

"참으로 훌륭하십니다. 세존의 성문 제자들 가운데 지혜와 명(明)에 통달하고 잘 다루어 두려움이 없으며, 감로법을 보고 감로법을 두루 갖추어 스스로 증득한 사람이 곧 사리풋타 존자입니다. 그렇기에 이와 같이 갖가지 매우 깊은 바른 지혜로써 질문을 하신 것입니다.

마치 세간의 가치를 따질 수 없는 보배구슬을 모든 사람이 받드는 것과 같이, 당신도 이제 그와 같아서, 일체 수행자들이 받들고 공경하며 예로써 섬기게 될 것입니다. 저는 오늘 즉시 좋은 이익을 얻었고, 존자와 더불어 묘한 이치를 함께 논의 하였습니다."

두 존자는 함께 기뻐하며 각기 머무르는 곳으로 돌아갔다.

7.4.5 아첼라경[阿支羅經]

【잡아함경 제12권 302경】

이와 같이 나는 들었다.

어느 때 부처님께서 라자가하성의 깃자쿠타산에 계셨다.

그때 세존께서 이른 아침에 가사를 입고 발우를 가지고 깃자쿠타산에서 나와 라자가하성으로 들어가 걸식하려 하셨다. 때에 아첼라[阿支羅] 카샤파는 작은 볼일이 있어 라자가하성을 나와 깃자쿠타산을 향해 가다가 멀리서 세존을 보고는 부처님 계신 곳으로 가서 여쭈었다.

"고타마시여, 여쭐 말씀이 있습니다. 혹 한가하시면 대답해 주시겠습니까?"

부처님께서 카샤파에게 말씀하셨다.

"지금은 이야기할 때가 아니다. 나는 지금 성에 들어가 걸식하려 한다. 걸식하고 돌아오면 그때 그대를 위하여 말해 주겠다."

두 번째도 이와 같이 말씀하셨다.

그는 세 번째로 다시 여쭈었다.

"고타마시여, 어찌하여 저에게 말미를 두십니까. 고타마시여, 무엇이 다르겠습니까. 저는 지금 여쭐 것이 있습니다. 저를 위하여 설하여 주십시오."

부처님께서 아첼라 카샤파에게 말씀하셨다.

"그대 마음대로 물으라."

아첼라 카샤파가 부처님께 여쭈었다.

"고타마시여, 괴로움은 자기가 짓는 것입니까?"

부처님께서 카샤파에게 말씀하셨다.

"괴로움은 자기가 짓는 것이냐고 물으면, 그것에 대해서는 말하지 않는다."

"그러면 고타마시여, 괴로움은 남이 짓는 것입니까?"

"괴로움은 남이 짓는 것이냐고 물으면, 그것에 대해서도 말하지 않는다."

"그러면 고타마시여, 괴로움은 자기와 남이 짓는 것입니까?"

"괴로움을 자기와 남이 짓는 것이냐고 물으면, 그것에 대해서도 말하지 않는다."

카샤파가 다시 물었다.

"그러면 고타마시여, 괴로움은 자기와 남이 짓는 것도 아닌, 인(因)이 없이 지어진 것입니까?"

"괴로움은 자기와 남이 짓는 것도 아닌, 인이 없이 지어진 것이냐고 물으면, 그것에 대해서도 말하지 않는다."

카샤파는 다시 여쭈었다.

"고타마시여, '괴로움은 자기가 짓는 것입니까?'라고 여쭈어도 대답하지 않으시고, '남이 짓는 것입니까? 자기와 남이 짓는 것입니까? 자기와 남이 짓는 것도 아닌 인이 없이 지어진 것입니까?'라고 여쭈어도 대답하지 않으시니, 그렇다면 괴로움은 없는 것입니까?"

부처님께서 카샤파에게 말씀하셨다.

"괴로움은 없는 것이 아니다. 괴로움은 있는 것이다."

"훌륭하십니다. 고타마시여, 괴로움은 있다고 말씀하셨습니다. 저를 위하여 설법하시어 저로 하여금 괴로움을 알고 괴로움을 보게 하소서."

부처님께서 카샤파에게 말씀하셨다.

"만일 느낌을 자기가 느낀다면 괴로움은 자기가 짓는 것이라고 응당 말할 것이고, 남이 느끼고 남이 받는다면 그것은 곧 남이 짓는 것이라고 말할 것이다. 만일 느낌을 자기가 받기도 하고 남이 받기도 한다면, 그래서 괴로움도 이와 같다면, 이것은 자기와 남이 짓는 것이라고 말할 것이다. 그러나 나는 그렇게 말하지 않는다. 또한, 자기와 남이 짓는 것도 아닌, 인이 없이 괴로움이 생기는 것이라고도 나는 말하지 않는다.

이 모든 극단을 떠나 그 중도를 말하여 여래는, '이것이 있기 때문에 저

것이 있고, 이것이 일어나기 때문에 저것이 일어난다'라고 설법하신다. 즉 무명을 연하여 결합이 있고, ……아주 커다란 괴로움의 무더기가 생하며, 무명이 멸하면 곧 결합이 멸하고, ……아주 커다란 괴로움의 무더기가 멸한다."

부처님께서 이 경을 말씀하시자, 아첼라 카샤파는 번뇌를 멀리 여의어 법의 눈이 청정하게 되었다.

그때 아첼라 카샤파는 법을 보아 법을 얻고 법을 알아 법에 들어가, 모든 의심을 건너감에 있어서 남을 의지하지 않고 알며, 남을 의지하지 않고 제도되어, 바른 법과 율에 머물러 두려움이 없게 되었다.

그는 합장하고 부처님께 말씀드렸다.

"세존이시여, 저는 이제 제도되었습니다. 저는 오늘부터 목숨을 마칠 때까지 부처님께 귀의하고 법에 귀의하고 승가에 귀의하겠습니다. 저를 받아들여 청신사가 되게 하여 주십시오."

아첼라 카샤파는 부처님 말씀을 듣고 부처님 말씀을 따라 기뻐하면서 예배하고 물러갔다.

아첼라 카샤파가 세존께 예배하고 떠난 지 오래지 않아 송아지를 지키려던 암소한테 떠받혀 죽었는데, 목숨을 마칠 때 모든 감각기관[根]이 청정하고 얼굴빛은 밝고 깨끗하였다.

그때 세존께서는 성에 들어가 걸식하고 계셨다. 많은 비구도 라자가하성에 들어가 걸식하다가, '아첼라 카샤파가 세존께 법을 듣고 예배하고 돌아간 지 오래지 않아 암소한테 떠받혀 죽었는데, 목숨을 마칠 때에 모든 감각기관이 청정하고 얼굴빛은 밝고 깨끗하였다'라는 소문을 들었다.

모든 비구는 걸식을 마치고 성에서 나와 가사와 발우를 거두고 발을 씻은 뒤에 세존께서 계신 곳으로 갔다. 비구들은 부처님 발에 예배한 뒤에 물러나 한쪽에 앉아 여쭈었다.

"세존이시여, 저희 많은 비구는 오늘 이른 아침에 성에 들어가 걸식하다가, '아첼라 카샤파가 부처님께 법을 듣고 예배하고 떠난 지 오래지 않아 송아지를 지키려던 암소한테 떠받혀 죽었는데, 목숨을 마칠 때에 모든 감각기관이 청정하고 얼굴빛은 밝고 깨끗하였다'라고 들었습니다. 세존이시여, 그는 어떤 세계로 가서 어느 곳에 태어나며 무엇을 얻습니까?"

부처님께서 여러 비구에게 말씀하셨다.

"그는 이미 법을 보고 법을 알아 차후에 법을 받지 않고 이미 반열반하였다. 그대들은 마땅히 가서 그의 몸에 공양하라."

그때 세존께서 아첼라 카샤파를 위하여 제일의 기별[第一記]을 주셨다.

7.4.6 부미자경(浮彌經)

【잡아함경 제14권 343경】

이와 같이 나는 들었다.

어느 때 부처님께서 라자가하성 칼란다카 대나무 동산에 계셨다.

그때 비구 부미자[浮彌] 존자는 깃자쿠타산에 있었다. 때에 많은 외도 출가자는 부미자 존자가 있는 곳으로 가서 서로 인사하고 안부를 물은 뒤에 물러나 한쪽에 앉아 말하였다.

"묻고 싶은 것이 있습니다. 혹 한가하시면 대답해 주시겠습니까?"

부미자 존자가 외도들에게 말하였다.

"그대들의 물음에 따라 설명하겠습니다."

외도들이 부미자 존자에게 물었다.

"괴로움과 즐거움은 자기가 짓는 것입니까?"

부미자 존자가 대답하였다.

"모든 외도 출가자가, '괴로움과 즐거움은 자기가 짓는 것입니까?'라고 여쭈면, 세존께서는 대답하지 않으셨습니다."

외도들이 부미자 존자에게 물었다.

"그러면 괴로움과 즐거움은 남이 짓는 것입니까?"

"'괴로움과 즐거움은 남이 짓는 것입니까?'라고 여쭈어도 세존께서는 대답하지 않으셨습니다."

"그러면 괴로움과 즐거움은 자기와 남이 짓는 것입니까?"

"'괴로움과 즐거움은 자기와 남이 짓는 것입니까?'라고 여쭈어도 세존께서는 대답하지 않으셨습니다."

"그러면 괴로움과 즐거움은 자기와 남이 짓는 것도 아닌, 인(因)이 없이 지어진 것입니까?"

"'괴로움과 즐거움은 자기와 남이 짓는 것도 아닌, 인이 없이 지어진 것입니까?'라고 여쭈어도 세존께서는 대답하지 않으셨습니다."

여러 외도가 다시 물었다.

"부미자 존자여, '괴로움과 즐거움은 자기가 짓는 것입니까?'라고 여쭈어도 대답하지 않으시고, '괴로움과 즐거움은 남이 짓는 것입니까?'라고 여쭈어도 대답하지 않으시고, '괴로움과 즐거움은 자기와 남이 짓는 것입니까?'라고 여쭈어도 대답하지 않으시고, '괴로움과 즐거움은 자기와 남이 짓는 것도 아닌, 인이 없이 지어진 것입니까?'라고 여쭈어도 대답하지 않으셨다면, 사문 고타마께서는 괴로움과 즐거움은 어떻게 생긴다고 말하셨습니까?"

부미자 존자가 대답하였다.

"외도들이여, 세존께서는, '괴로움과 즐거움은 연을 좇아 일어난다'라고 말씀하셨습니다."

그때 많은 외도는 부미자 존자의 말을 듣고 마음이 불쾌하여 꾸짖으며 떠나갔다.

그때 사리풋타 존자는 부미자 존자에게서 멀지 않은 곳의 나무 아래에 앉아 있었다. 부미자 존자는 여러 외도가 떠난 것을 알고는 사리풋타 존자가 있는 곳으로 갔다. 그곳에서 서로 인사하고 문안한 뒤에 외도들이 물은 것을 사리풋타 존자에게 모두 물었다.

"제가 이렇게 대답한 것이 혹시 세존을 비방한 것은 아닌지요? 설하신 대로 말했으며 법에 맞게 말했는지요? 법을 그대로 따르지 못하고 법을 행하지 못한 것은 아닌지요? 법에 대해서 의논하러 오는 다른 사람이 힐난하거나 꾸지람하는 일은 없겠는지요?"

사리풋타 존자가 말하였다.

"부미자 존자여, 당신이 말한 것은 진실로 부처님 말씀과 같아서, 여래를 비방하지 않았습니다. 설하신 대로 말하였고, 법에 맞게 말하였으며, 법을 행하는 법을 말하였습니다. 법에 대해서 의논하러 오는 다른 사람이 힐난하거나 꾸지람하지 않을 것입니다. 왜냐하면 세존께서도 괴로움과 즐거움은 연을 좇아 일어난다고 말씀하셨기 때문입니다.

부미자 존자여, 저 사문이나 바라문의 물음과 같이, '괴로움과 즐거움은 자기가 짓는 것이다'라고 한다면, 그것 또한 인(因)을 좇아 일어난 것입니다. 만일 연(緣)을 좇아 일어난 것이 아니라고 말한다면, 이치에 맞지 않는 말입니다. '괴로움과 즐거움은 남이 짓는 것이다. 자기와 남이 짓는 것이다. 자기도 아니고 남도 아닌, 연이 없이 지어진 것이다'라고 말한다면, 그것 또한 연을 좇아 일어난 것입니다. 만일 연을 좇아 일어난 것이 아니라고 말한다면, 이치에 맞지 않는 말입니다.

부미자 존자여, 저 사문이나 바라문들의 말과 같이, '괴로움과 즐거움은 자기가 짓는 것이다'라고 한다면, 그것 또한 부딪침을 연하여 생긴 것입니다. 만일 부딪침을 좇아 생긴 것이 아니라고 말한다면, 이치에 맞지 않는 말입니다. 만일, '괴로움과 즐거움은 남이 짓는 것이다. 자기와 남이 짓는 것이다. 자기와 남이 짓는 것도 아닌, 인이 없이 지어진 것이다'라고 말한다면, 그것 또한 부딪침을 연하여 생긴 것입니다. 만일 부딪침을 연하여 생긴 것이 아니라고 말한다면, 이치에 맞지 않는 말입니다."

그때 아난 존자는 사리풋타 존자에게서 멀지 않은 곳의 나무 아래에 앉아서 사리풋타 존자와 부미자 존자가 서로 논의하는 것을 들었다. 그것을 듣고는 곧 자리에서 일어나 부처님 계신 곳으로 가서 부처님 발에 예배한 뒤에 물러나 한쪽에 앉아 부미자 존자와 사리풋타 존자가 서로 논의하던 일을 낱낱이 말씀드렸다. 부처님께서 아난에게 말씀하셨다.

"참으로 훌륭하구나. 아난이여, 사리풋타 존자는 누가 와서 물으면 능히 때에 따라 답하는구나. 훌륭하도다. 사리풋타는 때에 응하는 지혜가 있기 때문에 누가 와서 물으면 능히 때에 따라 대답한다. 만일 나의 성문 제자라면, 때에 따라 묻는 사람이 있으면 때에 따라 사리풋타가 말한 것처럼 대답하여야 한다.

아난이여, 나는 옛날 라자가하성의 선인들이 머물던 산에 살았다. 그때 외도 출가자들이 이와 같은 이치 · 이와 같은 글귀 · 이와 같은 맛으로써 내게 와서 물었다. 나는 그들을 위하여 이와 같은 이치 · 이와 같은 글귀 · 이와 같은 맛으로써 사리풋타 존자가 말한 것처럼 말하였다.

아난이여, 만일 모든 사문이나 바라문이 괴로움과 즐거움은 자기가 짓는 것이라고 하면, 나는 곧 그에게 가서 물을 것이다. '그대는 진실로 괴로움과 즐거움은 자기가 짓는 것이라고 말하는가?' 그러면 그는 내게, '그렇다'라고 대답할 것이다. 나는 곧 그에게, '그대가 그 이치를 굳이 고집하여, 이것은 진실이고 다른 것은 어리석은 것이라고 말한다면, 나는 그것을 인정하지 않는다. 왜냐하면 나는 괴로움과 즐거움이 일어나는 것은 그것과 다르다고 말하기 때문이다'라고 말할 것이다. 그가 만일 나에게, '고타마는 괴로움과 즐거움이 일어나는 것이 어떻게 다르다고 말하는가' 라고 물으면, 나는 곧 그에게, '그것은 연을 좇아 괴로움과 즐거움이 생긴다'라고 대답할 것이다.

이와 같이, '괴로움과 즐거움은 남이 짓는 것이다. 자기와 남이 짓는 것이다. 자기와 남이 짓는 것도 아닌, 인이 없이 지어진 것이다'라고 말한다면, 나는 또한 그에게 가서 위와 같이 말할 것이다."

아난이 부처님께 말씀드렸다.

"세존께서 말씀하시는 이치와 같다면, 저는 이미 이해하였습니다. 태어남이 있기 때문에 늙음과 죽음이 있는 것이지, 다른 것을 연하는 것이 아닙니다. 태어남이 있기 때문에 늙음과 죽음이 있는 것입니다. ……무명 때문에 결합이 있는 것이지, 다른 것을 연하는 것이 아닙니다. 무명이 있기 때문에 결합이 있고, 무명이 멸하면 곧 결합이 멸합니다. ……태어남이 멸하면 곧 늙음 · 병듦 · 죽음 · 근심 · 슬픔 · 번민 · 고통이 멸합니다. 이렇게 하여 아주 커다란 괴로움의 무더기가 멸합니다."

부처님께서 이 경을 말씀하시자, 아난 존자는 부처님 말씀을 듣고 기뻐하며 예배하고 물러갔다.

7.4.7 타경(他經)

【잡아함경 제12권 300경】

이와 같이 나는 들었다.

어느 때 부처님께서 쿠루국의 소치는 마을에 계셨다.

그때 어떤 바라문은 부처님 계신 곳으로 가서 부처님을 뵙고 서로 인사하고 안부를 물은 뒤에 물러나 한쪽에 앉아 여쭈었다.

"고타마시여, 스스로 짓고 스스로 깨닫는 것입니까?"

부처님께서 바라문에게 말씀하셨다.

"나는 이것에 대하여 말하지 않는다. 스스로 짓고 스스로 깨닫느냐는 것에 대하여 말하지 않는다."

"고타마시여, 그러면 남이 짓고 남이 깨닫는 것입니까?"

부처님께서 바라문에게 말씀하셨다.

"나는 남이 짓고 남이 깨닫느냐는 것에 대해서도 말하지 않는다."

바라문이 부처님께 여쭈었다.

"어찌하여, '내가 스스로 짓고 스스로 깨닫는가?'라고 여쭈어도 대답하지 않으시고, '남이 짓고 남이 깨닫는가?'라고 여쭈어도 대답하지 않으십니까? 그것은 무슨 까닭입니까?"

부처님께서 바라문에게 말씀하셨다.

"스스로 짓고 스스로 깨닫는다고 하면 곧 '상견(常見)'에 떨어지고, 남이 짓고 남이 깨닫는다고 하면 곧 '단견(斷見)'에 떨어지는 것이다. 의설(義說)과 법설(法說)은 이 두 극단을 떠나 중도(中道)에서 설법한다. 이것이 있기 때문에 저것이 있고, 이것이 일어나기 때문에 저것이 일어난다는 것이니, 즉 무명을 연하여 결합이 있고, ……아주 커다란 괴로움의 무더기가 집기한다. 또한, 무명이 멸하면 곧 결합이 멸하고, ……아주 커다란 괴로움의 무더기가 멸한다."

부처님께서 이 경을 말씀하시자, 그 바라문은 부처님의 말씀을 찬탄하고 기뻐하며 자리에서 일어나 떠나갔다.

7.4.8 대공법경(大空法經)

【잡아함경 제12권 297경】

이와 같이 나는 들었다.

어느 때 부처님께서 쿠루국의 소치는 마을에 계셨다. 그때 세존께서 모든 비구들에게 말씀하셨다.

"나는 그대들을 위하여 설법하겠다. 처음도 좋고 중간도 좋고 마지막도 좋으며, 좋은 뜻과 좋은 맛으로 순일하고 깨끗하여 범행이 청정하다. 이른바 '대공법경(大空法經)'이니, 자세히 듣고 잘 생각하여라. 그대들을 위하여 설명하겠다.

어떤 것을 '대공법경'이라 하는가. '이것이 있기 때문에 저것이 있고, 이것이 일어나기 때문에 저것이 일어난다'라는 것이니, 무명을 연하여 결합이 있고, 결합을 연하여 식별이 있으며, ……아주 커다란 괴로움의 무더기가 집기한다.

태어남을 연하여 늙음과 죽음이 있다고 하면, 어떤 사람은, '그 누가 늙고 죽으며, 늙음과 죽음은 누구에게 속해 있는가?'라고 묻는다. 그러면 그는, '내가 늙고 죽으며, 늙음과 죽음은 지금 나에게 속해 있다. 늙음과 죽음이 곧 나다'라고 대답한다. 혹은, '목숨이 곧 몸이다', 혹은, '목숨은 몸과 다르다'라고 대답한다. 그러나 이것은 같은 뜻을 여러 가지로 말한 것이다. 만일, '목숨이 곧 몸이다'라고 말한다면 수행자는 있을 수 없을 것이고, 만일, '목숨과 몸은 다르다'라고 말한다면 수행자는 또한 있을 수 없을 것이다. 이 두 극단에 마음이 따르지 않는 것이 바르게 중도(中道)로 향하는 것이다.

현인과 성인은 세상에 나와 뒤바뀌지 않고 여실히 바르게 본다. 즉 태어남을 연하여 늙음과 죽음이 있고, 존재 · 취함 · 갈애 · 느낌 · 부딪침 · 육입 · 명색 · 식별 · 결합도 그와 같으며, 무명을 연하여 결합이 있다고 본다.

만일 어떤 사람이, '누가 결합하고, 결합은 누구에게 속해 있는가?'라고 물으면, 그는, '결합이 곧 나이고, 결합이 곧 나의 것이다'라고 대답한다. 그는 마찬가지로, '목숨이 곧 몸이다', 혹은, '목숨은 몸과 다르다'라고 대답한다. 그러나 '목숨이 곧 몸이다'라고 본다면 수행자는 있을 수 없을 것이고, 다시, '목숨과 몸은 다르다'라고 말한다면 수행자는 또한 있을 수 없을 것이다. 이 두 극단을 떠나면 바르게 중도로 향하는 것이다.

현인과 성인은 세상에 나와 뒤바뀌지 않고 여실히 바르게 본다. 이른바 무명을 연하여 결합이 있다고 한다.

비구들이여, 만일 무명에서 욕심을 떠나 명(明)이 생기면, 그 누가 늙고 죽으며, 늙음과 죽음이 그 누구에게 속하겠는가. 늙음과 죽음이 끊어지면 그 근본을 끊은 줄을 알아 타알라 나무의 밑동을 자른 것과 같아서, 미래 세상에 태어나지 않는 법[不生法]을 성취할 것이다.

비구들이여, 만일 무명에서 욕심을 떠나 명이 생기면 그 누가 태어날 것이며, 태어남은 누구에게 속할 것인가. ……그 누가 결합할 것이며, 결합은 누구에게 속할 것인가. 결합이 곧 끊어지면 그 근본을 끊은 줄 알아 타알라 나무의 밑동을 자른 것과 같아서, 미래 세상에 태어나지 않는 법을 성취할 것이다.

비구들이여, 만일 무명에서 욕심을 떠나 명이 생겨서 무명이 멸하면 곧 결합이 멸하고, ……아주 커다란 괴로움의 무더기가 멸한다. 이것을 '대공법경'이라 한다."

부처님께서 이 경을 말씀하시자, 모든 비구는 부처님 말씀을 듣고 기뻐하며 받들어 행하였다.

7.4.9 신명경(身命經)

【잡아함경 제34권 957경】

이와 같이 나는 들었다.

어느 때 부처님께서 라자가하성 칼란다카 대나무 동산에 계셨다.

그때 어떤 출가한 바차 종족이 부처님께 가서 합장하고 문안드린 뒤에 물러나 한쪽에 앉아 여쭈었다.

"고타마시여, 여쭙고 싶은 것이 있습니다. 혹 한가하시면 말씀해 주시겠습니까?"

부처님께서 말씀하셨다.

"마음대로 물으라. 그대를 위하여 설명하겠다."

바차가 여쭈었다.

"고타마시여, 목숨이 곧 몸입니까?"

부처님께서 말씀하셨다.

"목숨이 곧 몸이냐고 한다면, 그것에 대해서는 말하지 않는다."

"그러면 고타마시여, 목숨과 몸은 다릅니까?"

"목숨과 몸이 다르냐고 한다면, 그것에 대해서도 말하지 않는다."

바차가 부처님께 여쭈었다.

"고타마시여, 어찌하여, '목숨이 곧 몸입니까?'라고 여쭈어도, '그것에 대해서는 말하지 않는다'라고 하시고, '목숨은 몸과 다릅니까?'라고 여쭈어도, '그것에 대해서도 말하지 않는다'라고 대답하십니까?

사문 고타마께서는 어떤 신통[奇]이 있으시기에 제자가 목숨을 마치면 곧, '누구는 어디서 태어나고, 누구는 어디서 태어난다. 그 제자들은 여기서 목숨을 마치고 몸을 버리면, 곧 의생신(意生身)을 타고 다른 곳에 태어난다'라고 말씀하시는지요? 그때는 목숨과 몸은 다르지 않은 것인지요?"

부처님께서 말씀하셨다.

"그것은 다른 것이 있음을 말한 것이고, 다른 것이 없음을 말한 것이 아니다."

바차가 부처님께 여쭈었다.

"다른 것이 있음을 말한 것이고, 다른 것이 없음을 말한 것이 아니라는 말씀은 무슨 뜻입니까?"

"말하자면, 불은 다른 것이 있으면 타고, 다른 것이 없으면 타지 않는 것과 같다."

바차가 부처님께 말씀드렸다.

"불은 다른 것이 없어도 타는 것을 저는 보았습니다."

부처님께서 말씀하셨다.

"어떻게 불이 다른 것이 없어도 타는 것을 보았는가?"

"말하자면, 큰 불더미에 사나운 바람이 불어오면 불은 공중에서 날아다닙니다. 그런 것이 불은 다른 것이 없어도 타는 것이 아닙니까?"

"바람이 불 때 날아다니는 것, 그것도 다른 것이 있는 것이지 없는 것이 아니다."

"고타마시여, 공중에 날아다니는 불을 어떻게 다른 것이 있다고 하십니까?"

"공중에 날아다니는 불은 바람을 의지하기 때문에 머무르는 것이고, 또 바람 때문에 타는 것이다. 그러므로 바람을 의지하기 때문에 다른 것이 있다고 말한 것이다."

바차가 부처님께 여쭈었다.

"중생이 여기서 목숨을 마치고 의생신을 타고 다른 곳에 가서 태어나는 데에는 어떤 다른 것이 있습니까?"

"중생이 여기서 목숨을 마치고 의생신을 타고 다른 곳에 태어날 때는 애욕으로 인하여 취하고, 애욕으로 인하여 머무르기 때문에 다른 것이 있다고 말한다."

바차가 말씀드렸다.

"중생은 애욕으로 인하여 다른 것이 있고, 다른 것이 있기에 집착합니다. 그러나 오직 세존께서는 다른 것이 없기 때문에 바른 깨달음을 이루셨습니다. 사문 고타마시여, 세상 일이 많아 돌아가고자 합니다."

부처님께서 바차에게 말씀하셨다.

"뜻대로 하여라."

바차는 부처님 말씀을 듣고 기뻐하면서 자리에서 일어나 물러갔다.

편집 후기

1981년《한글 아함경》이 처음 발간된 이래 어느덧 30년이 넘는 시간이 지났습니다. 1991년 개정판을 펴낸 데 이어 이번에 재개정판을 발간하게 되었습니다.

《한글 아함경》은 한국 불교에 새로운 길을 제시한 책입니다.《한글 아함경》이 나오기 전까지 아함경은 우리나라에서 다소 생소한 경전이었고, 중요한 경전으로 여겨지지 않고 있었습니다. 이러한 한국 불교의 흐름 속에서, 부처님의 초기 말씀이 담겨 있는 아함경의 중요성을 인지하고 체계적으로 연구하여 널리 보급한 분이 고(故) 병고(丙古) 고익진(高翊晋) 교수입니다.

《한글 아함경》이 발간된 후, 불교학계에서도 점차 아함경의 중요성을 인식하면서 많은 연구가 진행되었고, 팔리어 원전을 번역한 아함경 전집 등 여러 종의 아함경이 발간되었습니다.《한글 아함경》은 한국 불교가 부처님 말씀에 보다 집중하고, 의미를 이해하고 공부하며, 발전하는 계기를 마련해 주었습니다. 또한, 아함경에 관심을 갖고 공부하는 불자들도 많이 늘어서《한글 아함경》은 인쇄를 거듭하여 발간되었고, 「서울대 권장도서 100권」에 선정되기도 하였습니다.

《한글 아함경》의 또 다른 가치는 부처님의 가르침을 이해하기 쉽게 한 권으로 가려 엮은 '체계적인 편집'에 있습니다. 아함경은 183권, 2,085개 경으로 구성된 방대한 경전입니다. 더욱이 교리적으로 가장 중요한 잡아함은 권수가 흐트러진 착간(錯簡)의 상태로 전해지고 있어 깊은 연구를 하기 전에는 그 속에 시설된 미묘한 교리적 체계성을 살필 수가 없게 되어 있습니다.

고익진 교수님은 오랜 사유와 연구를 통해 아함경에 기록된 부처님 말씀에 일관된 체계성이 있다는 것을 발견하였습니다. 그리고 12처에서 12연기에 이르기까지 부처님의 사유 체계에 따라 아함경을 한 권으로 편집했습니다. 그러므로 《한글 아함경》을 읽어 나가면, 마치 부처님의 설법을 직접 듣는 듯한 생생한 기쁨과 단계적인 깨달음을 얻을 수 있을 것입니다.

이번에 발간된 《한글 아함경》 재개정판은 보다 읽기 쉽고, 이해하기 쉽도록 고쳤습니다. 글자 크기와 배열을 현대의 흐름에 맞게 편집하였고, 내용 면에서도 한역 경전 자체의 오류와 뜻이 모호했던 번역 부문을 한문본 · 팔리어본과 하나하나 대조하여 바로잡았습니다. 한글로 번역할 경우 의미가 축소되거나 왜곡될 우려가 있는 불교용어는 한자 그대로 사용하는 것을 원칙으로 하였고, 인명과 지명은 팔리어를 음역하는 것을 원칙으로 하되 경음의 사용을 자제하고 가장 널리 쓰이는 이름으로 채택하였습니다. 1991년에 발간된 개정판과 비교하여, 경전의 전개 체계는 그대로 따랐지만 내용은 완전히 새롭게 다듬었습니다.

이번 개정 작업은, 지난 30년간 고익진 교수님께 직접 아함경 강의를 듣고 또 유지를 받들어 한결같은 마음으로 정진해 온 일승보살회 회원들이 많은 노력을 하였습니다. 개정 작업에 참여한 회원들은 생활인의 불교를 닦아 나가면서, 지난 2년간 오로지 구도하는 자세로 한 글자 한 글자 정성을 다해 다듬었습니다. 개정 작업을 하면서, 혹여 부처님의 참된 가르침에 어긋나거나 그 뜻을 손상하지는 않을까 하는 염려도 있었지만, 한 송이 하얀 연꽃을 피우는 간절한 불심으로 진행하였습니다.

고익진 교수님은 세속의 짧은 생애를 살고 가셨지만 한순간도 헛되이 보낸 적이 없는 불교학자였습니다. 그리고 부처님의 말씀을 그대로 수행한 구도자였습니다. 고익진 교수님이 생전에 보여준 학문적 연구 자세와 수행자로서 삶의 모습은 후학들에게도 많은 영향을 주었습니다. 2005년 박사급 이상 국내 불교학자 102명을 대상으로 실시한 설문조사에서 '근현대 한국불교학을 대표하는 학자'로 고익진 교수님이 1위에 선정되기도 했습니다. 2013년 12월, (사)한국불교학회와 일승보살회 공동 주최로 「병고 고익진의 학문세계」를 재조명하는 세미나를 개최한데 이어, 23년만에《한글 아함경》재개정판을 발간하게 되어 실로 감회가 새롭습니다.

부디《한글 아함경》이 불교를 공부하는 이들에게 올바른 길을 안내하고, 깨달음에 이르는 데 조금이나마 도움이 되기를 간절히 바랍니다.

나무서가모니불

2014년 7월 10일 일승보살회 합장

오늘도 무사히 하루 일을 마쳤으니
이제는 걸림이 없는 자유로운 시간이라
조용히 선정에 들어 밤 깊는 줄 몰라라

- 병고 고익진 -

병고 고익진

1934년 전남 광주 출생
동국대학교 불교대학 불교학과 졸업
동국대학교 대학원 철학박사
동국대학교 불교대학 부교수
한국불교전서 편찬실장
1988년 10월 17일(음력 9월 7일) 입적

- 저서

《현대한국불교의 방향》
《한국의 불교사상》
《한국찬술불서의 연구》
《한국고대불교사상사》
《아함법상의 체계성 연구》
《불교의 체계적 이해》
《한역 불교근본경전》
《하느님과 관세음보살》
《고익진 교수님이 들려주는 불교 이야기》
《한국의 사상》 편저
《한글 아함경》 편저

- 주요 논문

〈원효의 진속원융무애관과 그 성립이론〉
〈원효사상의 실천원리〉
〈삼국시대 대승교학에 대한 연구〉
〈한국 불교철학의 원류와 전개〉
〈별역잡아함의 문헌학적 중요성〉
〈반야심경에 나타난 연기론적 교설에 대하여〉
〈불교윤리와 한국사회〉
〈종교 간의 대립과 불교의 관용〉 외 35편

한글 아함경

1981년 10월 30일 초판 발행
1991년 1월 23일 개정판 발행
2014년 7월 10일 재개정판 발행
2016년 3월 1일 재개정판 3쇄 발행
2017년 10월 30일 재개정판 4쇄 발행
2019년 11월 29일 재개정판 5쇄 발행
2022년 7월 1일 재개정판 6쇄 발행
2024년 3월 20일 재개정판 7쇄 발행

엮음 고익진
기획 · 편집 (사)일승보살회

펴낸이 신춘열
펴낸곳 담마아카데미 (Dhamma Academy)
광주광역시 동구 백서로 125번길 12-5 (금동)
062) 222-7801
공급처 (사)일승보살회
서울특별시 성북구 아리랑로5길 12-9 (동소문동7가)
02) 916-7471

ISBN ⓒ2014, 고익진
979-11-953097-1-9 03220

가격 30,000원

독자의 의견을 기다립니다.
다음카페 일승보살회 (cafe.daum.net/ilseung)